# 清朝前期流民安插
# 政策研究

丁 光 玲 著

文 史 哲 學 集 成
文史哲出版社印行

國家圖書館出版品預行編目資料

清朝前期流民安插政策研究 / 丁光玲著. --
初版. -- 臺北市：文史哲, 民 95
　頁：　公分. (文史哲學集成；515)
參考書目
ISBN978-957-549-685-2 (平裝)

1. 食貨 － 中國 － 清

552.2　　　　　　　　　　95015089

文史哲學集成　515

# 清朝前期流民安插政策研究

著　　者：丁　　光　　玲
出版者：文　史　哲　出　版　社
http://www.lapen.com.tw
登記證字號：行政院新聞局版臺業字五三三七號
發行人：彭　　正　　雄
發行所：文　史　哲　出　版　社
印刷者：文　史　哲　出　版　社
臺北市羅斯福路一段七十二巷四號
郵政劃撥帳號：一六一八○一七五
電話 886-2-23511028 · 傳真 886-2-23965656

實價新臺幣 六○○元

中華民國九十五年（2006）八月初版

# 清朝前期流民安插政策研究

# 目　　次

# 圖表目次

# 第一章　緒　論

## 第一節　研究動機與目的

　　中國自古以農立國，多數朝代以重農抑商為基本國策，農民依附於土地，無論生存、發展、事業、社會關係都與他們所居住的土地互為依存。「安土重遷」是農民最大的特色，「安土重遷」意即安於故土，不輕易搬遷的意思。《周易・繫辭上》說：「安土敦乎仁，故能愛」。[1]《禮記・哀公問》稱：「不能安土，不能樂天；不能樂天，不能成其身」。[2]中國古聖先賢認為，安於土地的人忠厚樸實、富有愛心；如果不能安於土地，就不能樂觀向上，不能樂觀向上，就不能形成完整的人格。「安土重遷」觀念是農業文明背景下內陸型文化的產物，中國是一個以儒學為道統，建立在自足經濟基礎上的宗法社會，自給自足的小農經濟，強調了人對土地的依賴；以綱常倫理為核心的儒家傳統，又強調了對宗親血緣的歸附。這些要素揉合成了中國人傳統的文化心理：安土重遷，不輕易離鄉背井。中國的許多格言、俗諺，如「父母在，不遠遊」，「在家千日好，出門時時難」等，都從各個面向強調了這種固守家園的文化心理，甚至成為一種約定俗成的行為準則和規範。

　　儒家忠孝觀念和家庭本位觀念，亦助長了農民「安土重遷」、「香火薪傳」的基本生存信念，鄉村中的人幾乎是附著在土地上，一代一代傳下去，變動不大，這是鄉土社會的特性之一。鄉土社

---

1　《周易》（臺北：世界書局，民國 42 年），繫辭上，頁 30。
2　《禮記》（臺北：世界書局，民國 42 年），卷 15，哀公問，頁 141。

會是生活安定的社會，是「生於斯，長於斯」的社會，世代定居，終老家鄉是生活的常態，遷移變動則屬非常態，除非天災人禍造成民不聊生的慘狀，否則農民一般願過自足的農家生活，而不願成為流民。[3]「三十畝地一頭牛」，成為中國古代小農思想的藍圖，而「人丁興旺」則成為農民生存本身的期望與價值所在。「知足常樂」的觀念，使得農民可以在溫飽線上生存而不以為苦。

黃河流域和長江流域是中國古代文明的發源地，肥沃的土壤孕育了中華民族，流域區水系發達，土地資源豐富，氣候溫暖潮濕，四季寒暑分明，適合耕耘稼穡，定居型農業遽爾發展成熟。土地是農民謀生的根基，和農民最基本的經濟活動 ── 耕種 ── 緊密相連，農民不僅把土地視為安身立命的根本，有時亦將自己看成是由土地派生的一部分，是大地的兒子。由於對土地的依賴，進一步養成農民對土地的崇敬，亦自然增加一份依戀之情。[4]安土重遷展現農業文明的特徵，是以農耕為主的生產方式，使其對土地的依賴遠勝於游牧民族。

中國人習慣在土地上從事周而復始自產自銷的農業經濟，也習慣這種自然經濟所帶來的安寧與平靜。土地不僅對農民具有生存的意義，對執政者來說也極為重要，因為農業生產是龐大的政府官僚體系穩定的財源，只有農業才能使社會趨於穩定，不致因「農傷而國貧」。[5]所以，歷代統治者基於政局考量，無不以農為本，以商為末。所謂：「君以民為重，民以食為天，食以農為本」，[6]農事，是天下之大本，古聖先哲，禮敬民事，必本於農。古代採行的戶籍制度，也強化了中國農民安土重遷的行為，它保證了統治者能夠獲得穩定的賦稅徭役，且維持地方的秩序。如推行的保

---

3 費孝通，《鄉土中國》（上海：觀察社，民國 37 年），頁 1-7。

4 周曉虹，《傳統與變遷 ── 江浙農民的社會心理及其近代以來的嬗變》（北京：生活‧讀書‧新知三聯書店，1998 年），頁 42-43。

5 班固，《新校本漢書》（臺北：鼎文書局，民國 75 年），卷 24，食貨志，頁 1124。

6 馬一龍輯，《農說》，總頁 483。收入《叢書集成新編》（臺北：新文豐出版社，民國 74 年），應用科學類，第 47 冊。

甲制、里甲制等，基層組織都有專人管理戶口，這種戶口管理制度在相當程度上限制人民的遷移，[7]在長期約束限制的狀態下，也形成了不輕易言「動」的思想。

中國從土地裡發展出光榮的文明歷史，中華民族幾千年來確是和泥土分不開的，中國人日出而作，日入而息，鑿井而飲，與大地建立了極其親密的感情。農業和游牧、工業不同，游牧的人逐水草而居，游移不定；從事工業者可以擇地而居，遷移無礙；耕種者取資於土地，地搬不動，長在土裏的作物無法行動，農民猶如半身插入土裏。[8]古代中國農民對家鄉的觀念是和土地緊密結合的，土地是農民生活的根基，對於以耕種為生的農民，通常居住地是世代固定不變的。土地的重要性使農民形成對土地濃郁的眷戀之情，這種戀土之情造成他們「安土重遷」的特徵。有謂「兄弟析煙，亦不遠徙，祖宗廬墓，永以為依」，[9]他們不輕易離開家鄉、改變生活，因為那裡有血脈相連的家人、親族、鄰里、朋友，有熟悉的山和水，更重要的是有生存的憑藉 —— 土地。[10]只有安於土地，勤墾勞作，衣食才有保障。從文化角度說，任何結構或行為的出現與存在總有其形成的因素，安土重遷的觀念可以說是基於農民以土地為謀生的根基，順應當時經濟活動所應運而生的。

安土重遷意識與宗法制度相互結合，形成了中國古代社會穩定的基礎，農民穩定的附著於土地上是維繫社會安定的基本條件。反之，當天災人禍降臨，流民即隨之而產生，實際上，流民是中國歷史上一直普遍存在的社會現象，它的出現使得政府控制的人口減少，影響稅賦徵收、勞役攤派，並干擾社會秩序，乃至

---

7　周曉虹，《傳統與變遷 —— 江浙農民的社會心理及其近代以來的嬗變》，頁46。

8　費孝通，《鄉土中國》，頁 2。

9　李銘皖等修，馮桂芬纂，《同治蘇州府志》，光緒八年刻本影印，卷 3，風俗，頁 19。收入《中國地方志集成・江蘇府縣志輯》（南京：江蘇古籍出版社，1991 年），第 7 冊。

10　周曉虹，《傳統與變遷 —— 江浙農民的社會心理及其近代以來的嬗變》，頁45。

威脅國家的統治。

　　隨著歷史演進的腳步，流民問題未曾稍減，卻反而愈趨嚴重與複雜。他們是社會的病徵之一，然其嚴重性卻極少被重視，雖然流民問題從未成為歷史的主流，卻對政權具有危險性。或許由於流民所屬階層低下，易為人所忽略，難引起長久的關注，表像上看起來對政權的衝擊似不如民變來得大，但若不能明快有效的處理，長期累積之下，極易為社會埋下原可避免的禍根。

　　明太祖時，鑑於元末以來長達二十年的戰爭，全國各地土地荒蕪，人口減少；為積極恢復農業生產，鼓勵屯田墾荒，或提倡就地開墾，或由政府動員組織狹鄉人民遷往寬鄉墾耕，如「徙蘇、松、嘉、湖、杭民之無田者四千餘戶，往耕臨濠」，對無田窮民給予牛具、種籽、車輛、糧食助其遷移。為達到預期目的，承認耕墾土地歸現耕者所有，免除二年租稅以為優惠。[11]洪武二十八年（1395），下詔「凡二十七年以後新墾田地，不論多寡，俱不起科」，[12]並嚴誡地方官增科擾民。仁宗、宣宗當政期間，社會趨於穩定，經濟漸有起色，政治步上軌道，史家評論「明有仁、宣，猶周有成、康，漢有文、景，庶幾三代之風焉」。[13]然仁、宣時期的戶口卻少於洪、永時期，明宣宗曾表示：「戶口之盛衰，足以見國家之治忽。其盛也，本於休養生息；其衰也，必有土木兵戈」，[14]在當時流民問題已逐漸形成。宣德年間，雖也曾實施北直隸地區新墾荒地，不問多寡永不起科，同時卻把洪武、永樂年間的「墾荒田永不起科及洿下斥鹵無糧者，皆彙入賦額，數溢於舊」，[15]加重了人民的負擔。明宣宗數度蠲免租賦，但「持籌者輒私戒有司，勿

11　張廷玉等，《新校本明史》（臺北：鼎文書局，民國 71 年），卷 77，食貨，頁 1879；李景隆等，《明太祖實錄》（臺北：中央研究院歷史語言研究所，民國 55 年），卷 53，洪武三年六月辛巳，總頁 1053。

12　《明太祖實錄》，卷 243，洪武二十八年十二月壬辰，總頁 3532。

13　谷應泰，《明史紀事本末》（上海：商務印書館，民國 25 年），卷 28，仁宣致治，頁 68。

14　《明史紀事本末》，卷 28，仁宣致治，頁 60。

15　《新校本明史》，卷 77，食貨志，田制，頁 1882。

以詔書爲辭」，[16]明宣宗得知後，卻不問罪，致使蠲免租賦反成有名無實。

明朝中葉，設立皇莊及莊田之風盛行。明英宗天順年間，太監曹吉祥勢盛，霸佔民間田產，後發生曹吉祥等陰謀廢立帝位，事敗田產充公。明憲宗即位，這些田產並未歸還於民，反充作個人私產，稱爲皇莊。於是上行下效，從皇親國戚到文武大臣、宦官、僧道紛紛請賜莊田。因此皇莊與莊田之設遍及天下，廷臣雖屢言其害，然迄明末猶未停止。天子賜田，初由養軍畜馬的閒田，漸擴及於百姓私田，地方奸民爲得管莊之權，獻田王室，甚且妄指民間良田爲閒田，隨意侵奪。皇莊與莊田廣置，卻不納賦稅，不徵徭役，田連阡陌，地盡膏腴，而人民卻無地立錐，地方土豪劣紳亦起而效尤，競相佔奪民田，更助漲土地兼併之風。小民生計窘迫，無處控訴，只得棄家逃亡；田地拋荒，無人耕種，政府租稅無徵，其爲害實有過於清初之圈地。

明末天啓、崇禎時期，後金在遼西不斷發動攻勢，晉、陝兩省又連年遭荒。其中陝北災情尤爲慘重，久旱不雨，草木焦枯，百姓無以爲食，或採食山中蓬草，或剝嚼樹皮，或掘食山中石塊，致腹脹下墜而死，更有煮食人肉者，[17]景況極爲凄慘。河南在崇禎年間亦無歲不荒，物價奇漲，野無青草，赤地千里，十室九空，於是發生「斗米千錢者，有採荣根、木葉充饑者，有夫棄其妻、父棄其子者，有自縊空林、甘填溝壑者，有鶉衣菜色而行乞者，有泥門擔簦而逃者，有骨肉相殘食者」。[18]人間悲慘的境遇，莫此爲甚。

由於繁重的賦役，以及貪官污吏恣意盤剝擾民，而土地兼併

---

16 《新校本明史》，卷 78，食貨志，賦役，頁 1897。
17 馬懋才，〈備陳災變疏〉，劉於義修，沈青崖纂，《陝西通志》，雍正十三年刻本影印，卷 86，藝文，頁 39-40。收入《中國西北文獻叢書》（蘭州：蘭州古籍書店，1990 年），第 1 輯，西北稀見方誌文獻，第 5 卷。
18 呂維祺，〈請免河南糧〉，鄭濂，《豫變紀略》，卷 1，頁 18。收入《叢書集成續編》（臺北：新文豐出版社，民國 78 年），史地類，第 279 冊。

又發展到極為嚴重的程度，地主無止盡的追求財富，到處求田問舍，卻無所底止，造成農民大量失去土地，身無立椎之地。加上連歲遭荒，災情慘重，里甲寥落，戶口蕭條，「鄉鄉幾斷人烟，白骨青燐，夜夜常聞鬼哭」，[19]人民為求生拋荒，流亡異地，棲泊無依，悲慘至極。所謂「饑寒刑戮死則同，攘奪猶能緩朝夕」[20]，在生存面臨困境無以為繼之下，農民被迫鋌而走險，相繼為盜，形成寇亂，流竄各地，終於造成不可收拾的燎原之災。連城鎮裏的手工業者、屯田的士卒、熬鹽的灶丁等，亦紛紛加入其中，人民的流亡成為全國性的重大問題。尤其在正統以後，其勢更如波濤洶湧，不可遏止。動輒上百萬的流民，匯聚在一起，遍及全國各省，有流動於城鎮之間，以合法或非法手段覓食者；更多嗷嗷待哺的饑民走上揭竿而起的道路，嚴重地破壞明朝的秩序。

滿洲人以東北草原民族入主中國，滿漢文化殊異，人數不及漢人的百分之一，終其享國卻與明朝相埒，實非幸致。同樣是草原游牧民族的蒙古人建立的元朝，立國卻不及百年，武功雖強，內政不良，民生大困，流民聚合為盜，民變四起，終使元朝走上覆亡之路。可見武力的征服，只是一時的、表面的，並不能持久，滿洲人雖然馬上得有天下，但在中國的統治與蒙古人不同，並未沿襲其馬上治天下之法。當其在關外時，即逐步放棄原來的部族統治，沿襲且加強明朝的中央集權制度。入關後，一方面採取高壓手段，消除漢人的反滿意識；一方面採取籠絡的方法，收拾民心，如此恩威並濟、軟硬兼施，鞏固了清廷在中國的統治。且清朝前期的幾位君主，多屬英明有為者，既知恭儉愛民，又能興利除弊，在政治上的表現確實要超越明朝，其所建立百餘年的繁榮富庶，在中國歷史上，實屬不可多見。

明朝流民之多，一直是一個嚴重的社會問題，往往此處尚未安置，他處又大量群聚，導致接連不斷的流民起事。流民現象實

---

19 呂維祺，〈請免河南糧疏〉，《豫變紀略》，卷 1，頁 18。

20 姜公韜，《明清史》（臺北：長橋出版社，民國 68 年），頁 83。

為社會經濟問題的徵兆，可以一隅而窺全貌，隨著社會形勢的發展，對問題叢結的程度發出適當的警訊。到了滿族入主的清代，流民現象依然存在，何以在有清一朝並未形成流寇為亂，導致清廷滅亡？直接且根本的問題即在朝廷的處置態度與方法。流民的產生，或因自然災害，或因戰爭動亂，或因官吏剝削，豪強侵逼，人口壓力等因素所造成。清朝人口的增殖超越歷代任何一個時期，雖然朝廷也鼓勵墾荒，但內地土地的開墾有限，人口的增長無期，當土地與人口的比例失衡，人口壓力勢必產生。本文的研究目的是探討在清朝人口壓力形成後，清廷如何採取因勢利導的政策，倡導、鼓勵無地可耕無田可守的窮民在生存窘境下，放棄「安土重遷」的觀念，流徙至地少人多處謀求新生，安置流民於異地開拓新天地。對於古代統治者來說，百姓安居樂業，居有定處，有利於統治管理；一旦人口處於流動遷移狀態，對社會安定的難度加大，嚴重時甚至會失控，造成政權的更迭。但是人口壓力的增強，迫使有些流民不顧禁令，私越禁區偷墾田地。清朝主政者在面對此種現象時，其態度如何？採取何種處置措施？頗值得探討研究。從中可看出統治者解決問題的意願與能力，同時也考驗其處事態度和行政效率。其次，社會經濟的變遷隨著人口的動向而轉移，從清朝流民的流向與安插，可以了解清代人口流動的趨勢，檢視當時的社會經濟狀況，審視政府的人口政策相關措施在面對衝擊時，其應變處置能力如何。流民是社會現象的呈現，亦為人口問題之一環，研究清代人口發展中流民的成因、遷移及政府的安插政策，雖然僅是數千年來流民問題中之一小波，然而這朵小浪花卻可以直接拍向晚清與民國的岸邊，站在這個位置向前或回溯歷朝歷代的流民問題，或許是一個好的開端。

# 第二節　名詞界定與研究範圍

「流民」一詞，在古文獻中出現的頻率頗高，《管子》一書

中就提到過「禁遷徙，止流民，圉分異」。[21]《史記‧萬石君列傳》
記載「元封四年中，關東流民二百萬口，無名數者四十萬，公卿
議欲請徙流民於邊以適之」。[22]《漢書‧食貨志》：「至昭帝時，流
民稍還，田野益辟，頗有蓄積」。[23]《洛陽搢紳舊聞記‧齊王張令
公外傳》（宋代張齊賢）曰：「令招農戶，令自耕種，流民漸歸」。
[24]與流民一詞意思相同者，有流人、流亡、流散、流冗、流者、
流戶、流瘠等，例如漢桓寬《鹽鐵論‧執務》：「天下安樂，盜賊
不起；流人還歸，各反其田里。……賦斂省而農不失時，則百姓
足而流人歸其田里」。[25]（流人又指有罪被流放之人，《莊子‧徐
无鬼》：「越之流人」。釋文：「流人，有罪見流徙者也」。[26]義與流
民有別，不屬本篇討論範圍）《後漢書‧虞詡傳》：「詡乃……招還
流亡，假賑貧人，郡遂以安。……及綏聚荒餘，招還流散，二三
年間，遂增至四萬餘戶」。[27]《後漢書‧曹褒傳》：「其秋大熟，百
姓給足，流冗皆還」。[28]《漢書‧成帝紀》：「水旱爲災，關東流冗
者眾，青、幽、冀部尤劇」。[29]《新唐書‧來歙傳》「隴西雖平，
而人饑，流者相望」。[30]《新唐書‧殷侑傳》：「於時瘽荒之餘，骸
骨蔽野，墟里生荊棘，侑單身之官，安足粗淡，與天下共勞苦，

---

21 《管子》（臺北：臺灣商務印書館，民國45年），第2冊，卷14，四時，頁
　　80。
22 司馬遷，《新校本史記》（臺北：鼎文書局，民國79年），卷103，萬石君傳，
　　頁2768。
23 《新校本漢書》，卷24，食貨志，頁1141。
24 張齊賢集，《洛陽搢紳舊聞記》（臺北：商務印書館，民國28年），卷2，齊
　　王張令公外傳，頁12。
25 桓寬，《鹽鐵論》（臺北：臺灣商務印書館，民國45年），執務，頁137。
26 郭慶藩編，《莊子集釋》（下）（臺北：三民書局，民國82年），徐无鬼，頁
　　822-823。
27 范曄，《新校本後漢書》（臺北：鼎文書局，民國76年），卷58，虞詡傳，
　　頁1869。
28 《新校本後漢書》，卷35，曹褒傳，頁1205。
29 《新校本漢書》，卷10，成帝紀，頁318。
30 歐陽修、宋祁，《新校本新唐書》（臺北：鼎文書局，民國78年），卷15，
　　來歙傳，頁588

以仁惠爲治。歲中,流戶屬而還」。[31]《宋書‧武帝紀下》:「己未,大赦天下。時秦雍流戶悉南入梁州」。[32]《新唐書‧白居易傳》「以旱甚,下詔有所蠲貸……即建言乞盡免江淮兩賦,以救流瘠」。[33]類似記載,不絕於史書,然而卻沒有嚴格的界定。

對於流民的界定,《明史》食貨志的定義:「人戶避徭役者曰逃戶,年饑或避兵他徙者曰流民」。[34]逃戶逃離家鄉與流民同爲謀求生存,實並無區別。明朝正統五年(1440)四月,巡按直隸監察御史吳昌衍奏稱:山西省平定、岢嵐、朔、代等州,壽陽、靜樂、靈丘等縣百姓,車載幼小男女,牽扶老病羸弱,採野菜、煮樹皮以食,百十成群,流離於途,皆因「饑餓而逃」;[35]清代《時報》記載:「山左沿河一帶,土壤瘠劣,時被水荒,每屆冬令,該鄉民等動輒結隊四出求乞,人多稱之曰流民」;[36]工具書的解釋,《中文大辭典》:「流民:謂因窮困轉徙於外之人民也」;[37]《大辭典》:「流民:難民,因災害或戰亂、貧困而流亡在外的人民」;[38]《國語活用辭典》:「流民:因遭剝削、災荒、戰亂等而流浪在外,生活沒有著落的人」。[39]由上所述,流民是受到如災害、戰亂、賦役過重、窮困等因素的影響下,生活發生困難,被迫離開家園,流徙到他處尋求生存的流動人口。大陸學者池子華曾將流民的涵義綜合爲 4 點:1.喪失土地而無所依歸的農民;2.因饑荒年歲或

---

31 《新校本新唐書》,卷 164,殷侑傳,頁 5053-5054。
32 沈約,《新校本宋書》(臺北:鼎文書局,民國 76 年),卷 3,武帝紀,頁 59。
33 《新校本新唐書》,卷 119,白居易傳,頁 4300。
34 《新校本明史》,卷 77,食貨志,戶口,頁 1878。
35 陳文等,《明英宗實錄》(臺北:中央研究院歷史語言研究所,民國 55 年),卷 66,正統五年四月己丑,頁 1273。
36 《時報》,光緒三十二年十月初二日。轉引自池子華,《流民問題與社會控制》(南寧:廣西人民出版社,2001 年),頁 4。
37 《中文大辭典》(臺北:中國文化學院出版部,民國 57 年),第 19 冊,頁 202。
38 《大辭典》(臺北:三民書局,民國 74 年),頁 2612。
39 周何等編,《國語活用辭典》(臺北:五南圖書出版公司,民國 78 年),頁 1076。

兵災而流亡他鄉的農民；3.四出求乞的農民；4.因自然經濟解體的推力和城市近代化的吸力而盲目流入都市謀生的農民，儘管他們有的可能還保有小塊土地。[40]第 4 點與前 3 點本質的差別在於具有近代色彩，其涵括的時間擴及鴉片戰爭以後到現代，不在本論文斷限時間內。

綜合上述界定，因為遭遇自然災害、戰亂、躲避徭役、迫於窮困等因素，導致無法進行正常的生產與生活，為追求溫飽、維持生存，一度或永久脫離原居地，流往異地的人，稱為流民。清朝由於人口的增長，形成人口過剩的壓力，導致許多農民無田可耕，工人無業可就，為求生路，這些轉徙來往各地的流動人口，尤為本論文討論重點。流民屬流動人口的一種，為人口遷移中的一部分，為獲得更多的生活憑藉，或更滿意的生存環境，改變原本所處的社會環境，永久或暫時地從一個地區移向另一個地區。流民的情況相當複雜，多數屬於在原居地就沒有什麼土地財產的窮民、佃農、奴婢等，他們對家鄉較少留戀，如果在外地尋獲較佳的生活環境，就在當地定居；如果一時無法定居，又無法回鄉，就繼續流動，直到找到新的定居地或有機會得返家鄉為止。若在家鄉擁有一定資產和社會地位的人，雖被迫離鄉，但始終抱持臨時觀點，一旦有可能就會遷回故里。如果政權分裂，或戰亂持續過久，或災情嚴重，他們就不得不在外地長期定居下來。對於受災流民，遷入地官員一般都會在災害過後予以遣返，無法遣返時才允許流民定居。受戰爭波及的流民，遷入地官員初期將其視為難民臨時安置，在遣返無望下，則辦理入籍納入編戶。[41]人口一旦流動即改變人口的分佈狀況，在人口學上，流民與移民不同，移民是改變常居地點而流動遷徙的人口，屬永久性流動人口，他們離鄉後便定居於他鄉；流民不等於移民，但在客觀上卻造就大批移民，流民經過流動遷徙，有的人在異地找到新的安身之居，

---

40 參見池子華，《中國近代流民》（杭州：浙江人民出版社，1996 年），頁 2-3。

41 葛劍雄，《中國移民史》（福州：福建人民出版社，1997 年），第 1 卷，頁 19-20。

即在當地落戶立籍，不再回歸故里；有的人只是臨時性離開家鄉，當災難解除，家鄉環境改善，便又重返故園舊地。分佈在大陸南方的瑤族，每到一處，便放火燒山以從事耕作，當地利耗盡，遂舉族他遷，另尋新居；北方蒙古等民族，過的是逐水草而居的游牧生活，其流動皆由於生活方式使然，故不能稱爲流民。

　　與「流民」概念易混淆者爲「游民」，兩者關係密切，但極易誤解，有不少論者將其等同看待。清代官私文獻中對於游民的稱呼不一，亦有謂游手、游棍、地痞、無賴等。明太祖朱元璋曾表示：「若有不務耕種，專事末作者，是爲游民，則逮捕之」，[42]清人在救荒策中認爲：「平日居民有不農、不商、不工、不傭者，令紳保查造保甲烟戶冊時，於姓名下添註遊民二字，再按冊抽造遊民冊一本，查係某都、某甲之人，即飭該處紳保督令力食謀生，不遵者送案就治」。[43]可見，游民係指不從事農、工、商、雇庸勞動等職業者，其不事生產，不自食其力，混跡於社會各角落，較傳統從事末作行業者更被鄙視。游民可說是流民的衍生現象之一，當政府對於流民問題無法妥善處置，流民沒有找到營生的途徑時，流民轉化爲游民就無法避免。游民比流民更屬於社會邊緣人角色，他們脫離正常社會秩序之外，沒有地位，遊蕩溷跡於社會底層，破壞既定的社會秩序，擾亂社會安定，加劇社會衝突的發生。由於流民與游民間缺乏明確的界限，文獻史料與著作中常常將其混爲一談。尤其許多不得已淪爲流民的人，往往被統治者誣指爲游手之徒。所以在分辨流民時，不應囿於史籍中的名稱，而應力求名實相符。

　　本文斷限的年代從清世祖始到清仁宗止，歷經五帝在朝，包括康、雍、乾盛世，乾隆朝國勢達到顛峰，亦盛極而衰，嘉慶時雖逐漸走下坡，仍未大壞。道光年間外力開始大量介入，加上內部的擾攘更是幾無寧日，清廷大勢已頹，故以順治朝到嘉慶朝這

---

42　《明太祖實錄》，卷 208，洪武二十四年四月癸亥，總頁 3099。
43　嚴寄湘輯，《救荒六十策》，備荒之策，頁 3。收入《近代中國史料叢刊三編》（臺北縣：文海出版社，民國 78 年），第 54 輯，第 540 冊。

一段時期作爲本論文探討範圍。所討論的流民僅針對清朝所轄領域內的漢人而言，不包括滿、蒙、回、藏、苗、傜等少數邊疆民族在內。流民多爲下階層的農民或貧民，文化程度低，其流動遷移是無組織的、零散的，這類流動人口多數不見於史籍，且無直接詳細的記載，多爲零星而片段，其數量更不易得知。縱使在一些發生過的地區，往往也只能在地方志中獲得一麟半爪的痕跡。因此，在研究此問題的相關資料收集上頗爲不易。但流民的活動對於邊遠地區、山區，或其他處女地的開發，確有其不可抹滅的貢獻。

# 第三節　資料來源與章節安排

　　檔案是歷史事件在進行過程中直接形成的文件，是反映當時的情況及解決實際問題的最原始紀錄，[44]可信度較高，屬最直接的第一手史料。歷史研究應與歷史檔案相結合，利用直接的史料，以嚴謹的態度對歷史事件作客觀的探討分析，才能呈現事件真實的輪廓。所以研究清朝歷史不能脫離清朝檔案，否則就無從研究。清朝檔案爲數頗豐，數十年來不斷的發現與整理，對清史的研究裨益甚大。臺北國立故宮博物院現藏清朝檔案，約可分爲《宮中檔》、《軍機處檔》、《內閣部院檔》、《史館檔》等四大類，將近 40 萬件。《宮中檔》主要爲清朝歷任君主親手御批的滿漢文奏摺及其附件，各直省官員無論公私大小事務，凡有所聞均據實奏報，具有豐富的地方史料。《軍機處檔》以月摺包和檔冊爲主，檔冊爲分類記載的各種文案簿冊；月摺包爲宮中檔奏摺錄副存查的抄件，內含咨文、知會、附片、供詞、清單等各類文書，可與《宮中檔》原摺互爲補充。《宮中檔》和《軍機處檔‧月摺包》除了部院廷臣

---

44 中國第一歷史檔案館撰，〈清代檔案與清史修撰〉，《清史研究》，2002 年第 3 期，頁 4。

的奏摺外，含有大量各直省文武大員的奏摺及罪犯的供詞，史料豐富且珍貴，是涉及地方史研究之重要材料。《內閣部院檔》包括上諭簿、外紀簿、絲綸簿、各科史書及歷朝起居注冊、實錄等。《史館檔》有清代國史館和民初清史館檔案，除紀、志、表、傳稿本外，另徵集有各種檔案及書籍，在傳包中存有片文、履歷單、事蹟冊、年譜、行述、奏稿等，是珍貴的傳記資料。[45]

　　文獻分析和歸納是本論文最主要的研究方法，在史料運用上，以現存臺北國立故宮博物院和北京第一歷史檔案館清朝官方檔案為主要材料。尤其是臺北國立故宮博物院所藏之《起居注冊》、《史館檔》、《軍機處檔・月摺包》、《上諭檔》等檔案，及該院所出版之《宮中檔康熙朝奏摺》、《宮中檔雍正朝奏摺》、《宮中檔乾隆朝奏摺》，和該院所藏奏摺影印之《宮中檔嘉慶朝奏摺》，及中央研究院歷史語言研究所收藏之明清內閣大庫檔案未出版史料、中央研究院歷史語言研究所根據內閣大庫檔案出版之《明清史料》等文獻。臺北國立故宮博物院所藏《史館檔》，在食貨志中戶口項下有清朝清史館纂修之「安插流民」史料，資料極為珍貴，從檔案之纂輯和內容，即可以明白清廷對於流民安插之重視和處理手法。本篇論文即以此為中心和起點，擴及於其他文獻資料。《起居注冊》簡稱起居冊，是我國古代一種記載帝王言行的檔冊，由帝王近侍臣工擔任記錄編撰，是一種類似日記體的史料，也是後世史官纂編正史的主要依據。因為年代久遠和朝代興替、戰亂等原因，歷代起居注冊大都損失殆盡，所幸清朝自康熙朝至宣統朝的《起居注冊》尚稱完整的保存下來，現主要分藏於臺北國立故宮博物院和北京第一歷史檔案館。清朝《起居注冊》被視為內廷秘籍，因其所記內容距離事件發生的時間很近，基本上是當時人記當時事，史料來源最為直接，比其他官修書更為原始可靠，其文字樸實，很少修飾，是《實錄》所載史料的主要來源和依據。《起

---

45 參見莊吉發，《清代天地會源流考》（臺北：國立故宮博物院，民國 70 年），頁 1-3。

居注冊》與《實錄》在內容記述上各有側重，可互為補充。上諭，也稱諭旨、聖旨，是清朝特有的皇帝發佈日常政令的專用文書。《上諭檔》內容十分重要，涉及問題廣泛，有清一代舉凡軍機要務、吏治民生等重大決策和歷史事件，在諭旨中都有翔實的記載和原始的反映，各項重要事務的最後決策和終極處置情況都記載在《上諭檔》內。

　　發掘檔案，加以充分的運用，講求研究方法，是從事社會史研究的基本態度。海峽對岸所藏之清朝檔案更豐，然受客觀因素所限，個人無法親往參閱大陸地區之檔案資料，故僅能利用其已經出版的史料文獻叢書，例如《康熙起居注》、《雍正朝起居注冊》、《乾隆帝起居注》、《康熙朝漢文硃批奏摺彙編》、《雍正朝漢文硃批奏摺彙編》、《康熙朝滿文硃批奏摺全譯》、《雍正朝滿文硃批奏摺全譯》、《雍正朝漢文諭旨匯編》、《乾隆朝上諭檔》、《嘉慶道光兩朝上諭檔》、《清代三姓副都統衙門滿漢文檔案選編》、《清代孤本內閣六部檔案》、彭雨新編《清代土地開墾史資料匯編》、中國人民大學清史研究所等編《清代前期苗民起義檔案史料匯編》等史料。由於這些檔案資料的整理與公佈，對本篇論文的研究，提供了既豐富又直接的高可信度史料。

　　此外，中國地廣人多，各地山川氣候不同，一地有一地之特色。為能了解各地社會現象、風土人情，地方志隨著時代演進的腳步已成為史籍中的要角。地方志從明代提倡編纂，至清代大盛，其內容與數量比起正史更是卷帙浩繁，有效利用方志可以更深入了解某地過去的情況，提供歷史研究更為詳實的資料。

　　以往歷史研究較著重在上層階級，或少數歷史人物身上，而忽略廣大的下層群眾。不過，歷史學者已將研究寬度逐漸擴及至市井小民身上，流民的主體即屬下層民眾，在史書中對於下層民眾的記載一向缺乏系統性。社會史的研究，由於史料的缺乏或隱諱，及蒐集時的零星、繁瑣、耗時，在研究上是頗為困難的。有關清朝的流民資料，散見於各種文獻、檔案、地方志、地方官員的文章與文集等史料中，蒐集與整理頗為不易，這種現象亦造成

了某種程度的研究限制。

　　錢穆先生對如何研究社會史以爲：「該將其社會之大自然背景、歷史沿革、政治、經濟、物質建設、藝術愛好、人物德行、風俗、信仰等種種方面，綜合會通，融凝如一地來加以研究始得」。[46]社會中任何一個群體本非獨自存在，其生存發展以及演變，與政治、經濟、風俗、週遭環境等因素互相影響，是以社會史的研究，涉及層面廣泛而全面。本論文希望以詳實豐富的資料作爲基礎，盡量發掘檔案史料，將其整理歸納，作有系統的分析與敘述，期能對此一課題的研究略盡棉薄之力。實言之，史料如浩瀚之大海，個人之力所能蒐集與運用的終有所限，僅能就所見不揣淺陋勉力爲之。疏失之處所在多有，容於後續研究補正。

　　誠然，不同的歷史條件、不同的社會發展階段下，任何事件均有其獨特性。流民現象存在已久，古代社會存在，近代社會亦層出不窮。在流民研究成果方面有曹文柱撰《中國流民史》，江立華、孫洪濤撰《中國流民史·古代卷》，陸德陽撰《流民史》，此三本著作是以編年的方式論述中國歷代流民的各種現象與影響。羅彤華《漢代的流民問題》，池子華《中國流民史·近代卷》，王俊祥《中國流民史·現代卷》，溫順德《清代乾嘉時期關內漢人流移東北之研究》，王嗣芬《清代中期川陝楚流動人口與社會案件分析（1736～1820）》，李昭賓《清代中期川陝楚地區流動人口與川陝楚教亂（1736～1820）》，黃怡瑗《清代棚民之研究》，胡碧珊《清代東南山區棚民之研究》，蔡瓊瑤《民間宗教與土客關係研究 ── 以清代中葉閩浙贛皖棚民爲例》，樊樹志〈明代荊襄流民與棚民〉，藍宏〈明成化年間荊襄地區的流民變亂〉，孫達人〈川楚豫皖流民與陝南經濟的盛衰〉，蕭正洪〈清代陝南的流民與人口地理分佈的變遷〉，曹樹基〈明清時期的流民和贛南山區的開發〉，曹樹基〈明清時期的流民與贛北山區的開發〉，朱誠如〈清王朝的封禁政策及

---

46 錢穆，《中國歷史研究法》（臺北：東大圖書股份有限公司，民國 80 年），頁 44。

流民對遼東的開發〉，朱誠如〈清代中葉以前關內流民遷遼述論〉，劉源〈湖廣填四川與四川流民問題〉等著作論文，皆對一時一地流民的現象與問題有很好的探討。

　　歷史研究有其前後傳承性，必須重視以往的研究成果，否則，一切從頭開始，是智慧與力量的浪費；綜合前人的研究心血，可以作為新研究的基礎與起點。前輩學者在此一課題的研究，可謂成果豐碩。但是重點多放在對當時人口壓力及流民現象與所形成的問題上，觸及官方處置政策與善後層面的探討較少，尚有進一步發展的空間。本文的重點即放在清廷對流民的安插，意圖就流民安插前，探討當時的人口過剩現象對社會經濟有何影響？流民經由政府安插後，其成效如何？對當時的人口壓力、社會經濟狀況又產生什麼變化？

　　本文章節安排分為六章，第一章為緒論，對研究動機與目的、相關名詞界定、研究範圍、資料來源、章節安排作一說明。

　　第二章為流民產生的背景。中國以農立國，長期的農業生活，塑造了中華民族安土重遷的觀念，若非時勢所迫，一般人絕不願輕易放棄生長的土地，過著漂泊或流徙的生活。對此，本章擬從人口壓力、自然災害、兵燹人禍等因素加以敘述清代流民的形成。歷代以來，人口流徙發生的原因，或由於戰禍的蔓延，或由於邊疆民族的壓迫，或因災荒饑饉不得不流離就食，天災人禍造成百姓生命財產的損失，不可勝計。其中清代尤以人口壓力的影響最大，清朝人口的增長舉世聞名，明末清初的戰爭雖使人口遭受重創，清廷為穩定其統治政權，經過一段時期的休養生息，使社會安定，並實行一連串措施，從恢復和發展農業著手，並減輕農民負擔，人口因此逐漸繁增。在人類與自然抗衡中，有時人口的增加是有利的因素；但當人口與土地的比例超越某平衡點時，任何人口的增殖，卻使每人所得的生活憑藉隨之減少，進而造成物資缺乏，生存不易，大批相對過剩的農業人口形成，生存的壓力，迫使貧民往異地謀生求食，流民的產生與增加遂不可避免。

　　第三章爲流民的流向與分佈。當人地比例失衡的情況產生，人口流動遂愈趨於頻繁。清朝，由於人口過剩現象逐漸嚴重，流民在故鄉無法安穩居住，爲謀生計，人口稀少或邊遠土曠之地，就成爲土狹民稠地區過剩人口之尾閭。雖萬山阻隔，風濤艱險，都無法攔阻住流民的腳步。清朝前期人口流動的方向，是從直隸、河南、山東、山西、江蘇、浙江、安徽、福建、廣東等人口密度高的「已開發區域」（the "developed area"），流向東三省、甘肅、陝西、四川、湖南、湖北、廣西、雲南、貴州、臺灣等人口密度低的「開發中區域」（the "developing area"）。湖南、湖北、四川、陝西、甘肅內地省份在清代以前農業資源已相當開發，由於明末清初遭受天災及戰禍影響，人口銳減，田地荒蕪，東南各省人民移入，使其農業恢復生產，可謂再次開發。東三省、臺灣、雲南、貴州、廣西邊地省份可謂首次開發，由於流動人口的流入，這些地區人口與耕地皆有顯著增加。[47]乾隆二十四年（1759），天山北南路才收入版圖，至嘉慶時期，由於時間不長，加以新疆地多沙丘，水利欠缺，南北疆土著民族定居游牧已久，一時難容漢人大量移殖。故清廷雖用心經營新疆，但清代前期流民移往新疆地區的人數尚少，對當時內地過剩人口，不曾發生什麼作用，故不納入本文論述。

　　第四章爲流民對社會的侵蝕現象。農業社會生活，塑造了人民安土重遷的性格，當外力加身，不得已離開故土，喪失生活憑藉，容易逾越常軌。或流爲游手之徒、盜賊，混跡於社會底層，隨處漂泊，恐嚇搶奪，勒索銀錢；或加入秘密宗教與會黨，尋求心靈寄託，藉結會的互助力量以自保，狡黠之徒乘機撥弄，無知愚民爲其煽惑，極易聚眾生事，搶劫抗官。

　　流民來到異地，與當地人混合居住，由於原本生活環境的不同，致使雙方在風俗習慣等方面產生差異，彼此互視對方爲異類，

---

47 王業鍵，〈清代經濟芻論〉，《中國經濟發展史論文選集》（臺北：聯經出版公司，民國 69 年），上冊，頁 146-147。

勃谿時起。其中牽涉生存問題的土地爭奪，最難化解。本節擬從苗漢、番漢、黎漢、蒙漢、土棚五方面來說明其衝突。

　　第五章爲流民安插政策的實行與檢討。農業社會，執政者認爲使人民皆盡力於南畝，家給人足，方爲久安長治之道。流民形成後，游離各地，影響社會安定，如何安輯流民刻不容緩。安輯流民的主要方式有資送回籍與異地安插。面對四散的流民，將其聚集在「留養局」、「棲留所」等機構，加以收養，乃屬暫時、權宜之法，並非長久之策。資送回籍是資助流民返回原籍復業，斟酌道路遠近、人口大小，派官護送回鄉。與資送回籍配套、相輔而行的安輯措施是異地安插，若流民回鄉仍難謀生，與其資送回籍，流民又轉往他處，不如在其流徙地安置，或招其往地曠人稀地區發展，既可緩和內地人口稠密形成的壓力，又可解決流民生計問題。安插政策實施後，有何成效？本章擬就人口重新分佈，邊疆山區的拓展與農業發展，水土保持問題三方面加以說明。

　　第六章爲結論。綜合各章的研究，作一歸納整理，期能藉著當時的政策與現象，對於國家社會經濟產生的影響，勾勒出更爲清晰的歷史脈絡。使研究動機能因相關史料的蒐集、整理與分析而得到至當的研究目的。

# 第二章 流民產生的背景

農業社會，人與土地的關係極為密切，一切生活憑藉就是土地。長期的農業生活，塑造了中華民族安土重遷的民族性格，形成了「生於斯，長於斯，終老於斯」的觀念，除非有極不得已的原因，一般人不願輕易離鄉背井。農業時代生產力不高，所有生產只能在有限的土地上重複進行時，當土地生產滿足人口所需，則相安無事；一旦人口過多，土地生產無法滿足所求，問題隨即產生。加之許多不可避免的外在因素，導使人民失去生存的憑藉，不得已只得遠離家鄉往異地找尋新生。對此，本章擬從自然災害、兵燹人禍、人口壓力三節來詳加說明清朝流民產生的背景因素。

## 第一節 自然災害

中國土地廣闊，災害頻仍，幾乎無年不災、無年不荒，且無處不災、無處不荒，甚至西歐學者稱我國為「饑荒之國度」。[1]一部中國文明史就等同於中華民族與自然災害奮鬥的歷史。審視歷代災荒發生之週期性極短，每年一次之巨災，已為常例。歷來災害或同時併發，或相繼為虐，往往舊創未癒，新創又加。每次巨災之後，並未有補救之良方，致重症病根未除；且每歷一次巨創後，元氣大傷，危機日益加劇，如此週期積累病竈，使災荒之頻率愈密，強度愈深。

有清一朝，其災害之頻數，據《清實錄經濟史資料》中統計，

---

1 鄧雲特，《中國救荒史》（臺北：臺灣商務印書館，民國 76 年），頁 1。

僅順治、康熙、雍正、乾隆、嘉慶五朝自然災害發生次數總計即
達 2,524 次。如下表：

### 表 2-1-1：清朝順治至嘉慶時期全國自然災害統計表

| 災種＼時間 | 水災 | 旱災 | 蟲災 | 風災 | 雹災 | 雪災 | 霜災 | 地震 | 疫癘 | 不災祥種 |
|---|---|---|---|---|---|---|---|---|---|---|
| 順治朝 | 78 | 38 | 22 | 8 | 42 | 1 | 4 | 20 | | 2 |
| 康熙朝 | 245 | 184 | 25 | 3 | 43 | 2 | 7 | 28 | 6 | 17 |
| 雍正朝 | 72 | 33 | 3 | 5 | 9 | 2 | 2 | 3 | 1 | 4 |
| 乾隆朝 | 514 | 251 | 49 | 63 | 144 | 8 | 60 | 31 | 10 | 10 |
| 嘉慶朝 | 250 | 107 | 13 | 13 | 49 | 4 | 25 | 7 | 1 | 6 |
| 合　計 | 1159 | 613 | 112 | 92 | 287 | 17 | 98 | 89 | 18 | 39 |

資料來源：據陳振漢等編，《清實錄經濟史資料》（北京：北京大學出版社，1989
年），農業編，第 2 分冊，頁 693-706「全國各省區自然災害發生次數統計圖表」
整理製作。

在 2,524 次災害中：水災 1,159 次，旱災 613 次，雹災 287 次，
蟲災 112 次，霜災 98 次，風災 92 次，地震 89 次，不祥災種 39
次，疫癘 18 次，雪災 17 次。這些數字並非全面精確，僅就《清
實錄》紀錄所做的統計，但已可看出其驚人的罹災率。與災害伴
隨的是饑荒，災荒肆虐，直接造成生命財產的損失，農業減產甚
至無收，房屋被毀，人民流離失所，社會生產力斲損，抗災能力
下降，由此往往引發種種社會問題與政治問題，饑民、流民、游
民出現，流移不定，甚至發生災民搶糧及造反。

　　農業時代，人民依靠田畝生產糧食，當貧乏者雖有田畝，卻
無法繼續耕種時，只好轉賣他人，鄉紳富戶賤買貴賣，所佔愈多，
貧苦小民每年在繳租後，卻無法餬口。[2]古代對於天災無法做準確

---

2　《起居注冊》（臺北：國立故宮博物院藏，未出版），康熙二十年八月十五日，
　諭旨。

的預報，而自然災害產生的破壞是多方面的，或房屋倒塌，或人畜死傷，或村莊吞噬，或城市毀滅，或作物無收，或工業停滯等不一而足。災後常遇歲歉，米穀不登，造成糧食緊缺，糧價高漲，貧民無力度日，饑不得食的貧民或就地餓死，或流離失所，史籍中曾深刻的的描述「赤地千里」、[3]「餓莩盈野」、[4]「鬻妻賣子」、[5]「民饑相食」等慘況。[6]餓死或逃亡過半的情形在絕大部分地區都發生過，[7]這些用語的背後隱含著多少血淚、心酸和悲哀！其對

---

3 周三進纂修，《五臺縣志》，康熙年間刻本影印，卷 8，藝文志，頁 85，收錄閻襄〈饑荒行〉，引言云：「康熙十九年，太原以北至雲中，千里大旱，民饑餓轉徙十之六七，斗米錢數百不可得，故以俚言寫其淒愴景象，使近俗觀者感動。」收入《稀見中國地方志匯刊》（北京：中國書店，1992 年），第 4 冊。駱敏等修，蕭玉銓等纂，《袁州府志》，同治十三年刊本影印，卷 1，地理志，祥異，頁 9，記載：「順治三年丙戌，夏秋大旱百餘日，赤地千里。」收入《中國方志叢書・華中地方・江西省》（臺北：成文出版社，民國 78 年），第 845 號。

4 段金成等纂，《永和縣志》，民國 20 年抄本影印，卷 14，祥異考，頁 2，記載：「康熙五十九年至六十年，晉省連遭大旱，永邑更甚，米麥石至十金，盜賊遍地，餓莩盈野，性命賤如草菅，骨肉等於泥沙。顛沛流離，大為慘傷。」收入《中國方志叢書・華北地方・山西省》（臺北：成文出版社，民國 57 年），第 88 號。陳志喆等修，吳大猷纂，《四會縣志》，民國 14 年刊本影印，編 10，災祥志，頁 4，記載：「乾隆四十三年戊戌，大旱，無麥禾，道殣相望。……五十一年丙午，大旱，禾麥俱無，斗米銀三錢，餓莩滿野。」收入《中國方志叢書・華南地方・廣東省》（臺北：成文出版社，民國 56 年），第 58 號。

5 王會隆纂修，《定襄縣志》，雍正五年增補康熙五十一年刊本影印，卷 7，災祥志，頁 7，記載：「康熙二十八年，荒旱，補種蕎麥，又被霜災。人民逃散，鬻妻賣子。」收入《中國方志叢書・華北地方・山西省》（臺北：成文出版社，民國 65 年），第 413 號。《清史稿校註》（臺北縣：國史館，民國 78 年），第 2 冊，卷 44，災異志，頁 1623，記載：乾隆十四年春，山東「安丘、諸城、黃縣大饑，餓殍載道，鬻子女無算。」

6 胡宗虞等修，吳命新等纂，《臨縣志》，民國 6 年鉛印本，卷 3，大事譜，頁 10，記載：「康熙三十六年，大旱，斗米七錢餘，民饑相食。南城外掘男女坑，日填餓殍，時瘟疫大作。」李祖年修，于霖逢纂，《文登縣志》，光緒二十三年修，民國 22 年鉛印本影印，卷 14，災異志，頁 6，記載：「康熙四十二年春，大水，五月大旱，至八月不雨。大饑，人相食。……四十三年春仍饑，民死大半，榆皮、柳葉皆盡，至食屋草。」收入《中國方志叢書・華北地方・山東省》（臺北：成文出版社，民國 65 年），第 368 號。

7 歐文修，林汝謨等纂，《文登縣志》，道光十九年刊本，卷 7，災祥，頁 17-18，

整個社會的政治、經濟、文化等各方面的影響更是難以估算。

# 一、天災紀實

　　清初，由於連年戰爭擾害，社會動盪不寧，經濟凋蔽，防災抗災能力不佳。當自然災害發生，更加重人民的苦難。在各種災害中，水災稱得上是禍首，對社會經濟破壞是最巨大的一種，在一些重要的江、河、湖、海周圍，幾乎連年受到洪水海潮的侵襲。中國歷史上的黃河流域，曾經是人口最密集的地區，原本擁有優越的自然條件，經過數千年的開發拓墾，加上戰亂破壞，生態環境遭受嚴重摧殘；且其雨量變率大，河流含沙量多，每當雨水驟降，常造成災害。黃河及其支流灌溉沿岸地區，哺育無數百姓，但也成為他們離鄉背井、流離失所的根源。歷史上黃河決口，文獻中有記載的即達 1,593 次。[8]黃河是決口、氾濫最多的一條大河，其「潰決時聞，勞費無等，患有不可勝言者」。[9]康熙六年（1667），因黃河下游淤塞，水流不順，大水傾注洪澤湖，導致高郵水勢高達 2 丈，城門堵塞，溺斃鄉民數萬人。[10]稍早於順治時期，朱之錫任河道總督九年，治河稍有補救，未發生大災；康熙年間，靳

---

記載：嘉慶「十七年，春大饑，斗粟錢千餘，饑民採榆皮柳葉以食，疫死者甚眾。」皇甫振清等修，李光宇等纂，《續修昔陽縣志》，民國 3 年手抄本影印，卷 1，祥異志，頁 23，記載：「乾隆二十四年，大旱。二十五年春，因上年饑饉，兼瘟疫大作，死屍枕籍，逃亡過半。」收入《中國方志叢書・華北地方・山西省》（臺北：成文出版社，民國 57 年），第 75 號。

8　任美鍔等編，《中國自然地理綱要》（北京：商務印書館，1979 年），頁 167-168。

9　《清史稿校註》，第 5 冊，卷 133，河渠志，黃河，頁 3628。從時人寫詩描述黃河決口的情形，可窺知其造成之慘景，「神河之水不可測，一夜無端高七尺，奔騰駭浪勢若山，長堤頃刻紛紛決。堤裏地形如釜底，一夜奔騰數百里，男呼女號聲動天，霎時盡葬洪濤裏。亦有攀援上高屋，屋圮依然飽魚腹，亦有奔向堤上去，骨肉招尋不知處，苟延殘喘不得死，四面茫茫皆是水。積屍如山順流下，孰是爺娘孰妻子，仰天一慟氣欲絕，傷心況復饑寒逼，兼旬望得賑饑船，堤上已成幾堆骨。」見趙然，〈河決嘆〉，《清詩鐸》（北京：中華書局，1960 年），卷 4，河防，頁 120-121。

10　《清史稿校註》，第 5 冊，卷 133，河渠志，黃河，頁 3630。

輔任河道總督，展開修堤、築壩、疏河等工程整治，效益顯著。
乾隆七年（1742），黃河於豐縣石林、黃村及沛縣決口，河湖汜漲，
汪洋一片，民田皆遭淹沒；民間自中人之家以及極貧下戶，皆流
離四散。地方雖有平糶之官糧、撫恤之公項，人民不能奔走領糶。
[11]而該年造成之災害，非尋常被災可比，為歷年所罕見。乾隆十
八年（1753）、二十六年（1761）、三十九年（1774），黃河皆發生
決溢。乾隆初、中期，黃河雖多次潰決，然康熙時期治河效果仍
在，循其遺規，治河者尚多實事求是，黃河決口即堵，河勢尚能
安控。乾隆四十三年（1778）以後，黃河水患更加嚴重，擔任河
督者皆出自和珅之門，納賄許任，藉水患侵蝕中飽，堤工屢經衝
決，連年決口，一年數決，決後長久不能堵塞，河政日棘，河防
日懈，河勢日壞。嘉、道年間，河患更甚，濬治維艱，加之治河
官員貪污尤甚，以河患為利侵蝕國帑，歲修草率，堤防不堅，導
致河患日亟，河防日弛，國家靡帑防堵，實為財政上一大漏卮。[12]

　　由於江河水量變化無常，河流上游水土流失，導致下游河道
淤積與洪水汜濫皆為不確定因素，所以即使霪雨連綿，也極易導
致山洪爆發，產生洪潦之害。順治九年（1652），北方直隸、山東、
河南等省，連雨不停，接續發生水患，「地土漂沒，並廬舍亦隨流
而去，……窮民益無以為命」，往外流亡者多。[13]康熙四十三年
（1704）二月至五月，江西興國縣霪雨不停，城崩數十丈，饑殍
載道。[14]長江流域雨量變率雖不及華北地區，但極易因驟雨過量，

---

11　《清高宗純皇帝實錄》（三）（北京：中華書局，1985 年），卷 172，乾隆七
　　年八月戊子，諭旨，總頁 188。

12　河工工程巨大，經費甚多，河官貪污，層層剝削，真正用於工程之數甚微，
　　致使工程不堅，黃河常見潰決。《清詩鐸》中有一首詩即描述河工腐敗的情
　　形，「隤竹揵石數不雠，公帑早入私囊收，白眼視河無一籌，飛書驚倒監河
　　侯。……暮望中牟路無幾，霹靂一聲見河底，生靈百萬其魚矣，河上官僚
　　笑相視，鮮衣怒馬迎新使，六百萬金大工起。」見何杙，〈河決中牟紀事〉，
　　《清詩鐸》，卷 4，河防，頁 124。

13　魏裔介，〈流民死傷堪憫疏〉，《兼濟堂文集》，光緒十年重刊本，卷 1，頁
　　20。

14　崔國榜修，金益謙等纂，《興國縣志》，同治十一年刻本影印，卷 31，祥異

氾濫成災，尤其在湖南、湖北、江西等省低窪地區，一遇豪雨便成水鄉澤國，使得罹災百姓不得不輾轉流徙。《清史稿‧災異志》記載清代長江流域所發生的重大水災有 85 次，其中 55 次發生在湖廣。雍正四年（1726），湖廣遭受水災，沔陽、潛江等十州縣饑民扶老攜幼絡繹於途，往河南逃荒，[15]乾隆初年，湖廣總督孫嘉淦曾說：「荊、襄、安、漢諸府，無年不有水患」。[16]乾隆五十三年（1788）六月，長江支流岷江、沱江、涪江地區連降暴雨，引發山洪奔湧。川水匯入長江後與三峽間洪水相遇，激盪成罕見的洪患。上游忠縣、豐都、萬縣均遭淹沒，由於上游沿江城鎮地勢較高，受災範圍尚小。中游地區受災最重，湖北三十六州縣被淹，長陽一帶水深達 8、9 尺至丈餘不等。江陵因萬城堤潰，城垣倒塌無數，水淹達 1 丈 7、8 尺，城廂內外淹死 1,700 多人，房屋倒塌 4 萬多間。不少村落一片汪洋，人民漂溺無數，到處是一片悲慘景象。[17]

　　在當時防治洪澇，唯有築堤一途，堤壩越建越高，一旦堤潰所帶來的災害越大。洪水的顯著特點是其爆發的突然性與破壞性，河流的水量增長，可以在幾天之內就氾濫成災，當堤壩沖毀，沒多久洪水即可吞沒廣大的地區，莊稼淹沒，牲畜溺斃，房屋倒塌，人民資生憑藉之物蕩然遽盡；水退之後，被水淹過的土地，在地面上留有含鹼性化合物遭到分解後的白色沉澱，土質破壞，不易恢復原狀，影響農作物生長，時間越久受害越深。有時水中含沙，土地被淹後滿覆著泥沙、碎石等淤積物，生態環境惡化，亦不利耕種。雍正三年（1725），黃河決口，河南陽武一帶被淹，

---

　　志，頁 4。收入《中國地方志集成‧江西府縣志輯》（南京：江蘇古籍出版社，1996 年），第 78 冊。

15　《宮中檔雍正朝奏摺》，第 6 輯（臺北：國立故宮博物院，民國 67 年），雍正四年十月初十日，署理湖廣總督印務都察院左都御史傅敏奏摺，頁 728。

16　《清高宗純皇帝實錄》（三），卷 171，乾隆七年七月丙戌，湖廣總督孫嘉淦奏，總頁 181。

17　孟昭華編著，《中國災荒史記》（北京：中國社會出版社，1999 年），頁 662。

土地皆變成鹽鹼地，中牟縣田土砂化程度最重。[18]嘉慶十六年（1811），奉天所屬岫巖遭海水潮淹，鹹氣深入，寸草無遺，田被鹹傷，良田成為鹵地，二、三年內無法耕種。[19]受害農田不僅在受災時不能耕種，每一次巨災後，荒地面積必然增加，導致耕地面積縮小，糧食產量減少，遭受洪水肆虐的災民只能迅速逃離家園，很快即面臨生存的問題。

　　旱災是一種漸進式的災害，隨著雨水缺乏期限延長，導致莊稼枯萎，收成無望。一場旱災可以持續幾個月，甚至一年或更久。十五世紀起，中國大陸進入由暖變冷、由溼轉乾的週期，寒冷地帶向南推移，太湖結冰達數尺之厚，柑橘全部凍死。[20]這種現象導致黃河流域氣溫更低，自然條件更加嚴苛，農作物生長期和無霜期縮短，春旱發生頻繁。黃河中下游地區雖有悠久的耕作歷史與先進的農業技術，在自然生態轉變的情形下，農業生產環境變得苛刻而艱難。

　　順治十二年（1655），浙江湖州等地大旱，禾苗盡枯；康熙十年（1671），桐鄉亢旱，赤地千里。[21]乾隆四年（1739），山東郯城至蒙陰一帶遭旱，作物歉收，人民拋棄故土，流往鄰省避災求生。沂州府一帶數百里，先旱後水，二麥無法播種，流民流往湖廣、江西者近萬人。[22]淮北地區亦因連歲荒歉，房屋幾十室九空，牛損七八；江蘇沛縣受災，饑民採食野草，多致死亡。[23]乾隆三十五年（1770），甘肅大旱，民死澗谷，屍骸堆積，千里不絕，鴉啄人腸，鳴飛林間，枝上弔掛縷絡。隴坂災民無以維生，鬻妻

---

18 《清世宗憲皇帝實錄》（一）（北京：中華書局，1985 年），卷 30，雍正三年三月丁未，諭旨，總頁 451。

19 《起居注冊》（臺北：國立故宮博物院藏，未出版），嘉慶十六年十二月二十日，諭旨。

20 王會昌，《中國文化地理》（武昌：華中師範大學出版社，1992 年），頁 83。

21 《清史稿校註》，第 2 冊，卷 43，災異志，頁 1556。

22 《乾隆朝上諭檔》，第 1 冊（北京：檔案出版社，1991 年），乾隆五年六月初四日，內閣奉上諭，頁 560。

23 《清高宗純皇帝實錄》（三），卷 161，乾隆七年二月戊午，江蘇巡撫陳大受奏，總頁 31。

賣兒，裝於木籠，每籠 2 人，載於驢背，平涼知府顧光旭命守門者登記其數，僅平涼府，五個月內共運出 67,000 餘人。[24]旱災和水災的後果一樣，都會有食物短缺，人口流離，牲畜與種子減少或缺乏等現象，但旱災所面對的危機情況較水災緩慢得多。因此，政府有較多時間來做各方面的準備與調度工作，如探討問題的發生原因，調查災害的範圍與程度，安排缺糧地區糧食的轉運調度等等。

水旱災後，常伴隨其他災害，如康熙二十三年（1684）八月，四川江安縣發生大水，三旬始消，該年「大饑瘟疫」。[25]康熙三十年至三十二年（1691～1693），陝西西安、鳳翔等處連年凶荒，疾疫繼之，閭閻失業，米價騰貴，民艱於食，播遷離散者甚眾。[26]西安附近的臨潼縣十分之七的人口田地拋荒，家業盡棄，離鄉而去。[27]康熙四十二年（1703）春，山東文登縣大水，五月大旱，八月不雨、大疫，民死幾半。[28]

蟲災方面，從清代檔案中可知，蟲災多聚焦在蝗蟲之災上。蝗蟲由於口器特別，無論是植物的莖、葉或樹皮都能啃食。若探究其喜好，蘆葦是其主要喜歡的植物，次為禾科植物。由於蝗蟲繁衍龐大，使其饑不擇食，無論是麥類為主或水稻為主的作物，也成為其啃食的對象，因此在食物上與人類形成競爭的關係。雍正時期，廣東巡撫年希堯在奏摺中即提到蝗蟲過境的嚴重程度：

> 六月初間至江南臨淮縣，自臨淮至山東滕縣止，一路飛蝗，將庄稼俱喫殆盡。自京回廣，七月內由滕縣至臨淮，蝗蝻

---

24　王昶，〈署四川按察司使顧君光旭墓誌銘〉，錢儀吉等纂錄，《碑傳集》，卷86，頁 16。收入《清代傳記叢刊》（臺北：明文書局，民國 74 年），第 110冊。

25　嚴希慎等纂修，《江安縣志》，民國 12 年鉛印本，卷 4，祥異志，頁 50。

26　《起居注冊》，康熙三十年十月十六日、康熙三十年十一月十四日、康熙三十一年二月初四日、康熙三十一年十月初四日、康熙三十二年十月初十日，諭旨。

27　俞森，《郎襄賑濟事宜》，總頁 25。收入《叢書集成新編》（臺北：新文豐出版社，民國 74 年），社會科學類，第 33 冊。

28　《清史稿校註》，第 2 冊，卷 40，災異志，頁 1482。

滿地，厚有尺餘，不但庄稼喫盡，連草子亦不曾留。[29]

統計清代史書記載，蝗災分佈主要在華北地區，即黃河下游的直隸山東等地、淮河流域、兩江地區記載較多；每當地土亢旱之時，蝗蟲的幼蟲蝻子最易蠢動，造成大規模的蝗災。順治年間，曾任左都御史的魏裔介在勘查蝗災時，親見百姓面對蝗災無可奈何，放聲悲號：

> 海內生靈，當兵荒蹂躪之後，骨立而存，實萬死之餘，幸出水火登衽席。不意蝗災流行秦、晉、燕、趙，剝食甚慘，百姓迎蝗陣而跪禱，大聲悲號。三春勞苦，盡成枯幹，慘苦之狀，不忍見聞。[30]

康熙六年（1667）夏，江蘇清河縣蝗蟲入境，「食草根略盡，赤地千里」。[31]康熙十年（1671），安徽盱眙縣大旱，自三月不雨；至八月，蝗食禾稼殆盡，民剝樹皮掘石粉充饑；冬大寒雨雪，民多死者。[32]康熙四十三年（1704），山東霑化縣「旱蝗大饑，斗米千錢，民食草木及土輒枯死」。[33]雍正五年（1727）春，山東齊河縣遭逢蝗災，「二麥秋禾，十傷九八」。[34]乾隆五十六年（1791）六

---

29 《宮中檔雍正朝奏摺》，第 1 輯（民國 66 年），雍正元年八月二十四日，廣西巡撫年希堯奏摺，頁 649。

30 魏裔介，〈踏勘蝗災議〉，賀長齡、魏源等編，《清經世文編》（北京：中華書局，1992 年），卷 45，戶政，荒政，頁 18。

31 胡裕燕等修，吳昆山等纂，《清河縣志》，光緒二年刊本影印，卷 26，祥祲志，頁 27。收入《中國方志叢書・華中地方・江蘇省》（臺北：成文出版社，民國 72 年），第 465 號。

32 王錫元等纂，《盱眙縣志稿》，光緒十七年刊本二十九年重校本影印，卷 14，祥祲志，頁 25。收入《中國方志叢書・華中地方・安徽省》（臺北：成文出版社，民國 59 年），第 93 號。

33 聯印修，張會一等纂，《霑化縣志》，民國 20 年手抄稿本影印，卷 14，祥異，頁 7-8。收入《中國方志叢書・華北地方・山東省》（臺北：成文出版社，民國 57 年），第 16 號。

34 楊豫等修，閻廷獻等纂，《齊河縣志》，民國 22 年鉛印本影印，卷首，大事記，頁 9。收入《中國方志叢書・華北地方・山東省》（臺北：成文出版社，民國 57 年），第 6 號。

月，山東寧津、東光大旱，飛蝗蔽天，田禾俱盡。[35]蝗蟲過境，
如烏雲蔽日，頃刻田間一片狼籍，殘禾在地，餘梗無穗，或禾稼
殆盡，一望盡赤。

　　除了水、旱、蝗災外，地震、冰雹、霜凍、海潮、瘟疫等亦
造成重大災害。清朝有關自然災害導致受災人口的具體記載資料
缺乏，無法做精確的統計，僅能從零星的史料中片面呈現端倪。
順治年間，除了流寇和南明殘餘勢力待敉平，且「水旱南北同災，
直省饑饉並報，……大兵、大旱、大水，並集一時」。[36]乾隆三年
（1738），直隸六十八州縣水災，安徽四十七州縣旱災，應賑濟
306萬人；乾隆十二年（1747），山東九十州縣水災，應賑濟500
萬人；乾隆二十二年（1757），河南四十八州縣水災，應賑濟149
萬人。[37]嘉慶十五年（1810），山東春夏遇旱，直隸七州縣遭水，
浙江地震，湖北雨雹，約計死亡900萬人；嘉慶十六年（1811），
山東旱災，直隸水災，甘肅疫災，四川地震，約計死亡 2,000 萬
人。[38]水旱災害造成巨大的損失，以道光元年至三年（1821～1823）
直隸省為例，朝廷對於災民賑濟蠲緩不下 600～700 萬兩，百餘州
縣兩年免繳納糧食不下 7,000～8,000 萬石，浸淹房屋及毀損器物
不下千餘萬兩，公私耗損財用合計不下億萬兩。[39]

　　清人張應昌所編的《清詩鐸》中，有一首〈淮上流民歎〉，
唱出了頻遭水旱侵襲的淮河流域百姓心中的痛苦：

　　淮河歲歲漲，動以鄰為壑。

　　山清高寶水中央，十戶九家歎漂泊。

---

35 《清史稿校註》，第 2 冊，卷 40，災異志，頁 1464。

36 王永吉，〈請採輿議以濟時艱疏〉，琴川居士編，《皇清奏議》（臺北：文海
　　出版社，民國 56 年），卷 4，頁 39-40。

37 《硃批奏摺》，乾隆三年十二月初九日，孫嘉淦奏稿；乾隆三年十二月十二
　　日，晏斯盛奏稿；乾隆十三年四月二十九日，劉統勳等摺；乾隆二十二年
　　六月初六日，晏斯盛摺。轉引自李向軍，《清代荒政研究》（北京：中國農
　　業出版社，1995 年），頁 62。

38 鄧雲特，《中國救荒史》，頁 141。

39 程含章，〈總陳水患情形疏〉，《清經世文編》，卷 110，工政，直隸河工，頁
　　13。

去年水來田始耕，今年水來田未成。

終年種田無一粒，萬目懸懸水上泣。

西家無田散四方，東家有田亦水荒，有田無田皆逃亡。

夫擔簦，婦攜筐，零丁躑躅來他鄉。

他鄉不比故鄉苦，便到他鄉誰是主？

去年施粥在揚州，但道揚州為樂土。

朝亦不得栖，暮亦不得栖，黃昏空巷風露淒。

富家大屋牢雙扉，暫從簷下相為依。

無端猛雨深濺泥，男方呻吟女又啼。

偋偋滿街面如墨，官來議賑心孔亟。

朝廷日費百萬錢，供爾流民纔一食。

君不見安瀾之慶誠為多，若要治民先治河！

不爾其奈哀鴻何，橫流誰使年年甚。

此咎須知水不任，嗚呼！水不任咎竟誰任？[40]

十七、十八世紀的中國，在朝代更迭戰爭過後，各方面逐漸步入正軌，至清高宗時國勢達於鼎盛，各方面繁榮發展，促使人口增加與耕地開墾擴大。然而土地的增墾，卻使生態環境遭受破壞，反增加自然災害發生的頻率和破壞性。據《清實錄》統計，康熙三十九年至嘉慶五年（1700～1800），一個世紀裡全國共發生自然災害 1,468 次，康熙三十九年至六十一年（1700～1722）計 148 次，雍正年間共 134 次，乾隆時期 1,140 次，嘉慶元年至五年（1796～1800）有 46 次。[41]從發生頻率來看，康熙朝後二十二年平均自然災害年發生率近 7 次，雍正朝約 10 次，乾隆朝 19 次，有逐漸上升的趨勢。

## 二、災後的人口流遷

由於洪水、乾旱、地震、蟲害、暴風雨等因素的侵擾，一方

---

40 張雲璈，〈淮上流民歌〉，《清詩鐸》，卷 4，河防，頁 120。
41 陳振漢等編，《清實錄經濟史資料》，農業編，第 2 分冊，頁 696-706。

面使人口蒙受重大的損失；再者這些因素又干擾糧食生產，造成
糧食缺乏，食物供應不足，饑荒形成。乾隆八年（1743），直隸發
生饑荒，極貧人家多以草實水萍充饑，情狀悲慘。[42]天災流行，
古之常事，當賑濟不及，儲糧耗盡，災民只得找尋糧食的替代品，
如野菜、糠秕、樹皮、草根等，藉以果腹；等到樹皮、草根亦食
之殆盡，只好服食泥土一類礦物質，以取得飽脹感。如山西災荒
之記載：

> 比聞乏食窮民，所在剝樹皮、掘草根以為糧。又其甚者，
> 黃河以北，有土一種，名曰交泥，其味頗甘，入口能化，
> 饑不擇食，用以充腸。然五穀之資，可以養人，未聞有食
> 草樹土塊而能生者。繼聞孩提幼子，貪食甘土，止圖果腹，
> 不數日，僵而死耳。[43]

此處所謂「交泥」，很可能是其他地方常提到的「觀音土」，以熱
水調之，與米粉相似，但功效頗令人懷疑，有謂其「土性善墜，
食之每患下重之疾」。[44]

　　災害對一時一地的經濟形成破壞，人民為求生或避難，於是
向外地尋求生存機會，形成人口流徙現象。因災荒而引發人口之
流移現象，官私記載亦多所闕漏，無確實數目可資統計；從文獻
檔案片段記載中，推估其數量應不在少數。順治十年（1653）七
月，直隸、山東地區由於霖雨不停，河水汜漲。沿河一帶，城郭
廬舍，盡皆漂沒。其被水諸處，萬民流離，扶老攜幼，多就食山
東。當時山東除被水州縣外，其餘秋成豐稔地方可安置災民。但
因「逃人法」（見附錄一）嚴，無敢收留者，致流民轉徙載道。[45]

---

42 方觀承輯，《賑紀》，卷 3，頁 13。收入《四庫未收書輯刊》（北京：北京出
　　版社，1997 年），第 1 輯，第 25 冊。

43 胡煦，〈上隆太宰買米備賑書〉，《清經世文編》，卷 44，戶政，荒政，頁 8。

44 沈星標修，曾憲德等纂，《京山縣志》，光緒八年刻本影印，卷 1，祥異，頁
　　4。收入《中國地方志集成·湖北府縣志輯》（南京：江蘇古籍出版社，2001
　　年），第 43 冊。

45 《內閣大庫檔案》（臺北：中央研究院歷史語言研究所藏，未出版），155786
　　號，順治十年七月初七日，吏科給事中王楨揭帖；《清世祖章皇帝實錄》（北

康熙十九年（1680），清聖祖曾對災民流徙在諭旨中指示，各地多
有饑饉，已遣官賑濟，目見京師附近，四方饑民流移在道，深為
憫惻，若不速為安插，將來必至鬻兒賣女，難以為生。應設法令
其回歸原籍，囑地方官妥為安輯復業。[46]康熙三十七年（1698），
清聖祖巡行至天津，曾見山東百姓因遭荒歉，棄其家業，攜妻帶
子流離轉徙，至直隸者眾。[47]康熙四十三年（1704），華北地區發
生旱災，連年歉收，民生饑饉，山東與直隸等地饑民流至京師者
幾達數萬人。[48]康熙四十九年（1710），總理糧儲提督軍務張伯行
因數年來江蘇地區相繼發生水旱災情，奏陳請賑饑民並加賑災
漕，以防災民乏食而仍致流移：

> 江蘇等屬，賦額繁重，淮、揚、徐地方土瘠民貧，比年水
> 旱相仍……上年夏被水災，州縣衛乏食軍民已經前撫臣於
> 淮題准動支司庫。康熙四十七年留漕平糶價銀壹拾萬兩，
> 大口給銀三錢，小口給銀壹錢伍分，按口散賑。部文令將
> 四十九年文職官俸役食扣捐還項，各屬災黎均沾實惠。但
> 內有海、高等十三州縣並徐州一衛復被秋災，民生更為困
> 苦，目下春氣尚寒，麥秋未屆，覓食無從，若不再為設法
> 拯救，誠恐仍致流移。[49]

康熙末年雍正初期，兩湖、贛、粵災民因避災荒流移至四川者亦
不少。雍正三年（1725），天津陰雨不停，陸地諸水橫流，城外一
片汪洋，村田淹溺，鄰近山東、河南亦皆被水，以致米價騰貴，

京：中華書局，1985 年），卷 77，順治十年七月壬寅，吏科右給事中王楨
奏，總頁 607。
46 陳田、吳懷清纂輯，《食貨志》（臺北：國立故宮博物院藏，史館檔，未出
版），戶口 41，安插流民，文獻編號 212000131。
47 《起居注冊》，康熙三十七年五月初十日，諭旨。
48 《清聖祖仁皇帝實錄》（三）（北京：中華書局，1985 年），卷 215、217，
康熙四十三年三月辛酉、康熙四十三年十月甲戌，諭旨，總頁 184、198。
49 《宮中檔康熙朝奏摺》，第 2 輯（臺北：國立故宮博物院，民國 65 年），康
熙四十九年二月初三日，總理糧儲提督軍務張伯行奏摺，頁 425-426。

窮民難以度日，往山海關外就食者甚多。[50]

　　雍正八年（1730）夏，直隸、山東、河南、江南發生水患，貧民覬覦有糧之家，每於夜間群相借貸，經過數次，有糧之家亦轉爲乏食；集場街市有將孩童插標出賣，並有搶奪餑餑以苟延性命之人；乏食饑民衣衫襤褸，鳩形鵠面，沿路求乞，相繼流往異地謀生就食。雍正九年（1731）五、六月間，山東、直隸、河南等地雨澤愆期，農民擔心秋收無望，而江南徐州處又發生黃河決口，窮民多絡繹於途遷徙他處趁食。就《宮中檔雍正朝奏摺》及《雍正朝漢文硃批奏摺彙編》中檔案，以具奏時間先後，將雍正八年至十年（1730～1732）直隸、山東、河南、江南等地受災饑民流出流入地及口數整理如下表：

**表 2-1-2：雍正八年至十年直隸山東河南江南等地流民流徙概況表**

| 具奏時間 | 具奏人 | 流出地 | 流入地 | 口數 |
|---|---|---|---|---|
| 雍正八年（1730）十一月二十九日 | 湖廣總督邁柱 | 山東、河南 | 湖北武昌、漢口、麻城、黃安、羅田等縣 | 不詳 |
| 雍正八年（1730）十二月初二日 | 署兩江總督史貽直 | 山東等處 | 安徽合肥縣 | 每日數起不等 |
| 雍正八年（1730）十二月初四日 | 江西巡撫謝旻 | 山東袞州等處 | 江西南昌、饒州、九江等府江西南昌縣、新建縣 | 不詳78名口 |
| 雍正九年（1731）二月初十日 | 山西巡撫覺羅石麟 | 直隸獻縣、寧津縣 | 山西陽曲縣 | 25名口 |
| | | 直隸獻縣 | 山西榆次縣 | 17名口 |
| | | 直隸寧津縣 | 山西徐溝縣 | 4名口 |
| | | 山東東平州 | 山西黎城縣 | 16名口 |
| | | 山東歷城縣 | 山西嶧縣 | 9名口 |
| | | 江南邳縣 | 山西樂平縣 | 5名口 |
| | | 江南壽州 | 山西平遙縣 | 10名口 |

50　《宮中檔雍正朝奏摺》，第 3 輯（民國 67 年）雍正三年七月二十一日，大理寺卿長蘆鹽政莽鵠立奏摺，頁 710。

| 雍正九年（1731）三月初十日 | 江西巡撫謝旻 | 山東袞州等府<br>江南淮安等府<br>河南汝寧府 | 江西南昌、新建、德化、湖口、鄱陽、浮梁等縣 | 308 名口<br>27 名口<br>28 名口 |
|---|---|---|---|---|
| 雍正九年（1731）三月二十一日 | 湖廣總督邁柱 | 河南<br>山東<br>江南<br>直隸 | 湖廣<br>湖廣<br>湖廣<br>湖廣 | 160 名口<br>705 名口<br>142 名口<br>9 名口 |
| 雍正九年（1731）七月初九日 | 署河南巡撫張元懷 | 直隸、山東<br>河南彰衛二府 | 河南 | 每日 7、8 起至 10 餘起 |
| 雍正九年（1731）八月二十二日 | 署河南巡撫張元懷 | 江南徐州蕭碭二縣 | 河南 | 不　詳 |
| 雍正九年（1731）十一月二十九日 | 兩江總督尹繼善 | 山東郯城、滕縣、沂州等處 | 江南 | 不　詳 |
| 雍正九年（1731）十二月初六日 | 湖北巡撫王士俊 | 山東 | 湖北江夏縣<br>漢陽縣<br>黃陂、黃岡、應山、監利等縣 | 560 餘名口<br>360 餘名口<br>110 餘名口 |
| 雍正十年（1732）二月十六日 | 江西巡撫謝旻 | 山東 | 江西 | 487 名口 |
| 雍正十年（1732）十一月初三日 | 湖北巡撫王士俊 | 山東郯城、沂州等處 | 湖北江夏、漢陽二縣 | 168 戶 570 餘名口 |
| 雍正無年月 | 山西布政使蔣泂 | 直隸、山東、江南、河南 | 山西太原等府 | 246 名口 |
| 雍正十一年（1733）二月初六日 | 河東總督王士俊 | 山東 | 湖北 | 3000 餘名 |

資料來源：《宮中檔雍正朝奏摺》（臺北：國立故宮博物院）、《雍正朝漢文硃批奏摺彙編》（上海：江蘇古籍出版社）。

雖然當時人口流動的統計數字資料並不完全，但從上表中可

以看出雍正八年至十年（1730～1732）與順治十年（1653）山東、直隸流民流移的範圍相比明顯擴大，不再僅限於鄰邑或鄰省，往南、往西方向擴及於長江流域的主要糧食供應地江西、湖廣及安徽、江南、山西等地。康熙末年已露端倪的人口壓力，正逐漸顯現其影響，向來人口眾多地區，遇上自然災害的催化，使得人口往相對人口壓力較輕或產米區流徙。

　　山東是中國有名的重災區之一，據統計，在清朝二百六十八年中，曾發生旱災 233 次，澇災 245 次，黃、運洪災 127 次，潮災 45 次，可見其頻繁。[51]各縣志記載：肥城縣，每當災荒發生，處處可見人民流亡載道，餓殍遍野；[52]蓬萊縣，全境地少土薄，豐年尚且不敷所用，一遇凶歉，愈不能不仰食奉省，流亡關外謀生；[53]郯城地區，十年九災，人民迫於饑寒，游食四方，浸以成俗，久而習爲故事；[54]歲歉則輕去其鄉，奔走京師、遼東、塞北者多，甚有挈家逃亡者。康熙六十年至六十一年（1721～1722），山東濟、袞、東三府歉收嚴重，麥秋兩失，十室九空，作物無收，草根樹皮亦剗剝殆盡，東省百姓鬻妻賣子求售無門，流離載道，急待拯救。[55]自然災害肆虐的後果，農業經濟遭受破壞，人口流離死亡者多。乾隆十一年（1746）、十二年（1747）山東省連續水災，災情甚重，清高宗曾目睹溝壑流離之慘，日夜焦勞，頗爲掛心。僅乾隆十二年（1747），《清實錄》中就有多次記載災民出口闖關的情形，如該年二月初七日，清高宗在諭旨中即言：「聞東省窮民，出外者甚眾」，二月初八日又言：「山東流民，出口覓食」，

---

51　袁長極等，〈清代山東水旱自然災害〉，《山東史志資料》，1982 年第 2 輯，頁 150。

52　曾冠英等續纂修，《肥城縣志》，嘉慶二十年雕本，卷 8，風俗志，頁 3。

53　王文燾重修，張本等纂，《蓬萊縣志》，道光十九年刊本，卷 5，食貨志，頁 4。

54　李希賢修，潘遇莘等纂，《沂州府志》，乾隆二十五年刊本，卷 4，輿地志，風俗，頁 13。

55　《宮中檔雍正朝奏摺》，第 1 輯，雍正元年二月缺日，山東道監察御史張令璜奏摺，頁 111-112。

「古北口等處，流民四出，近日至二、三千人之多」。[56]嘉慶十六年至十七年（1811～1812），山東連續大旱，饑荒嚴重，民多逃亡。盛京將軍和寧在奏摺中提到：「奉天海口自開凍以來，山東民人攜眷乘船來岸者多，咸稱因本處年成荒歉，赴奉謀生。各貧民已渡至海口，人口較多，勢難阻回」。[57]累積以往災荒經驗，以致於到後來一有饑荒徵兆，人民即慌忙逃往他方，走上離鄉背井的悽慘道路。山東南部的沂州府郯城、蘭山二縣，地勢低窪，往往久而不雨則旱，一旦遇雨則災。饑民游食四方，蔚以成俗，有北走關東，西出口外，南渡江淮，遠至福建，攜孥擔橐，邀伴偕出，人曰逃荒，恬不為怪，到處流亡，四海為家，幾與安徽鳳陽游民相同。[58]山東因水道梗塞，久未疏通，沂、郯等處上游雨水盛漲，建瓴而下河道無法容納，遂流注駱馬湖，衝決河塘兩岸，淹浸民田，致使百姓蕩析離居。山東遭遇水患漫溢，鄰近省份亦受波及，如江南淮海一帶州縣皆受浸漫淹傷。[59]

　　面臨災害，遭遇饑荒，首先影響的是處於社會邊緣的窮困者，這些人平時生活就常無以為繼，若遇災荒歲月，更時時處於餓死邊緣。隨著時間的推移，災情若無改善，則影響範圍隨之擴大，由最貧困者到次貧，漸次擴及到小康之家，或甚而連富裕家室也不可避免。饑民數量不斷增加，顯示逃荒隊伍擴大的可能。

　　由於自然災害形成人口流遷，清廷迫不得已對於原先封禁之區暫時解禁，如雍正元年（1723），因為河北、山東一帶發生嚴重的災害，因此頒布「借地養民」令。[60]雍正八年（1730），直隸宣

---

56 《清高宗純皇帝實錄》（四）（1985年），卷284，乾隆十二年二月丁卯、戊辰，諭旨，總頁704、706。

57 《清仁宗睿皇帝實錄》（四）（1986年），卷256，嘉慶十七年四月丙午，諭旨，總頁457。

58 李希賢等修，潘遇莘等纂，《沂州府志》，卷4，輿地志，風俗，頁13。

59 《乾隆帝起居注》（七）（桂林：廣西師範大學出版社，2002年），乾隆十三年五月初二日，頁106～107。

60 蒙古喀喇沁右翼旗檔案中有記載：「雍正元年及二年，內地連年歉收，以致饑饉艱窘，故由國家頒令暫借我蒙旗地方遷民散居救急。」見《令卓盟喀

化府之西寧、蔚州、懷安等處，因夏秋缺雨，禾稼歉收，致使人民生活艱窘，流往口外就食。[61]乾隆八年（1743），直隸天津、河間等府發生大旱，失業流民紛紛出關至口外蒙古和盛京等地就食求生。清廷為防災民發生動亂，特行文密諭邊口官弁：「如有貧民出口者，門上不必攔阻，即時放出」。[62]乾隆三十九年（1774），又因關內發生災歉，朝廷飭令地方官員勿阻攔貧民出口覓食；五十五年（1790），直隸省京南地區發生旱災，朝廷不但宣佈不禁阻往蒙古地方謀生，且諭令京南、熱河道府就近曉諭災民，由張三營、波羅河屯等處，分往蒙古地方就食。該年關東盛京及土默特、喀爾沁、敖漢、八溝、三座塔一帶豐收，災民可各赴豐稔地方，傭工覓食，待家鄉麥收有望，再回鄉里。[63]乾隆六十年（1795）到嘉慶九年（1804），北方和南方接連發生水旱災荒，在發生災荒處，百姓挖草根、食樹皮，甚至易子而食，四處逃荒求食者不可勝數。

　　災害引起饑荒，災民成為流民，歷代皆有，清朝亦未徹底解決問題，如何落實社會救濟政策和解決流民的流遷是重要的課題。中國土地廣大，若遇饑荒，產生大量災民、饑民流徙輾轉各地覓食，對中央來說，這些流民勢難掌控其去向，流往他處後更加難以控管，易造成治安問題，增加社會的動盪不安，甚且直接威脅到政權的穩定。所以每當有災荒發生，在上者擔憂莠民夾雜在災民中，煽惑起事，製造禍端；也擔心受災百姓忍饑無方，恐易為亂。再者災民離鄉後，地方賦稅徵收也成問題，稅收短缺影響國家財政。所以朝廷對流民問題不敢忽視，除制定法律制止災民往赴他鄉，更要官員多加注意外來流民，妥為照料，或就地安

---

喇沁右旗公署》，蒙藏委員會旨令，蒙字第 95 號。全宗號 439，卷號 27。內蒙古檔案館復印件。轉引自張植華，〈清代蒙漢民族關係小議 —— 讀史劄記〉，《內蒙古大學學報》，1992 年第 3 期，頁 63-64。

61　《起居注冊》，雍正八年七月二十八日，諭旨。
62　《清高宗純皇帝實錄》（三），卷 195，乾隆八年六月丁丑，諭旨，總頁 508。
63　《清高宗純皇帝實錄》（一八）（1986 年），卷 1408，乾隆五十七年七月辛丑，諭旨，總頁 924。

插，或視適當時機予以遣返故里。

# 第二節　兵燹人禍

　　明朝末年，流寇為亂，滿人入關，在統一全國的軍事行動和圈地、薙髮令的實施下，遭到南明政權的抵抗，及人民激烈的反抗。清廷採取血腥鎮壓，大肆屠戮百姓，造成農民大量流離、死亡，田土嚴重荒廢，人口的減少與荒地的增加形成強烈對比，北方因此極目荒涼，萬戶蕭疏，一片凋敝景象。例如直隸，地畝荒蕪，百姓流亡十居六七；[64]過去經濟較發達的山東也「一戶之中止存一、二人，十畝之田止種一、二畝」；[65]腹心之地的河南，由於兵火不息，滿目榛荒，人丁稀少；[66]山西百姓逃亡最多，生齒凋耗，荒地甚多，無人開墾，錢糧亦無由追徵；[67]陝西、甘肅一帶，除了近城平衍處有民種熟田，其餘荒蕪彌望，久無耕耨之迹。[68]而南方亦城鄉蕭條，松江、漳州、廣州、南昌等城市備受摧殘，著名的「揚州十日」、「嘉定三屠」因此產生，此外大大小小的戰役不斷，造成人民多遭慘殺，田土盡成丘墟。順治四年（1647），巡按御史張懋熺就任湖南，從岳州到長沙，沿途不見人煙，只能

---

64　《清世祖章皇帝實錄》，卷 12，順治元年十二月庚申，真定巡按衛周允疏，總頁 114。
65　《清世祖章皇帝實錄》，卷 13，順治二年正月己丑，總督河道楊方興疏，總頁 119。賈漢復修，沈荃編纂，《河南通志》，順治十七年刊本，卷 11，戶口，頁 1，記載：「明嘉靖間，豫戶贏六十餘萬，口贏五百餘萬。厥後流氛浸熾，屠掠無遺，共存者僅什之一二。」
66　李人龍，〈墾田宜寬民力疏〉，《皇清奏議》，卷 4，頁 51。
67　彭雨新編，《清代土地開墾史資料匯編》（武昌：武漢大學出版社，1992 年），順治十三年四月十九日，山西布政使彭有義奏摺，頁 15。陳應泰，〈整頓邊圍疏〉，《皇清奏議》，卷 9，頁 23，記載：「三晉之民，連遭冰雹，疊受寇殘，逃亡最多，而廬舍邱墟，土田荒廢，匪朝伊夕矣！」
68　《明清史料》（臺北：中央研究院歷史語言研究所員工福利委員會，民國 61 年），甲編，第 3 本，順治七年八月十九日，陝西三邊總督孟喬芳揭帖，頁 269。

夜宿草中，盡食樹下，進入長沙，見城中房舍皆無，民皆棄家遠遁。[69]可想像當時的慘況，而這些慘況正是兵燹人禍所引起的。

順治元年（1644），清兵入關，由天津逃往海上避亂之民萬千餘戶。[70]受兵燹影響，朝廷下令對新墾荒地俱免租稅一年，但河南省黃河以北府州縣荒地多至 94,500 餘頃，無人耕種。[71]順治六年（1649），清世祖曾諭示內三院：「兵興以來，地多荒蕪，民多逃亡，流離無告，深可憫惻」！[72]連年戰爭，兵差繁重，百姓不得不四散而逃。順治八年（1651）正值軍興之際，江西南贛地區官兵往來不絕，徵調之事絡繹不止。查民戶口，百不存十；稽核荒田，盈千累萬。「索船索夫，動輒千百；需糧需草，艱難萬倍。民既受其苦累，官亦難免捶楚。哀哉孑遺，能保其不逃而死者幾希矣」！[73]當時全國百姓納賦之田僅 2,908,584 頃，與天啓六年（1626）7,439,319 頃相比，約僅三分之一，[74]可見農民脫離戶籍，奔散逃亡的情況極為嚴重。延續四十多年的戰亂動盪，使社會經濟遭到嚴重的破壞。湖廣地區，彌望千里，絕無人煙。[75]素有「天府之國」美名的四川，到康熙十年（1671）仍然是有可耕之田，而無耕田之民。[76]不少地區在戰亂之後，仍處於驚惶狀態，田地失耕，人民流移。

---

69 《明清史料》，丙編，第 7 本，順治四年六月缺日，湖南巡按御史張懋熺揭帖，頁 608。
70 未著纂輯者，《食貨志》（臺北：國立故宮博物院藏，史館檔，未出版），戶口，文獻編號 212000189。
71 呂佺孫、孫銘恩纂輯，《皇朝食貨志》（臺北：國立故宮博物院藏，史館檔，未出版），屯墾 1，民墾，文獻編號 212000456。
72 未著纂輯者，《食貨志》，戶口 1，文獻編號 212000191。
73 彭雨新編，《清代土地開墾史資料匯編》，順治八年九月二十六日，巡撫南贛等地劉武元題本，頁 6-7。
74 江立華、孫洪濤，《中國流民史·古代卷》（合肥：安徽人民出版社，2001年），頁 63。
75 劉餘謨，〈墾荒興屯疏〉，《清經世文編》，卷 34，戶政，屯墾，頁 24。
76 《清聖祖仁皇帝實錄》（一），卷 36，康熙十年六月乙未，四川湖廣總督蔡毓榮疏，總頁 485。

# 一、八旗圈地

八旗圈地指「圈佔民地」與「撥補兌換」二事，為清初一大秕政。滿清入關，建都北京，為安置東來諸王勳臣士兵，把近畿一帶無主荒田及明朝皇親、駙馬、公、侯、伯、太監等的莊田，分賞與八旗官兵。順治元年（1644）十二月，正式頒佈圈地令：

> 我朝定都燕京，期於久遠，凡近京各州縣無主荒田，及前明皇親、駙馬、公、侯、伯、內監歿於寇亂者，無主莊田甚多。爾部清釐，如本主尚存，及有子弟存者，量口給與；其餘盡分給東來諸王、勳臣、兵丁人等。蓋非利其土地，良以東來諸王、勳臣、兵丁人等，無處安置，故不得已而取之。可令各府州縣鄉村，滿漢分居，各理疆界，以杜異日爭端。[77]

因皇莊與民田犬牙相錯，為避免日後有爭端，令滿漢分居，乃有兌換之制。朝廷傳諭：「凡民間房產有為滿洲圈佔、兌換他處者，俱視其田產美惡速行補給，務令均平」。[78]此說明在滿、漢分居的情形下，百姓的土地、房屋皆為其圈佔的對象。諭旨中所言「非利其土地」，正解釋人民被強奪之無奈與痛苦。第一次圈地，圈佔民間土地並不多，在「撥補兌換」時尚能注意田產的美惡與均平，故擾民不甚。

順治二年（1645），土地圈佔的範圍擴大到河間、灤州、遵化等府州縣，凡「無主之地，查明給與八旗下耕種」。[79]此次圈地圈了許多民田屋舍，雖有「撥補兌換」之制，究能實行到何種程度，令人懷疑。事實上，「圈撥之地，或以他縣抵補，或虛懸竟未

---

77 陳田、李明哲纂輯，《食貨志》（臺北：國立故宮博物院藏，史館檔，未出版），屯墾 1，旗屯，212000492；《清世祖章皇帝實錄》，卷 12，順治元年十二月丁丑，諭旨，總頁 117。

78 《清世祖章皇帝實錄》，卷 14，順治二年二月己未，諭旨，總頁 126。

79 《清世祖章皇帝實錄》，卷 20，順治二年九月甲子，諭旨，總頁 181。

抵補也」；[80]且撥補的土地又屬荒殘，圈地之擾民，從此時開始。
次年，以八旗圈佔之地薄地甚多，加之新來者尙無地分給，順治
四年（1647）正月，又再次下令圈地。近京之府州縣土地，無論
有主無主，全行圈佔，以調換所圈之薄地，並分地給新來者。[81]第
一、二次圈地後，近畿一帶故明皇親、勳臣、太監等莊田及無主
荒地幾圈佔盡盡，不夠分配給陸續東來的旗人，於是圈佔民地。
朝廷旨令雖以無主荒田及前明莊田作爲指撥之地，然清人挾其戰
勝征服之餘威，強指民地爲官莊，詐僞私田爲無主之田，無人敢
與之計較。事實上，強行圈佔農民土地，將大批農民趕出自己的
家園，形成新的流民，既破壞生產，更激化社會的衝突。失去土
地的農民無處訴苦，祇得攜家逃亡，流民問題益形嚴重。當時左
都御史魏裔介提到畿南流民的慘狀：

> 流民南竄，有父母夫妻同日縊死者；有先投兒女於河，而
> 後自投者；有得錢數百賣其子女者；有刮樹皮掘草根而食
> 者；至於僵仆路旁，爲鳥鳶豺狼食者，又不知其幾何矣。[82]

滿洲貴族在圈佔土地後，除強迫當地漢人「投充」外，[83]並把遼
東莊田上的莊丁遷來關內爲其耕種。在不願被壓迫下，逃亡者日
多。爲防止逃亡持續發生，朝廷訂定嚴苛的「逃人法」以對，但
逃亡仍與日俱增。

---

80 張懋熺，〈請成賦稅定額方冊疏〉，《清經世文編》，卷 31，戶政，賦役，頁
　48。
81 《清世祖章皇帝實錄》，卷 30，順治四年正月辛亥，總頁 245。
82 魏裔介，〈流民死傷堪憫疏〉，《兼濟堂文集》，光緒十年重刊本，卷 1，頁
　20。
83 「投充」，指漢人投入滿人旗下爲奴，替其耕種田地。由於數次圈地後，近
　京一帶州縣肥沃良田幾被圈佔，所剩多爲旗下所棄零星瘠地，而撥補之地
　又皆邊遠荒殘之區。爲免漢人貧苦無法遷徙他鄉，又需擔負繁重的徭役，
　饑寒困苦，流離失所，至爲盜爲亂，准其投入滿洲家爲奴。「投充」原爲無
　依無食貧民開一生路，但各旗耕種田地之莊頭奴僕，有因莊內人數不足，
　反逼迫良民投充旗下爲奴，耕種莊內土地，致使「投充」漸變爲逼良爲奴
　的別名。見《清世祖章皇帝實錄》，卷 15，順治二年三月戊申、順治二年四
　月辛巳，諭旨，總頁 133、140。

　　圈地令使被圈地區人民流離失所，無以為生，加深社會的動盪不安。順治四年（1647）三月，清廷下令停止圈地，並作解釋：

> 滿洲從前在盛京時，原有田地耕種，凡贍養家口，以及行軍之需，皆從此出。數年以來，圈撥田屋，實出於萬不得已，非以擾累吾民也。今聞被圈之民，流離失所，煽惑訛言，相從為盜，以致陷罪者多，深可憐憫。自今以後，民間田屋不得復行圈撥，著永行禁止。其先經被圈之家，著作速撥補。如該地方官怠玩，不為速補，重困吾民，聽戶部嚴察究處。[84]

朝廷雖有諭令，然旗人以征服者之姿，私自圈佔民地情事仍無法避免。

　　順治六年（1649），朝廷又規定，凡加封王、貝勒、貝子、公等爵位者，皆照爵位封地，地少者增補，地多者不退。此後，雖不見大規模圈地記載，但圈地行為仍以其它名義進行。如更換地畝，康熙三年（1664）一月，正黃旗副都統穆占奏請更換該旗壯丁 440 名無法耕種田畝，當天即得旨遷移更換。戶部並調查除正黃旗外其他各旗情形，亦准予更換遷移。[85]康熙五年（1666）十二月，從薊州、遵化、遷安三處撥地補充鑲黃旗圈地，又將玉田、豐潤二處民地補給正白旗。[86]直隸總督朱昌祚曾陳奏百姓困於圈地之苦情：

> 臣又見州縣百姓，自聞奉旨圈佔夾空及開墾成熟民地，所在驚惶奔愬，自臣露處野外以來，每日據士民環門哀籲：有稱州縣熟地昔年圈去無遺，今之夾空地土，皆係圈剩荒蕪窪下，……有稱新經被圈地之家，即令搬移別住，無從投奔者；有稱時值嚴冬，扶老攜幼，即遠徙他鄉，又恐地方官疑以逃人，不容棲止者；有稱祖宗骸骨，父母丘塚，不忍拋棄者；哀號乞免，一字一淚，臣雖一一慰諭，第閱

---

84 《清世祖章皇帝實錄》，卷 31，順治四年三月庚午，諭旨，總頁 257。
85 《清聖祖仁皇帝實錄》（一），卷 11，康熙三年正月甲戌，總頁 167。
86 《清聖祖仁皇帝實錄》（一），卷 20，康熙五年十二月己巳，總頁 288。

其情詞，失業可憫，睹此景象，繪圖難形。[87]

每當農民一聞田地被圈，內心驚惶煎熬，雖不願拋棄祖宗廬墓，命令難違；令搬他處，又無投奔之所；遠徙他鄉，又恐被疑為逃人；行止進退不得。圈剩荒瘠之地，實難以耕種，最後在衣食無濟之下，相率輾轉流離。

康熙八年（1669），清聖祖親政後，諭令戶部永行停止圈佔民地：

> 朕纘承祖宗丕基，又安天下，撫育群生，滿漢軍民原無異視；務俾各得其所，乃愜朕心。比年以來，復將民間房地圈給旗下，以致民生失業，衣食無資，流離困苦，深為可憫！自後圈占民間房地，永行停止。[88]

圈撥民地雖於此年完全停止，規定往後不准再圈，但貧困旗丁無房可住，無田可耕，仍有以民間開墾荒地及旗下莊頭將淹下之地開墾，經丈量而有餘者，撥給貧苦旗丁。分撥時，不肖人員借端圈佔漢人良田，以不堪之地抵換；或地方豪強隱佔存部良田，妄指他人田地撥給。[89]雖有民地不可輕動原則，但圈佔民間開墾荒地不止，仍為病民之政。故康熙二十四年（1685）三月，下令：「凡民間開墾田畝，若圈與旗下，恐致病民，嗣後永不許圈」。[90]從順治元年至康熙二十四年（1644～1685），滿洲八旗在畿輔之圈地，除故明皇莊無主荒地外，還圈了許多民田及額外的田土，幾佔去近京土地和房舍。[91]

由於清廷對逃人與窩逃者處罰嚴酷，為恐牽連獲罪，地方官

---

87 朱昌祚，〈直陳旗民圈占疏〉，吳獬，《武清縣志》，乾隆七年刊本，卷 10，頁 36-37。

88 《清聖祖仁皇帝實錄》（一），卷 30，康熙八年六月戊寅，諭旨，總頁 408。

89 鄂爾泰等修，《八旗通志》（長春：東北師範大學出版社，1985 年），卷 18，土田志，頁 319-320。

90 《清聖祖仁皇帝實錄》（二）（1985 年），卷 120，康熙二十四年三月戊戌，諭旨，總頁 265。

91 八旗所圈之地，參見劉家駒，《清朝初期的八旗圈地》（臺北：臺灣大學文學院，民國 53 年），頁 59-61。

不敢招撫安置流民，一般百姓不敢施捨、接濟，甚至收留。順治中葉，山東、直隸連歲霪潦，河水氾濫，沿河一帶城郭廬舍漂沒，道殣相望，棄家就食者眾，災民流離就食者數十萬人。朝廷雖有蠲賑之仁，終不能止其流徙，饑民眾多，非趁食他方，無以轉死為生。而窩逃查緝當嚴，迫於「逃人法」，各地官民不敢容留，使鳩形鵠面之人，傍徨道途，欲往不得，欲還不能，茫茫於途，轉徙堪憐，竟無所歸，有相率就死之苦；天寒雪大，饑民日填溝壑，待斃奄奄。禮科給事中李裀奏請安置流民，疏中提及流民所處困境：

> 流民萃集各境上者，縣官牌催不許入境，土著之家無敢輕為居停，扶老攜幼，相對號泣，甚至有投水自盡者，聞之可為痛心⋯⋯況在秋月，但苦啼饑，值茲冬時，更迫號寒，填死溝壑。[92]

此輩流離之民，不獨可憫，亦甚可慮，若少一老幼，朝廷即少一赤子，走險多一壯健，地方即多一盜賊。工科右給事中晉淑軾感慨不忍：「數十萬流移豈盡逃人，雖不敢擔保無逃人蒙混其中，若一概驅逐，使無容身之地，擔心激而走險，後慮方殷」。[93]

經過數次圈地後，京師一帶諸州縣肥沃良田幾被圈佔，所剩多為旗下所棄之零星瘠地，或圈剩荒蕪窪地，而撥補之地又皆為邊遠荒殘之區。更有小民之本業已圈，撥補於其他州縣，路途之遙，遠者千餘里，近亦 700～800 里，往來徵取地租，行旅已自告艱，乃尚有徵租不起，逐歲淹留異鄉，流離不可勝計。[94] 而撥補實無助於民，反更為擾民。順治十六年（1659），戶科給事中袁懋德在〈請嚴逋抗以除民累疏〉中，即陳述得相當明白：

> 所撥之地，⋯⋯彼處既無房屋以棲身，又無農具以資用，勢不得不仍歸舊佃，若舊佃平心公道，量地輸租，使撥補

92 李裀，〈安置流民疏〉，《皇清奏議》，卷 6，頁 1-2。
93 《內閣大庫檔案》，153365 號，順治十一年十月二十四日，工科右給事中晉淑軾題本。
94 趙之符，〈陳剝船苦累疏〉，《武清縣誌》，卷 10，頁 26。

之民，得所資藉，以辦差徭之用，以供糊口之需，豈不交相得而兩無負乎？孰意近年以來，則有大不然者，查得撥補佃戶，非衛所之刁軍，即原佃之悍輩也，性成習慣，事熟人頑，百計留難，仍其夙智；況有積棍衙蠹交結把持，將多作寡，指稔為荒，刁掯橫撓，誠難枚舉。且路隔數百里，往來之資斧維艱，或多方借貸以往，而逐戶催求，沿門指鈈，奔波勞碌，計所得之錙銖，不足供饔飧於朝夕矣！且聞有地主苦錢糧之無措，畏積欠之難償，流落地方，經年不得歸者；有齎糧已盡，饑饉焦勞，束手無何，竟客死於道路者；有欺其伶仃孤弱，而痛遭其毒打者；有興詞構訟，告訴經年，而飄泊無歸者；種種苦情，鄭圖難繪！臣思普天率土，莫非王臣，撥補既在所屬，則撫恤自當一體，乃地主索討無策，奔告求追該管有司，不至十控而九銷，則必始准而終擱，求其照數以追，不使饑寒於吾土者，未聞其人也！或有哀控院道，批行查追，而承票之蠹，又欲四、六扣除，及厭其所欲，而此票又朦朧銷繳矣！嗟嗟！失業之民，何不幸而至此極也。[95]

就表象上看，民地被圈，有「撥補兌換」之制，但民居此地，撥補之地在彼，相隔數百里，甚至千餘里，往來奔波勞累，資斧維艱；且地主至彼收租，佃者刁難，掯欠不給，抗租逃稅之事又糾葛不清，原居地糧銀又需完納，故徒有撥補之名，反受賠糧之累。再加上差役橫擾，百般留難，小民無奈，束手無策，有流落異鄉，備受欺凌，甚或客死於途，種種苦況，繪圖難書，實陷於更深重的苦難。

## 二、實行遷界

　　鄭成功領導的反清軍隊是最後一支抗清力量，順治十六年

---

95 袁懋德，〈請嚴遏抗以除民累疏〉，《皇清奏議》，卷 13，頁 28-30。

（1659）曾逼近南京，聲勢頗大；順治十八年（1661），取得臺灣作為反清複明的根據地。清廷在順治十三年（1656）實行海禁，沿海地方處處設防，不許片帆入口，亦嚴禁商民船隻私自出海。[96]為隔離沿海人民與明鄭的關係，斷絕其物資供應，順治十七年（1660）頒佈嚴厲的「遷界令」。時湖廣道御史李之芳冒死陳述不可遷界，所持之理由為，一旦朝廷諭令限期撤離，官兵一到，人民只得棄田宅、別家園，號泣而去，為民父母者，實委民於溝洫；朝廷雖下達聖諭，酌給田宅，安插移民，然當道卻未妥善處置，而催趕日促，無異逼民而逃；人民遷移內地，無家可依，無糧可食，饑寒所迫，不為海盜，即為山賊，若有人持竿而起，必群起響應。[97]然而，清廷並未採納李之芳的意見，於年底命兵部尚書蘇納海至福建執行遷界，強行將閩、粵、江、浙、山東等地沿海居民內遷 30 里至 50 里，盡夷其地，空其人民，[98]村莊田宅盡皆焚棄，嚴禁人跡至海邊，片板不容入海洋；[99]縣衛城郭墮毀者以數千計，抗拒不遷者，軍隊強行驅趕，甚至殺戮。凡出界者，定罪至死。遷界令造成沿海居民老弱轉死溝壑，少壯流離四方，失業流離者以億萬人計。[100]大片良田荒蕪，村落盡成廢墟，濱海數千里，無復人煙，[101]沿海經濟遭受巨大的破壞。

　　日本學者浦廉一研究清初遷界令，指出清廷雖然公佈遷界之

96　《清會典事例》（北京：中華書局，1991 年），第 9 冊，卷 776，刑部，兵律關津，頁 524；《清世祖章皇帝實錄》，卷 102，順治十三年六月癸巳，諭旨，總頁 789。

97　江日昇輯，《臺灣外記》（臺北：臺灣銀行經濟研究室，民國 49 年），臺灣文獻叢刊第 60 種（簡稱臺叢 60，以下依此類稱），頁 202-203。

98　屈大均著，李育中等注，《廣東新語注》（廣州：廣東人民出版社，1991 年），卷 2，地語，遷海，頁 49。

99　葉夢珠輯，《閱世編》，民國 25 年排印本影印，卷 1，田產，19。收入《上海掌故叢書》（臺北：學海出版社，民國 57 年），第 1 集。

100　王澐，《漫遊紀略》，卷 3，粵遊，頁 6。收入《叢書集成三編》（臺北：新文豐出版公司，1997 年），史地類，第 80 冊。

101　夏琳，《海紀輯要》（臺北：臺灣銀行經濟研究室，民國 47 年），臺叢 22，卷 2，頁 59。

範圍遍及五省，但實際上屬行遷界以閩、粵兩省為主。[102]如康熙四年（1665）三月初九，清聖祖諭令兵部：

> 山東青、登、萊等處沿海居民，向賴捕魚為生，因禁海多有失業。前山東巡撫周有德亦曾將民人無以資生具奏，今應照該撫所請，令其捕魚，以資民生。如有借端在海生事者，於定例外加等治罪。[103]

當時並非整個沿海地區皆屬行遷界，山東沿海居民之後獲准捕魚。遷界令帶給閩、粵兩省百姓之苦難，超越其他沿海省份。

當時遷界之悲慘情形，從地方志中可以得知。如廣東《新安縣志》中有如下描述：

> 民初不知遷界之事，雖先示諭，而民不知徙，及兵至，多棄其貲，攜妻挈子以行，野棲露宿，有死喪者，有遁入東莞歸善，及流遠方不計道里者。

又：

> 先是初遷，民多望歸，尚不忍離妻子。及流離日久，養生無計，爰有夫棄其妻，父別其子，兄別其弟而不顧者。輾轉流亡，不可殫述。[104]

《臺灣外記》載：

> 時守界弁兵最有威權：賄之者，縱其出入不問；有睚眦者，拖出界牆外殺之。官不問，民含冤莫訴。人民失業，號泣之聲載道；鄉井流離，顛沛之慘非常！背夫、棄子，失父、

---

102 浦廉一著，賴永祥譯，〈清初遷界令考〉，《臺灣文獻》，第 6 卷第 4 期，頁 111。

103 《清聖祖仁皇帝實錄》（一），卷 14，康熙四年三月乙未，諭旨，總頁 218。《清會典事例》，第 9 冊，卷 776，刑部，兵律關律，頁 524，記載：「康熙四年題准，青、登、萊沿海等處居民准令捕魚外，若有藉端捕魚，在沿海貿易，通賊來往者，照先定例處分。」

104 舒懋官修，王崇熙等纂，《新安縣志》，嘉慶二十五年刊本影印，卷 13，防省志，遷復，頁 60-61。收入《中國方志叢書·華南地方·廣東省》（臺北：成文出版社，民國 63 年），第 172 號。

> 離妻，老稚填於溝壑，骸骨暴於荒野。[105]

在清廷嚴格實行遷界令的地區，村莊田畝皆遭焚棄，家園田產蕩然無存，百姓失業流離，填死溝壑者不可勝數。四散流亡者，有攜男挈女，千百為群，棲身無地，餬口無資，流離死亡，朝不保夕。[106]康熙七年（1668），廣東巡撫王來任至海邊巡視，見流民受顛沛流離之苦，在奏疏中提及當時廣東省海邊遷界之慘狀：

> 今縶於邊海之地，再遷流離數十萬之民，每年拋棄地丁錢糧三十餘萬兩。地遷矣，又在在設重兵以守其界之地；立界之所，築墩臺、樹椿柵，每年每月又用人夫、土木修築。動用不貲，不費公家絲毫，皆出之民力。未遷之民，日苦於派答。流離之民，各無棲止，死喪頻聞，欲民不困苦，其可得乎？[107]

順治十八年（1661）十月初，朝廷在所頒之遷界令中，提及善後補救措施，清聖祖在諭旨中要求地方督撫務須詳察，親自辦理，酌撥田地、房屋與民，使其皆獲安插得所，盡沾實惠。切勿委交下屬，草率行事！[108]康熙七年（1668），清聖祖閱悉廣東巡撫王來任上疏，深知邊疆遷界流亡慘狀，派人巡視會勘。之後，兩廣總督周有德因沿海遷民久失生業，奏請速行安插，復其故業。清聖祖乃從其請，令准遷民舊籍，給予前業。[109]次年，下令展界，百姓得以復業。諭令自北京下達，層層傳遞至地方，在實際執行上並未貫徹上意，外加官場之欺瞞通弊，以致於對人民未有妥善安排；且雖說展界，相關嚴禁依然。康熙十二年（1673），福建總督范承謨上任，見閩省百姓無依之苦，上疏為民請命。在〈條陳閩省利害疏〉中言及閩人生計，非耕即漁，自遷界以來，流民激

---

105 江日昇輯，《臺灣外記》，臺叢 60，頁 232。
106 龔鼎孳，〈請急疏民困疏〉，《龔端毅公奏疏》，光緒九年重刊本，卷 7，頁 4。
107 江日昇輯，《臺灣外記》，臺叢 60，頁 247-249。
108 《清聖祖仁皇帝實錄》（一），卷 4，順治十八年八月己未，諭旨，總頁 84。
109 《清聖祖仁皇帝實錄》（一），卷 27，康熙七年十一月戊申，總頁 378；江日昇輯，《臺灣外記》，頁 250-251。

增，人心惶惶，民田荒棄 2 萬餘頃，米價日貴，稅收日減，國用不足；沿海廬舍田畝盡毀，老弱婦孺，輾轉溝壑；倉卒奔逃、流亡四方者，不計其數。所留劫餘，無業可安、無生可求，顛沛流離，令人堪憐！[110]

康熙十二年（1673），因撤藩引發三藩亂起，耿精忠與尚之信轄下閩粵二省，相繼處於與清廷對抗之戰中，當然不再理會遷界令。《閩海紀要》載：「甲寅之變，閩省居民遷居內地者，悉還故土」。[111]康熙十五年（1676），地方督撫奏請遷界之議又起；之後，海寇盤據廈門等地，勾結山賊為亂，是以康熙十七年（1678），清廷又再申嚴海禁，將界外百姓遷移內地，於所頒遷界之諭旨中指示，窮苦百姓一旦遷徙，必拋家棄田，無以為生，可將該年地丁額賦、差徭雜項盡行豁免，地方督撫派員實心辦理，使民安輯得所。[112]沿海居民多靠海捕魚為生，朝廷實行遷界，無異斷其生路，且當時仍處於戰時，對沿海居民，尤其是閩、粵兩省百姓，實為莫大之苦難。

## 三、社會動亂

清初，兵馬倥傯，戰爭有增無減，國賦不足，民生困苦。百姓終年辛勤，面對兵荒馬亂時節，軍需殷亟，夏稅秋糧，朝催暮督，私派倍於官徵，雜項浮於正額。[113]土地拋荒，人民流離現象，隨處可見。清廷政權穩定後不久，康熙十二年（1673）起，明降將吳三桂、耿精忠、尚之信先後起兵反清，此即三藩之亂。當時天下正賦只 875 萬餘兩，而雲南一省即需銀 900 餘萬兩，竭天下

---

110 范承謨，〈條陳閩省利害疏〉，《清經世文編》，卷 84，兵政，海防，頁 61。
111 夏琳，《閩海紀要》（臺北：臺灣經濟研究室，民國 47 年），臺叢 11，卷下，頁 60。
112 《清聖祖仁皇帝實錄》（一），卷 72，康熙十七年閏三月丙辰，諭旨，總頁 928。
113 《清聖祖仁皇帝實錄》（一），卷 22，康熙六年六月甲戌朔，諭旨，總頁 308。

之正賦不足供一省之用。[114]清廷耗費極大的人力物力，經過長達八年的時間，才將其鎮壓住。三藩之亂給南方各省帶來慘烈的傷害，長江以南各省人民的生命財產再次遭受巨大損失，湖南、江西許多地方變成無人之區。

康熙六十年（1721），臺灣有朱一貴起事，清廷派南澳總兵藍廷珍率兵赴臺鎮壓。藍廷珍族弟藍鼎元充任幕僚，隨軍至臺，在藍鼎元代藍廷珍擬定征討朱一貴的公檄等文書中提及，坌甲地方有游手客民數十成群，恐係失業流民，受兵燹波及，流離無依，餐風露宿，流徙往來大埔間，如焚林之鳥，無可依歸，待叛亂平定後，應妥爲撫綏。[115]由此可知，受民變影響，良民亦無法安居樂業。

貴州地方，苗眾雜處，野性難馴。在黃平、清溪等重要州縣，地方駐守兵丁僅有 30～40 名，若發生事情，莫說擊賊，即使守城亦明顯不足。元展成擔任巡撫時，全無一念籌及。雍正十三年（1735），苗疆官吏徵糧不善，橫派夫役，需索供應，凌虐不堪，武將又殺戮太慘，因而引起古州苗民憤極作亂，荼毒生靈，擾害地方，實「百年來未有之慘酷」。[116]清廷派滇、蜀、楚、粵、桂等省兵力會剿，因主事大員意見不合，指揮欠佳，大軍雲集多時，撫剿不力，曠久無功。受亂事波及，居民四散躲避，困苦流離者眾。乾隆元年（1736），貴州苗亂更爲猖獗，地方居民逃避就食於近臨之湖南沅州者竟至萬餘人。[117]清高宗決定增兵進剿，以湖廣總督張廣泗爲雲、貴、兩廣、川、鄂、湘七省經略，節制諸軍，直搗苗寨，經過半年，亂事才逐漸平定。原爲安民之心，而成害

---

114 《清世祖章皇帝實錄》，卷 136，順治十七年六月乙未，總頁 1054。

115 藍鼎元，〈檄查坌甲流民〉，《東征集》（臺北：臺灣銀行經濟研究室，民國 47 年），臺叢 12，卷 2，頁 14。

116 《宮中檔雍正朝奏摺》，第 25 輯（民國 68 年），雍正十三年七月二十八日，副將軍湖廣提督董芳奏摺，頁 112。

117 《宮中檔雍正朝奏摺》，第 25 輯，雍正十三年七月二十日，刑部尚書張照等奏摺，頁 80；《起居注冊》，乾隆元年四月初四日，諭旨。

民之舉，是清世宗所始料未及。[118]其後對苗疆免賦設屯，將軍屯外之地賞給無業窮苦苗民，安定苗區，尊重苗俗，苗疆與內地關係日漸改善。直至乾隆中葉，由於吏治敗壞，派駐苗疆官員腐化不堪，浮濫徵稅，加重苗人負擔，加上朝廷不許漢、苗來往、結親，不許苗人參加生員考試，不許苗人當兵，不許苗人習射鳥槍，剝奪其權力，使苗疆與內地關係頓形惡化。

雍正時推行「改土歸流」，與西南少數民族發生衝突，造成大片人煙荒稀之地，漢人客民得以遷入。廣西、雲南、貴州土司次第歸附後，清廷設府縣治理。然流官常以細故株連全苗，漢民移入日多，與苗人相處不睦，尤其客民對土地的經營使得漢苗的矛盾逐漸激化，官方又縱容漢人對苗民盤剝，使苗民田產罄盡，貧難度日。乾隆六十年（1795），貴州銅仁府松桃廳苗民石柳鄧、湘西永綏廳的石三保、吳隴登等秘密立盟起事，提出「逐客民，復故土」的口號。[119]一時間貴州、湘西不少苗人響應，苗疆大震，漢人聞風驚竄，棄業拋耕。[120]清廷動員七省兵力，經過半年時間，苗民亂事才被控制，嘉慶元年（1796），大致予以鎮壓，但各地仍有零星反抗事件發生，到嘉慶十二年（1897）後才算結束。乾隆至嘉慶年間，湘西與貴州地區相繼爆發苗民起事，從亂起到清廷派軍鎮壓，整個過程均給當地的漢、苗人民帶來重大的傷害與損失。

乾隆中期以後，連年用兵，使人民負擔加重。乾隆三十年（1765），新疆烏什地區維吾爾族發生動亂；乾隆三十九年（1774），山東清水教王倫起事，有謂是清朝開始衰落的信號；乾隆四十六年（1781），西北地區爆發蘇四十三帶領甘肅撒拉族起

---

118 魏源，〈雍正西南夷改流記下〉，《聖武紀》（北京：中華書局，1984 年），下冊，卷 7，頁 294-295；《清世宗憲皇帝實錄》（二），卷 159，雍正十三年八月己巳，諭旨，總頁 945。

119 曹樹基，《中國移民史》（福州：福建人民出版社，1997 年），第 6 卷，頁 14。

120 《宮中檔嘉慶朝奏摺》，第 5 輯（臺北：國立故宮博物院編印，未出版），嘉慶二年八月初一日，兩廣總督覺羅吉慶、署廣西巡撫台布奏摺，頁 142。

事；乾隆四十八年（1783），又有甘肅回民之亂；乾隆五十一年
（1786），臺灣林爽文起事；乾隆六十年（1795），湖南、貴州交
界地帶有苗民之亂；嘉慶元年（1796）爆發川楚陝甘豫白蓮教起
事，則是清朝由盛轉衰的分水嶺。康雍時期奠定之基，在乾隆後
期逐漸轉向，國庫空虛，財政拮据，吏治敗壞，官吏斂派需索，
致使變亂不斷產生。而軍隊腐化、軍事廢弛，更使國事日下。

　　乾隆中葉，江南地區已出現天地會組織，白蓮教則在黃河南
北重新活躍起來。白蓮教是從佛教白蓮宗一支發展出來，與彌勒
信仰混合，吸收道教、明教教義，宣稱能拯救世人苦難。由於信
徒日增，往往成為窮民與政府對抗的組織，因此被朝廷視為邪教，
予以鎮壓。白蓮教進行傳教活動時，不斷更改名稱，如混元、天
理、清水、八卦、清茶等名目，以利於活動。乾隆末年，湖南、
貴州苗民起事，朝廷軍費開支驟增，近區川、陝、楚人民增納稅
賦，官員衙役藉機剝削民脂，人民生活更加困難；加上四川、湖
北一帶連遭災荒，歉收缺糧，餓殍遍地。當社會動盪，民眾生活
困苦，在貧苦無告、不堪侵剝下，人民只好往宗教上尋求心靈的
寄託與慰藉，秘密宗教因此得以在群眾中傳播蔓延；其後由於勢
力日增，又逢天災人禍，百姓生計困窘，在宗教信仰的激勵下，
遂鋌而走險，揭竿起事。

　　自明朝中葉以來，流民漸成為嚴重的社會問題，白蓮教與流
民結合，對明朝政權形成極大的威脅。清世祖時曾頒詔查禁白蓮
教，然其傳佈已久，勢難斷阻。乾隆時期，聚眾起事的山東壽縣
人王倫兄弟，皆為白蓮教餘黨，受亂事波及，壽張、堂邑、陽穀
等縣貧民紛紛出古北口覓親就食。[121]川、陝地區，因明末張獻忠
大肆屠殺和清軍入關平亂持續戰爭結果，人民死傷流亡嚴重，形
成地曠人稀現象，能容納他省過剩人口。東南各省由於戶口日增，
至乾、嘉年間，人口壓力嚴重，人民為生計所迫，有遷往川、陝
地區覓食種地傭工，其中不少人就是白蓮教徒。

---

121　《起居注冊》，乾隆三十九年十月初一日，諭旨。

　　川、陝、楚交界處崇山峻嶺環繞，南山、巴山老林綿亙千里，此地叢林茂密，人跡罕至，荒山野嶺多未開墾。乾隆年間，人口壓力迫使許多無地窮民湧來此區，流民之入山，北則取道西安、鳳翔，東則取道商州、鄖陽，西南則取道重慶、夔府、宜昌，扶老攜幼，千百為群，到處絡繹不絕。[122]他們伐木支欂，架棚棲身，被稱為「棚民」，至嘉慶二十五年（1820），進入山區的流民已有數百萬人，[123]此輩五方雜處，良莠不齊。山區土地貧瘠，墾種辛勞，有時一年中需遷徙數處；受雇傭工，條件亦極艱苦，若遇旱澇，廠商停工，傭作無以為生。此外，地方官吏與土豪劣紳勾結，欺凌棚民，無事生風，遇「棚民有事，敲骨吸髓……山民受其凌虐，無可告訴，無為申理」，[124]心中已蓄積一股不平之氣。白蓮教自元明以來在民間流傳甚廣，進入清朝，被有心者利用作為反清起事的工具。其提倡平等及土地分配的思想，吸引在山區的貧苦農民，不少人因此而加入該教。

　　嘉慶元年（1796），川、陝、楚、甘、豫等五省爆發了聲勢浩大的白蓮教起事，起事的隊伍中雜有四川的嘓嚕子、秦巴山區的棚民、長江流域的鹽戶和船夫。教亂既起，朝廷派兵會剿，地方官以查拿邪教為名，四出搜求，任意逮捕勒索，株連羅織罪名；[125]不論習教與否，但論給不給錢；若不給錢即慘遭毒刑伺候，或釘人手掌於壁上，或以鐵錘斷人足骨。百姓在此惡政下貧困破產，流離失所；加上人口與土地的平均比例失調，失去土地和工作的貧民被迫鋌而走險，加入為亂的行列。受亂事波及，各地村莊焚掠，難民蕩析離居，紛紛逃亡，給事中宋鎔上奏：「陝西延、綏一

---

122　嚴如熤，《三省邊防備覽》，清道光刻本影印，卷 11，策略，頁 19。收入《續修四庫全書》（上海：上海古籍出版社，1997 年），史部‧地理類，第 732 冊。

123　《清宣宗成皇帝實錄》（一）（1986 年），卷 10，嘉慶二十五年十二月壬辰，諭旨，總頁 207。

124　嚴如熤，《三省邊防備覽》，卷 11，策略，頁 25。收入《續修四庫全書》，史部‧類，第 732 冊。

125　魏源，〈嘉慶川湖陝靖冦記一〉，《聖武紀》，下冊，卷 9，頁 376。

帶，素號窮邊，自賊匪滋擾，漢中等處居民由漢南逃往者，不下二、三萬人」。[126]漢中興安一帶，赤地千里，人戶蕭條，流移轉徙情形，不堪入目。[127]亂事使村莊被擾，家園遭毀，人民無地可耕，到處流亡，產生惡性循環。

同年，東南沿海地區遭逢蔡牽、朱濆海盜騷擾，猖獗異常，為禍之烈不下於教亂。由於川、陝教亂方熾，朝廷方注意西征，未遑遠籌島嶼，以故賊氛益惡。[128]海盜猖獗，洋面不靜，商賈裹足不前，影響海上貿易，不僅直接危害商人和手工業者的利益，且使國家關稅收入減少。長此以往，帶來更嚴重的社會問題。沿海貧民向以捕魚為生，盜賊越聚越多，捕魚活動受阻，沿海商業癱瘓，貧苦無生的漁民、船工以及憤世不平者極易轉而為寇，徒增社會不穩定性。地方官員奏報時即陳述：「閩省近來洋盜充斥，兼漳、泉被水後，失業貧民無不出洋為匪」。[129]此後地方動亂接踵而至，川、陝新兵激變；華北天理教攻擊京師；楚、粵獞民抗官；陝西箱賊作亂；江西朱毛俚謀建號自立；新疆回亂；雲南夷變。一波未平，一波又起，幾無寧日，嘉慶二十五年間可謂與內亂相終始。

## 四、官吏苛斂瀆職、豪強侵佔凌剝

國家政策能否切實貫徹，吏治的良劣是重要關鍵，吏治敗壞，使得政府政策嚴重失效。康熙時期，算是清朝吏治較好的時代，當時有些地方亦難免私派倍於官徵，雜項浮於正額；若遇災害頻仍，朝廷下令賑濟蠲免錢糧，仍不免發生「民受其名而吏收

---

126 邢福山、謝榮埭纂輯，《皇朝食貨志》（臺北：國立故宮博物院藏，史館檔，未出版），戶口 17，文獻編號 212000213；《宮中檔嘉慶朝奏摺》，第 15 輯，嘉慶七年八月初九日，諭旨，頁 291。

127 陳田、吳懷清纂修，《食貨志》，戶口 43，安插流民，文獻編號 212000131。

128 魏源，〈嘉慶東南靖海記〉，《聖武記》，下冊，卷 8，頁 354。

129 《清仁宗睿皇帝實錄》（一）（1986 年），卷 2，嘉慶元年二月乙巳，總頁 90。

其實，官增其肥而民重其瘠」之現象。[130]

　　中國歷代的稅賦制度，因時因地而有差異。康熙年間，三吳地方的田賦極重，10倍於他省，農民的負擔本已沉重，而豪強之家卻又「力能花詭避役，以致富者益富；貧弱無告之民，役累隨身，每至逋負流離」。[131]定額不均必使農民避重就輕，在賦役總額不能變更的情況下，一旦有人民逃亡，地方官唯恐受罰丟官，只好將逃戶的賦稅攤派到其他農民身上。負擔越重，農民逃亡越多；農民逃亡越多，益增在地農民負擔，於是形成惡性循環。

　　湖南地處邊遠之境，向來官吏積習相仍，私徵宿弊種種不一，地方百姓甚苦。每年科派較之正賦超出數倍，官員徵收錢糧加重火耗，百姓不堪負荷，多致流離轉徙。如桃源縣，自明末兵燹垂二十年，人民僅得身存，兼上游三站，賦役數倍，差使如虎，待民若雞，民多逃亡躑躅於他鄉。[132]逃竄者多，即由於官吏擾害所致。[133]康熙十八年（1679），清聖祖就在諭旨中指責官員媚上科派，不能做到愛民養民：

> 民生困苦已極，大臣長吏之家日益富饒，民間情形雖未昭著，近因家無衣食，將子女入京賤鬻者，不可勝數。非其明驗乎，此皆地方官吏諂媚上官，苛派百姓，總督巡撫司道又轉而饋送在京大臣，以天生有限之物力，民間易盡之脂膏，盡歸貪吏私囊。[134]

---

130 《清史稿校注》，第 11 冊，卷 269，熊賜履傳，頁 8536。
131 陶正靖，〈徭役考〉，《清經世文編》，卷 33，戶政，賦役，頁 12。
132 羅人琮，〈壽邑侯陳公涵虛序〉，《最古園集》，卷 17。轉引自郭松義，〈清代的人口增長與人口流遷〉，《清史論叢》，第 5 輯（北京：中華書局，1984年），頁 111。
133 《起居注冊》，康熙三十八年九月十三日，諭旨。
134 《清聖祖仁皇帝實錄》（一），卷 82，康熙十八年七月壬戌，諭旨，總頁1052。康熙四十三年（1704），清聖祖又於諭旨中重申官吏苛徵之害：「小民力作艱難，每歲耕三十畝者，西成時，除完租外，約餘二十石。其終歲衣食丁徭，所恃惟此。為民牧者，若能愛養而少取之，則民亦漸臻豐裕。今乃苛索無藝，將終年之力作而竭取之，彼小民何以為生耶……所餘之糧，僅能度日。加之貪吏苛索，蓋藏何自而積耶。……皆由在外大小官員，

清聖祖認爲非嚴飭地方屬員痛改前非，革除舊弊，民困無以得甦，流離者不願復返家鄉。[135]雍正初年，山西平陽、汾州等處，不但三餐不計者逃亡，連飽暖無虞者亦攜家遠避。翰林院編修莊凱表示，皆因糧稅徵收有飛灑賠累之弊；富家遷徙，貧者逃亡，田廬拋荒，故土復業甚難，如此則錢糧正科亦無處徵收。[136]

山東地區，俱係佃農，爲人耕種者多，常有豪強侵佔良民田產，人民無所倚藉，不得不離鄉背井，前往京師等地尋求衣食之源。康熙二十三年（1684），清聖祖召見山東巡撫張鵬翮，談到該省人民四出逃亡的原因，認爲是「地方勢豪侵佔良民田產」所致，囑其到任後，務必翦除勢豪，招集流亡，助其得所。[137]康熙四十三年（1704），清聖祖爲了解民生利弊，巡察地方後曾表示，田畝所得多歸縉紳勢豪之家所有，小民有產者居十之三、四，其餘皆貸地出租。其終歲辛勤耕作，納租完稅後，一切衣食丁徭惟恃所餘之糧，若貪吏苛索，則終年力作皆爲竭取，小民何以爲生？[138]清聖祖曾有諭旨指出：

> 山東省貧苦小民俱依靠有身家者爲之耕種，即使豐年所得甚少，若遇凶荒之年，有力者流于四方，無力者即轉於溝壑。有身家者若能輕減田租，以贍養其佃戶，不但有益於

---

不能實心體恤民隱，爲民除弊，而復設立名色，多方徵取，以此民力不支，日就貧困。」見《清聖祖仁皇帝實錄》（三），卷 215，康熙四十三年正月辛酉，諭旨，總頁 178。

135 《起居注冊》，康熙四十二年二月十二日，諭旨。

136 《宮中檔雍正朝奏摺》，第 1 輯，雍正元年七月缺日，翰林院編修莊楷奏摺，頁 550-551。

137 陳田、吳懷清纂修，《食貨志》，戶口 41，安插流民，文獻編號版 212000131；《清聖祖仁皇帝實錄》（二），卷 116，康熙二十三年九月己丑，諭旨，總頁 218。康熙四十二年（1703），清聖祖表示：「東省與他省不同，田野小民，俱係與有身家之人耕種。豐年，則有身家之人所得者多，而窮民所得之分甚少，一遇凶年，自身並無田地產業，強壯者流離於四方，老弱者即死於溝壑。」見《清聖祖仁皇帝實錄》（三），卷 213，康熙四十二年八月甲申，諭旨，總頁 159。

138 蔣良騏原纂，王先謙纂修，《十二朝東華錄・康熙朝》（臺北縣：文海出版社，民國 52 年），卷 15，康熙四十三年正月辛酉，諭旨，頁 31。

> 窮民，其田地日後亦不致荒蕪。貧者固然依靠富者得食，
> 富者亦仰靠貧者出力耕種，富者若計其食，但資其力，則
> 貧民何所圖求？[139]

清高宗對此頗表認同：「歲偶不登，閭閻即無所恃，南走江淮，北
出口外，揆厥所由，實緣有身家者不能贍養佃戶」。[140]貧苦小民仰
叩無門，又資生無策，不得不求食他鄉，流移輾轉。

乾隆晚期，河南省連年歉收，雖恆產之家亦需賣田餬口，更
有在青黃不接之時，將轉瞬成熟麥地賤價賣出。山西等地豪強富
戶聞風越境而來，舉放利債，以此賤折地畝，乘機圖佔，攘為己
有，河南巡撫畢沅痛陳：「此更酷於王安石之青苗矣。似此乘人之
危以逐其壟斷之計，其情甚為可惡」。[141]河南遭旱，山西豪強乘以
為利，藉機兼併侵剝，因此富者益富，貧者益貧，河南貧民日漸
流徙，田產皆為晉民所有。清初，土地配置情形曾有改善，趨向
分散。隨著政局的穩定發展，地方文武官吏逐漸腐化，土地兼併
之風又死灰復燃，原為自耕農身分者逐漸失去土地，淪為地主佃
農，至乾隆末年又形成「富者日益其富，貧者日見其貧……貧民
日漸流徙」的局面。[142]嘉慶年間的白蓮教亂，起事群眾中，有不
少人即為無地流民。

康熙三十八年（1699），清聖祖巡幸至江南、浙江，見當地
民生大不如前，甚覺蕭索。時畿輔地方如山東、直隸等處，向來
無法和江、浙相比，雖連遭水旱，百姓尚不致流離失所；然江、
浙地方田畝，稍被水旱，仍可收穫，但百姓竟至離鄉背井。究其
原因，清聖祖以為：「山東、直隸地方，附近京師，惟恐朕有所聞，
地方官尚凜然畏法，布朕澤于百姓，是以皆沾實惠，得以保聚。

---

139　《乾隆帝起居注》（七），乾隆十三年二月二十日，諭旨，頁 38。
140　《乾隆帝起居注》（七），乾隆十三年二月二十日，頁 38。
141　《宮中檔乾隆朝奏摺》，第 60 輯（民國 76 年），乾隆五十一年六月初七日，
　　　河南巡輔畢沅奏摺，頁 658-659。
142　《清高宗純皇帝實錄》（一六）（1986），卷 1255，乾隆五十一年五月辛未，
　　　諭旨，總頁 868-869。

江、浙官吏不能布朕德意下逮，以致百姓失所」。[143]由此可知，若官員失職濫派，則百姓困苦；官不私派，忠於職守，則百姓安舒，民生得遂樂利，實與吏治有關。[144]故吏治民生為施政首要之務。

　　康熙四十八年（1709）十一月初，四川遵義府千餘人入黔，三十日有老幼百五十人至衙門投訴，供稱：「知府知縣朋比虐民，加派過重，徵比過嚴，年久難堪，遠來逃生」。[145]小民終歲辛勤，一絲一粟，所出無幾；若於正稅之外，加收浮糧，其追呼敲朴，告貸轉徙之苦，不可勝言。[146]安徽來安縣全縣人口不過 2 萬餘戶，其中有田種者不過數千家，餘均佃種別人田地，男女老幼無論風雨寒暑，終年忙於農事，及至收成時，所分麥稻等糧不過數石而已，多者亦不過 10～20 石而止，一年中一切飲食衣服、公事開銷，都在其中取用，年歲豐登時尚可支持，一遇凶歉，父母妻子不免流離。[147]乾隆時期，浙江嚴州府屬桐廬縣因前代相沿，有官抄、秋租二項租稅，其額徵條銀較之民產科則多至 3、5 倍不等，而此二項田土又多屬瘠薄之地，加以賦重輸納維艱，每至催徵，人民無法繳納，多相繼逋逃。[148]

　　清聖祖巡行地方至山、陝時，發現百姓生活甚是艱難。交納錢糧，除正額之外，更有加徵名色。地方捐納之人若有虧欠，官員久無所取，為求足額，遂攤派至百姓身上，是以山西以地方一省，聞科派竟至百萬，人民何以堪命？[149]清聖祖即沉痛地指出，學士溫保被派至山西任職，竟恣意貪婪，搜括百姓，造成百姓離

---

143 《起居注冊》，康熙三十八年六月初一日，諭旨。

144 《起居注冊》，康熙三十八年五月十八日，諭旨。

145 《宮中檔康熙朝奏摺》，第 2 輯（民國 65 年），康熙四十八年十二月初六日，貴州巡撫劉蔭樞奏摺，頁 408。

146 《宮中檔雍正朝奏摺》，第 3 輯，雍正三年正月十二日，掌浙江道事山東道監察御史錢廷獻奏摺，頁 709。

147 韓夢周，〈勸諭養蠶文〉，《理堂外集》，道光三年刊本，頁 4。

148 《起居注冊》，乾隆二年十月初三日，諭旨。

149 《起居注冊》，康熙三十六年五月十七日，諭旨。

散，逃藏山谷。[150]山東巡撫李煒爲官不善，以致百姓乏食，鬻賣子女，竟不奏聞，及至言官參奏，始行具疏。[151]因此，當清聖祖行視天津，見山東百姓因遭荒災，離別家鄉攜妻帶子絡繹而至。康熙四十二年（1703），山東饑饉，巡撫王國昌、布政使劉暟行爲悖謬，將往賑人員齎去銀兩，不行賑濟，卻收貯庫內，造成米價騰貴，致百姓餬口他方，流往京師者甚多。[152]

　　災害嚴重的結果，人口流移死亡，農民起而爲亂，引來外族入侵，社會變亂極易產生。所以盡可能保護農業經濟，在災害來臨時減低傷害，也等於抑制社會動亂的發生。滿人統治中國，也承繼「天人感應」思想，相信自然界的災害與祥瑞，即象徵上天對世人的譴責和嘉獎；人事修明，則天現祥瑞，以示嘉勉；人事失調，則天現災異，以示警告。因此清朝前期諸位君主在災害治理上，重視上天示警，進而體察民情。「天人感應」思想，雖不無迷信成分，但借天象以示警，讓人君有所警惕，反躬自省，任賢去邪，修政弭災，革新政治，鞏固國本，以回應天譴，發揮制約君主、改善政治的作用，在政治上有其正面積極的意義。清廷將救災視爲既定國策，集歷代救災之大成，清朝救災措施可說是較前完備。然由於人爲因素，官員平時怠忽職守，臨事又欺瞞隱匿，敷衍了事，造成救災不力，百姓流亡。

　　中國人口眾多，每當災荒發生，糧食供應便至關緊要，若處置不妥，便造成大量人口死亡、流離失所。所以積貯倉穀關係民生頗大，所謂有備無患，法良意美。清朝前期幾位君主對「積穀備荒」，極爲重視，清聖祖曾說：「倘能實有蓋藏，則雖凶荒必不至於饑餒」，[153]清高宗亦言：「地方水旱不齊，國家所藉以撫恤，

---

150　《起居注冊》，康熙三十六年五月十七日，諭旨。
151　《起居注冊》，康熙三十七年二月二十五日，諭旨。
152　《起居注冊》，康熙四十二年十月二十二日、康熙四十二年十一月二十四日，諭旨。
153　《起居注冊》，康熙三十一年五月初二日，諭旨。

災黎所待以仰給者，惟倉儲是賴」。[154]山西平、汾兩府俱屬殷富之區，百姓頗有積蓄，然遇荒歉時，猶不免失所，雍正元年（1723），山西巡撫劉於義表示，曾耳聞平、汾二府積荒年頭，有賣兒鬻女、夫棄其婦、婦背其夫情事，人民顛沛流離，無所不至；探究其因，實由於常平倉、社倉積穀之事，州縣官吏視為故套，不認真經理，即有積貯，並不足備荒之用。[155]直隸、河南、山東、山西等各州縣，皆設有常平倉穀以備災荒賑濟窮民，然而或因侵蝕，或因挪移，倉中大半空虛，當災祲發生，督撫雖有報賑之名，倉廩卻無備賑之實，因此災民流亡載道，拯救困難。[156]是以錢糧虧空猶可勒限追補，無損國帑，若倉穀虧空，則發生旱潦之災，卻無法賑濟周全，饑民必流離失所；由於事關民瘼，虧空倉穀之罪較虧空錢糧為重。清世宗即位，即頒諭旨，令督撫嚴飭州縣於三年之內將所虧空倉穀之數悉行買補，務期足數，違者重治其罪。後又屢頒諭旨，諄諄申飭，若有不能如期補足情事，亦應據時陳奏。然地方官奉行不力，苟且遲延，如雍正三年（1725）冬，直隸州縣被水，百姓乏食，朝廷下令發倉賑濟，未料地方倉穀虧空甚多，而原任總督李維鈞曾奏稱，各屬倉穀已補足七八分。當時若非截留漕米發給通倉，窮民幾至失所。[157]積貯未備，無辜百姓若不能適時獲得賑濟，不免有轉徙流亡之慮。

　　乾隆時期武功雖盛，但對於災害的處理，依然受限科技因素，無法預測災害的強度和發生時間，做積極的預防，唯一能做的防範措施，即繼承中國傳統的倉儲制度，加以運用發揚。《皇朝食貨志》倉儲記載：「天災流行以人事救之者……荒政十二總括之

---

154 《清高宗純皇帝實錄》（七）（1986 年），卷 542，乾隆二十二年七月癸卯，諭旨，總頁 877。
155 《宮中檔雍正朝奏摺》，第 5 輯（民國 67 年），雍正三年十二月十三日，山西巡撫劉於義奏摺，頁 458-459。
156 《雍正朝漢文硃批奏摺彙編》，第 1 冊（上海：江蘇古籍出版社，1989 年），雍正元年六月三十日，署掌陝西道事于廣奏摺，頁 594。
157 《雍正朝起居注冊》（北京：中華書局，1993 年），第 1 冊，雍正三年十二月二十五日，頁 634。

凡二，有先事，有當事。義、社、常平倉先事之策也，而當事則平糶，而外厥有蠲賑」。[158]即說明災害未發生前，平時應規劃好防範措施 —— 社倉積穀；至於災害發生後，僅能由官員奏報中，瞭解天災發生的情形，以進行補救措施，運用糧食平糶和賦役蠲免以濟助災民。

　　史料中所載官員奏報事件的多寡，受當時吏治是否清明、朝廷對災害的態度，及距離京師的遠近所左右，和事件發生次數並不一定成正比。有地方勢豪常乘官方平糶視為「一次大生意」，往往藉口米價略貴，煽動窮民恐嚇官府，迫其壓低價格，乘機購米，輾轉之間即有餘利。相沿既久，平糶之期竟一年早似一年，平糶之價一年賤似一年；更有糶價低賤，且於該年內即行平糶；米價稍貴，並非饑荒，如此將倉穀罄糶，又不能補倉虛廩竭，若遇荒年何以處之？[159]地方發生水旱災荒，國家藉以撫恤災民，所仰靠者惟倉儲是賴；倉儲有缺，自應亟為籌補，籌補之法，惟在督撫盡心整飭。然州縣官員視為畏途，因循延諉，督撫身為封疆大臣，又不悉心辦理，此種弊病，各省皆有，清高宗特諭示督撫：「應時時留心，不可因循玩視」。[160]乾隆末年起，倉儲虧空嚴重，官吏任意侵挪，當災荒發生，卻無糧可用。乾隆五十五年（1790），內閣學士尹壯圖赴山西、直隸、山東、江南等地盤查倉糧。當時各督撫冀圖矇蔽，多係設法挪移，彌縫掩飾。尹壯圖反被以「陳奏不實」，降調回籍。吏治之壞，官官相護，欺上瞞下。道光時期，各省常平倉缺額普遍，據道光十五年（1835）各省冊報，短缺穀數多達 1,800 萬石，幾為貯額之半。[161]

158 王會釐總纂，張履春協修，《皇朝食貨志》（臺北：國立故宮博物院藏，史館檔，未出版），倉儲 43，蠲賑，文獻編號 212000293。

159 《宮中檔雍正朝奏摺》，第 7 輯（民國 67 年），雍正四年十二月二十日，福建總督高其倬奏摺，頁 139。

160 《起居注冊》（臺北：國立故宮博物院藏，未出版），乾隆二十二年七月十三日，諭旨。

161 《清宣宗成皇帝實錄》（五）（1986 年），卷 274，道光十五年十一月己丑，諭旨，總頁 219-220。

　　明、清以來，土地所有權過於分散，[162]任何一點小震動都可能使農民喪失土地，生存面臨困境。再加上辦賑弊端叢生，官員在勘災、賑濟時，多虛文了事，未實力奉行，有辦理延遲、散賑遲緩、查報遺漏、捏造戶口收成、侵吞賑款等情事，或匿災不恤，或查災時藉端勒索，或發帑時借項苛扣，更加重災民之窘境。如雍正四年（1726），直隸河間府東光縣知縣李文淑散賑不實，饑民紛紛投遞求賑名單。後據監賑官御史徐鼎確查，該縣極窮者須添補 3,000 戶，可見遺漏頗多。[163]散賑地區分設各廠，需用胥役甚多，皆訂有額設工食。然此輩人員常乘機侵蝕，剋扣米糧；如賑濟米穀，用小斗計量，或攙加糠粃；賑濟粥米，則加入硬灰，增強黏稠度。災民未實獲恩澤，國帑卻落入私囊，徒有賑濟之名，而無領賑之實。[164]雍正八年（1730），山東地方爆發山水，人民罹災，州縣初始開報饑民，地方里總多有冒濫情事，不法鄉民串通鄉保，捏造假名加入賑濟冊中；亦有胥吏舞弊，將應賑之戶刪去，不應賑之戶卻載入冊中；或將此處已賑之戶移作他處未賑之戶；種種弊端，不勝枚舉。既有冒濫，即有遺漏。漏報饑民，即不得賑，只好流往他方就食。

　　督撫報災，有虛應故事，未實心任事；有故為掩飾，不奏實情，使民失所；亦有藉報災施德，討好地方，以干譽外。雍正十年（1732），江浙地方海潮驟漲，沿海居民遭水沖溢，朝廷下令加意撫綏，慎防窮民失所。署浙江總督李衛總理鹽政，鹽道江承玠專司鹽務，不速行賑濟，卻彼此遲延觀望二十多日，僅兩次發銀400 兩，以致窮丁嗷嗷待哺，流離失業。[165]雍正十三年（1735），甘肅固原、環縣等處收成歉薄，以致人民乏食，朝廷雖屢有諭旨

162 參見孫達人，《中國農民變遷論》（北京：中央編譯出版社，1996 年），頁154-156。

163 《宮中檔雍正朝奏摺》，第 5 輯，雍正四年正月二十四日，大理寺右少卿降二級吳隆元奏摺，頁 551。

164 《清高宗純皇帝實錄》（三），卷 175，乾隆七年九月戊寅，總頁 248-249。

165 《起居注冊》，雍正十年九月初八日，諭旨。

要巡撫許容審慎處理,勿使災民稍有失所。然許容但知節省錢糧,不思惠養百姓,苟且塞責,罔顧百姓生理,是以正當賑濟之時,流移他郡者千百爲群,相望於道。[166]清高宗怒斥許容輕視民命,即曾表示:「匿災者,使百姓受流離之苦,其害甚大」。[167]乾隆七年(1742),江南淮、徐、鳳、穎等地被災,人民流離載道,饑不得食,有吃草傷身者,朝廷加恩賑濟,所賑戶口人數仍遺漏甚多,人民無以自存。[168]乾隆八年(1743),天津、河間兩府所屬地方,因雨澤愆期,秋收無望,百姓流移外出者甚眾。直隸總督高斌奏稱已出示曉諭民眾,待秋成時,所有歉收地區必開賑撫恤,不使一夫失所。清高宗責示:「若俟秋成再行賑恤,恐民去者愈多」。[169]乾隆十一年(1746)六月,山東省大雨連綿,引發河水暴漲,衝漫堤防,瀕河地畝淹損,民房亦多浸坍。巡撫喀爾吉善未妥善辦理賑務,導致流民出口。[170]乾隆三十一至三十二年(1766~1767),江西省星子縣知縣李應龍辦理地方賑恤蠲緩事宜,捏造被災戶口,浮開侵冒,私收入囊,被革職拿問。[171]嘉慶十三年(1808),直隸省辦理賑務,寶坻縣知縣單幅昌侵蝕賑銀,飽其私橐,亦遭革職。[172]嘉慶十六年(1811),奉天所屬復州、寧海、岫巖三處被災歉收,盛京將軍觀明拘泥於朝廷所訂勘報限期,具題待覆,災民迫於饑寒,挈眷出邊,絡繹於途。復州知州敖時忭不准鄉約呈訴災荒,並押令捏報秋收六分,照舊開徵,致使小民不勝追呼,流離蕩析。[173]賑濟之不及時,又捏造災情,導致災民爲求生只得流往他方謀食。乾隆初年,曾任御史的張重光即指稱,地方散賑

166 《起居注冊》,乾隆元年三月初四日,諭旨。
167 《乾隆朝上諭檔》,第 1 冊,乾隆六年五月二十九日,內閣奉上諭,頁 722。
168 《清高宗純皇帝實錄》(三),卷 163,乾隆七年三月戊子,諭旨,總頁 53-54。
169 《清高宗純皇帝實錄》(三),卷 195,乾隆八年六月丙子,諭旨,總頁 507。
170 《清高宗純皇帝實錄》(四),卷 285,乾隆十二年二月己丑,諭旨,總頁 716。
171 《起居注冊》,乾隆三十四年七月二十四日,諭旨。
172 《起居注冊》,嘉慶十四年七月初六日,諭旨。
173 《清仁宗睿皇帝實錄》(四)(1986 年),卷 252,嘉慶十六年十二月甲子,諭旨,總頁 402-403。

多稽核田地，果爲農夫，然後給予，否則不准沾恩。小民多屬無田者，若不一視同仁，一體加賑，勢必轉徙異地。及其去之他往，再安輯之或資助回籍，無異絕生路於故鄉而不容居，又懸重賞於異地而教之以必去。[174]清仁宗曾慨歎：「人民未有不戀鄉井者，流離失所之原，皆地方官辦理不善之故」。[175]農民向來繫戀鄉土，若非萬不得已，必不肯輕去其鄉，至其奔走邊關則已難攔阻。地方官辦理賑務，動作遲緩，開報不實，拘泥「急賑、擇賑、大賑各名目，層層輾轉，稽延時日，災民待哺難支，多致去土離鄉」[176]。古云：「救荒無善策，惟在實心辦理耳」。[177]地方官若實心任事，辦賑妥善，災民自不至流離失所。

康、雍、乾時，屢次普免天下錢糧的情形，至嘉慶時期，庫藏空虛，已無法持續。乾隆晚期至嘉、道時期，隨著國家荒政體系逐漸衰敗，官方大規模賑災活動無疑越來越難實行，靠地方力量承擔賑濟的傾向越來越明顯。嘉慶、道光兩朝，國勢開始轉弱，嘉慶年間長達九年的白蓮教之亂，道光朝外國勢力的入侵，皆造成國家財政日益惡化，加上社會經濟秩序漸趨鬆散，官方不像以往能有效控制地方。遇有災荒，政府雖提供災款賑濟，但在救災方面的監管卻明顯不足，官賑在此時已不佔主導地位，或甚淪爲民間賑濟的替補；大部分救災措施，多由地方上的鄉紳承擔起責任，官辦荒政逐漸式微，政府聽憑災民自謀生路，致使顛沛流離者，不絕於途。[178]辦賑時，官吏之侵欺固然令人痛恨，然鄉紳代辦，若散施不得其法，其弊與侵欺等同。以有盡之錢穀賑無窮之

---

174 《清高宗純皇帝實錄》（二）（1985 年），卷 119，乾隆五年六月丁亥，總頁 736。
175 《宮中檔嘉慶朝奏摺》，第 9 輯，嘉慶六年七月十八日，直隸提督特清額奏摺批示，頁 287。
176 《宮中檔嘉慶朝奏摺》，第 9 輯，嘉慶六年八月初四日，直隸提督特清額奏摺，頁 574。
177 《清高宗純皇帝實錄》（四），卷 255，乾隆十年十二月丁卯，兩江總督尹繼善奏，總頁 309。
178 郁方董，《濟荒記略》。轉引自魏丕信著，徐建青譯，《十八世紀中國的官僚制度與荒政》（南京：江蘇人民出版社，2003 年），頁 12。

災黎，官辦紳辦均難保無弊。[179]

　　清聖祖對於明末官員匿災不救，以致民饑爲亂的歷史教訓，牢記於心，因此痛恨地方官員匿災不報，認爲「自古弊端，匿災爲甚」。[180]康熙三年（1664），山西太原、大同二府所屬五十州縣及部分衛所亢旱，督撫隱瞞災情，照常徵收錢糧，有三十城之民，饑饉至極，無以爲生。[181]康熙三十年（1691），陝西西安、鳳翔等地遭旱，年成歉收，米價騰貴，民艱於食，地方官未據實即行呈報，救不及時，以致流移者衆。[182]康熙四十年（1701），甘肅被災，甘肅巡撫喀拜諱而不報，以致百姓流散。[183]康熙四十八年（1709），安徽安慶府、太平府屬俱遭災荒，安徽巡撫劉光美亦隱匿不報。清聖祖甚爲痛心曰：「天時水旱之災，乃所恒有，生民關係甚大，匿不以聞，殊爲非理」。[184]

　　河南自田文鏡擔任巡撫、總督以來，嚴厲苛刻，其下之屬員復承上意旨，剝削成風，河南百姓深受其害，雍正十一年（1733）即發生匿災不報情事，致使百姓流離。[185]清世宗即明白指出：

> 地方水旱災祲皆由人事所致，或朝廷政事有所闕失，或督撫大吏不修其職，或郡縣守令不得其人，又或一鄉一邑之中人心詐僞，風俗澆漓。此數端者皆足以干天和而召災祲。……近見有司官，……遇水旱又漠不關心，……惟恐報災蠲賦，己身不得火耗羨餘，而隱匿不報者有之；又或

---

179　《清代孤本內閣六部檔案》（北京：全國圖書館文獻縮微復製中心，2003年），第 38 冊，頁 18583。

180　《清聖祖仁皇帝實錄》（三），卷 219，康熙四十四年二月庚寅，諭旨，總頁 212。

181　《清聖祖仁皇帝實錄》（一），卷 14，康熙四年三月辛卯，郎中孟古爾代等疏，總頁 215。

182　《清聖祖仁皇帝實錄》（二），卷 154，康熙三十一年二月辛卯，諭旨，總頁 703。

183　《起居注冊》，康熙四十年十月十五日，諭旨。

184　《清聖祖仁皇帝實錄》（三），卷 240，康熙四十八年十一月甲申，諭旨，總頁 392。

185　《起居注冊》，雍正十三年十一月二十一日，諭旨。

> 本身原有虧空，反求水旱得邀賑濟，以便開銷，而百姓並
> 不沾顆粒之惠者有之。[186]

封疆大吏，若不將百姓置於心中，則全無體念之意，故而將民生
疾苦視同陌路。

乾隆六年（1741），廣東地方被災歉收，瓊州所屬之地尤甚。
署崖州知州陳士恭卻粉飾捏報，並強令鄉保出具甘結，廣東巡撫
王安國疏忽嚴查，使官吏玩視民瘼，不知警戒。諱災不報，小民
不得賑恤，轉而流離失所。[187]乾隆二十一年（1756），河南歸德府
所屬夏邑、商邱、虞城、永城等四縣發生水患，以致連歲歉收，
災地未涸未種者眾多，窮黎景況更有不堪入目者，河南巡撫圖爾
炳阿初不據實奏報，待朝廷派員查勘，又有意諱飾，以致四縣災
民流離失所。[188]向來「諱匿災荒，督撫錮弊；節省錢糧，亦督撫
薪傳」。[189]所屬州縣官員以為上司諱言荒情，遂承奉意旨，以多為
少，避重就輕，上下相瞞，使民隱不能上達。殊不知地方遇有災
荒，正小民受困號呼之時，賑濟時若存節省之心，諱匿災情，極
易導致「赤子仳離，盜賊滋起」，[190]事後再力圖補救，已地荒時違，
更費時耗財。清高宗在諭旨中指出：

> 督撫之報災，有故為掩飾不肯奏出實情者，亦有好行其德
> 希冀取悅於地方者。惟公正之大臣，既不肯匿災以病民，
> 亦不肯違道以干譽外。……朕再四思維，匿災者使百姓受
> 流離之苦，其害最大。[191]

州縣遇有水旱之災，每多延遲畏縮，或匿報災情，或以重報輕，

---

186　《雍正朝起居注冊》，第 2 冊，雍正五年七月八日，頁 1355～1356。
187　《起居注冊》，乾隆六年十月二十六日，諭旨；《清高宗純皇帝實錄》（二）
　　　（1985 年），卷 153，乾隆六年十月丁巳，總頁 1187-1188。
188　《起居注冊》，乾隆二十二年四月十八日，諭旨。
189　《清高宗純皇帝實錄》（三），卷 161，乾隆七年二月戊午，湖廣總督孫嘉
　　　淦奏，總頁 31-32。
190　《清高宗純皇帝實錄》（三），卷 161，乾隆七年二月戊午，河南巡撫雅圖
　　　爾奏，總頁 32。
191　《乾隆朝上諭檔》，第 1 冊，乾隆六年五月二十九日，內閣奉上諭，頁 722。

導致可種之糧不得補種，可動之工不及興舉，人民逃亡，土地荒蕪，地方元氣大傷，雖數年豐收卻不能恢復。嘉慶時期，匿災不報的現象，更為嚴重。各省報災，總不肯據實，推就其因，「皆由徇庇屬員、自免處分起見」。[192]匿災不報，地方饑饉無由上聞，民隱不能上達，貧苦百姓不得賑濟，流離輾轉，弱者轉死溝壑，強者流為盜賊，形成社會治安問題。

乾隆末年，吏治日漸敗壞，官吏通過各種方法中飽私囊，更難以遏止。時湖廣總督畢沅、湖北巡撫福寧、湖北布政使陳淮三人朋比為奸，官官相護，婪索民財，當地人譏諷：「畢如蝙蝠，身不動搖，惟吸所過蟲蟻；福如狼虎，雖人不免；陳如鼠蠹，鑽穴蝕物，人不知之」。[193]畢沅為乾嘉時期名臣，學問淵博，為官竟如蝙蝠而已，令人慨歎吏風之敗壞！乾隆末年，為鎮壓苗疆之亂，加派數省，賦外添賦，橫求不止，湖北鄰近湖南、貴州，差徭尤多，官吏貪酷，藉機奉一派十，漁利侵肥。[194]成千上萬農民受此苛派，被迫離開故居成為流民。

嘉慶十三年（1808），直隸辦理賑務，寶坻縣共領賑銀 4 萬餘兩，該縣知縣單幅昌藉機侵蝕賑銀 2 萬餘兩，中飽私囊。江蘇山陽縣令王伸漢利用淮安府辦賑之機，捏報戶口，侵冒賑款 6,000餘兩；江南總督鐵保派候補知縣李毓昌前往查賑，李毓昌查點戶口，得知實情，王伸漢欲以巨金賄賂，在得知李毓昌不為利動後，竟將其殺害滅口，焚冊滅跡。淮安知府王轂收受王伸漢 2,000 銀兩，為其掩蓋保全。[195]從此一侵吞賑款，中飽私囊，上下勾結之案例，可見當時吏風之一般。

清世宗曾痛斥：「地方之害，莫大於貪官蠹役之朘削，強紳

---

192 《清仁宗睿皇帝實錄》（二）（1986 年），卷 99，嘉慶七年六月甲子，諭旨，總頁 331。
193 昭槤，《嘯亭雜錄》，卷 10，湖北謠，頁 17。收入《筆記小說大觀》（臺北：新興書局，民國 68 年），27 編，第 7 冊。
194 梁上國，〈論川楚教匪事宜疏〉，《清經世文編》，卷 89，兵政，剿匪，頁 5。
195 《起居注冊》，嘉慶十四年七月十七日，諭旨。

劣衿之欺淩，地棍土豪之暴橫，巨盜積賊之劫奪，此等之人不能
化導懲戒，則百姓不獲安生」。[196]人為的壓榨剝削，催化了因人口
增長，導致地少人多的困境，使貧民生活愈加艱辛，一遇水旱災
荒，更無力償租還貸，饑寒相逼，越來越多人陷於無田可耕，無
業可守的境地，小民為求得生存只好流往異鄉，尋求新的天地。
流民問題至嘉道時期更趨嚴重，山東、河南、直隸、山西、廣東、
福建等省百姓，或越過長城到關外、口外地區，或流往西南四川、
雲、貴等地，或浮海至臺灣、南洋群島等外地，皆為覓地求食。
那些未受災害侵襲之地，或地少人稀有大量荒蕪土地待墾地區，
往往吸引流民慕名前往，由此而形成一波波流民浪潮。

# 第三節　人口壓力

　　在中國歷史上，人口問題是一個古老而常新的問題。中國歷
史悠久，人口眾多，人口的發展常顯現出週期性的波動。每個朝
代的治亂興衰，幾乎都伴隨著人口的增減變化，亦即人口發展的
週期，常對應於朝代更迭的週期。每當新舊朝代轉換之際，幾乎
總會發生極大的社會動亂，遭到極大的破壞，再加上戰爭、災荒、
瘟疫等因素的影響，人口數在短時間遽減，甚至到最低點。在史
書中常見有「人相食，死者過半」、「天下戶口銳減」等記載。新
朝代建立後，經過一段時期的休生養息，人口逐漸從低點快速竄
升，生產力得到恢復和發展，於是民間呈現家給人足之象，官府
亦庫有餘財，倉廩滿溢。隨著人口的增加，耕地亦隨之開拓，當
到達一定點，人口增長的速度遂逐漸緩和。由於人口發展的慣性
作用，人口數不斷緩慢的增加，人口的高峰在此一階段末期出現。
人口到達高峰期後很快向下滑落，再因天災人禍爆發社會危機而
跌落谷底，當動亂平定或新朝代取而代之，又進入另一個新的發

---

196　《雍正朝起居注冊》，第 2 冊，雍正六年六月十七日，諭旨，頁 2063。

展週期。

在中國人口發展史上，清朝居於重要時期。從漢代開始有正式的人口記錄到明代中葉，人口增長速度十分緩慢，其人口總數一直在 2,000 萬到 1 億左右遊蕩徘徊，難有突破。南宋（約 1210）時，我國人口首次超出 1 億，[197]其後由於外族入侵，長期動亂與高壓統治，人口不增反減，大幅度下降。明初，全國人口約只有 6,500 餘萬。往後經過兩百年的安定富庶，人口才有穩定而顯著的增加，至萬曆二十八年（1600）增爲 1.5 億。[198]

明末清初，流寇擾亂與滿族入關之爭，造成人民生命與財產的損失，戰爭、饑饉、瘟疫使得中國人口又一次的急速下降。葛劍雄先生認爲明清之際人口的跌幅估計可達 40%，從崇禎元年（1628）以來平均每年下降 19%，至順治末年達到谷底。[199]在順治朝和康熙朝前期，由於社會動盪，經濟停滯，所以人口處於萎縮狀態。康熙二十年（1681）後，清廷平定三藩之亂並收復臺灣，內部的戰爭告一段落。經過康熙、雍正、乾隆三朝，中國獲得長期的休養生息，因此人口得以迅速增加。乾隆年間，一舉突破 2 億、3 億大關，直線往上竄升，高達 3.1 億多，至道光年間甚至超過 4 億，其迅速增長的態勢，大幅度的超越以往任何一個朝代，百餘年間人口增加的速度誠足驚人。雖然文獻中的人口數字都是一些近似值，並非完全準確，但即使統計誤差爲上下十個百分點，這個數字仍然是相當龐大的。

# 一、清朝前期人口快速增長的原因

人類尚不能自我控制生育之前，人口的增減受到生產力發展

---

197 趙文林、謝淑君，《中國人口史》（北京：人民出版社，1988 年），頁 547-548；何炳棣著，葛劍雄譯，《1368-1953 中國人口研究》（上海：上海古籍出版社，1989 年），頁 321。
198 何炳棣，《1368-1953 中國人口研究》，頁 262。
199 葛劍雄，《中國人口發展史》（福州：福建人民出版社，1991 年），頁 263。

和社會形勢的演變所影響。當社會動亂發生，生產力遭受破壞，生產下降，人口也向下滑落；一旦社會安定，生產恢復，人口也隨之成長。所以，社會安定是經濟發展、人口成長的重要因素。長期的社會安定，有利於生產的發展，亦有利於人口的增長。滿人入關後，戰爭並未全面結束，到三藩之亂平定，獲得休養生息的機會，至乾隆六十年（1795）苗民之亂和嘉慶元年（1796）白蓮教起事前，除了邊疆地區有一些小規模的少數民族事變外，此期間可說是既無內亂，又無外患，獲得一段長時期的社會安定。有了安定的社會環境，經濟才能求發展，經濟有發展，人民生活才能改善，人民生活改善，清廷政權才能穩固。所以，安定的社會是生產力發展的前提，亦有利於人口的成長。經濟力強勁與發展活潑是人口增長的基本要素，人口的增加亦為經濟發展提供充足的勞動力，二者實相輔相成。人口的增減既與當時的社會經濟狀況關係密切，在此首先從經濟的角度切入，對於清朝前期中國人口快速增長的原因，試作以下分析。

## （一）蠲免錢糧與改革賦役政策

明末清初戰爭動亂造成社會殘破，財用匱乏，土地荒蕪，百姓流亡，十居六七。[200]有鑑於明室之亡，內困於流寇；流寇之起，徵斂重重。[201]亡明殷鑑不遠，清廷深切體認，為求得政治的安定，避免重蹈覆轍，首要之務在減輕人民的負擔，恢復農業生產，實行蠲免，薄徵稅斂，使力農者少錢糧之苦，而逆心自消。[202]於是蠲免措施的推行成為重要的政策，清廷入關後即宣佈：「自順治元年為始，凡正額之外，一切加派，如遼餉、剿餉、練餉及召買米

---

200 《清世祖章皇帝實錄》，卷 12，順治元年十二月庚申，真定巡按衛周允疏，總頁 114。
201 蕭一山，《清代通史》（一）（臺北：臺灣商務印書館，民國 74 年），頁 270。
202 《清世祖章皇帝實錄》，卷 19，順治二年七月丙辰，浙江總督張存仁疏，總頁 168。

豆，盡行蠲免」，[203]且免天下錢糧三分之一。容或實際執行狀況稍有差池，但在某種程度上確實減輕了農民賦稅的負擔。順治四年（1647），在陝西、山西、河南、湖北、湖南、江西、山東、四川、廣西、直隸等受戰爭影響較大的省份實行「除荒徵熟」的政策，亦即免除明末以來荒蕪田土、逃亡人丁的錢糧，按清初實際墾田數和人丁數來徵收賦稅，此舉意味著逋稅賠累逐漸減輕。這在小農經濟佔優勢的地區，顯然發揮了積極的作用，有利於農業生產和社會生活秩序的恢復。

　　康熙中葉以前，與南明政權的戰爭仍在持續，且因下令薙髮改冠引起廣大漢族人民的反抗，接著又有明降將吳三桂等相繼叛亂，戰事不斷，軍費耗繁，人民負擔仍重。清世祖在殿試制策時說：「今當混一之初，尚在用兵之際，兵必需餉，餉出於民。將欲減賦以惠民，又慮軍興莫繼。將欲取盈以足餉，又恐民用難蘇，必如何而能兩善歟」？[204]由此窺知，滿人入關之初，社會經濟無法快速推進，僅能在逐漸恢復中緩慢前進。雖然如此，對於百姓蠲免措施的實行，常歲行數次。[205]

　　清朝前期，遇國家慶典、巡幸，或軍興用兵，清廷常下令蠲免應征田賦及積欠錢糧。當國家庫藏敷足，往往實行「著免錢糧」或「輪免」漕糧（非水旱特蠲例不普免）。[206]這些措施在清朝前期普遍實行，尤以康熙、乾隆朝次數最多，各項措施中以「普免錢糧」最為突出，此在歷代政策中並不多見，可說是清朝前期蠲免政策的特色。康熙二十四年至二十六年（1685～1687），先後蠲免河南、湖廣、直隸、四川、貴州、福建、江蘇、陝西等省的地租

203 《清世祖章皇帝實錄》，卷6，順治元年七月壬寅，攝政和碩睿親王諭，總頁69。

204 《清世祖章皇帝實錄》，卷31，順治四年三月丙辰，總頁255。

205 《清史稿校註》，第5冊，卷128，食貨志，賦役，頁3493。

206 《皇朝文獻通考》，卷44，國用考，蠲貸，賜復，頁31。收入《景印文淵閣四庫全書》（臺北：臺灣商務印書館，民國72年），史部‧政書類，第633冊。

額賦，三年內諸省各蠲免一次，後來普免之法，實肇基於此。[207]康熙五十年（1711）始，分三年輪免錢糧一次，三年中共免天下地丁糧賦 3,800 餘萬。[208]乾隆時期，先後五次普免全國的地丁糧賦。同時，對於湖南、湖北、江西、江蘇、浙江、安徽、山東、河南等省輸供京師以爲給俸廩糈之用的漕糧，也有幾次輪免。[209]康熙三十年（1691），清聖祖表示由於近年儲積之粟恰足供應，自三十一年（1692）始，除河南已頒旨免徵外，湖廣、江西、浙江、江蘇、安徽、山東應輸漕米逐省蠲免一年，以輸民力。[210]乾隆三十一年（1766）、四十五年（1780）、五十九年（1794），又分別下令普免各省漕糧。[211]

　　清聖祖在位六十一年，屢有恩詔，「有一年蠲及數省者，一省連蠲數年者，前後蠲除之數，殆逾萬萬」；[212]雍正年間，雖沒有全國通免，但「無日不下減賦寬徵之令，如甘肅一省，正賦全行豁免者，十有餘年」。[213]至清高宗時，蠲免之數更爲可觀。清聖祖和清高宗兩帝在位，疊次普免天下錢糧，因災荒而頒蠲免之詔，實無法悉舉。清仁宗時，雖不如父、祖，無普免但多災蠲，「有一災而免數省者，有一災而免數年者」。[214]清文宗以後，國家支出浩繁，雖度支不給，然只要地方大吏奏報災荒，「莫不立與蠲免」。[215]清朝統治者了解「爲百姓即所以爲國家，乃培根本而長治久安之

---

207 王慶雲，《石渠餘紀》（北京：北京古籍出版社，1985 年），卷 1，記蠲免，頁 13。
208 《清史稿校註》，第 5 冊，卷 128，食貨志，賦役，頁 3493；《皇朝文獻通考》，卷 44，國用考，蠲貸，賜復，頁 10-11，收入《景印文淵閣四庫全書》，史部·政書類，第 632 冊。
209 《皇朝文獻通考》，卷 44，國用考，蠲貸，賜復，頁 48；《清史稿校註》，第 5 冊，卷 128，食貨志，賦役，頁 3494。
210 《皇朝通典》，卷 16，食貨，蠲賑，賜復，頁 5。收入《景印文淵閣四庫全書》，史部·政書類，第 642 冊。
211 《清史稿校註》，第 5 冊，卷 128，食貨志，賦役，頁 3494。
212 《清史稿校註》，第 5 冊，卷 128，食貨志，賦役，頁 3494。
213 《皇朝通典》，卷 16，食貨，蠲賑，賜復，頁 20。
214 《清史稿校註》，第 5 冊，卷 128，食貨志，賦役，頁 3495。
215 《清史稿校註》，第 5 冊，卷 128，食貨志，賦役，頁 3495。

要也」。[216]表面上看起來，蠲免政策減少了國家財政收入，但其高明處即在此，清世祖時監察御史吳達即深諳此理，他以為實行蠲免，「雖少其粒，猶有其民。民在而漕輓自然方來，若迫之全輸，則竭澤而漁，不慮明年無魚乎」？[217]要使百姓家給人足，安生樂業，就要懂得減輕其負擔。從另一方面來說，這對於農業經濟的恢復與發展有正面作用，在此良好的基礎上，為人口的增殖提供了有利的條件。

　　清朝在三藩之亂平定後，統治權才算真正奠立。到康熙後期，經過長時期的休養生息，社會已日趨安定。但人丁與地畝的載冊數增加遲緩，僅增加 1 倍左右，一方面是由於土地與人口的清查不夠徹底，再者也由於地主以多報少之故，貧民迫於賦役的繁重而相率逃亡，人丁的統計並不確實。[218]清聖祖南巡時即發現，「一戶或有五、六丁，止一人交納錢糧；或有九丁、十丁，亦止一、二人交納錢糧」，[219]可見當時戶口隱匿之嚴重。賦役徵收之不均，源於政府對人丁與資源的真實情況無法掌握，人丁土地的數目經常變動，難以落實清查確實的數目。在太平日久、生育日蕃下，清聖祖發現戶口雖增而土地並無所增，人口與資源失去均衡，百姓謀生壓力隨之形成，對此現象頗為憂慮。

　　為確實掌握人口數，決定實行固定賦役銀徵收數額。康熙五十一年（1712），下詔「盛世滋生人丁永不加賦」。清聖祖在諭旨中說：

> 朕覽各省督撫奏編審人丁數，並未將加增之數盡行開報。今海宇承平已久，戶口日繁，若按現在人丁加徵錢糧，實有不可。人丁雖增，地畝並未加廣。應令直省督撫將現在

---

216 蔣良騏原纂，王先謙纂修，《十二朝東華錄‧康熙朝》，卷 1，順治十八年十二月己未，頁 11。

217 吳達，〈請再展例蠲荒疏〉，《皇清奏議》，卷 3，頁 3。

218 莊吉發，《清世宗與賦役制度的改革》（臺北：學生書局，民國 74 年），頁 69。

219 《皇朝文獻通考》，卷 19，戶口考，頁 15。收入《景印文淵閣四庫全書》，史部‧政書類，第 632 冊。

> 錢糧冊內有名丁數，勿增勿減，永為定額。其自後所生人
> 丁，不必徵收錢糧，編審時止將增出實數察明，另造題報。
> [220]

以康熙五十年（1711）在冊人丁數作為全國徵收丁銀的固定總額，以後新增者為「盛世滋生人丁」，永不加賦。從中央到地方均不得隨著人口的增加而增稅，農民的負擔相對減輕，逃亡減少，有利於生產，國家田賦的收入穩定；國家對於人丁戶口的增加得以掌握，有利於穩定社會秩序。由於清聖祖此一文告，自康熙五十一年（1712）後的人口數，逐漸接近可靠的數字。

「滋生人丁永不加賦」固定了全國丁銀總額，但未從根本上解決丁稅不均的積弊。丁銀按每戶人丁數目徵收，然人丁總有生死變化，若要維持既定的丁銀為常額，便應除丁和補丁。清廷雖有規定：「缺額人丁以本戶新添者抵補，不足以親戚丁多者抵補，又不足以同甲糧多丁頂補」。[221]但除補不易，弊端又無法避免。所以更進而試行「攤丁入地」政策，又名「攤丁入畝」、「地丁合一」、「丁隨地起」。亦即把原由人丁承擔的賦役銀，全部攤入地畝中徵收，使人口統計與賦稅徵收脫鉤。

康熙五十五年（1716），先在四川、廣東兩省試行將丁賦按地畝分攤，合在地畝稅中一起徵收。徵收辦法為將康熙五十年（1711）應徵的丁銀總額，按畝分攤到田賦中，無論紳衿富戶，一例輸納。雍正元年（1723）直隸總督李維鈞曾表示：「切查各直屬丁銀偏累窮黎，若攤入田地內徵收，實與貧民有益」。[222]到雍正二年（1724），「攤丁入地」從直隸實際推行，至雍正七年（1729），相繼在福建、山東、河南、雲南、浙江、甘肅、江蘇、安徽、江

---

220 邢福山、謝榮埭纂輯，《皇朝食貨志》，戶口 3，康熙五十一年諭旨，文獻編號 212000199；蔣良騏原纂，王先謙纂修，《十二朝東華錄・康熙朝》，卷 18，康熙五十一年二月壬午，諭旨，頁 12。

221 王慶雲，〈紀停編審〉，《石渠餘紀》，卷 3，頁 105。

222 《宮中檔雍正朝奏摺》，第 1 輯，雍正元年七月十二日，直隸巡撫李維鈞奏摺，頁 477。

西、湖南、廣西、湖北等大多數省份陸續實行。通過「攤丁入地」
的實施，前此一直沿用的人頭稅併入土地稅，使賦稅的負擔更趨
合理化，對有丁無地的貧農在一定程度上減輕其負擔，解決了歷
代以來窮民的丁役負擔問題，河南巡撫田文鏡稱許：「如此則地多
之家力能輸納，而無地之民得免光丁之累矣」。[223]且導使農民對土
地的人身依附關係降低；人口的增減既不再與賦稅徵收發生關
係，賦役制度對人口增長的直接束縛也隨之消失，在此政策下丁
稅勞役俱免，人民不再需要以逃亡和隱匿之法來逃避丁銀，戶口
隱報之事減少，又便於吸引流民附籍，不僅有利於經濟的恢復和
發展，且促進人口出生率提高，人口數大幅增長。這項改革完成
於乾隆年間的中後期，由於乾隆六年（1741）以後絕大多數省份
已實行「攤丁入地」政策，故而人口統計才得以逐步接近實際的
人口數。

## （二）小農經濟的發展

　　明朝末年，大量的土地兼併與掠奪，使得貧民不得有寸土之
地，[224]自耕農擁有的土地所剩無幾。經過改朝換代的戰爭，情況
發生變化，地主在戰爭中遭受嚴重的打擊，許多農地重新轉歸農
民所有。除自耕農外，部分佃農亦擁有土地所有權。清廷為穩定
政權，承認農民在戰亂中獲得的土地所有權，規定「與民田一例
起科」。[225]康熙八年（1669），朝廷明令將明朝的藩王土地，「給與
原種之人，改為民戶，號為更名地，承為世業」。[226]這種變更了所
有權的土地，史稱「更名田」。這些土地是比較肥腴之地，直隸、
山東、山西、河南、湖北、湖南、陝西、甘肅等省，都有「更名

---

223 田文鏡，〈題為詳請題明豫省丁糧按地輸納以均賦役事〉，《撫豫宣化錄》，
　　卷2，頁35。收入《四庫全書存目叢書》（臺南：莊嚴文化事業公司，1996
　　年），史部・詔令奏議類，第69冊。
224 諸方慶，〈荒田議〉，《清經世文編》，卷34，戶政，屯墾，頁16。
225 《皇朝通典》，卷1，食貨，田制，頁2。收入《景印文淵閣四庫全書》，
　　史部・政書類，第642冊。
226 《皇朝通典》，卷1，食貨，田制，頁7。

田」。除直隸外，其餘七省估計當時全國「更名田」數量約有 16 萬 6 千餘頃。[227]官田轉變為民田對於恢復生產及人口增加產生積極的作用，這些從「更名田」取得土地所有權的貧農，變成新的自耕農，他們擁有自己的土地，因此更加著力經營，對促進農業生產發揮了正面的功效。

由於明末清初戰爭的影響，土地荒蕪過半。朝廷積極招民墾荒，永准為業；一方面督促官吏，廣招流民，開墾荒地，一方面免徵久荒之地的田賦，並訂定具體的墾荒條例。此外，亦准許人民出關開墾。順治八年（1651），諭令：「山海關外荒土甚多，凡願出關開墾者，令山海道造冊報部，分地居住」。[228]邊疆的開發除東三省外，亦擴及口外蒙古等地。這些措施一方面使得耕地面積增加，特別是傳統農業地區之外的山區、半山區、丘陵地的土地大量被闢為良田；一方面使農民與土地迅速緊密的結合，自耕農大量增加。自耕農具有生產的獨立性與自主性，在生產過程中條件較佃農優越。自耕農同地主一樣負擔賦稅，然地主向國家繳交的賦稅是佃農交納地租中的一部分，所以自耕農交納的賦稅低於佃農交納給地主的地租，因此比佃農具有擴大再生產的能力。為了擺脫被地主吞併，自耕農必然努力改良土壤、技術，提高生產率。自耕農的增加，不僅使國家稅收有保障，也為清朝前期社會經濟的恢復與發展創造有利的條件。[229]

清初佃農的地位提高，異於以往。由於荒田大量存在，地主在戰亂中他徙，這些荒地在清初歸入地方管理，佃農在此一歷史條件下，頂種、佃種荒地，數世之後，物換星移，種地子孫賴為己業，不認原戶，名義上的佃戶遂變為土地的所有者；[230]有些地主喪失經濟能力，無力墾復，召人佃墾。佃農開荒需費工本，在

---

227 薝鴻逵，〈略論清初經濟恢復和鞏固的過程及其成就〉，《北京大學學報》，1957 年第 2 期，頁 117。
228 呂佺孫、孫銘恩纂輯，《皇朝食貨志》，屯墾 1，民墾，文獻編號 212000456。
229 張研，《清代經濟簡史》（臺北：雲龍出版社，2002 年），頁 23-24。
230 張研，《清代經濟簡史》，頁 29。

某些程度上等於取得對土地的支配權，可以「世代守耕」。[231]有些農民雖獲得土地，但畏懼差徭，於是藉紳縉名義，報墾承種，自居於佃戶。為免開荒成熟，一朝被奪，日後無憑，遂「團約為據」。[232]因為「藉名」，所以租佃關係僅是表面形式，佃農仍擁有實際土地所有權。總之，清朝前期大部分佃農已非原來意義的佃農，成為「自耕農化或具有自耕農經濟化趨向的佃農」。[233]在負擔接近於自耕農或等於自耕農的情形下，經濟能力較以往改善，對土地生產的態度也較為積極。

　　清朝前期，在實行蠲免政策中，亦考慮到小農階級的利益。康熙九年（1670），吏科給事中莽佳即指出，每當遇災蠲免田賦，唯田主沾恩，而租種之民仍納租如故。建議往後「徵租者照蠲免分數，亦免田戶之租」。[234]清高宗也承認：「輸納錢糧多由業戶，則蠲免大典大概業戶邀恩者居多，彼無業貧民，終歲勤動，按產輸糧，未被國家之恩澤，尚非公溥之義」。[235]除佃農外，擁有少量土地的自耕農，也從蠲免中得到一些好處。乾隆七年（1742），清高宗在各省無法完納正項銀米豆草並雜項租穀，下達蠲免拖欠的諭旨時曾說：「此等拖欠各項，歷年已久，多係貧乏之戶，無力輸將，……著將以上各項悉行豁免」。[236]這些無力輸將的貧乏之戶，就是直接向國家負擔賦稅的少地貧農，他們在國家施恩蠲免時，可以按田畝免交賦稅，同時也是從順治年間就開始實行的蠲免拖欠賦稅的受惠者。因此，為使佃農也可從蠲免措施中同沾恩澤，

---

231 凌燽，〈平錢價禁祠本嚴霸種條議〉，《西江視臬紀事》，乾隆八年刻本影印，卷 2，頁 53。收入《續修四庫全書》（上海：上海古籍出版社，1997 年），史部・政書類，第 882 冊。

232 《清高宗純皇帝實錄》（三），卷 175，乾隆七年九月乙酉，總頁 252。

233 張研，《清代經濟簡史》，頁 34。

234 《清聖祖仁皇帝實錄》（一）（1985 年），卷 34，康熙九年九月乙卯，總頁 456。

235 《皇朝通典》，卷 16，食貨，蠲賑，賜復，頁 16。收入《景印文淵閣四庫全書》，史部・政書類，第 642 冊。

236 《皇朝文獻通考》，卷 44，國用考，蠲貸，賜復，頁 20。收入《景印文淵閣四庫全書》，史部・政書類，第 633 冊。

康熙二十九年（1690），從山東始，除丁稅外，勸請紳衿富戶，在蠲免之年將其地租酌量減免一至五分不等。[237]康熙四十九年（1710），兵科給事中高遐昌上疏建議推行山東之法，實施蠲免錢糧時，亦應酌量蠲免佃戶田租。清聖祖頗表認同，蠲免但及業主，佃戶並無沾恩，其所交田租，亦應稍減。因此下令以後蠲免錢糧合計分數，「業主蠲免七分，佃戶蠲免三分，永著為例」。[238]清高宗即位，又下令：「業戶受朕惠者，苟十捐其五以分惠佃戶，亦未為不可。其令所在有司，善為勸諭各業戶酌量寬減」。[239]佃戶蠲免三分，由田租中扣減，這種蠲免在過去極為少見。雖然只蠲免三分，究竟比無法沾恩要好，如此多少可改善生活，對恢復農業生產有利。

　　中國古代農業社會長期以來以小農階層佔絕大多數，由於本身經濟狀況不佳，無多餘財力投入提高土地的生產，在小農經濟制度下，其興衰存亡取決於勞動力的強弱。當農忙時需要大量的勞動力，若耽誤了季節就要遭受損失，因此對勞動力 —— 特別是男性勞動力，需求迫切。就農村而言，勞動力的增添成本極其低廉，只要在飯桌上多擺一雙筷子，鍋裡多加一點水即可。小孩七、八歲時就可以幫忙割草放牛，到十三、四歲就可以下田參與種地，年老體衰時還可以在家餵養牛羊豬隻，多增加一個人給家庭帶來的好處實大於負擔。[240]《大學》中提到：「有人此有土，有土此有財，有財此有用」，[241]反映傳統先庶而後富的思想，清朝統治者沿襲此觀念，認為人口的增加足以驗證「海宇富庶豐盈景象，法至

---

237　《清聖祖仁皇帝實錄》（二），卷 147，康熙二十九年七月丁巳，總頁630-631。

238　《清聖祖仁皇帝實錄》（三），卷 244，康熙四十九年十一月辛卯，諭旨，總頁 423。

239　《皇朝通典》，卷 16，食貨，蠲賑，賜復，頁 16。收入《景印文淵閣四庫全書》，史部·政書類，第 642 冊。

240　趙文林、謝淑君，《中國人口史》，頁 556。

241　謝冰瑩等註譯，《新譯四書讀本》（臺北：三民書局，民國 72 年），頁 12。

善也」。[242]在農村人口始終佔總人口 90%以上的中國，普遍有多子多孫多福氣的生育觀念，加上當時農業生產的發展主要靠增加勞動力數量，因此通過人口增殖以增加勞動力就成為農村中小農家庭內在的經濟要求，且為最直接便捷的方法，故而人口增長速度很快。當小農階層在全國人口中所佔比重越來越大，人口數量也隨之迅速擴增。從長遠歷史進展來看，人類的勞動力是向前發展的，因此給予越來越多的人口提供了生存的條件。因此，為求勞動力的充足，無限制的增殖人口，是小農經濟的需求。加之清廷墾荒、蠲免等政策的實施與刺激，自耕農與佃農人口成長，實際負擔減輕，使有餘力投入生產，推動社會經濟的復甦和成長，因而為清朝人口增殖創造極有利的背景。

## （三）農產品的改良與多元化

　　糧食是人類賴以為生的基本憑藉，在社會安定的情況下，糧食的穩定供應，是人口增長快慢的主要原因之一。在現代科技發明以前，對於生產力尚無法自我控制，人口的增減常繫於生產力的高低和社會形勢的變化而定。為解決人口增加帶來對糧食的需求，增產糧食、提高單位面積產量，遂成為政府的施政目標。

　　康熙中葉以後，全國耕地面積逐漸增加，為農業生產奠定了良好的基礎。農業生產力提升的另一個重要指標，是「多熟復種制」和農作物的品種改良與推廣。明朝，北方土地利用並不充分，復種指數不高。到了清朝，尤其是乾隆年間，北方各省除一年一熟地區外，山東、河北、陝西關中等地多已實行三年四熟和二年三熟制，江、浙、湖廣、江西、四川諸省雙季稻和稻麥等其他作物一年兩熟制大面積的推廣，福建、廣東麥稻等一年三熟制也有所進展。這些都使耕地復種指數得以提升，加倍提高單位面積產量。[243]番薯、玉米、花生、馬鈴薯等高產耐旱新作物的引進和廣

---

242　《乾隆朝上諭檔》，第 8 冊，乾隆四十年十月十一日，內閣奉上諭，頁 28-29。
243　方行等主編，《中國經濟史‧清代經濟卷》（北京：經濟日報，2000 年），上冊，頁 2。

泛種植,提供更多食糧的來源和產量,奠定人口持續增殖的基礎。[244]尤其玉米、番薯對土地適應力極強,十八世紀在歐、亞、非各洲獲得推廣時,被稱為「十八世紀的食物革命」。[245]玉米、番薯的引種與推廣,是十八世紀整個世界人口增加的重要原因之一;以愛爾蘭為例,在相當康熙四十一年(1702)至乾隆三十六年(1771)期間,人口一直保持在 200 萬左右,自「洋薯」傳入後,人口大增,至道光二十一年(1841),愛爾蘭人口增為 820 萬,七十年間成長 4 倍。[246]

番薯又名甘藷,俗名地瓜。其性耐貧瘠,適應性強,種植方法簡單,蔓延極速,不管是砂礫、丘陵、山頭、地角等土地都可種植。且單位產量高,富營養價值,耐貯存,對蝗蟲的抵抗力超越其他農作物。[247]番薯原產於美洲,明朝萬曆年間傳入,先在福建試種,接著傳到浙江、山東、河南、直隸等地,都有意想不到的成效。康熙末年,番薯逐漸在長江流域各省傳種開來,康熙三十九年(1700)之後由於人口的增長,政府不斷勸諭北方農民大規模種植番薯。以山東半島地區為例,山東在歷史上是老災區,有「十年九災」之稱,乾隆十一年(1746 年),山東半島登、萊、青三州,已連年發生罕見的水災,各地盡成澤國,處處可見餓殍盈路,死亡枕籍。時鄭板橋擔任濰縣知縣,做〈逃荒行〉一詩描繪其慘狀:「十日賣一兒,五日賣一婦,來日剩一身,茫茫即長路」。[248]這次大水災,歷經三、四年之久,家園才得以恢復。據統計,

---

244 全漢昇、王業鍵,〈清代的人口變動〉,《中央研究院歷史語言研究所集刊》,第 32 本(臺北:中央研究院歷史語言研究所,民國 50 年),頁 147-148;李中清,〈明清時期中國西南的經濟發展漢人口增長〉,《清史論叢》,第 5 輯(北京:中華書局,1984 年),頁 50。

245 費爾南·布羅代爾著,顧良、施康強譯,《十五至十八世紀的物質文明、經濟和資本主義》(北京:三聯書店,1992 年),第 1 卷,頁 188-193。

246 陳紹馨,《臺灣的人口變遷與社會變遷》(臺北:聯經出版公司,民國 68 年),頁 12。

247 陳世元,《金薯傳習錄》,乾隆三十三年刻本影印,卷上,頁 19。收入《續修四庫全書》,子部·農家類,第 977 冊。

248 鄭燮,〈逃荒行〉,《鄭板橋集》(上海:上海古籍出版社,1983 年),頁 98。

萊州府膠州直隸州自順治元年（1644）始至鴉片戰爭止，近二百年來，水、旱、蝗、雹、地震等自然災害，見於記載的有 50 次左右，[249]其他地區亦不遑多讓。

乾隆年間，福建商人陳世元客居膠州，有見於山東本就人多地少，豐收之年尙難以溫飽，加之自然災害頻繁，糧荒嚴重。乾隆十四年（1749），陳世元與同鄉商人余瑞元、劉曦等捐資運種，從福建聘請經驗豐富的老農，同往膠州試種。[250]薯秧北運，千里之遙，成本高昂，損耗頗多，經過不斷嘗試，才逐漸在北方較寒冷地帶展開大面積栽培。乾隆五十年（1785），清高宗聽聞陳世元雖年逾八十，仍急公好義願赴河南教種番薯，甚爲讚賞，在諭旨中表示若爲屬實應特別褒獎陳世元，賞以舉人封號。[251]不幸，陳世元在途中遭受風寒，抵省後旋即病故。清高宗得知，特恩賞國子監學正職銜。[252]次年，清廷下令推廣番薯，長江以南丘陵山區廣爲種植。番薯的種植，不僅增加一個新品種，且部分解決糧食不足的現象，種植番薯，「一畝種數十石，勝種穀二十倍」。[253]番薯在山東推廣之後，到乾隆中葉，幾成爲該省的土產，[254]農民食以代糧，[255]「甚爲穀與菜之助」。[256]在日照縣，番薯抵穀之半，其

---

249 張同聲修，李圖等纂，《膠州志》，道光二十五年刊本影印，卷 35，祥異，頁 6-9。收入《中國方志叢書・華北地方・山東省》（臺北：成文出版社，民國 65 年），第 383 號。

250 陳世元，《金薯傳習錄》，卷上，頁 14-15。收入《續修四庫全書》，子部・農家類，第 977 冊。

251 《清高宗純皇帝實錄》（一六），卷 1235，乾隆五十年七月甲子，諭旨，總頁 588。

252 《上諭檔》（臺北：國立故宮博物院藏，未出版），乾隆五十年十月初六日，內閣奉上諭，頁 151。

253 陸燿，《甘藷錄》，頁 2。收入《叢書集成續編》（臺北：新文豐出版社，民國 78 年），應用科學類，第 86 冊。

254 宮懋讓等修，李文藻等纂，《諸城縣志》，乾隆二十九年刊本影印，卷 12，方物考，頁 1。收入《中國方志叢書・華北地方・山東省》（臺北：成文出版社，民國 65 年），第 384 號。

255 林溥修，周翕鏳等纂，《即墨縣志》，同治十一年刊本影印，卷 1，物產，頁 31。收入《中國方志叢書・華北地方・山東省》（臺北：成文出版社，

根蔓葉皆可食，曬乾可久存。[257]乾隆年間，曾任山東布政使的李渭，大力支持陳世元等人推廣番薯，其目的即在於「以種薯爲救荒第一義，推之其可以裕蓋藏，備凶荒」。[258]到嘉慶年間，無論南方北方，番薯已成爲窮人的主食。

　　玉米，又名玉蜀黍、包穀。在明朝中後期傳入中國，當時尙屬稀異之物，到清朝才逐漸在南方傳種。雍正年間，湖北宜昌改府後，土人多開山種植，逐漸推廣後，鄉村中即以代飯。[259]乾隆四年（1739），閩浙總督郝玉麟調任兩江總督，將玉米種子帶到兩江。隔年，安徽巡撫陳大受試種，頗有成效，派人至南方購種回皖栽種，此後玉米的栽種逐漸由兩江傳到川、陝、雲、貴等省。[260]由於玉米栽種在四川獲得良好的發展，所以有「蜀黍」的稱號。乾隆中葉由於巨大的人口壓力引起移民風潮，才將適合山地種植的玉米迅速推廣，遂廣泛地掀起種植的高潮。乾隆晚期，安徽西部的大別山區，漫山遍谷皆植玉米，農民恃其爲終歲之糧。[261]馬鈴薯，也稱洋芋。適合高寒山區，能適應玉米、番薯都無法適應的氣候和土壤，生食或曬乾磨成粉皆可食用，也成爲山區窮民的主食。

　　中國地形山多平原少，山地和丘陵即佔全國總面積的 40% 以上。耐旱高產作物番薯、玉米、馬鈴薯的引種與推廣，提高對丘

　　民國 65 年），第 374 號。
256 潘相纂修，《曲阜縣志》，乾隆三十九年刊本，卷 37，物產，頁 1。
257 陳懋修，張庭詩纂，《日照縣志》，光緒十二年刊本影印，卷 3，食貨志，物產，頁 11。收入《中國方志叢書・華北地方・山東省》（臺北：成文出版社，民國 65 年），第 366 號。
258 陳世元，《金薯傳習錄》，卷上，頁 12。
259 聶光鑾修，王柏心等纂，《宜昌府志》，同治五年刻本影印，卷 11，風俗，物產，頁 24。收入《中國地方志集成・湖北府縣志輯》（南京：江蘇古籍出版社，2001 年），第 49 冊。
260 羅爾綱，〈太平天國革命前的人口壓迫問題〉，《中國近代史論叢》（臺北：正中書局，民國 47 年），第 2 輯，第 2 冊，頁 55-56。
261 甘山等修，程在嵘等纂，《霍山縣志》，乾隆四十一年刊本影印，卷 7 之 1，物產志，頁 2。收入《稀見中國地方志匯刊》（北京：中國書店，1992 年），第 21 冊。

陵山地和沙土地的利用率,擴大糧食耕作面積,使原來的糧食結構產生重大變化。其種植方法簡單,入地即結,蔓延極速,產量豐富,平時可活口,歉時能救人,成為清朝農民主要種植和食用的作物。清朝前期農民憑藉眾多的人力,辛勤的耕作,耕地面積擴大,高產作物的栽培推廣,單位產量提高,堆積出康、乾時期發達的農業,也為清朝前期人口快速成長提供重要的基礎。

　　清初在戰爭全面結束後,人民獲得安定休養生息的機會。康熙中葉,天下太平,全國進入和平繁榮時期,長壽不再是罕見之事。康熙二十七年(1688),各省上報年逾八十者有 169,830 人,高齡九十者有 9,996 人,百歲人瑞有 21 人,七十歲至百歲以上者共 37 萬多人。[262]雍正四年(1726),七十歲至百歲以上者達 1,421,652 人,道光年間的舉人俞正燮認為真可謂「極古今太平之盛矣」。[263]這些老人的數字並非完整登錄,咸豐年間,中過舉人的經學大師王闓運曾表示,清代在桂陽就有 400 多位年滿八十歲以上的老人未被上報朝廷。[264]雖然如此,這些數字也可代表清朝前期安定富足的現象。

　　社會秩序的穩定,配合蠲免的實施,賦役政策的改變,小農經濟的發展,農產品的改良與糧食結構的多元化,為人口增殖提供了更有利的條件,使得人口能夠較以往快速的持續增長。到乾隆五十五年(1790),已突破 3 億大關,且仍在持續增加中。《清史稿》食貨志紀錄戶口增長的現象謂:「自聖祖以來,休養生息,百有餘年,民生其間,自少至老,不知有兵革之患,而又年豐人樂,無有夭札疵癘,轉徙顛蹭以至於凋耗者,其戶口繁庶,究不可謂盡出子虛也」。[265]雖不免有溢美之意,亦並非全屬無稽歌頌,

---

262　孔尚任,《人瑞錄》,頁 1-6。收入《叢書集成續編》,史地類,第 257 冊。
263　俞正燮,《癸巳類稿》,道光十三年刻本影印,卷 12,地丁原始,頁 22。收入《續修四庫全書》,子部·雜家類,第 1159 冊。
264　《桂陽縣志》,同治七年刊本,卷 18。轉引自何炳棣,《1368-1953 中國人口研究》,頁 212。
265　《清史稿校註》,第 5 冊,卷 127,食貨志,戶口,頁 3445。

在一定程度上也反映當時的社會狀況。

## 二、順治至嘉慶時期的人口消長

### （一）順康雍三朝「人丁」與「人口」

清朝，從順治元年至乾隆五年（1644～1740），近百年期間，是中國人口由銳減到緩慢恢復進而迅速增長的時期。此期間，官方統計數字卻未能作正確的紀錄。清初，有「人丁」編審制度，但並非人口普查，也非對全國人口進行統計。《清實錄》自順治八年（1651）開始，逐年於年末載錄當年的「人丁」戶口。順治八年的「人丁」戶口為 10,633,326，這是見於記載的第一個「人丁」統計數字，這種記載一直持續到雍正十二年（1734）停止，是年「人丁」戶口為 27,355,462，是按編審制度的最後一個數字。[266]對「人丁」進行編審的主要目的是確定納稅「人丁」的數量及所承擔賦役的數額，為的是丁稅的徵收，所謂「編審，則丁賦之所由出也」。[267]羅爾綱先生研究清代乾、嘉、道三朝人口增加的情形時指出：清初五年編審「人丁」一次，其時戶籍的人口，為繳納丁稅的人。[268]何炳棣先生認為：乾隆五年（1740）以前的「丁」並非人口數，也不是戶數或納稅的成年男子數，而是賦稅的單位。[269]因此，有些「人丁」記載出現：「人丁 3 萬 5 千 4 百 16 丁 4 分 3 釐 5 毫 8 絲 6 微 6 塵 9 纖 8 沙 9 渺 8 末」、「人丁 1 萬 5 千 3 丁 7 斗 6 升 9 合 4 勺 4 抄 2 撮 1 圭 5 粒 4 粟 5 末」、[270]編徵丁數「13

---

266 《清世祖章皇帝實錄》，卷 61，順治八年十二月辛未，總頁 483；《清世宗憲皇帝實錄》（二），卷 150，雍正十二年十二月庚午，總頁 863，記載：「是歲人丁戶口二千六百四十一萬七千九百三十二，又永不加賦滋生人丁九十三萬七千五百三十。」

267 《清史稿校註》，第 5 冊，卷 127，食貨志，戶口，頁 3444。

268 羅爾綱，〈太平天國革命前的人口壓迫問題〉，《中國近代史論叢》，第 2 輯，第 2 冊，頁 16。

269 何炳棣，《1368-1953 中國人口研究》，頁 34。

270 常明等重修，楊芳燦等纂，《四川通志》，嘉慶二十一年刊本，卷 64，食貨，

萬 5 千 5 百 97 丁 6 分 7 釐 8 毫 8 絲 3 忽 7 微 6 纖 8 沙 4 塵 6 埃 4
渺 9 漠 5 末 7 逡 8 巡」[271]等單位，即不足為怪。部分學者對「人
丁」作以下綜合說明：按清代的規定，「人丁」有兩種涵義、雙重
屬性。其一指十六歲至六十歲的成年男子，是具體的人，為納稅
的主體，這是它的自然屬性；其二指丁銀抽象的承擔者，是計稅
的單位與尺度，代表一份稅額，這是它的社會屬性。官方所計丁
額，實際上只是稅額的標誌，並非人頭的計數。[272]清朝官方冊籍上
記載的「人丁」，和冊籍上的田畝一樣，都屬賦役徵收的性質。[273]

　　清制十六歲至六十歲的男子為成丁，成丁是「人丁」編審的
名義對象。成年男子中的官員紳衿享有優免特權，[274]僮保奴隸沒
有人身自由，不屬編氓，不直接承擔丁銀繇役，不予編審；十六
歲以下，六十歲以上，不在編審範圍之內；婦女不承擔徭役，也
不予編審。康熙時期，戶部尚書張玉書曾評論順治年間的戶口數
目：

> 其載諸冊籍者皆實輸丁糧之人，而一戶之中，生齒雖盛，
> 所籍丁口，率自其高曾所遺，非析產不增丁，則入丁籍者，
> 常不過數人而已。其在仕籍及舉貢監生員與身隸營伍者皆
> 例得優免，而僮保奴隸又皆不列於丁，則所謂戶口登耗之
> 數於生齒之贏絀總無與也。[275]

由張玉書的話可知，所謂「人丁」戶口的更動，與實際人口的增
減無關。「人丁」既與稅收有關，隱匿之事即在所難免，如清聖祖

---

　　戶口，頁 14。

271 屠英等修，江藩等纂，《肇慶府志》，道光十三年刊本影印，卷 3，輿地，
　　戶口，頁 16。收入《續修四庫全書》，史部‧地理類，第 713 冊。

272 潘喆、陳樺，〈論清代的人丁〉，《中國經濟史研究》，1987 年第 1 期，頁
　　108。

273 張研，《清代經濟簡史》，頁 139。

274 順治五年（1648），規定官員紳衿按明朝舊例豁免丁糧，後雖有更改，但
　　仍免本身丁徭，故不予編審。參見《清世祖章皇帝實錄》，卷 37，順治五
　　年三月壬戌，總頁 303；《皇朝文獻通考》，卷 25，職役考，頁 9，收入《景
　　印文淵閣四庫全書》，史部‧政書類，第 632 冊。

275 張玉書，〈紀順治間戶口數目〉，《清經世文編》，卷 30，戶政，賦役，頁 13。

所說：「直隸各省督撫及有司，編審人丁時，不將所生實數開明具報者，特恐加徵錢糧，是以隱匿，不據實奏聞」。[276]地方官為博得名聲，在每五年一次的編審時，盡量防止原有丁額擴增，盡可能只根據當地人口的多寡和貧富程度，增加些微呈報，已成為慣例。[277]清初，靈壽縣知縣陸隴其曾向直隸省大員請求：「審丁之不宜求溢額也。……竊觀直隸各州縣現在之丁已不為不庶，但求無缺額足矣，不必更求溢額也。……總之，寬一分在州縣，即寬一分在窮民」。[278]所以，丁口的上報數並不能真實反映當地人口的增加狀況。

這種情形清聖祖在南巡時親訪民間得知，「一戶或有五六丁，止一人交納錢糧；或有九丁、十丁，亦止一、二人交納錢糧」。[279]所以，康熙五十一年（1712）的上諭即表明：「朕覽各省督撫奏編審人丁數目，並未將加增之數盡行開報」。[280]為確實了解「人丁」增長的實數，而非增加錢糧，遂於是年發佈史上有名的「盛世滋生人丁，永不加賦」諭旨。滋生「人丁」仍需靠編審制度清查，以歸入專門的滋生冊內造報。雖然原有的「人丁」額固定，但人總有生死變化，若有開除，則須遞補。康熙五十五年（1716），戶部定以「編審新增人丁補足舊缺額數，如有餘丁，歸入滋生冊內造報」。[281]如此一來，即使滋生「人丁」毫無遺漏地編審，也無法在滋生冊中呈現，更遑論各州縣不實呈報之惡習，這項措施並沒有達到清聖祖想了解「人丁」實數的願望。此外，《清實錄》中記載之「人丁」戶口，康熙二十四年與二十五年、二十六年與二十

---

276　《清聖祖仁皇帝實錄》（三），卷 249，康熙五十一年二月壬午，諭旨，總頁 469。

277　何炳棣，《1368-1953 中國人口研究》，頁 32。

278　陸隴其，〈論直隸興除事宜書〉，《清經世文編》，卷 28，戶政，養民，頁 10。

279　《皇朝文獻通考》，卷 19，戶口考，頁 15。收入《景印文淵閣四庫全書》，史部·政書類，第 632 冊。

280　邢福山、謝榮埭纂輯，《皇朝食貨志》，戶口 3，文獻編號 212000199。

281　《清史稿校註》，第 5 冊，卷 127，食貨志，戶口，頁 3445。

七年、二十八年與二十九年、三十一年與三十二年、三十三年與
三十四年、四十四年與四十五年、四十六年完全相同，若將此登
載視爲人口數，必然會大惑不解。

　　歷來有學者以丁與口的比例來推估這段期間的人口數，有一
比四、一比五等不同比例算法。[282]在編審制度下，載冊之「人丁」
並非人口數，「人丁」編審制度只要和賦稅連在一起，種種隱匿和
漏報情況便不能避免，在籍丁數和實際丁數並不一致。清初，順
治和康熙初年戰爭仍然未休，有些地區還不在清廷控制之下，「人
丁」數必然有脫漏、偏低的現象，「人丁」編審的準確性自然令人
質疑，五年一次的編審能否反映清初人口的增長便要打上問號，
以此推算出之丁口比率來預估當時的人口，正確性有待商榷。根
據丁口比推算的人口數，是與在籍「人丁」數相應的人口，與實
際人口有一定的差距。[283]此外，另有按人口增長率來推算人口數
之法。清初三朝「人丁」數既然不可靠，改以乾隆時的人口數據
往回推算清初人口，如以乾隆七年至五十九年（1742～1794）較
爲準確的人口數，算出五十二年間的年平均增長率爲 13‰，再根
據其他史料推估出康、雍時期的人口增長率，用以推算康、雍時
的人口數。[284]不同時期人口增長率多不相同，回推的結果必然存
在誤差，再加上對推算基期的認定不同，則推算的結果差異頗大。
如康熙二十一年（1682）的人口數，高王凌先生推算爲 7,000 萬
至 8,000 萬人，而葛劍雄先生推算爲 1.3 億人，[285]兩者相差近 6,000

---

282 郭松義在〈清初人口統計中的一些問題〉認爲「當時丁口的比例，大致爲
　　一比四。當然，這一比四，也只是個近似值而已」，見《清史研究集》，第
　　2 輯，頁 76。胡煥庸在與張善余一同編著的《中國人口地理》（上海：華
　　東師範大學出版社，1984 年）上冊 53 頁提到：以一丁折四點五口換算。
　　程賢敏在〈論清代人口增長率及過剩問題〉中提出「每丁平均代表四點九
　　九人」，見《中國史研究》，1982 年第 3 期，頁 49。周源和在〈清初人口
　　統計析疑〉提及明、清六百年間「戶（丁）與口的比例常在一與五之間」，
　　見《復旦學報》，1980 年第 3 期，頁 25。
283 閻守誠，《中國人口史》（臺北：文津出版社，民國 86 年），頁 304-305。
284 高王凌，〈明清時期的中國人口〉，《清史研究》，1994 年第 3 期，頁 29。
285 參見高王凌，〈明清時期的中國人口〉，《清史研究》，1994 年第 3 期，頁

萬人。再者，亦有將丁口比與增長率混合運用者。有學者以為康熙後期和雍正年間，社會穩定，清廷控制力增強，戶口隱匿減少，丁口數較真實。因此，以康熙五十二年(1713)與雍正十二年(1734)的「人丁」數計算二十一年間「人丁」的年平均增長率為 6.9‰，以此增長率來推估乾隆六年（1741）的「人丁」數，把推算出的「人丁」數除同年的人口總數，可得丁口比為一比四點九九。假設康熙五十二年前的「人丁」年增長率不變的情形下，回推順治年間至康熙五十一年的「人丁」實數，乘以四點九九的丁口比，可得出各年的人口實際總數。[286]

而何炳棣先生以明代洪武至嘉靖年間北方五省的官方人口總數算出其年平均增長率，以其作為明代的人口增長率，當然實際增長率必然較高。以此估計明代後期萬曆年間，中國人口約有 1.3 億至 1.5 億左右。[287]據此，再根據清朝前期的社會、經濟狀況，推估康熙三十九年（1700）或稍後中國人口為 1.5 億左右，[288]部分學者不認同這種憑空、大膽的估計。對於這段期間的人口數，至今學者們觀點仍然分歧。關鍵即在於資料的缺乏，清初三朝僅有不完全的「人丁」數，無論用哪一種方法推算，都帶有一定的主觀性，估算結果人口數據自然不同。雖然如此，畢竟均為估算，皆非確鑿有據，在資料不足的情況下，人口估算本非易事，用這些方法估算所得人口數畫成曲線，可看出均為上升線，比對當時政治、社會、經濟狀況是相符的，是以對認識整個人口增長的趨勢仍然具有參考價值。

何炳棣先生曾研究明朝人口，估算在萬曆二十八年（1600）前後，明朝人口達到高點，約有 1.5 億左右。[289]美國學者珀金斯

---

29；葛劍雄，《中國人口發展史》，頁 249。

286 程賢敏，〈論清代人口增長率及過剩問題〉，《中國史研究》，1982 年第 3 期，頁 49。。

287 何炳棣，《1368-1953 中國人口研究》，頁 261-262。

288 何炳棣，《1368-1953 中國人口研究》，頁 268。

289 何炳棣，《1368-1953 中國人口研究》，頁 262。

推估約在 1.2 億至 2 億間。[290]明末清初是人口傷亡最大的時期，由於天災人禍交相迭成，人口損失慘烈，清世宗曾言：「明末清初的變亂中，中國民人死亡過半」。[291]據此估計，清世祖初年（1650年前後）人口約爲明朝人口高峰期的 50～60%，即 7,500 萬至9,000 萬左右。若以葛劍雄先生認爲明清之際人口的跌幅估計可達 40%估算，爲 9,000 萬左右，與胡煥庸先生估算的 8,500 萬相去不遠，珀金斯先生的估算在 1 億至 1.5 億之間。[292]

　　羅爾綱先生認爲三藩之亂平定後至雍正年間（約 1681～1735），是清朝人口增加最快的時代。大亂之後，政府積極作爲，農村復興，社會得到長期的安定，造就「丁男不知兵革之患，序障無從烽燧之警」，真是年豐人樂，一片繁榮富庶景象，是中國歷史上少有的太平盛世。[293]此種觀點，確有參考價值，有待進一步史料出土以爲証。乾隆四十年至五十九年（1775～1794），人口年平均增長率約爲 8.9‰，三藩亂後到雍正年間年平均增長率應較此數更高。大凡社會處於安定狀態，經濟得以發展，加上自然災害不嚴重的情形下，較長時期的人口年平均增長率，可從官方的戶口統計數和現有的研究結果推算出來，約可以達到 5～7‰，較短時期的增長率可以達到 10～12‰，更短期甚至可達近 20‰。[294]清朝從康熙三十九年至道光三十年（1700～1850）這一個半世紀中，人口年平均增長率約 6.3‰，其中康熙三十九年至乾隆五十九年（1700～1794）間約爲 10‰。[295]由此推估康熙二十年（1681）前後，中國人口約爲 1 億左右。如此估算，當然無法全然客觀，但

---

290 德·希·珀金斯著，宋海文等譯，《中國農業的發展（1368-1968）》（二）（上海：上海譯文出版社，1984 年），頁 277。

291 《大義覺迷錄》，卷 1，頁 6。收入《清史資料》，第 4 輯（北京：中華書局，1983 年）。

292 參見胡煥庸，《中國人口地理》，上冊，頁 53；德·希·珀金斯，《中國農業的發展（1368-1968）》（二），頁 277。

293 羅爾綱，〈太平天國革命前的人口壓迫問題〉，《中國近代史論叢》，第 2 輯，第 2 冊，頁 29-30。

294 葛劍雄，《中國人口發展史》，頁 261-262。

295 葛劍雄，《中國人口發展史》，頁 261。

大致可以看出當時人口消長的狀況。

## （二）乾嘉時期的人口

「滋生人丁永不加賦」實行後，戶口編審與賦稅脫鉤，降低五年一次「人丁」編審的重要性。清世宗時，實施「攤丁入地」，戶口編審更為廢弛，使得編審制度失其效用。清高宗繼位後，有感於人口的增長，有必要對人口登記制度加以檢討，並徹底改變戶口統計與管理制度，以掌握人口真實情形，於乾隆五年（1740）特別指示：

> 各省督撫雖有五年編審之規，州縣常平倉雖有歲終稽覈之法，而奉行者僅亦於登耗散斂之間，循職式之舊，殊不知政治之施設，實本於此。其自今以後，每歲仲冬，該督撫將各府州縣戶口減增、倉穀存用，一一詳悉具摺奏聞。朕朝夕披攬，心知其數，則小民平日所以生養，及水旱凶饑，可以通計熟籌，而預為之備。各省具奏戶口數目，著於編審後舉行。其如何定議，令各省畫一遵行，著該部議奏。[296]

十七天後，戶部回奏：

> 查定例，五年編審人丁，每年奏銷倉穀。今特降諭旨，欲周知其數，以通計熟籌而為之備。請嗣後編審奏銷仍照舊辦理外，應令各督撫即於辛酉年編審後，將各府州縣人丁按戶清查，及戶內大小各口一併造報，毋漏毋隱。……俱於每歲十一月繕寫黃冊奏聞。[297]

以上諭令，當時若得實施，則我國從乾隆六年（1741）起就已建立了人口普查的制度。[298]

戶部的建議得到清高宗認同，卻遭到廷臣們的反對，廷臣對每年進行人口普查沒有興趣，不認為實施人口普查對維護統治有

---

296 《清高宗純皇帝實錄》（二）（1985 年），卷 130，乾隆五年十一月戊辰，諭旨，總頁 893。
297 《清高宗純皇帝實錄》（二），卷 131，乾隆五年十一月乙酉，總頁 911。
298 何炳棣，《1368-1953 中國人口研究》，頁 36。

何實質意義。御史蘇霖渤在奏疏中明確表示，以往「人丁」編審是按戶定丁，並未實際編查，遇災荒賑濟，都是臨時清查，不能據此「人丁」數以編查戶口，且「小民散處鄉僻，若令赴署聽點，則民不能堪；若官自下鄉查驗，則官不能堪；仍不過委之吏胥而已。況商旅往來莫定，流民、工役聚散不常，以及番界苗疆多未便清查之處。請降旨即行停止。……各省戶口殷繁，若每歲清查，誠多紛擾」。[299]對廣土眾民的中國，五年一次編審外加每年再清查戶口的規定，有其技術上的困難，胥吏亦可能藉清查名義擾民，乘便挾詐，斂錢分肥，則「小民未及沾惠，先已耗財不貲矣」，[300]不可不防。

清高宗對此意見十分重視，廣納建言，幾經商討修正，最後定案的規定為：

> 每歲造報名數，若俱照編審之法，未免煩擾，直省各州縣設立保甲門牌，土著流寓原有冊籍可稽。若除去流寓，將土著造報，即可得其實數。應令各督撫於每年十一月將戶口數與穀數一併造報，番疆苗界不入編審者不在此例。[301]

《山西通志》記載：「乾隆五年，始定直省府、州、縣於編審後，將戶內大小人口一併造冊……而仲冬奏報民數，定為常例」。[302]可見從乾隆六年（1741）起，戶口統計由原來的「人丁戶口」改為「大小男婦」。

從規定中可看出，人口造報是建立在現成保甲冊籍的基礎上進行，由地方官會同里甲人員進行查報。但造報的人口，並非保甲冊籍上的全部人口，不包括番疆苗界，也不列入流寓人口，僅

---

299 《清高宗純皇帝實錄》（二），卷 133，乾隆五年十二月丙辰，御史蘇霖渤奏，總頁 930-931。

300 蘇霖渤，〈請編審仍照舊規疏〉，《清經世文編》，卷 30，戶政，賦役，頁 37。

301 《皇朝文獻通考》，卷 19，戶口考，頁 31。收入《景印文淵閣四庫全書》，史部・政書類，第 632 冊。

302 曾國荃等修，王軒等纂，《山西通志》，光緒十八年刻本影印，卷 65，田賦略，頁 13。收入《續修四庫全書》，史部・地理類，第 642 冊。

有土著。這種上報人口必定遠低於實際人口,實不符清高宗原意。
此時,人丁編審並未廢止,與保甲編查人口同時進行。戶口登記
既與賦役無關,各地地方官不再像人丁編審時認真,往往照抄丁
口數或隨意編造。當時保甲尚未全面實行和推廣,且地方保甲制
度主要任務在維護治安,是一種傳統的小型自治組織,對於承擔
全國戶口的查報能否認真執行,各省均不相同。保甲系統的效率,
跟當時的政治、經濟、社會狀況以及地方官吏的態度有關,康熙
元年至三年(1662～1664),朱昌祚擔任浙江巡撫,在其任內保甲
制度流於形式,並未做到戶口登記。[303]雍正年間,田文鏡在河南
巡撫、總督及山東總督任內,李衛在浙江巡撫、總督時期推行保
甲,皆卓著成效,旅人夜行不必擔心盜匪,使「地方毋憂也」。[304]

乾隆七年(1742)時,保甲在廣西實行並不徹底,「多未奉
行。即有行者,亦不過於城廂內外聊造一冊,有總戶之名而無丁
口細數」,[305]缺乏有關細目,幾乎毫無用處。乾隆二十二年(1757),
江西許多保甲人員竟由無業游民充任;雖有保甲登記,但上報的
數字卻不可靠。保甲制在江西不過徒具形式而已。[306]清高宗即指
出,州縣編查保甲「有司每視為迂闊常談,率以具文從事,各鄉
設保長甲長,類以市井無賴之徒充之,平時並不實心查察」。[307]監
察御史胡澤潢給清高宗的奏疏中表示,地方事務中最重要者唯刑
名與錢穀兩項,亦為考核賞罰官吏的指標,而保甲並不在其中,
是以不被重視,致名存而實亡。胡澤潢奏疏內容約略透露出,何

---

303 朱昌祚,《撫浙詩草》,康熙三年刊本,卷 1,頁 75-76。轉引自何炳棣,
　　《1368-1953 中國人口研究》,第 3 章注 8,頁 329。

304 袁枚,《小倉山房詩文集》,卷 27,頁 12-14。收入《四部備要》(臺北:中
　　華書局,民國 55 年),集部,第 228 冊。

305 楊錫紱,〈奏明力行保甲疏〉,《四知堂文集》,嘉慶十一年刻本影印,卷 4,
　　頁 5。收入《四庫未收書輯刊》,第 9 輯,第 24 冊。

306 羅汝懷輯,《湖南文徵》,同治十年刊本,國朝文卷 2,頁 18-21。

307 《清高宗純皇帝實錄》(七),卷 548,乾隆二十二年十月庚午,諭旨,總
　　頁 985。

以地方官府如此忽視保甲編查。[308]乾隆二十三年（1758），兩廣總
督兼管江蘇巡撫事務陳宏謀上奏，建議保甲為基層治安而存在，
不宜過於注重當地人口的精確登記，婦女和兒童對賦稅徵集和維
持地方秩序沒有幫助，可從保甲戶牌中取消。[309]陳宏謀的觀點反
映當時一般官吏的想法，可見初期以保甲編查人口推行得並不順
利。

　　這些例子說明在乾隆六年至四十年（1741～1775）間，保甲
系統未認真執行人口的編查，在有些地方志可以看到人口登記出
現或未曾申報，或嚴重遺漏，或照抄以前的數字等現象：如四川
鄰水縣，乾隆十五年（1750）冊報 7688 戶、17125 口，每戶平均
僅 2.2 人，令人懷疑是否包括全部人口；[310]湖北蘄水縣，縣志中
記載乾隆十四年（1749）的戶口數竟與明朝嘉靖二十一年（1542）
相同，所以縣志編者提到，在這二百多年間人口差異不大。蘄水
縣在乾隆十七年（1752）新任知縣劉育杰徹底執行查核後，人口
統計才顯示合理的延續。[311]湖北省有些縣連續每年上報 5、6 人至
20 人已成為慣例，官吏等同虛應故事，不實心查報，清高宗為此
而決心徹底改革。[312]

　　不實的登載，必然造成國家人口年度總數謬誤。所以，理論
上這段期間的人口統計數字，應代表全部人口，事實上仍低於實
際人口。這些數據有其缺點，但並非毫無用途，畢竟這是人口統
計的新開端，任何制度在初建時都有難以避免的疏失和遺漏，若
其大方向正確，則仍有其一定的參考價值。

---

308 胡澤潢，〈敬陳保甲二要疏〉，《清經世文編》，卷 74，兵政，保甲，頁 39。
309 陳宏謀，〈籌議編查保甲疏〉，《皇清奏議》，卷 51，頁 1-3。
310 參見《鄰水縣志》，道光十五年刊本，卷 2，頁 3。轉引自何炳棣，《1368-1953
　　中國人口研究》，頁 41。
311 多琪纂修，《蘄水縣志》，光緒六年刻本影印，卷 4，賦役志，戶口，頁 2-3。
　　收入《中國地方志集成・湖北府縣志輯》（南京：江蘇古籍出版社，2001
　　年），第 22 冊。
312 《清高宗純皇帝實錄》（一三），卷 995，乾隆四十年閏十月丙寅，諭旨，
　　總頁 297。

乾隆三十七年（1772），隨著「攤丁入地」在全國大部分地方的實行，五年一次的「人丁」編審面臨永行停止的厄運。永停編審反映人口查報觀念的改變，其後清廷特別重視保甲制度。《畿輔通志》記載：「舊志止載丁數，所以重編審，亦以稽徭銀也。自雍正二年丁銀攤入地糧，而雍正志仍載人丁，不計戶口，於義爲疏。至乾隆二十六年（疑爲三十六年之誤）停止編審，清查戶口，實合古者民數爲重之意」。[313]戶與口的登記不再從賦役角度出發，理論上以後的戶口數應較接近實際。事實上，並不能排除因循的習性。湖北省《襄陽府志》記載，停止編審後，「州縣戶口不足爲據……若胥吏以意增減之爲，固無取焉」。[314]乾隆三十九年（1774），湖北東部被災，糧食歉收，要求賑濟的人數超過這些地方登載的戶口總數，經過清查發現，有些縣份在每年上報人口數時僅任意增加一點數目作爲交代。乾隆四十年（1775），清高宗接獲湖廣總督陳輝祖的奏報，留下措辭嚴厲的諭令：

> （陳輝祖）所稱從前歷辦民數冊，如應城一縣，每歲止報滋生八口，應山、棗陽止報二十餘口及五、六、七口，且歲歲滋生數目一律雷同等語，實屬荒唐可笑。各省歲報民數，用以驗盛世閭閻繁庶之徵，自當按年確覈。豈有一縣之大，每歲僅報滋生數口之理！可見地方有司向竟視爲具文，而歷任督撫亦任其隨意填送，不復加察，似此率略相沿，成何事體！[315]

嚴格要求各省督撫自該年起呈報民數應實力辦理，勿再因循疏漏，草率從事，否則定予嚴處。對於該年民數，恐各督撫拘泥於年底奏報期限，時間緊迫，若倉促從事，則仍有名無實，爲便其

---

313 張樹聲總修，《畿輔通志》（三）（上海：上海古籍出版社，1991年），光緒十年刊本影印，卷96，經政，戶口，頁3929。

314 恩聯等修，王萬芳等纂，《襄陽府志》，光緒十一年刻本影印，卷10，食貨志，戶口，頁1。收入《中國地方志集成·湖北府縣志輯》，第63冊。

315 《清高宗純皇帝實錄》（一三），卷995，乾隆四十年閏十月丙寅，諭旨，總頁297；《皇朝文獻通考》，卷19，戶口考，頁53～54，收入《景印文淵閣四庫全書》，史部·政書類，第632冊。

從容辦理，特展延到次一年年底。

　　各省督府對於清高宗的震怒無疑是驚懼的，「人丁」編審雖廢，為了貫徹帝意，不得不展開全面的人口清查。此後，人口查報成為保甲的一項重要職責。這次全面清查的結果，全國人口數激增，可參看附錄二：乾嘉道三朝歷年人口數目概況表，乾隆四十年（1775）人口數比上一年增加 43,534,131 人，增長率高達 20％。在正常狀態下，人口不可能如此增加，這當然不是人口增殖的結果，有學者以為是地方大吏為迎合上意故意浮報或有可能。[316]在乾隆四十年（1775）前，官吏對人口造報向來視為具文，隨意填造，不加復查，遺漏之弊所在多有；乾隆四十年（1775）經清高宗嚴斥，不許再約略開造，江蘇省《溧水縣志》即有乾隆四十年「奉旨飭查確實民數上之於朝」的記載。[317]以往疏漏的人口，現在認真覈實登入冊籍中。由於人口查報較為確實，因而有人口數迅增的現象，不足為怪。至於疆吏浮報以迎合聖意，雖非必屬子虛烏有，然清高宗對人多造成食艱之憂，卻常出現於其諭旨，如乾隆十三年（1748），因連年米貴傳諭各督撫：「朕自御極以來，宵旰勵精，勤求民隱，閭閻疾苦，無或壅於上聞。乃不能收斗米三錢之益，而使赤子胥有艱食之累，殊益焦勞」。[318]乾隆二十四年（1759），因定議減死遠遣人犯改發巴里坤各城安插墾荒事宜，諭示軍機大臣等：「國家承平百有餘年，民生不見兵革，休養滋息，於古罕有倫比。而天地生財止有此數，生齒漸繁，則食貨漸貴。比歲民數穀數奏牘瞭然，朕宵旰勤求，每懷堯舜猶病之歎」！[319]清高宗既以人多米貴為慮，臣下何敢矯飾人口數以增其憂，且稽考

316 羅爾綱，〈太平天國革命前的人口壓迫問題〉，《中國近代史論叢》，第 2 輯，第 2 冊，頁 24。

317 傅觀光等修，丁維誠等纂，《溧水縣志》，光緒九年刊本影印，卷 6，賦役志，戶口，頁 8。收入《中國方志叢書．華中地方．江蘇省》（臺北：成文出版社，民國 59 年），第 12 號。

318 楊錫紱，〈陳明米貴之由疏〉，《清經世文編》，卷 39，戶政，倉儲，頁 21。

319 王先謙纂修，《十二朝東華錄．乾隆朝》（臺北縣：文海出版社，民國 52 年），卷 18，乾隆二十四年十月丁酉，諭旨，頁 22。

文獻歷來人口只見少報，不曾看見多報，湖廣此次賑災事件即為一例。咸豐年間擔任過戶部侍郎的王慶雲，論及道光前戶口調查說：「各省冊報民數固不能一無舛漏，大抵有少開而無多報」。[320]值得注意的是，因為人口壓力的形成，為尋求謀生途徑，省際間人口流動量大且頻繁，姜濤先生在《中國近代人口史》中對乾隆三十六年至四十一年（1771～1776）各直省人口的增長做一統計，可看出五年間，四川、廣東人口增長率達 153.89％、109.68％，湖北、湖南達 73.64％、65.05％，山東竟然出現負成長-17.32％，此與人口移出移入有關。[321]在人口查報上，乾隆六年（1741），規定地方上報人口數除去流寓人口，乾隆四十年（1775）卻要求必須查具「實在民數」。[322]由於規定的改變，對於該年人口統計大幅度增長，顯然有不小的影響。

　　此後，乾隆朝未再對保甲查報人口制度有任何根本的改變，僅對此制增添更完善的規定。乾隆年四十九年（1784），規定：「各州縣編查保甲，即註明每戶口數，每年造冊送臬司查覈。至外來雇工雜項人等姓名、籍貫，各臚列本戶之下」。[323]之後，統計人口不僅包含定居土著、寄籍人口，連往來無常的短期逗留者亦含括在內。保甲計口清查統計的是社會中實際存在的人，與賦稅無關，因此遠離舞弊、規避，更接近實際，利用保甲查報人口使人口統計較以往更臻完善。到清仁宗時，由於治安的需要，對保甲的整頓仍投入相當多的精力，在人口統計和管理上大致還是相當嚴密的。

　　乾隆六年至三十九年（1741～1774），人口由 143,411,559 人增為 221,027,224 人。乾隆六年（1741），初行保甲查報人口以來頗多疏漏之處，至乾隆四十年（1775）嚴加整頓多出漏報

---

320 王慶雲，〈紀丁額〉，《石渠餘紀》，卷 3，頁 110。

321 姜濤，《中國近代人口史》（臺北：南天書局，1998 年），頁 55。

322 席裕福、沈師徐輯，《皇朝政典類纂》，卷 30，戶役，頁 1。收入《近代中國史料叢刊續編》（臺北：文海出版社，民國 71 年），第 88 輯，第 875 冊。

323 席裕福、沈師徐輯，《皇朝政典類纂》，卷 30，戶役，頁 17。

43,534,131 人之前，人口增加的平均速率爲 10.2‰，大體爲平緩增加。這段期間人口統計不包含流寓人口在內，顯然比實際人口偏低。乾隆四十年至五十九年（1775～1794），人口由 264,516,355 人增加爲 313,291,795 人，年平均增加率爲 8.9‰。保甲統計人口制度經過整頓，不能說已達完善，但此後全國各直省人口數較以往更接近實際人口數。[324]這段期間人口統計亦未見得沒有疏漏處，但相對來說較以往精確度是增加的。乾隆五十九年至嘉慶十七年（1794～1812），人口由 313,281,795 人增加爲 361,695,492 人，年平均增加率爲 8‰。乾隆末年，雖然表面上政治、經濟狀況都還非常有利，事實上已潛伏危機，天災、川陝楚白蓮教亂和各地起事不斷，造成人口傷亡，也影響人口查報。清仁宗時，國勢已不如以往，邊遠省份和深山交界地帶人口查報困難，缺報現象更無法避免。所以官方記載數有幾年波動較大，排除這些因素，人口基本上仍是向上增長的。嘉慶十七年至咸豐元年（1812～1851），人口由 361,695,492 人增加爲 431,894,047，平均增加率降爲 4.6‰。人口還在增加，但速度已開始減緩。趙文林、謝淑君二位學者統計嘉慶十七年至二十五年（1812～1820）人口的年平均增加率爲 4.47‰，[325]差異不大，顯示意義相同。

中國人口在南宋時，首次超過 1 億，之後到明代晚期又出現高峰，學者專家的推估最低近 1 億，最高達到 2 億，適中的是 1.5 億。[326]清朝初期，姜濤先生估算康熙十九年（1680）前後，人口

---

324 無論在乾隆四十年（1776）前或四十年後，人口統計都限於各省，《清實錄》中所記載爲「各省通共大小男婦」。各省，即各直省，當時指直隸、奉天、吉林（乾隆四十年前不載）、江蘇、安徽、江西、浙江、福建、湖北、湖南、山東、河南、山西、陝西、甘肅、四川、廣東、廣西、雲南、貴州等二十省。參見《皇朝文獻通考》，卷 19，戶口考。所以，京師順天府、八旗、黑龍江、新疆、蒙古、西藏、臺灣、雲貴川廣地區居住的少數民族等並未列入戶口統計中。可知，不管何時見於官方記載的人口均低於實際人口數。葛劍雄先生以爲乾隆四十一年至道光三十年（1776～1850）的戶口統計數基本上是較可靠的，見葛劍雄，《中國人口發展史》，頁 63。

325 趙文林、謝淑君，《中國人口史》，頁 390。

326 參見趙文林、謝淑君，《中國人口史》，頁 540；德·希·珀金斯，《中國農

增長到 1 億，趙文林先生推估在康熙二十四年（1685）超過 1 億。[327]乾隆時期，全國人口突破 2 億，接著 3 億，道光時更達 4 億。清朝人口的增長一反過去波浪式增長的型態，斜線上升，實爲中國數千年來所未有之漲勢。[328]

# 三、人口壓力與社會問題

清初經歷休養生息階段，確爲社會的生產發展和人口增殖創造了有力的條件，經過數十年經營，終於展現成效。社會財富和人口空前增長，使得清朝進入鼎盛時期。人口成長回升，代表社會安定與進步，同時經濟發展、勞動力提升；但隨著人口的增長加速，卻逐漸形成人口過剩問題。人口問題主要反映在人口急遽增加，超過社會經濟發展所能承受的程度，在農業時代，土地是農業勞動者最基本的勞動憑藉，它直接關係人類生活的供需。因此，人口與土地的比例若不平衡，就會引發一系列社會經濟問題。

## （一）人口壓力實況

人口問題在清聖祖晚期日漸引起關注。康熙四十八年（1709），在蠲免天下錢糧的諭旨中提及：「本朝自統一區宇以來於今六十七、八年矣。百姓俱享太平，生育日以繁庶。戶口雖增而土田並無所增，分一人之產供數家之用，其謀生焉能給足」？[329]隔年，又曰：「民生所以未盡殷阜者，良由承平既久，戶口日蕃，地不加增，產不加益，食用不給，理有必然。朕洞矚此隱，時深

---

業的發展（1368-1968）》（二），頁 15；何炳棣，《1368～1953 中國人口研究》，頁 275。

327 姜濤，《中國近代人口史》，頁 31；趙文林、謝淑君，《中國人口史》，頁 378。
328 薛福成，〈許巴西墨西哥立約招工說〉，《庸庵文外編》，卷 1，頁 32。收入《續修四庫全書》，集部·別集類，第 1562 冊。
329 《清聖祖仁皇帝實錄》（三），卷 240，康熙四十八年十一月庚辰，諭旨，總頁 390。

軫念」，[330]顯見當時已開始注意人口增加所造成之困擾。康熙五十二年（1713），上諭中言及人多地少帶動米價與土地上漲：

> 先年人少田多，一畝之田，其值銀不過數錢，今因人多價貴，一畝之值竟至數兩不等，即如京師近地，民舍市廛，日以增多，略無空隙。今歲田禾大收，即芝麻、木棉皆得收穫，如此豐年而米粟尚貴，皆由人多地少故耳。[331]

康熙五十三年（1714）又說：「條奏官員每以墾田積穀為言，伊等俱不識時務，今人民蕃庶，食眾田寡，山地盡行耕種，此外更有何應墾之田為積穀之計耶」！[332]因人民蕃庶，因食眾田寡，因山巔之地已行耕種，所以造成清聖祖「常以為憂」。[333]

清朝自入關以來，承平日久，所以人口滋息愈盛。在生齒日繁之下，田土並無同比例的增加，是以雖遇豐年，米價亦不甚減。所以山東、河南等省人民無地可耕，不少人轉赴口外耕種以謀生。左都御史徐元夢即曾表示他在杭州時，見「居民稠密，街市充滿，皆肩摩而行」，可見當地人滿為患之象。[334]康熙年間，江蘇蘇州無論豐歉之年，由江西、湖廣、安徽運來之米，歲不下數百萬石；[335]松江上海每年從關外運進大豆、小麥達 1,000 萬石；[336]江寧織造通政司曹寅、蘇州織造李煦就奏報過，江西、湖廣客米因禁糴，或商人從蘇州購米濟閩，雖在豐年，米價亦騰。[337]據此知江寧、

---

330 《清聖祖仁皇帝實錄》（三），卷 244，康熙四十九年十月甲子，諭旨，總頁 419。

331 《清聖祖仁皇帝實錄》（三），卷 256，康熙五十二年十月丙子，總頁 534。

332 《清聖祖仁皇帝實錄》（三），卷 259，康熙五十三年六月丙子，諭旨，總頁 557。

333 《康熙起居注》（北京：中華書局，1984 年），第 3 冊，康熙五十三年六月初六日，頁 2094。

334 《康熙起居注》，第 3 冊，康熙五十六年十月初五日，頁 2439。

335 包世臣，《安吳四種》，卷 26，齊民四術，頁 4。收入《近代中國史料叢刊》（臺北縣：文海出版社，出版年不詳），第 30 輯，第 294 冊。

336 包世臣，《安吳四種》，卷 1，海運南漕議，頁 2。收入《近代中國史料叢刊》，第 30 輯，第 294 冊。

337 《文獻叢編》，第 9 輯（北平：故宮博物院文獻館，民國 15-19 年），康熙四十八年三月，江南織造通政使曹寅奏，頁 2；《李煦奏摺》（北京：中華

蘇州、上海、福建為缺米區，當地生產無法滿足當地人口的需求，供需已漸失調，地區性的人口壓力問題已經出現端倪。

人口與土地成長不成比例，許多地方的耕地又普遍稻田轉作，栽種煙草果樹等其他經濟作物。經濟作物價值高，跟進者不少，引起糧食作物耕地不足，情況日益嚴重。以人口壓力嚴重的福建為例，福建山田有泉水滋潤，若勤力耕種，原足自給。然三分之一田地改種茶、蠟、麻、苧、藍靛、糖蔗、柑橘等屬，且又大面積栽種煙草，福建之地僅剩十之二、三種稻，故不得不仰食於他省。[338]經濟作物的種植影響糧食的生產，糧食供應隨即發生問題，於是反映在糧價上，糧價因而上漲。

雍正二年（1724）二月，清世宗對各省督撫的詔諭中曾言：「朕自臨御以來，……重農務本，但國家休養生息，數十年來，戶口日繁，而土田止有此數，非率天下農民竭力耕種，兼收倍獲，欲家室盈寧必不可得」。[339]清世宗也注意到「戶口日繁」與「地盡耕種」的不成比例所引發的問題。雍正四年（1726）七月諭旨中提到：「凡各省地方有關米或米價昂貴者，必係其地上年荒歉所致。今歲楊文乾奏廣東米貴，駐防兵丁有不許巡撫減糶之事，宜兆熊、毛文銓又奏福建關米，有土棍搶米之事，此二省上年俱奏稱豐收，並未云荒歉也」。[340]並非荒歉而導使米價上漲，原因何在？雍正五年（1727）三月，清世宗對內閣發表他的看法：

> 我國家撫綏寰宇，聖祖仁皇帝臨御六十餘年，深仁厚澤，休養生息，戶口日增，生齒益繁，而直省之內地不加廣，近年以來，各處皆有收成，其被災歉收者不過州縣數處耳，而米價遂覺漸貴，閩、廣之間，頗有不敷之慮，望濟於鄰

---

書局，1976 年），頁 30、62。

338 郭起元，〈論閩省節用務本書〉，《清經世文編》，卷 36，戶政，農政，頁 20。

339 《清世宗憲皇帝實錄》（一），卷 16，雍正二年二月癸丑，諭旨，總頁 272。

340 蔣良騏原纂，王先謙纂修，《十二朝東華錄·雍正朝》（臺北縣：文海出版社，民國 52 年），卷 4，雍正四年七月辛卯，諭旨，頁 34。

省，良田地土之所產如舊，而民間之食指愈多，所入不足
以供所出，是以米少而價昂，此亦理勢之必然者也。[341]

從其言論中可知，清世宗明白由於人口增加而形成耕地不足，糧
食供不應求而米價上漲。這種現象已經引起朝廷的注意，並且瞭
解當時地方性米貴問題核心所在。

雍正五年（1727），江西、湖廣、廣東、廣西等省人民因田
地歉收，米價昂貴，相率流移至川者不下數萬人。[342]該年湖廣、
廣東並非歉收之歲，江西、廣西亦未提及發生災歉，不過近水之
地，略遭淹損，何以居民輕去其鄉者如此之眾？清世宗以為皆「本
省大小官吏平日全無撫綏，以致百姓失所，顯然可見」。[343]但亦可
看出，人口壓力造成地方性米貴。時川省地廣人稀，米多賤價，
自易吸引遠近之人，雖離鄉背井，扶老攜幼，跋涉山川前往而絡
繹不絕。但清世宗時，人口問題並未構成普遍性的社會問題，耕
地面積的擴大仍有餘地。所以，雍正朝極力提倡充分利用地利，在
舍旁田畔、荒山曠野進行開墾，使「人力無遺，而地利始盡」。[344]

乾隆初年，米價昂貴的情形，已遍及全國。乾隆八年（1743），
江蘇地區米每石 1 兩 2 錢、穀每石 6 錢屬於常平價格。[345]為鼓勵
商人進口糧食，規定商船販運洋米萬石以上者，可免船貨稅十之
五；5,000 石以上，得免船貨稅十之三。當時運 3,000～4,000 石
者，也同樣享有豁免。[346]號稱「天下沃野」的巴蜀，雍正八年至
九年（1730～1731）時，米價每石尚僅 4、5 錢，乾隆十三年（1748）
增為 1 兩，最少亦需 8、9 錢。[347]湖南巡撫楊錫紱在〈陳明米貴之

---

341 蔣良騏原纂，王先謙纂修，《十二朝東華錄・雍正朝》，卷 5，雍正五年三
月庚寅，諭旨，頁 12。
342 《雍正朝起居注冊》，第 3 冊，雍正六年二月二十三日，諭旨，頁 1811。
343 《大清國史食貨志》（臺北：國立故宮博物院藏，未出版），卷 1，戶口。
344 《清世宗憲皇帝實錄》（一），卷 16，雍正二年二月癸丑，諭旨，總頁 272。
345 《清高宗純皇帝實錄》（三），卷 197，乾隆八年七月庚戌，總頁 537。
346 王慶雲，〈紀海舶米糧〉，《石渠餘紀》，卷 6，頁 281。
347 《清高宗純皇帝實錄》（五），卷 311，乾隆十三年三月癸丑，雲貴總督張
允隨覆奏，總頁 104。

由疏〉中，以自身經歷奏稱：

> 臣生長鄉村，世勤耕作，見康熙年間，稻穀登場之時，每
> 石不過二、三錢，雍正年間則需四、五錢，無復二、三錢
> 之價，今則必需五、六錢，無復三、四錢之價。蓋戶口多，
> 則需穀亦多，雖數十年荒土未嘗不加墾闢，然至今日而無
> 可墾之荒者多矣，則戶口繁滋足以致米穀之價逐漸加增，
> 勢必然也。[348]

江西巡撫開泰持相同看法，米貴之因，實生齒日繁所致；各省田
畝初值銀數兩者，今值 10 餘兩，即使山角溪旁遍墾種植，所補甚
微。[349]糧價上漲，田價暴增，布、帛、絲、棉亦同聲上漲，百物
騰湧，無不價增。盛世滋生人口日眾，歲時豐歉各處難一，以有
限之田土，欲供日增之民食，實不能更有多餘，[350]此所以生活難
以改善之故。

　　乾隆朝晚期，朝野均明顯感受到人口沉重的壓力。在方志和
其他史料中，頗多乾隆朝以後有關人滿為患的記載。乾隆五十八
年（1793），清高宗對於人口增殖太快的憂慮就出現在上諭中：

> 我國家承天眷佑，百餘年太平天下，化澤涵濡，休養生息，
> 承平日久，版籍益增，天下戶口之數視昔多至十餘倍。以
> 一人耕種而供十數人之食，蓋藏已不能如前充裕，且民戶
> 既日益繁多，則廬舍所占田土不啻倍蓰。生之者寡，食之
> 者眾，於閭閻生計誠有關係。若再因歲事屢豐，粒米狼戾，
> 民情游惰，田畝荒蕪，勢必至日食不繼，益形拮據。朕甚
> 憂之！[351]

在農業生產技術沒有重大進展的當時，耕地面積遠不及人口增加

---

348 楊錫紱，〈陳明米貴之由疏〉，《清經世文編》，卷 39，戶政，倉儲，頁 22。
349 《清高宗純皇帝實錄》（五），卷 311，乾隆十三年三月癸丑，江西巡撫開
　　泰覆奏，總頁 97。
350 朱倫瀚，〈截留漕糧以充積貯劄子〉，《清經世文編》，卷 39，戶政，倉儲，
　　頁 26。
351 《清高宗純皇帝實錄》（一九），卷 1441，乾隆五十八年十一月戊午，諭旨，
　　總頁 249-250。

的速度，人口對土地已形成壓力，糧價上漲即在所難免，且越來越嚴重。因此，以往豐年米價甚賤，遇歉收才發生米價高昂現象，然至乾隆晚期無論歉收與否，米價皆持續上漲，居高不下。同年，英國派遣來華的使節團員，就發現中國人口漫無止境繁殖的現象，經觀察，在中國「平均每一平方哩所有的人數，比歐洲人口最集中的國家平均一平方哩所有的人口數，多三百人以上」，感嘆中國人「吃飯還得要精打細算」。[352]可見，當時外國人也看出中國人口過多的嚴重性。

## （二）社會問題

乾隆時期，有一位卓識過人的學者洪亮吉已看出問題，他的家鄉是江蘇陽湖，正是當時人口最密的一個省份，他所處的時代也正是人口問題愈益嚴重的時期。他在貴州任學政時，因見各地人口滋繁，百姓生活艱苦萬分，認為問題的核心在於人口的增加超過生活資源，生活資源無法滿足人口的需求。在他寫的〈治平篇〉提到：

> 人未有不樂為治平之民者也，人未有不樂為治平既久之民者也。治平至百餘年可謂久矣，然其戶口則視三十年以前增五倍焉，視六十年以前增十倍焉，視百年，百數十年以前不當增二十倍焉。試以一家計之，高曾之時有屋十間，有田一頃，身一人，娶婦後不過二人；以二人居屋十間，食田一頃，寬然有餘矣。以一人生三人計之，至子之世，而父子四人，各娶婦即有八人；八人即不能無傭作之助，是不下十人矣。以十人而居屋十間，食田一頃，吾知其居僅僅足，食亦僅僅足也。子又生孫，孫又娶婦，其間衰老或有代謝，然已不下二十餘人矣。以二十餘人居屋十間，食田一頃，即量腹而食，度足而居，吾知其必不敷矣。又

---

352 斯當東著，葉篤義譯，《英使謁見乾隆紀實》（上海：上海書店出版社，1997年），頁 504。

> 自此而曾焉，自此而元焉，視高曾時已不下五六十倍。是
> 高曾時為一戶者，至曾元時不分至十戶不止，其間有戶口
> 消落之家，即有丁男繁衍之族，勢亦足以相敵。或者曰，
> 高曾之時，隙地未盡闢，閑廛未盡居也；然亦不過增一倍
> 而止矣，或增三倍五倍而止矣；而戶口則增至十倍二十倍，
> 是田與屋之數常處其不足，而戶與口之數常處其有餘也。
> 又況有兼併之家，一人據百人之屋，一戶佔百戶之田，何
> 怪乎遭風雨霜露，饑寒顛踣而死者之比比乎！[353]

洪亮吉認為治平之世，戶口增加快速，百年之間可增加 5～20 倍，然土地卻只增加 3～5 倍。人口過剩造成人民生計艱難，若再加上兼併之家的盤剝，自然災害的肆虐等因素，受餓凍死，流移他鄉就不可避免。他的倍數推論雖未必正確，但對於人口增長與土地不成比例的看法，與較晚五年的馬爾薩斯（Thomoas Robert Malthus）發表的人口論，在見解上不謀而合。

對人口與土地比例嚴重失調的現象，洪亮吉提出兩個辦法：一、天地調劑法。靠自然的力量如疾疫、天災造成人口的死亡，以減緩人口壓力。但是人民遭水旱、疾疫而不幸亡者，不過十之一、二，對解決人口的迅增起不了大作用。其二、君相調劑法。利用開發資源以達開源節流，政府制定政策，刺激生產，發展生產，改進人民生活。[354]但洪亮吉認為前兩者都不能徹底解決人口問題：

> 治平之久，天地不能不生人，而天地之所以養人者，原不
> 過此數也。治平之久，君相亦不能使人不生，而君相之所
> 以為民計者，亦不過前此數法也。然一家之中有子弟十人，
> 其不率教者常有一、二，又況天下之廣，其游惰不事者何
> 能一一遵上之約束乎？一人之居，以供十人已不足，何況
> 供百人乎？一人之食以供十人已不足，何況供百人乎？此

---

353 洪亮吉，〈治平篇〉，《洪北江詩文集》，卷 1，意言，頁 25-26。收入《四部叢刊初編》（臺北：臺灣商務印書館，民國 54 年），集部，第 378 冊。
354 洪亮吉，〈治平篇〉，《洪北江詩文集》，卷 1，意言，頁 26。

　　　　吾所以為治平之民慮也。[355]

洪亮吉對未來抱持悲觀看法，人口過多，供求不協調，物價高漲，小民更加入不敷出，生存競爭激烈，連終年辛勤勞動者，也不免有流於溝壑之憂，游手好閒或不甘現狀者豈肯坐以待斃？他以為遲早有亂事要發生，所以替「治平之民慮也」。[356]其思想雖有其時代的侷限性，但在當時是敏銳的、有獨創性，其人口思想相當程度有積極進步意味。

　　人口數量與資源供需發生失調現象，引發社會問題，相關者有土地問題、糧食和物價問題、生存問題、社會治安問題等。人口的增加，固然促進了社會的繁榮，但人口激增而土地有限的情況下，造成糧價上漲。由於糧價上漲，糧食緊缺，各地不斷發生搶米事件。乾隆七年冬至八年春（1742～1743），連湖廣、江西、江南等地，也不能避免發生搶糧事件，而江西尤甚，一縣中竟有搶至百案者。[357]江西袁州一帶，在乾隆八年（1743）二、三月間就發生 160 多起搶糧案，其他各州聞風效尤，彼息此起，不一而足。[358]乾隆十一年（1746），奉天牛莊地方歉收，米價漸貴，鄉民在石匠王君弼帶領下，上街鳴鑼，攔阻過境糧車。[359]十三年（1748）正月，江蘇徐州沛縣夏鎮發生百姓搶取食物，以致店舖不敢開市。[360]同年，山東嶧州、郯城發生 52 起搶米案件。[361]搶米風潮此起彼

---

355 洪亮吉，〈治平篇〉，《洪北江詩文集》，卷 1，意言，頁 26。收入《四部叢刊初編》，集部，第 378 冊。

356 洪亮吉，〈治平篇〉，《洪北江詩文集》，卷 1，意言，頁 25-26。

357 《清高宗純皇帝實錄》（三），卷 230，乾隆九年十二月戊午，左副都御史范璨奏，總頁 974。

358 《硃批奏摺》，乾隆八年八月初四日，兩江總督尹繼善奏。轉引自唐文基、羅慶泗，《乾隆傳》（臺北：臺灣商務印書館，民國 85 年），頁 64。

359 《清高宗純皇帝實錄》（四），卷 292，乾隆十二年六月辛未，諭旨，總頁 831。

360 《清高宗純皇帝實錄》（五），卷 313，乾隆十三年四月丙子，諭旨，總頁 133。

361 《清高宗純皇帝實錄》（五），卷 319，乾隆十三年七月癸卯，諭旨，總頁 245。

伏，說明糧食問題不單是經濟問題，也會形成嚴重的社會問題。

米價真正昂貴，是在清高宗晚年。筆記小說《履園叢話》對蘇南地區米價的變動有詳細的記載，康熙四十六年（1707），最富庶之區 —— 蘇州、松江、常州、鎮江四府大旱，當時米價每升由 7 文漲至 24 文，次年大水，四十八年（1709）又遇大水，米價稍有下降，每升也不過 16、17 文。雍正至乾隆初年，米價每升尚為 10 餘文，乾隆二十年（1755）因遭蟲災，蘇州、松江、常州、鎮江四府米價漲至 35 文，餓死者無數。之後連年豐收，價格漸復，常價每升亦維持 14、15 文。乾隆五十年（1785）發生大旱，每升米價漲至 56、57 文，此後，不論荒熟之年，常價總在 27、28 文至 34、35 文間浮動。[362]洪亮吉對此感受頗深，其父祖時期（約當雍正年間），1 升米不過 6、7 文，到乾隆末年，1 升米漲至 30～40 文。五十年間糧價上漲 5、6 倍，人民生計日益艱難。在「所入者愈微，所出者益廣」情形下，無怪乎終歲辛勤，畢生惶惶而自好者不免有「溝壑之憂」！[363]彭信威《中國貨幣史》對於清朝糧價的變動情形作過統計，康熙年間，米價每公石在千錢以下；乾隆時期在 1,500 文錢左右；嘉、道時期增至 3,000 錢上下；咸、同時期又增為 4,000 錢以上；光、宣時期高達 5,000 錢以上。[364]糧價在清朝一直處於上升的趨勢，糧價上漲影響百姓生計，若價格騰湧，民心必受動搖，社會自然無法安定。

此外，人口過剩亦造成耕地不足、土地價格上漲。乾隆初年，清高宗慮及各省人口滋生，而地不加廣，窮民生計受困，特下諭旨：「嗣後凡邊省內地零星土地，可以開墾者，悉聽該地民夷墾種，免其升科」。[365]如直隸保定府各州縣的山地，「懸崖幽壑，靡不芟

---

362 錢泳，《履園叢話》，卷 1，舊聞，田價，頁 27。收入《近代中國史料叢刊續編》（臺北縣：文海出版社，民國 70 年），第 82 輯，第 813 冊。

363 洪亮吉，〈生計篇〉，《洪北江詩文集》，卷 1，意言，頁 26。收入《四部叢刊初編》，集部，第 378 冊。

364 彭信威，《中國貨幣史》（上海：上海人民出版社，1988 年），頁 824-825、837、844。

365 呂佺孫、孫銘恩纂輯，《皇朝食貨志》，屯墾 6，乾隆五年諭旨，文獻編號

其翳，焚其蕪而闢之以爲田」。[366]乾隆後期，土地增墾數字幾陷於停滯狀態。道光年間的舉人汪士鐸曾說：「人多之害，山頂已種黍稷，江中已有洲田，川中已闢老林，苗洞已開深箐，猶不足養」；「驅人歸農，無田可耕；驅人歸業，無技須人，皆言人多」；「亂世之由，人多；人多，則窮」。[367]就當時的環境與技術，越到後來對土地的利用幾乎已達極限，所以人口的不斷增加，更突顯人多地少的問題。

羅爾綱先生將乾、嘉、道三朝民數與田畝數加以比較，得出清朝人口問題歸根結底完全是人口與土地的比例問題。當人口與耕地的比例嚴重失調，所形成的問題就成爲社會動亂的根源之一。明末清初，百畝之田可養 20～30 人，[368]平均每人維生約需 3.3～5 畝田。乾隆初年，東南地區農家有田 50 畝，10 口可保不饑。[369]洪亮吉在《生計篇》中也提到：「一歲一人之食約得四畝」，[370]才可溫飽。據研究估計平均每人約需農田 3～4 畝，方可維持最低生活。[371]以耕地數和人口數估算，見表 2-3-1：乾嘉道三朝田畝統計表，乾隆十八年（1753）每人平均畝數約爲 3.86 畝，三十一年（1766）爲 3.56 畝，四十九年（1784）爲 2.66 畝，嘉慶十七年（1812）爲 2.19 畝，道光十三年（1833）爲 1.86 畝。若以每人平均約需 3～4 畝方可維生，則乾隆十八年（1753）和三十一年（1766）每人平均畝數，已處於最低標準程度，或稍有一點兒餘裕，到乾隆四十九年（1784）則不足以維持當時最低生活，嘉慶、道光年間差距就更大了，以至於「暖不號寒，飽不啼饑而可以卒

212000461。

366 崔述，《無聞集》，道光四年刻本影印，卷 1，救荒策，頁 2。收入《續修四庫全書》，集部・別集類，第 1461 冊。

367 汪士鐸，《汪悔翁乙丙日記》，民國 24 年排印本，卷 3，頁 26。

368 張履祥，《楊園先生全集》（北京：中華書局，2002 年），上冊，卷 5，頁 118。

369 柴潮生，〈請興直隸水利疏〉，《皇清奏議》，卷 39，頁 41。

370 洪亮吉，〈生計篇〉，《洪北江詩文集》，卷 1，意言，頁 26。收入四部叢刊初編」，集部，第 378 冊。

371 參見羅爾綱，〈太平天國革命前的人口壓迫問題〉，《中國近代史論叢》，第 2 輯，第 2 冊，頁 38-41。

歲者，十室之中無二三焉」。[372]許多人幾乎處於饑餓或半饑餓狀態。

## 表 2-3-1：乾嘉道三朝田畝統計表

| 年　　代 | 田數（畝） | 人　口 | 每人平均畝數 | 備　　考 |
|---|---|---|---|---|
| 乾隆十八年（1753） | 708,114,288 | 183,678,259 | 3.86 | 田數據《皇朝文獻通考》，人口數據王先謙《東華錄》，乾隆《大清會典》。 |
| 乾隆三十一年（1766） | 741,449,550 | 208,095,796 | 3.56 | 田數據《皇朝文獻通考》，人口數據《東華錄》。 |
| 乾隆四十九年（1784） | 760,569,400 | 286,331,307 | 2.66 | 田數據乾隆《大清一統志》，人口數據《東華錄》。 |
| 嘉慶十七年（1812） | 791,525,196 | 361,761,431 | 2.19 | 田數、人口數均據嘉慶《大清會典》。 |
| 道光十三年（1833） | 742,000,000 | 398,942,036 | 1.86 | 畝數據民國四年經界局出版之《中國歷代經界紀要》，人口數據《東華錄》。 |

資料來源：羅爾綱〈太平天國革命前的人口壓迫問題〉，《中國近代史論叢》，第 2 輯，第 2 冊，頁 40。

　　真正因為人口問題而形成社會壓力，是在乾隆後期。乾隆晚期，人口與田地的比例失調，即如洪亮吉所言：「田與屋之數常處其不足，而戶與口之數常處其有餘也」；[373]時人謂：「田地貴少，

---

372 章謙，〈備荒通論〉上，《清經世文編》，卷 39，戶政，倉儲，頁 10。
373 洪亮吉，〈生計篇〉，《洪北江詩文集》，卷 1，意言，頁 26。收入《四部叢刊初編》，集部，第 378 冊。

寸土爲金」。[374]《履園叢話》描述田價至嘉慶年間漲勢更是驚人，
江南地區的田價在順治初年，良田每畝不過 2、3 兩，至康熙時，
上漲至 4、5 兩左右。雍正時期曾回復順治年間價格。到乾隆中期，
田價漸有增長，也不過值 7、8 兩至 10 餘兩，不意至嘉慶時，不
過經五十年，竟飆漲至 50 兩。[375]耕地不足，地價上漲，使小農越
來越難購得土地，而百物騰湧，通膨壓力增加，小農經濟力量呈
現下降的趨勢。若遇年歲不登，往往賣田餬口，且「既賣無力復
買」，[376]「舊時有田之人，今俱爲佃耕之戶」，[377]生活日益貧困。
於是越來越多無地可耕無業可守的窮民，迫於生計而就食他方，
成爲流動人口。

　　中國是世界上最早進入發達農業階段的國家之一，長期的農
業生活，塑造了中華民族安土重遷的民族性格，除非有極不得已
的原因，一般人不願輕易離鄉背井。但是由於許多不可避免的外
在因素，導使人民失去生存的憑藉，不得已離鄉他往找尋新生。
他們離鄉背井，孤苦無助，爲求在異鄉立足，每於閒談貧苦間，
極易結盟樹黨，以會黨爲依附團體，以求自保。[378]這些會黨，或
誆騙斂錢，或焚搶劫殺，危害閭閻，對社會造成極大的侵蝕作用。

　　人口與土地比例失調引發的另一個社會問題是 —— 流民數量
的增加，無怪乎康、雍年間時人憂心：「古之閒民十之一，今之閒
民十之六」。[379]人地比例失衡，意味著下階層人民數量的增加，這
些人即時人所謂的「閒民」，「閒民」數量增加，易成爲社會動亂
的潛在因子。雍正初年，福建省因人口滋長數倍於以往，無田可

---

374　《清高宗純皇帝實錄》（三），卷 175，乾隆七年九月乙酉，總頁 252。

375　錢泳，《履園叢話》，卷 1，舊聞，田價，頁 27。收入《近代中國史料叢刊
　　續編》，第 82 輯，第 813 冊。

376　楊錫紱，〈陳明米貴之由疏〉，《清朝經世文編》，卷 39，戶政，倉儲，頁
　　23。

377　楊錫紱，〈陳明米貴之由疏〉，《清朝經世文編》，卷 39，戶政，倉儲，頁
　　23。

378　莊吉發，《清代秘密會黨史研究》（臺北：文史哲出版社，民國 83 年），頁
　　96。

379　朱澤澐，〈養民〉，《清經世文編》，卷 28，戶政，養民，頁 1。

耕的農民迫於生計，流爲盜賊。[380]廣東貧苦窮民也因無田可耕，無業可守，以致流爲匪類。[381]這些流爲盜匪者，即時人所謂「無田之閒民」、「無業之閒民」。[382]清高宗晚年，國家財政狀況已漸走下坡，從戶部庫存銀可了解當時財政面貌。乾隆三十七年（1772）庫貯實存銀有 7,874 萬兩，[383]五十四年（1789）降爲 6,000 餘萬兩，嘉慶十九年（1814）只有 1,240 餘萬兩，道光三十年（1850）僅剩 800 餘萬兩。[384]嘉慶五年（1800），清仁宗宣稱：「部貯帑項較之國初不能有所增益」，[385]政府庫銀的減少，意味財政日趨困窘。清朝乾隆時期經濟發展達到高峰，乾、嘉之際，經濟開始反轉，人民生活呈現貧困化現象。再加上土地兼併日烈，社會上游食人口增加，農民脫離土地流移現象突顯。

　　乾隆末年，廣東、廣西、貴州、安徽、河南等省流入四川、湖北、陝西交界處山區的流民，以數百萬計；[386]廣東沿海島嶼有流民 16,731 戶；山東海島有 2 萬餘口。[387]當人口過剩問題愈益嚴重，在劇烈的生存競爭下，這些貧苦窮民既無田可耕，又無業可就，不得不離鄉背井，到處流移。一旦遭遇災荒、疾疫，當基本的生活條件都無法維持時，「其不能束手以待斃也明矣，是又甚可慮者也」。[388]鋌而走險，藉機生事引起社會動亂就無法避免。《管

---

380 蔣良騏，《東華錄》，卷 27，雍正四年四月，閩督高其倬疏，頁 20。收入《續修四庫全書》，史部・編年類，第 368 冊

381 鄂爾泰等奉敕編，雍正《硃批諭旨》，第 56 冊，光緒十三年石印本，雍正十年六月九日，署理廣東總督鄂彌達奏，頁 27。

382 朱澤澐，〈養民〉，《清經世文編》，卷 28，戶政，養民，頁 1。

383 《乾隆朝上諭檔》，第 7 冊，乾隆四十年正月（未載日），頁 791。

384 羅玉東，《中國釐金史》（上海：上海商務印書館，民國 25 年），上冊，頁 3。

385 劉錦藻，《清朝續文獻通考》（上海：上海古籍出版社，民國 25 年），第 1 冊，卷 26，戶口考 2，頁 7770。

386 《清宣宗成皇帝實錄》（一），卷 10，嘉慶二十五年十二月壬辰，諭旨，總頁 207。

387 《清會典事例》，第 2 冊，卷 158，戶部，戶口，流寓異地，頁 1003。

388 洪亮吉，〈生計篇〉，《洪北江詩文集》，卷 1，意言，頁 26。收入《四部叢刊初編》，集部，第 378 冊。

子》治國篇言及：「民貧則危鄉輕家，危鄉輕家則敢陵上犯禁，陵上犯禁則難治也」。[389]嘉慶年間，爆發長達九年的白蓮教起事，因人口過剩引發生計困難，鋌而走險加入動亂雖非主因，卻無法完全排除其連帶影響。人口壓力潛藏的危機，使清廷面臨嚴峻的考驗。咸豐年間人口數達到清朝的最高點，人口壓力促使經濟惡化，生活水準降低，社會變得更為脆弱，如何求生活命成為重要的問題。

汪士鐸在《汪悔翁乙丙日記》說到廣西遍地盜賊，原因就在於人口過剩，「地不能增而人加眾至二、三十倍，故相率為盜以謀食」。[390]太平天國革命爆發，汪士鐸曾向太平天國群眾探尋，為何成為太平天國的擁護者？原因即生活無以為繼，簡單說就是為求生。何以農人終年辛勤耕種，卻仍無以維生？乾隆以後，土地兼併情形越來越嚴重是為一因，但人口過剩造成謀生困難卻是不爭的事實，所以「人多，無路作生理，無錢作生理也。嗚呼！豈非人多之患哉」！[391]洪亮吉與汪士鐸前後兩位學者，生在不同時期，卻有相同看法。嚴重的人口過剩問題缺乏有效的解決，成為社會秩序與安定的隱患。人地比例大幅度下降，形成生存的壓力，導致強烈的競爭，帶來物價上漲、流民增加等一系列社會經濟問題，遂成為近代以來社會動盪的重要原因。

---

389 《管子》，第 2 冊，卷 15，治國，頁 97。

390 汪士鐸，《汪悔翁乙丙日記》，卷 2，頁 10。

391 汪士鐸，《汪悔翁乙丙日記》，卷 2，頁 19。

# 第三章　流民的流向與分佈

　　明朝天啓七年（1627），陝西大饑荒引發的騷動很快地發展為李自成、張獻忠的流寇之亂；清兵入關後，與明朝殘餘勢力和民間反抗的戰爭仍十分激烈，在南方地區所造成的人口損失尤為嚴重。康熙十二年（1673）又發生三藩之亂，南方各省受到更大的破壞，許多地區因此形成人口極為稀少的現象。

　　長達數十年的戰亂結束後，經過一段時期的休養生息，戶口大增。當人口急遽增加與土地的分配比例無法配合，平原地區無地農民與日俱增，形成地區性的人口過剩現象，造成社會壓力與問題。再加上天災人禍的助長，人口往外流移情形逐漸普遍，何處有空間，擁擠的人口就流往該地，條件優良的平原先行開發完成，人口飽和，因此人口密度低、尚未開發的丘陵地、山區和邊疆地區就成為人口外移流入的目的地。

## 第一節　人口流動與清廷的措施

　　人口流動是一種社會現象，反映社會經濟的變化及人口壓力的形成，所以人口流動導致人口分佈、社會結構的改變。人口學者研究人口流動，著眼於人口因居住地點的遷移，而產生的流動現象。除正式的遷移外，還包括較長時期的出征、屯戍、出外就業、赴任、流放、發配等，對於並不改變居住地點的出差、旅遊、探親、訪友等一類的活動，就不在人口學考察視線之內。[1]社會學

---

1　趙文林、謝淑君著，《中國人口史》，頁 632。

者及人類學者認為還應從流出地及流入地的社會結構變化來考察和認識人口流動,行為學學者以為人口流動是一種機動性的行為,應將動機的作為分析的切入點。[2]

　　人口流動以終極目標而言,可區分為生存型和發展型。生存型的流動是人們為了維持自身的生存,不得不改變居住地而流入其他地方,例如因戰爭、災荒、人口壓力所產生的流動;發展型的流動則是為了改善物質與精神生活的品質而流動。[3]人口流動以流動方向可區分為向心流動、離心流動和回環流動。人口流動的起點與人口重心點的距離,比流動終點與重心點的距離更遠者,叫做向心流動。人口較稀少地區向中心稠密區流動屬之,少數民族因人口增加或天然災害而產生的民族遷移,如崛起於東北的滿族,十七世紀上半葉入關南下,就是一種向心流動。人口流動的起點與人口重心點的距離,比流動終點與重心點的距離近者,叫離心流動,其特徵與向心流動不同,主要起源於人口稠密區因人口繁殖過度,在一定生產力條件下形成高壓,於是向四周人口稀少區擴散。如中原人口向外滲透擴散,山東人渡海到遼東半島,河北人向關外遷移,清末採行的移民實邊,即屬離心流動。人口流動的起點與終點,都在以重心點為圓心所畫出的同心圓上,叫回環流動,如清初安徽、河南人向湖廣流動,湖廣人向四川流動,廣東人向廣西、贛南地區流動等均屬之。

　　人口流動按流動速度,可分為快速流動和慢速流動;以原因劃分可分為經濟性流動和非經濟性流動。逃荒、開墾、求業等為了經濟上謀利或謀生的目的而產生的流動,屬於經濟性流動,如清朝長江流域中游湖南、湖北地區的沖積平原,由於水利工程重建,在康熙中期以後到乾隆前期,吸引大量人民往該區遷移,此外差不多同時期的四川亦為極具吸引力的地區;戰爭、刑罰、探

---

2　鍾水映,《人口流動與社會經濟發展》(武漢:武漢大學出版社,2000 年),頁 2。

3　參見葛劍雄,《中國移民史》(福州:福建人民出版社,1997 年)第 1 卷,頁 48-50。

訪、遊樂等政治或社會、文化爲目的而產生的流動，屬非經濟性流動，若因戰爭原因而破壞生產所導致的人口流動，仍應劃歸經濟性流動。[4]

人口流動的形成因素很多，如改朝換代時的社會變動，連年戰爭，災荒的危害，饑饉的形成、人口膨脹等是造成人口流動的重要因素。當某一地區經歷嚴重的生存危機時，通常會出現人口流動現象，成爲人口輸出區。如清初鼎革之際，干戈擾攘，受戰亂波及，造成人口的大量死亡與流遷，人民不得不逃離戰區，往安定的地區求生。戰後，自耕農增加，佃農地位較前提高，加之經濟型態改變，商品經濟發展，農民不必只靠種植單一作物維生，可轉種經濟價值較高的作物，亦可從事手工業生產，或外出傭工，生存的選擇機會增加。有些無地農民爲增加收入，順應季節性的需求，不得不離開家鄉，投入勞動市場，這種現象越來越普遍，如直隸河間、獻縣一帶貧苦窮民，多於秋收後，攜帶家小，「赴京傭工，或隨地覓食，至明春麥熟方歸，習以爲常」。[5]地方官將這種成群結夥的外出視爲正常，特別是在直隸，這種現象極爲普遍、頻繁。站在朝廷立場，不論任何狀況，基本上並不希望農民隨意離鄉。所以，乾隆八年（1743）六月，直隸河間、天津等府亢旱成災，有些地方官因爲沒有阻止農民離鄉外出，而受到譴責。[6]一旦地方上有危機產生，就可能加速原本季節性的短暫遷移，且數量變大。所以人口流動對政府來說，尤其是在控管饑荒上存在潛伏的威脅。無地窮民，屬於社會生存邊緣的階層，歷經以往災荒累積之經驗，當饑荒出現徵兆，即產生恐慌心態，驅使作出逃荒選擇。[7]抱著「與其在家做饑民，不如出外做流民」的心態，明知外出不一定會有更好的發展，總比在家餓死要好。於是「避荒逐

4 趙文林、謝淑君著，《中國人口史》，頁 632-641。
5 方觀承輯，《賑紀》，乾隆十九年刻本影印，卷 5，安撫流移，頁 20-21。收入《四庫未收書輯刊》，第 1 輯，第 25 冊。
6 方觀承輯，《賑紀》，卷 5，安撫流移，頁 15、18。
7 方觀承輯，《賑紀》，卷 5，安撫流移，頁 1。

「熟」成為流民的求生之路，面對災荒的襲擊，許多人舉家流亡，在流遷過程中一時找不到理想之地，常常今年在此，明年在彼，甚至一年中遷徙數處。[8]如乾隆八年至九年（1743～1744）的饑荒，在乾隆八年的六月正當農忙季節，人民已嗅出不尋常，紛紛外出，到秋收無望，即倉皇而走。直隸總督高斌提到北方民風往往輕去其鄉，待其復歸故土，往往農時已過。[9]若災害持續時間過長，到最後連最富裕階層，亦追隨於後離村而去。

所以，人口的流動遷移是由於原居地的推力或排斥力（push force）和遷入地的拉力或吸引力（pull force）交互作用而成。[10]原居地的失業、就業困難、耕地不足、缺乏基本的生活設施，如學校醫院、社會經濟及政治關係的緊張和自然災害等形成原居地的推力，這些因素促使人們向外地遷移；與此同時，遷移目地較佳的就業機會、更好的發展前程、更高的工資、更好的教育和衛生設備等構成移入地的拉力，這些拉力吸引人們由其他地區往此區移入。氣候條件欠佳、賦稅沉重、遭受歧視壓迫、戰爭動亂等因素，均是促使人口遷移的原因，但人口遷移最重要的原因仍為經濟因素。[11]康熙中葉以後，人口壓力初露端倪，人口繁增形成耕地不足，就成為人口流動的一項重要原因。以農業經濟為主的社會，何處適合農耕，何處能謀生求食，人口就會往該處流遷；因為人口與土地比例失衡，而被排擠出去的游離人口，被迫離鄉背井就食他方，只得把目光轉向人口稀少的山區、邊疆地帶。因此，地狹人稠的人口高壓地區形成人口流動的推力，相反的，地曠人稀的人口低壓待拓荒地區，就成為人口流動的吸力。

有學者研究清代人口問題與婚姻狀況時指出，在清代，人口

---

8　嚴如熤，《三省邊防備覽》，卷 11，策略，頁 25。收入《續修四庫全書》，史部·地理類，第 732 冊。

9　方觀承輯，《賑紀》，乾隆十九年刻本影印，卷 5，安撫流移，頁 6。收入《四庫未收書輯刊》，第 1 輯，第 25 冊。

10　廖正宏，《人口遷移》（臺北：三民書局，民國 74 年），頁 94。

11　段成榮編著，《人口遷移研究：原理與方法》（重慶：重慶出版社，1998 年），頁 48。

密集區多為開發較久的傳統農業區，尤其是一個家族在當地居住十幾代，甚至幾十代，由早期一戶，發展為幾十戶、百餘戶、幾百戶，又因內部貧富分化，必然有一些人因為缺乏耕地，謀生困難，被迫離開家園，向外遷移發展。家族成員外遷對人口增長所產生的影響，反映出生存空間對人口增長所形成的制約作用。這些外遷人口，絕大多數都往地廣人稀、有較大活動空間的新墾區遷移，閩、粵、湖廣人民遷徙至四川，廣東洪氏從嘉應州遷至花縣官祿㘵村，張氏由應天府遷至廣西桂林等均屬此類。[12]據估計，雍正二年（1724），全國人口在 1,000 萬以上的省份地區，由多到少依次為山東、江蘇、直隸；人口在 500 萬以上者，由多到少依次為河南、山西、浙江、安徽、福建、江西、陝西、廣東；人口在百萬左右或低於百萬者，同樣依次為西藏、新疆、蒙古、臺灣、奉天、吉林、黑龍江。乾隆五十五年（1790），人口在 2,000 萬以上的省份地區，由多到少依次為江蘇、安徽、山東、浙江、直隸、河南、湖北；人口在百萬左右或不足百萬者，同樣依次為西藏、蒙古、奉天、新疆、吉林、黑龍江。[13]從統計數字可以看出，黃河流域和長江流域是人口集中的精華區，人口稀少地區多在邊疆地帶，清朝人口流動是以黃河流域和長江流域為起點，向邊疆地區擴散的「離心運動」。亦即從直隸、河南、山東、山西、江蘇、浙江、安徽、福建、廣東等人口高密度的「已開發區域」（the "developed area"），流向東三省、口外蒙古、甘肅、陝西、四川、湖南、湖北、廣西、雲南、貴州、臺灣等人口低密度的「開發中區域」（the "developing area"）。湖南、湖北、四川、陝西、甘肅內地省份在清代以前農業資源已相當開發，由於明末清初遭受天災及戰禍影響，人口銳減，田地荒蕪，東南各省人民移入，使其農業恢復生產，可謂再次開發。東三省、口外蒙古、臺灣、雲南、貴州、廣西邊地省份可謂首次開發，由於流動人口的流入，這些

12 郭松義，〈清代人口問題與婚姻問題狀況的考察〉，《中國史研究》，1987 年第 3 期，頁 124-125。

13 趙文林、謝淑君，《中國人口史》，頁 452、454。

地區人口與耕地皆有顯著增加。[14]

　　此外，人口流量與流向也受政府政策的影響，為適應社會經濟變遷，加強中央掌控，防止社會動亂，緩和人口壓力，清廷先後積極推行若干重要措施，例如拓荒墾殖、「改土歸流」、「攤丁入地」等政策，對人口的流動遷移產生直接或間接的助力。

# 一、鼓勵拓荒

　　當一個國家邁向現代經濟成長的境界時，其經濟結構也隨著轉變；在此轉變過程中最顯著的特色便是農業在整個勞動市場和國民生產中，所佔比重降低。清代，經濟結構並無根本改變，大多數人民仍然以耕種為生，但不能因此就認定清朝經濟是處於完全停滯的狀態，從另一個角度來看，它仍然展現得很有活力，創下了廣泛性成長的紀錄。所謂廣泛性成長，就是一個經濟單位所生產的物資與勞務總量增加，而每人平均產量則未改變。過去幾個世紀，我國在資本投入方面的貢獻甚少，技術改進更屬微不足道，當時生產的增加主要是由於人口增長與耕地擴張所致。[15]

　　清朝人口成長的結果，一部份人從人口密集區遷往土地寬廣的地區。結果，不但使耕地增加，水利灌溉等建設也隨之擴充。耕地及灌溉面積一旦擴大，帶來單位面積和總產量提昇，這些都與清廷積極鼓勵墾荒有著密切的關係。清初鼎革之際，因戰爭的破壞導致拋荒未墾之地甚多，如河南省「河北府州縣荒地，多至九萬四千五百餘頃，因兵燹之餘，無人佃種」。[16]陝西省「八府一州無主荒田共二十五萬六千二百九十五頃零，有主荒田共六萬四千二百五十頃有零。田既荒蕪，糧悉逋欠」。[17]安徽省廬州府英山

14 王業鍵，〈清代經濟芻論〉，于宗先等編輯，《中國經濟發展史論文選集》（臺北：聯經出版公司，民國 69 年），上冊，頁 146-147。

15 王業鍵，〈清代經濟芻論〉，《中國經濟發展史論文選集》，上冊，頁 137-143。

16 呂佺孫、孫銘恩纂輯，《皇朝食貨志》，屯墾 1，民墾，文獻編號 212000456。

17 彭雨新編，《清代土地開墾史資料匯編》，順治八年七月十九日，總督陝西

縣「原額田塘地共一千一百九十五頃八十一畝零，除歷遭寇亂拋荒，今止實在熟田二十六頃四十八畝零，較之原額相去逕庭」。[18]明代萬曆六年（1578）時，全國在冊土地 7,013,976 頃，[19]至清代順治八年（1651），在冊土地僅 2,908,584 頃 61 畝，[20]除去當時清朝尚未控制之地區外，荒蕪之地數量仍相當大，這些荒地就成為實行招民墾荒政策的資本。為穩定社會秩序，恢復農業生產，儘快促使人民回歸土地，使其生計有資，實為要務，因此官方積極鼓勵墾荒。清朝前期的墾荒工作包括原荒地 —— 開墾從來未經耕種過的處女地，和拋荒地 —— 已墾耕多年的農地，在戰亂中農民逃亡，成為無人耕種的荒地。[21]

　　順治元年（1644）八月，山東巡撫方大猷條請開荒勸墾，朝廷議定各州縣衛所荒地，無主者，分給流民承耕；有主者，令原主墾種。無力之人，官方給予牛具籽種。[22]順治二年（1645），對新墾荒地准予免租一年。[23]河南拋荒地畝，准其荒田三年起科。[24]順治四年（1647），戶部左給事中梁維本上奏請開荒田興水利，其疏曰：

> 務農者安民弭盜之根本，水利者節宣旱澇之先圖。近聞秦、豫及廬鳳荒地尚多，而畿內全源盡饒，水利未興，請令各該撫按督率所屬開墾荒蕪，疏導泉源，每歲終詳列畝數據奏，據為懲勸，則地無遺利，人有資生，旱澇不能災，盜

三邊軍務兼理糧餉孟喬芳題本，頁 4。
18 《明清史料》，丙編，第 8 本，戶部題本，頁 783。
19 《新校本明史》，卷 77，食貨志，田制，頁 1883。
20 《清世祖章皇帝實錄》，卷 61，順治八年十二月辛未，總頁 483。
21 趙岡、陳鍾毅，《中國經濟制度史論》（臺北：聯經出版事業公司，民國 78 年），頁 221。
22 陳田、李明哲纂輯，《食貨志》，屯墾 25，民墾，文獻編號 212000516。
23 《皇朝通典》，卷 1，食貨典，田制，頁 4。收入《景印文淵閣四庫全書》，史部・政書類，第 642 冊。
24 《皇朝通志》，卷 81，食貨略，田制，頁 4。收入《景印文淵閣四庫全書》，史部・政書類，第 645 冊。

　　**賊無由起矣**。[25]

即可略知清廷鼓勵墾荒的政策發展傾向。

　　順治六年（1649），因連年戰爭，逃民日多，地多荒蕪，朝廷頒佈了全面推行墾政的規定，諭令地方官廣為招募各處逃民，無論原屬何籍，一律編入保甲，開墾荒田。地方無主荒地，州縣官發給印信執照，令開荒墾種，永為己業。待六年後，依其墾荒畝數徵收錢糧，六年以前，不許開徵分毫、僉派差徭、縱容官役藉端科害，務使逃民復業。朝廷為迅速恢復地方生產，安定民心，將地方勸墾成效列入考成中，以招民勸耕之多寡、催督之勤惰，定其優劣，年終彙載入冊，納入績效考核中。[26]透過對地方官的獎懲，激勵官員積極招徠人民開墾荒地，促使地方儘快恢復安定，社會秩序穩固，國家財賦收入才能獲得確保與穩定。以後，清廷多次重申開墾無主荒田永准為業的規定，對於起科年限一再放寬。順治十五年（1658），戶部議定「督墾荒地勸懲則例」，凡督撫一年內，督墾達 2,000 頃以上，紀錄一次，6,000 頃以上，加升一級；道府督墾達 1,000 頃以上，紀錄一次，3,000 頃以上，加升一級；州縣官督墾達 100 頃以上，紀錄一次，300 頃以上，加升一級；衛所官員督墾達 50 頃以上，紀錄一次，100 頃以上，加升一級；文武鄉紳督墾達 50 頃以上，現任者量予記錄，已辭官者給匾旌獎。貢監生民有主荒地，仍聽原主開荒，如原主不能開墾，地方官募民給予印信開墾，永為己業。若開墾不實，或開過又荒，新舊官員一律治罪。[27]朝廷要地方官將墾荒當成例行公事，並作為升遷紀錄，有利於墾荒政策的推行。此外，朝廷亦運用民間鄉紳力量從事墾荒，並藉其力招徠人民，加快荒地開墾的速度，如此朝廷「不煩帑金之費，而坐收課額之盈」。[28]

---

25　呂佺孫、孫銘恩纂輯，《皇朝食貨志》，屯墾 1，民墾，文獻編號 212000456。

26　呂佺孫、孫銘恩纂輯，《皇朝食貨志》，屯墾 1，民墾，文獻編號 212000456；
　　《清世祖章皇帝實錄》，卷 43，順治六年四月壬子，總頁 348。

27　呂佺孫、孫銘恩纂輯，《皇朝食貨志》，屯墾 1，民墾，文獻編號 212000456。

28　《清世祖章皇帝實錄》，卷 121，順治十五年十月癸巳，貴州道御史李秀奏，

順治八年（1651）二月，鑒於各處圈佔民田，奪民耕種之地，斷其衣食之路，以山海關外荒地甚多，允准「願出關開墾者，令山海道造冊報部，分地居住」。[29]順治十年（1653），詔令四川荒地官給牛種，聽民開墾，計其價值，酌量補還。工科給事中魏裔介條奏，各地歲饑民流，隨地就食，宜令守土官給以印票，准其入籍，佔田為業。[30]為加快墾荒速度，順治十八年（1661），規定「先給帖文，以杜爭端」。[31]同年，因雲貴地區平定，清廷政權獲得進一步的穩定，飭令所有荒地，有主者令本主開墾，無主者招民開墾。開墾之地，若為久荒者，初年免徵，次年半徵，三年全徵；新荒者，初年半徵，次年全徵。康熙元年（1662），頒定官員勸墾獎懲辦法。除照順治十五年（1658）例議敘外，一年內督撫能勸墾增加墾地 8,000 頃以上者，加一級，紀錄一次；增加至 12,000 頃以上者，加二級。道府能勸墾達 4,000 頃以上者，加一級，紀錄一次；達 6,000 頃以上者，加二級。州縣官能勸墾達 400 頃以上者，加一級，紀錄一次；600 頃以上者，加二級。衛所官勸墾達 150 頃以上者，加一級，紀錄一次；200 頃以上者，加二級。若州縣衛所有荒地一年內全無開墾者，由督撫題參，道、府、州、縣、衛、所各官罰俸半年。若墾後復荒者，撤銷督撫等官員開墾時紀錄加級，且督撫罰俸一年，道府降一級住俸，州縣衛所官降三級住俸，限一年督導開墾。在限期內墾完者復其原職；不完者，督撫降一級罰俸一年，道府降二級調用，州縣衛所官降三級調用。前任官員墾過熟地，繼任者復荒，亦照經管開墾各官復荒條例治罪。議定自隔年開始，限五年墾完，至康熙六年（1667）秋派員稽核開墾狀況，如荒蕪之地尚多，分別議處。[32]在增修則例中提高對官員勸墾的獎勵，並明確規定捏報墾荒的懲處，以防地方官

總頁 939。

29 呂佺孫、孫銘恩纂輯，《皇朝食貨志》，屯墾 1，民墾，文獻編號 212000456。

30 呂佺孫、孫銘恩纂輯，《皇朝食貨志》，屯墾 1，民墾，文獻編號 212000456。

31 《清聖祖仁皇帝實錄》（一），卷 3，順治十八年六月庚子，總頁 73。

32 呂佺孫、孫銘恩纂輯，《皇朝食貨志》，屯墾 2，民墾，文獻編號 212000457。

利用墾荒之便，營私舞弊。如康熙三年（1664）規定，布政使亦負督墾之責，照督撫條例議敘。府同知、通判不與知府同城，自勸民開墾者，照州縣例議敘。[33]康熙六年（1667），為避免地方官謊報墾田之數，令各官待三年起科錢糧如數完納，取得里老無包賠荒地甘結到部，始予議敘。[34]

由於清廷的三令五申，訂定墾荒獎懲則例，康熙初年以來，清廷的墾荒政策，稍有成效顯現。清朝國史館纂修的《皇朝食貨志》記載統計報墾之田畝，康熙二年（1663），湖廣安陸、岳州、寶慶、永州、常德、辰州、靖州各府州報墾田地 808 頃 60 畝，蘄州、岳州、九谿、茶陵、荊右、銅鼓、五開、鎮溪各衛所報墾田地 600 頃 26 畝。康熙三年（1664），湖南寶、永、常、辰、彬、靖六府州報墾田地 634 頃，岳、長、衡、辰、常、靖六府州續墾田地 518 頃 36 畝。湖北安荊等十六府州續墾田地 807 頃 45 畝。雲南省報墾田地 2,459 頃，又續墾 1,200 餘頃。康熙四年（1665），湖南長沙、衡州等屬墾田 3,133 頃 66 畝，河南省墾田 19,361 頃，又報墾 6,680 餘頃，貴州省墾田 12,009 頃，湖北各府墾田 4,739 頃，江西省報墾田地 2,835 頃，又續報開墾 2,835 頃 45 畝。湖廣報墾 4,600 餘頃，山東省報墾 3,230 餘頃。康熙六年（1667），湖南報墾田地 3,190 頃 50 畝。康熙七年（1668），山東省報墾田地 122 頃 60 餘畝。康熙九年（1670），廣東省報墾復民田 10,715 頃 74 畝，墾復屯田 31 頃 92 畝。[35]茲表列如下：

---

33 《皇朝文獻通考》，卷 1，田賦考，田賦之制，頁 3。收入《景印文淵閣四庫全書》，史部・政書類，第 632 冊。
34 《皇朝文獻通考》，卷 1，田賦考，田賦之制，頁 3。
35 呂佺孫、孫銘恩纂輯，《皇朝食貨志》，屯墾 4，民墾，文獻編號 212000459。

### 表 3-1-1：康熙二年至九年各省報墾田畝數概況表

| 時　　　間 | 報墾田畝 | 續墾田畝 |
|---|---|---|
| 康熙二年（1663） | 湖廣 1,408 頃 86 畝 | |
| 康熙三年（1664） | 湖南 634 頃 | 湖南 518 頃 36 畝 |
| | | 湖北 807 頃 45 畝 |
| | 雲南 2,459 頃 | 雲南 1,200 餘頃 |
| 康熙四年（1665） | 湖南 3,133 頃 66 畝 | |
| | 河南 19,361 頃 | 河南 6,680 餘頃 |
| | 貴州 12,009 頃 | |
| | 湖北 4,739 頃 | |
| | 江西 2,835 頃 | 江西 2,835 頃 45 畝 |
| | 湖廣 4,600 頃 | |
| | 山東 3,230 頃 | |
| 康熙六年（1667） | 湖南 3,190 頃 50 畝 | |
| 康熙七年（1668） | 山東 122 頃 60 畝 | |
| 康熙九年（1670） | 廣東（墾復民田屯田）10,747 頃 66 畝 | |

資料來源：呂佺孫、孫銘恩纂輯，《皇朝食貨志》，屯墾 4，民墾，文獻編號 212000459。

康熙十二年（1673）十一月，清聖祖念及小民開荒拮据，物力爲艱，恐催科急迫，反致失業，將現行墾荒六年起科再加寬限，改爲十年起科。從此可看出，朝廷鼓勵人民墾荒之殷切。

　　康熙二十年（1681），吏部題請議敘廣東廉州府知府佟國勤招民復業之事，對此清聖祖表示：

> 前因用兵之際，故招徠流移，准令議敘。今湖廣、江西、福建、廣東、廣西，既已蕩平，俱屬內地，其招民議敘，不准行。惟四川、雲、貴，招徠流移者，仍准照例議敘。[36]

可見清初以來朝廷在墾荒政策上的努力已有成果，除四川、雲、貴等省尙屬地曠人稀外，內地各省大部分土地開墾已見成效，人

---

36 《清聖祖仁皇帝實錄》（一），卷 96，康熙二十年七月癸酉，總頁 1219-1220。

口與土地達一定比例，故不再需招徠外地人民墾種田地。康熙末期時，清聖祖頗爲自豪的說：

> 今四川之荒田，開墾甚多，果按田起課，則四川省一年內，可得錢糧三十餘萬。朕意國用已足，不事加徵。……朕巡幸時，見直隸自苑家口以下，向年永定河衝決之處，今百姓皆築舍居住，斥鹵變爲膏腴，不下數十百頃，皆未嘗令起稅也。又江南黃河隄岸，至所隔遙隄，也二三里者，亦有六七十丈者，其空地先皆植柳，以備河工取用，今彼處百姓，盡行耕種，亦並未令起課。[37]

墾荒政策推行確有成效，從清聖祖諭旨中或可窺知一二。清聖祖對於四川墾荒，諭示「國用已足，不事加徵」，江南黃河堤岸新墾地亦「未令起課」，實已暗示官方鼓勵開墾，著眼點轉移到緩解人口過剩的問題。另外從土地利用的情形，突顯部分內地省份人口已達飽和的程度，而迫使人民必須利用「非耕地」的狀況。

　　清世宗即位，對墾荒一事更加積極。雍正元年（1723）四月，巡視南城監察御史董起弼奏請開放荒蕪官地，即使是山僻水角，河地沙場，聽民自便，盡力開墾，則民食自足。[38]清世宗明白承平日久，生齒殷繁，惟開墾一事，對百姓最爲有益。將田土起科年限規定水田六年，旱田十年，墾荒政策由官招民墾，轉爲聽民自墾。[39]冀望藉此能擴大耕地面積，使百姓皆能足食。雍正二年（1724），署理廣西巡撫韓良輔指出雍正初年人口，實較康熙初年倍增，其日後繁衍，更不可勝計。鑑於廣東人口壓力日增，韓良輔提出勸墾建議，廣西土曠人稀，到處深林密竹，爲民上者不察，視爲荒瘠之地，實地力尚有未盡，若種以稻穀新種，必盡成膏腴沃土，從柳州至桂州，其間傜僮雜處，棄地頗多，其民性樸愚，

37　《清聖祖仁皇帝實錄》（三），卷256，康熙五十二年十月丙子，諭旨，總頁534。

38　《宮中檔雍正朝奏摺》，第1輯，雍正元年四月二十一日，巡視南城監察御史董起弼奏摺，頁197。

39　《清世宗憲皇帝實錄》（一），卷6，雍正元年四月乙亥，總頁137。

不懂陂渠塘堰之術，不識深耕易耨之法，又恐差徭隨田而起，又懼豪衿猾吏恃強霸佔，所以土民畏縮不前而多曠土，應召民開墾，以盡地利。韓良輔以為：

> 宜遴選大員，專司其事，督率守令，逐漸料理，先購宜植之種，兼僱教耕之人，然後相度肥饒空曠之地，約可容聚數十家足以守望相助者為之，搭蓋茅舍，招徠貧民聚居，又貸以牛、種，教其興行陂塘井堰之利。至於相近協營之處，則查出餘丁，亦酌倣屯種之意，廣為播種，嚴彼冒佔之禁，寬以陞科之期，一處有效，又擇他處照前勸墾，但取妥洽，不在欲速，守令又時單騎徒步，時攜酒食，勸農教耕，其所舉給頂帶農人，即命為農師，以督教其鄉人，則粵民見有利無害，有不發奮興起者乎？將見人稠地闢，烟瘴漸銷，衣食足而禮義興，邊徼盡成樂土矣。[40]

清世宗以「此奏之可嘉，不可盡述」，讚許韓良輔勸墾意見。令浙江巡撫李馥與韓良輔協同辦理，和衷虛心籌畫，以百姓作利為念，一心一德成此美政。[41]

此外，廣東窮民成群結隊偷挖封禁礦山，販私盜竊，無所顧忌，朝廷派廣東巡撫鄂彌達等到各處礦硐查勘。鄂彌達覆奏時表示，窮民偷挖礦硐，雖因風俗澆薄，輕蹈法網，也因無田可耕，無業可守，遂致流而為匪。鄂彌達並建議以墾荒來解決人口壓力，他差遣糧道前往肇慶府鶴山縣及附近恩平、開平等縣查勘可墾荒地。據統計在鶴山縣境丈量出荒地 3 萬 3 千餘畝，依照業戶耕地百畝需佃民 5 人計，共可安集佃民 1,600 餘戶；恩平、開平兩縣荒地超過 1、2 萬畝，亦可安集佃民 800～900 戶。可招集廣東惠州、潮州等地窮民前往墾耕，給予盧舍口糧工本，每安插 5 家，編入保甲，加入戶籍，即給地百畝。當時惠州、潮州二府窮民，

---

40 《宮中檔雍正朝奏摺》，第 2 輯（民國 66 年），雍正二年閏四月十七日，署理廣西巡撫韓良輔奏摺，頁 583。

41 《宮中檔雍正朝奏摺》，第 2 輯，雍正二年閏四月十七日，署理廣西巡撫韓良輔奏摺，頁 583。。

遷居鶴山耕種入籍者，已達 300 餘戶，其接踵而來者，仍絡繹不絕。若長此以往，不出數年，可野無曠土，地無遺利。[42]

　　乾隆時期，人口壓力超過前朝，主要耕地開發多達飽和狀態，因此將墾荒目標轉向次要的可耕餘地。乾隆五年（1740），清高宗諭令：

> 從來野無曠土，則民食益裕。即使地屬奇零，亦物產所資。民間多闢尺寸之土，即多收升斗之儲，乃往往任其閒曠。不肯致力者，或因報墾則必升科，或因承種易致爭訟，以致愚民退縮不前。前有臣工條奏及此者，部臣以國家惟正之供，無不賦之土，不得概免升科，未議准行。朕思則壤成賦，固有常經。但各省生齒日繁，地不加廣，窮民資生無策，亦當籌畫變通之計。向聞山多田少之區，其山頭地角閒土尚多，或宜禾稼，或宜雜種，即使科糧納賦，亦屬甚微，而民夷隨所得之多寡，皆足以資口食。即內地各省，似此未耕之土不成坵段者，亦頗有之，皆聽其閒棄，殊為可惜。嗣後凡邊省內地，零星地土可以開墾者，悉聽本地民夷墾種，免其升科，並嚴禁豪強首告爭奪，俾民有鼓舞之心，而野無荒蕪之壤。[43]

為解決持續上升的人口壓力，土地拓墾的目標漸及於原始荒蕪的丘陵地和山區。各省沿邊山區，邊疆省份的邊陲地帶，以及「改土歸流」後的苗疆地區，吸引了各省的窮苦百姓，容納人滿為患地區的過剩人口。凡此在在顯示，清廷於各時期推行的拓荒政策，促使人口流動更為頻繁。

# 二、賦役改革：攤丁入地

---

42 呂佺孫、孫銘恩纂輯，《皇朝食貨志》，屯墾 27，民墾，文獻編號 212000518。

43 《欽定大清會典事例‧嘉慶朝》，卷 139，戶部，戶口，頁 16。收入《近代中國史料叢刊三編》（臺北縣：文海出版社，民國 80 年），第 66 輯，第 651 冊。

　　清初的賦役制度，主要沿襲明朝。當時大規模戰爭並未停止，國家財政一直處於入不敷出階段，至三藩之亂平定，財政收入才漸漸恢復。但賦役徵收混亂，官吏虧空嚴重，軍需河工又需用浩繁，迫使俸祿停發數年。爲正本清源，清廷進行賦役制度的整頓，大致來說，可歸納爲兩大方面：一、確立以明代萬曆年間則例爲基礎的定賦原則；二、簡化賦役條款和程序，繼續推行「一條鞭法」。[44]清代前期賦役制度的整頓即依此爲基礎進行改革。

　　明太祖朱元璋時擬定的賦役制度，有田有丁，田有賦，丁有役；賦即地糧，役即差役。當時賦役徵收即分爲田地和人丁兩大類，田賦徵收基本上沿襲唐宋的「兩稅法」，按丁糧多寡徵收，分夏稅和秋糧兩次交納，夏稅不超過八月，秋糧不超過隔年二月。差役主要有里甲、均徭、雜泛三種。差役按其事產多寡攤派，主要以戶和丁爲課徵對象，分力差與銀差兩種。隨著時間的演進，明太祖原爲減輕農民負擔維持均平賦稅所訂定的賦役法，逐漸產生賦役弊端。有些田地沙瘠滿佈，不堪耕種；或遇水旱饑荒、糧差繁重，不得已將田地典賣他人，卻仍須擔負賦役。加上豪宦之家逃避賦役，想方設法將應擔賦役轉嫁貧民，以至於富者田連阡陌，坐享兼併之利；而貧者幾無立椎之地，卻稅額如故，反遭縲絏追併之苦。[45]

　　宣德、正統年間，賦稅管理漸趨混亂，地主勢豪趁機上下其手，人民負擔沉重，徭役繁雜，根本無餘力從事農耕，原有賦役法已成爲阻礙社會分工及商品經濟發展的要因。嘉靖以來，內有內閣紛爭，外有「南倭北虜」不斷犯邊，邊疆軍費開支龐大，皇室貴族又奢侈浪費，財政已常處於入不敷出局面。爲根本解決國家財政危機，「一條鞭法」乃應運而生。嘉靖九年（1530），大學

44 鄭學檬，《中國賦役制度史》（上海：上海人民出版社，2000 年），頁 586；陳支平，《清代賦役制度演變新探》（福建：廈門大學出版社，1988 年），頁 3。

45 徐恪，〈修政弭災疏〉，陳子龍等輯，《明經世文編》（北京：中華書局，1962 年），卷 81，頁 5。

士桂萼與御史傅漢臣、梁材等提出建議：

> 合將十甲丁糧總於一里，各里丁糧總於一州一縣，各州縣
> 丁糧總於一府，各府丁糧總於一布政司。布政司通將一省
> 丁糧，均派一省徭役，內量除優免之數，每糧一石編銀若
> 干，每丁審銀若干，斟酌繁簡，通融科派，造定冊籍，行
> 令各府州縣，永為遵行。[46]

桂萼等提出之改革辦法，當時雖未定名「一條鞭」之名，其內容
實為後來的「一條鞭法」。咸豐年間曾任戶部侍郎的王慶雲在《石
渠餘紀》中說明採行「一條鞭法」的原因：

> 明之銀差大約有二，初行里甲時，富者出財，貧者出力，
> 所謂銀力從所便，此丁之有銀差也。正統以後，舉京徭上
> 供之數，按丁糧而均徵之，於是丁糧皆有銀差之科派，而
> 不問出力與否矣。其後上供者雖為支解，而公私所需，復
> 給銀責里長營辦，給不一二，供者什佰，而京徭解戶為中
> 官留難，率至破產，民不堪命，於是行一條鞭。[47]

「一條鞭法」也有其漸進的歷程，明朝中葉，有些地方如江、
浙一帶，部分或全部將百姓的差徭訂出比率，折算成田地的畝數
或田賦的石數，此為賦役混合的開端。明初，田賦規定徵收穀物
為主，稱為「本色」；但在特殊地區如雲南等偏遠省份，遇水旱災
收成不好時，可將米穀折算成其他土產或銀錢繳納，稱為「折色」。
隨著商品經濟的發展，白銀需要量日增，明英宗正統時期，又規
定長江以南漕糧，歲取 400 萬石折銀 100 萬兩，送入內庫以供御
用，稱為「金花銀」。以後各地歲糧折銀的情形逐漸普遍，幾成正
賦。[48]萬曆九年（1581），張居正下令在全國推行「一條鞭法」，
其內容要點為：

> 一條鞭法者，總括一州縣之賦役，量地計丁，丁糧畢輸於

---

46 陳夢雷編，《古今圖書集成》（臺北：鼎文書局，民國 74 年），第 67 冊，食
　　貨典，卷 142，賦役部，編審徭役，頁 1407。
47 王慶雲，〈紀停編審〉，《石渠餘紀》，卷 3，頁 104。
48 姜公韜，《明清史》，頁 69。

官，一歲之役，官為僉募。力差，則計其工食之費，量為
增減。銀差，則計其交納之費，加以增耗，凡額辦、派辦、
京庫歲需與存留，供億諸費，以及土貢方物，悉併唯一條，
皆計畝徵銀，折辦於官，故謂之一條鞭。[49]

「一條鞭法」實行後，改變以往田賦徵收以「本色」爲主的習慣，
除供應京師宮廷的漕糧外，其餘地區的田賦改爲徵收折色銀，擴
大貨幣的比重。原來賦役銀解運由民徵民解，從而改爲官收官解。
「一條鞭法」將繁雜的差役項目，與田賦併爲一條，計畝徵銀，
取消力役，由官府雇人應役，簡化了官方的施政手續，由官府募
人應役，百姓可以免除沒有定額的差役煩擾；計畝徵銀，使得無
地男丁，不必有任何負擔；力差與銀差的界限泯除，統由雇役代
之，差徭漸漸變爲攤入地畝，賦役合併，此即清初「攤丁入地」
的開端。「一條鞭法」的實行，對減輕無地或少地農民的負擔，有
一定的作用。照理差役併入田賦，不該再煩勞百姓當差，事實上，
並不徹底，差徭終難禁除；無論唐朝的「兩稅法」、宋朝的「免役
法」、明朝的「一條鞭法」，以及清朝的「攤丁入地」都一樣。

　　清初沿襲明制「一條鞭法」爲基礎，進行改革，廢除明末加
徵之遼餉、剿餉、練餉等額徵，康熙二年（1663），議准工科給事
中吳國龍奏疏，自康熙三年（1664）起，所有賦役條款按課稅客
體歸併爲田賦與丁銀兩項。[50]此爲後來實行「攤丁入地」之根本。
丁銀與田賦關係國計民生，田賦按畝徵收，有一定數額；丁銀出
自戶口人丁，不易管理掌握。爲此，清廷曾規劃嚴密的戶籍管理
與人丁編審制度，其目的不在於如實統計人口，而在審定納稅單
位的數額，以爲預算和分配之用，作爲計徵丁銀的依據。但各州
縣編審丁額的辦法五花八門，各省丁制不同，一省中各州縣之丁
制也不相同。[51]地方官奏報人丁編審的數目，多取決於地方稅額

49　《新校本明史》，卷 78，食貨志，賦役，頁 1902。
50　《清聖祖仁皇帝實錄》（一），卷 9，康熙二年五月丙戌，總頁 147。
51　《宮中檔雍正朝奏摺》，第 1 輯，雍正元年二月初十日，掌浙江道事秦國龍
　　奏摺，頁 81。

徵收的需要,並非實際訪查而得之結果,再加上為避免丁稅負擔,
有隱匿、逃避情事,另有優免丁稅者,及不計入編審之列者,皆
未列入統計中。全漢昇、王業鍵二位學者研究清朝人口時指出,
清朝前期人丁編審的缺失:一、人民為逃避丁稅負擔,普遍併戶
減口,隱匿不報。二、編審對象大都限於土著,客戶人口並未計
入。三、身分特殊者亦未列入編審。邊區貧瘠地區或遭遇災害之
地,有時免與編審,或停編審。這些因素都影響清朝前期人口統
計過於偏低。[52]再者各省差徭又不一致,「有分三等九則者,有一
條鞭徵者,有丁隨田派者,有丁從丁派者」,即使一省之內,亦則
例各異。[53]賦役不均的情形極為嚴重,百姓苦樂不同,人丁隱匿
嚴重。有一戶糧米 10 餘石、數十石,僅 2、3 丁當差;有一戶 5、
6 斗或 7、8 斗,而空當 1 丁者;亦有一戶並無糧米,而空當 1 丁
者。[54]當田地轉移,往往實業雖無而虛丁空留,致使富室豪族田
連阡陌,竟少丁差,窮民小戶貧無立椎,卻照舊科派,反增徭役。
《樂亭縣志》記載:

> 我朝之初,丁分三等,科定九則,亦有明條鞭之遺意,但
> 田與丁分,或田日益而丁轉輕,富者不以為德;若田去丁
> 存,或本無田而丁不免,則餬口不給,猶苦追呼,甚而轉
> 徙逃亡,攤賠滋累。[55]

即使按三等九則編丁,也不免因審定等則之權操於長吏筆端,未
能真正按人戶貧富課徵丁銀。

　　清朝從開國後至康熙五十年(1711),經過六十多年的休養生

---

52 全漢昇、王業鍵,〈清代的人口變動〉,《中央研究院歷史語言研究所集刊》,
　　第 32 本,頁 138。

53 《大清會典‧康熙朝》,卷 23,戶部 7,戶口,頁 1。收入《近代中國史料
　　叢刊三編》,第 72 輯,第 713 冊。

54 孫蕙修,孔元體等纂,《長樂縣志》,康熙二十六年刻本,卷 6,籍產志,頁
　　28。收入《故宮珍本叢刊‧廣東府州縣志》(海口:海南出版社,2001 年),
　　第 175 冊。

55 蔡志修等修,史夢蘭纂,《樂亭縣志》,光緒三年刊本影印,卷 12,食貨志,
　　賦役,頁 11。收入《中國方志叢書‧華北地方‧河北省》(臺北:成文出版
　　社,民國 58 年),第 191 號。

息，社會漸趨安定，經濟逐漸繁榮，但賦役不均現象卻越來越嚴重。十八世紀開始，是清代社會經濟的上升期，「一條鞭法」必須加以改變，以適應當時社會經濟的發展。由於耕地的增加速度遠不如人口增加的速度，隨著人口的增長，賦稅負擔逐漸加重。雍正元年（1723），戶部給事中王澍對此曾表達意見：

> 國家正賦田地與人丁並重，今天下州縣有丁隨田辦者，亦有丁田分辦者。丁隨田辦則計畝分丁，賦均而民易為力；丁田分辦，則家無寸土之貧民，亦與田連阡陌者一樣照丁科派，未免苦樂不均。查新例五年一編審，核實增減，法非不善，但不肖官吏每以審丁為利藪，富民有錢使用，丁雖多而不增，窮民揹錢不遂，丁雖少而不減，弊有不可勝言者。[56]

貧苦小民無法忍受賦役不均的負擔，相率逃亡。如山東黃縣逃亡過半，有的地區逃亡十分之九、十分之六七，最少也有十分之二三。[57]康熙末年，僅山東人民往來口外墾荒者，就多至 10 餘萬。[58]為消除因人丁變動而影響賦稅徵收，確保稅賦來源，平均賦役負擔，防止田賦與丁銀徵收的弊端，減輕貧民的賦稅負擔，康熙五十一年（1712）二月，清聖祖下詔實行「盛世滋生人丁永不加賦」，試圖以固定丁銀額數，確保賦稅的徵收，以及消除因人丁變動失控影響丁銀的徵收波動。此項改革雖難以切實貫徹，無地貧民於丁銀之外，私派之費卻多於丁銀，並未徹底解決賦役不均的問題，但從整體來說仍有其積極意義，特別是對於丁多地少的窮苦百姓，丁銀不再增加，負擔也比較固定；同時丁銀總額的固定，也進一步為「攤丁入地」的改革，提供有利的條件。[59]「盛世滋

---

56　《宮中檔雍正朝奏摺》，第 1 輯，雍正元年二月初八日，戶科掌印給事中王澍奏摺，頁 54。

57　李蕃，《雪鴻堂文集》，卷 1，編審均徭序，頁 7。收入《四庫全書存目叢書補編》（濟南：齊魯書社，2001 年），第 55 冊。

58　《清聖祖仁皇帝實錄》（三），卷 250，康熙五十一年五月壬寅，諭旨，總頁 478。

59　鄭學檬，《中國賦役制度史》，頁 594-595。

生人丁永不加賦」實行後，丁增而銀不增，丁銀總額固定，將一定數目的丁銀攤入地畝內徵收，辦法簡易可行。丁銀有一定之數，「按地均輸，更易爲力」。[60]康熙五十一年（1712）以前，湖廣、四川、浙江等省轄下部分州縣已實行「攤丁入地」的辦法。康熙五十五年（1716），御史董之燧奏請在全國實行「攤丁入地」，令各直省地方官，確查各州縣地畝，統計地丁、人丁銀數，按畝均派。董之燧的建議雖未獲直接批准，戶部卻對以往「地去而丁存」的弊病做出規定，「嗣後民間買賣地畝，其丁隨地輸課」。[61]等於承認「攤丁入地」的合法性，該年戶部議准廣東省所屬丁銀，可就各州縣地畝分攤。[62]

　　各省普遍推行「攤丁入地」，則是在雍正年間陸續進行。清世宗以康熙末年財政措施作爲基礎，進一步實行「攤丁入地」的賦役改革，將丁銀攤入地畝中徵收。湖廣、浙江等省丁銀均按田畝徵派，有地則有丁，無地則無丁，苦樂均平，既免貧富不均之嘆，又免逃亡轉賠之苦，有益國計民生，實爲善政。有鑑於此，雍正元年（1723）二月和六月，掌浙江道事雲南道監察御史秦國龍、山東巡撫黃炳先後奏請援例實施將丁銀攤入地畝輸納。[63]當時清世宗尙未決心改革舊制，以爲「攤丁入地」屬錢糧大事，不可草率而行。同年七月，直隸巡撫李維鈞也奏請將丁銀攤入地畝中徵收，使無地貧民不致苦累，且州縣徵收，自較容易。經過戶部、九卿詹事科道反覆討論，以及李維鈞的力爭不懈，清世宗同意在直隸全面施行「攤丁入地」，此後各直省陸續奏請於該省實行「攤丁入地」改革。雍正二年（1724）以後，通行各省，至雍正十三年（1735），廣東、直隸、福建、山東、河南、浙江、四川、

---

60 田文鏡，〈題請豫省丁糧按地輸納以均賦役事〉，《撫豫宣化錄》，卷 2，頁 35。收入《四庫全書存目叢書》，史部・詔令奏議類，第 69 冊。

61 《清聖祖仁皇帝實錄》（三），卷 267，康熙五十五年二月庚寅，總頁 622。

62 《欽定大清會典事例・嘉慶朝》，卷 133，戶部，戶口，頁 11。收入《近代中國史料叢刊三編》，第 66 輯，第 651 冊。

63 《宮中檔雍正朝奏摺》，第 1 輯，雍正元年二月初十日、雍正元年六月初八日，掌浙江道事秦國龍奏摺、山東巡撫黃炳奏摺，頁 81-82、327-328。

陝西、甘肅、雲南、江蘇、安徽、江西、湖南、廣西、湖北、山西等十六省基本上已實行「攤丁入地」的改革。「攤丁入地」的實行情況如下表：

### 表 3-1-2：各省實行「攤丁入地」概況一覽表

| 省別 | 實行時間 | 實行方式 | 攤丁銀數（兩、石） | 備　註 |
|---|---|---|---|---|
| 廣東 | 康熙五十五年（1716） | 各州縣分別均攤 | 一錢六釐四毫 | |
| 直隸 | 雍正二年（1724） | 全直隸通籌計攤 | 二錢七釐 | 包括匠班銀 |
| 山東 | 雍正四年（1726） | 全省通籌計攤 | 一錢一分五釐 | |
| 浙江 | 雍正四年（1726） | 按同一則例分別均入各州縣田賦 | 二錢四釐五毫 | |
| 福建 | 雍正四年（1726） | 各州縣分別均攤 | 五分二釐七毫至三錢一分二釐 | 臺灣府自乾隆十二年開始攤丁入地 |
| 雲南 | 雍正四年（1726） | 以全省計攤 | 三釐六毫至七釐六毫 | |
| 江西 | 雍正五年（1727） | 通省均攤 | 一錢五釐六毫 | 包括鹽鈔銀 |
| 河南 | 雍正五年（1727） | 各州縣分別均攤 | 一分一釐七毫至二錢七釐 | |
| 四川 | 雍正五年（1727） | 各州縣分別均攤 | 五升二合至一石九斗六合一丁 | |
| 陝西 | 雍正五年（1727） | 全省通融計算 | 一錢五分三釐 | |
| 江蘇 | 雍正六年（1728） | 各州縣分別均攤 | 一釐一毫至六分二釐九毫 | 松、常二府及海州等州縣按畝計攤，餘以銀或糧計攤 |
| 安徽 | 雍正六年（1728） | 各州縣分別均攤 | 一釐一毫至六分二釐九毫 | |

| 廣西 | 雍正六年（1728） | 各州縣分別均攤 | 一錢三分六釐 | |
| 湖南 | 雍正六年（1728） | 各州縣分別均攤 | 一毫四絲至八錢六分一釐 | |
| 甘肅 | 雍正六年（1728） | 河東丁隨糧辦，河西照糧攤丁 | 河東一錢五分九釐，河西九錢一丁 | |
| 湖北 | 雍正七年（1729） | 照通省均攤丁銀 | 一錢二分九釐六毫 | |
| 山西 | 雍正九年（1731） | 各州縣分別均攤 | 二錢八分一毫 | |

資料來源：1.莊吉發，《清世宗與賦役制度的改革》，頁 86-87。

　　　　　2.郭松義，〈論攤丁入地〉，《清史論叢》，第 3 輯（北京：中華書局，1982 年），頁 44-45。

　　丁銀攤入地畝，其徵收額數，據《清朝通典》記載：

　　　丁隨地轉之例，廣東、四川已先行之。……是年（雍正二年），通行各省，令行攤徵。凡各州縣按丁多寡，地畝廣狹，分為差等，每地賦銀一兩，攤丁不過二錢，使無業貧民永免催科，有業民戶亦有定額，不至多寡懸殊。[64]

清初賦額各省並不相同，「攤丁入地」實行亦有先後，攤派方式與攤丁銀數互有差異，或按田賦銀數攤派，或按田賦科則糧額攤派，或按田地畝數攤派，皆因地制宜。其基本原則為田多則丁多，田少則丁少，無論紳衿富戶，不分等則，一律輸將，使賦稅的負擔趨向合理化。

　　「攤丁入地」在中國賦役制度史上是一項重要的改革，有其積極意義。此項改革為社會經濟發展的必然趨勢。在政策推行過程中雖遭阻礙，在部分地區引起反對聲浪，然仍有其重大成就，丁銀攤入地畝田賦，差役全由土地負擔，「無地有丁者既免追呼之擾，即有丁有地者亦省輸納之煩」，[65]無地貧民減輕負擔，有產之

---

64　《皇朝通典》，卷 7，食貨典，賦稅，頁 26。收入《景印文淵閣四庫全書》，史部‧政書類，第 642 冊。

65　《宮中檔乾隆朝奏摺》，第 26 輯，乾隆三十年十月十六日，山西道監察御史戈濤奏摺，頁 332。

家均勻完納；人頭稅併入土地稅，解決歷代以來無地窮民的人口稅負擔，改革賦役不均的嚴重情況，無地窮民可以不納丁銀，而無逃亡之慮，有地農民負擔平均，不致過重，確保稅收，在財政上獲得穩定的效果，利於國家財政法令的貫徹，且促進各地社會經濟的發展。對於人民的影響方面，首先「攤丁入地」後，對於一般窮民，在經濟上免除了丁銀的追比，取消了人頭稅，使得長期以來束縛窮苦百姓人身自由的人丁編審制度，開始鬆動。由於丁差攤入地畝，州縣地方官只需認定地主，即可保證賦稅的徵收，國家對農民的人身束縛減輕，因此對於一般人民的流動，已不如以往易引起驚惶。[66]「攤丁入地」免除無地窮民的丁銀，人身依附於土地的關係降低，在居住方面也獲得較多自由，[67]利於無地窮民向外遷徙，增加謀生的機會，擴展生存的空間。其次，免除城鎮工商業者的丁銀，使工商業者獲得更多迴旋餘地，從而促進城鎮的發展，也加速下階層社會的人口流動，在農村中無法獲取土地被排擠出去的流民，一部分進入城鎮，從事手工業，經營小本生意；一部分遠離家鄉，至荒山野嶺，披荆斬棘，在開發中地區逐漸形成移墾社會；有的成為非農業性人口，東奔西走，浪跡江湖，倚靠卜卦算命，行醫治病，賣唱耍藝，肩挑負販，傭趁度日，即所謂販夫走卒一類。[68]

# 三、改土歸流

我國西南邊境川、廣、雲、貴間，自古為苗、猺、獞、彝、傜、壯等少數民族雜處，且分佈最多地區。從清初至康熙中葉，

---

66 郭松義，〈論攤丁入地〉，《清史論叢》，第 3 輯，頁 57。

67 馮桂芬，《顯志堂稿》，卷 11，稽戶口議，頁 16，記載：攤丁入地實施後，「烟戶門牌則以意造之，遂無從周知戶口之數。其弊也，民輕去其鄉，五方雜處，逋逃如藪，名捕關提十不獲一」。收入《近代中國史料叢刊續編》，第 79 輯，第 784 冊。

68 莊吉發，《清代秘密會黨史研究》，頁 95。

當地土司勢力強大，中央政府法令難以遍及。當地人民的語言風俗習慣與內地迥然不同，彼此之間的歷史和地理背景亦不相同，社會經濟發展不平衡，所以歷代以來對各少數民族所採取的統治方式遂不盡相同。明清時期對西南少數民族的治理大體上有三種不同型態：一、流官統治的地區，其各項制度與內地基本相同；二、土司統治的地區，由朝廷授予當地部族首領各種官職，如土府、土州、土縣，或宣慰司、宣撫司、招討司、安撫司、長官司等，准予世襲，並實行與內地不同的制度；三、既未派遣流官，也未設置土司的生界部落，或生苗部落，各部落沒有君長，亦互不統屬，對朝廷也沒有納貢、輸賦、供徵調等義務。[69]清初以來，在西南地區曾經存在過的土司，據統計約有 800 多個，主要分佈在四川、湖廣、廣西、雲南、貴州、甘肅等省。清廷在這些地區設置大量的土司，其用意是企圖建立一套和當地的政治、經濟發展以及風俗習慣相適應的制度，便於朝廷管轄統治。[70]土司制度是一種特殊的地方政權形式，是為適應西南地區在人文和自然上種種特殊環境所形成的獨特制度。土司除對中央負擔規定的貢賦和征伐外，在其轄區內保有舊有的治理機構和權力，實際上仍是一種封建制度，朝廷對這些少數民族只能間接統治，與當時清廷的中央集權要求是大相逕庭的。其濃厚的割據性，在土司勢力不斷發展下，已漸有尾大不掉之勢。

　　清初，對於西南地區仍沿襲明制，多方設法加以綏撫。順治十年（1653），清世祖曾言：「滇黔阻遠，尚未歸誠，朕將以文德綏懷，不欲勤兵黷武」。[71]當時時局尚未穩定，對西南少數民族實無暇顧及。康熙年間，三藩之亂曾得到部分土司的支援，亂後即有人主張乘機廢除土司，普設流官。有謂：「我所取之地，何復令彼管理，仍取之為便」；或曰：「土司予以大職，令其管理事務，

---

69　張捷夫，〈關於雍正西南改土歸流的幾個問題〉，《清史論叢》，第 5 輯（北京：中華書局，1984 年），頁 273。

70　張捷夫，〈清代土司制度〉，《清史論叢》，第 3 輯，頁 196。

71　《清世祖章皇帝實錄》，卷 75，順治十年五月庚寅，總頁 595。

恐有權柄，不為我節制」；或建議：「設流官管理，可多得錢糧」。
[72]清聖祖以為事關重大，不可貿然行之。直至康熙晚期，「清鑑前
轍，迭議歸流」，[73]終未敢驟然實行。是以雖有少數土司犯事遭受
革職，以流官取代，但仍為個別少數，對於廣大的少數民族仍以
綏撫為主。是時，貴州東南境以古州為中心的一大區域，為苗族
所佔領，名叫「苗疆」。又東川、烏蒙、鎮雄三土府，在行政區上
隸屬四川，然於地理上又距成都幾 2,000 里，反距雲、貴省治較
近。四川總督統治力，因距遠而不能及，雲貴督撫又因職權不屬，
無法管理，任其跋扈。貴州、廣西間，因苗疆廣闊，地方官多以
境界錯雜，互相推委卸責。苗民野性難馴，專以劫殺為生，土官
專橫苛虐，恣為不法，故西南地區之苗患終為一大問題。[74]

　　清聖祖在晚年曾表示：「我朝七十年來，承平日久，生齒日
繁，人多地少。從前四川、河南等省，尚有荒地，今皆開墾，無
尺寸曠土」。[75]而當時西南地區未經開墾的曠土仍多，若行「改土
歸流」，可利用苗疆廣袤的土地，有助於解決內地人滿為患、耕地
不足的問題。所以清世宗即位時，對於「改土歸流」早有定見。
雍正二年（1724），清世宗在廣西巡撫李紱奏摺上批示：「土官相
襲已久，若一旦無故奪其職守，改土歸流，誰不驚疑」。[76]為保長
治久安，必須謀略周詳，委用得人，方可使「改土歸流」成為美
事。清世宗銳意進取，頗思加強對西南地區的控制，在「改土歸
流」的條件漸趨成熟下，決定大規模推行。雍正四年（1726），
鄂爾泰為雲南巡撫兼總督，在觀察地方政務後，認為對於當地少
數民族的管理必須有所變更，在該年四月上疏表達制苗之法：「固
應恩威並用，然恩非姑息，威非猛烈，到得用著威時，必須窮究

---

72 《清聖祖仁皇帝實錄》（二），卷 108，康熙二十二年三月己巳，諭旨，總頁
　　103。
73 《清史稿校註》，第 4 冊，卷 124，職官，土司各官，頁 3379。
74 蕭一山，《清代通史》（一），頁 872。
75 《起居注冊》，康熙五十一年二月二十九日，諭旨。
76 《宮中檔雍正朝奏摺》，第 3 輯，雍正二年十二月二十六日，廣西巡撫李紱
　　奏摺，頁 534。

到底，殺一警百，使不敢再犯，則威仍是恩」。[77]數次上疏，全面闡述「改土歸流」的必要，他說：「雲貴大患無如苗蠻。欲安民必先制夷，欲制夷必改土歸流」。[78]而苗疆多與鄰省犬牙相錯，又必歸併事權，始可一勞永逸，奏請立即推行。鄂爾泰以為苗猺之逞兇，皆由於土司，土司依恃土官名目肆虐，漢民則受其摧殘，此為邊疆之大害，必當剪除之。他建議對不法土司以計擒為上，以兵剿為下；使其自動投獻為上，勒令納土為下。[79]既要用兵，又不專恃用兵，以武力相震懾，力爭以政治手段解決。他要求調整雲、貴、川等省邊境不合理的行政區劃，以便統一事權，使地方官相機行事。清世宗對此甚為讚賞，令其悉心辦理。鄂爾泰憑藉幹練的才能，以「恩威並濟，剿撫兼施」的方式，[80]積極推動西南地區的「改土歸流」，又得到鄰省督撫的合作，經過六年的努力，析疆增吏，剿撫並施，終使瀾滄江以東苗疆的土司幾化為如內地一般的州縣，改派流官治理。據統計，雍正年間（1723～1735）在兩湖、雲南、貴州、廣西、四川等省苗疆地區進行「改土歸流」，被改流的土司、土縣和長官司以上者，共有 60 多個。[81]「改土歸流」後，地方的田賦兵刑逐有頭緒，中央得以加強對邊遠地區的控制，亦促進內地經濟、文化與邊遠地區之交流。

　　所謂「改土歸流」，滿文讀如"aiman i hafan be halafi, irgen i hafan obume"，意為「改土官為民官」，就是改土官之制設置流官之職，即改土司其地為流官所轄，裁去土官治理，改設流官統治。

---

77　《雍正朝漢文硃批奏摺彙編》，第 7 冊（北京：江蘇古籍出版社，1991 年），雍正四年四月初九日，雲南巡撫鄂爾泰奏摺，頁 119。

78　《清史稿校註》，第 11 冊，卷 295，鄂爾泰列傳，頁 8806。

79　《宮中檔雍正朝奏摺》，第 6 輯（民國 67 年），雍正四年九月十九日，雲南巡撫鄂爾泰奏摺，頁 603。

80　王纓，〈鄂爾泰與西南地區的改土歸流〉，《清史研究》，1995 年第 2 期，頁 35-36。

81　張捷夫，〈論改土歸流的進步作用〉，《清史論叢》，第 2 輯（北京：中華書局 1980 年），頁 202。

[82]「改土歸流」後，土司苗疆與內地無異，於是更換世襲的土司，任命民官取代。從此之後，中央對邊疆地區的管控加強，在苗疆地區實行和內地相同的制度與措施，廢除土司，以民官取代土官，設立府、廳、州、縣，委由內地民官統治，由間接統治改為直接統治，設立保甲，編查戶口，丈量土地，清理錢糧，徵收賦稅，建立學校，治河修路，使邊疆逐漸內地化。[83]其次，「改土歸流」後，丈量土地，清理錢糧，實行統一的稅收政策，人民負擔減輕，有利於發展生產，促進民間的經濟文化交流，尤其是內地先進的生產技術和經驗，如興修水利、使用鐵制農具、加強作物管理等，得以獲得普遍的推廣，有利於西南地區生產的發展與人民生活的改善。同時，原被土司佔有的可耕地，大量釋出，使耕地面積增加，准許貧民前往開墾，減輕了農民的負擔，有利生產發展。[84]

　　土司管轄下的苗疆地區，有廣闊的荒地可以開墾，並非全為不毛之地。雲南布政使常德即表示：

> 雲貴遠處邊徼，幅員遼闊，除石山陡崖以外，非盡不毛之地，若能因地制宜，近者種秔稻，高陸者藝菽粟，莫非膏腴沃壤。總緣流官管轄者十之三、四，土司管轄者十之六、七，土司不識調劑，彝人不知稼穡，俗語雷鳴田，遇雨則耕，無雨則棄，坐守其困。[85]

苗疆之地，大多為土司管轄，土司權大，任意強佔可耕熟地，且常以守險備敵為由，嚴禁人民進入荒地開墾，致使地荒而民窮。「改土歸流」後，苗疆逐漸內地化，原被土司佔領之地釋出，提供外地流民前往開墾、落地生根的廣大空間。例如湖北施南府僻處深山中，當地水田稀少，地方百姓以原始農耕為業，所產作物僅包穀雜糧一類。由於山林密箐，層巒疊嶂，交通頗為不便，生產又

---

82　《清代六部成語詞典》（天津：天津人民出版社，1990 年），頁 49。
83　莊吉發，《清代秘密會檔史研究》，頁 85。
84　王戎笙，《清代全史》（瀋陽：遼寧人民出版社，1991 年），第 4 卷，頁 314-316。
85　《宮中檔雍正朝奏摺》，第 6 輯，雍正四年七月二十六日，雲南布政使常德壽奏摺，頁 371。

不發達,所以商賈罕至,經濟落後。其轄下的宣恩、咸豐、利川、來鳳等縣,原為忠峒等十八土司管轄,附近人民向不許違例擅入。然自雍正十三年(1735)「改土歸流」以後,由於土曠糧輕,吸引川、黔、湖廣等地內地漢人前後接踵,成群結隊,湧向苗疆,前往開山力作,搭廠墾荒。[86]「改土歸流」後,改設流官,苗疆成為可自由進出之地,與內地無異,吸納內地過剩人口,成為移民世界的「開發中地區」,也是人口流動頻繁的地區。所以,清朝實行「改土歸流」後,西南邊疆地區改設流官,土司各自為政的藩籬被打破,邊疆地區的開發獲得加速進展,此與人口流動有極密切的關係。雍正年間大規模且大刀闊斧的推行「改土歸流」政策,無論在維護國家的統一,對內地與西南地區的交流,或是西南地區的社會經濟發展,確實具有積極的作用與意義。

# 第二節　人口流向地廣人稀地區

## 一、東三省的遷徙與闖關

### (一)東三省的封禁與禁令

何謂「封禁」?「封禁」的範圍如何?是否係針對漢人而實施的措施?這些相關問題,學界看法不一,眾說紛紜,莫衷一是。封禁政策的內容與作用,對於東三省的移民開發有著極為密切的關係,故需先加以釐清。崇德年間(1636~1643),清太宗有鑒於朝鮮人民常潛入邊境,偷挖人參,獵取禽獸,引起糾紛困擾,因而在前明遼東邊牆東段與鴨綠江間,設置一空曠地帶,稱為「蘇勒荒」,[87]作為封禁區,禁止朝鮮人越江進入境內採獵居住,此為

---

86 《宮中檔乾隆朝奏摺》,第4輯(民國71年),乾隆十七年十二月初二日,湖廣總督永常奏摺,頁461。

87 「蘇勒」為滿洲話,漢語意為「空閒」與「空曠」。

東三省地區最早採取的保護措施。滿人入關後,在順治五年至十一年(1648～1654),曾沿明朝遼東邊牆舊址,從山海關至開原縣東北的威遠堡,轉向東南至興京,再轉往西南至鳳凰城,動工興建「柳條邊」,[88]劃分遼河農業區與蒙古牧區。此段稱爲「遼東邊牆」、「盛京邊牆」,又稱「老邊」。康熙九年至二十年(1670～1681),清廷又修築一條南從威遠堡,北至吉林法特哈邊門的柳條邊,稱爲「新邊」。[89]柳條邊是「插柳結繩」,爲的是「以界蒙古」。[90]《奉天通志》記載:「蒙古內附,修邊示限,使畜牧遊獵之民,知所止境。設門置守,以資鎮懾,並稽察奸宄,以弭隱患而已」。[91]以柳條邊爲界,劃清盛京、吉林與蒙古行政轄區,爲的是維護滿族發祥地的安全。此外,清聖祖又將興京以東、伊通河以南、圖們江以北地區,即長白山周圍的千里林海、參山珠河,劃爲封禁區,區內「移民之居住有禁,田地之墾闢有禁,森林礦產之採伐有禁,人葭東珠之掘捕有禁」。[92]從內容上看,不論任何人,包括滿人在內,一概禁止居住、開墾、採伐、掘捕其間。事實上,清朝的封禁詔令並沒有一條涉及整個東三省地區,也沒有一條涉及極東邊疆的少數民族及漢族聚居的遼河流域。[93]因此,說是封禁東三省的政策是有待商榷的。趙中孚先生研究清代東三省的封禁政策表

---

88 所謂「柳條邊」又稱「條子邊」,即「插柳爲邊,高者三、四尺,低者一、二尺,若中土之竹籬,而掘壕於其外」。見楊賓,《柳邊紀略》,卷 1,頁 1。收入《遼海叢書》(瀋陽:遼瀋書社,1985 年),第 1 冊。

89 馬汝珩、馬大正主編,《清代的邊疆政策》(北京:中國社會科學出版社,1994 年),頁 310;楊餘練主編,《清代東北史》(瀋陽:遼寧教育出版社,1991 年),頁 160-161。柳條邊建成,沿邊設邊門 21 座(後減爲 20 座),每座邊門均設官管理,派兵駐防;其中老邊 17 座(後減爲 16 座),屬盛京將軍,新邊 4 座,屬寧古塔將軍。

90 高士奇,《扈從東巡日錄》(臺北:廣文書局,民國 57 年),卷下,頁 3。

91 王樹南等纂,《奉天通志》(瀋陽:東北文史叢書編輯委員會,1983 年),卷 78,山川,頁 9。

92 王永恩修,王春鵬等纂,《海龍縣志》(海龍縣:海龍縣志編修委員會,康德 4 年),卷 2,地理,疆域,頁 18。

93 參見張璇如,〈清初封禁與招民開墾〉,《社會科學戰線》,1983 年第 1 期,頁 182-185。

示，東三省的封禁只是一種理論上的存在，禁令的頒佈在加強關禁，通常漢人出關並無絕對困難，封禁對象也不限定漢人，關內駐防的旗人，也不得隨意遷徙關外。[94]蕭一山先生指出，封禁非針對東三省全部，封禁的目的並不在限制人民開墾。封禁的地方概分爲採參山場、捕珠河流、皇家圍場及牧場；在封禁之區設卡稽查，派有專員管理；封禁之區設有封堆、關卡、邊牆，以禁流民擅入，由於封堆、卡倫、邊牆標明之禁約地區過廣，無形中造成東三省地區的封禁形式，但凡持有路牌、腰牌、印信者，仍得以進入上述禁約地區。實施封禁之區並非僅東三省有之，如臺灣、蒙古等地亦有類似措施。[95]

　　明朝萬曆四十四年（1616），努爾哈赤建立後金政權，展開了對明朝的侵略。幾年之間，戰亂不斷，衛所屯卒相率逃亡，一般商民亦多遷返關內，明代在遼東的軍屯遂告崩潰，農業一時停頓。最初後金的進攻爲掠奪糧食與財物，並不以佔城掠地爲目的。當攻下遼陽，情況有所轉變，努爾哈赤改以佔領明朝土地作爲戰略目標，以建立後金在遼東地區的統治。於是自興京遷都遼陽，並頒布「計丁授田」命令，將遼東和海州轄下原明朝人墾種的 180餘萬畝地，盡行分給八旗駐軍耕種。[96]遼東地區是明代遼東都司的處所，除了駐防的軍人外，也有相當數量的漢人。此後女真人遷入，漢人被任意強制他遷，給漢人帶來了沉痛的苦難。當時，

---

94 趙中孚，〈清代東三省的地權關係與封禁政策〉，《中央研究院近代史研究所集刊》，第 10 期（臺北：中央研究院近代史研究所，民國 70 年），頁 284。封禁對象非僅限定漢人，例如封禁採參山場、捕珠河流，對偷採參珠者，嚴刑懲處，順治年間議准，對於漢人偷盜者「枷一個月，責四十板，人畜財物入官」，旗人違犯者，亦「枷一個月，鞭三百，牲畜及所得之瀤一併入官」。見《清會典事例》，第 3 冊，卷 233，戶部，藩務，禁令，頁 746；《大清會典・康熙朝》，卷 133，頁 5-9，收入《近代中國史料叢刊三編》，第 73輯，第 727 冊。

95 參見蕭一山，〈清代東北之屯墾與移民〉，《學術季刊》，第 6 卷第 3 期，頁1-5。

96 中國第一歷史檔案館、中國社會科學院歷史研究所譯註，《滿文老檔》（北京：中華書局，1990 年），頁 219。

也允許漢人耕種土地，但須納賦服役，且被強行編制，歸駐防八旗將領管轄，沒有遷移的自由，形同農奴。皇太極即位，至關內擄奪漢人，配置旗人莊田耕作。因此，遼東地區曾恢復小規模的農業生產。崇德元年（1636），皇太極改國號為清，對明朝邊境展開大規模的進攻，在戰亂中遼東漢人傷亡逃離者不可勝數，有的逃入山海關內，有的逃入朝鮮，甚至渡海至山東半島。當時塔山（錦西縣東北）至閭陽（錦州市東北）200餘里，幾乎不見煙火。[97]再加上順治元年（1644），八旗官兵和旗人跟隨著滿洲政府「從龍」入關,東三省地區掀起一股遷移風潮，人口大量流失，田土遭致失耕，遼東地區更形凋敝。

　　東三省是滿人的故鄉，是祖居聖地、根本重鎮，為維護「龍興之地」，自然有心護衛。為改善遼東地區因明清之際的戰爭，及入主北京後所導致人口流失、土地荒蕪的空虛情形，儘速恢復舊觀，實施一連串復原措施，招民開墾，實行低賦稅政策，並不因封禁而荒廢。之後，由於漢人日增，擔心漢、旗爭地，妨礙旗人生計，又慮旗、漢相處，滿洲人薰染漢習，影響滿族國語、騎射之嫻熟，致尚武之風日墮，漸流於懦弱，加以對東三省特殊產物之獨佔，及保留滿人產業，因此清廷並不鼓勵漢人隨意出關。為免造成東三省地方穩定形勢的破壞，清廷對於關津、邊防要地，訂有關律加以限制，且關禁措施不單僅針對東三省關外，邊外蒙古地區，清廷亦禁止漢人隨意進出。至於東三省山林地區，自然資源豐饒，原為滿人打捕參珠、貢貂制度範圍，是其生活區域，有必要維護此特產專區，客觀上也保護了當地資源；圍場兼有訓練八旗兵丁的軍事作用，這些特殊區劃，主要是為了鞏固根本，保障皇室經濟利益，維護旗人生計，維持滿族舊俗。[98]封禁應是

---

97　《新校本明史》，卷259，熊廷弼傳，頁6695。

98　馬越山,〈清代東北的封禁政策〉,《社會科學輯刊》,1986年第2期,頁44-46;
　　趙雲田,〈清政府對蒙古、東北封禁政策的變化〉,《中國邊疆史地研究》,
　　1994年第3期,頁20-21。清高宗在〈柳條邊〉詩中提到:「取之不盡山木
　　多,植楱用以限人過……周防節制存古風,結繩示禁斯足矣。」可瞭解封

對這些地區的管制，對於私自入山採捕參珠，砍伐木植，偷獵貂鹿，侵佔官田圖利，潛入圍場私墾官地者，均處以重刑。若說將整個東三省視爲封禁之區，過於武斷，亦昧於史實。同樣，滿人入關後，爲嚴防人參走私，曾飭令山海關員弁嚴格把守，稽查往來行人，出關之人必先請領路票，過關記檔，始可出關；若無路票私自出關者，按律論處。[99]有人因此遽下斷言，認爲清初之封禁是不准漢人出關，此乃誤解所致。只要按規定程序，事先請票，過關記檔，進出並無困難。《廣寧縣志》即載：「內外人出入，必登籍以記，他無厲禁。臺軍但供補籬濬墾及司晨昏啓閉而已」。[100]

順治年間，規定一般漢人須向官府登記取票，方可出入關津；對私渡關津者，訂有律規懲處，若「無文引私度關津者，杖八十。若關不由門，津不由渡，別從間道而越度者，杖九十。若越度緣邊關塞者，杖一百，徒三年；因而潛出交通外境者，絞監候」。[101]看守關口官員對於出口之人，按名驗票，查對年貌、籍貫，註冊後放行，每季將出關人數造冊送部查覈。官員若有失察偷渡者等情事，按相關情節議處。[102]關外地主若需僱請內地之人前往

---

禁之由。見長順修，李桂林纂，《吉林通志》（長春：吉林文史出版社，1986年），卷6，天章志，柳條邊，頁9。

99　楊賓，《柳邊紀略》，卷1，頁5，文載：「凡出關者，旗人須本旗固山額真送牌子至兵部，起滿文票；漢人則呈兵部或隨便印官衙門，起漢文票。至關，旗人赴和敦大北衙記檔驗放，漢人赴通判南衙記檔驗放。」

100 項蕙修，范勛纂，《廣寧縣志》，卷5，頁2。收入《遼海叢書》（瀋陽：遼審書社，1985年），第4冊。

101 薛允升著，黃靜嘉編校，《讀例存疑重刊本》（臺北：成文出版社，民國59年），第3冊，卷22，條例編號220-00，頁491。

102 明亮等修，納蘇泰等纂，《欽定中樞政考》（臺北：學海出版社，民國57年），卷22，關津，稽查沿邊關隘民人偷渡出口，頁3，記載：「若民人並無用印文票，及有文票而人數浮多，情節不符，該管員弁如有失察偷渡者，按計名數議處；如放出私販人口，或受賄縱放者，照例分別議處治罪。若夾帶違禁貨物，守口官徇縱令其出口者，按其所帶之物分別治罪。其不由應出之口越渡，堵塞邊關者，失察之員照例嚴議。如有盜犯、逃犯偷渡邊口，失察之員亦按計名數處分，值班兵丁照該管官例，折鞭。如該管官拏獲及半者，免議；或該管官拏獲未能及半，及別處拏獲破案者，將未獲名數檢等議處。如有隱匿不報者，照諱盜例議處。」

種地及砍木燒炭，康熙年間亦有條例規定「戶、工二部照例給票出口，回日仍察收。無票之人，令各處察拿」。[103]康熙二十三年（1684）九月，清聖祖諭令山東巡撫張鵬翮注意，山東人民逃亡到邊外各地，為非作歹者甚多。[104]康熙二十六年（1687）二月，理藩院提議：「各省之民，無牌票私出邊口者，將妻子一併發往烏喇、寧古塔，與新披甲之人為奴」。清聖祖批示：「百姓私出邊口，所議太過，著於山海關外遼陽等處安插」。[105]

乾隆時期，開始重視關禁，乾隆二年（1737），特在山海關設臨榆縣，嚴查出關事宜，出入關者統由縣衙門發給路票，各柳條邊門亦要驗票。雖然如此，各省人民出關貿易或傭工覓食者，若無違犯禁令，仍聽任往來。[106]乾隆五年（1740）四月，朝廷派兵部左侍郎舒赫德往盛京視察，清高宗在其行前諭示，盛京地方聚集漢人甚多，佔地耕種，與其放任佔種，孰若令旗人耕種，即使旗人不行耕種，將田地留備操兵圍獵亦無不可。舒赫德由是奉旨與盛京將軍額爾圖議商，奏准八款事項，內容包含管理東三省的主要政策，其主要內容如下：

1. 山海關出入之人，必宜嚴禁：凡攜眷移居者，無論遠近，仍照舊例不准放出。貿易之人，由山海關官員將出口人數、姓名、居住地及貿易地點，一一盤問清楚，給與照票，再行放出；如無照票者，解回原籍，永遠禁止出口。
2. 嚴禁商船攜載閒人：前往奉天貿易商船，令其將正商船戶人數，及所載貨物數目，逐一寫入照票，俟到海口，該地方官先將照票查明，再令卸載；若票載之外，攜帶閒人，即訊明申報府尹，解回本地。

103 薛允升，《讀例存疑重刊本》，第 3 冊，卷 22，條例編號 220-01，頁 491。
104 《清聖祖仁皇帝實錄》（二），卷 116，康熙二十三年九月己丑，諭旨，總頁 218。
105 《清聖祖仁皇帝實錄》，卷 129，康熙二十六年二月庚午，總頁 386。
106 孔經緯，《清代東北地區經濟史》（哈爾濱：黑龍江人民出版社，1990 年），頁 151；《明清檔案》（臺北：中央研究院歷史語言研究所，民國 76 年），第 90 冊，A90-45，乾隆四年九月十一日，刑部右侍郎韓光基等奏摺。

3.稽查保甲宜嚴：無論旗、民，一體清查。除已入檔者不議
外，其情願入檔者，取結編入檔冊；不願入檔者，即逐回
原籍，以肅清地方。

4.奉天空閒田地，宜專令旗人墾種：奉天旗地民地，咸交各
地方官清查，明白丈量。若仍有餘田，俱歸旗人；百姓人
等，禁其開墾，俾免腴田爲其所據，致滿洲產業愈趨廢弛。

5.嚴禁鑿山，以餘地利：除奉天城東南白西湖地方，供應陵
寢煤觔之煤窖外，其餘產煤山場，永行嚴禁，不許挖取，
以防謀利之徒以出煤爲辭，就中偷取鉛觔、硫磺。

6.重治偷挖人參，以清積弊：將會同百人以上採掘，所得人
參超過 500 兩者，照例擬絞；不足百人，所得人參不足 500
兩者，亦照例杖徒外；其一二人私挖人參，不足 10 兩者，
分別初犯、再犯、三犯治罪，爲止趨重利，情甘犯法者戒。

7.宗室覺羅，風俗宜整：遇有宗室與旗人、漢人之訴訟，俱
令呈報將軍衙門，會同宗學總管、族長審訊，盡法懲辦，
以免草草了事，滋生弊端。

8.出關旗人，給與憑記，以便查察：京城王公等門下差往關
外莊頭處人員，及大臣官員等差遣出關之人，除由兵部給
與口票外，仍給路引，以備查勘。嚴防不肖之徒，冒稱自
京遣來者，藉生事端。[107]

上述八條規定，雖未定爲律例，但可爲日後厲行全面封禁的
綱領。並令奉天沿海地方官多撥兵役加強稽查，嚴禁內地人民私
自出山海關、喜峰口及九處邊門。乾隆八年（1743）十二月，諭
示盛京流寓者甚多，以致當地人漸染流俗，奢靡相尙，往後不許
「留寓外鄉流民」。[108]乾隆十一年（1746）三月，爲嚴禁漢人私出
關口，加強稽查，對於出邊道路除山海關外，尙有喜峰口等十五
處，向來商販往來，並無給票放行之例，未嚴格稽查，或有流寓

---

107 《清高宗純皇帝實錄》（二），卷 115，乾隆五年四月甲午，總頁 688-691。
108 《清高宗純皇帝實錄》（三），卷 206，乾隆八年十二月辛亥，諭旨，總頁
650。

之人，夾帶偷越亦未可知。因此規定喜峰口等十五處，亦照山海關例，令守口官員會同各該地方官，逐項查問，方給票放行；至於古北口、龍井關、青山口、榆木嶺、擦牙子等處，所有外來商販，執票赴奉天者，皆令從山海關出口。[109]乾隆十五年（1750），頒佈「山海關、喜峰口及九處邊門，皆令守邊旗員沿邊州縣嚴行禁止，庶此後流民出口，可以杜絕」。[110]此項關禁乃由於擔心流民成分複雜，防其至邊外違法作亂。乾隆十六年（1751），規定「緣邊關口，有熟識路徑奸徒，引領游民私自偷越，或受賄引送夾帶違禁貨物之人出口者，除將偷越及夾帶本犯，各照律分別治罪外，其引送之人，如審係僅圖微利並無別情者，照違制律，杖一百，加枷號一箇月，交該管官嚴行管束。如偷越之人出口別有奸謀，該犯明知引送，婪索多贓，照守把之人知情故縱律治罪；弁兵失於查挐，照例參處」。乾隆二十九年（1764），定例「指引逃匪偷越出口之犯，如實係不知逃匪情由，僅止私行引送者，仍照違制律問擬外，若明知逃匪故行引送者，照故縱律，與犯人同罪」。乾隆四十二年（1777），定例「凡山東民人前赴奉天，除各項貿易船隻，並隻身帶有本錢貨物貿易者，查明係往何處、貿易何物，確有憑據，仍准地方官給票出口，毋庸禁止外；其有藉稱尋親覓食出口前赴奉天，並無確據者，地方官概不許給票。如不查明確實，濫行給票放行，致有私刨樵探，及邪教煽惑等事，別經發覺，將給票之地方官，照濫行出結例議處」。[111]嘉慶十三年（1808）九月，盛京將軍富俊奏准嚴禁流民出口私墾章程，往後人民出山海關至奉天所屬各處，由原籍起關照及隨身護票各一張，註明姓名及前往地，到關驗明放行，隨身護票至所往地繳官備查；若出山海關

---

109 《清高宗純皇帝實錄》（四），卷 261，乾隆十一年三月甲午，總頁 387。

110 《清會典事例》，第 2 冊，卷 158，戶部，戶口，流寓異地，頁 1001；《皇朝文獻通考》，卷 19，戶口考，頁 31，收入《景印文淵閣四庫全書》，史部・地理類，第 632 冊。

111 薛允升，《讀例存疑重刊本》，第 3 冊，卷 22，條例編號 220-04、220-05、220-07，頁 492-493。

至威遠堡法庫邊門外，由原籍起關兩張，一張繳山海關留存，一張繳邊門留存。[112]盛京地方設立邊門，爲稽查人民出入，要求該將軍嚴飭守口官員盡心巡查，並出示曉諭，各地無業貧民勿偷越出口私墾，干犯禁例。

除陸路外，亦從海路防止夾帶偷渡。乾隆十一年（1746），據兵部議覆盛京將軍達爾黨阿條奏定例，「奉天錦、復、熊、蓋四城，俱係海疆。嗣後無論天津、山東等處商船，俱著於設有官兵處所停泊上岸，以便稽察；仍飭輪班兵役嚴行訪查。如挐獲無票船隻私渡民人者，船戶民人，俱照越度緣邊關塞律治罪，船隻入官。若有票商船私帶票內無名之人，查出，將本人照私渡關津律治罪，遞回原籍；船戶照違制律治罪，船隻免其入官」。乾隆四十二年（1777），據山東布政使國泰所奏又定例，「東省登、萊等處有票船隻，如有夾帶無照流民私渡奉天者，將船戶照無票船隻夾帶流民例量減一等，杖九十，徒二年半，船隻入官。若船戶不能親身出洋，別令親屬押駕，已經報官不給票者，將押駕之人即照船戶例治罪，船隻入官」。[113]對於山東、奉天沿海州縣及巡查官員，亦訂有懲處條例，以嚴懲不法及失職人員。[114]清廷從陸路、海路採取種種措施，以禁阻流民私出關口。

---

112 《清仁宗睿皇帝實錄》（三），卷 201，嘉慶十三年九月壬辰，總頁 685。
113 薛允升，《讀例存疑重刊本》，第 3 冊，卷 22，條例編號 225-21、225-30，頁 514-515、517。
114 《清會典事例》，第 9 冊，卷 776，刑部，兵律關津，頁 523。乾隆四十年，「失察流民私行渡海」懲處條例規定：「如有失察流民私行渡海，別經發覺者，照臺灣流寓民人眷屬偷渡例，將沿海州縣及巡查文職官，失察一名至十名者，罰俸一年；十名以上，降一級留任；二十名以上，降一級調用。至武職巡哨洋面，均有稽查之責，如有失察，亦照此例，按其偷渡民數，分別議處。其守口武弁，遇有疏縱，即照盤查不實例，降二級調用。」見《清高宗純皇帝實錄》（一三），卷 996，乾隆四十年十一月丙戌，總頁 328。乾隆四十二年，「嚴查隻身民人私赴奉天例」規定，地方官濫行給票出口，降二級調用。見《清高宗純皇帝實錄》（一三），卷 1028，乾隆四十二年三月己巳，總頁 780-781。

## （二）禁令的廢弛

由於東三省滿人社會對勞力的需求，加上內地逐漸形成的人口壓力，遇饑荒年頭，直隸、山東、河南等地貧苦百姓，迫於生計，不顧清廷禁令，源源不斷冒禁潛往東三省地區進行開墾求生。據估計有清一代直隸、山東、河南三省窮苦農民流往東三省人數可達 1,000 萬人，尤其是山東地區，地利不豐，又加上常遇災荒，天惠稀薄，湧向東北的流民約佔其中的 70%～80%，在 700～800萬人之間。[115]《宮中檔乾隆朝奏摺》記載，乾隆十六年（1751）山東人口有 24,326,426 口，乾隆三十八年（1773）增為 26,019,486口，乾隆四十二年（1777）山東人口卻減為 21,572,415 口，[116]此即與人口外移有關。東省山多地少，又人煙稠密，即使山巒海灘亦開墾無遺，可憐小民雖遇豐年亦所得甚少，又有地方豪強盤剝，官吏苛擾，若遇自然災害，無田地產業者，老弱死於溝壑，少壯流離四方。[117]如山東沂州地區山多田少，土瘠民貧，土質磽薄，幾無價值，家戶均鮮蓋藏；[118]榮成縣同樣地瘠貧困，雖百倍勤苦，所獲不多，以致歲歉時人民輕去其鄉，往奔京師遼東塞北。[119]關東及沿邊口外地區，由於土肥米賤，直隸人民雖在豐收之年，亦

---

115 路遇，《清代和民國山東移民東北史略》（上海：上海社會科學院出版社，1987 年），頁 20。

116 《宮中檔乾隆朝奏摺》，第 1、33、41 輯，乾隆十六年十一月二十八日、三十八年十一月二十四日、四十二年十一月三十日，山東巡撫鄂容安、徐績、國泰奏摺，頁 76、497、251。

117 《清聖祖仁皇帝實錄》（三），卷 213，康熙四十二年八月甲申，總頁 159。歐陽英，《閩侯縣志》，民國 22 年刊本影印，卷 84，循吏下，頁 5，記載山東登州府「與遼東對峙僅隔海，而土瘠民無恒業，多航海種地為生」。當時，「山東之民倚遼陽覓食者，邑以千計」。收入《中國方志叢書・華南地方・福建省》（臺北：成文出版社，民國 55 年），第 13 號。

118 李希賢修，潘遇莘等纂，《沂州府志》，乾隆二十五年刊本，卷 4，輿地志，風俗，頁 15。

119 《榮成縣志》，卷 3。轉引自行龍，《人口問題與近代社會》（臺北：南天書局，民國 87 年），頁 97。

多出關、出口以謀生。[120]此外，山西、河南等省也有不少人流往東三省。因此，地廣人稀的東三省成爲華北流民尋求新生的目標之一。

　　清廷所訂禁令，並未能根本解決流民偷越潛入問題。邊關隘口是管制流民進入東三省的首要防線，朝廷雖屢頒諭旨，曉諭守邊官員加強稽查巡防，但邊牆年久失修，頗多坍塌；而邊防兵力有限，致使無照人民有機偷越。乾隆二十九年（1764），直隸總督方觀承即指出，山海關長牆牆垣坍頹有 38 處，不肖之徒熟知坍頹路徑，藉以向不得過關之人，索錢指引偷越。[121]工部尙書阿桂往山海關查勘，發現山海關城邊牆，倒坍者更多，有 126 處。[122]除山海關外，古北口附近坍塌處，亦有熟識路徑者，指引無照流民或夾帶違禁貨物之人偷越，藉機牟利；或行賄守邊關口官員而偷入。[123]此外，亦有不少流民自柳條邊坍塌處偷越，潛入吉林、黑龍江等地，乾隆四十五年（1780），吉林境內清查出新增人民 28 戶，供稱係由威遠堡邊門偷越。[124]柳條邊牆日趨廢弛，已無法有效阻止流民越邊私入。

　　再者，守邊官員貪索銀錢，濫發照票，受賄私放，亦使非法流民多一出關途徑。乾隆四年（1739），刑部右侍郎韓光基與工部右侍郎索柱即指出山海關守邊官員需索勒掯，稽查不力弊病：

> 旗人出關，俱在守關章京前報明名姓並旗分佐領，前往何

---

120　孫嘉淦，〈安插流民疏〉，《孫文定公奏疏》，卷 4，頁 14-15。收入《四庫未收書輯刊》，第 1 輯，第 22 冊。

121　《宮中檔乾隆朝奏摺》，第 23 輯，乾隆二十九年十一月十六日，直隸總督方觀承奏摺，頁 211。

122　《明清檔案》，第 204 冊，A204-158，乾隆二十九年十二月十二日，工部尙書阿桂等奏摺。

123　《軍機處檔・月摺包》，007383 號，乾隆十六年十月十七日，直隸總督古北口提督布蘭素奏摺錄副；《清代三姓副都統衙門滿漢文檔案選編》（瀋陽：遼寧古籍出版社，1995 年），乾隆十七年二月初九日，〈吉林將軍衙門爲通行查禁流民偷越邊關辦法事咨三姓副都統衙門〉，頁 125。

124　《軍機處檔・月摺包》，026818 號，乾隆四十五年三月二十九日，盛京將軍福康安奏摺錄副。

處情由，該章京記檔，即便放行。回日仍對明檔案放入，往來稱便，立法甚善。惟民人出關，必須領臨榆縣印票一張，持赴守關章京處驗明，始得放行。臣等訪聞，每票一張向年索錢一二千文不等，後經有人奏明，嚴禁在案。今出關之人，隻身者索錢三十三文，有車輛者索錢五六十文、百十文不等，名為紙筆之費，其錢係城守都司之衙役收取與攬頭、店主、保人等分肥。……出關者皆各省之人，具保者乃山海關居住之人，彼此並不相識，何從知其根由，但得錢文，即為出保，該縣據保，即與印票。其間即真有逃盜罪犯者，皆可持票遠颺矣，何益之有！況進關之人，地方官又漫無稽查，並不令將原領之票繳銷，以故領票之人出關後，竟有將印票棄擲道路者。……此其立意不重在稽查，而只圖勒索非肥，又顯然易見。[125]

出關漢人到營驗票掛號，官弁藉端科斂，每張票索紙筆費東錢200，綴制錢 33 文。[126]朝廷禁令雖嚴，執行者卻藉故需索，山海關關禁如此，其他隘口不難推知，守邊員弁收賄，為非法流民大開方便之門。清廷管制整頓流民為的是保障旗人生存空間，維護地方安寧，對於當地民生需求並無嚴格規定限制，因此對非法出口之人，嚴行查禁，但「商賈、工匠及單身傭工三項，為旗民所資藉者，准其居住」。[127]此項規定為清廷帶來了後遺症，漢人得以藉此偽裝，變更職業，蒙混出關。事實上，從事墾種的農民，同

---

125 《明清檔案》，第 90 冊，A90-45，乾隆四年九月十一日，刑部右侍郎韓光基等奏摺；《清高宗純皇帝實錄》（二），卷 102，乾隆四年十月丙戌，總頁 543。

126 《清仁宗睿皇帝實錄》（三），卷 162，嘉慶十一年六月甲申，諭旨，總頁 101。

127 《清會典事例》，第 2 冊，卷 158，戶部，戶口，流寓異地，頁 1002。乾隆十三年（1748），大學士傅恒在〈清釐奉天流民以培風俗議〉奏疏中，援引盛京將軍阿蘭泰奏稱「商賈工匠及單身傭工……，為旗民所資借，勢難禁阻。」蒙古王爺、台吉等也大量招徠口內農民從事墾作。見阿桂等奉敕撰，《欽定盛京通志》，卷 129，國朝藝文，頁 25-26，收入《景印文淵閣四庫全書》，史部·地理類，第 503 冊。

樣爲當地社會所需要，乾隆五年至十一年（1740～1746），出關人民仍續增 47,000 多人。 乾隆五十六年（1791），奉天錦州沿海地方，已有萬餘戶福建人在此搭棚居住，皆係地方官以福建人在彼貿易營生，可藉此多徵商稅，遂任其居住。[128]凡此，皆驗證禁令的有名無實。

　　除陸路偷越外，利用船隻私渡，亦爲一途。康熙二十三年（1684），解除海禁，關內外海上交通頻繁，山東登、萊二府與奉天之寧海、復州、熊岳、蓋平諸海口，僅一洋相隔，商船穿梭往來不停，貿易興盛，山東流民乘機藉以偷渡。閩、浙地區沿海商漁船，亦常有私載無照之人，蒙混出口，潛往奉天營生。乾隆五年（1740），朝廷雖屢飭沿海各省督撫，嚴禁商船夾帶流民出口，並要求奉天沿海州縣官兵，用心稽查。但海岸線長數千里，官兵巡查力有未逮，沿海官吏或有受賄私縱情事；再加上船戶夾帶偷渡，有利可圖。因此，無照流民私渡奉天，查不勝查，無法禁絕。乾隆晚年，曾任盛京將軍的博明即述說：「奉天南濱大海，金、復、蓋與登、萊對岸，故各屬皆爲山東人所據。鳳凰城乃極邊，而山之阪水之崖，草屋數間，荒田數畝。問之，無非齊人所葺所墾者」。[129]可見山東流民私渡奉天人數頗爲可觀。

　　乾隆十一年（1746），奉天府府尹霍備因執行入籍法令不力，對流民既未登載入冊，亦未遣送回籍，於各邊關稽查漫不經心，致使出關人數達數萬人，乃被革職。[130]乾隆中葉以後，華北地區因天災頻仍，災民攜眷偷入奉天的情形，更加頻繁。乾隆四十年（1775），朝廷議定嚴禁山東人民攜眷私渡條例，規定攜家帶眷前往奉天營生者，一概嚴禁，若仍有私渡，一經查獲，從重治罪，遞籍管束；失察私越之東省州縣及巡查官員，分別議處；盛京將

128 《清高宗純皇帝實錄》（四）、（一八），卷 257、1376，乾隆十一年正月戊子、乾隆五十六年四月辛亥，諭旨，總頁 324、476。

129 博明，《鳳城瑣錄》，頁 3。收入《遼海叢書》，第 1 冊。

130 《食貨志》，戶口 9，文獻編號 212000193；《清高宗純皇帝實錄》（四），卷 257，乾隆十二年正月戊子、己丑，諭旨，總頁 324-325。

軍、奉天府尹及山東巡撫於每年年終奏報查緝結果。[131]乾隆四十一年（1776）和四十二年（1777），山東登州府同知於殿琰、黃縣知縣高士敦、登州鎮標水師前營守備馮國璋均因失察流民私行偷渡奉天，受降調處分。[132]命令新頒初期，有查獲私渡流民，亦有官員因失察而受處分，愈到後來查獲私渡案件逐漸減少，因失察而被處分者更少，每年年終奏報，似成為例行公事。茲將臺北國立故宮博物院及中央研究院歷史語言研究所現藏清代檔案資料整理如下，可窺知當時山東和奉天兩地方大吏查緝概況。

### 表 3-2-1：乾隆後期查拿私渡奉天流民概況表

| 具奏日期 | 具奏人 | 查拿概況 | 備註 |
|---|---|---|---|
| 乾隆三十九年（1774）十月二十八日 | 盛京戶部侍郎德風等 | 乾隆三十九年十月十三日，盤獲無票私渡人民男婦 47 名口，二十一日又盤獲無票私渡民人男婦 67 名口。 | 《宮中檔乾隆朝奏摺》，第 37 輯，頁 422。 |
| 乾隆四十一年（1776）六月十七日 | 大學士管吏部舒赫德等 | 乾隆四十年九月二十六日，山東蓬萊縣船隻蓬字三十一號抵奉天寧海縣龍王塘海口被盤獲攬載空行人 62 名，5 人領有照票，其餘包括婦女 57 口俱無印照。 | 《內閣大庫檔案》，054671 號。 |
| 乾隆四十二年（1777）正月二十日 | 山東巡撫楊景素 | 乾隆四十一年分，登州府屬蓬萊、黃縣、福山等縣，有失察張廣來等船隻夾帶男婦私渡奉天；又有海陽縣民于成江攜帶劉李氏由福山縣海口私渡，經奉天海寧縣拏獲；又盤獲張廣太船隻 | 《宮中檔乾隆朝奏摺》，第 37 輯，頁 573。 |

---

131 《宮中檔乾隆朝奏摺》，第 37 輯（民國 74 年），乾隆四十二年正月二十五日，奉國將軍莽古賚奏摺，頁 628-629。

132 《起居注冊》，乾隆四十一年六月二十日，乾隆四十二年七月十三日，乾隆四十二年九月二十七日，諭旨。

| | | 夾帶流民宋利生等，自黃縣黃河營出口。 | |
|---|---|---|---|
| 乾隆四十二年（1777）正月二十五日 | 盛京將軍弘晌 | 乾隆四十一年二月十九日，在黑石海口拏獲山東私載攜眷人民王公盛等男婦大小 103 名口；二月二十五日，在羊頭窪海口拏獲山東張廣來商船私載攜眷人民趙貴等男婦大小 61 名口；三月初十日，在雙島海口拏獲山東私渡民人姚彥等 5 名口。 | 《宮中檔乾隆朝奏摺》，第 37 輯，頁 629。 |
| 乾隆四十三年（1778）正月初九日 | 山東巡撫國泰 | 乾隆四十二年分，山東沿海州縣，俱無攜眷及成夥流民私渡奉天。 | 《宮中檔乾隆朝奏摺》，第 41 輯，頁 615。 |
| 乾隆四十四年（1779）正月十三日 | 山東巡撫國泰 | 乾隆四十三年分，黃縣拏獲史有才等欲行偷渡；福山縣拏獲漁船朱成保私載流民劉彩等，欲上王聯興之船偷渡。 | 《軍機處檔·月摺包》，022495 號；《宮中檔乾隆朝奏摺》，第 46 輯，頁 460。 |
| 乾隆四十四年（1779）正月十七日 | 盛京將軍福康安 | 乾隆四十三年分，奉天沿海州縣，並無拿獲私渡攜眷人民。 | 《宮中檔乾隆朝奏摺》，第 46 輯，頁 492。 |
| 乾隆四十五年（1780）正月初十日 | 山東巡撫國泰 | 乾隆四十四年分，山東沿海州縣，並無夾帶攜眷成夥及隻身無票偷渡私赴奉天流民。 | 《軍機處檔·月摺包》，026065 號。 |
| 乾隆四十五年（1780）十二月十三日 | 山東巡撫國泰 | 乾隆四十五年分，山東沿海州縣，並無夾帶攜眷成夥及隻身無票偷渡私赴奉天流民。 | 《軍機處檔·月摺包》，029306 號。 |
| 乾隆四十七年（1782）正月初六日 | 山東巡撫國泰 | 乾隆四十六年分，山東沿海州縣，並無夾帶攜眷成夥及隻身無票偷渡私赴奉天流民。 | 《宮中檔乾隆朝奏摺》，第 50 輯，頁 449。 |

| 乾隆四十七年（1782）十二月初八日 | 山東巡撫明興 | 乾隆四十七年分，山東沿海州縣，並無夾帶攜眷成夥及隻身無票偷渡私赴奉天流民。 | 《宮中檔乾隆朝奏摺》，第 54 輯，頁 333-334。 |
|---|---|---|---|
| 乾隆四十九年（1784）正月十三日 | 山東巡撫明興 | 乾隆四十八年分，山東沿海州縣，並無夾帶攜眷成夥及隻身無票偷渡私赴奉天流民。 | 《軍機處檔·月摺包》，035375號。 |
| 乾隆五十二年（1787）正月二十四日 | 山東巡撫明興 | 乾隆五十一年分，山東沿海州縣，並無夾帶攜眷成夥及隻身無票偷渡私赴奉天流民。惟查有奉天拿獲復州人民李得祿司造船隻，在奉省沿海攬載范和安人眷一案，係由奉省載回山東。 | 《宮中檔乾隆朝奏摺》，第 63 輯，頁 133。 |
| 乾隆五十三年（1788）正月十三日 | 山東巡撫覺羅長麟 | 乾隆五十二年分，山東沿海州縣，並無夾帶攜眷成夥及隻身無票偷渡私赴奉天流民。 | 《宮中檔乾隆朝奏摺》，第 67 輯，頁 52-53。 |
| 乾隆五十三年（1788）十二月十七日 | 山東巡撫覺羅長麟 | 乾隆五十三年分，山東沿海州縣，並無夾帶攜眷成夥及隻身無票偷渡私赴奉天流民。 | 《軍機處檔·月摺包》，038654號。 |
| 乾隆五十四年（1789）十二月初二日 | 山東巡撫覺羅長麟 | 乾隆五十四年分，山東沿海州縣，並無夾帶攜眷成夥及隻身無票偷渡私赴奉天流民。 | 《宮中檔乾隆朝奏摺》，第 74 輯，頁 321。 |
| 乾隆五十五年（1790）十二月十四日 | 山東巡撫惠齡 | 乾隆五十五年分，山東沿海州縣，並無夾帶攜眷成夥及隻身無票偷渡私赴奉天流民。 | 《軍機處檔·月摺包》，046610號。 |
| 乾隆五十八年（1793）十二月初五日 | 山東巡撫福寧 | 乾隆五十八年分，山東沿海州縣，並無攜眷成夥及夾帶無照流民私渡事。 | 《內閣大庫檔案》，145085號。 |

　　表列檔案大抵記述乾隆三十九年至五十八年（1774～1793）間，山東及奉天地區沿海州縣查緝私渡奉天流民概況。限於資料缺乏，僅知奉天方面乾隆三十九年查獲 2 件私渡案，四十一年（1776）3 件私渡案，五十二年（1787）1 件私渡案；山東所屬各沿海州縣，乾隆四十年（1775）查獲 1 件私渡案，四十一年 3 件私渡案，四十三年（1778）2 件私渡案，其後竟無查緝任何一件，可見海口胥役未盡心任事，朝廷禁令等同具文，查緝偷渡實無成效。

　　乾隆八年（1743）與九年（1744），山東、河南、直隸河間天津等地被災，流民往口外八溝等地耕種就食，並有流出山海關者，朝廷頗表同情。乾隆八年（1743）六月，朝廷頒發諭旨即曾表明：

> 本年天津、河間等處較旱，聞得兩府所屬失業流民聞知口外雨水調勻，均各前往就食，出喜峰口、古北口、山海關者頗多，各關口官弁等，若仍照向例攔阻，不准出口，伊等既在原籍失業離家，邊口又不准放出，恐貧苦小民愈致狼狽。著行文密諭邊口官弁等，如有貧民出口者，門上不必攔阻，即時放出。但不可將遵奏諭旨，不禁伊等出口情節，令眾知之，最宜慎密。倘有聲言令眾得知，恐貧民成群結隊投往口外者，愈致眾多矣。[133]

是以山海關雖禁止漢民私自出關，但亦擔憂因荒歉與平時不同，若稽察過嚴，反使流民無路可走，滋生事端。因此密令山海關一帶各隘口及奉天將軍，不必過於嚴苛，可稍微變通，若實為窮民隨即放行，不需過於盤詰，以救災民。[134]乾隆十二年（1747）、五十七年（1792）、嘉慶六年（1801），朝廷均因災歉之故，主動變通放行流民出關就食。[135]乾隆五十七年（1792）九月，西北一帶

---

133 《清高宗純皇帝實錄》（三），卷 195，乾隆八年六月乙丑，諭旨，總頁 508。
134 陳田、吳懷清纂修，《食貨志》，戶口 46，民人出口，文獻編號 212000178。
135 《軍機處檔・月摺包》，第 000171 號，乾隆十二年二月二十七日，提督直隸總兵官索拜奏摺錄副；《清高宗純皇帝實錄》（一八），卷 1408，乾隆五

關口，攜眷外出之民日漸稀少，惟出山海關者，依然絡繹。直隸提督慶成奏請由山海關副都統分別查驗，逐一放行。朝廷傳諭：

> 京南、河南等府偶被旱歉，曾經降旨，凡有出關覓食貧民，毋許攔阻，原為軫恤災黎起見。山海關外盛京等處，雖旗民雜處，而地廣土肥，貧民攜眷出口者，自可藉資口食；即人數較多，斷不致滋生事端，又何必查驗禁止耶。即如該提督奏，責成副都統及臨榆縣查驗，除實在貧民方許出口，其別府州縣民人，概行禁止，亦屬有名無實。貧民出口者甚多，豈能一一查詢，即使向其盤詰，伊等亦何難自認為災區之人，該副都統等又何從為之辨別。是該提督所奏，不但無益，且恐轉滋擾累，況災民等早經出口，明春麥收有望，此時正思回籍，即欲設法飭禁，亦已無及。所奏斷不可行。[136]

此次朝廷態度較前更為寬鬆，貧民出關，不需查驗，全部放行。可知雖有明文禁令，遇有荒歉，朝廷為軫恤災黎，使流民仍有生路，俾免流離失所，特網開一面，准許災民出關覓食。清廷一時權宜措施，有利於紓解內地災民問題，但也助長了流民出關的浪潮。

對於出入東三省漢人之禁令，除了考量影響旗人風俗，擔心旗人生計外，主要是針對作姦犯科之輩，擔憂此輩一旦進入東三省，破壞社會秩序，影響當地治安極大。[137]流民成分複雜，難以

---

十七年七月辛丑，總頁 924-925；《宮中檔嘉慶朝奏摺》，第 13 輯，嘉慶七年三月初八日，吉林將軍秀林奏摺，頁 7-8。

136 《乾隆朝上諭檔》，第 17 冊，乾隆五十七年十一月十八日，寄信上諭，頁 101。

137 道光三年（1823），直隸被災，貧民大量出關謀生，朝廷諭旨謂：「向例民人出口憑票稽查，原以杜奸匪而嚴管鑰。如遇饑饉之年，貧民車載襁負，或依倚親族或出口傭趁，此等窮黎勢不能紛紛請票，但當問明來歷並詢其將往何處投止，即行知所住地方，俾得有所稽查，豈可行攔截任其輾轉溝壑乎？」見《清代三姓副都統衙門滿漢文檔案選編》，道光三年十一月十四日，〈三姓副都統衙門右司為奉上諭准災民出邊事移付左司〉，頁 163-164。從諭旨中可知，邊門關津禁令為「杜奸匪而嚴管鑰」，因此與放

清查不守法紀者，因此，除了在災荒時期允許災民出關就食外，平時不准漢人「私自」潛往。若為安分良民，只要領有照票，出關謀生並不困難；若遇荒年饑饉，對災民採鼓勵出關就食，同時清廷要求加強確實查驗出入有無照票，避免漫無關禁。嘉慶八年（1803），盛京工部侍郎巴寧阿自奉天回京，沿途看見許多不似難民者，以依親為由出口，山海關副都統韋陀並不攔阻，故將所見奏報朝廷，清仁宗頗表不悅，將韋陀革職查辦，並諭令兵部詳為籌酌。該年五月，兵部奏准稽查關口出入漢人章程，除單身前往貿易傭工就食窮民外，嚴厲禁止攜眷出口；若遇荒歉之年，窮民欲移家謀食，情願出關營生，亦應由地方官察看災情、人數多寡，據實上報，候旨允行，才可出關。[138]山海關以當年十月初一日為限，限期內到關者，准予放行；限期外到關，若無票據，不許擅放。[139]但內地人民前往山海關守候出關者仍多，朝廷諭令：

> 前因山海關地方多有內地民人攜眷出口，經兵部議定章程具奏，當即降旨飭令直隸山東各督撫，出示曉諭居民，明定限期禁止出口。近聞內地民人前往山海關守候出關者，尚復不少。蓋緣前旨經督撫接奉後，刊刻宣布，一時閭閻未及周知，貧民亟思移家謀食，相率赴關，係尚在未經定限以前；若令仍回原籍領票，該民人等力有不能，如任其擁擠關口，概不放行，則日聚日多，成何事體。著策拔克即馳驛前赴山海關，會同來儀查點欲行出口之戶現有若干，逐一放行。[140]

此次因山海關前聚集太多流民，連照票也不用開就放行。對貧民因事融通放行，諭旨末不忘要求「自此次定限之後，斷不得攜眷

---

行災民出關解決生計困境並不相背，但流民出關後的行止，就不是朝廷所能完全掌控的。

138　《上諭檔》，方本，嘉慶八年五月初二日，內閣奉上諭，頁 102。
139　《清仁宗睿皇帝實錄》（二），卷 116，嘉慶八年七月癸卯，諭旨，總頁 545。
140　《清仁宗睿皇帝實錄》（二），卷 115，嘉慶八年六月辛卯，諭旨，總頁 530-531。

出口」。但事隔不久，即不斷查獲新來流民。清仁宗不免感慨：「流民出口，節經降旨查禁，各該管官總未實力奉行，以致每查辦一次，輒增出新來流民數千戶之多。總以該流民等業已聚族相安驟難驅逐爲詞，仍予入冊安插，再屆查辦復然，是查辦流民一節，竟成具文」。[141]這些事例一方面反映出關漢人不斷增加的事實，一方面可見東三省的關禁事實上禁而不止，並未能阻止漢人出關。

### （三）人口增長與土地開墾

乾隆二十六年（1761），全國人口密度每平方英里平均 76.38人，與奉天比鄰的直隸，每平方英里居住人口爲 131.46 人，與遼東隔海相望的山東爲 449.90 人，奉天卻只有 1.56 人，吉林、黑龍江更少。[142]白山黑水的東三省，擁有豐富的自然資源，土沃而人稀，加之賦稅徵收低於關內，「傭趁工價比內地較多」，[143]自然吸引關內人民不斷湧入；尤其內地人口過剩壓力逐漸加大，對於失去土地或生計日艱的窮民，流往關外拓荒謀生，已成爲一股風潮。流民來到關外，既無土地，亦無開墾權，於是「始而爲傭，繼而爲佃」，成爲旗民的僱農、佃農，流民借旗田之名，額外開墾，如來自冀魯流民，「先爲屯墾地所傭僱，從事勞役，後以土地豐饒，每年略出租金，租得旗人土地，從事耕作」。[144]另有更多人進入荒區，披荆斬棘開墾荒地，使遼東地區土地佔有關係發生變化，旗地漸減，民地日增。

清初，內地漢人前往最多、開發程度最高者屬南部奉天一地，順治十八年（1661），奉天與錦州二府起科地有 609 頃餘，乾隆四十六年（1781），奉天、錦州兩府屬地起科民地已有 26,630

---

141 《清仁宗睿皇帝實錄》（四），卷 236，嘉慶十五年十一月壬子，諭旨，總頁 175。
142 全漢昇、王業鍵，〈清代的人口變動〉，《中央研究院歷史語言研究所集刊》，第 32 本，頁 156，表 4「清代各省的人口變動」。
143 《清仁宗睿皇帝實錄》（二），卷 111，嘉慶八年四月丙子，諭旨，總頁 485。
144 中東鐵路局商業部編，湯爾和譯述，《黑龍江》（上海：商務印書館，民國22 年），頁 155。

頃 79 畝。[145]此爲清廷對關內人口移民既成事實予以承認，但又設法加以限制的結果。乾隆五年（1740），清廷發佈封禁奉天地區的綱領，並陸續訂定一系列禁令，封禁之令的頒行，延緩了東三省的開發，但卻無法阻止漢人流遷的浪潮。在人口壓力下，關內人民既不能自由通往奉天，遂轉往錦州、開原北移。乾隆五十五年（1790），錦州大凌河東西牧場查出私墾地 18,943 畝，墾戶 450 戶。[146]嘉慶六年（1801）直隸被有水患，據報從七月至九月初，每日平均有 10 餘人出關投親、傭趁覓食，共約 1 萬餘人。[147]山海關副都統韋陀保稱嘉慶六年（1801）七月至嘉慶七年（1802）三月初，出關趁食饑民 5,500 餘名，另衣履尚覺整齊者 1 萬餘名，詢問來歷，即放行出關。嘉慶六年九月至嘉慶七年三月初，12,000 餘名饑民經過奉天所屬之中前所、中後所、寧遠州、高橋、大凌河；其中 11,000 餘名行至閭陽驛、小黑山、白旗堡、谷家子屯等地，或尋親友，或覓工作，均往復州、蓋平；800 餘名在承德、鐵嶺、開原等地居住謀生；300 餘名由威遠堡邊門赴吉林之長春廳、吉林廳。[148]嘉慶八年（1803），攜眷出關者有數百餘戶。[149]嘉慶十一年（1806）秋冬二季至十二年（1807）春季間，直隸、河南、奉天等地遭遇水患，無業貧民一遇偏災，無工乏食，相率往吉林長春廳及奉天昌圖廳墾荒傭工。嘉慶十三年（1808），威遠堡、法庫門章京造冊結報，流民由威遠堡門出口往吉林長春廳者有：直隸農民 673 戶，山東農民 878 戶，山西農民 6 戶，河南農民 7 戶，奉天農民 2,222 戶；流民由法庫門出口往奉天昌圖廳等地者

145 《皇朝文獻通考》，卷 1，田賦考，田賦之制，頁 28；阿桂等奉敕撰，《欽定盛京通志》，卷 37，田賦，頁 36-37，收入《景印文淵閣四庫全書》，史部‧地理類，第 502 冊。

146 《軍機處檔‧月摺包》045944 號，乾隆五十五年五月二十一日，盛京將軍晉昌奏摺錄副

147 《宮中檔嘉慶朝奏摺》，第 10 輯，嘉慶六年九月初八日，盛京將軍晉昌奏摺，頁 190。

148 《宮中檔嘉慶朝奏摺》，第 13 輯，嘉慶七年三月初八日，吉林將軍秀林奏摺，頁 7-8。

149 《清仁宗睿皇帝實錄》（二），卷 113，嘉慶八年五月乙未，諭旨，總頁 497。

有：直隸農民 214 戶，山東農民 108 戶，奉天農民 466 戶。據該管邊門官員報告，因其人數眾多，遭災事屬可憫，不忍攔阻，「不能不令出門」。[150]該年出邊人戶最多來自奉天地區，其次為直隸與山東，得知因地緣關係，山東和直隸流民是開發關外的主要外來人口。從其人口流量來看，亦可窺知，守邊官兵對禁令陽奉陰違，隨意放行，未確實執行命令。

　　清廷的封禁政策，不僅未能奏效，反使流民的腳步往北踏上吉林的道路。吉林永吉縣縣志記載：「全省幅員廣袤，戶口寥落，關內直魯人民利其膏腴，不憚跋涉」。[151]雍正四年（1726），朝廷於吉林設永吉州，於寧古塔設泰寧縣，伯都訥設長寧縣。當時漢人並不多，多為發配至吉林的流人在此屯田墾地，所墾之地亦不廣。雍正七年（1729），裁泰寧縣，乾隆元年（1736），裁長寧縣，併歸永吉州。乾隆六年（1741），對於吉林所屬各處參珠、山林江河及水旱道路嚴加管制，不准漢人行走。伯都訥所管荒地分與官兵開墾，或做為牧場，不許漢人增墾。[152]同年九月，寧古塔將軍鄂彌達奏准，吉林、伯都訥、寧古塔等處為滿洲根本，應逐一清查現居漢人，如已入籍永吉州，立有產業者，一律編為保甲，其餘未入籍之單丁等，嚴行禁止，勿使流民雜處。嗣後永禁墾荒，對現有地畝進行清丈，從丈量之年起，照數納糧；若有隱匿情事，隱匿者與代隱者一併治罪。[153]朝廷下令各地方官嚴禁流民流入吉林。乾隆十二年（1747），罷永吉州，設吉林理事同知，由吉林同知管轄相關賦稅之徵收，欲藉此對流民有所抑制。

　　雍正時期，漢人開墾田土數量，據載永吉州 28,962 畝，長寧縣 142 畝。[154]乾隆初年，寧古塔所屬之烏蘇里江和綏芬河以東的

---

150 《宮中檔嘉慶朝奏摺》，第 20 輯，嘉慶十三年八月十五日，盛京將軍富俊、盛京兵部侍郎兼副都統伊沖阿奏摺，頁 694-695。

151 徐鼐霖主修，《永吉縣志》（長春：吉林文史出版社，1988 年），卷 15，輿地志，頁 24。

152 《清高宗純皇帝實錄》（二），卷 142，乾隆六年五月辛未，總頁 1045。

153 《清高宗純皇帝實錄》（二），卷 150，乾隆六年九月戊辰，總頁 1152-1153。

154 阿桂等奉敕撰，《欽定盛京通志》，卷 37，田賦，頁 36。收入《景印文淵閣

雅蘭、西楞等地，與南海（今俄國境內海參威附近）島嶼，已聚集數千位偷挖人參流民，他們在當地並漸次開墾田地，漸立微產，只是並未編入戶籍。[155]乾隆十三年（1748），吉林民地田賦之額始著於冊，吉林同知管轄民地有 158,175 畝餘，乾隆二十一年（1756）寧古塔民地 26,819 畝餘，乾隆二十六年（1761）伯都訥巡檢管轄 19,294 畝餘。與雍正朝相比，吉林同知管轄地增加 6 倍，伯都訥巡檢管轄地超過 100 倍。[156]這些數據呈現流民數量與田地開墾的快速增長，所記載的畝數僅為陞科納稅的土地，未呈報官府私自開墾的尚未計入，可知禁令並未能阻止流民的腳步。流民大量流入吉林約在乾、嘉時期，據查報乾隆四十二年（1777），吉林、伯都訥、寧古塔等三地，冊載納糧漢人 13,500 餘戶，74,000 餘口，納錢糧田 863,000 餘畝[157]入山刨參的勞力者，沒有編入戶籍或無照私自偷入者尚不包含其中。乾隆四十六年（1781），吉林等地交納錢糧漢人已有 2 萬餘戶，此輩皆「以往乘便潛來居住者」。[158]不少地區流民流入，地方官初始並未覺察，待經查覺亦僅納捐了事，因此流民互相牽引而來，使當地墾荒面積日益增廣。

　　流民往關外墾荒，對原本在東三省地區佔絕對優勢的旗地，逐漸形成威脅。旗人不善又怠於耕作，多雇用漢人耕墾或招佃收租。朝廷擔憂流民藉為旗人佃農名義，額外開荒，藉此存身，漏報稅捐，而旗人為廣收租利，巧為庇護；迨漢人佃種日多，旗人耽於安逸，不知力作，反致生計日蹙。乾隆十五年（1750），下令

---

四庫全書》，史部・地理類，第 502 冊。

155　《清高宗純皇帝實錄》（三），卷 175，乾隆七年九月壬午，寧古塔將軍鄂彌達奏，總頁 249。

156　阿桂等奉敕撰，《欽定盛京通志》，卷 37，田賦，頁 36-37。收入《景印文淵閣四庫全書》，史部・地理類，第 502 冊。

157　《清代三姓副都統衙門滿漢文檔案選編》，乾隆四十二年五月二十七日，〈三姓副都統穆爾泰為報歷年查辦流民情形及本地并無攜眷流民事咨吉林將軍衙門〉，頁 134。

158　《清代三姓副都統衙門滿漢文檔案選編》，乾隆四十六年四月二日，〈吉林將軍衙門為議定徵收地畝錢糧數目及地畝管理辦法以禁流民事咨三姓副都統衙門〉，頁 138。

奉天地方官確查流民入籍概況，不許內地流民再有偷越出口之事。寧古塔地方，因泰寧縣裁汰，糧地分賞寧古塔官兵，邊外餘地更多，流民藉佃旗人田地名義棲身，朝廷規定往後寧古塔不准該處流民租佃。乾隆二十六年（1761）又重申禁令，且規定往後吉林、寧古塔、伯都訥、阿勒楚喀、拉林等地家奴之女，皆不准嫁與漢人，已娶及許婚者毋庸離異。阿勒楚喀、拉林從雍正四年（1726）至乾隆二十二年（1757）陸續仍有流民流入，共 241 戶。[159]乾隆二十七年（1762）又下令，吉林、寧古塔、伯都訥、阿勒楚喀等地方，不准無籍流民居住；[160]寧古塔界內地方褊小，為免妨礙官莊，應將流民驅出。被驅流民可往吉林、伯都訥地方入籍，或回原籍；嗣後嚴禁私墾，並令邊門官員實力查逐。[161]似此禁令往後仍不斷重申，但事實上，流民仍不斷進入東三省各地，如《黑龍江述略》所言：「盛京額設十七邊門，以限內外，禁令綦嚴。而自乾隆中葉，游民挈家闌出者，已不能驅之」。[162]

乾隆四十一年（1776），清高宗對於盛京、吉林流寓人口日多，曾表示：

> 盛京、吉林為本朝龍興之地，若聽流民雜處，殊與滿洲風俗攸關。但承平日久，盛京地方與山東、直隸接壤，流民漸集，若一旦驅逐，必致各失生計，是以設立州縣管理。至吉林，原不與漢地相連，不便令民居住。今聞流寓漸多，著傳諭傅森查明辦理，並永行禁止流民，毋許入境。[163]

等於對整個吉林省發佈封禁令，然流民仍沿著柳條邊私越吉林開墾，所以，吉林還是先後設立了吉林廳、長春廳、伯都訥廳，以便於管理日益增多的漢人。乾隆四十五年（1780），大學士阿桂即

---

159 《內閣大庫檔案》，085220 號，乾隆三十四年五月十日，戶部移會。
160 《清史稿校註》，第 5 冊，卷 127，食貨志，戶口，頁 3443。
161 《清會典事例》，第 2 冊，卷 158，戶部，戶口，流寓異地，頁 1002。
162 徐宗亮，《黑龍江述略》，光緒十七年刊本，卷 4，貢賦，頁 16。
163 《食貨志》，戶口 14，文獻編號 212000194；《清高宗純皇帝實錄》（一三），卷 1023，乾隆四十一年十二月丁巳，諭旨，總頁 708。

說：「吉林等處地膏糧輕，流民圖利潛往益多」。[164]乾隆四十六年
（1781），吉林地區流民開墾升科田畝數 11,619 頃 81 畝，已超過
乾隆初期的 5 倍，[165]可推知流民流入的數量實為不少。嘉慶以後，
黑龍江南部漸有流民移入開墾，據《呼蘭府志》記載，嘉慶二十
二年（1817），呼蘭所屬大荒溝等地，查有私墾田地 9 萬餘畝，民
戶 4,100 餘名。[166]大致上，此時北部黑龍江流域和東部濱海地區
尚維持人煙稀少的情形。

　　乾隆晚年，北京與南方地區遭災，為權宜融通，不得不准許
流民至吉林覓食。[167]乾隆五十六年（1791），蒙古郭爾羅斯札薩克
公恭格喇布坦以其游牧地區，招流民墾種，由於地多租少，風聞
而來者日眾。[168]流民私墾的浪潮逐漸擴及吉林伊通河流域。嘉慶
四年（1799），吉林將軍秀林會同札薩克公恭格喇布坦旗盟長查出
流民 2,330 戶，私墾田地 265,648 畝。朝廷於寬城子設長春廳，
派通判、巡檢各一員彈壓管理，不准再增加漢人。[169]嘉慶十一年
（1806）七月，統計流民續往郭爾羅斯墾荒者又查出 1,500 餘戶，
增至 7,000 餘口；嘉慶十三年（1808），吉林將軍秀林續查出到長
春廳開墾地畝之流民 3,010 戶。朝廷再申從嚴辦理流民入境之
事，除已墾之地和現居民戶外，不准再多墾一畝，多增一戶。嘉
慶十一年（1806），奉天昌圖廳亦查出墾地流民 3,900 餘戶，責令
該廳通判、巡檢自嘉慶十四年（1809）正月始，分別訂限詳報，
如再於原額外多添一戶，即行責懲遞回本籍，原戶在原蒙古地再

---

164　《明清檔案》，第 235 冊，A235-24，乾隆四十五年十二月初九日，大學士
　　阿桂奏摺。
165　阿桂等奉敕撰，《欽定盛京通志》，卷 37，田賦，頁 36-37。收入《景印文
　　淵閣四庫全書》，史部・地理類，第 502 冊。
166　黃維翰編，《呼蘭府志》，宣統二年修，民國 4 年鉛印本影印，卷 3，財賦
　　略，頁 11。收入《中國方志叢書・東北地方・嫩江省》（臺北：成文出版
　　社，民國 63 年），第 41 號。
167　《清高宗純皇帝實錄》（一九），卷 1440，乾隆五十八年十一月庚寅，吉林
　　將軍恒秀奏，總頁 236。
168　長順修，李桂林纂，《吉林通志》，卷 29，食貨志，田賦，頁 11。
169　《清會典事例》，第 2 冊，卷 158，戶部，戶口，流寓異地，頁 1004。

多墾一畝，平毀並懲處之。嘉慶十五年（1810），又針對吉林將軍賽沖阿等奏查辦吉林、長春兩廳流民 —— 吉林廳查出新來流民1,495戶，長春廳查出新來流民6,953戶之事，朝廷飭指各該管官未盡心奉行查禁，以致每查辦一次，輒新增流民數千戶之多，查辦流民一事，竟形同具文，重申若再陽奉陰違致續有新增流民，相關人等議處。[170]嘉慶十六年（1811）戶部在議覆吉林將軍賽沖阿奏摺中即指出：

> 內地流民出口私墾，本干例禁。迨人數眾多，難以驅逐，每閱數年查辦，仍懇請編丁入戶，不過以此後申嚴禁令，不得再有私墾為辭。該將軍等亦視同具文，並不實力查辦，殊非清源節流之道。[171]

同年，為達出關之人漸減，私墾之弊不禁自除，諭令直隸、山東、山西各督撫轉飭各關隘及登、萊沿海一帶地方官，往後內地漢人有私行出關者，各關門務必遵照定例確實查禁。官吏若互相容隱，私行縱放，一經查出，嚴格參處。[172]可見流民出關私墾情況與日增多，並未稍緩。流民人數非一時聚集，各關口平日稽察不嚴，禁令視同具文，或受賄放行，或輕忽失察，遂至日積日多。朝廷對邊關隘口文武員弁不認真查禁出關之人，加重處分，但也明白國家生齒日繁，無業貧民出口傭趁謀食，難以一概禁止，關口設卡查驗，繞道偷越者無法禁絕，不過使貧民更易罹法，於民生有礙，卻於關政無益。

　　吉林南部的伯都訥地區流民私墾情形相同，嘉慶十年

---

170 邢福山、謝榮埭纂輯，《皇朝食貨志》，戶口18，文獻編號212000214；《清仁宗睿皇帝實錄》（三）、（四），卷196、236，嘉慶十三年閏五月壬午、嘉慶十五年十一月壬子，諭旨，總頁596、175-176；承啟、英傑等纂，《欽定戶部則例》（臺北：成文出版社，民國57年），同治四年校刊本影印，卷4，戶口，安插流民章程，頁10、13。

171 呂佺孫、孫銘恩纂輯，《皇朝食貨志》，屯墾27，民墾，文獻編號212000482；《清會典事例》，第2冊，卷158，戶部，戶口，流寓異地，頁1006；《清仁宗睿皇帝實錄》（四），卷249，嘉慶十六年十月丁巳，諭旨，總頁363。

172 《清會典事例》，第2冊，卷158，戶部，戶口，流寓異地，頁1006；《清仁宗睿皇帝實錄》（四），卷249，嘉慶十六年十月丁巳，諭旨，總頁363。

（1805），吉林、伯都訥接壤之巴延鄂佛羅邊門外查出流民 218 戶，乾隆五十後（1785）以後旗民共私墾田地 10,797 畝，嘉慶八年（1803）以後漢人私墾地 2,076 畝。[173]嘉慶十二年（1807），伯都訥所屬拉林河西岸，查出流民聚集 1,000 餘戶，私墾田地 1,900 餘畝。嘉慶十六年（1811），拉林河等處又查出流民 9,548 戶，私墾田地 48,204 畝。[174]爲此，吉林將軍賽沖阿奏請裁撤理藩院主事，改設理事同知一員，駐守伯都訥城，添設巡檢一名，分駐孤榆樹屯，治理民事。[175]吉林在乾隆四十六年（1781）其額徵陳民地爲 11,619 頃 81 畝，續增陳民、流民私墾田地 5,729 頃 68 畝，[176]私墾之事有增無減。

　　乾嘉時期，清廷雖然管制東三省民地的發展，但是流民仍然在朝廷的禁令下，不斷偷渡入境，透過租典旗地、官地，或私墾荒地，逐步取得土地的使用權與支配權，使得東三省移墾區域得以逐漸擴展。根據相關資料記載，將乾嘉年間東三省的人口統計數字與人口成長率，以及清朝前期東三省入籍民地與旗地登載田地畝數表列於下，藉以窺知不同時期的人口及田畝增長情形。

---

173 《內閣大庫檔案》，155543 號，嘉慶十年十二月十二日，戶部移會。

174 《清仁宗睿皇帝實錄》（三）、（四），卷 190、249，嘉慶十二年十二月丙戌、嘉慶十六年十月丁巳，諭旨，總頁 511、363；《欽定戶部則例》，卷 4，戶口，安插流民章程，頁 12。嘉慶十二年（1807）十二月丙戌，諭旨：「若一時全行逐回原籍，該流民不惟棲止失所，恐不免於饑寒，加恩將此項查出私墾之田分給流民。仍照前次辦過成案，入於紅冊，於明年起徵。」見《清仁宗睿皇帝實錄》（三），卷 190，嘉慶十二年十二月丙戌，諭旨，總頁 511。

175 長順修，李桂林纂，《吉林通志》，卷 60，職官志，國朝，頁 49。

176 阿桂等奉敕撰，《欽定盛京通志》，卷 37，田賦考，頁 36-37，收入《景印文淵閣四庫全書》，史部‧地理類，第 502 冊；薩英額等，《吉林外紀》（長春：吉林文史出版社，1986 年），卷 7，頁 104-106。

### 表 3-2-2：清代乾嘉時期東三省地區人口統計表

| 年　代 | 奉　天 | 吉　林 | 黑龍江 | 合　計 |
|---|---|---|---|---|
| 乾隆六年（1741） | 359,622 | | | |
| 乾隆三十六年（1771） | 754,906 | 56,673 | 35,284 | 846,863 |
| 乾隆四十六年（1781） | 779,093 | 135,827 | 36,408 | 951,328 |
| 嘉慶十七年（1812） | 942,003 | 307,781 | 136,228 | 1,386,012 |
| 嘉慶二十五年（1820） | 1,757,248 | 566,574 | 167,616 | 2,491,438 |

註：乾隆四十六年吉林、黑龍江人口是以乾隆四十五年人口替代。
　　嘉慶十七年黑龍江人口是以嘉慶十三年人口替代。
資料來源：
　1.阿桂等奉飭撰，《欽定盛京通志》，卷 36，頁 1、8、11、13。
　2.《嘉慶重修一統志》，卷 57、58、59、64、67、71，頁 34、4、9、4、3、
　　2。
　3.《黑龍江志稿》，卷 12，頁 1。
　4.梁方仲編著，《中國歷代戶口、田地、田賦統計》，頁 400。

### 表 3-2-3：清代乾嘉時期人口成長率簡表

| 地區／年代 | 奉　天 | | 吉　林 | | 黑　龍　江 | | 東三省全區 | |
|---|---|---|---|---|---|---|---|---|
| | 成長率 | 年平均成長率 | 成長率 | 年平均成長率 | 成長率 | 年平均成長率 | 成長率 | 年平均成長率 |
| 乾隆四十六年（1781） | 3.2% | 3.16‰ | 139.7% | 91.34‰ | 3.2% | 3.14‰ | 12.3% | 11.70‰ |
| 嘉慶十七年（1812） | 24.8% | 5.41‰ | 443.1% | 42.13‰ | 286.1% | 33.50‰ | 63.7% | 12.08‰ |
| 嘉慶二十五年（1820） | 132.8% | 17.39‰ | 899.7% | 48.11‰ | 375.0% | 32.31‰ | 194.1% | 22.27‰ |

本表成長率係依據前表所列數字，以乾隆三十六年人口數爲基準計算而得。

### 表 3-2-4：清代前期東三省漢民地與旗地增長概況表

| 時　間 | 地別 | 奉　天 | 吉　林 | 黑龍江 | 合　計 |
|---|---|---|---|---|---|
| 順治十八年<br>（1661） | 旗地 | 2,652,582 畝 | | | 2,652,582 畝 |
| | 民地 | 60,933 畝 | | | 60,933 畝 |
| 康熙三十二年<br>（1693） | 旗地 | 7,005,269 畝 | 38,400 畝（1） | 227,900 畝（1） | 7,271,569 畝 |
| | 民地 | 311,750 畝 | | | 311,750 畝 |
| 雍正十三年<br>（1735） | 旗地 | 14,206,840 畝（2） | 1,706,190 畝 | 1,326,000 畝 | 17,239,030 畝 |
| | 民地 | 2,624,657 畝 | | | 2,624,657 畝 |
| 乾隆四十五年<br>（1780） | 旗地 | 15,005,644 畝 | 4,206,960 畝 | 1,863,190 畝 | 21,075,794 畝 |
| | 民地 | 3,570,212 畝 | 1,161,981 畝 | | 4,732,193 畝 |
| 嘉慶十七年<br>（1812） | 旗地 | 17,537,600 畝 | 4,206,960 畝 | 1,944,790 畝 | 23,688,350 畝 |
| | 民地 | 3,763,090 畝 | 1,438,251 畝（3） | | 5,201,341 畝 |

註：1.吉林、黑龍江旗地爲康熙年間約略數。
　　2.爲雍正五年旗地數。
　　3.爲嘉慶二十五年民地數。
資料來源：
　　1.楊餘練主編，《清代東北史》，頁 374。
　　2.王河等修，《盛京通志》，卷 24，頁 2-7。
　　3.阿桂等奉飭撰，《欽定盛京通志》，卷 35、37，頁 33-35。
　　4.《欽定大清會典・嘉慶朝》，卷 11，頁 11。

　　表中所列數字，爲載籍人口總數，並不包括非法入境流民及從事貿易的流動商販。乾隆三十六年（1771）至嘉慶二十五年（1820），近五十年期間東三省全境人口增加了 1,644,575 人，成長近 3 倍。表 3-2-3 東三省人口年平均成長率，從乾隆四十六年（1781）的 11.7‰，到嘉慶二十五年（1820）的 22.27‰，由此可以看出東三省人口的漲勢。根據研究，十八世紀中國人口的平均年成長率約爲 14.85‰，十八世紀末葉到十九世紀中葉降爲 5.66‰。[177]可知東三省 22.27‰的成長率超過一般人口自然成長

---

177 全漢昇、王業鍵，〈清代的人口變動〉，《中央研究院歷史語言研究所集刊》，

率，亦可了解其人口的高成長率是因為外來人口的移入所致。

　　從表 3-2-4 中數據顯示，順治十八年（1661）至嘉慶十七年（1812）間，東三省地區民地由 6 萬餘畝上升為 520 萬餘畝，增長近 87 倍；旗地由 265 萬餘畝上升為 2,368 萬餘畝，增長近 9 倍。民地漲勢驚人，明顯超越旗地。以民地與旗地相互比例關係而言，順治十八年（1661）旗地約為民地的 43.5 倍強，康熙三十二年（1693）降為 23.3 倍，雍正十三年（1735）更下滑為 6.5 倍，嘉慶十七年（1812）僅剩 4.5 倍，黑龍江的民地尚未計算在內。可見，旗地原本優勢的地位，已逐漸衰退，且持續進行；東三省在漢人不斷遷入下，土地拓墾面積不斷成長。

## 二、湖廣填四川

　　清朝在人口遷移史上，由東部往西南地區的遷移潮流最引人注目。西南方地域廣闊，對地狹人稠的人口密集區具有極大吸引力，其中四川可說是清朝前期人口移入最多的地區。明末清初，四川天災不斷，接著又發生流寇的擾害、改朝換代的戰爭，這一場空前的社會動亂，造成四川的凋殘不堪。繼之吳三桂叛亂，使得清初的四川未經喘息，又陷入另一場浩劫中。因此，四川人口大量死亡，千里良田鞠為茂草，於是遂有政府的招民墾荒和湖廣、廣東、廣西、江西、福建、陝西、浙江等省人民大量遷徙入川。各省流遷入川人口中以湖廣人最多，所以一般稱為「湖廣填四川」。[178]

---

第 32 冊，頁 166。

178 魏源，〈湖廣水利論〉，《古微堂外集》，卷 6，頁 5，記載：「當明之季世，張賊屠蜀民殆盡，楚次之，而江西少受其害。事定之後，江西人入楚，楚人入蜀，故當時有江西填湖廣，湖廣填四川之謠。」收入《近代中國史料叢刊》，第 43 輯，第 424 冊。

## （一）四川的荒殘

明朝末年流寇張獻忠奪據四川，因戰爭屠殺，百姓死亡流移者眾，造成蜀中人口銳減。南明支持者又在四川組織力量與清廷相抗，戰爭的災難帶來可怕的疾病和連續的饑饉，農業生產無法正常進行，人民死亡、逃離不可勝數，致使該省人口巨大耗損。四川因禍亂相踵，一片荒殘，人煙寥落，順治中期，曾任四川巡按御史的郝浴描述當時情形：「蜀民死於寇攘災荒者十室而九邑……其逃避於深山窮谷者，如麏鹿聚。有司歷年招徠冊籍，三府一州二十九縣共得九千三百五十餘口數，不及別省半縣」。[179]亂事平定後，康熙二十年（1681）左右，總計全省戶口，不過 18,090餘丁，概估約計 9～10 萬人，合計全蜀數千里內之百姓，卻不及他省一縣之眾。[180]四川幾陷於真空狀態，因此出現大量無主荒地。

順治八年（1651），四川、湖南、兩廣初定，禮科給事中劉餘謨建議，遇有降寇流民，選擇強壯者為兵，老弱令其屯田。湖南、四川、兩廣駐防官兵，亦擇強壯者論武，老弱給予荒棄空地墾種，但不許侵佔有主熟田。此議獲得朝廷的認可。[181]康熙初年，四川巡撫張德地向朝廷奏報至川所見：

> 臣初至保寧，見民人凋耗，城郭傾頹，早不勝鰓鰓憂悸。迨泛舟遍歷，日歎一日。惟重屬為督臣駐節之地，哀鴻稍集，然不過數百家。此外州縣，非數十家或十數家，更有止一二家者。寥寥孑遺，儼同空穀。而鄉鎮市集，昔之棋佈星羅者，今為鹿豕之場。……復自瀘州西指，乘騎陸行，一步一趨，鹹周旋於荊棘叢中，而遇晚止息，結蘆為舍。

---

179 郝浴，〈備述蜀省情形疏〉，《中山奏議》，康熙年間（1662-1722）刊本，卷1，頁 3。
180 常明修、楊芳燦等纂，《四川通志》，嘉慶二十一年刊本，卷 71，食貨志，木政，頁 17。
181 《清世祖章皇帝實錄》，卷 67，順治九年八月戊午，禮科給事中劉餘謨奏，總頁 522。

經過圮城敗堞，咸封茂草，一二殘黎，鶉衣百結。……誠
有川之名，無川之實。[182]

如此觸目驚心的景象，難怪巡撫張德地要哀嘆不已。據《四川總
志》記載，康熙十年（1671）川省民戶 47,973 戶，男婦 97,155
口，[183]與明萬曆六年（1578）軍民人戶 262,694 戶、3,102,072 口
相比，[184]減少 21 萬餘戶，300 餘萬口。雖說受戰亂波及與賦稅影
響，政府編審的載冊數目與實際或有差距，但差額仍十分驚人。
無怪乎康熙十年（1671）四川湖廣總督蔡毓榮說：「蜀省有可耕之
田，而無耕田之民」。[185]

　　四川各州縣殘破情形，從方志史料描述中可窺知。例如溫江
縣「自獻逆屠剿，人類幾滅，劫灰之餘，僅存者范氏、陳氏、衛
氏、蔣氏、鄒氏、胡氏數姓而已。順治十六年清查戶口，尚僅三
十二戶，男三十一丁，女二十三口。榛榛莽莽，如天地初闢」。[186]
安縣境內「盡成荒土，鮮有居民」。[187]樂至縣縣內田地鞠爲茂草，
至康熙三十三年（1694），僅有 27 戶。[188]雲陽縣「孑遺流離，土
著稀簡，彌山蕪廢，戶籍淪夷」。[189]從史料中可知，四川「自經明

182 康熙《四川總志》，卷 10，貢賦。轉引自行龍，《人口問題與近代社會》，
　　頁 103。
183 行龍，《人口問題與近代社會》，頁 104。
184 李東陽等纂，申明行等重修，《大明會典》（臺北：東南書報社，民國 53
　　年），萬曆十五年刊本影印，卷 19，戶部，戶口，頁 14。
185 《清聖祖仁皇帝實錄》（一），卷 36，康熙十年六月乙未，四川湖廣總督蔡
　　毓榮疏，總頁 485。
186 張驥修，曾學傳等纂，《溫江縣志》，民國 10 年刊本影印，卷 3，民政，戶
　　口，頁 1。收入《新修方志叢刊》（臺北：學生書局，民國 56 年），四川方
　　志之 2。
187 夏時行等修，劉公旭等纂，《安縣志》，民國 22 年石印本影印，卷 26，食貨
　　門，戶口，頁 17。收入《新修方志叢刊》（臺北：學生書局，民國 57 年），
　　四川方志之 36。
188 裴顯忠修，劉碩輔纂，《樂至縣志》，道光二十年刻本影印，卷 11，田賦志，
　　頁 1。收入《中國地方志集成・四川府縣志輯》（成都：巴蜀書社，1992 年），
　　第 24 冊。
189 朱世鏞等修，劉貞安等纂，《雲陽縣志》，民國 24 年排印本，卷 9，財賦，
　　頁 1。

季兵燹，地廣人稀」。[190]順治九年（1652），給事中劉餘謨在奏請墾荒疏中說到四川地方，「彌望千里，絕無人煙」，成都、重慶、敘州、馬湖各屬人民，「僅存十百」。[191]人口的銳減，呈現到處有可耕之田，卻無可耕之民的荒涼景象。所以其後四川成爲人口眾多的大省，基本上由外地遷移而來者佔絕大多數。

## （二）流民入川概況

　　四川盆地本是富饒地區，號稱「天府之國」，經過戰亂之後，許多肥沃的土地因而閒置。爲使四川儘速恢復舊觀，朝廷對四川招民開墾採取鼓勵遷移的優厚措施，以廣招徠充實四川，但初期成效並不大。其因在於清初四川因戰禍、饑荒、疾役，人口傷亡慘重，外省人民望之卻步；待至順治末康熙初，戰爭漸息，略告穩定，康熙十三年（1674）又發生三藩之亂，對四川的招民移墾必有影響；且當時各省荒地也急於復墾，四川的招民墾荒多少受到限制。康熙二十年（1681）戰爭結束，清廷重申招民議敘條例：

> 前因用兵之際，故招徠流移，准令議敘。今湖廣、江西、福建、廣東、廣西既已蕩平，俱屬內地，其招民議敘不准行。惟四川、雲、貴招徠流移者，仍准照例議敘。[192]

　　康熙中期以後，政局安定，其他各省平原地區開墾多年，已漸近飽和，而川省仍有大量荒地可墾。加上湖北、湖南等省歷年災荒頻仍，瘟疫流行，人民避災逃荒，攜家帶口，入川開墾就成爲遷移的目標。在互相牽引下，窮民不辭千里，成群結隊，奔往四川，逐漸成爲一種風潮。異地墾荒爲的是謀求生路，在政局穩定下，又有種種優惠招民墾荒政策，鼓勵外省人民徙居四川，並提供牲畜、籽種，及減免租賦。四川土壤肥沃，人煙稀少，謀生容易，吸引各省流民紛紛移往開墾，一傳十，十傳百，遂形成一股不可遏止的潮流。康熙三十一年（1692），四川巡撫噶爾圖上疏

---

190　《清史稿校註》，第 5 冊，卷 128，食貨志，賦役，頁 3480。
191　劉餘謨，〈墾荒興屯疏〉，《清經世文編》，卷 34，戶政，屯墾，頁 24。
192　《清聖祖仁皇帝實錄》（一），卷 96，康熙二十年七月癸酉，總頁 1219-1220。

奏報清查四川戶口田糧，除補足原額外，計「新增戶名十九萬七千九百六十五口，田地八萬八千五百頃有奇，應徵地丁銀兩等項十二萬五千九百九十二兩零，米三千六百三十三石零」。[193]不管所報田額是否確實，但可看出入川人民的規模和墾荒已顯現成效。康熙四十七年（1708），湖廣提督俞益謨在密奏中提到：「湖南衡、永、寶三府百姓，數年來攜男挈女，日不下數百名口，紛紛盡赴四川墾荒」。[194]康熙三十六年至五十二年（1697～1713），湖廣南部百姓入川者，僅零陵縣「已不下數萬眾」。[195]至康熙晚期，湖廣地區的寶慶、武岡、沔陽等地人民，藉名開荒，攜家入蜀者，多達數十萬。[196]這些數字雖然籠統，但可看出湖廣人民移入四川之趨勢。

　　雍正五年（1727）六月，四川巡撫憲德就任，路經夔州、順慶二府以抵成都，見沿途居民，原係四川本籍者不過十之二三，其餘十之六七，非秦即楚。這種趨勢，正不斷增長蔓延，在憲德奏報四川民情奏摺中，就提及「今歲陸續匍匐襁褓而來蜀者，又復絡繹不絕」。[197]該年九月，陝西總督岳鍾琪奏報，自雍正四年（1727）冬季以來，湖廣、廣東、廣西、江西等省之民，因當地歉收，米價騰貴，每日相率從該省逃荒入川者，不下數萬戶。[198]其中由長江水陸入川的湖北饑民日以千計。[199]同年，四川夔州府屬

---

193 《清聖祖仁皇帝實錄》（二），卷 156，康熙三十一年八月戊戌，四川巡撫噶爾圖疏，總頁 719。

194 《康熙朝漢文硃批奏摺彙編》，第 1 冊（北京：檔案出版社，1984 年），康熙四十七年閏三月十五日，湖廣提督余益謨奏摺，頁 923。

195 《康熙朝漢文硃批奏摺彙編》，第 5 冊（1985 年），康熙五十二年缺月日，候補知縣朱爾介奏摺，頁 336。

196 黃廷桂等監修，張晉生等纂纂，《四川通志》，卷 47，藝文，〈楚民寓蜀疏〉，頁 58。收入《景印文淵閣四庫全書》，史部·地理類，第 561 冊。

197 《宮中檔雍正朝奏摺》，第 8 輯（民國 67 年），雍正五年六月二十四日，四川巡撫憲德奏摺，頁 397。

198 《雍正朝漢文硃批奏摺彙編》，第 10 冊（上海：上海古籍出版社，1989 年），雍正五年九月初四日，陝西總督岳鍾琪奏摺，頁 549；《雍正朝起居注冊》，第 3 冊，雍正六年二月二十三日，諭旨，頁 1811。

199 恩成修，劉德銓纂，《夔州府志》，道光七年刻本影印，卷 34，政績，巫山

縣向巡撫馬會伯報告，湖廣、福建、江西、廣東等省百姓遷移四川較以往更多。[200]

　　四川不斷有流民移入，原因在於四川的墾荒條件較他省為優。流民大量遷入後，改變四川地曠人稀現象。因三藩之亂影響，雲南、貴州、廣西、廣東、四川等省地方殘破，田地拋荒。自亂平後，朝廷雖曾諭示四川「人民漸增，開墾無遺，或砂石堆積，難於耕種者，亦間有之。而山谷崎嶇之地，已無棄土，盡皆耕種矣」。[201]但雍正五年（1727）據陝西總督岳鍾琪表示，川省此時無主官地及雖有主但佔為世業無力開墾者，在在皆是。所以對於入川流民願在四川開墾落戶者，依每戶人力多寡可分給 50～60 畝或 30～40 畝田不等。[202]至雍正末年，據四川巡撫楊馝表示：「川省荒僻之地實多」。[203]各省傳說川省之米，3 錢可買 1 石，肉每斤 1 錢 7，米肉平賤，易於度日，一去入籍，立可富饒。[204]所以江西、湖廣、廣東等省人民以為「川省地土廣衍，年歲豐熟，縱無荒土可墾，尚可傭工佃種，易於覓食」，[205]荒地、賤糧、傭佃的吸引，

　　縣，頁 7 下。收入《中國地方志集成・四川府縣志輯》（成都：巴蜀書社，1992 年），第 50 冊。

200 《宮中檔雍正朝奏摺》，第 8 輯，雍正五年四月十八日，四川巡撫馬會伯奏摺，頁 67。

201 《清聖祖仁皇帝實錄》（三），卷 249，康熙五十一年二月壬午，諭旨，總頁 469。

202 《雍正朝漢文硃批奏摺彙編》，第 10 冊，雍正五年九月初四日，陝西總督岳鍾琪奏摺，頁 550。雍正四年（1726）冬至五年（1727）九月，湖廣、廣東、廣西、江西等省人民不下數萬戶逃荒來川，陝西總督岳鍾琪即說：「此等饑民大半係沿途行乞而來，今見川省地方寥闊，荒土尚多，皆望安插開墾得遂其生。此時即欲逐一遣歸本籍，不獨伊等留戀此地，情願輕棄其鄉；而路遠人多所費實繁，勢有不能遣之去者；且恐其攜老挈幼奔走長途，反不無苦累之處。誠莫如即招此等饑民亟行墾荒之法，既可以闢土增糧上資國計，又可以添丁裕戶下阜民生，似於地方不無裨益。」

203 《宮中檔雍正朝奏摺》，第 24 輯，雍正十三年六月初八日，四川巡撫楊馝奏摺，頁 798。

204 《宮中檔雍正朝奏摺》，第 9 輯（民國 67 年），雍正六年正月初八日，廣州將軍署理巡撫石禮哈奏摺，頁 553。

205 乾隆八年六月二十一日，貴州總督兼管巡撫事務張廣泗奏摺。轉引自劉

使得各地人民赴川入蜀唯恐落於人後。當時江西、湖廣、廣東、福建人民攜眷移往四川開墾，由貴州經過者甚多，一路由石阡府湄潭縣入川，一路由銅仁府、思南府入川，每日絡繹不絕。入川後，俱各分散，覓田開墾。[206]

雍正十年（1732），廣東惠州府連遭風潮損傷，田廬漂沒，米價上漲，窮民難以資生，相率往四川覓食。給事中歸宣光於雍正十一年（1733）二月巡察湖南衡陽縣，見男婦多人攜老挈幼接踵而行，一日間約有 500～600 餘人，遂查問各塘汛弁兵，得知自雍正十年（1732）十月至雍正十一年（1733）二月廣東人民經過，每日或 200～300 人，或 400～500 人不等，總計已不下萬餘名。[207]廣東布政使甘汝來談到廣東人民入川情形時，曾說明惠潮地區人民徙川之緣由：

> 潮惠二府、嘉應一州所屬各縣，或係層巖疊嶂之區，或係邊海斥鹵之地。而此兩府一州所屬生齒最繁，田疇甚少，耕佃資生之民，終歲勞苦，止供輸租，不敷口食，所以一聞川省田土肥美，欣然欲往。[208]

當時僅惠潮二府及嘉應州入川民戶，一縣中至少有千人，估計其各縣入川人民，不下萬餘人。[209]雍正十一年（1733）九月，廣東龍川縣有一份〈往川人民告帖〉，可反映當時欲往川省發展人民的心聲：

---

源，〈湖廣填四川與四川流民問題〉，《清史研究》，1994 年第 1 期，頁 41。四川巡撫法敏曾言：「川省米價比湖北甚賤，市斗一石有倉斗二石，鹽價亦賤，居民易於度日。」見《宮中檔雍正朝奏摺》，第 5 輯，雍正四年三月十七日，四川巡撫法敏奏摺，頁 725。

206 《宮中檔雍正朝奏摺》，第 9 輯，雍正六年正月十二日，署貴州巡撫祖秉圭奏摺，頁 598-599。

207 《宮中檔雍正朝奏摺》，第 21 輯，雍正十一年二月二十九日，給事中歸宣光奏摺，頁 184。

208 甘汝來，〈陳明粵民入川情形謹籌安插事宜〉，《甘莊恪公全集》，乾隆年間刻本影印，卷 7，頁 2。收入《四庫未收書輯刊》，第 8 輯，第 25 冊。

209 楊錫紱，〈奉委查辦入川人民事宜條稟〉，《四知堂文集》，嘉慶十一年刻本影印，卷 17，頁 18。收入《四庫未收書輯刊》，第 9 輯，第 24 冊。

> 我等前去四川耕種納糧，都想成家立業，發跡興旺，各帶盤費，攜同妻子兄弟安分前行，實非匪類，並無生事之處，……近來不知何故，官府要把絕我們生路，不許前去。目下龍川縣地方處處攔絕，不容我等行走。……我等進生退死，一出家門，一心只在四川。阻攔得我們的身，阻攔不得我們的心腸。……我等原是良民，今地方官把我等當不好人追趕，我等在本省地方自然遵法，唯有磕頭哀求放走。若到江西隔省攔阻我們，我等要拼力齊伴一死。……總之，我等眾人都是一樣心腸，進得退不得。[210]

乾隆八年（1743），貴州鎮遠鎮總兵官冷文瑞奏報，湖廣、廣東人民在該年四月十二日至五月十七日，共有 1,836 人入川，有因被災就食者，有窮苦無業依親開墾者，有先年已在川省置有產業欲攜眷搬移落戶者，有在四川經商回家後又去者。[211]一個月左右的時間，就有這麼多人經由貴州入川。乾隆八年至十三年（1743～1748），廣東、湖南百姓經由貴州流往四川就食者有 243,000 多人，從湖北及陝西移入者更多；[212]乾隆十八年至二十年（1753～1755），廣東、湖南等省人民入川者有 6,374 戶，[213]乾隆二十三年至二十四年（1758～1759），從湖廣、廣東經貴州前往四川者共有 4,600 餘戶，男婦大小 5 萬餘人，[214]每年約有萬人以上遷移四川。[215]

---

210 《宮中檔雍正朝奏摺》，第 22 輯（民國 68 年），雍正十一年九月初九日，廣東巡撫楊永斌奏摺赴告帖一件，頁 101-102。

211 乾隆八年七月四日，貴州鎮遠鎮總兵官冷文瑞奏摺。轉引自劉源，〈湖廣填四川與四川流民問題〉，《清史研究》，1994 年第 1 期，頁 42。

212 《清高宗純皇帝實錄》（五），卷 311，乾隆十三年三月癸丑，雲貴總督張允隨覆奏，總頁 104。

213 彭遵泗，《蜀故》，光緒二年刊本，卷 3，戶口，頁 21-22。

214 《硃批奏摺》，乾隆二十四年十二月二十二日，貴州巡撫周人驥奏摺。轉引自蔡宗祐，《清末散兵游勇與會黨關係之研究》，淡江大學歷史研究所碩士論文，民國 91 年，頁 41。

215 乾隆十八年（1753），四川總督策楞奏：「川省，近年湖廣、江西、廣東等省入川民人造冊咨明者，一歲已不下萬計，而私行潛往者，更不可勝數。」

　　各省入川客戶情形，現在已難詳查，從四川方志中可知，川省江、楚、閩、粵、黔、陝流寓者佔七八成，其中湖廣人所佔比例最高。湖廣人向四川的流遷沿長江由東向西分佈，越往西、南、北方分佈愈少；廣東、江西等省人民則愈往西分佈愈多。夔州府大寧縣（今巫溪縣），位蜀邊陲，與荊楚接壤，客籍多兩湖人。[216]順慶府儀隴縣，縣中湖南、湖北人最多，江西、廣東次之，率皆康熙、雍正年間入籍。[217]廣安州客籍總人口中，湖北黃、麻籍佔4/15，湖南永、零佔5/15，江西豫章籍佔2/15，浙、閩籍佔1/15，齊、魯、晉、汴籍佔1/15，粵籍佔1/15，四川當地雙流、新津、閬中等縣遷籍佔1/15。[218]瀘縣從外省移入者，十之六七爲湖廣籍，廣東、江西、福建次之。[219]犍爲縣移民人口超越當地人，外地人依地域建立的會館，以湖廣會館人數最多，其次是江西、廣東、福建、貴州、廣西。[220]安縣境內佔籍者以湖廣人最多，其次爲廣東、甘肅、福建、江西等省人。[221]金堂縣自清初兵燹後，人口凋零，故該縣人民多從他省遷移而來，細加區別，似不下十餘省，其中以湖廣佔多數，約佔37%，廣東省籍約佔28%，福建省籍約

　　見《宮中檔乾隆朝奏摺》，第6輯（民國71年），乾隆十八年十一月二十七日，四川總督策楞奏摺，頁868。

216 高維嶽修，魏遠猷纂，《大寧縣志》，光緒十一年刊本影印，卷1，地理志，風俗，頁1。收入《新修方志叢刊》（臺北：學生書局，民國60年），四川方志之56。

217 曹紹樾等修，胡輯瑞等纂，《儀隴縣志》，同治十年刻本影印，卷3，食貨志，戶口，頁46。收入《中國地方志集成‧四川府縣志輯》，第57冊。

218 周克堃纂修，《廣安州新志》，光緒三十三年刊，民國十六年重刊，卷2，戶口志，頁3-4。收入《新修方志叢刊》（臺北：學生書局，民國57年），四川方志之31。

219 王祿昌等補修，高觀光等纂，《瀘縣志》，民國27年鉛印本，卷3，禮俗志，風俗，頁61。

220 陳世虞修，羅綏香等纂，《犍爲縣志》，民國二十六年鉛印本影印，卷3，居民志，種族、地方團體，頁6、51-52。收入《新修方志叢刊》（臺北：學生書局，民國57年），四川方志之28。

221 夏時行等修，劉公旭等纂，《安縣志》，民國二十二年石印本影印，卷56，禮俗門，頁1。收入《新修方志叢刊》（臺北：學生書局，民國57年），四川方志之36。

佔 15%，其餘各省籍約佔 20%。[222]《蜀故》中記載，乾隆十八年
（1753），湖南、廣東、廣西、江西、福建五省，移民四川共 1,818
戶；十九年（1754）湖南、廣東、廣西、江西四省，移民四川有
2,106 戶；二十年（1755）僅湖南、廣東兩省入川者即有 2,450 戶。
[223]遷入之 6,374 戶中，湖南籍有 2,851 戶，稱爲湖廣者有 1,612 戶，
廣東籍 1,279 戶，江西籍 534 戶，廣西籍 81 戶，福建籍 17 戶。
從這些資料中可見以湖廣籍佔多數，廣東籍已有相當規模。

　　由於謀生容易，對人口稠密的省份自然具有極大吸引力；當
他省雨暘失調，收成欠佳，糧食不足時，流往四川人民更要增加，
所以清朝前期四川吸納了不少外省流民。如峨眉縣，雍正年間冊
籍有 9,784 戶，乾隆年間增爲 32,270 戶。[224]漢州，雍正年間，人
口數爲 23,050，乾隆六十年（1795）增爲 79,217 口，嘉慶十六年
（1811）達 109,592 口。[225]井研縣，雍正十三年（1735）有 1,801
戶、12,257 口，乾隆六十年（1795）增爲 3,102 戶、52,767 口。[226]
合江縣，乾隆二十三年（1758）有 8,577 戶、28,375 口，嘉慶十
六年（1811）增爲 37,263 戶、122,050 口。[227]可見移民數量之多。
乾、嘉以來，四川內地生齒漸眾，內地流民流往川南開發謀生的
情形逐漸增加。如越嶲、峨邊、馬邊、雷波四府，四面皆峻嶺老
林，翻山越嶺方得進入，其間地多曠衍，當地土著不善耕種，專

---

222 王暨英修，曾茂林纂，《金堂縣續志》，民國 10 年刊本，卷 3，食貨志，戶
　　口，頁 2。
223 彭遵泗輯，《蜀故》，光緒二年刊本，卷 3，戶口，頁 21-22。
224 王燮修，張希緝纂，《峨眉縣志》，嘉慶十八年刻本影印，卷之 3，食貨志，
　　戶口，頁 1。收入《中國地方志集成·四川府縣志輯》，第 41 冊。
225 劉長庚等修，侯肇元等纂，《漢州志》，嘉慶十七年刊本影印，卷 6，戶口志，
　　頁 1。收入《中國方志叢書·華中地方·四川省》（臺北：成文出版社，民
　　國 65 年），第 387 號。
226 吳嘉謨等纂，葉桂年等修，《井研縣志》，光緒二十六年刻本影印，卷 5，食
　　貨志，戶口，頁 2。收《中國地方志集成·四川府縣志輯》，第 40 冊。
227 張開文等纂修，《合江縣志》，民國 18 年鉛印本影印，卷 2，食貨，頁 27。
　　收入《新修方志叢刊》（臺北：學生書局，民國 56 年），四川方志之 13。

攜漢人代耕，價賤糧輕，故川楚地區貧民爭相前往墾荒。[228]會理州一帶，外地人男攜女負，十百為群遷至，不數年新戶增至 8,000～9,000 家。[229]嘉慶十九年（1814），四川總督常明奏稱，寧遠府土司界內，招佃漢民開墾，統計招徠漢民 87,689 戶，共 425,247口。[230]雷波廳，乾隆二十六年（1761）僅有漢人 189 戶，632 口，連夷民共 1,333 戶，3,086 口；至嘉慶九年（1804）漢夷人戶增為23,100 餘戶，97,941 口。[231]馬邊，於乾隆二十九年（1764）設廳時，載冊納糧戶有 1,561 戶；乾隆三十九年（1774），增為 4,442戶，14,859 口；嘉慶十年（1805）已是五方雜楚，地狹而民稠，戶口增至 13,800 戶，39,908 口。[232]這些增加的人口多從粵、黔、秦、楚等地流移而來落戶，尤以比鄰之雲南和川省的眉州、洪雅、犍為、樂山、仁壽等州縣為多。[233]

　　從事農耕者進入山區，務盡地利，雖陡險之區，亦皆墾闢。四川自然條件的優厚，加上政府的鼓勵，自清初以來即成為吸納其他省份人民的廣大容納區，此所以外省人民移入四川歷經兩個世紀而不衰。太平天國革命後，長江下游地區人口銳減，由於其水利設施及土地生產提供更優厚的生存環境，遂取代四川原來容納移民的領導地位。[234]

---

228 秦雲龍修，萬科進纂，《雷波廳志》，光緒十九年刻本影印，卷 28，邊防上，頁 36。收入《中國地方志集成・四川府縣志輯》，第 69 冊。

229 王繼會，〈會理州歷年兵事紀略〉，楊昶等修，王繼會等纂，《會理州志》，同治九年刊本影印，卷 7，武備志，邊防，頁 19。收入《中國方志叢書・華中地方・四川省》（臺北：成文出版社，民國 65 年），第 367 號。

230 常明，〈題四川迷易等處改土歸流疏〉，《會理州志》，卷 9，賦役志，戶口，頁 4。

231 秦雲龍修，萬科進纂，《雷波廳志》，光緒十九年刻本影印，卷 12，戶口志，頁 1-2。收入《中國地方志集成・四川府縣志輯》，第 69 冊。

232 常明等重修，楊芳燦等纂，《四川通志》，嘉慶二十一年刊本，卷 61，輿地志，風俗，頁 7；周斯才編輯，《馬邊廳志略》，嘉慶十年刊本影印，卷 4，戶口志，頁 64-65，收入《中國地方志集成・四川府縣志輯》，第 69 冊。

233 周斯才編輯，《馬邊廳志略》，嘉慶十年刊本影印，卷 4，風俗志，頁 60。

234 何炳棣，《1368-1953 中國人口研究》，頁 141-142。

# 第三節　人口流向控制力量薄弱地區

　　乾隆初期，平原及三角洲地區人口的移入已達飽和，人口流遷的目標轉移到邊緣地區，如長江流域一些省際間的邊界山帶，或者是西南、北方邊疆區如雲南、貴州、口外蒙古等地，這些地區可以接納新的人口。新開發區，賦役負擔較輕，獲得土地也比較容易，對於人滿為患謀生困難地區人民具有極大吸引力。深山老林、數省交界的崇山峻嶺、海中漂浮的小島等，是統治力量尚未達到或控制力較弱的地區，對流民來說是理想的避難所及新生地。

## 一、省際深山交界區

### （一）棚民的形成

　　明、清以來，中部和南部各省山區出現依山結棚而居的流民，利用山區的土地、物產、森林等資源，從事農耕、手工業生產，稱為「棚民」，在廣東被稱為「寮民」。清初對於「棚民」的稱謂並未統一，據官方文獻與地方志書記載，尚有「篷民」、「蓬民」、「棚匪」、「棚寇」等名稱。雍正時期，協理江南道事、湖廣道監察御史朱鳳英對棚民做了一番解釋：

> 浙江、江西、福建三省半屬山壤，漸次墾闢，而於交界之處，浙江之衢州、江西之廣信、福建之建寧，疊嶂崇岡、林深箐密，遠近失業之民移家種植雜做營生，是謂棚民。[235]

《清史稿校註》謂：

> 棚民之稱，起於江西、浙江、福建三省。各山縣內，向有

---

235　《宮中檔雍正朝奏摺》，第 23 輯（民國 68 年），雍正十二年五月初九日，協理江南道事湖廣道監察御史朱鳳英奏摺，頁 14。

民人搭棚居住，藝麻種箐，開爐煽鐵，造紙製菇為業。而廣東窮民入山搭寮，取香木春粉、析薪燒炭為業者，謂之寮民。[236]

雍正二年（1724），戶部尚書張廷玉在〈請定安輯棚民之法疏〉說：

浙東之衢州等府與江右之廣信等府，界連福建，贛州等府界連廣東，其間失業之徒沿緣依附，什百成群，刈芧漚麻，倚為生計。其始無屋可棲，遂依崖傍麓，縛茅為棚以居，人咸目之曰棚民。[237]

雍正九年（1731），江西按察使樓儼曾具摺指出江西棚民之由來，始於明末兵燹之後，田地荒蕪，招徠墾種，閩、粵等地無業之人，呼朋引伴而至，至雍正九年有已成家立業數代者，亦有新到未久者。[238]浙江衢州總兵官雷逢春亦曾表示，有外來人民向衢、嚴兩府居民佃墾，種植苧麻、靛青等物，因搭蓋篷廠居住，稱為篷民，後互相招致，人數漸而日多。[239]

　　清朝棚民的興盛與分佈，與明朝因避苛稅、災難等因素而逃往山區謀生不同處，在於生齒日眾，土地的開墾趕不上人口增加的速度，人地比例失衡，人口壓力形成，迫使在原籍失去土地、無法覓得耕地者，輾轉流徙異鄉。彼時內地各省可耕平地皆達飽和狀態，因此只能往丘陵山區發展，克服惡劣的環境以謀求生存。他們離開原籍，深入山林，遍佈山谷，搭棚居住，墾種作物。棚民分佈的府州縣，多在省與省的交界處，邊境地區高山峻嶺，官方稽查不易，政府管轄權也不易劃分，比較不易受到胥吏的剝削騷擾。雍正六年（1728），陝西總督岳鍾琪奏報派員察看終南山區時指出：

---

236 《清史稿校註》，第 5 冊，卷 127，食貨志，戶口，頁 3442-3443。

237 張廷玉，〈請定安輯棚民之法疏〉，《皇清奏議》，卷 25，頁 2334。

238 《宮中檔雍正朝奏摺》，第 17 輯（民國 68 年），雍正九年三月十二日，江西按察使樓儼奏摺，頁 780。

239 《宮中檔雍正朝奏摺》，第 24 輯，（民國 68 年），雍正十三年六月十九日，浙江衢州總兵官雷逢春奏摺，頁 864。

> 蓋因此輩山徑潛行，岡嶺偷越，又於深山窮谷之間人跡不
> 到之處，地方文武各員不惟鞭長莫及，抑且界限茫然，雖
> 欲稽查亦不可得。[240]

在土曠人稀之地，耕地取得容易，地主出租山場的條件也比平原
寬厚，謀生較易，[241]許多丘陵山區多「不主而不稅」，[242]利之所趨，
吸引無地窮民前往而不返。

　　大約在乾隆朝以前所謂的棚民，多指在浙、贛、閩三省等山
區搭棚墾種的無業貧民，其來源主要以來自福建、廣東兩省最多，
其次是江西，再次為浙江、湖南等省。這些省份位在東南地區，
是當時人口稠密、平原河谷地區開發已達飽和處；這些無地窮民
被排擠出農村，為求生計，不得已離鄉背井，流移至鄰邑或鄰省
丘陵山區墾荒謀生。乾隆朝以後，隨著人口過剩壓力逐漸增加，
越來越多無地可耕、無傭可作貧民，流徙異鄉謀生，加以人口流
動日漸頻繁，入山墾殖之地不再僅限此三省，更多人千里迢迢往
更遠的內地丘陵山區尋覓荒地開墾，川、陝、楚交界地帶深山老
林區因而受其青睞。乾隆二十九年（1764），河南巡撫阿思哈在奏
摺中表示：

---

240 《宮中檔雍正朝奏摺》，第 10 輯（民國 67 年），雍正六年六月二十二日，
　　陝西總督岳鍾琪奏摺，頁 674。雍正元年（1723），監察御史何世璂奏：「江
　　西地勢，山澤居半，其西南與湖廣、福建、廣東連界之袁、瑞、吉、贛等
　　府皆崇山峻嶺，官吏不到處，藏奸納污。」見《宮中檔雍正朝奏摺》，第 1
　　輯，雍正元年七月十八日，山西道監察御史何世基奏摺，頁 495。雍正五
　　年（1727），署理江南江西總督印務都統范時繹奏報：崇山界連之地，易
　　於隱避，棚民寄居荒山僻野，最易藏奸。見《宮中檔雍正朝奏摺》，第 7
　　輯，雍正五年閏三月八日，兩江總督范時繹奏摺，頁 748-749。
241 王維新等修，涂家杰等纂，《義寧州志》，同治十二年刻本影印，卷 12，食
　　貨志，戶口，頁 2-3，記載：「分甯地廣人稀，因而諸省之人，扶老挈幼，
　　負耒而至。緣曠土之租甚輕，久荒之產極沃，而無產之人，得土耕種其力
　　倍勤，故不數年，家給人足，買田置產，歌適樂郊矣。」收入《中國地方
　　志集成・江西府縣志輯》，第 15 冊。
242 鄧其文修，《甌寧縣志》，康熙三十二年刊本影印，卷 7，風俗志，頁 27。
　　收入《中國方志叢書・華南地方・福建省》（臺北：成文出版社，民國 56
　　年），第 94 號。

> 棚民一項，各省多有，皆係外省無業貧民探知某處有山可
> 墾，有地可耕，或種靛種蔴，或燒窰燒炭，凡可趁食，群
> 赴謀生，平日遷移往來，原所不禁。[243]

乾隆四十八年（1783）十一月，陝西按察使王昶奏陳覆查保甲時
亦提到：

> 漢中、興安等屬山頭坡角頗有可開之地，是以湖廣、四川、
> 河南、安徽各省民人前來墾種者眾。[244]

棚民的分佈範圍擴大，雖山徑險惡處，皆可見其搭棚而居。

## （二）棚民的分佈

　　棚民沿著各大山脈分佈，逐漸蔓延於廣東、湖南、安徽、江
蘇、河南、湖北、陝西、四川等省山區。入山墾殖者越聚越多，
範圍越來越廣，清朝全國各大山區均可見棚民蹤跡。以江西省棚
民來說，大多為福建、廣東兩省流民，據雍正元年（1723）擔任
萬載縣知縣的施昭庭說：「有客民自閩、粵來居之，累數十年積三
萬餘人，曰棚民。……棚民者，閩、粵之貧人耳，來居山中，種
蔴自給，惟其貧苦，以蓆為屋」。[245]江西吉安府盧陵縣，「閩、廣
流戶動以萬計，據山而耕，盤結滋蔓」。[246]浙江衢州府所屬常山、
開化二縣，山源深遠，林密箐險，有靛蔴紙鐵之利，觸目所見多
江、閩流民搭蓬群聚。[247]其他各山縣，亦多流民聚集，滿山棚廠

---

243 《宮中檔乾隆朝奏摺》，第 23 輯（民國 73 年），乾隆二十九年十一月二十
　　八日，河南巡撫阿思哈奏摺，頁 327。
244 《宮中檔乾隆朝奏摺》，第 58 輯（民國 76 年），乾隆四十八年十一月二十
　　九日，陝西按察使王昶奏摺，頁 447。
245 李元度，〈施筠瞻明府事略〉，《國朝先正事略》，卷 52，頁 1。收入《中國
　　史料叢刊》（臺北縣：文海出版社，民國 56 年），第 12 輯，第 111 冊。
246 梅大鶴等修，王錦芳等纂，《盧陵縣志》，道光五年刊本影印，卷 2，輿地志，
　　關隘，頁 12。收入《中國方志叢書‧華中地方‧江西省》（臺北：成文出版
　　社，民國 78 年），第 953 號。
247 楊延望纂修，《衢州府志》，康熙五十年修，光緒八年重刊本影印，卷首，
　　馬遴原序，頁 3。收入《中國方志叢書‧華中地方‧浙江省》（臺北：成文出
　　版社，民國 64 年），第 195 號。

相望。[248]安徽南部的徽州、寧國、池州、廣德等府州亦聚集不少棚民,如徽州府屬之黟縣,境內多山,外地人民徙往黟縣租賃開墾,搭棚居住,蔓延日廣。[249]山西道監察御史何世璂指出閩、粵流寓之民寄籍江西者,約計一府山谷中老幼男女不下數千人,十三府屬共約數萬人不止。[250]雍正五年(1727),江西、福建、浙江各縣墾闢荒蕪山地之棚民,積聚漸多,已不止 10 餘萬人,[251]僅浙江衢州府,至雍正六年(1728)流民已達數萬人。[252]乾隆三十七年(1772),江西省歲報全省男婦大小共計 11,804,201 丁口,其中並不包含該省所有棚民,同年「人丁」編審制廢止,次年將江西棚民一體清查冊報,人口數增爲 12,958,587 口。[253]從江西省此例,可知棚民積聚數量,已不容小覷。道光初年,浙江、江蘇、安徽等省,已呈現「凡深山窮谷之區,棚民曼衍殆遍」。[254]

　　清初,社會殘破,經濟凋敝,川陝楚交界處邊區,高山峻嶺環繞,交通阻隔,經濟落後,該處不少地方仍保有特殊的土司制度,因此漢人越境而至者不多。湖北西部鄖陽和施南二府是著名的窮山之區,向來荒地甚多,隨著人口的增長,乾隆中葉以後,

---

248 張鑑等編,《雷塘庵主弟子記》,卷 2,頁 8。收入《續修四庫全書》,史部·傳記類,第 557 冊。

249 吳甸華等原修,吳子珏等續修,《黟縣志》,同治十年重刊本影印,卷 11,政事志,塘堨,頁 38。收入《中國方志叢書·華中地方·安徽省》(臺北:成文出版社,民國 72 年),第 725 號。

250 《宮中檔雍正朝奏摺》,第 1 輯,雍正元年七月十八日,山西道監察御史何世璂奏摺,頁 496。浙江棚民「皆福建、江西貧民,因本地人多田少,不能養活,故相率就食於外方。」見鄂爾泰等奉敕編,雍正《硃批諭旨》,第 41 冊,光緒十三年石印本,雍正五年十月十三日,浙江巡撫李衛奏摺,頁 6。

251 《宮中檔雍正朝奏摺》,第 9 輯,雍正五年十月十三日,浙江巡撫李衛奏摺,頁 121。

252 《宮中檔雍正朝奏摺》,第 11 輯(民國 67 年),雍正六年九月二十八日,大理寺卿桂性奏摺,頁 437。

253 《宮中檔雍正朝奏摺》,第 33 輯,乾隆三十八年十一月十一日,乾隆三十八年十二月七日,江西布政使李翰、江西巡撫海成奏摺,頁 362、649。

254 陶澍,〈查辦皖省棚民編設保甲附片〉,《陶文毅公全集》,道光二十年刻本影印,卷 26,頁 1。收入《續修四庫全書》,集部·別集類,第 1503 冊。

流遷至二府之人戶日增，開墾日廣。[255]鄖陽府竹谿縣地處萬山之中，人口鮮少，乾隆以後，流民遷居竹谿佔籍漸增，戶口日繁，荒田墾闢。當地土著只佔其二，餘均皆屬客籍，除湖北武昌、黃州、安陸、荊、襄之人外，還有陝西、江西、山東、河南、河北、四川、山西、廣東、湖南等省百姓。[256]鄖西縣原本人煙疏曠，乾隆中葉，山西、陝西、河南、江南、湖南以及湖北武昌、黃州、襄陽各屬州縣人口接踵而至，鋤山耕地，五方雜處。[257]施南府原爲土司屬地，雍正十三年（1735）才正式建府，此後外地人民遷入不斷。恩施縣，土著無多，乾隆後，不少外地人貿遷而至，從前棄爲歐脫之地，由於客民大量湧入，許多荒山曠地皆盡墾之。[258]

　　陝南位於秦嶺和大巴山之間，崇山林立，平地鮮少，歷來戶口稀少，屬落後地區。明末清初，又屢遭兵燹，人口更是稀疏。陝南雖與四川接壤，但卻無法與四川同步復甦，因此至康熙末年，當地土曠人稀之狀，比四川嚴重，人跡所履之地，虎迹狼蹄多於人跡，幅員千里，大半皆黃茅白葦雜生。康熙後期，情況有所轉變，長江中下游和珠江流域人口漸增，地少人稠，再加上陸續實施「改土歸流」政策，遇有災荒發生，此地漸成爲無地可耕的流民覓食、尋求謀生的目標，川、楚、豫、皖等省流民逐漸往陝南遷移，如西鄉縣，漸有「楚粵等處扶老攜幼而來者，不下數千」。[259]但這種地曠人稀景象真正改觀，要到乾隆以後。

255 《清高宗純皇帝實錄》（一二），卷 927，乾隆三十八年二月己卯，諭旨，總頁 463。

256 陶壽嵩修，楊兆熊纂，《竹谿縣志》，同治六年刻本影印，卷之 6、14，田賦志、風俗志，頁 1、2。收入《中國地方志集成・湖北府縣志輯》（南京：江蘇古籍出版社，2001 年），第 60 冊。

257 張道南，〈營制說〉，程光第修，葉年菜等纂，《鄖西縣志》，同治五年刻本影印，卷 18，藝文志，頁 34。收入《中國地方志集成・湖北府縣志輯》，第 62 冊。

258 多壽等纂修，《恩施縣志》，同治三年修，民國 20 年鉛字重印本影印，卷 7，風俗志，地情，頁 2-3。收入《中國方志叢書・華中地方・湖北省》（臺北：成文出版社，民國 64 年），第 355 號。

259 《西鄉縣志》，康熙年間刊本，卷 9，招徠始末。轉引自蕭正洪，〈清代陝

　　乾隆年間，棚民的人口與日俱增，且蔓延至四川、陝西、湖北交界一帶。三省交界的深山老林，層巒疊嶂，林深箐密，人煙甚少。當地土著不多，棚民反成為主要居民，可直接入籍成為編戶，新州縣接連設立。明代中葉，此區已有棚民的出現，當時文獻所稱之「荊襄流民」，其分佈主要在豫南，荊襄以及鄂西山地流民並不多，進入陝南地區者更少。[260]荊襄位於川、陝、鄂、豫交界處，北有秦嶺，南有大巴山，東有熊耳山，中有武當山、荊山，漢水及其支流貫穿其間。大致包括陝西漢中、興安、商州；四川保寧、綏定、夔州；湖北鄖陽、宜昌等地。[261]陝西之略陽、鳳縣迤邐而東，經寶雞、郿縣、盩厔、洋縣、寧陝、孝義、鎮安、山陽、洵陽至湖北之鄖西，中間高山深谷，千枝萬脈，謂之南山老林；由陝西寧羌、褒城迤邐而東，經四川南江、通江、巴州、太平、大寧、開縣、奉節、巫山，陝西紫陽、安康、平利至湖北竹山、竹谿、房縣、興山、保康，中間山高谷深，千巒萬壑，謂之巴山老林。[262]這些地方山深谷險，老林密箐，土地肥沃，物產豐饒，人煙稀少，終日行走不遇一人，雖設官分治，但體統分裂，莫能相制，故統治力薄弱。[263]且既不納糧，又不須當差，人皆樂居於此。[264]

　　陝南地區在清初定賦時，因多係未闢老林，故率從輕科。至康熙中葉，陝南各縣仍極為蕭條，人口稀少，土著百姓以納課為

---

南種植業的盛衰及其原因〉，《中國農史》，1989 年第 1 期，頁 74。

260　蕭正洪，〈清代陝南的流民與人口地理分布的變遷〉，《中國史研究》，1992年第 3 期，頁 94。嚴如熤，《三省邊防備覽》，卷 11，策略，頁 30，記載：「（明時）原傑於鄖陽奏設巡撫，將山內州縣遼闊者分設縣治，洵安邊大猷也。惜其所籌辦者祇為鄖豫楚三省交連之處，未謀及秦蜀上游也。」

261　嚴如熤，《三省邊防備覽》，卷 11，策略，頁 1。收入《續修四庫全書》，史部‧地理類，第 732 冊。

262　嚴如熤，《三省邊防備覽》，卷 14，藝文下，頁 16-17。

263　顧炎武輯，《天下郡國利病書》（臺北：廣文書局，民國 68 年），卷 72，湖廣 1，頁 30。

264　馬文升，〈添風憲以撫流民疏〉，陳子龍等選輯，《明經世文編》（北京：中華書局，1962 年），明崇禎年間刊本影印，卷 62，頁 12。

難，故多募人領地承賦。因地多人少，租賦輕微，「客民給地主錢數千，即可租種數溝數嶺」。[265]山地除極少平原地帶有少量地主和土著外，多為客民身分，客民從地主處租賃土地，有時因「不能盡種，轉招客佃，積數十年有至七八轉者，一戶分作數十戶，客租只認招主，並不知地主為誰，地主不能抗爭」，[266]於是客民成為二地主身分。棚民在山區租地生產，遷徙無常，往返不定，本無定居之處，往往在一處租得山地，經營數年，當土地變瘠則遷移易地，另尋租地耕種。[267]今年在此，明年在彼，甚至一年中遷徙數處，故不易入籍。他們在各縣山險地區，「或聚或散，或徙或居，若鳥獸之無羈縛者」，朝廷難以控制。

對於人口遷往陝南，湖廣地方政府以「楚民止准其入蜀，原無許令往秦開墾之例」，加以攔阻，至於粵省之民「更無准其往秦開墾之例」。主因在人口流失影響賦稅收入，朝廷為維持貢賦均衡，亦不便挹此注彼。因此湖廣及廣東地方官命各營汛弁兵阻截行往陝西人民，將其一概遞解回籍，不得違例放行。據估計，「徠民行至中道，而復被驅逐回原籍者，何止數萬」。[268]至雍正年間實行「攤丁入地」，人丁稅不復存在，湖廣人民移往他省才不再受阻。

由於生齒日繁，乾隆年間，開始有安徽、山西、河南流民進入陝南山區墾種，初則茅屋依山，繼而廣佈衢道山嶺。[269]山內地廣賦輕，附近省民北則取道西安、鳳翔，東則取道商州、鄖陽，西南則取道重慶、夔府、宜昌，扶老攜幼，成群結隊，絡繹於途。

---

265 嚴如熤，《三省邊防備覽》，卷 14，藝文，頁 17，收入《續修四庫全書》，史部・地理類，第 732 冊；《清宣宗成皇帝實錄》（一），卷 10，嘉慶二十五年十二月壬辰，諭旨，總頁 207。

266 嚴如熤，《三省邊防備覽》，卷 11，策略，頁 18-19。

267 陶澍，〈查辦皖省棚民編設保甲附片〉，《陶文毅公全集》，卷 26，頁 1-2，收入《續修四庫全書・集部・別集類》，1503 冊；嚴如熤，《三省邊防備覽》，卷 14，藝文下，頁 17。

268 《西鄉縣志》，康熙年間刊本，卷 9，招徠始末。轉引自蕭正洪，〈清代陝南種植業的盛衰及其原因〉，《中國農史》，1989 年第 1 期，頁 75。

269 楊芳，〈屯田記〉，莫庭芝、黎汝謙採詩，陳田傳證，《黔詩紀略後編》，宣統三年刊本，卷 14，頁 1。

山區流民比例，川陝邊境，土著之民無一二，湖廣客籍約有五成，廣東、安徽、江西各省約有三四成。[270]河南、江西、安徽等地貧民攜帶家眷，先至南巴老林的興安直隸州管轄之平利、洵陽、白河、紫陽、石泉、漢陽六縣落腳開墾。乾隆中葉，川、楚、豫、皖等省流民遷往陝南數量與日俱增，如興安直隸州爲荊襄門戶，萬山重疊，形勢險要：

> 從前俱係荒山僻壤，土著無多。自乾隆三十八年以後，因川、楚間有歉收處所，窮民就食前來，旋即栖谷依岩，開墾度日。而河南、江西、安徽等處貧民，亦多攜帶家室，來此認地開荒，絡繹不絕。是以近年戶口驟增至數十餘萬，五方雜處。[271]

流民的湧入，導致興安州人口大增，清廷遂於乾隆四十八年（1783）將興安州升格爲府。興安府平利縣，清初人口稀少，境內外來人民居多，乾隆初年，平利知縣黃寬表示，縣中戶口原本稀少，承平日久，生齒漸繁，戶口較十年之前，超過數倍，惟境內人戶，頗多新附者。康熙五十年（1711）平利縣人口僅 492 戶、1913 口，乾隆十九年（1754）人口增至 2,318 戶、8,509 口，道光三年（1823）人口更增至 178,600 口。[272]乾隆十九年（1754）至道光三年（1823）六十九年間，人口增長 20 倍，這種高速成長主要就是外來人口移入所致。《秦疆治略》即記載平利縣「幅員遼闊，民人多係楚、蜀遷居之戶，全賴開山種地以資生」。[273]可知其人口多爲四川、湖北百姓遷居者。白河縣濱臨漢水，境內四面皆山，五方雜處，外來佃種者十居六七。[274]紫陽縣僻處山中，其地皆僑居者多，土著百

---

270 嚴如熤，《三省邊防備覽》，卷 11，策略，頁 21。收入《續修四庫全書》，史部・地理類，第 732 冊。

271 畢沅，〈興安陞府疏〉，《三省邊防備覽》，卷 14，藝文下，頁 3。

272 黃寬纂修，《平利縣志》，乾隆二十年刊本，卷 2，戶口，頁 46、48；盧坤，《秦疆治略》，道光年間刊本影印，平利縣，頁 62，收入《中國方志叢書・華北地方・陝西省》（臺北：成文出版社，民國 59 年），第 288 號。

273 盧坤，《秦疆治略》，平利縣，頁 62。

274 盧坤，《秦疆治略》，白河縣，頁 64。

無一二。[275]石泉縣在清初鼎革之際遭受兵燹，僅存 700 餘戶，經休養生息，至乾隆初年人口漸蕃，乾隆三十七、八年（1772、1773）間，川、楚歉收，窮民來陝就食，棲谷依岩，開墾度日；而河南、江西、安徽等處貧民亦攜帶家室源源而至，於是戶口驟增數倍。[276]

商州雒南縣四面環山，平原甚少，乾隆初年，中幹山南老林尚未開墾，土地荒蕪；乾隆二十年（1755）後，始有外來流民佃山從事墾殖，皆川、楚之人；乾隆四十三、四年（1778、1779），安徽、湖廣數省屢遭災祲，逃荒至雒南覓食災民絡繹於途。[277]山陽縣向來樹木叢雜，人煙稀少，清初不過萬餘人，乾隆三十年（1765），河南、湖廣流民攜家帶眷徙至山陽開墾者眾，三十三年（1768）大批安徽、湖廣人民流遷而至，人口增加 10 倍之多，五十一年（1786）又有不少河南人民逃荒其地。[278]鎮安縣亦為深山老林區，是外省移民最集中的地區之一，土著不過一二，客民十居八九。[279]

漢中府地區，乾隆年間安徽、湖廣、四川無業貧民徙至墾荒，依親傍友，漸聚漸多，峻岩深谷皆有居民。略陽縣西臨甘肅，外來客多。略陽原無水利，乾隆以後，因川、楚人民遷至開墾，陸續開闢出水田，引溪水灌溉。[280]由於流民日增，乾隆年間，南山

---

275 楊家駒修，陳振紀等纂，《重修紫陽縣志》，民國 14 年石印本影印，卷 1，地理志，山川，頁 16。收入《中國西北文獻叢書》，第 1 輯，西北稀見方誌文獻，第 16 卷。

276 舒鈞纂修，《石泉縣志》，道光二十九年刻本影印，卷 2，戶口志，頁 25。收入《中國方志叢書‧華北地方‧陝西省》（臺北：成文出版社，民國 58 年），第 278 號。

277 盧坤，《秦疆治略》，雒南縣，頁 21，收入《中國方志叢書‧華北地方‧陝西省》，第 288 號；未著纂修人，《雒南縣鄉土志》，光緒年間抄本影印，卷 3，人類，頁 97，收入《中國方志叢書‧北地方‧陝西省》（臺北：成文出版社，民國 58 年），第 250 號。

278 何樹滋纂修，黃輝增補，《山陽縣志》，嘉慶元年刻十三年增刻本，卷 11，事類志，祥異，頁 9，收入《故宮珍本叢刊‧陝西府州縣志》（海口：海南出版社，2001 年），第 80 冊；盧坤，《秦疆治略》，山陽縣，頁 22。

279 盧坤，《秦疆治略》，鎮安縣，頁 20。

280 楊虎城等修，宋伯魯等纂，《陝西續通志稿》，民國 23 年鉛印本影印，卷 60，

添設寧陝、孝義、留壩三廳。留壩廳位於秦嶺南坡，土著甚少，大多川、楚、皖省客民，佃地開墾。留壩廳初亦無水利，川、楚徙居之民在溪河兩岸地稍平衍處，築堤障水，開作水田。[281]南鄭縣南部位處大巴山區，乾隆年間，外來之人不少，因處深山窮谷，墾荒闢土者，多屬異地之人。[282]縣東西皆為平原，漢水以北，稱為北壩，土著居多；漢水以南，稱為南壩，多係四川、湖廣、江西等地外來客，佃地墾荒。[283]嘉慶八年（1803），大巴山區增設定遠廳，界連四川，至道光三年（1823）流民至其地墾荒附籍者，增至 10 餘萬戶。[284]因地緣關係，其中四川人最多，湖北人次之，土著居民最少。

西安府所屬孝義廳位於秦嶺南坡，四面皆山，因山地肥饒，種少收多，所以江、楚各省人民相繼而至開荒附籍。從境內人口組合可對陝南人口及其複雜的地理成分窺知一二：

> 境內烟戶，土著者十之一，楚、皖、吳三省人十之五，江、晉、豫、蜀、桂五省人十之三，幽、冀、齊、魯、浙、閩、秦、涼、滇、黔各省十之一。故性情各異，風俗亦不同。[285]

其人口比例並不一定具有代表性，但可說明此區人口龐雜，遷入

---

水利，頁 37。收入《中國西北文獻叢書》（蘭州：蘭州古籍書店，1990 年），第 1 輯，西北稀見方誌文獻，第 7 卷。

281 賀仲瑊修，蔣湘南纂，《留壩廳志》，道光二十二年刊本影印，土地志，風俗，頁 5，收入《中國方志叢書・華北地方・陝西省》，第 271 號；楊虎城等修，宋伯魯等纂，《陝西續通志稿》，民國 23 年鉛印本影印，卷 60，水利，頁 18。嚴如熤，《三省山內風土雜識》，頁 6，記載：留壩廳「廳境絕少水田，川楚棚民轉徙開墾，土著十無一二，五方雜楚。」收入《中國風土志叢刊》（揚州：廣陵書社，2003 年），第 24 冊。

282 王行儉纂修，《南鄭縣志》，乾隆五十九年刻本影印，卷 2，輿地志下，風俗，頁 19。收入《中國西北文獻叢書》，第 1 輯，西北稀見方誌文獻，第 20 卷。

283 盧坤，《秦疆治略》，南鄭縣，頁 51。收入《中國方志叢書・華北地方・陝西省》，第 288 號。

284 嚴如熤，《三省邊防備覽》，卷 14，藝文下，頁 68。收入《續修四庫全書》，史部・地理類，第 732 冊。

285 常毓坤撰修，《孝義廳志》，光緒九年刊本，卷 3，風俗，頁 2。

來源極爲廣泛，大部分來自南方人口稠密區。寧陝廳一帶初始居民稀少，乾隆年間，始有安徽、山西、河南流民入山開墾。由於土地輕賤，川、楚人民源源不絕，以附其籍；有資本者買地闢山，無資本者佃地耕種。統計當地人戶，大約楚、蜀人居十之五六，江南、江西、山西、河南、兩廣人十之二三，土著佔十之一二，山東、直隸、浙江、甘肅數省最少，[286]移民成分龐雜。巴山老林的川北地區，受明末兵燹波及，「室家蕩析蓄播遷而遺黎落落矣」。至嘉慶元年（1796），統計保寧府所屬各州縣人口大增，如蒼溪縣增加 25,619 戶、70,836 口，廣元縣增加 25,681 戶、92,288 口，南部縣增加 29,644 戶、120,331 口，昭化縣增加 20,732 戶、64,221 口，通江縣增加 21,916 戶、86,296 口，巴州增加 18,822 戶、112,320 口，劍州增加 21,696 戶、74,745 口。[287]

　　風潮一起，至嘉慶二十五年（1820），南巴老林地區吸納數省人民「以數百萬計」。[288]這些來自四川、江南、山西、廣東、湖南，及湖北武昌、黃州、安陸、荊襄的流民，大多入籍成爲「新民」。流民中除了失去土地的農民外，亦有因逃罪、欠糧等因，托名開荒而至者，如楚省寶慶、武岡、沔陽等地人民，因此攜眷遷入者不下數十萬人。[289]乾隆四十五年（1780），由於生聚漸眾，朝廷於五郎地方設官駐兵以爲管束。嘉慶初，流民入山者，更是千百爲群，絡繹於途。其後田地愈闢愈廣，嘉慶年間，因白蓮教亂，

286 林一銘修，焦世官等纂，《寧陝廳志》，道光九年刻本影印，卷 1，輿地志，風俗，頁 17-18；卷 4，藝文志，〈寧陝鎮新置屯田記〉，頁 13。收入《中國西北文獻叢書》（蘭州：蘭州古籍書店，1990 年），第 1 輯，西北稀見方誌文獻，第 17 卷。

287 徐雙桂修，史觀等纂，《保寧府志》，道光元年刊本，卷 22，食貨志，戶口，頁 2-4。

288 嚴如熤，《三省邊防備覽》，卷 14，藝文下，頁 17，收入《續修四庫全書》，史部，地理類，第 732 冊；《清宣宗成皇帝實錄》（一），卷 10，嘉慶二十五年十二月壬辰，諭旨，總頁 207。

289 李先復，〈楚民寓蜀疏〉，《保寧府志》，道光元年刊本，卷 57，藝文志，南部縣，頁 34。

復駐兵十營，設立寧陝鎮。[290]江西、安徽、湖廣等省人民因避難至陝西二竹等處種山，嘉慶六年（1801）其挈眷回籍人數約計不下 20 餘萬。[291]可見，此區已聚集不少流民開墾生產。

## （三）山區的開發

成千上萬的流民陸續進入山區，使得山區得以開發。南方的流民把耕種水稻的技術傳入；陝南的商州，由湖北武昌、黃州及安徽潛山、六安的流民用「南方渠堰之法以收水利，稻田數萬，軍糈之資不勞外境」。[292]川東和湖北交界地，各省流入之民採用築梯田之法墾闢，巴州之民多楚、黔地區流徙者，善於開墾，沿山旋繞挖作水田，梯田甚多。川、陝、楚交錯區的湖北竹山、竹谿兩縣，流民勤於稼穡，山彎溪角處亦墾為水田；[293]四川綏定府所屬東鄉、新寧、渠縣、大竹等縣，在岷江之北，附近多山區，清初均屬貧瘠縣地，經過開墾，至嘉慶年間，近府地區可見平原沃壤，水田阡陌，穀收頗豐。[294]乾隆以前，陝南地區基本作物以栽種麥與粟穀雜糧為主；乾隆以後，流民流入漸多，傳入玉米、馬鈴薯等耐旱、耐寒、高產作物，以及生漆、茶葉、桐油等經濟林木生產技術和藥材種植。新的技術加上新的經濟商品提高了經濟效益，吸引更多外省窮民遷至。由於這些開山墾種者的辛勤勞動，刀耕火種，雖嶵叢峻嶺，老林邃谷，無土不墾，無地不闢，於是山地無遺利。[295]如陝西盩厔（周至）縣以南、洋縣以北秦嶺山區，自川、楚之人徙至開荒，其他各省亦緊隨其後，雖深山密箐有土

290 楊芳，〈屯田記〉，《黔詩紀略後編》，宣統三年刊本，卷 14，頁 1。

291 《宮中檔嘉慶朝奏摺》，第 9 輯，嘉慶六年八月二十二日，湖廣總督吳熊光奏摺，頁 813。

292 嚴如熤，《三省邊防備覽》，卷 8，民食，頁 5。收入《續修四庫全書》，史部，地理類，第 732 冊。

293 嚴如熤，《三省邊防備覽》，卷 8，民食，頁 8-9、11。

294 嚴如熤，《三省邊防備覽》，卷 8、11，民食、策略，頁 11-12、13。

295 魏源，〈湖廣水利論〉，《古微堂外集》，卷 6，頁 5。

之處，皆開墾無餘。[296]道光初年，據說陝南地區多已開墾，觸目所見「低山盡村莊，溝岔無餘土」。[297]

　　山區除了糧食和經濟作物的種植，手工業亦有發展。終南山產木，林木遍嶺漫谷，取木作紙，工本無多，獲利頗易，故林內處處可見木紙各廠，傭工力作之人甚多，有「操斧斤入者，恣其斬伐，名曰供廂」。一處所多者數千人，少亦不下數百，皆衣食於供廂者。[298]鰲屋到洋縣 600 里間，木廂最多，匠作傭工之人不下數萬。[299]西鄉、華陽、洋縣有紙廠 20 餘座，安康有紙廠 63 座，定遠紙廠逾百，廠大者匠作傭工需百數十人，小者亦得 40～50人。[300]此外，其他工廠亦紛紛出現，如鹽廠、鐵廠、炭廠、沙金等廠，各廠規模不一，有數十人至百人、千人，甚至數十萬人，勞力需求頗大。[301]如大圓木廠，「匠作水陸挽運之人不下三五千」，規模較小的枋板廠、猴柴廠，匠作水陸挽運人夫，大者每廠有數百人，小的亦有數十人。[302]四川井鹽開近山林，以巴山老林邊最盛，鹽廠大者如四川犍為、富順等縣，竈戶傭作商販各項，每廠之人以數十萬計；大寧、開縣等廠亦以萬計。[303]井旺時，每日所用夫匠、水陸轉運及商販等人，數量可觀。廠開愈大，人聚愈多。廠中傭工之人，有的是已先來之棚民，農閒之餘兼職；有的是聞風繼來的流民，專門傭工為生，完全脫離農業生產。廠工多單身傭作，若在豐年，除謀食外尚得工資；若遇荒歉，廠主停工，傭

---

296 盧坤，《秦疆治略》，鰲屋縣，頁 11。收入《中國方志叢書‧華北地方‧陝西省》，第 288 號。

297 嚴如熤，《三省邊防備覽》，卷 14，藝文下，頁 76。收入《續修四庫全書》，史部‧地理類，第 732 冊。

298 楊虎城等修，宋伯魯等纂，《續修陝西通志稿》，民國 23 年鉛印本影印，卷 34，徵榷，頁 3。收入《中國西北文獻叢書》，第 1 輯，西北稀見方誌文獻，第 7 卷。

299 嚴如熤，《三省邊防備覽》，卷 14，藝文下，頁 23。

300 嚴如熤，《三省邊防備覽》，卷 9，山貨，頁 7。

301 嚴如熤，《三省邊防備覽》，卷 9，山貨，頁 5-7。

302 嚴如熤，《三省邊防備覽》，卷 9，山貨，頁 2、4。

303 嚴如熤，《三省邊防備覽》，卷 9，山貨，頁 7。

工者無以資生，反添數十萬無業流民。[304]

　　道光初年，擔任陝西巡撫的盧坤在《秦疆治略》中指出，「自白蓮教亂，富者去而之他，貧者流而為匪，川楚無業之徒，紛紛而來，開山種地」。[305]道光三年（1823），西安府盩厔縣山內流民超過 15 萬人，有大木廠 3 處，板廠 10 餘處，鐵廠數地，供廠之人甚多。在此伐木的工人多為棚民，五方雜楚，[306]是以「棚居雜吳語，板屋半楚咻」。[307]鳳縣共 173,400 餘名口，土著稀少，多川湖無業流民佃地耕種；南鄭縣共 262,000 餘名口，漢江以南田土膏腴，有山水之饒，多係四川、湖廣、江西等省外來流民佃種墾荒。[308]南山開墾日廣，流民日聚日多，生齒繁眾。除開荒墾殖外，流民流入南巴老林，提供廉價的勞動力，吸引商人遷至開廠，當地手工業因而蓬勃發展。所以，流民進入山區活動，對於山區經濟的發展具有積極的意義。

# 二、邊疆地帶

## （一）西南 —— 雲南、貴州、廣西

### 1、人口增長

　　明末清初西南地區戰事頻繁，時間長達四十年之久，田地荒蕪，人煙稀疏，觸目所見呈現一片荒殘景象，對社會經濟造成極大破壞。康熙二十年（1681），三藩之亂平定後，雲南昆明知縣張

---

304 嚴如熤，《三省邊防備覽》，卷 11，策略，頁 21。收入《續修四庫全書》，史部・地理類，第 732 冊。

305 盧坤，《秦疆治略》，石泉縣，頁 66。收入《中國方志叢書・華北地方・陝西省》，第 288 號。

306 盧坤，《秦疆治略》，盩厔縣，頁 11。

307 嚴如熤，《三省邊防備覽》，卷 14，藝文下，頁 74。

308 朱子春等纂，《鳳縣志》，光緒十八年刊本影印，卷 3，賦役，戶口，頁 1，收入《中國方志叢書・華北地方・陝西省》（臺北：成文出版社，民國 58 年），第 281 號；盧坤，《秦疆治略》，道光年間刊本影印，鳳縣，頁 55。

瑾，招集流民，給予牛種，墾荒種地，一年墾田 1,300 餘畝，三年墾得萬餘畝，小有成效。[309]為儘快恢復社會生產，康熙三十二年（1693），朝廷宣佈「以滇省明代勳莊田地照老荒田地之例，招民開墾，免其納價」。[310]清廷雖有心經營雲、貴等地區，但當時西南地區因沿習明制，仍保留土司制度，名義上土司雖然處於中央政府的管轄下，但實際上卻是一個個相對獨立的自治單位，土司各自為政，劃地自守，視其領地為私有產業，中央政府法令無法貫徹推行，阻礙了內地人民與西南地區的各種交流，也遏阻了當地社會經濟的發展與開發。所以，西南地區除腹心之地如雲南滇池、洱海一帶及其附近少數壩子河谷平原等地逐漸發展外，其他邊遠地方仍處於荒莽狀態。

　　康、雍以來，政局安定，經濟發展，內地人口自然成長加速，愈益超出土地生產力的負荷，而西南地區除腹里之地以外的邊遠地區，仍處於人口稀少的狀態。雍正年間，清廷在西南地區大規模的實施「改土歸流」，終於打破內地和邊疆的地域藩籬，加強彼此間的往來和交流；隨著經濟的發展，內地地少人多的窘況日益突顯，西南地區原被土司壟斷的土地釋出，對於內地無田可耕的漢人產生巨大的吸引力。因此不少漢人陸續移往西南地區謀生，廣東、湖廣、江西、四川等省人民，攜妻挈子，不懼路遙山險，忍受餐風露宿，視此瘴鄉如樂土。故稽其烟戶，較以往更增倍蓰。[311]長久以來「蠻不出境，漢不入峒」的種族隔離狀態被打破，久荒之地因而日闢，田畝收成倍增。夷地招民開墾，漢民紛至遝來，人口迅速增加。嘉慶年間白蓮教起事，各省人民避移至滇者日聚日多。

---

309　《清史稿校註》，第 14 冊，卷 483，張瑾傳，頁 10887。

310　《皇朝文獻通考》，卷 2，田賦考，田賦之制，頁 21-22。收入《景印文淵閣四庫全書》，史部‧地理類，第 632 冊。

311　林則徐等纂，李希玲纂，《廣南府志》，光緒三十一年重抄本影印，卷 2，民戶，頁 1。《中國方志叢書‧華南地方‧雲南省》（臺北：成文出版社，民國 56 年），第 27 號。

乾、嘉時期，雲南臨安府所屬地區，內地人民貿易往來，穿梭如織，楚、粵、川、黔各省攜眷落戶，租墾營生者十有三四。[312]乾隆三十年（1765）臨安府有民屯 29,819 戶、83,344 口；至嘉慶三年（1798），增為 67,037 戶、229,271 口。[313]三十餘年間，戶與口增長超過 2 倍多。永昌府，嘉慶末年因遭災荒，外來流民襁負而至者以萬計。[314]至道光初年，連向來不與漢人相通的保山縣官乃山地區，也有不少外來流民移入，搭蓋棚寮棲止，後逐漸建蓋土屋草房定居。[315]

廣南、開化二府位置偏僻，山深林密，，一向被視為「烟瘴之地」，早期由於社會經濟落後，少有內地人深入。雍正以後漸漸改變，自嘉慶年間始，湖廣、四川、貴州等地流民，每日以數十人或百餘人，成群結隊前往，租種土著山地，耕種謀生。至道光初年，已約略不下數萬人。[316]道光十七年（1837）開化府所轄安平、文山等處流民共 24,000 餘戶，廣南府所屬寶寧、土富州等處流民共 22,000 餘戶。[317]普洱府，實行「改土歸流」後，乃有較多漢人移入，或開墾田土，或通商貿易，當地人煙逐漸稠密，田地

---

312 江濬源，〈條陳稽查所屬夷地事宜議〉，《介亭文集》，卷 6，頁 40，收入《續修四庫全書》，集部‧別集類，第 1453 冊。

313 《臨安府志》，嘉慶年間刊本，卷 6，丁賦。轉引自行龍，《人口問題與近代社會》，頁 117。

314 劉毓珂等纂修，《永昌府志》，光緒十一年刊本影印，卷 3，天文志，祥異，頁 8。收入《中國方志叢書‧華南地方‧雲南省》（臺北：成文出版社，民國 56 年），第 28 號。

315 林則徐，〈保山縣城內回民移置官乃山相安情形摺〉，《林文忠公政書》（長沙：商務印書館，民國 28 年），丙集，卷 10，頁 404。

316 伊佩荸，〈條陳滇省事宜四條疏〉，《道咸同光四朝奏議》（臺北：臺灣商務印書館，民國 59 年），第 1 冊，頁 72。民國《廣南縣志稿》：「自清康熙、雍正以後，川、楚、粵、贛的漢族移民，在廣南山嶺之間伐木開道與開墾山地，移民漸成村落。外來漢民開墾山地，起初僅選擇肥沃之區，日久人口繁滋，由沃以及於瘠。」轉引自方鐵編，《西南通史》（鄭州：中州古籍出版社，2003 年），頁 707。

317 《內閣大庫檔案》，145523 號，道光十七年二月二十三日，戶部移會。

漸開。[318]據統計，道光年間普洱府已有夷田 1,760 頃有餘；永昌府有民田 1,862 頃有餘，屯田 558 頃有餘。[319]順寧府，乾隆十五年（1750）載冊戶數為 10,444，男婦大小 31,704 丁口，乾隆五十年（1785）增為 26,233 戶、71,338 丁口，嘉慶二十五年（1820）已有 32,563 戶、114,165 丁口，這些增長的人口多為各省及外郡入籍者。[320]

　　乾隆四十年（1775）雲南在冊人口數超過 300 萬，已接近 4‰的年平均增長率；乾隆五十年（1785）年平均增長率上升至 10‰。十年後年平均增率達到 20‰，幾乎在中國各省中名列前茅，至嘉慶十六年（1811）以前沒有激減。乾隆四十年至道光五年（1775～1825），全國在冊人口數由 264,561,355 增為 379,885,340，[321]年平均增長率為 7.3‰，而雲南在冊人口數由 3,083,499 增為 6,349,680，年平均增長率為 14.6‰，是全國年平均增長率的 2 倍，其中乾隆末年至嘉慶時期約二十年左右，年平均增長率高達 20～25‰。[322]外地人民移入雲南的盛況可見一斑。雲南地方遼闊，至道光中葉未經開墾之區尚多，仍可容納外來人口。

　　貴州在明朝始設行省，清朝以前，由於地瘠民貧，當地漢人稀少，多為土著。康、雍年間，湖廣及閩粵等省流民往四川流移，不少人取道貴州，但途中並沒有人願意留居下來。至乾隆十三年（1748），貴州仍無多大改變，當地仍是「地方遼廓，土曠人稀」，[323]但因崇山峻嶺，不通舟車，土瘠民貧，夷多漢少，田地荒蕪情

318 陳宗海重纂修，《普洱府志》，光緒二十三年刊本，卷 8，地理志，風俗，頁 1。
319 劉慰三，《滇南識略》。轉引自方鐵等，《中國西南邊疆開發史》（昆明：雲南人民出版社，1997 年），頁 400。
320 朱占科修，周宗洛等纂，《順寧府志》，光緒三十年刊本影印，卷 11，食貨志，戶口，頁 3、5、7；卷 5，地理志，風俗，頁 3。收入《中國方志叢書·華南地方·雲南省》（臺北：成文出版社，民國 64 年），第 256 號。
321 參見第二章附錄二乾嘉道三朝歷年人口數目概況表。
322 李中清，〈明清時期中國西南的經濟發展和人口增長〉，《清史論叢》，第 5輯，頁 73-74。
323 《清高宗純皇帝實錄》（五），卷 311，乾隆十三年三月癸丑，貴州按察使介錫周奏，總頁 105。

況嚴重。清廷多次下令招民開墾，初期成效不彰。乾隆中葉以後，因爲人口壓力日增，漸有湖廣和四川流民湧入。貴州山坡箐林處，尙多荒土，每有外來流民，往赴力墾。由於流民紛至遝來，人口增長迅速，乾隆六年（1741），官方載冊人口 240 餘萬，至乾隆四十一年（1776），成長速度驚人，竟超過 500 萬。[324]三十五年間，人口成長 2 倍多，實意味著大量外地漢人進入貴州。人口的增加，爲當地農業提供可資利用的勞動力。

　　嘉、道年間，貴州墾荒已由東北逐漸轉向西南，甚至連黔、桂、滇三省交界的興義等府也成爲客民聚集之地。道光十九年（1839），貴州布政使賀長齡在覆奏漢苗土司情形中即提到，貴州客民頗多，興義府尤爲淵藪；自嘉慶年間平定湘、黔苗民之亂，地曠人稀，常有該省下游及四川、湖廣客民攜眷遷入，闢墾荒山，此輩皆屬極貧之戶，終年困頓，生活僅足糊口。至道光中葉以後，興義府已無可墾山地，然四川客民及貴州本省遵義、思南等地百姓仍移往居住，終年不斷，雖曾飭令嚴禁，但不能止。[325]據統計，至道光中期，外地遷往興義府所屬州縣的客民，總數已達 25,632戶。[326]嘉慶初年，興義府西邊的普安廳，在土目大姓招佃墾種下，雲南、四川失業窮民，攜家帶眷接踵而至。[327]貴州的思南府，在乾隆初年尙有未開墾之地，至道光中期已出現「山巓水涯，殆無

---

324　李中清，〈明清時期中國西南的經濟發展和人口增長〉，《清史論叢》，第 5輯，頁 63-64；《皇朝文獻通考》，卷 19，戶口考，頁 56，收入《景印文淵閣四庫全書》，史部・政書類，第 632 冊。

325　賀長齡，〈覆奏漢苗土司各情形摺〉，《耐庵奏議存稿》，卷 5，頁 2-3。收入《近代中國史料叢刊》（臺北縣：文海出版社，民國 58 年），第 36 輯，第 353 冊。

326　羅繞典輯，《黔南職方紀略》，道光二十七年原刊影印，卷 2，興義府，頁 12。收入《中國方志叢書・華南地方・貴州省》（臺北：成文出版社，民國 63 年），第 277 號。

327　愛必達，《黔南識略》，乾隆十四年修刊本影印，卷 29，普安直隸廳，頁 7。收入《中國方志叢書・華南地方・貴州省》（臺北：成文出版社，民國 57 年），第 151 號。

曠土」之象。[328]古州廳在乾隆五十年（1785）後才有漢人入山墾伐，不久，境內可墾水田，「一丘一壑，纖悉無餘」。[329]《大清會典》記載，順治十八年（1661）貴州墾地 1,074,300 畝，康熙二十四年（1703）墾地 599,711 畝，雍正二年（1724）墾地 1,451,569 畝，乾隆三十一年（1766）墾地 2,673,100 畝。[330]墾地隨著時間推移顯著增加，並且熟田所佔比例亦逐漸增大，作物產量因而隨之提高。清初，遵義府熟民田地計有 556,877 畝，康熙二年（1663）至二十一年（1682）增加爲 563,534 畝，康熙二十二年（1683）至乾隆四年（1739）又增爲 913,128 畝。[331]田地熟化程度不斷提高，因此各地糧產量增加，除食用外，尚多存糧。

　　雍正初年，廣西仍屬土曠人稀，地利未盡，觸目所見皆深篁密箐，若「去其篁箐舊根，而入以稻穀新種」，[332]則膏腴代以荒瘠。移民廣西者，多來自廣東、兩湖、江西等省。由於廣東人移居廣西桂平縣的人口增加，縣志中記載，江口圩又名湟江圩，原爲瑤民貿易場，乾隆間遷今地，「清世瑤人遠遁，外籍日眾，圩漸繁盛」。[333]欽州地區在雍正初年尚屬荒蕪不治之區，乾隆以後，外府州縣遷居者，5 倍於土著。[334]平樂府屬富川縣，明代爲遣戍犯人之地，至乾隆年間，已爲「無戍而多客民」。[335]過去較少漢人進入的土司

---

328 《思南府續志》，道光年間刊本，卷 3。轉引自方鐵等，《中國西南邊疆開發史》，頁 400。

329 林溥，《古州雜記》，頁 8。收入《中國風土志叢刊》，第 26 冊。

330 方鐵主編，《西南通史》，頁 718。

331 平翰等修，鄭珍等纂，《遵義府志》，道光二十一年刊本影印，卷 14，賦稅，頁 1-2。收入《中國方志叢書·華南地方·貴州省》（臺北：成文出版社，民國 57 年），第 152 號。

332 《宮中檔雍正朝奏摺》，第 2 輯，雍正二年閏四月十七日，署理廣西巡撫事務廣西提督韓良輔奏摺，頁 582。

333 程大璋纂，黃現璠等編著，《壯族通史》（南寧：廣西民族出版社，1988 年），頁 401；程大璋纂，《桂平縣志》，民國 9 年鉛印本影印，卷 31，紀政，風俗，頁 63，收入《中國方志叢書·華南地方·廣西省》（臺北：成文出版社，民國 57 年），第 131 號。

334 朱椿年纂修，《欽州志》，道光十四年刊本，卷 1，物產，頁 62。

335 顧國誥等修，劉樹賢等纂，《富川縣志》，光緒十六年刊本影印，卷 2，風土，

所轄地區，因「改土歸流」後，至者日多，如慶遠府至道光初年，其蠻溪山峒處，盡皆楚、粵、黔、閩等省人民墾種。[336]此外，思安、鎮安、泗城、太平等地，亦有相同情形。南寧府、太平府、鎮安府三府所屬州縣，與安南接壤者 2,000 餘里，為佈置防守，其間設有關隘，與西北邊牆劃分中外不同，故其雖在隘外而仍係內地，向來無業貧民，因屬內地，俱赴彼搭蓋草房，就地耕種。[337]嘉慶年間，梧州、潯州、鬱林三府從廣東遷入居住者，「幾占土著之半」。[338]至道光初年，廣西省仍有許多荒山曠土，相連省界的廣東、湖南等地，常有人民移至租地承種。[339]

　　乾隆十八年（1753），廣西除永寧等十一州縣，或係苗疆，或因「改土歸流」，未經編審，其餘臨桂等五十四州縣，共有在冊人口 3,767,216 人；乾隆五十二年（1787），全省人口增為 6,375,838 餘人，三十四年間，廣西人口增加近 260 萬人，[340]至嘉慶二十五年（1820），又增加 130 餘萬，達 773 萬餘人。[341]人口增加之速顯然非自然成長，除因編審工作日趨完善普及，實與外來人口遷移有關。

　　清朝基於維護地方治安考量，不願人民隨意流徙，但對於遷徙西南邊疆則採鼓勵態度。清世宗即擔心國家承平日久，生齒日多，所產糧食，僅足贍給，若遇荒歉，民食維艱。將來戶口日增，

---

風俗，引乾隆志，頁 2。收入《中國方志叢書・華南地方・廣西省》（臺北：成文出版社，民國 56 年），第 19 號。

336 唐仁，道光《慶遠府志》，卷 3，地理志，風俗。轉引自郭松義，〈清代人口流動與邊疆開發〉，馬汝珩，馬大正主編，《清代邊疆開發研究》（北京：中國社會科學出版社，1990 年），頁 26。

337 《清高宗純皇帝實錄》（五），卷 371，乾隆十五年八月己亥，廣西巡撫舒輅奏，總頁 1105。

338 孫玉庭，〈奏陳地方情形疏〉，《延釐堂集》，同治十一年重刊本，卷上，頁 31。

339 《軍機處檔・月摺包》，059798 號，道光八年三月二十一日，廣西巡撫蘇成額奏摺祿副。

340 《宮中檔乾隆朝奏摺》，第 6、66 輯，乾隆十八年十一月二十七日、乾隆五十二年十月二十一日，廣西巡撫李錫泰、孫永清奏摺，頁 866、15。

341 趙文林、謝淑君，《中國人口史》，頁 455。

何以爲業？認爲「唯開墾一事，於百姓最有裨益」。[342]清高宗時曾表示，百餘年來的發展，全國戶口數較往昔快速成長，耕食已不如以往充裕，自親政以來，開疆闢土，幅員日廣，小民皆得開墾邊外地土，以暫謀口食。[343]乾隆以後，西南各省人口成長快速，重要原因即大量人口從外地進入西南。有學者研究，順治十八年（1661），廣西省人口約爲 250 人，雲南和貴州兩省也各不少於200 萬人。[344]至嘉慶二十五年（1820），西南各省人口均有大幅度的成長，廣西省人口增爲 7,423,000 餘人，雲南省人口達 6,067,000萬人，貴州省約有 5,352,000 萬人。[345]

## 2、礦業開發

礦業的開採，也吸引大量外地人口移入。明朝以來，冶銅是雲南重要財政收入來源之一，至清朝依然，且生產規模較前更大；[346]其中以銅礦開採最突出，雲南出產的銅可大量支援內地的需求。清朝初期，由於傳統重農輕商觀念和防範流民聚眾造反心理，對內地礦藏多採消極封禁態度，但從沒有實現過對採礦業的絕對禁閉政策，在不同地區不同礦種間，開放或禁閉的問題上，存在極大的差異。清廷對雲南礦業是給予特殊待遇，但強調要加強管理：

> 開礦一事，除雲南督撫雇本地人開礦及商人王綱明等於湖廣、山西地方、各雇本地人開礦不議外，他省所有之礦向未經開採者，仍嚴行禁止。其本地窮民現在開採者，姑免

---

342　《清世宗憲皇帝實錄》（一），卷 6，雍正元年四月乙亥，諭旨，總頁 137。

343　《清高宗純皇帝實錄》（一九）（1986 年），卷 1441，乾隆五十八年十一月戊午，諭旨，總頁 249-250。

344　路遇等，《中國人口通史》（濟南：山東人民出版社，2000 年），頁 823-825。

345　全漢昇、王業鍵，〈清代的人口變動〉，《中央研究院歷史語言研究所集刊》，第 32 本，頁 169。

346　檀萃輯，《滇海虞衡志》，卷 2，志金石，頁 19 載：「滇南大政，唯銅與鹽」。收入《叢書集成初編》，第 3023 冊。

禁止，地方官查明姓名記冊，聽其自開。[347]

此乃因雲南礦藏豐富，可提供全國鑄幣所需原料。乾隆二年（1737），詔諭凡產銅山場實有裨鼓鑄，准報開採。貴州思安、鎮遠之金礦，及法都、平遠、達摩山和雲南三嘉、麗江、昭通之銀礦，亦相繼開採[348]乾嘉時期，雲南銅礦的採冶，可說是清代西南邊疆開發的重心。有學者研究十八世紀至十九世紀上半期，長江流域各省百姓相繼湧入西南地區，其中一個主要原因就是受到雲南興旺的銅礦採冶所吸引。[349]

康熙二十一年（1682），雲貴總督蔡毓榮鑑於三藩亂後財政的困難，上奏〈籌滇第四疏 —— 議理財〉，主張「開礦山」、「廣鼓鑄」，聽民開採，以增加稅收，[350]雲南採冶遂日有進展。康熙四十四年（1705），全省銅礦廠近 20 處，乾隆三十七年（1772），增為 46 處。大廠礦工約有 6、7 萬人，次者亦有萬餘人，礦業興盛不僅吸引本省人民，貴州、廣東等地人民「仰食礦利者，奔走相屬」。全省銅礦每年產銅量最多可至 1,200～1,300 萬斤。[351]乾隆年間，朝廷戶、工兩局，以及江南、江西、浙江、福建、陝西、湖北、廣東、廣西、貴州九省，每年約需銅 900 餘萬斤，均取給於雲南。[352]乾隆十三年（1748），貴州省銀、銅、黑白鉛廠，上下游有 10 多處，生產規模每廠約有萬人數千人不等。[353]據此估計這裡的礦

---

347　《清聖祖仁皇帝實錄》（三），卷 255，康熙五十二年五月辛巳，總頁 521。
348　《清史稿校註》，第 5 冊，卷 131，食貨志，礦政，頁 3584。
349　李中清，〈明清時期中國西南的經濟發展和人口增長〉，《清史論叢》，第 5 輯，頁 85。
350　蔡毓榮，〈籌滇第四疏 —— 議理財〉，頁 429。收入方國瑜主編，《雲南史料叢刊》（昆明：雲南大學出版社，2001 年），第 8 卷。
351　《清史稿校註》，第 5 冊，卷 131，食貨志，礦政，頁 3585。乾隆五年至嘉慶十五年（1740-1810），雲南每年銅產幾乎都在 1,000 萬斤以上，乾隆三十一年（1766）和三十四年（1769）等幾年份，甚且高達 1,400 餘萬斤。參見嚴中平編著，《清代雲南銅政考》（北京：中華書局，1957 年），頁 81-84。
352　《清史稿校註》，第 5 冊，卷 131，食貨志，礦政，頁 3585。
353　《清高宗純皇帝實錄》（五），卷 311，乾隆十三年三月癸丑，雲貴總督張允隨覆奏，總頁 106。

工約不下 10 萬人，多爲流民身分。乾隆十一年（1746）貴州鉛產約 900 餘萬斤，乾隆十三年（1748）增爲 1,400 多萬斤，產量相當可觀。[354]廣西亦有礦場數十處，不少廣東人紛然接踵而至，報採承開；僅南丹一地，雍正初年即有 10 餘萬人在此開礦。[355]礦場開採，政府可抽課徵稅，同時解決人民就業問題。

　　雲、貴等地開礦，除官營外，允許民間私營。康熙二十一年（1682），清廷准允雲南銀礦招民開採，收入官收四分，民得六分。同年，雲貴總督蔡毓榮在奏疏中說雲南賦稅不足供應兵食，當地礦產豐富，建議令民開採，「官總其稅」。[356]西南地區的礦業日益興旺，內地百姓遠道而至，從事開礦者源源不絕。乾隆三十年（1765），雲貴總督楊應琚表示，從外省流往各礦山謀食的窮民，已不下數十萬眾，各省流寓之人仍聞風而聚。[357]波龍銀礦位於雲南孟定府西南，有來自江西、湖南及雲南大理、永昌等地窮民數萬人，匯聚波龍以開銀礦爲生。彼時商賈雲集，比屋列肆，儼然一大鎮。募乃銀礦位於雲南瀾滄縣北部，繁榮時有 360 座冶銀爐日夜冶鍊，每座爐日產銀 80 兩，礦工 10 餘萬人，興旺時期長達三十多年，故漢人絡繹不絕而往。[358]茂隆銀礦位於雲南西南部中緬邊境一帶，波龍以東，乾隆八年（1743），石屏州人吳尚賢因「家

354　《皇朝文獻通考》，卷 17，錢幣考，頁 2。收入《景印文淵閣四庫全書》，史部・地理類，第 632 冊。

355　沈日霖，《粵西瑣記》，頁 93，收入勞亦安編，《古今遊記叢鈔》（上海：上海中華書局，民國 13 年），第 8 冊；鄂爾泰等奉敕編，雍正《硃批諭旨》，第 4 冊，光緒十三年石印本，雍正五年閏三月初十日，鎮守廣州將軍石禮哈奏摺，頁 42。

356　《清會典事例》，第 3 冊，卷 243，戶部，雜賦，頁 872；《清史稿校註》，第 14 冊，卷 263，蔡毓榮傳，頁 8450。《清史稿校註》，第 14 冊，卷 276，石琳傳，頁 10068：「新平之銀場，易門之銅廠，礦斷山空，宜盡豁課稅。」可見開礦廠須納稅，且數額不輕。

357　《清高宗純皇帝實錄》（一○），卷 764，乾隆三十一年七月壬申，雲貴總督楊應琚奏，總頁 392。

358　王昶，《征緬紀略》（臺北：廣文書局，民國 57 年），頁 1；《清史稿校註》，第 15 冊，卷 535，屬國，緬甸傳，頁 12118；楊毓才，《雲南各民族經濟發展史》（昆明：雲南民族出版社，1989 年），頁 283。

貧赴邊」所創，乾隆十一年（1746）時，在此開礦和赴廠貿易者有 2、3 萬人，年產白銀上萬兩，曾聚眾至數十萬人。[359]當地卡瓦葫蘆酋長蚌筑要求照內地廠例，將採銀抽課作貢，計每歲應解銀11,000 餘兩，[360]可見其規模。

礦業盛時，雲南銀廠幾遍及全省，漢人絡繹而往，雲南總督張允隨奏稱：「查滇南田少山多，民鮮恒產，又舟車不通，末利罕有。唯地產五金，不但本省民人多賴開礦謀生，即江西、湖廣、川、陝、貴州各省民人，亦俱來滇開採」。[361]雖然朝廷定例禁止內地人民潛越開礦，但對商賈貿易並無禁例，於是，假經商之名前往採礦及開墾等活動者益加興盛。在邊疆地區，夷地雖產礦硐，由於不諳煎煉，多係漢人赴彼開採，食利謀生，夷人亦兼享其利；[362]礦產的開發與冶鍊，提供不少就業機會，窮民開礦可得養贍之資，而蠻人亦得挖礦以餬口。[363]乾隆年間，在廣西南丹錫廠等礦山中，從事採冶生產的礦場人夫，大多是「貧無籍業，來去不一」的外省流民。[364]

隨著農、礦業的發展，帶動商品經濟日漸活躍，過去荒涼偏僻地帶出現了商賈輻輳的商業中心和城鎮。如蒙自縣的個舊鄉，原屬荒山，並無村落，其後發現礦藏，四方匯聚採礦者，不下數萬人，當地土著幾無，外來商賈貿易採礦者十居八九，其中楚籍

---

359 《清高宗純皇帝實錄》（四），卷 269，乾隆十一年六月甲午，總頁 505-506；屠述濂修，《騰越州志》，光緒二十三年重刊乾隆五十五年本，卷 10，邊防，緬考，頁 50；方樹梅纂輯，《滇南碑傳集》（昆明：雲南民族出版社，2003年），卷末，吳尚賢傳，頁 977。趙翼，《粵滇雜記》，光緒三年至十三年排印本，頁 385，記載：礦區興盛時，老廠、新廠兩處居民遺址各長數里，皆舊時江楚人所居。「採銀者歲常有四萬人，人歲獲利三、四十金，則歲常有一百餘萬賞回內地。」

360 《清高宗純皇帝實錄》（四），卷 269，乾隆十一年六月甲午，總頁 505。

361 張允隨，《張允隨奏稿》，頁 683。收入《雲南史料叢刊》，第 8 卷；《清高宗純皇帝實錄》（四），卷 269，乾隆十一年六月甲午，總頁 505。

362 《清高宗純皇帝實錄》（四），卷 269，乾隆十一年六月甲午，總頁 505。

363 《清世宗憲皇帝實錄》（二），卷 116，雍正十年三月乙酉，諭旨，總頁 549。

364 《雲南的礦業》，乾隆三十五年廣西巡撫陳輝祖奏，頁 56。轉引自成崇德，《清代西部開發》（太原：山西古籍出版社，2002 年），頁 378。

者居其七，江右居其三，山、陝次之。商業、手工業由此也發展起來，個舊遂由偏僻山鄉變成新興大鎮，其因正是內地人民大量湧入，人口愈益增加所致。[365]

## （二）口外蒙古

長城以北地區主要是游牧民族的牧場，但亦存在大量適宜開墾的荒地。當長城以南漢族面臨生存壓力時，遂有人湧向塞外地區從事拓墾以打開新天地。中國北方流行「走西口」、「走東口」，此指從清朝起，北方人民爲生活所迫，越過長城，到漠南蒙古草原及河套等地區謀生的情形。明代開始，習慣將長城沿線的關隘稱爲「口」，如古北口、喜峰口、張家口、殺虎口等。清代，口外地區即指長城以北蒙古人居住的廣闊之地。就山西而言，常將河北張家口稱爲「東口」，張家口以西的各口就被稱爲「西口」。[366]出古北口、喜峰口的行列中，有不少人是到內蒙東部的昭烏達盟等地，還有不少人出殺虎口來到歸綏和河套地區，起先是春去秋歸，謂之「雁行客」；既久，亦有不少人定居下來。

以山西省爲例，太原以北地區自然條件惡劣，田地狹小，土地貧瘠，無霜期短，生產技術落後，導致百姓生計艱難，被迫不得不離開故土，向外發展，所以走西口的人相當多。晉北自然環境不佳，土質乾燥，氣候較寒，山田高聳，缺乏河流灌溉，僅憑藉雨水潤澤，因此當晴雨稍有失時，便成災歉。由於氣候寒冷乾燥，又缺乏水利灌溉，使得當地農業生產完全看天吃飯。人民時時刻刻受饑饉威脅，當災荒頻仍，流離失所、奔走求食就成爲普遍的現象。以陽高縣爲例，地處塞北，觸目所及，高山黃土，平地砂磧，鹹鹵難耕，是以地雖闊而人口稀，土雖多而耕者少。由

---

365 李焜，《蒙自縣志》，乾隆五十六年抄本影印，卷3，廠務，頁38。收入《中國方志叢書‧華南地方‧雲南省》（臺北：成文出版社，民國56年），第40號。

366 安介生，《山西移民史》（太原：山西人民出版社，1999年），頁414。亦有謂出山西之殺虎口爲走西口，見姜濤，《中國近代人口史》，頁223。

於「地瘠民貧，無所厚藏，一遇荒歉，流離不堪」。[367]位於邊塞的天鎮縣，氣候酷冷，土地磽薄，「室家鮮保，門戶罔顧，舟車商賈不通，仰事俯育無資，故凶年難免於流離」。[368]在在顯示地理環境的惡劣，加上生活艱難，又年復一年坐等荒災降臨，還不如離開此貧瘠之地，往外另尋新生。

滿人以少數民族入主中原，特殊的歷史地位使其格外重視與他族的關係，尤其是與蒙古保持親近友好關係，增進蒙古各部族的向心力，並藉助其軍事力量，以蒙古王公作為可依賴的助手。因此，滿蒙聯姻遂成為有清一代奉行不替的基本國策，清朝執政者常強調，「蒙古本我一家，休戚相關」，[369]藉聯姻不但可促進滿蒙民族的融合，亦且維繫彼此間政治上的聯盟。如此，不但有助於清廷政權的鞏固，也給蒙古帶來了安定。因此，清初對於東三省的保護措施，亦同樣施行於蒙古地區，不讓漢蒙接觸，以免聯合抗清。加以滿人入關後，戰爭尚未完全停止，統治基礎不穩固，社會經濟秩序嚴重破壞，為避免內地反清煙火蔓延至塞外地區，嚴格禁止漢人到口外地區開墾。順治十二年（1655），清廷規定：「各邊口內曠土，聽兵墾種，不得往墾口外牧地」。[370]

康熙十年（1671），情勢有些微轉變，清廷將京旗移駐屯墾口外，「多方遣人教之以樹藝，又命給之牛、種」。[371]由於「八旗

---

367 房裔蘭總裁，蘇之芬纂修，《陽高縣志》，雍正七年鉛印本影印，卷2，田賦，頁13。收入《中國方志叢書·華北地方·山西省》（臺北：成文出版社，民國65年），第409號。

368 洪汝霖等修，楊篤纂，《天鎮縣志》，民國24年重印清光緒十六年排印本影印，卷4，風土記，頁45。收入《中國方志叢書·華北地方·山西省》（臺北：成文出版社，民國57年），第77號。

369 萬福麟修，張伯英等纂，《黑龍江志稿》，卷8，經政志，墾丈，頁29。收入《中國邊疆叢書》（臺北縣：文海出版社，民國54年），第1輯，第3冊。

370 《清會典事例》，第2冊，卷166，戶部，田賦，頁1109；《清史稿校註》，第5冊，卷127，食貨志，田制，頁3469。

371 汪灝，《隨鑾紀恩》，道光二十三年刊本影印，頁14。收入鄭光祖編，《舟車所至》（臺北：正中書局，民國51年）。

滿洲兵丁當差，均賴跟役等」，[372]因此有漢人亦隨之出口屯墾，此為清廷在蒙古地區發展農業的開始。蒙古族為草原游牧民族，精通牧業，不善農耕，但游牧生活對大自然的依賴性強，為防止因天災造成牲畜巨大損失，清廷也鼓勵蒙人發展農業。康熙中葉，喀喇沁札薩克等因地方寬廣，呈請招募漢人開墾蒙地，獲得朝廷同意，發給照票，此為清廷允許一般漢人合法出口墾種之始。山西省西北地區的清水河，原係蒙古草原，並無土著，大抵為內地各州縣人民流寓至此，以附近邊牆之偏關、平魯兩縣人民為多。[373]陝西省延安、榆林二府，緊鄰蒙古伊克昭盟，「地處沿邊，土多沙漠，各邑農民全賴租種邊外地畝以資生計，春出秋歸，歲以為常」。[374]所以蒙古地區的農業，是在漢人流入後，才逐漸發展起來。隨著時間的流轉，蒙古的經濟在大量漢族流民出邊謀生的推動下，漠南地區的農業有了不錯的發展。十八世紀後半葉，長城沿線的歸化城土默特、熱河、察哈爾，甚至遼河、松花江流域一帶的蒙古民族地區，逐漸出現農業區。以蒙地拓墾而言，邊民出口佃地墾種，「至乾隆、道光以後租墾益多」。[375]

康熙晚年，流徙到口外蒙古地區的漢人明顯增加，「負耒耜而至者日眾」。[376]康熙四十六年（1707）七月，清聖祖巡行至邊外，看見「各處皆有山東人，或行商或力田，至數十萬人之多」。[377]瞭

---

372 中國第一歷史檔案館譯編，《雍正朝滿文硃批奏摺全譯》（合肥：黃山書社，1998 年），下冊，原摺無年月日，無奏報者，頁 2640。

373 文秀修、盧夢蘭纂，《新修清水河廳志》，光緒九年鈔本影印，卷 16，風俗，頁 1。收入《內蒙古史志》（北京：全國圖書館文獻縮微複制中心，2002 年），第 34 冊。

374 明德，〈敬陳西北地方積貯疏〉，《皇清奏議》，卷 55，頁 23。

375 楊虎城等修、宋伯魯等纂，《續修陝西通志稿》，民國 23 年鉛印本影印，楊虎城序，頁 2。收入《中國西北文獻叢書》，第 1 輯，西北稀見方誌文獻，第 6 卷。

376 哈達清格，〈建秀塔書院記〉，《塔子溝紀略》（臺北：廣文書局，民國 57 年），卷 11，藝文，頁 27。

377 《清聖祖仁皇帝實錄》（三），卷 230，康熙四十六年七月戊寅，諭旨，總頁 303。

解至口外種地度日者甚多。內地逐漸形成的人口壓力，遇上災荒的催化，迫使漢人不得不往人口稀疏地區另覓發展，乾隆十二年（1747），僅八溝、塔子溝等處蒙古牧場，貧民絡繹不絕奔往墾地居住，已有 20～30 萬之多。[378]乾隆十三年（1748），又有數萬山東饑民出口，[379]至乾隆二十五年（1760），內地漢人前往古北口外耕種者，即不下數十萬戶。[380]乾隆三十六年（1771）諭旨中提到：「熱河及張家口外各處，凡有可耕之地，山東等省人民俱不遠千里襁負相屬，以爲自求口食之計」；[381]百餘年來，口外地區人口漸多，生齒日眾。嘉慶後期，陝西榆綏一帶沿邊地方連年荒歉，向賴蒙古糧食接濟。[382]可見，經過漢人開墾，蒙古農業漸有不錯的進展。

康、雍、乾時期，清朝在疆域上取得良好的擴展，爲各地區經濟、文化交流與人員往來創造有利的條件，清高宗曾頗爲自豪地表示：

> 古北口外一帶，往代皆號嚴疆，不敢尺寸逾越。我朝四十八部，子弟臣僕，視同一家。沿邊內地民人前往種植，成家室而長子孫，其利甚浦，設從而禁之，是屬民矣。[383]

因人口壓力所衍生的糧食問題，導使漢人不絕如縷出口的現象，清高宗已注意，並頗爲重視：

> 我國家承天眷佑，百餘年來太平天下，化澤涵濡，休養生息，承平日久，版籍益增，天下戶口之數，視昔多至十餘

---

378 《清高宗純皇帝實錄》（四），卷 304，乾隆十二年十二月己未，總頁 973。

379 《清高宗純皇帝實錄》（五），卷 314，乾隆十三年五月己丑，諭旨，總頁 154。

380 《清高宗純皇帝實錄》（八），卷 604，乾隆二十五年正月庚申，諭旨，頁 786。

381 《清高宗純皇帝實錄》（一一），卷 877，乾隆三十六年正月戊辰，諭旨，總頁 747。

382 《清仁宗睿皇帝實錄》（四），卷 300，嘉慶十九年十二月庚午，諭旨，總頁 1131。

383 《清高宗純皇帝實錄》（八），卷 612，乾隆二十五年五月壬子，諭旨，總頁 882。

倍，以一人耕種而供十數人之食，蓋藏已不能如前充裕。且民戶既日益繁多，則廬舍所占田土不啻倍蓰，生之者寡，食之者眾，於閭閻生計誠有關係……猶幸朕臨御以來，闢土開疆，幅員日廓，小民皆得開墾邊外地土，藉以暫謀口食。[384]

清廷對口外地區的移民採取容忍和默認的態度，並不意味對其毫無約束。在朝廷立場，漢人至蒙地墾種，「鞭長莫及，積久易於滋事。各蒙古因其耕種納租，一時不無微利，不知染習漸移，大有未便」。[385]流民絡繹奔赴口外，從蒙古王公與寺院處租種土地後，蒙古放牧地區逐漸縮小，勢必礙其游牧，影響蒙人生計；且慮及流民成分複雜，奸良莫辨，為非作歹、好事輕生者不易清查，游手無賴之徒到此從事非法勾當，破壞善良風俗；[386]再者，百姓隨意離開原籍，遷往他處，不易掌控，大批內地漢人來到口外，易與蒙人起紛爭，帶來社會問題。對清廷來說，穩固統治基礎是優先考量，因此對人員進出與墾地改採嚴格管制。乾隆十三年（1748），要求漢人典自蒙古地畝還給原主，旗下公地不得由兵丁令漢人開墾取租。乾隆十四年（1749），規定：

喀喇沁、土默特、敖漢、翁牛特等旗，除現存民人外，嗣後毋許再行容留民人多墾地畝，及將地畝典給民人。……該札薩克蒙古等若再圖利，容留民人開墾地畝，及將地畝典與民人者，照隱匿逃人例，罰俸一年；管旗章京、副章京，罰三九；佐領、驍騎校，皆革職，罰三九；領催、什

---

384 《清高宗純皇帝實錄》（一九），卷1441，乾隆五十八年十一月戊午，諭旨，總頁249-250。

385 《清高宗純皇帝實錄》(四)，卷304，乾隆十二年十二月己未，總頁973。

386 劉綸，〈土默特種地民人事宜摺〉，海忠修，林從炯纂，《承德府志》，光緒十三年重刊本影印，卷49，藝文，頁10，記載：「查口外燒鍋、賭博、匿竊等事，最干例禁。乃民人中有一種無賴之徒，洄跡僻遠山溝，棲止窩舖。日則遊手趁閒，夜則群居誘賭，又或開設湯鍋、私窩偷竊牲口，均為地方之累。應令地方官一并分晰清查，立行驅逐。」收入《中國方志叢書・塞北地方・熱河省》（臺北：成文出版社，民國57年），第17號。

長等，鞭一百；其容留居住開墾地畝典地之人，亦鞭一百，
罰三九。所罰牲畜，賞給本旗效力之人，並將所墾、所典
之地撤出，給予本旗無地之窮苦蒙古。其開墾地畝及典地
之民人，交該地方官從重治罪，遞回原籍；該管同知、通
判，交該部察議。其八旗游牧察哈爾種地居住民人，亦交
與稽查喀喇沁等處官員，會同各該總管及同知通判等一併
稽察。若有容留增墾地畝及典與民人等事，即將墾種典地
之蒙古民人等，交與該總管嚴行治罪；民人遞回原籍。[387]

嚴格禁止漢人增墾蒙古牧地。乾隆十五年（1750），下令不許內地
人民私自出口，山海關、喜峰口及九處邊門亦一體嚴禁。[388]為顧
及現實利益，出口行商貿易漢人並不在禁止之列，乾隆二十五年
（1760）有令：「商民與蒙古等往來貿易，由烏里雅蘇台將軍或由
該管地方官札薩克等處給予照票，將伊等所行路途填註明白，以
便往來」。[389]漢人與蒙古相互貿易，對蒙古生計有益，朝廷即有諭
旨表示：

> 民人往蒙古地方者，帶往貨物與彼等相互貿易，於蒙古等
> 之生計尚屬有益，故民人等往蒙古地方經商，原所不禁。
> 倘良莠不分，盡行驅逐，蒙古等種地雇工，無處找人，貨
> 物不通，日常之用，必致匱乏，益加於蒙古等無益。[390]

邊門加強關禁，流民通往口外蒙古的道路形式上受阻，但
是，直隸、山東、河南、山西、陝西等地仍有不少人民不顧禁令
湧向塞外地區。乾隆三十七年（1772），再申禁口內人民不得私自
出邊至蒙古開墾荒地，違者照例治罪。[391]然事實上，出口貧民並

---

387　《清會典事例》，第 10 冊，卷 979，理藩院，耕牧，耕種地畝，頁 1130-1131。
388　《皇朝文獻通考》，卷 19，戶口考，頁 31。收入《景印文淵閣四庫全書》，
　　　第 632 冊。
389　《清會典事例》，第 10 冊，卷 983，理藩院，邊務，蒙古民人貿易，頁 1164。
390　《軍機處滿文錄副奏摺》，第 126 卷，1758 號，乾隆四十八年二月十六日，
　　　薩音伯勒格圖奏摺錄副。轉引自溫浩堅，《清朝蒙古的封禁隔離政策》，政
　　　治大學歷史研究所碩士論文，民國 93 年，頁 172，註 112。
391　《清會典事例》，第 10 冊，卷 979，理藩院，耕牧，耕種地畝，頁 1131。

未因此停止腳步，乾隆四十一年（1781）五月，諭旨即提到：「山東無業貧民，出口往八溝、喇嘛廟等處傭耕度日者，難以數計。蓋由此等流寓民人，在彼耕作得利，藉以成家業者甚多，遠近傳聞，趨之若鶩，皆不憚數千里，挈眷而往」。[392]同年七月的上諭中，不得不承認如山東百姓出口，「雖禁之不止」。[393]嘉慶八年（1803）八月，清仁宗以蒙古地方容留漢人租種地畝，日久有礙游牧，下令將喀爾喀土謝圖汗札薩克親王齊巴克扎布旗地種地漢民強行驅逐。該部首領蘊端多爾濟等奏稱，該地蒙人多有積欠民債，若概行驅逐，則負欠之蒙人措償拮据，漢民亦無所歸，懇請容留。後清仁宗准其所請，不咎前失，此次免予驅逐，但規定往後不准另墾地畝，增建房屋，侵佔游牧處所；從前租種地畝，按地納租；該地漢人發給執照，造冊呈報，此後再有無照漢民棲止，除該人民從重處分，其蒙長札薩克等亦一併治罪。[394]嘉慶十一年（1806），對私自招墾的蒙古王公、台吉等，制定嚴厲的處罰條例。[395]嘉慶

---

392　《清高宗純皇帝實錄》（一三），卷 1009，乾隆四十一年五月甲午，諭旨，總頁 550。
393　《清高宗純皇帝實錄》（一三），卷 1012，乾隆四十一年七月辛未，諭旨，總頁 582。
394　《清仁宗睿皇帝實錄》（二），卷 118，嘉慶八年八月丙寅，諭旨，總頁 573。
395　《清會典事例》，第 10 冊，卷 978，理藩院，戶丁，稽查種地民人，頁 1125-1126，記載：「各札薩克王、貝勒、貝子、公，閒散王、貝勒、貝子、公等，私行招聚民人開墾地畝，一人至十人者，罰俸一年，失察之盟長等，罰札薩克俸一年；十一人至二十人者，罰俸二年，失察之盟長等，罰札薩克俸二年；二十一人至三十人者，罰俸三年，失察之盟長等，罰札薩克俸三年；四十一人至五十人者，革職留任，五年無過，報院奏請開復；五十人以上者，革職不准開復，該盟長等隨案請旨。無俸協理台吉、塔布囊，閒散台吉、塔布囊等，招聚一人至十人者，罰二九牲畜，失察之盟長札薩克等，各罰札薩克俸三月；十一人至二十人者，罰三九牲畜，失察之盟長札薩克等，各罰札薩克俸六月；二十一人至三十人者，罰四九牲畜，失察之盟長札薩克等，各罰札薩克俸九月；四十一人至五十人者，革職，罰五九牲畜，五年無過，報院奏請開復，失察之盟長札薩克等，罰札薩克俸一年。所屬蒙古等，私行召募民人開墾地畝者，無論人數多寡，官員革職，罰二九牲畜；平人枷號半年，滿日鞭一百，嚴行管束；失察之該台吉、塔布囊及該札薩克、協理台吉等，分別罰九。如獲罪已結後，仍不知悛改，

十二年（1807），規定敖漢旗游牧地方不許私自耕種租佃荒地。十六年（1811），議定昌圖額爾克地方限定墾界，不准增墾，禁止漢人自行耕種。[396]禁令不斷重申，一方面反映執行並不確實，始終在「禁」與「弛」間擺蕩，另外也顯現內地人民不斷往口外開墾的事實。嘉慶十五年（1810），清仁宗對於綏遠城將軍來儀奏報歸化城沙拉穆楞牧場復被漢人私行墾種，甚為不悅，指斥每次查辦後，念及此等種地窮民已墾種多年，未便驅逐，致使流離失所，規定日後不許多墾一壠，多容留一人，然數年後仍復如此，查禁已成具文。[397]每隔一段時間強調或重申禁令的同時，對於已定居的事實則採既往不咎的方法處理，所謂「嚴定招墾之禁，已佃者不得逐，未墾者不得招」。[398]地方官於關隘處所未實力查辦，於私墾後又免其驅逐，此無異予後來者有所希冀，流民偷越出口實未能禁除。

　　康、雍時期，山、陝北部窮民，由土默特而西，向蒙人私租田地墾種，甘肅邊民亦復逐漸開墾。於是，伊盟七旗境內，近黃河、長城之處，皆可見漢人足跡。[399]雍正五年至十一年（1727～1733），察哈爾右翼四旗地方，沒有照票且攜眷在此居住、耕種的漢人有 1,300 多戶。[400]乾隆元年（1736），清水河設廳，派駐清水河通判，人民寄寓者已達 10 多萬。[401]原本田疇不興的大青山以北地區，乾隆二十六年（1761）亦發現有 300 餘戶漢人居此。蒙古各部落有閒荒山場，即懇請招民開墾，墾種日久，民戶漸增，嘉

依舊違犯，或代認該王、公、台吉、塔布囊私募開墾罪名者，發往南省交驛站充當苦差，該王、公、台吉、塔布囊從重治罪。」

396　《清會典事例》，第 10 冊，卷 979，理藩院，耕牧，耕種地畝，頁 1131-1132。

397　《清仁宗睿皇帝實錄》（四），卷 235，嘉慶十五年十月己亥，諭旨，總頁 165。

398　《清史稿校註》，第 15 冊，卷 525，藩部，科爾沁，頁 11871。

399　行龍，《人口問題與近代社會》，頁 113。

400　《雍正朝滿文硃批奏摺全譯》，下冊，雍正十一年二月二十四日，兵部員外郎劉格奏摺，頁 2173。

401　海寧輯，《晉政輯要》，乾隆五十四年刊本影印，卷 1，官缺繁簡，頁 15。收入《官箴書集成》（合肥：黃山書社，1997 年），第 5 冊。

慶七年（1802），科爾沁旗界常突額勒克等處奏准開墾荒山閒地，至嘉慶十一年（1806），已有數萬流寓之人。嘉慶時期，自然災害的頻繁襲擾，加上社會問題的日益嚴重，朝廷無力維持以往的限制政策。清仁宗對於出口流民之多，認為蒙古王公招墾是主因，仍不免慨歎：「內地民人均有土著版籍，設地方間遇災荒年歲……州縣官果能勤宣德意，勞來安集，小民又何肯輕去其鄉，至出口墾荒者，動輒以千萬計」。[402]對於各省流民，一概不准出口，清仁宗曾無奈地表示：

> 國家生齒日繁，無業貧民出口傭趁謀食，勢難一概禁止。但於關口設禁令，不過使貧民多罹於法，其繞道偷越者，仍所不免，既於民生有礙，亦於關政無益。[403]

雖然如此，為免形成流民浪潮，朝廷仍加重對各關口守口員弁失職之處分。[404]然在人口壓力及天災饑饉的逼迫下，山東、河北、山西、陝西、甘肅等地的饑民，依然成群結隊，扶老攜幼湧向塞外，以覓食求生。

---

402 《清仁宗睿皇帝實錄》（三），卷 164，嘉慶十一年七月己未，諭旨，總頁130-131。

403 《清仁宗睿皇帝實錄》（四），卷 290，乾隆十九年五月癸巳，諭旨，總頁964。

404 《清仁宗睿皇帝實錄》（四），卷 249，嘉慶十六年十月丁卯，諭旨，總頁369，記載：「沿邊關隘，於無業游民出口時，認真查禁，為正本清源之道。……從前所定守口文武員弁處分較輕，率多視為具文，以致關禁廢弛。著吏兵二部會同覈議，將守口官賄縱，及失察無票民人出口處分，酌改加重，庶該員等自顧考成，實力稽查，不致仍前懈玩。……嗣後邊關隘口，查民人無用印文票，及有文票而人數浮多情節不符，該管文武員弁失察偷度一二名者，降一級留任；三四名者，降一級調用；五名以上，降二級調用；十名以上，降三級調用；放出私販人口者革職；受賄縱放者革職治罪。若夾帶違禁貨物，守口官徇縱放出者，按其所帶之物分別治罪。其有盜犯逃犯偷度邊口失察一名者，降一級留任；二名降一級調用；三名以上降二級調用；五名以上降三級調用；十名以上革職。至威遠堡、鳳凰城、法庫等處邊門邊柵，向來文職武職分別專管兼管，如有失察賄縱等事，照此例議處。其專管官應降級留任者，兼管之員罰俸一年；專管官應降級調用者，兼管之員降一級留任；專管官應革職者，兼管之員降三級留任。其各處水溝守口官失察者，均應分別專管兼管，悉照此例議處。」

　　乾隆十四年（1749），內地人民遷往歸化城、八溝、多倫諾爾等處聚集之人，粗略統計已達數十餘萬。[405]隨著數以萬計甚至數十萬的漢族流民出口拓墾，推動塞外地區的農業發展，亦充實蒙古的生產人口。以承德府為例，乾隆中葉以前本無土著，均為直隸、山東、山西無業窮民出口拓墾，遷移而至。乾隆四十七年（1782）該府所屬各縣有 109,805 戶，557,404 口；道光七年（1827），增為 144,646 戶，783,879 口。[406]蒙古地區尤其是長城沿邊地帶，盟旗與府、州、廳、縣並存的現象日益普遍，乾隆四十三年（1778）熱河一帶有承德府、平泉州，灤平、豐寧、赤峰、朝陽、建昌五縣。嘉慶時期，漠南地區設廳數達十二個，包括科爾沁左翼後旗的昌圖廳、郭爾羅斯前旗的長春廳、口外三廳及歸化等七廳。設廳的目的，即為管理口外種地漢人，隨著形勢的發展，不少廳逐漸升格為州縣，如熱河廳升為承德府，八溝廳升為平泉州。[407] 府、州、廳、縣的增置與升級，反映人口不斷的增長。至十九世紀初期，據估計在口外蒙古的漢族人口與分佈在該區的蒙古族人口約略相當，最少也有百萬人。[408]

## （三）海中小島 —— 臺灣、海南島

## 1、臺　灣

---

405 《清會典事例》，第 10 冊，卷 994，理藩院，刑法，盜賊，頁 1262。

406 海忠修，林從炯等纂，《承德府志》，光緒十三年重刊本影印，卷 23，田賦，戶口，頁 8-10。收入《中國方志叢書·塞北地方·熱河省》，第 17 號。和珅等修，《熱河志》，卷 91，食貨，頁 3 載：乾隆四十七年（1782）承德府所屬各縣有 109,805 戶，557,406 口。收入《中國邊疆叢書》（臺北縣：文海出版社，民國 55 年），第 2 輯，第 29 冊。穆彰阿等纂，《嘉慶重修一統志》（臺北：臺灣商務印書館，民國 55 年），卷 42，承德府，頁 19 載：嘉慶二十五年（1820），承德府人口增為 144,646 戶，783,867 口。

407 和珅等修，《熱河志》，卷 55，建置沿革，頁 2-5。收入《中國邊疆叢書》，第 2 輯，第 29 冊。

408 宋迺工主編，《中國人口·內蒙古分冊》（北京：中國財政經濟出版社，1987年），頁 49-50。

臺灣四面環海，形勢險要，爲閩、粵、江、浙諸省屏障。由於地理位置和中國大陸接近，彼此很早就有接觸，早期來臺的中國人多半爲探險家、商人、漁民、難民和被放逐者；屬永久性的農業移民並不多。明末，顏思齊、鄭芝龍入臺後，獎勵拓墾，招徠閩南饑民至臺墾荒，閩省泉州、漳州人移居臺灣者，較以往增加。崇禎時期，鄭芝龍受撫後，福建因遭旱災，曾稟請福建巡撫熊文燦廣招饑民數萬人，每人給銀 3 兩，3 人合給一頭牛，以海舶運載至臺灣開墾，這種大規模有組織的移民，對於內地漢人來臺奠定了基礎，[409]在臺灣開發史上有其重要的意義。荷蘭人佔領時代，發現臺灣糖的利潤很高，爲增加蔗糖等作物的栽培，積極招徠內地漢人，進行土地墾殖。據統計，荷蘭人統制末期，臺灣漢人男丁有 25,000 人，婦孺 9,000 人，合計 34,000 人。[410]由於人力仍屬有限，所以當時所墾殖的土地十分有限，生產技術和土地開發，均無顯著的進展。明鄭時代，爲抗拒滿族入侵，謀圖反攻大陸，曾積極廣招大陸人民，開發屯墾，以足食足兵，當時漢人有冒海禁遷臺者。至鄭經降清前，臺灣本島的漢人人口約有 12 萬人左右。[411]清人領臺後，漢人人口逐漸增加，尤其自康熙末年始，增加顯著。順治十八年（1661），鄭成功抗清失敗，率部來臺，打敗荷蘭軍隊，收復臺灣。以赤崁爲中心，向四周擴展，實行屯田開墾。從鄭成功到鄭經，拓墾的規模逐漸加大，僅靠鄭氏軍隊的力量實爲不足，在進行軍隊屯墾的同時，鄭氏政權亦鼓勵民間的私墾活動，並積極招徠流民進行開墾。《臺灣省通志稿》即記載，明代永曆末年，舉人王錫琪曾招集漳泉流民至哦里岸墾殖。[412]

409 郭廷以，《臺灣史事概說》（臺北：正中書局，民國 70 年），頁 16。

410 陳紹馨，《臺灣的人口變遷與社會變遷》，頁 31。

411 張炳楠修，林衡道等纂，《臺灣省通志》（臺中：臺灣省文獻委員會，民國 61 年），卷 2，人口志，人口篇，第 1 冊，頁 52。

412 黃純青等監修，黃水沛等纂修，《臺灣省通志稿》（臺北：臺灣省文獻委員會，民國 41-51 年），卷 7，人物志，第 2 冊，頁 80。

## （1）海禁與限制渡臺

　　順治十八年（1661），清廷為斷絕大陸居民對明鄭的接濟與支援，下令遷界，從遼東至廣東，沿海居民皆往內遷 30～50 里，設界防守，片板不許下水，粒貨不許越疆。此令一下，卻造成人民失業，游離失所，當時亦有不願內遷百姓，反渡海至臺。鄭氏利用此機會，廣招「沿海居民之不願內徙者數十萬人東渡，以實臺地。……遷海澄內地，民皆破產，哀號自盡。至是為成功所招」。[413]這些人主要來自福建的漳州、泉州二府，此外亦有少數冒險偷渡者，其人數則無法獲知。

　　中國海疆遼闊，大小島嶼星羅棋布，海岸線綿延數萬里，然歷代以來執政者均重秋防而忽視海疆。以馬上得天下的滿人，不習海戰，其前期治邊重點亦在西北，形成對陸疆積極進取，對海疆一意採取保守防禦的態度。康熙二十二年（1683）領有臺灣後，臺灣的棄留引起激烈爭論，多數廷臣認為臺灣乃「海外丸泥，不足為中國加廣」，主張「遷其人，棄其地」；[414]靖海將軍施琅激烈陳辭，臺灣一地，雖屬外島，關係江、浙、閩、粵四省要害，宜留為外蔽；呼籲萬不可輕棄，「棄之必釀成大禍，留之誠永固邊疆」；[415]力請設防駐軍。清聖祖亦認同，「若徙其人民，又恐失所，棄而不守，尤為不可」。[416]遂於康熙二十三年（1684），設臺灣府，下轄臺灣、諸羅、鳳山三縣，澎湖設巡檢，置臺廈兵備道及總兵，隸屬福建省。

　　之後，清廷雖廢除海禁之令，但由於南方柬埔寨尚有明鄭餘

---

413　沈雲，《臺灣鄭氏始末》（臺北：臺灣銀行經濟研究室，民國 47 年），臺叢15，卷 4，頁 52。王澐，《漫遊紀略》，卷 3，頁 6，記載：「當是時，諸臣奉命遷海者，江浙稍寬，閩為嚴，粵尤為大。較以去海遠近為度，初立界猶以為近也，再遠之，又再遠之，凡三遷而界始定。」

414　中華書局編委會編，《清史列傳》（臺北：中華書局，民國 51 年），卷 9，施琅傳，頁 14-15；郁永河，《裨海紀遊》（臺北：臺灣銀行經濟研究室，民國 48 年），臺叢 44，卷下，頁 31

415　連橫，《臺灣通史》（臺北：臺灣銀行經濟研究室，民國 51 年），臺叢 128，卷 3，經營紀，頁 61。

416　《清聖仁皇帝祖實錄》（二），卷 114，康熙二十三年正月丁亥，總頁 176。

黨，北方浙江烏洋有房錫鵬殘黨，加上撫而復叛之劉會，集船隻數十艘游移於海洋。施琅恐貧窮游手之徒，與海外餘黨相結，為防患未然，建議朝廷於同年頒佈管制移民規定：一、對於欲渡海來臺者，先給原籍地方照單，經分巡臺廈兵備道稽查准許，再得臺灣海防同知審驗批准，潛渡者嚴處。二、渡臺者，不許攜帶家眷，已經渡臺者，亦不得招致。三、粵省惠、潮之地屢為海盜淵藪，以積習未脫，禁止其民渡臺。[417]如有違者，以兵律私出外境及違禁下海之例議處。「不准攜帶家眷來臺」，非僅針對一般百姓，赴任的文武官員亦不例外。限制渡臺的主要原因，是為了防止臺灣再次成為反清的的根據地。[418]由於受到明鄭反清事件影響，清廷對臺灣漢人甚為防範，並對臺灣地位的重要性及發展潛力未有深刻的體認，所以沒有積極鼓勵內地人民移墾開發臺灣，僅是消極的防守與封禁而已。除了採取綏撫政策外，並頒佈清查臺灣流民的命令，主要目的為監視臺灣人民，禁止無業流民留臺，強制遷回原籍。一時間原鄭氏政權之文武官員、丁卒和各省難民，將近一半相率還籍，致使「人去業荒」。[419]

　　莊金德先生表示：「清廷一開始時，對於臺灣即抱著一種可有可無，且欲棄之的消極態度」。[420]對清廷而言，統轄臺灣，「志不在經世濟民，而僅消極的不使臺灣落在反清者之手」。[421]由於清廷對臺統治較為薄弱，擔心大陸人民大量流入臺灣，一旦發生反

417 范咸修，《重修臺灣府志》（臺北：臺灣銀行經濟研究室，民國 50 年），臺叢 105，卷 11，武備，義民，頁 362。

418 莊金德，〈清初嚴禁沿海人民偷渡來臺始末（上）〉，《臺灣文獻》，第 15 卷第 3 期，頁 2；伊能嘉矩，《臺灣文化志》（東京：刀江書院，昭和 3 年），中卷，頁 769-770；林衡道編，《臺灣史》（臺北：眾文圖書公司，民國 68 年），頁 290。

419 施琅，〈壤地初闢疏〉，《靖海紀事》（臺北：臺灣銀行經濟研究室，民國 47 年），臺叢 13，下卷，頁 67。

420 莊金德，〈清初嚴禁沿海人民偷渡來台始末（上）〉，《臺灣文獻》，第 15 卷第 3 期，頁 1。

421 戴炎輝，《清代臺灣之鄉治》（臺北：聯經出版事業公司，民國 68 年），頁 273。

清事件，恐有鞭長莫及之慮。康熙晚期，曾任臺灣知府的周元文，在〈申禁無照偷渡客民詳稿〉中即有此種心理反應：

> 此輩偷渡者，俱係閩、廣游手之民，其性本非馴良，又無家室顧忌；無怪乎習悍日甚，而鼠竊之事，日見告聞，倘此輩再為饑寒所驅，則地方隱害‧又不知將何底極？似當亟為設法嚴禁者也。[422]

基於防範的心理，所以清廷對臺頒佈種種條規，限制漢人渡臺，不許攜家帶眷，無照不能渡臺，當然更嚴禁偷渡。橫亙大陸與臺灣中間的臺灣海峽，海面雖不寬，但常有颱風威脅；此外，由於季風影響海流走向不定，漲潮時，時速可達 4 浬，引起極大渦潮，且其流經之處有斑紋，水色全變，有「黑水溝」之名；加以海峽島嶼暗礁多，稍有意外，即舟毀人亡。[423]所以臺灣海峽自古以險阻聞名，常有無數漁民、商人、旅客葬身於此，更遑論偷渡者。因此，偷渡入臺成為一項極為冒險的嘗試。

### （2）偷渡盛行

清初時的臺灣確實是一個吸引人的新天地，由於土著少，荒野廣闊，可開墾之地多，地價低廉，墾荒極具厚利。康熙時，秀才郁永河曾說：「臺土宜稼，收穫倍蓰。」[424]雍正年間，曾任廣東省普寧縣兼潮陽縣知縣的藍鼎元亦表示：「臺地一年耕，可餘七年食」。[425]雍正四年（1726），閩浙總督高其倬上疏請開臺灣米禁，奏中云：「臺灣地廣民稀，所出之米，一年豐收，足供四、五年之用」。[426]乾隆三十七年（1772），臺灣海防同知朱景英言及臺灣「土壤肥沃，田不資糞，種植後聽之自生，不事耘耔，坐享收成，倍

---

422 周元文，〈申禁無照偷渡客民詳稿〉，《重修臺灣府志》（臺北：臺灣銀行經濟研究室，民國 50 年），臺叢 66，卷 10，藝文志，頁 325。

423 黃富三，〈清代臺灣之移民的耕地取得問題及其對土著的影響（上）〉，《食貨月刊》，第 11 卷第 1 期，頁 22。

424 郁永河，《裨海紀遊》，臺叢 44，卷下，頁 31。

425 連橫，《臺灣詩乘》（臺北：臺灣銀行經濟研究室，民國 49 年），臺叢 64，卷 2，頁 43。

426 高其倬，〈請開臺灣米禁疏〉，《清經世文編》，卷 84，兵政，海防，頁 46。

於中土」，其「土浮而沃，樹藝較內地倍肥澤焉」。[427]臺灣耕作收穫如此豐饒，自然對經年為糧食所困之大陸沿海居民形成「吸力」。

臺灣農業條件佳，農民收成好，其他百工工資也水漲船高。雍正五年（1727），臺灣知府沈起元陳述：「一切農工商賈以及百藝之末，計工授直（值），比內地率皆倍蓰」。[428]《裨海紀遊》中曾描述臺灣漢人的生活狀況，提及海內地區多貧苦，斗米百錢，民有饑色；臺郡獨享富庶，百物價貴，然購者毫無吝色；傭工日計百錢，尚趑趄不前；一般市井小民，常腰纏數十金，遇有賭博，雖浪擲一棄，不以為惜。[429]由於生活容易，雖非富厚人家亦尚奢華，衣服悉用綾羅，內地人初至恆以為奢，久之，即習以為常。[430]從地方志描繪臺地俗尚豪奢，亦反映當時臺灣漢人生活富裕的情形。相較兩岸生活的差距，以及臺灣西部許多可供開墾之沃野，勢必吸引對岸貧苦窮民前往臺灣，所以政府態度雖然消極，人民卻頗為積極，利用各種管道，循找不同途徑，有時甚至冒著生命危險偷渡入臺從事開墾。是以驅使閩、粵人民遷往臺灣開墾的動力，並非是大陸人民不堪政治上的壓迫，而是經濟因素使然。

當一地資源耗盡或人口達到飽和時，就必須另尋他處，以求出路。福建背山環海，地狹人稠，雍正年間，福建總督高其倬奏報，福、興、漳、泉、汀五府生齒日繁，當地所產不足食用。[431]漳、泉二府人民無田可耕，無工可傭，無食可覓，糧食多仰賴於臺灣。[432]粵東一帶，亦山多田少，人滿為患，所產米糧，不敷民食。[433]兩

---

427 朱景英，《海東札記》（臺北：臺灣銀行經濟研究室，民國 47 年），臺叢 19，卷 3，記土物，頁 31-32。

428 沈起元，〈條陳臺灣事宜狀〉，《清經世文編》，卷 84，兵政，海防，頁 51。

429 郁永河，《裨海紀遊》，臺叢 44，卷下，頁 30。

430 陳文達，《臺灣縣志》（臺北：臺灣銀行經濟研究室，民國 50 年），臺叢 103，頁 57。

431 《清世宗憲皇帝實錄》（一），卷 54，雍正五年三月辛丑，總頁 822。

432 沈起元，〈條陳臺灣事宜狀〉，《清經世文編》，卷 84，兵政，海防，頁 51；金城，《浣霞捫心記》，卷上，頁 146，收入《清代臺灣農民起義史料選編》

廣總督孔毓珣曾具奏指出:「廣東素稱魚米之鄉,然生齒繁庶,家鮮積蓄,蓋一歲兩次收成,僅足日食。而潮州一府,界連福建,田少人多,即遇豐歲,米價猶貴於他郡」。[434]閩、粵兩省地狹人稠,山多田少,雖欲耕種無地闢,農業發展受限,人口猛增,土地亦開發殆盡;再加上稻田轉作,富戶人家以良田栽種烟草果樹等經濟作物,其結果則糧食生產面積日減,米穀供應更形不足,米價更加騰貴。如雍正四年(1726)春夏之交,因霖雨過多,福建各府米價上揚,其中漳州府漳浦、海澄、平和、紹安等縣及泉州府同安、南安、德州等縣米價,每石漲至 2 兩 7、8 錢不等。[435]米價上漲,帶動物價騰貴,生計艱難,越來越多無田可耕無地可守的窮苦百姓,只得往外地謀生。尤其福建多山,其山地丘陵面積幾佔該省面積 95%,據統計嘉慶十七年(1812)時,福建省每人平均畝數僅 0.93 畝,廣東省為 1.67 畝,遠低於浙江省的 1.77 畝、江西省的 2.05 畝。[436]此乃閩、粵地區山多田少,故人口雖非最多,壓力卻最大。平原的貧瘠與人口過剩就形成「推力」,迫使人民往外流出,以解緩人口壓力,與閩、粵一衣帶水的臺灣就成為其人口流動的一個去向。

雍正五年(1727),臺灣知府沈起元在〈條陳臺灣事宜狀〉中即客觀地說出福建百姓甘冒犯禁、歷盡艱險渡臺的原因:

> 漳、泉內地無籍之民無田可耕、無工可僱、無食可覓,一到臺地,上之可以致富,下之可以溫飽,一切農工商賈以及百藝之末,計工授直,比內地率皆倍蓰。而必曰爾其堅

---

(福州:福建人民出版社,1983 年);《清仁宗睿皇帝實錄》(一),卷 23,嘉慶二年十月壬子,諭旨,總頁 289。

433 《清高宗純皇帝實錄》(一),卷 53,乾隆二年閏九月丁卯,署理廣東巡撫王謩奏,總頁 900。

434 《宮中檔雍正朝奏摺》,第 6 輯(民國 67 年),雍正四年五月二十九日,兩廣總督孔毓珣奏摺,頁 73。

435 《宮中檔雍正朝奏摺》,第 6 輯,雍正四年五月十四日,福建巡撫毛文銓奏摺,頁 14-15。

436 羅爾綱,〈太平天國革命前的人口壓迫問題〉,《中國近代史論叢》,第 2 輯,第 2 冊,頁 42-43。

> 坐餓死，無往求生為也，既非為民父母之道；且或親戚、
> 兄弟在臺成業，此既需人助理，彼可相依為活，合之則兩
> 全，離之則兩傷。[437]

閩、粵地區人民在生計壓力及臺地土曠物豐誘惑下，千方百計渡
海入臺，有其實際需要，一紙偷渡禁令是無法遏止住人類求生之
強烈慾望；嚴禁偷渡不但無法阻止奸民渡臺，反使良民偷渡者遭
遇死亡沉溺、流離失所；且「自禁之後，一去則不可復來，故來
者不敢復去；所以禁愈嚴而人轉多」。[438]臺地人口較前，反以倍數
成長。雍正八年（1730）八月間，有福建船隻欲偷渡臺灣，因遇
風失去桅舵，飄至廣東碣石鎮青山仔後江灣地方撞岸船毀，官府
發現船上所載並無貨物，除船戶水手外，僅有男婦 120 餘名，據
供係閩省同安、紹安、龍溪各縣人民欲偷渡過臺，每名繳交水腳
銀 2～3 兩不等。[439]乾隆年間，閩、粵人口流動更為頻繁，偷渡臺
灣風氣更盛。乾隆十二年（1747）五月十五日，澎湖通判拿獲廣
東省偷渡客民 140 人，女眷 3 人，舵工 5 人。[440]乾隆二十三年（1758）
十二月至二十四年（1759）十月，一年內被當局查獲偷渡案件 25
起，老幼男婦 999 人，其中溺斃者 34 人；[441]此為歷年查獲偷渡人
數最多的一次，平均每個月查獲 99 人偷渡臺灣。莊吉發先生據現
存檔案資料統計乾隆年間（1736～1795）偷渡臺灣案件，查獲 39
件，偷渡人犯共計 4,496 人，福建省共查獲 4,177 人，約佔總人
數的 93%，廣東省共查獲 319 人，僅佔總人數的 7%。[442]由此可
了解閩、粵人民偷渡臺灣的概況。

---

437 沈起元，〈條陳臺灣事宜狀〉，《清經世文編》，卷 84，兵政，海防，頁 51。
438 沈起元，〈條陳臺灣事宜狀〉，《清經世文編》，卷 84，兵政，海防，頁 52。
439 《起居注冊》，雍正八年十二月四日，諭旨；《宮中檔雍正朝奏摺》，第 17
　　輯（民國 68 年），雍正八年九月二十八日，廣東總督郝玉麟奏摺，頁 39。
440 《軍機處檔‧月摺包》，000977 號，乾隆十二年七月十八日，閩浙總督喀
　　爾吉善奏摺錄副。
441 吳士功，〈題准臺民搬眷過臺疏〉，余文儀，《續修臺灣府志》（臺北：臺灣
　　銀行經濟研究室，民國 51 年），臺叢 121，卷 20，頁 726。
442 莊吉發，〈清初人口流動與乾隆年間（1736-1795）禁止偷渡臺灣政策的探
　　討〉，《淡江史學》，創刊號，民國 78 年，頁 72-74。

　　雍正年間，臺灣知府沈起元即表示臺地之民，「皆閩、廣流民」。[443]漳、泉地區百姓視臺灣爲樂土，「相率而往者歲數千人」。[444]閩、粵地區在清代屬於「已開發區」，臺灣則屬「開發中地區」，開發中地區人少地多，且自然資源不斷開發，吸引已開發地區的人民向開發中地區移動。[445]所以儘管政府禁令森嚴，即使渡海過臺有風險，也比困守故園，坐以待斃來得好，因此貧困無力的窮民想盡各種方法偷渡入臺。可見清初內地人口的壓力，是閩、粵人民寧觸法網亦要偷渡臺灣的主要原因。[446]

　　康熙中葉以後，潛渡臺灣之風愈演愈烈，臺地流民日增，不僅影響臺灣米價，且減少供應內地的數量，因此嚴禁內地人民偷渡，就成爲清廷解決閩浙地區糧食問題的消極措施。[447]康熙三十五年（1696），施琅去世，廣東惠、潮之民始可赴臺。[448]由於申照手續繁瑣，官方多所刁難，又藉名勒索，因此偷渡者多。康熙五十年（1711），閩、粵沿海無田無業者不斷冒險赴臺，每船百餘人或多至200餘名無照之人偷渡，以致流民聚集與日俱增。臺灣知府周元文爲此，再請申嚴偷渡之禁。[449]康熙五十七年（1718），閩浙總督覺羅滿保上疏，陳述：「海洋大弊，全在船隻之混淆、米糧之接濟，商販行私偷越，奸民貪利竊留」，[450]爲防弊端，應嚴查偷渡私載。清廷依其奏疏飭令閩省並咨明各省，凡往臺灣之船，必

---

443 沈起元，〈條陳臺灣事宜狀〉，《清經世文編》，卷 84，兵政，海防，頁 52。

444 《福建通志臺灣府》（臺北：臺灣銀行經濟研究室，民國 49 年），臺叢 84，頁 203。

445 王業鍵，〈清代經濟芻論〉，《中國經濟發展史論文選集》，頁 146。

446 莊吉發，〈清初閩粵人口壓迫與偷渡臺灣〉，《大陸雜誌》，第 60 卷第 1 期，頁 30。

447 莊吉發，〈清世宗禁止偷渡臺灣的原因〉，《食貨月刊》，第 13 卷 7、8 合期，頁 28。

448 黃叔璥，《臺海使槎錄》（臺北：臺灣銀行經濟研究室，民國 46 年），臺叢 4，卷 4，赤崁筆談，朱逆附略，頁 92。

449 周元文，〈申禁無照偷渡客民詳稿〉，《重修臺灣府志》，臺叢 66，卷 10，藝文志，頁 325。

450 《清聖仁皇帝祖實錄》（三），卷 277，康熙五十七年二月甲申，總頁 716。

令到廈門出入盤查，一體護送，由澎而臺；從臺灣歸者，亦令一體護送，由澎到廈；出入盤查，方許放行。往臺之人，必由地方官給照；嚴禁單身流民無照偷渡，如有違犯，兵民分別治罪；地方官不得濫給照票，如有哨船偷帶者，將該管專轄各官分別議處。然臺灣一地，小港極多，稽查實難，而百姓乘黑夜難見，行不可行之港，冒險偷渡，覆溺者不少；且官方手續繁瑣及官弁需索無度，陋規擾民，索賄私放，致使非法渡臺無法遏止。乾隆五十四年（1789），閩浙總督福康安的奏摺中即提到：「若由官渡，則必經官給照，海口查驗放行，難免兵役留難勒索。而私渡則止須與客頭、船戶說合，即便登舟載渡，其費較官渡為省，其行亦較官渡為速」，[451]可為印證。

　　內地人民基於經濟需要而渡海遷臺本為自然趨勢，雖有政治手段干預，實難徹底禁絕，但由於渡臺政策設限，使渡臺變得極為困難艱辛，當然造成偷渡的盛行。臺灣地多沙澳，處處可以登岸，北自雞籠八尺門（今基隆港），南迄瑯嶠後灣仔（今恆春南灣），以及東部海岸之蛤仔難及釣魚台等較大港口，均可見流民偷渡的足跡。閩、粵地區與臺灣一衣帶水，有利的地理環境提供偷渡者不少方便。再加上法令的不合理規定，汛口官吏需索騷擾、營私賣放，是以偷渡臺灣之事，清廷雖屢次嚴禁，仍無法禁絕，人民渡臺已成不可阻擋之勢，致使禁者自禁，渡者自渡，禁者愈禁，渡者愈多。偷渡雖為流民開一方便之門，但弊端甚多，不少人因此犧牲性命財產。《重修臺灣縣志》即有記載：

> 內地窮民在臺營生者數十萬，囊鮮餘積，旋歸無日；其父母妻子，俯仰乏資，急欲赴臺就養，格於例禁，群賄船戶，冒頂水手姓名掛驗。女眷則用小漁船夜載出口，私上大船。抵臺復有漁船乘夜接載，名曰灌水。一經汛口覺察，奸梢照律問遣，固刑當其罪；而杖逐回籍之愚民，室廬拋棄，

---

451 《臺案彙錄丙集》（臺北：臺灣銀行經濟研究室，民國52年），臺叢176，卷7，乾隆五十四年正月二十五日，閩浙總督福康安奏摺，頁255。

> 器物一空矣。更有客頭串同習水積匪，用濕漏小船，收載
> 數百人，擠入艙中，將艙蓋封頂，不使上下；乘黑夜出洋，
> 偶值風濤，盡入魚腹。比到岸，恐人知覺，遇有沙汕，輒
> 趕騙離船，名曰放生。沙汕斷頭，距岸尚遠，行至深處，
> 全身陷入泥淖中，名曰種芋。或潮流適漲，隨波漂溺，名
> 曰餌魚。在奸梢惟利是嗜，何有天良；在窮民迫於饑寒，
> 罔顧行險。相率陷阱，言之痛心。[452]

偷渡過臺，雖涉歷險港，黑夜放洋，冒灌水放生之不測，仍難以
禁絕。

　雍乾之際，朝野有識之士不斷建議清廷解除渡臺禁令，開發
臺灣，准民攜眷渡臺，有謂：「臺灣山高土肥，最利墾闢，利之所
在，人以必趨。不歸之民，則歸之番，歸之賊。即使內賊不生，
野番不作，又恐寇自外來，將有日本、荷蘭之患，不可不早為綢
繆也」。[453]清世宗並未接納移民渡臺建議，僅加強地方建置。雍正
十年（1732）以後，禁令日漸鬆弛，對於渡臺有田產可謀生者，
允許攜眷入籍。清高宗堅決主張「與其約束於到臺之後，多費周
章，不如稽查於渡海之前，力為禁阻」。[454]清廷雖嚴令地方有司努
力查拿偷渡，事實上卻幾等具文，地方官吏在處理此類案件時，
已漸呈敷衍塞責態度，加上各汛口員弁勒索受賄，禁渡之事幾呈
廢弛狀態。[455]乾隆五十五年（1790），清廷終開放泉州府廈門至鹿
耳門、蚶江至鹿仔港、福州府五虎門至淡水八里坌的官渡，使大
陸人民入臺有了合法的管道，禁令的廢弛，港口的開放，均有利
於遷徙活動，加速閩、粵與臺灣間的人口流動。

---

452 王必昌，《重修臺灣縣志》（臺北：臺灣銀行經濟研究室，民國 50 年），臺
　　叢 113，卷 2，山水志，頁 68-69。

453 藍鼎元，《平臺紀略》（臺北：灣銀行經濟研究室，民國 47 年），臺叢 14，
　　頁 32。

454 《清高宗純皇帝實錄》（一一），卷 845，乾隆三十四年十月癸酉，諭旨，
　　總頁 312。

455 莊金德，〈清初嚴禁沿海人民偷渡來臺始末（下）〉，《臺灣文獻》，第 15 卷
　　第 4 期，頁 42。

　　偷渡的盛行，使得渡臺份子奸良交雜、良莠不齊，一般官員多認為偷渡來臺者皆為作奸無賴之輩。藍鼎元即表示「臺民素無土著，皆內地作奸逋逃之輩」，[456]曾任禮部左侍郎之蔡文勤公認為「臺灣鮮土著之民，耕鑿流落，多閩、粵無賴子弟」。[457]此種觀點未免有失偏頗。雍正五年（1727），臺灣知府沈起元即提出不同看法，他以為赴臺份子有因經濟力之吸引而渡臺者，也有在內地的不法之徒逃亡海外藏匿者。因此主張「法當第禁奸民之偷，而不當禁良民之渡」：

> 其必不可禁者，則漳、泉內地無藉之民無田可耕、無工可傭、無食可覓，一到臺地，上之可以致富，下之可以溫飽，一切農工商賈以及百藝之末，計工授直，比內地率皆倍蓰。[458]

　　利之所在，人必趨之。臺灣土地肥饒，豐富的資源吸引著對岸人民前往開發，清廷一意嚴禁，實違反社會發展的規律，即如臺灣知府沈起元所說的「民之渡臺，如水之趨下，群流奔注，而欲以輕法止之，是以隻手而障崩堤，必不能矣。」[459]

## （3）流民分佈與開發

　　臺灣人口因閩、粵人民大量移入而迅速增加，移民的成長就成為清代臺灣社會最大特徵。乾隆二十年（1755），福建巡撫鐘音對於臺地的情形在奏摺中指出：

> 臺灣一郡，孤懸海外，人民煙戶，土著少，流寓者多，皆係閩之漳、泉，粵之惠、潮，遷移赴彼。或承贌番地墾耕，或挾帶資本貿易，稍有活計之人，無不在臺落業，生聚日眾，戶口滋繁。而內地無業之民，視臺地為樂土，冒險而趨，絡繹不絕，請照以往者有之，私行偷渡者有之。到臺之後，或倚親戚而居，或藉傭工為活，或本無可倚，在彼

456 藍鼎元，〈經理臺灣疏〉，《平臺紀略》，臺叢 14，頁 67。
457 朱景英，《海東札記》，臺叢 19，卷 2，記政紀，頁 17。
458 沈起元，〈條陳臺灣事宜狀〉，《清經世文編》，卷 84，兵政，海防，頁 51。
459 沈起元，〈條陳臺灣事宜狀〉，《清經世文編》，卷 84，兵政，海防，頁 51。

遊蕩者，亦實蓄有徒，奸良混雜，莫可辨別。[460]
當時在臺灣開墾的貧農，相當大部分來自閩、粵兩省濱海州縣。
泉州人入臺最早，多分佈於平坦肥沃的沿海平原；漳州人次之，
主要在施琅平定臺灣後移入，分佈於距海較遠的丘陵地和各溪河
的中上游地區；客家人來臺最晚，抵臺後多分佈於北部平原、南
部低山和溪谷低漥處。乾隆末年，外來人口分佈情形：

> 漳、泉之民居十分之六、七，廣民在三、四之間。以南北
> 而論，則北淡水、南鳳山多廣民，諸、彰二邑多閩戶；以
> 內外論，則近海屬漳、泉之土著，近山多廣東之客莊。[461]

臺灣南部地理位置與福建泉州、漳州二府相當，所以內地人
民來臺初期，先在南部立足。康熙年間，設臺灣府，下轄臺灣、
鳳山、諸羅三縣，當時開墾的重心，主要即在南部。諸羅縣設縣
之初，草萊初闢，該地「流移開墾之眾，極遠不過斗六門（雲林
縣斗六鎮）」。[462]北路防汛至半線（彰化市）、牛罵（臺中縣清水鎮）
止；而虎尾（雲林縣虎尾鎮）、大肚（臺中縣大肚鄉）被視為畏途。
康熙三十六年（1697），郁永河到該地採集硫磺時，從竹塹（新竹）
至南崁（桃園縣蘆竹鄉一帶），行 80～90 里不見一人一屋，至南
崁，進入深箐密林中，「披荊度莽，冠履俱敗，直狐狢之窟，非人
類所宜至也」。[463]康熙四十九年（1710），諸羅縣流民日多，經過
累月經年之墾闢，原為番民鹿場麻地，今已為業戶請墾，或流民
佔耕，土著世守之業，已不到十分之一。[464]

康熙四十年（1701）以後，隨著南部人口自然增殖，及內地
人民湧入，戶口日增，拓墾方向逐漸由南往北推進。康熙四十九

---

460 《宮中檔乾隆朝奏摺》，第 12 輯（民國 72 年），乾隆二十年九月十一日，
　　福建巡撫鐘音奏摺，頁 478。

461 鄭光策，〈上福節相論臺事書〉，《清經世文編》，卷 84，兵政，海防，頁
　　16。

462 周鍾瑄，《諸羅縣志》（臺北：臺灣銀行經濟研究室，民國 51 年），臺叢 141，
　　卷 7，兵防志，總論，頁 110。

463 郁永河，《裨海紀遊》，臺叢 44，卷中，頁 22。

464 黃叔璥，《臺海使槎錄》，臺叢 4，卷 8，番俗雜記，社餉，頁 165。

年（1710），流民開墾過斗六門以北，又漸過半線、大肚溪、南日、後壠、竹塹、南崁。康熙五十六年（1717），半線至淡水一帶，處處可見流民開墾，水泉沃衍，諸港四達，舟楫來往，勝於以往。[465]此時斗六門以下，已鮮見獐、鹿，昔日鹿場皆墾為田畝。[466]彰化、大肚溪以北乃至淡水地區，到處可見外來移民的蹤跡，最初極為荒涼的北部地區，在移民開墾之後，呈現極目良田之象。[467]竹塹一帶，初始一望平蕪，處處可見捕鹿，雍正元年（1723），添設彰化縣及淡水同知，虎尾至竹塹一帶逐漸開發，半為流民開墾，植麻種黍。[468]雍正九年（1731），將大甲溪以北刑名錢穀諸務劃歸淡水同知就近管理，改治竹塹，自大甲溪起至三貂嶺下遠望坑止，計有 345 里地，劃歸淡水同知管轄。[469]從行政區劃，顯見漢人移植日向北部拓展。

　　康熙五十年（1711），南路鳳山縣則較康熙三十二年（1693）增墾田地 2,000 甲。[470]臺灣在開闢之後，不但本郡足食，且可供應內地。[471]隨南澳鎮總兵藍廷珍赴臺的藍鼎元曾描述康熙末年臺灣的景況：「開墾流移之眾，延袤二千餘里，糖穀之利甲天下……北至淡水、雞籠，南至沙馬磯頭，皆欣然樂郊，爭趨若鶩」。[472]康熙五十九年（1720）初之鳳山縣，南路下淡水以下，大崑麓、瑯嶠（恆春）200～300 里，以往為番民之地，至康熙末年開墾流移者日趨眾多，[473]其中以客家人最多。《鳳山縣志》也記載，淡水溪

465 周鍾瑄，《諸羅縣志》，臺叢 141，卷 7，兵防志，總論，頁 114。

466 周鍾瑄，《諸羅縣志》，臺叢 141，卷 12，雜記志，外紀，頁 298。

467 黃叔璥，《臺海使槎錄》，臺叢 4，卷 3，赤崁筆談，物產，頁 65。

468 范咸修，《重修臺灣府志》，臺叢 105，卷 15，風俗，番社風俗，頁 452。

469 沈葆禎，《福建臺灣奏摺》（臺北：臺灣銀行經濟研究室，民國 48 年），臺叢 29，頁 56。

470 周元文，《重修臺灣府志》，臺叢 66，卷 5，賦役志，土田，頁 165-167。

471 黃叔璥，《臺海使槎錄》，臺叢 4，卷 3，赤崁筆談，物產，頁 51。

472 藍鼎元，〈覆制軍臺疆經理書〉，柯培元，《噶瑪蘭志略》（臺北：臺灣銀行經濟研究室，民國 50 年），臺叢 92，卷 13，藝文志，頁 152。

473 藍鼎元，〈臺灣水陸兵防疏〉，《平臺紀略》，臺叢 14，頁 72。

以南，番、漢雜處，客人尤多。[474]

北部平原可種植稻米，山區可種茶及生產樟腦、油、煤、硫磺、靛青、木料等，其富庶甲於全臺，移殖人口日增。但由於清廷嚴禁內地人民偷渡臺灣，北部地區開發仍屬遲緩。乾隆三十三年（1768），漢人林漢生始招眾至蛤仔難（今蘭陽平原）開墾，為番人殺害，後雖再往，皆無所成。待至乾隆四十八年（1783），福建漳州府漳浦人吳沙和淡水人柯有成等招徠閩、粵流民，編組鄉勇，至三貂嶺闢墾，經過不斷衝突，在吳沙帶領下，漸有成果，一時間內地流民聞風而踵至。嘉慶初年，於烏石港南築土圍墾，即頭圍。他又定鄉約，修道路，組壯丁，聯絡番社，使該地先實後名自成一行政區域。嘉慶二年（1797）吳沙去世，其姪吳化繼續帶領向南拓墾。[475]嘉慶十五年（1810）五月，蛤仔難改名為噶瑪蘭，以遠望坑迤北而東至蘇澳止，計地 130 里，置噶瑪蘭廳，設噶瑪蘭通判，福建、廣東流民有近 43,000 餘丁流入噶瑪蘭，與生熟番雜處。[476]嘉慶十七年（1812）九月，該區已有漢人 10 多萬人。嘉慶十八年（1813），該地區上報開墾田地已達 3,818 餘甲；道光九年（1829）增為 5,282 甲；道光二十六年（1846）又增為 7,274 甲。[477]經過數十年，噶瑪蘭已盡為開拓。在臺灣社會經濟發展的基礎上，流民有不小的貢獻。

## 2、海南島

海南島古稱瓊州，為中國南端最大的海島，比臺灣面積略小，但可耕地面積比臺灣大，人口稀少，而自然資源豐富。因地理環境的差異，歷代邊政中所處戰略地位不一，故兩島的發展風

---

474 陳文達等編纂，《鳳山縣志》（臺北：臺灣銀行經濟研究室，民國 50 年），臺叢 124，卷 7，風土志，漢俗，頁 80。

475 姚瑩，〈噶瑪蘭原始〉，《東槎紀略》（臺北：臺灣銀行經濟研究室，民國 46 年），臺叢 7，卷 3，頁 70-71。

476 《清史稿校註》，第 5 冊，卷 127，食貨志，戶口，頁 3444。

477 陳淑均，《噶瑪蘭廳志》（臺北：臺灣銀行經濟研究室，民國 52 年），臺叢 160，卷 2（下），賦役志，田賦，頁 65-68。

貌不同。由於位處東南邊陲，漢朝武帝時雖納入中國版圖，設官
駐兵治理其地，但並不受朝廷重視，長久以來一直被認爲是蠻荒
之地，多淪爲謫臣、罪犯貶徙之所。所以在自然情形下，人口增
殖相當有限。每當中原地區遭受北方外族入侵，或改朝換代時，
大批難民往南方逃亡，瓊州遂成爲難民湧入的避難所之一，人口
因此而有增加。明朝以後，此南蠻之地漸有開發，人口增加，農
地開闢，商賈輻集。歷代政府對瓊州之移民，抱持消極態度，既
不禁止，也不鼓勵，[478]但明清時期瓊州外來人口卻成倍數成長。
有學者推估，唐朝以前外來漢人約有 2 萬人，唐朝增爲 7 萬人，
宋朝超過 10 萬人，元朝約有 17 萬人，明朝倍增至 47 萬人，清朝
迅增至 217 萬人。[479]

　　清廷在入關後，對瓊州亦派軍鎮壓，從順治四年至康熙二十
三年（1647～1684），鎮壓降而復叛的明末官兵以及漢黎聯合反
清，據不完全統計有 37 次，[480]幾乎是無年無戰事。當時清廷依萬
曆時期則例定賦，但受戰亂波及，人民相率逃亡，加上海禁日嚴，
「牛商絕跡」，生計大受影響，「不特缺額無徵，即全課並無所出」，
即使如此，朝廷課徵如故，且攤派加重，因此「逃者既眾，拋荒
愈多，逃荒相因，日甚一日」。[481]瓊州距大陸雖近，清廷對其並不
重視，順治十二年至康熙二十二年（1655～1683），亦曾實施海禁，
目的在嚴禁島人出洋捕魚和貿易，並未禁止移民。但因海禁之令，

478 蘇雲峰，〈海南在中國邊疆發展史所呈現的特色 —— 以臺灣爲比較對象〉，
　　《海南歷史論文集》（海口：海南出版社，2002 年），頁 6。
479 陳銘樞修，曾蹇纂，《海南島志》，民國 22 年鉛印本影印，頁 99，收入《中
　　國地方志集成・海南府縣志輯》（上海：上海書店出版社，2001 年），第 2
　　冊；陳光良，〈海南島人口遷移之我見〉，《廣東民族學院學報》，1987 年第
　　2 期，頁 48。
480 馬如珩、馬大正主編，《清代的邊疆政策》（北京：中國社會科學出版社，
　　1994 年），頁 462。
481 明誼，張岳崧等纂，《瓊州府志》，道光二十一年刊，光緒十六年補刊本影
　　印，卷 40，藝文志，頁 28。收入《中國方志叢書・華南地方・廣東省》（臺
　　北：成文出版社，民國 56 年），第 47 號。

環海數千里,「民逃土滿」,「商賈絕跡,人同面墙」,[482]使瓊州人民遭受極深的苦難,人口銳減,田地荒蕪,社會生產力受到極大破壞。

康熙二十二年(1683),兩廣總督吳興祚上奏請求招民墾荒,朝廷應允,次年海禁解除。[483]康熙二十八年(1689),瓊州總兵吳啓爵曾建議於五指山區設一州十縣,建築城垣,添設官兵,遭致兩廣總督石琳等反對。瓊州為海外孤島,水土險惡,土人凶暴,加上海盜和先住民黎族的叛亂頻繁難治,直至清末仍有人認為放棄瓊州並不足惜,認為此彈丸之地,「得其地不足益國家分毫之賦,得其人不能當一物之用」,不管設立城池、學宮、衙宇、倉庫、俸食,「徒糜朝廷無慮之金錢耳」。[484]因此至乾隆時期,耕地仍未達明朝萬曆年間水準,當時瓊州各處荒地仍多待墾。乾隆十八年(1753),據查瓊州零星可墾荒地共計 259 頃 52 畝 3 分有零,若令土著漢人開墾,可種植芋薯等雜糧作物,於海疆大有裨益。由於內地人口壓力逐漸加大,於是清廷發佈〈勅開墾瓊州荒地〉令,招民開墾,免其陞科,給予印照,永為世業。[485]許多尋求生計的窮民,尤以閩、粵地區飽受人口壓力,特別是粵東的客家人,在地利之便下,不少人前往瓊州從事拓殖開墾活動。康熙三十一年(1692),瓊州府約有 40 萬人,至嘉慶二十五年(1820),約增為

482 張擢士,〈上金制軍崖州利弊條款〉,張㒞等纂修,《崖州志》(廣州:廣東人民出版社,1983 年),卷 20,藝文志,頁 443。

483 徐淦等修,李熙等纂,《瓊山縣志》,民國 6 年刻本影印,卷 28,雜志,事紀,頁 13、15。收入《中國地方志集成·海南府縣志輯》(上海:上海書店出版社,2001 年),第 3 冊。

484 溫汝適,《粵東文海》,卷 18。轉引自馬如珩、馬大正主編,《清代的邊疆政策》(北京:中國社會科學出版社,1994 年),頁 463;王興瑞,〈瓊崖簡史〉,《邊政公論》(南京:中國邊政學會,1946 年),第 5 卷第 1 期,頁 5;《清聖祖仁皇帝實錄》(二),卷 155,康熙三十一年五月癸酉,諭旨,總頁 713。

485 《宮中檔乾隆朝奏摺》,第 5 輯(民國 71 年),乾隆十八年七月十六日,署兩廣總督班第等奏摺,頁 800-801;《清高宗純皇帝實錄》(六),卷 445,乾隆十八年八月己酉,諭旨,總頁 798;明誼,張岳崧等纂,《瓊州府志》,卷 38,藝文志,頁 2,收入《中國方志叢書·華南地方·廣東省》,第 47 號。

150 萬，百餘年間人口有長足的進展。[486]本島北部，尤其是東北部與大陸接近，故人口稠密居全島之首，已漸有人滿而無地可耕的窘境，山區因此更顯得人口稀疏，分佈極不平均。於是人口遷移轉向，往西部南部等偏僻地區拓墾。[487]道光年間，有雷、廉、潮、嘉等諸郡州民潛入峒中，借墾黎人之地，日久漸至田地連阡累陌。[488]潮州、嘉應州人移往祥發、懷集等鄉，亦在此時。[489]他們在墟鎮則從事商業或手工業，在農村則從事農務墾荒，可謂開墾山區的生力軍。中部山區，脈厚而水便，所獲較山外多數倍，且林產豐富，不少移民亦往此開發。如崖州西南 80 里老虎嶺，乾嘉時期，漢民耕墾其下以千計；[490]比鄰之昌江縣，無論男女老幼，晝夜力於田事。[491]

　　清初，瓊州黎族仍不懂耕種，亦無農具從事，春耕時，以群牛踐地，撒種其上，再待有收。[492]隨著漢人的移入，把內地較為先進的農業生產技術和農具傳入，使其地逐漸形成與內地無異的農業村落。漢人移民海南的激增，在農業方面顯現的是耕地面積擴大。明代萬歷四十三年（1615），官民田地塘有 38,347 餘頃，

486 明誼修，張岳崧等纂，《瓊州府志》，道光二十一年刊本，卷 13，經政志，戶口，頁 5 載：康熙三十一年（1692），全府 101,516 丁口，若以丁口一比四作推估，瓊州府約有 40 萬人。穆彰阿等纂，《嘉慶重修一統志》，卷 452，瓊州府，頁 8 記載：原額人丁有 109,348，滋生男婦大小共 1,324,068 名口，屯民男婦共 59,193 名口，嘉慶二十五年（1820）合計約有 150 萬人。
487 司徒尚紀，《海南島歷史上土地開發研究》（海口：海南出版社，1992 年），頁 100-108。
488 明誼，張岳崧等纂，《瓊州府志》，卷 22，海黎志，頁 19。收入《中國方志叢書‧華南地方‧廣東省》，第 47 號。
489 彭元藻等修，王國憲纂，《儋縣志》，民國 25 鉛印本影印，卷 2，地輿志，風俗，頁 29。收入《中國方志叢書‧華南地方‧廣東省》（臺北：成文出版社，民國 63 年），第 191 號。
490 彭元藻等修，王國憲纂，《儋縣志》，民國 25 鉛印本影印，卷 1，地輿志，山川，頁 21。收入《中國方志叢書‧華南地方‧廣東省》，第 191 號。
491 李有益纂修，《昌化縣志》，光緒二十三年刻本影印，卷 1，輿地志，風土，頁 10。收入《中國地方志集成‧海南府縣志輯》，第 7 冊。
492 張慶長，《黎岐紀聞》，頁 6。收入《叢書集成續編》，史地類，第 236 冊。

清初因動亂，田地荒蕪嚴重，康熙元年至嘉慶十一年（1662～1806）新墾陞科地 3,112 餘頃，加上原額田地塘共計 41,448 餘頃，除去免徵田賦部分，實徵田畝 29,982 餘頃，僅為前明萬曆時期田畝的 78%。[493]清廷將沙壓、水陷、已墾復荒之地加以蠲免，且清朝隱匿土地因素亦不容忽視，故清代瓊州田畝數字面上雖少於萬曆的墾田數，但其田土開墾的成果是不可忽視的，否則如何養活超過明朝 2 倍以上的人口。瓊州雖與大陸接近，卻被忽視，清廷對其缺乏積極開發的決心，未持續鼓勵移民開墾，至清末依然，致使瓊州之開發遭受延宕。光緒年間，文人歐榘甲發出感慨之聲：

> 中國政治疏闊，有瓊二千餘年，任黎人中居山嶺，廣佔要害，而不使之同化，開闢荒地，啟發富源，一土之中，恍如異國。視日本得臺灣數年，招撫生番，開通道路，握全臺於掌上，開富源而無垠者，真有霄壤之別，有志經國者，不可不深思也。[494]

此雖歐氏個人觀點，亦頗值得深思！

---

493 明誼修，張岳崧等纂，《瓊州府志》，卷 13，經政志，土田，頁 2-3。收入《中國方志叢書‧華南地方‧廣東省》，第 47 號。

494 歐榘甲，《瓊游日記》，頁 138。收入李少陵編，《歐榘甲先生傳》（臺北縣：編者出版，民國 49 年）。

# 第四章　流民對社會的侵蝕現象

　　在中國長期的農業生活裡，塑造了人民安土重遷的民族性格。安居故土是常態，離開自己的土地變成流民，猶如失根的蘭花，水中飄蕩的浮萍，極度缺乏安全感，境遇是十分悲慘的。古時有一首〈哀流民操〉，對流民的遭遇有深刻的描摹：

> 哀哉流民，為鬼非鬼，為人非人；
> 哀哉流民，男子無縕袍，婦女無完裙；
> 哀哉流民，剝樹食其皮，掘草食其根；
> 哀哉流民，晝行絕烟火，夜宿依星辰；
> 哀哉流民，父不子厥子，子不親厥親；
> 哀哉流民，言辭不忍聽，號泣不忍聞；
> 哀哉流民，朝不敢保夕，暮不敢保晨；
> 哀哉流民，死者已滿路，生者與鬼鄰；
> 哀哉流民，一女易斗粟，一兒錢數文；
> 哀哉流民，甚至不得將，割愛委路塵；
> 哀哉流民，何時天雨粟，使汝俱生存。[1]

流民的生活處於高度不穩定狀態，因為喪失了生活的憑藉，無以為生，「弱者委於溝壑，強者去而為劫掠」，[2]鋌而走險，逾越常軌，導致社會動亂不安。所以流民問題的嚴重程度，向來被視為是治亂興衰的指標之一。流民在流亡途中，居無定所，貧病交迫，遭遇坎坷，際遇悲慘，對人生絕望，形同社會的邊緣人，是最弱勢

---

1 張養浩，〈哀流民操〉，《歸田類稿》，卷 14，頁 21。收入《景印文淵閣四庫全書》，集部・別集類，第 1192 冊。
2 《宮中檔雍正朝奏摺》，第 27 輯（民國 69 年），無年月日，詹事府詹事鄂爾奇奏摺，頁 249。

的一群，在某些狀況下極可能走入歧路，發生慘不忍睹的流血事件，影響社會治安。順治年間，曾歷任禮科、吏科給事中的法若貞在〈流民疏〉中對於流民悲慘的遭遇有深刻的描述：

> 臣自山東萊州至京師，所過地方千有餘里，鳩形鵠面，絡繹不絕。或扶老攜幼而茫無歸依；或典妻鬻子而苦無售主，晝而乞食道傍，哀鳴之聲震地，夜而露宿廟側，怨咨之氣沖天，仳離滿道……臣至雄縣地方，親見屍骸暴露冰上，鴉鵲爭餐……又至良鄉城東，復見屍骸分裂道側，鷹犬已食其半，不能復為收掩。[3]

流民的出身多為農民，當其離鄉就食浪跡天涯時，喪失土地，居無定所，若政府不善加處置，流民迫於生計，在無法找到正當求生方法下，易淪為乞丐、游手、流氓或盜賊。小則偷竊搶劫，大則揭竿而起，聚眾為亂，加劇社會的動盪，成為治安敗壞之極大隱憂。

# 第一節　流為游手盜賊

　　流民者，饑民也。當饑饉發生，地方百姓於本鄉無處覓食，不得不轉徙他方，瑣尾流離，困頓狼狽，漸淪為游手之徒；日久無定居之所，弱者瀕臨危亡，強者轉為盜賊。[4]起初流民未必非為良民，然謀生無策，游手浮食互相爭逐，漸流為竊攘。樂生惡死人情之常，誰肯甘心為盜，以觸大辟之刑？流民因自然或社會等因素而流亡在外，生活無著，食不果腹、衣不蔽體，為饑寒所逼，陷入困境，最易受煽動，[5]走上違情犯法之路。

　　滿人入關，為安置入關諸王、勳臣、士兵，把近畿一帶無主荒地及明朝皇親、駙馬、公、侯、伯、太監等莊田，分賞給八旗

---

3 嚴有禧纂修，《萊州府志》，乾隆五年刊本，卷 13，藝文，頁 27-28。
4 楊景仁，〈輯流移〉，《清經世文編》，卷 41，戶政，荒政，頁 46。
5 《清高宗純皇帝實錄》（三），卷 175，乾隆七年九月戊寅，總頁 248。

官兵，但陸續東來的旗人不夠分配，乃圈佔民間土地。順、康年間，經過數次圈地後，京師一帶各州縣肥沃良田盡遭圈佔，只剩零星瘠地，而撥補之地又屬邊遠荒殘之區。田被圈佔，人民流離失所，欲投往他處，則人不敢留，依依故土，無衣無食，饑寒迫身，以致不得已而為盜。[6]

　清初，海上多事，為斷絕接濟臺灣之患，實行海禁，封海之令一下，劃定界限，界外屬棄地，居民限期遷入界內。內遷之後，良田荒蕪，村落盡成廢墟，沿海經濟遭受重大破壞。而內遷之民，扶老攜幼離開家園，露棲野地，死亡載道者以數十萬計。飄零日久，卻得不到妥善的安置，有父子夫妻相棄，有老弱轉死溝壑，有闔家飲酖，有投河以盡，然「有司視如螻蟻，無安插之恩，親戚視如泥沙，無周全之誼」。[7]最初人民奉命內遷，以為只是臨時措施，不久即可返家，時日既久，遷民反成難民，到處流移，一部分流民進入城鎮，成為混跡於社會底層，無固定生活來源的游民，過著漂泊不定的生活，久而久之，可能淪為盜賊。[8]這些流民百千為群，騷擾城鄉，官府憐其失所，每從寬政，即使逾越常軌，亦常偏宥；以致惡跡愈橫，相率入田園，掠稻奪麥，採摘菓實，縛捉雞豚。居民悄悄側目，無可奈何！[9]

　清朝前期幾位君主頗為勵精圖治，在內政上之經營甚為留心，每遇水旱災荒，常懷己饑己溺之心，散賑蠲租動輒數十百萬，期登斯民於袵席。惜自然災害頻繁，貧農常收不抵支，有糧地主又囤積居奇，造成糧價上漲。災民待賑不及，外出餬口，轉徙他方，其中游手好閒、不安本分者，常於道途中藉被災為由，煽惑搶奪，無錢買米的農民和貧苦大眾在無計可施下，不得已有搶糧

6 魏裔介，〈再陳末議疏〉，《魏文毅公奏議》，卷3，頁63。收入《叢書集成初編》，第924冊。
7 屈大均著，李育中等注，《廣東新語注》，卷2，地語，遷海，頁49。
8 《清史稿校註》，第11冊，卷275，杜臻傳，頁8697。藍鼎元，《南洋事宜論》，光緒三年至十三年排印本，頁502，載：「使沿海居民，富者貧，貧者困，驅工商為游手，驅游手為盜賊。」收入《小方壺齋輿地叢鈔》，第54冊。
9 余颺，《莆變紀事》（南京：江蘇古籍出版社，2000年），遷民，頁10。

之舉。雍正四年（1726），直隸總督李紱清查該年所參案件，逐一親審，饑民攘奪者十有八九。[10]雍正八年（1730），河南被水，災民覓食於湖廣，祥符、封邱、陽武、原武、滎澤、鄭州、中牟等州縣，乏食窮民沿途求乞，受饑寒所迫，覬覦有糧之家，於黑夜中逼勒借貸，村鎮中更有賣鬻人口之事。[11]乾隆三年（1738），甘肅省涼州府屬之武威、永昌、平番等縣，因米穀歉收，至次年仍未得雨，米價高昂，窮民度日艱難，男婦成群沿村逐堡，動以借糧為名，不無滋擾。[12]乾隆四年（1739）山東沂州府一帶，遇水旱災荒，先旱後水，致二麥無法播種，流民散往湖廣、江西近萬人。湖廣將饑民送回，途經江寧、揚州，發生搶奪情事。[13]乾隆七年（1742）冬、八年（1743）春，湖廣、江西、江南等地皆發生搶糧案件，江西尤甚，一縣中竟有搶至百案者。[14]乾隆九年（1744），直隸灤州發生糾眾搶割麥田，搶借糧食之事。[15]乾隆十三年（1748），山東省因連年饑饉，窮民生活艱難，共謀搶奪，已達 52 案。[16]因遭災頻仍，日久民情漸驕，漸積成習，一遇災情即紛紛具呈，要求賑濟，以賑濟為博施濟眾之事，而非拯災恤困之舉。且更有一種游手之輩，非農、非商，坐食境內，動則諉稱：「耕則無田，工則無師，商賈則無資本」。[17]稍遇水旱，輒倡先號召，

---

10 《宮中檔雍正朝奏摺》，第 6 輯，雍正四年八月二十四日，直隸總督李紱奏摺，頁 488。

11 《起居注冊》，雍正九年二月二十六日，諭旨；《清世宗憲皇帝實錄》（二），卷 103，雍正九年二月乙未，諭旨，總頁 372。

12 《乾隆朝上諭檔》，第 1 冊，附錄，乾隆四年五月二十三日，兩江總督那蘇圖奏摺，頁 408-409。

13 《清高宗純皇帝實錄》（二），卷 118，乾隆五年六月壬申，諭旨，總頁 721。

14 《清高宗純皇帝實錄》（三），卷 230，乾隆九年十二月丁巳，左副都御史范璨奏，總頁 974-975。

15 《清高宗純皇帝實錄》（三），卷 217，乾隆九年五月甲辰，直隸總督高斌參奏，總頁 797。

16 《清高宗純皇帝實錄》（五），卷 319，乾隆十三年七月癸卯，諭旨，總頁 245。

17 《清高宗純皇帝實錄》（二），卷 120，乾隆五年閏六月庚子，諭旨，總頁 753。

指稱報災費用，挨戶收錢。鄉民希圖領賑蠲賦，聽其指揮。當州縣踏勘成災，此輩又復串通鄉保胥役，捏造虛名多開戶口。若勘不成災，或成災而分別應賑不應賑，不能遂其所欲時，則張貼傳單，糾合鄉眾湧向公堂喧嚷，甚且凌辱長官，目無法紀，碰到懦弱官吏反隱忍屈從，致使此輩更形肆無忌憚。[18]如《起居注冊》中所說：「荒歲冬春之際，常有一班奸棍召呼災民，擇本地饒裕之家，聲言借糧，百端迫脅，苟不如願，輒肆搶奪」。[19]此輩游手之徒可謂地方之蠹民，既無恆產，惟酗酒賭博為能事，趨而日下，流為盜賊，為乞丐。他們三五成群，百十為黨，雖在豐年，實為地方之害。若遇荒歉饑饉，搶奪劫掠，無所不至。[20]

乾隆七年（1742），御史柴潮生提及四川「嘓嚕子」時指出，四川省地廣人稀，近年來，「四方流民多入川覓食，始則力田就佃，無異土居，後則累百盈千，漫成游手」。[21]早期入川者，從插標佔田，即為己有；接著政府規定每戶撥與水田 30 畝或旱田 50 畝；越到後期，入川者只能淪為佃農或為無業游民。四川居民龐雜，外來無業流民竄處其間，當生活不能溫飽，便聚眾生事，「遊蕩為匪，無惡不作，因而本地游手好閒之輩漸染成習，踵相效尤」，引發社會問題，「此嘓嚕賊匪所在多有」。[22]這些在官府眼中所謂的不法奸民，為求生存，成群結夥搶糧鬧署，襲擊大戶，劫搶資財，或匯聚山林攔路搶殺，逐漸發展成有組織的團體，如「嘓嚕子」。四川布政使海明奏報川省地方情形提到：「川南之寧遠府屬及川西松茂一路，民俗儉嗇，川北川東一帶，土著甚少，流寓實繁，遂

---

18 《起居注冊》，乾隆四年八月二十九日，諭旨；《清高宗純皇帝實錄》（二），卷 99，乾隆四年八月癸卯，諭旨，總頁 504-505。
19 《起居注冊》，乾隆四年八月二十九日，諭旨。
20 魯仕驥，〈備荒管見〉，《清經世文編》，卷 41，戶政，荒政，頁 4。
21 《軍機處錄副奏摺》，乾隆九年十一月初六日，御史柴潮生奏摺錄副。收入《康雍乾時期城鄉人民反抗鬥爭資料》（北京：中華書局，1979 年），頁 634。
22 《宮中檔乾隆朝奏摺》，第 21 輯（民國 73 年），乾隆二十九年四月二十二日，四川總督阿爾泰奏摺，頁 266。

致無業之民流入嘓匪」。[23]

　　乾隆八年（1743）十月，四川巡撫紀山在奏摺中提到：「川省數年來有湖廣、江西、陝西、廣東等省外來無業之人，學習拳棒，并能符水架刑，勾引本省不肖奸棍，三五成群，身佩兇刀，肆行鄉鎮，號曰『嘓嚕子』」。[24]署理四川提督李質粹奏摺中也說到川省五方雜處，「外來流匪及本地無業流民凌虐良善，名曰『嘓嚕』」。[25]此輩兇惡異常，搶索酒飯、盤費，姦淫劫掠，無所不為，往來招示，羽黨漸眾，多聚集在州縣交界處出沒。乾隆二十二年（1757）二月，四川提督岳鍾璜仍提及「川省嘓嚕棍匪出沒無時」。[26]其為地方之患，性慣流蕩，擾害良民，為害最甚。

　　乾隆年間，川陝總督公慶表示，四川「嘓嚕子」多係福建、廣東、湖廣、陝西等省流棍入川。[27]乾隆四十七年（1782），湖南巡撫李世傑奏報審辦拿獲嘓匪情事，從犯案成員中可看出加入嘓匪者有迫於生計流往川省乞食傭工之人，如人犯周德貴州青谿縣人，因貧乞食四川，在四川巴縣地方遇見嘓匪劉鬍子、周包包等，令其入夥搶奪；劉理壽江西贛縣人，因赴川覓工，在雲陽縣遇見嘓匪李滿八、嚴正綱等人，令其入夥搶奪；向羣才湖南會同縣人，赴四川覓工，在秀山縣遇見嘓匪黃老么等人，邀其入夥搶奪；[28]三人皆參與搶奪錢財，伙分銀錢。

　　乾隆中葉，江南潁州人民因本籍荒歉外出乞食，流離轉徙，

---

23　《宮中檔乾隆朝奏摺》，第 30 輯（民國 73 年），乾隆三十三年六月八日，四川布政使海明奏摺，頁 843。
24　《清高宗仁皇帝實錄》（三），卷 203，乾隆八年十月己卯，四川巡撫紀山奏，總頁 623。
25　《清高宗純皇帝實錄》（四），卷 242，乾隆十年六月丙辰，署四川提督李質粹奏，總頁 131。
26　《清高宗純皇帝實錄》（七），卷 531，乾隆二十二年正月壬戌，四川提督岳鍾璜奏，總頁 700。
27　《食貨志》，戶口 8，文獻編號 212000192；《清高宗純皇帝實錄》（四），卷 251，乾隆十年十月戊午，總頁 239。
28　《宮中檔乾隆朝奏摺》，第 51 輯（民國 75 年），乾隆四十七年二月二十八日，湖南巡撫李世傑奏摺，頁 75-76。

此等流民流移乞食，地方官向來視爲流丐不加約束，游食窮民行止無定，探囊胠篋無所不爲，[29]若管理不善，極易滋事。乾隆二十三年（1758），江南穎州之民流入湖北，百十爲群，攜帶刀斧，竟執器械搶奪傷人。

山東袞州剡城、沂州等處常遭荒災，雖在六月可望續種之時，不論年歲豐歉，男女老幼攜筐負擔，紛紛轉徙，流移外出，以致該地百姓游食四方，習以爲常，不以爲怪。他們有的北走關東，有的南渡江、淮，遠至福建，「攜孥担橐，邀侶僭出，目曰逃荒，恬不爲怪，……幾與鳳陽游民同」。[30]逃荒竟成爲一種習尚，頗似淮北之風，浙江寧波所屬人民，遇原籍歉收，亦扶老攜幼赴別郡覓食度荒，習以爲常。[31]乾隆十二年（1747），安徽巡撫潘思榘在奏摺中提到：「鳳穎民風，樂於遷移，稍遇災歉，攜老挈幼，潛往鄰境」。[32]《清稗類鈔》中有關於淮北民風之記載：

> 江、浙接壤處所，每入冬，輒有鳳陽流民行乞於市，歲以為常。揣其乞食之由，則以明太祖念濠州（即鳳陽）為發祥之地，亂後，人少地荒，徙江南富民十四萬以實之，私歸者有重罪。富民欲回鄉省墓，無策，男女扮作乞人，潛歸祭掃，冬去春回。其後沿以為例，屆期不得不出，遂以行乞江湖為業矣。[33]

由上所述，可知鳳陽百姓流移之風已內化成爲一種驅動力，故屆期而不得不出。淮北流民多去春回，已成爲一種定例，此風氣之形成實與生存環境有關。〈鳳陽花鼓〉唱道：

> 說鳳陽，道鳳陽，鳳陽本是好地方。

---

29 《乾隆朝上諭檔》，第 3 冊，乾隆二十三年四月十二日，內閣奉上諭，頁 191。
30 李希賢修，《沂州府志》，乾隆二十五年刊本，卷 4，風俗，頁 13。
31 《宮中檔乾隆朝奏摺》，第 2 輯，乾隆十七年四月十五日，閩浙總督喀爾吉善奏摺，頁 686。
32 《清高宗純皇帝實錄》（四），卷 291，乾隆十二年五月己未，安徽巡撫潘思榘奏，總頁 820。
33 徐珂，《清稗類鈔》（上海：商務印書館，民國 6 年），第 40 冊，乞丐類，頁 8。

自從出了朱皇帝，十年倒有九年荒。

大戶人家賣田地，小戶人家賣兒郎；

奴家沒有兒郎賣，背著花鼓走四方。

白雲千里過長江，花鼓三通出鳳陽。

鳳陽自出朱皇帝，山川枯槁無靈氣。

妾生愛好只自憐，別抱琵琶不值錢。

唱花鼓，渡黃河，淚花卻比浪花多。[34]

歌詞中唱出，淮北本是好地方，在宋朝曾有「走千走萬不如淮河兩岸」之說。[35]然明朝以後，淮北的生存環境產生變化，自然災害連年不斷，「十年倒有九年荒」，可見頻率之高，因此造成環境條件的惡化，當地百姓只得「背著花鼓走四方」。災害頻仍，易使民心遑迫不安，產生極大的心理壓力，終覺人們永遠也無法對抗大自然，既感悲傷、恐懼，又無可奈何。日久「恐荒症」因而產生，此即淮北百姓雖非荒年亦要逃荒，而漸成為習之故。安徽鳳臺籍流民也說：通常多穫後，無業者封門他往，流散四出，春盡始歸，謂之趁荒，亦有「彌年累月不歸，十室而三四」。[36]嘉慶末期，浙江杭、嘉、湖及蘇、常等地，每到秋冬之際，江北失業人民，不免越江南來覓食，河南東部與安徽接壤之地，亦有趁食而來者，此輩百十成群，號為饑民，經過鄉村坐索飯食，恃眾強取。[37]

　　康熙三十年（1691），山西、陝西災荒，有災民轉徙至湖北襄陽，每日不下數百人。湖北荊南道道員俞森向不斷湧入襄陽的流民聲明：「聞府城之外一二十里地方，天色昏黑，孤客獨行，多遭悶棍，雖未必確係饑民所為，但從前無此等事，今忽有之，又

34 《申報》，民國 11 年 10 月 13 日。

35 池子華，〈從鳳陽花鼓談淮北流民的文化現象〉，《歷史月刊》，第 66 期，1998 年，頁 31。

36 李兆洛，〈鳳臺保甲議〉，《養一齋詩文集》，光緒四年重刊本，卷 17，頁 19。

37 《宮中檔嘉慶朝奏摺》，第 27 輯，嘉慶十九年七月初六日，協辦大學士兩江總督兼署江蘇巡撫百齡奏摺，頁 131。

焉得不疑及汝等」。並向上級官員建議，此等饑民約有 4 萬餘人之眾，應格外加強安撫，否則小之劫奪，大之嘯聚。[38]雍正二年（1724），戶部尚書張廷玉奏陳，閩、廣無籍之徒流移失業者多往江西、浙江、福建連界處墾山種麻，搭棚居住，呼朋引類，愈聚愈多，任意來去，出入無常，偶遇年歲不登，輒結黨盜竊，為害地方。[39]同年，江蘇秋成歉收，海嘯為災，沿海無籍之徒相率為匪，盜案增多；次年，蘇、松地區豐收，窮民易於謀生，盜案便漸次減少。[40]由此驗證，收成豐歉影響窮民生計與盜匪昌盛與否。雍正七年（1729），巡察湖廣地方給事中唐繼祖奏報湖南吏治民生情形，說到湖南盜賊甚多，永州府屬之江華、寧遠等縣，與兩廣連界，因流民傭工覓食，稔習路徑，招引黨羽，潛居山中，故流匪日益眾多。[41]河南為各省孔道，乾隆三年（1738），盜賊昌熾，外來積匪冒充過客行劫，無業之徒或為流民，或為乞丐，乘機搶奪財物。[42]逃荒災民與乞丐和游惰之輩的游民，本甚難區別，每當災荒來臨，朝廷總希望能避免流民受到煽動，加入為亂行列。

乾嘉之際，清廷國勢已由盛轉衰，人口劇增，吏治腐敗，軍事廢弛，社會動盪不安，海疆防禦虛弱，沿海水師若無海盜之警，則終年停泊。閩浙兩省哨船相去數百里，卻從未謀面，船隻窳漏，根本無法涉及大洋。[43]乾隆末年，海盜蔡牽與朱濆坐大，為患於東南海域，當時閩南一帶連年災荒，禾稻無收，民有流殍，大批無業貧民出洋為盜，賊首沿海一招，從者如蟻。[44]蔡牽率貧苦窮

38 俞森，《郳襄賑濟事宜》，頁 2、5。收入《叢書集成新編》，社會科學類，第 33 冊。

39 《宮中檔雍正朝奏摺》，第 2 輯，雍正二年正月二十一日，戶部尚書張廷玉奏摺，頁 249-250。

40 《宮中檔雍正朝奏摺》，第 5 輯，雍正三年九月二十日，江蘇巡撫張楷奏摺，頁 191-192。

41 《雍正朝漢文硃批奏摺彙編》，第 17 冊，雍正七年十二月初一日，巡察湖廣地方給事中唐繼祖奏摺，頁 370。

42 《清高宗純皇帝實錄》（二），卷 69，乾隆三年五月辛巳，總頁 118。

43 魏源，〈軍政篇〉，《聖武記》，下冊，附錄卷 14，頁 545。

44 程含章，〈上百制軍籌辦海匪書〉，《清經世文編》，卷 85，兵政，海防，頁

民於漳泉沿海起事，劫掠商船，勒索銀錢，且連結陸地會匪，暗濟船械、硝磺、米糧。[45]嚴重影響東南海上的交通貿易，並且威脅海疆安全。清仁宗對此反復諭令：「蔡牽為洋盜巨惡，此賊一日不除，洋面一日不靖」。[46]流民從家鄉流離出來，實因謀生發生困難才轉往他方就食，尋求新機。且飄蕩過久，若仍找不到落腳處，得不到謀生的依靠，就成為四散游蕩的游民，亦如叫化子，此輩人數不少，一旦結合起來，就是一股力量，太平盛世時，逮住有利時機能製造小騷動；當國勢衰弱，政府統治力量衰微時，極易成為動亂的因子。雍正四年（1726）夏，湖廣地區發生水患，隔年又雨水過多，米價未平。湖北武昌、漢陽等地災情較重，遂有游手無業好事之光棍，因見無隙可乘，忽而散佈謠言，勒眾罷市，[47]似此刁惡棍徒，各地皆有，乘地方有旱潦之災，米價上漲，遂以迫於饑寒為名，煽惑眾心，妄圖不法。嘉慶以後，社會經濟衰退，此類人數仍在繼續增加。道光年間，江西與閩、廣交界地，游民成群結黨，形勢凶橫，地方官不敢查問。[48]廣西情況更甚，道光二十八年（1848），桂林有人倡亂，州縣震動，游民乘機煽惑，拈香拜盟，路劫商旅，夥搶村莊。道光二十九年（1849），鬱林州米價騰貴，土匪藉機行搶，託名劫糧濟貧，懲惡游手攻掠嚇勒，縣官亦以饑民目之，效尤亦眾。[49]

　　康熙二十二年（1683），臺灣雖劃歸清朝統治，但規定移民不得攜眷赴臺，中間除有幾年解禁外，一直延續約百年之久。由於渡臺的限制和手續的繁瑣，促成守口官吏貪污之風，申請渡臺反不若私渡方便，因此偷渡之風頗盛。臺灣西部海岸各港口，北

12。

45 魏源，〈嘉慶東南靖海記〉，《聖武記》，下冊，卷8，頁355。

46 《清仁宗睿皇帝實錄》（二），卷108，嘉慶八年二月乙丑，諭旨，總頁449。

47 《宮中檔雍正朝奏摺》，第8輯（民國67年），雍正五年七月初九日，吏部尚書署理湖北總督傅敏奏摺，頁492。

48 《史料旬刊》（臺北：國風出版社，民國52年），第36期，清道光朝密奏專號第二，江蘇巡撫裕謙奏片。

49 徐作梅修，李士琨纂，《北流縣志》，光緒六年刊本，卷20，紀事，頁6。

自雞籠，南至恆春，以及東部海岸的蛤仔難及釣魚台（臺東）等較大港口，都有偷渡者足跡。官方嚴禁過臺者攜家帶眷，內地各津渡對婦女之禁尤嚴，偷渡過臺的流民要冒風濤之險，更無法攜帶家眷，所以形成臺灣人口結構的不均衡現象 —— 男性人口偏多。由於男女比例失衡，極易導致社會不安。臺南是最早開發之地，也是臺灣開發初期的首府所在，康熙末年，這一地區多為夫妻與子女同住。諸羅、彰化以北地區，淡水、雞籠山後千餘里，婦女卻只有幾百人；臺南以南鳳山、新園以下 400～500 百里地區，婦女也不過數百人。[50]臺灣縣在明鄭時期已開墾，當地漢人多在清廷收復臺灣前已遷入，多有妻室；北部和南部地區，開發較晚，屬臺灣歸入版圖後的流民開墾區，婦女人數甚微。《東征集》記載朱一貴事件後大埔莊的情形：「中有女眷者一人，年六十以上者六人，十六以下者無一人，皆丁壯力農，無妻室，無老者幼稚」。[51]流民不僅無妻亦無子，鄉間之人至四、五十歲未有家室者比比皆是，《諸羅縣志》即載「男多女少，有邨莊數百人而無一眷口」。[52]渡臺墾荒的流民沒有妻室，極易造成臺灣社會的不穩定。人口結構不正常，產生生理與心理的不平衡，許多單身男性過著禁慾的生活，又因無家室之累，生活中極易有賭博、狎妓等腐化現象，桀驁之徒極易輕生走險，最易滋生社會問題，實為一大隱憂。對此《諸羅縣志》記載：

> 今流民大半潮之饒平、大埔、程鄉、鎮平、惠之海豐，皆
> 千百無賴而為，一莊有室家者百不得一。以傾側之人，處
> 險阻之地至於千萬之眾，而又無室家宗族之繫累，有識者
> 得不為寒心乎？今之盜牛肤筐、穿窬行凶而拒捕者，日見
> 告矣。其未發覺者，驅之則實繁有徒、容之則益張其慢；
> 名曰佃丁，而睥睨其業主、抗拒乎長官，不逞之狀，亦既

50 藍鼎元，〈經理臺灣疏〉，《平臺紀略》，臺叢 14，附錄，頁 67。
51 藍鼎元，〈紀十八重溪示諸將弁〉，《東征集》，臺叢 12，卷 6，頁 83。
52 周鍾瑄，《諸羅縣志》，臺叢 141，卷 12，雜記志，外紀，頁 292。

露其機矣。特以四海晏然，無可乘之隙耳。[53]

臺地土壤肥腴，收穫豐盛，社會富裕，自然吸引海峽對岸人民，雖捨祖宗廬墓、離鄉背井，亦願冒重洋之險東渡入臺。加上沿海港汊紛歧，到處皆可偷渡，除商人富戶外，內地無業之民，游手無賴之徒，重罪逋逃之犯，溷跡雜沓並至。從前臺地土曠人稀，來臺之人雖勤惰不一，上可以致富，下可以溫飽，皆可生活無虞；[54]以往人少之時，偷渡赴臺依親傍戚，無不收留安頓，乾隆中葉實已人滿為患，即不能概為收留，[55]然而，渡臺者卻仍源源不絕。流民非皆游手好閒，亦有良善者，膽敢離鄉背井冒風濤之險過臺，性格必屬強悍不羈。至臺之人，有土地家室者尚知自愛，然有業者十無二、三，地力人工不足以養眾，原本良善者也可能成為游民。游手之徒衣食無依，遊行飄蕩，易不安本分，小不遂意，即結夥聲援，相聚為盜，實為閭閻之害。[56]考臺地變亂數次，皆係此等烏合之徒為之倡首。[57]此輩無業游民，皆窮困逋逃之輩，衫褲不整，赤腳終身；無田無宅無妻無子，非士非農非工非賈，居無定所，不務正業，隻身遊走各地，嫖賭偷竊，隨處結黨，械鬥樹旗，為所不為，有謂以「羅漢腳」稱之。[58]所謂游民、游棍、無賴、游惰之輩、游手之徒等，指的即為此類人；一至民變事起，則乘機加入亂事中混水摸魚、剽掠燒殺。例如康熙六十年（1721）朱一貴事件，從殘件中統計參與該案被處以謀反和謀判罪的 64 人中，無親屬產業所謂羅漢腳身分者有 32 人，佔

---

53 周鍾瑄，《諸羅縣志》，臺叢 141，卷 7，兵防志，水陸防汛，陸路防汛，頁 121。

54 沈起元，〈條陳臺灣事宜狀〉，《清經世文編》，卷 84，兵政，海防，頁 51。

55 《宮中檔乾隆朝奏摺》，第 22 輯（民國 73 年），乾隆二十九年九月十六日，閩浙總督蘇昌奏摺，頁 631。

56 姚瑩，〈答李信齋論臺灣治事書〉，《東槎紀略》，臺叢 7，卷 4，頁 111。

57 《宮中檔雍正朝奏摺》，第 21 輯（民國 68 年），雍正十一年三月初三日，陝西道監察御史覺羅柏修奏摺，頁 205。

58 《清高宗純皇帝實錄》（一一），卷 845，乾隆三十四年十月癸酉，諭旨，總頁 312；陳淑均纂，《噶瑪蘭廳志》，臺叢 160，卷 2（上），規制，鄉莊附考，頁 28。

50％；有家屬無產業者佔 18.7％，農業社會若無田產，則對土地的附著力相形下降，極易產生游離現象，成為不安定因子，所以無產業者也可以說是「準游民」。[59]乾隆時期，閩浙總督徐嗣曾在清查林爽文事件案情時，表示「逆犯大半係『羅漢腳』匪類，流寓在臺」。[60]游民對當時的社會治安實產生嚴重的威脅與破壞，道光初年姚瑩任噶瑪蘭通判，對臺灣風土民情有相當程度的了解，他以為臺灣大患有三：盜賊、械鬥、謀逆，三者雖事不相同，而為亂之人皆無業游民。生齒日繁，人口眾多，無業可以資生，窮困潦倒，不為匪者鮮矣，游民成為臺灣亂源所在。[61]道光十二年（1832），彰化發生張丙事件，當時無所得食之游民群往附和，事件平息後，曾參與事變者 1 萬數千人，流散民間，其後五、六年間，搶劫之事幾無虛日。此輩皆「無業之游民也，迫之則立反，置之則日事劫掠」，[62]實為治安之擾。

雍正年間臺灣知府沈起元以為臺地之民，皆閩、廣流民，[63]臺灣是閩、粵兩省過剩人口的流移目標。閩、粵地區是宗族制度較發達的宗族社會，宗族制度有內聚性，亦有排他性，二者在程度

---

59 劉妮玲，《清代臺灣民變研究》（臺北：國立臺灣師範大學歷史研究所，民國 72 年），頁 272。據劉妮玲對朱一貴、吳福生、林爽文三件事變所作參與者社會腳色分析：

| 類　　　　別 | 朱一貴案 | 吳福生案 | 林爽文案 | 合計（人數） | 百分比 |
|---|---|---|---|---|---|
| 無親屬無產業者（羅漢腳） | 32 | 9 | 9 | 50 | 43.5% |
| 有親屬無產業者 | 12 | 11 | 7 | 30 | 26.1% |
| 有親屬有產業者 | 6 | 6 | 3 | 15 | 13.0% |
| 不　　　　詳 | 14 | | 6 | 20 | 17.4% |
| 合　　　　計 | 64 | 26 | 25 | 115 | 100.0% |

三案中游民與準游民身分約占 70％。參見劉妮玲，《清代臺灣民變研究》，頁 272、276、282-283。

60 《欽定平定臺灣紀略》（臺北：臺灣銀行經濟研究室，民國 50 年），臺叢 102，卷 64，頁 1028。

61 姚瑩，〈請收養游民議狀〉，《東溟文後集》，同治六年刊本，卷 3，頁 5。

62 姚瑩，〈與毛生甫書〉，《東溟文後集》，卷 6，頁 13。

63 沈起元，〈條陳臺灣事宜狀〉，《清經世文編》，卷 84，兵政，海防，頁 52。

上成正比發展。隨著宗族共同體意識的增長,其內聚力與排外力也同步提高,加上民風尙武,各宗族的內規亦受到尙武風氣的影響。閩、粵地區的宗族社會,甚至明文規定,以族產支持宗族械鬥。全體族人與外姓發生爭鬥時,要同仇敵愾,齊心協力,共拒外姓。[64]

　　閩省漳、泉地方民風強悍,好勇鬥狠。丁繁族大之家,往往恃其人多勢強,欺壓弱勢孤寒;偶有小故,輒糾眾械鬥,釀成大案。待官司捕治,或有人頂兇,或逃匿抗拒,目無國法。[65]清初來臺之漢人多爲漳、泉人,受原籍民俗強悍風氣影響,鬥狠輕生,習以爲常。福建巡撫汪志伊在〈敬陳治化漳泉風俗疏〉奏摺中即云:

> 查閩省械鬥之風,漳、泉尤甚,緣民俗獷悍,生齒日繁,仇怨甚深。且聚族而居,大者千餘戶,小者亦百數十戶,大戶欺凌小戶,小戶忿不能平,亦即糾合親黨,抵敵大戶,每遇雀角微嫌,動輒鳴鑼號召,千百成群,列械互鬥,其兇橫若此。且各立宗祠,元旦拜祖後,即作闔書,寫多名,以為毆斃抵償之名次,拈得者頗為榮,族人代為立後,並設位於祠,其愚若此。間有稍知禮法,退避不前者,即懷恨逞兇,毀其器而焚其房,挾以必從之勢,其脅良從暴又若此。是以彼此報復,乘機擄掠,仇殺相尋,將兩造被殺人數,互算互抵,有餘則以拈闔之姓名,依次認抵,到案茹刑,總不翻供,其甘心自殘又如此。[66]

宗族械鬥,仇殺相尋,彼此報復,形成極爲嚴重的社會問題。雍正年間,廣東碣石鎮總兵蘇明良曾具摺指出,漳、泉風俗頹靡驕悍,爲閩省之最。棍徒暴虐,奸宄傾邪,每以鬥狠爲樂。貴凌賤,

---

64 莊吉發,《清代秘密會黨史研究》,頁 34-35。

65 《清世宗憲皇帝實錄》(二),卷 149,雍正十二年十一月壬午,諭旨,總頁 846。

66 汪志伊,〈敬陳治化漳泉風俗疏〉,《清經世文編》,卷 23,吏政,守令,頁 42-43。

富欺貧，巨姓荼毒小姓。巨姓與巨姓相爭，常操戈相敵，搆訟連年，目無王法。[67]為矯風整俗，端正人心，蘇明良奏請照浙江事例，於福建添設觀風整俗使一員，使知警惕，痛改前非。福建觀風整俗使劉師恕到任後，曾奏閩漳、泉民俗，同安縣角尾地方，與漳州府屬龍溪縣石碼地方，地壤相連，有一惡習，自正月初一日起至十五日，無論老少，各攜碎石，聚集一地，相互丟擊比勝，以傷人為吉利。[68]即使年節習俗亦呈現爭強鬥勝之風，習為固然，俗成難變。閩、粵地區的宗族械鬥風氣，實為當地世代相傳之遺風。閩粵、漳泉人民風習隨其在故鄉所結仇恨，亦遷徙移轉至臺，雖睚眦之怨，雀角之爭，往往「片言不合輒鬥，甚至械鬥，更甚則分類：或閩與粵分，或泉與漳分。分則至親密友，白刃相加不相認，雖富家巨室，亦必出資以助，從而遷徙」。[69]臺地漢人分類械鬥頻繁，為民變提供了良好的環境，許多動亂發生之始因分類械鬥引燃。有謂民變與械鬥常互為因果，分類械鬥若變本加厲，常成為釀成民變的潛藏勢力。這種潛在武力的滋長，乾隆年間甚為普遍，林爽文起事就是靠此種力量而起。[70]臺地無籍游民，大市不下數百人，小村不下數十人，[71]平時被視為游手無賴之徒，在分類械鬥時，被雇用加入械鬥中以壯聲勢，常使分類械鬥情勢更加惡化。

　　清代前期，因災荒肆虐，加上人口日增，社會流動頻繁，民情浮動，穩定性不足，社會治安仍有待加強。流民受環境壓迫，生計憂擾等外在生存挑戰，促使部分轉而為匪，肆意搶奪，造成

67 《宮中檔雍正朝奏摺》，第 11 輯（民國 67 年），雍正六年十一月初六日，廣東碣石鎮總兵蘇明良奏摺，頁 714。
68 《宮中檔雍正朝奏摺》，第 19 輯（民國 68 年），雍正十年正月二十四日，福建觀風整俗使劉師恕奏摺，頁 351。
69 丁紹儀，《東瀛識略》（臺北：臺灣銀行經濟研究室，民國 46 年），臺叢 2，卷 3，頁 32。
70 樊信源，〈清代臺灣民間械鬥歷史之研究〉，《臺灣文獻》，第 26 卷第 4 期，頁 105-106。
71 陳淑均，《噶瑪蘭廳志》，臺叢 160，卷 2（上），規制，鄉莊附考，頁 28。

政治、社會的動盪，甚而埋下巨變的因子。

# 第二節　加入秘密宗教與會黨

　　大凡改朝換代以後，社會變動，或連年戰爭，或災荒遍地，所引發的饑饉現象是造成人口流動的重要因素。反之，康熙中葉以後，社會安定，財富日增，人口繁殖，人口壓力初露端倪，人口過剩形成耕地不足，亦成爲人口流動的另一項重要原因。因人口與土地比例失調而被排擠出去的游離人口，無法滿足基本的安居條件，只得被迫就食他方。秘密會黨是下層社會由異姓結拜集團轉化而來的多元性秘密組織，清朝秘密會黨的擴展與秘密宗教的盛行，也與人口流動顯然有密切的關係。因爲人口流動頻繁，促使秘密會黨與秘密宗教更加盛行，兩者實互爲因果。

　　閩、粵地區宗族械鬥風盛，大姓恃強凌弱，小姓爲求自保，聯合他姓相結，共同抵制大姓，異姓結拜的活動蔚爲風氣。從現存檔案可知，秘密會黨就是閩、粵地區宗族械鬥過程中，由異姓結拜團體轉化而形成的各種秘密組織，會黨的產生與發展，和社會經濟及地理環境的變遷有極爲密切的關係。康熙年間，曾對異姓結拜弟兄問題，三次修定律例，可見當時異姓結拜風氣之盛。[72]當時的人口流動現象中，福建和廣東兩省是我國南方最突出的省份。粵東之地，山海交錯，耕地有限，貧苦者多。福建省精華區集中於沿海一帶，以福州、泉州、漳州三府爲中心，由於泉州、漳州地區山多田少，人口稠密，人民外移是境內極爲頻繁的現象。福建省西北內陸山地，武夷山和戴雲山脈橫互其間，交通受阻，社會經濟和文化發展落後，開發較遲，地曠人少，可以容納東南沿海地區過剩人口，提供窮民謀生的空間。閩省泉州、漳州、永春地區和鄰省江西、廣東無業人民，紛紛往延平、建寧、邵武三

---

72 莊吉發，《清代秘密會黨史研究》，頁 45、57。

府聚集，或種茶，或墾荒，或傭趁，其客民之數，幾與土著相當。人口流動龐雜，五方雜處，有利於秘密會黨的發展，藏污納垢，作姦犯科事件亦大增。寄居異鄉之人，勢單力孤，爲防被欺，相互結會以求自保，狡黠之徒乘機煽惑，謂結會拜師可得多助，無知愚民往往爲其所惑。[73]

雍正、乾隆時期，秘密會黨最盛行的地區，主要在福建，其次是廣東、廣西、江西。據統計嘉慶、道光時期會檔案件名稱的分佈可知，嘉、道時期福建、江西、廣東、廣西等省是秘密會黨較活躍的地區，其次是湖廣、雲南、貴州等地。這種分佈現象反映秘密會黨隨著人口流動橫向發展。[74]而嘉、道時期，地方官破獲的秘密會黨就有 50 個不同的名稱，可見其發展之蓬勃。

清朝會黨林立，名目繁多，不勝屈數。東南各省，向爲人口集中區，平地多已開發殆盡，迫於衣食所需，人民多往山區或邊境地方發展，因此各省無照偷越者多。這些來到異地的流民，沒有宗族力量的支持，勢單力薄，爲自保計，互相幫助抵抗欺侮，以求立足他鄉，因此流行與異姓結拜，加入會社。有的邀集同鄉結盟拜會，有的與客籍移民結拜兄弟，有的加入當地會黨，藉此以提供互助及安全維護。由此可以觀察，從傳統社會游離出來的流動人口自我調適的一種模式。所以不僅是福建、廣東、廣西、江西有此種組織，浙江、湖廣、四川、雲南、貴州等地區亦有很多各地流民結成秘密會黨。

嘉慶年間，廣東博羅縣地方，有潮州、嘉應州及福建客民於此耕種田畝，因爭奪水利，與當地人多有不合，間有被會匪殺傷人口之家，仇殺加入會黨者。土客衝突日益嚴重，因此結盟拜會興盛。據兩廣總督覺羅吉慶奏報歸善、博羅二縣人民加入天地會者多達 1、2 萬人。[75]博羅縣客民，即外來流動人口，有潮州、嘉

---

73 《軍機處檔‧月摺包》，082042 號，道光二十八年五月初二日，福建巡撫徐繼畬奏片。

74 莊吉發，《清代秘密會黨史研究》，頁 99-100。

75 《宮中檔嘉慶朝奏摺》，第 16 輯，嘉慶七年九月二十八日，兩廣總督覺羅

應州及福建流民往此謀生。嘉慶二十二年（1817），兩廣總督阮元抵任，盡心訪查廣西秘密會黨盛行之因，其奏摺陳述：

> 查粵西民情本屬淳樸，因該省與廣東、湖南、雲南等省連界，外省游民多來種地，良莠不齊，以致引誘結拜添弟等會。遂有鄉民因勢孤力弱，被誘入會，希圖遇事幫護。[76]

當時外省流民前往廣西種地謀生者以廣東、湖南省貧民為多。道光時期，福建巡撫徐繼畬也提到福建西北地區秘密會黨盛行：

> 查閩省延、建、邵三府民俗本極淳良，因產茶葉，又多荒山，外鄉無業游民紛紛麕集，或種茶，或墾荒，或傭趁。本省則泉州、漳州、永春；鄰省則江西、廣東。客民之數，幾與土著相埒，因此藏垢納污，作奸犯科，無所不為。大約搶劫之案，泉州、永春、廣東之人為多；結會之案，則江西人為多。搶劫者皆凶悍匪徒，至結會之人則多寄居異鄉，恐被欺侮，狡點之徒，乘機煽惑，誘以結會拜師，可得多人幫護，愚民無知，往往為其所惑。是欲除結會之習，莫若舉行聯甲，使土著與客民不相歧視，庶良善可安於敦睦，匪徒亦易於稽查。[77]

　　清初，對於民間秘密宗教的發展，自始即抱持嚴禁的態度，各朝君主不時諭令嚴禁，並制定嚴禁民間秘密宗教之律例。在中央或地方眼中，不論傳習民間秘密宗教教派為何，皆為夜聚曉散，行蹤詭祕，煽惑無知愚民的邪教異端，適足以擾亂社會風氣，使風俗大壞，異端蜂起，必須嚴禁，以正人心，清風俗。茲列舉以下三件教案的成因，概述流民與秘密宗教及會黨間的關係。

　　雍正十二年（1734），浙江衢州府、江西廣信及南昌府，以及福建汀州府，發生「圓頓大乘教案」。創始人為江西豐城縣人黃

---

　　吉慶奏摺，頁 153-154。

76 《宮中檔道光朝奏摺》，第 1 輯（民國 84 年），道光元年二月初二日，兩廣總督阮元奏摺，頁 22。

77 《軍機處檔·月摺包》，082042 號，道光二十八年五月初二日，福建巡撫徐繼畬奏片。

森官，由於查獲該教教徒持有官職銜稱的劄付，盟書內有「御筆親批，坐朝問道」等「悖逆」字句，被認為有意圖造反嫌疑。教中宣稱封禁山有多人入教，並奉黃森官為教主。當時閩、浙、贛交界的武夷山區，因治安關係，常有封山之令，故有多座封禁山。其中江西廣信府屬之銅塘山，常有異民潛居於內，耕食鑿飲自治其生，[78]山內有不少棚民。此案並無明確資料證明封禁山內的棚民有無該教教徒，但拿獲教徒籍貫分佈於棚民集中區，環繞在閩、浙、贛三省封禁山的四周。雍正八年（1730）時，江西南、贛、吉三府各縣內已有人民習教，然尚無聚眾生事，倡首鼓惑之徒。[79]據此推測，封禁山內的棚民應有該教教徒存在。在此宗教案裡，棚民可能被利用來擴張聲勢，但更可能的是棚民中確有該教教徒。[80]

　　乾隆十三年（1748），閩北建寧府甌寧、建安一帶，爆發老官齋教徒劫獄事件，有不少閩北地區棚民參與。老官齋教源自羅教，[81]乾隆十二年（1747）十一月，因官府到處捉拿延平府盜案的逃犯何老妹，時值老官齋齋明堂堂主陳光耀在街上搭棚聚眾念經，被鄉長陳瑞章舉發，官府將陳光耀等 5 人捕拿入監。隔年正月，各堂主畏懼官府審問陳光耀等人，導致牽連其他教徒，遂密謀聚眾入城劫獄。不料有人向縣衙密告，官方派兵前往圍捕，在甌寧縣山菁處高窟地方的棚廠內，被官方搜出匾箱一個，內有旗幟、包頭布、老官齋公帽、無極聖祖圖書、兵簿及劄付等物，兵

---

78 鄂爾泰等奉敕編，雍正《硃批諭旨》，第 39 冊，光緒十三年石印本，雍正三年二月二十八日，江西南昌總兵官陳王章奏摺，頁 26。

79 《宮中檔雍正朝奏摺》，第 15 輯（民國 68 年），雍正八年二月十二日，江西南贛總兵官劉章奏摺，頁 677。

80 蔡瓊瑤，《民間宗教與土客關係研究 —— 以清代中葉閩浙贛皖棚民為例》，中央大學歷史研究所碩士論文，民國 86 年，頁 35-40。

81 民間宗教名稱繁多，常令人混淆，有時雖系出同源，卻名稱相異，究其因實為逃避官府追查。如乾隆十三年（1748）被清廷捉拿之姚文謨即供稱：「小的祖上原奉羅教，雍正七年奉文查拿，就改為一字教，又名老官齋教。」見《硃批奏摺》，乾隆十三年十一月二十四日，江西巡撫開泰奏摺。轉引自馬西沙等，《中國民間宗教史》（上海：上海人民出版社，1992 年），頁 354。

簿及劄付皆有元帥、參將、將軍、副將等官銜名稱。[82]閩北地區有些棚廠爲老官齋教徒的聚點及藏匿地,有棚民協助教徒逃脫和藏匿。可以間接證實棚民中有不少老官齋教徒,且有相當人數涉入此案中。[83]

江西貴溪人吳子祥,早先信奉羅教分裂之一派姚祖教,其後另創門派,自立儀式,自編經典《大乘大戒經》,稱爲大乘教、羅祖教。乾隆四十七年(1782),吳子祥在江西遇到福建省建寧人李凌魁,送其經書《恩本經》,稱道吃齋念佛可消災解厄。李凌魁回鄉後,廣抄經書並販賣。嘉慶六年(1801),李凌魁加入天地會,以所得之《恩本經》內陰陽字眼,另立陰盤、陽盤之名影射天地會之意來傳教授徒:

> 有願入陽盤會者,傳授手訣、口號,送番銀二圓。有願入
> 陰盤會者,抄給經本、傳授吃齋。念誦全本經卷,送銀二
> 十兩四錢,半本送銀十兩二錢。[84]

從傳授方式看,所謂陽盤會,具有會黨結社性質;陰盤會則屬民間宗教性質。這是閩、贛地區民間宗教與會黨結合的首例,[85]可知李凌魁利用民間宗教與會黨分別吸收不同需求的信徒。

李凌魁在江西南昌設有紙廠,經常往返福建與江西間,吸收不少信徒。李氏具有政治野心,原本預計在嘉慶十一年(1806)以前起事。然於嘉慶八年(1803),因吳韜傳教案在福建被官方查獲,李凌魁遭逮捕殺害。其弟子商議爲其報仇,糾集 1,500 餘人預備起事,被當地鄉紳探知,通報官府,此預謀抗清舉動很快即

---

82 《清高宗純皇帝實錄》(五),卷 309,乾隆十三年二月丁丑,福建陸路提督武進陞奏,總頁 48-49;《軍機處檔·月摺包》,001985 號,乾隆十三年三月初一日,閩浙總督喀爾吉善等奏摺錄副附件〈高堀地方搜出匭箱內匪犯物件清摺〉。

83 蔡瓊瑤,《民間宗教與土客關係研究 —— 以清代中葉閩浙贛皖棚民爲例》,頁 43-48。

84 《軍機處錄副奏摺》,嘉慶八年八月初八日,閩浙總督玉德等奏摺。轉引自馬西沙等,《中國民間宗教史》,頁 375。

85 馬西沙等,《中國民間宗教史》,頁 378、382-383。

被鎮壓住。這件教案，教主李凌魁本身即為棚民，屬於有產階級。其吸收信徒籍貫，皆與棚民有地緣關係，或因受雇傭工具有棚民身分。能一次聚集上千人，可能與棚廠傭工有關連。其行動被當地鄉紳得知而報官，顯見教徒屬異籍人士，引起土著居民注意，推測教徒極可能具有棚民身分。[86]

　　滿人入主中原後，為防範漢人反正，採高壓統治政策，造成人民生活諸多不安，尤其是下階層的百姓，多屬勞苦大眾，為尋求精神上的寄託而加入民間秘密宗教。秘密宗教通常雜柔儒、釋、道三家思想，以及民間風俗習慣，藉吃齋禮佛、誦經祝禱來驅病除災，儀式簡單，教義淺顯，經文易懂，極易為一般中下階層百姓所接受，白蓮教即利用「入教避劫」的口號以招民入教。雍正二年（1724），江西巡撫謝旻上奏，指羅教在江西極為盛行，入教者多為農民。乾隆時，閩浙總督曾調查福建地區的秘密宗教情況，其中紹武、建寧、長汀、寧化、清流、歸化、連城、武平、南平、霞浦、建安、松溪、諸羅等縣，共有羅教、大乘觀音、大乘門、一字門等齋堂有 74 所。僅福安一縣，入教人數男女共 2,600 人，其中大多為農民身分。[87]

　　生活困苦是信仰滋長的溫床，民間宗教描繪的未來世界，是貧苦大眾嚮往的安定歡樂天堂，對走投無路者尤具有吸引力及感召力，民間秘密宗教即利用這種形勢團聚貧苦大眾。流民來到異鄉，生活極不穩定，容易加入民間宗教或與異姓結盟以尋求支援力量，與當地土著相抗衡。由於雙方社會組織結構不同，價值觀歧異，衝突不可避免。這三件教案，可說是民間宗教相對於土客之間的對立，所引發大型衝突的導火線。土著與官府合作，共同剷除破壞地方安寧的份子，棚民雖多居弱勢，也會藉民間宗教為主導，發動反擊。而另外如康熙四十二年（1703），江西省瑞金縣有閩、粵流民所組成的密教，對土著發動抗租罷種的行為，乾隆

---

86 蔡瓊瑤，《民間宗教與土客關係研究 —— 以清代中葉閩浙贛皖棚民為例》，頁 49-53。

87 濮文起，《中國民間秘密宗教》（臺北：南天書局，1996 年），頁 179。

十七年（1752），江西上猶縣粵籍棚民以宗教方式集結起事，搶劫抗官，[88]均是有因果可循的例證。

康熙、雍正至乾隆初期，各地白蓮教抗清起事，大多很快即被鎮壓。然而自乾隆中葉起，因爲朝政腐化和人民生活貧困，人口壓力激增，加劇土地問題的惡化，種種社會問題日趨嚴重，現實生活上的挫折與艱難，導致下階層百姓習教活動漸趨頻繁，白蓮教聚眾起事的規模逐漸由小發展爲大規模的農民起事。四川、湖北、陝西三省交界地帶，叢林密佈，層巒起伏，深谷縱橫，形勢險峻。乾隆末年、嘉慶初期，聚集於此的流民有數百萬之多，此輩多爲失去土地的農民，或失業的雇工。他們迫於無奈離鄉背井來到深山老林，結草爲棚，不少人仍以墾種爲生，或開墾荒地，或佃種地主土地，或到木廠、炭廠、紙廠、鐵廠、鹽井傭工謀食。這些流民遠離家鄉，身處異地，工作之餘，常感孤寂，秘密宗教能安撫這些異鄉客的情緒，順應人們欲擺脫痛苦，期待來世，使心靈獲得慰藉之需要，因此迅速在下階層民眾間蔓延傳播。五方雜處之棚民群聚於此，帶來社會的隱憂、治安的惡化。

嘉慶初年，川楚白蓮教揭出「官逼民反」的口號，吸納煽惑農民爲亂，蔓延五省，歷時九年方平定。其基本群眾爲破產農民，相聚之人，皆失業無賴之輩，即流民分子。[89]白蓮教盛行於川、陝、楚交界深山老林一帶，其因：

> 教匪私相傳授，人眾處恆懼發覺；通都大邑間亦有之者，則係流寓彼間之人，私學其教而歸，終無敢公然演習。查漢、鄖一帶，複岡疊嶂，山地尚多未墾，窮民往往流徙其間，開箐耕種。此輩輕棄其鄉，本非善良，而又有奸徒潛煽之勾引者，非一日之故，故信從者亦實繁有徒。[90]

---

88 同治《瑞金縣志》，卷 16，頁 51-52；《硃批奏摺》，乾隆十七年十一月七日，署江西巡撫鄂榮安奏。收入《康雍乾時期城鄉人民反抗鬥爭資料》，頁 80-81、664-665。

89 濮文起，《中國民間秘密宗教》，頁 179-189。

90 嚴如熤，《三省邊防備覽》，卷 14，藝文，頁 57。收入《續修四庫全書》，

山居棚民爲白蓮教吸納成爲信徒者頗多。

　　另川、陝老林一帶，有所謂「嘓嚕子」一類流棍，即清廷所稱「嘓匪」，一般認爲起源於乾隆三十八年（1773）金川之役以後。[91]然乾隆四年（1739），署四川巡撫布政使方顯奏摺中已提到，川省惡棍名曰「嘓嚕子」，身藏刀斧，成群結黨，白晝搶奪，黑夜竊偷。[92]四川土豐壤沃，容易生存，各省無業流民群聚其間，好糾結朋黨，[93]與當地不肖份子以異性結拜方式結合。此輩皆無賴悍民、失業流民，在生活壓力下，漸聚爲匪，危害社會。由於本身屬於流民，又分棚居住，其首領以棚頭稱呼。[94]乾隆初年，嘓嚕子勢力已不容小覷，推測其成型應在乾隆以前，目前並無資料可知其確實形成時間。嘓嚕子並非突發性組織，它是隨著四川移民社會經濟生態演變而逐漸衍生的異性結拜團體。康熙二十年（1681）湖北人藉名開荒入川，不下數十萬人。除良善開墾者外，亦有奸徒敗類夾雜其中以入川，此輩結黨兇毆，倚強健訟，有佔人已熟田地者，有掘人祖宗墳墓者，有糾夥竊盜肆虐行劫者；另有私立會館，凡一家有事，率楚中群兇橫行無忌，此告彼誣，挾制官府。[95]而入川後的楚民組成具有地緣關係的團體，已有秘密會黨的特點。乾隆四十六年（1781），湖南巡撫劉墉拿獲嘓匪，據人犯供稱：

---

史部・地理類，第 732 冊。

91　石香村居士編，《戡靖教匪述編》（臺北：臺聯國風出版社，民國 59 年），卷 1，蜀述，頁 3 載：「川省舊無嘓匪，金川之役，官兵不利於木果水，一時潰兵之無歸者，逃匿場市，稍稍劫竊。又金川、苗疆兩處，兵糧多募夫役，應募者皆年力精壯失業之人，及歸，與逃卒合，地方相識無賴復入其中，遂散佈通省，肆行搶劫。」

92　《清高宗純皇帝實錄》（二），卷 103，乾隆四年十月癸卯，署四川巡撫布政使方顯奏，總頁 559。

93　嚴如熤，《三省邊防備覽》，卷 14，藝文下，頁 56。

94　《清高宗純皇帝實錄》（一五），卷 1138，乾隆四十六年八月壬午，諭旨，總頁 231，記載：「川省嘓匪近年每邑俱多至百十餘人，常川騷擾，並有棚頭名號，戴頂、坐轎、乘馬，白晝搶奪淫凶，如入無人之境。」

95　黃廷桂等監修，張晉生等編纂，《四川通志》，卷 47，藝文志，〈楚民寓楚疏〉，頁 58。收入《景印文淵閣四庫全書》，史部・地理類，第 561 冊。

> 川省匪類各有記號，其割辮夥內邀誘成群，結拜兄弟，有
> 將割下之髮燒灰調入酒內，共飲盟誓，期於久聚不逃，被
> 獲不攀，各護各黨，不相混襍。[96]

當嘓嚕子被官方追剿，爲避禍而投入白蓮教，潛相附從，成爲教
民。[97]

　　嘉慶初年白蓮教亂，很多信徒便是棚民。也因此亂後，清廷
對處理棚民問題十分積極。白蓮教在明清時爲官方查禁，然在四
川、陝西、河南一帶，民間私下流傳盛行；爲避官方耳目，教徒
多選擇易於藏匿、不易稽查之處活動。川、陝、楚交界之深山老
林區林深箐密，不少異籍流民在此謀生，實爲理想的傳教地方。
白蓮教宣傳習教之人「穿衣喫飯不分爾我」的教義，[98]教中所獲
物資，「悉以均分」，[99]有患相救，有難相死。這種患難與共、互
相扶持的精神，對身居異鄉的流民有著強烈的吸引力。《三省山內
風土雜識》即指出：

> 教匪之煽惑山民，稱持咒念經，可免劫殺，立登仙佛。愚
> 民無知，共相崇信，故入教者多。[100]

《戡靖教匪述編》亦云：

> 自白蓮賊總教首劉之協貌貌異類，自外生成，謀逆湖北襄
> 陽，始嚴行稽查。未幾，當陽、枝江相繼作亂，由是勾連
> 裹脅，日聚日滋；而無賴不法之徒，如四川之嘓嚕子、南
> 山之老戶、襄鄖之棚民、沿江私鹽之梟、各省私鑄之犯，
> 乘間闌入，鼓煽劫掠，紛紛而起，流轉靡定。[101]

貴州與四川社會環境相類，皆爲外來移民開墾區。雍正年間「改

---

96　《宮中檔乾隆朝奏摺》，第 49 輯（民國 75 年），乾隆四十六年十一月十一
　　日，湖南巡撫劉埔奏摺，頁 577。
97　嚴如熤，〈平定教匪總論〉，《清經世文編》，卷 89，兵政，剿匪，頁 2。
98　嚴如熤，《三省邊防備覽》，卷 11，策略，頁 43。收入《續修四庫全書》，
　　史部·地理類，第 732 冊。
99　嚴如熤，〈平定教匪總論〉，《清經世文編》，卷 89，兵政，剿匪，頁 1。
100 嚴如熤，《三省山內風土雜識》，頁 28。收入《中國風土志叢刊》，第 24 冊。
101 石香村居士編，《戡靖教匪述編》，卷 1，蜀述，頁 1。

土歸流」後，進行招墾政策，吸引湖南、四川、廣東等省流民移往墾殖。由於人口流動性高，社會不穩定性嚴重，加上人口壓力日增，單身男性和流民比例高，社會結構失衡，土客衝突不斷，造成結盟拜會風氣盛行，會黨林立。嘉慶末年，貴州屢獲添弟會、孝義會等組織；道光年間，亦查獲三合會、添弟會、邊錢會等會黨。會黨的盛行，和人口流動與移墾社會特色有密切關係。[102]

流民因生計困窘而遠走異鄉求生，脫離原來的社群關係，生活上不免遭遇困難挫折，心靈上亦極度空虛、缺乏安全感，入異鄉，又易遭歧視，急需能互利互助，共禦外力欺侮的群體。清朝民間秘密宗教已建構出以「無生老母」為信仰的主神，[103]透過共同信仰的神祇，運用宗教的力量結合民眾，較不易使參與者產生排拒，對於不同籍貫的流民更具有團結彼此的功能，教徒之間除了相同的宗教信仰，同屬一互助團體，可獲得相當大的組織互助力量。[104]宗教之說的因果報應、輪迴之說，使其獲得某種寄託，不再那麼徬徨無助。同時，部分秘密宗教藉符咒誦禱來消災祛病，有些兼具民俗醫療與社會救濟的功能，因此使流民易於接受，且廣泛流傳。

清朝的白蓮教起事，雖以「官逼民反」為藉辭，實際上毫無「民族意識」，也無提出「民族革命」口號者。雍正時，「改土歸

---

102 蔡宗祐，《清末散兵游勇與會黨關係之研究》，淡江大學歷史研究所碩士論文，民國 91 年，頁 49。

103 明末，信仰中的最高天神逐漸以「無生老母」信仰為主。在「無生老母」信仰中，建構出「真空家鄉」，「真空家鄉」即是天宮、彼岸世界，是人們最早的出生地，也是最後的歸宿。人們接受「無生老母」的召喚與拯救，即可返回天宮，獲得永生。此信仰象徵人們對於未來世界的嚮往，流民在現實世界飽受苦難，藉由民間秘密宗教的信仰，將心靈寄望於充滿希望的來世。「無生老母」信仰可參看馬西沙等，《中國民間宗教史》（上海：上海人民出版社，1992 年），頁 210-214；洪美華，〈明末秘密宗教思想信仰的流變與特質〉，《國立臺灣師範大學歷史學報》，第 18 期（臺北：國立臺灣師範大學歷史系，民國 79 年），頁 94-95。

104 李昭賓，《清代中期川陝楚地區流動人口與川陝楚教亂（1736-1820）》，國立臺灣師範大學歷史研究所碩士論文，民國 89 年，頁 182-183。

流」政策實施，政府對百姓的人身束縛減輕，人口遷徙較以往容易；乾隆中葉以後，因人口壓力的加重，人口流動的情形越來越普遍，地方基層社會在傳統體系、固有規範、價值觀念、人際關係各方面皆產生變遷，加重了社會的不穩定性。流動人口人數眾多，成分複雜，良莠不齊，平時即爲社會秩序的破壞者。乾隆年間，民間秘密宗教傳播更爲廣泛，地方上處理民間秘密宗教案件日益增多，爲導正風氣，遏止民間私習邪教歪風，取締行動愈趨嚴厲，刑罰上的處分也更爲加重。官方的嚴厲追緝和處罰，反而迫使原本僅爲「消災避禍」、「患難與共」的民間秘密宗教活動，變成「官逼民反」的壓迫，極易轉換成推翻現有政權的群眾暴動。[105]

白蓮教亂後不久，東南有海盜之亂，歷時亦十載。不久，華北天理教又起，教首李文成自稱李自成轉世，發誓要爲貧苦大眾帶來幸福。此說廣爲散佈，窮苦大眾紛紛投入其門下。[106]乾、嘉以降，由於社會經濟變遷，人口問題日益嚴重，地方官吏苛派無度，民生問題更爲艱難。異鄉流民精神苦悶，尤其在遭受挫折與壓力時，易往宗教上尋求心靈的寄託與慰藉，因此給予秘密宗教極大的發展空間，如閩、浙、贛地區流行羅教，川、陝、鄂地區以白蓮教最著名；流民在閒談貧苦及患難相助時，加入秘密會黨，使得秘密社會的活動更形活躍。秘密宗教與會黨的活動，使政府更加猜忌，但當地方官處理不善，則極易轉化爲含有政治意味的群眾運動。

# 第三節　土客衝突

中國社會的基層是具鄉土性的，鄉土社會在地方性的限制下形成了「生於斯，長於斯」的社會，在此環境下宗族與鄉族成爲基本且重要的的組織；一群人因爲血緣與地緣的關係擁有相同的

---

105 李昭賓，《清代中期川陝楚地區流動人口與川陝楚教亂（1736-1820）》，頁202-210。
106 濮文起，《中國民間秘密宗教》，頁79。

理想、目標、價值觀、風俗習慣、經濟利益等，形成生活上的共同體。在此共同體內，成員守望相助，共同維護團體秩序與利益，也接受族長鄉長的約束；一旦有外力入侵，原有秩序及利益遭受挑戰與破壞時，他們便會同心齊力抵抗，俾使居處祥和，生活無慮。[107]同樣的，移入者脫離原來的生活環境，來到一個不同思想、不同語言、不同社會經濟背景的生活空間，在融合的過程中，不可避免必先歷經各種矛盾與衝突。

　　所謂客民，是相對於土著而言，指某一地區擁有外地籍貫的居留者。《恩施縣志》載：「邑民有本戶、客戶之分，本戶皆前代土著，客戶則乾隆設府後，貿遷而來者」。[108]《永綏廳志》：「土人祇如省籍、廳籍之別，今如來自他處者，即謂之客籍。久而著籍，即謂之土著」。[109]由此可知，土客之分是對於較早遷入的原有居民與晚期遷入人口作此區隔。當一地移民數量漸增，即意味移入者逐漸具備與土著相抗衡之力，土客間的摩擦勢難避免。土著與客民之間並非必然會互相敵視，也不是沒有相處融洽的時候，但較多時，隨著客民的加入，土著與客民間因利益糾葛，極易引發衝突。

　　清代前期，隨著人口的激增，部分地區引發生存壓力，土地的利用已到了分寸必爭的程度，流民為避難、求生而離開故土，流轉他鄉。清初，陝西、河南流民流入湖北襄陽逐熟，由於食之者眾，地方官員頗為憂慮，流民就食益多，米粟日益減少，價格日益高漲。以往對外省流民受饑有不忍之心，逐漸轉憂「本境之民餒矣」。[110]流民湧入後，與當地土著錯壤而處，彼此接觸來往，

107 黃怡瑗，《清代棚民之研究》，政治大學歷史研究所碩士論文，民國 88 年，頁 113。

108 多壽等纂修，《恩施縣志》，同治三年修，民國 20 年鉛字重印本影印，卷 7，風俗志，地情，頁 3。收入《中國方志叢書‧華中地方‧湖北省》，第 355 號。

109 董鴻勳纂修，《永綏廳志》，宣統元年鉛印本，卷 6，地理門，苗峒，頁 30。

110 俞森，《郟襄賑濟事宜》，總頁 26。收入《叢書集成新編》，社會科學類，第 33 冊。

難免爭執，甚至互相仇視，積怨漸深。雙方衝突的最大原因在爭奪有限的土地，爲了土地而引發的對立，涉及生存問題，最難化解。《營田輯要》中即提及此種現象：

> 流民墾荒，必與土著之民錯壤而處。土著者，挾有餘之勢，以虐使流民；流民懷攘利之心，以陰伺土著。其弊也，弱者屈服而受其害，強者忿起而與為難，流民不安，土著亦不安。[111]

康熙末年，四川已出現客民與土著因土地開墾而發生爭端，「湖廣入川之人，每每與四川人爭訟，所以四川人深怨湖廣之人」。[112]雙方爭訟何來？雍正年間，四川巡撫憲德在奏摺中指出，川省爭訟爲「田土者十居七八」。[113]各省人民入川既爲開墾，土地紛爭必多；遷川者以湖廣籍佔多數，所以湖廣人與當地土著爭端最多。其時，四川墾闢田土，從未丈勘，隱佔者多，土著與流民此侵彼佔，爭訟日繁。嘉道時期，江蘇徐州府銅山、沛縣，因黃河水退，半涸爲淤地，山東曹、濟等屬人民前往墾種；銅、沛土民因客民佔墾，衝突時起，日相控鬥。[114]土著爲了維護本身的經濟利益，擔心害怕自己的田地被客民奪佔，種種不安、猜疑不滿情緒漸轉爲仇視、衝突的具體化行動。

## 一、苗漢衝突

　　湖廣地區的兩湖平原在康熙後期已產生人口壓力，但湘西、鄂西地區仍有不少荒地待墾。雍正朝實行「改土歸流」政策後，苗疆與內地關係日漸改善，苗民衣冠耕讀，十之五、六已與編民

---

111 儲方慶，〈饑民墾荒議〉，黃輔辰編著，馬宗由校釋，《營田輯要校釋》（北京：農業出版社，1984年），內篇下，土客不安之弊，頁186。

112 《清聖祖仁皇帝實錄》（三），卷256，康熙五十二年十月丙子，諭旨，總頁534。

113 《清史稿校註》，第11冊，卷301，憲德傳，頁8888。

114 《清史稿校註》，第5冊，卷127，食貨志，戶口，頁3444。

無異。苗疆地方廣袤，地遠山荒，種植無人，苗地糧輕產賤，兼可冒考，地方官又濫發印照，因此，四外流民聞風漸集，[115]吸引不少漢人陸續遷入兩湖西部和滇黔地區。許多川、楚、粵等省流民湧入，向苗人租山開墾。由於苗人單純易騙，流民貪圖苗人所有，百般哄騙，先以酒食錦衣相誘，待其入不敷出後，繼以重利借與銀兩，將佃種土地抵押，使苗人土地盡歸流民，此巧詐手法常引生事端。苗人目不識丁，不能控訴，即便告官，官府又多袒護漢人，苗人冤屈無處申，重則操刀相向，輕則坐草提人，尋仇報復不止，此苗邊所以多事也。[116]乾隆九年（1744）九月，大學士鄂爾泰等議覆湖南巡撫蔣溥陳奏有關苗疆事宜，提到：「永順、永綏等處，俱就苗地設立府廳縣治，人民搬住日久，與苗人買產借債，勢所不免。因設有禁例，私相授受，奸民每以愚苗可欺，侵占負賴，致生事端」。[117]乾隆十七年（1752）十二月，湖廣總督永常奏稱：「湖北施南一府，自雍正十三年改土歸流以來，久成內地，附近川、黔、兩楚人民墾荒者接踵而往，近田土拐帶案牘，日見紛紜」。[118]湖南鳳凰、乾州、永綏三廳及貴州銅仁府屬，「改土歸流」後，漢民進出其間，以貿易而利其財，因賬債而佔其地，漢民侵佔日見其多，苗眾轉致失業，貧難無度者日增。[119]

　　乾隆中葉，吏治敗壞，清廷又在苗疆地區推行不合理的政策，如不許苗漢往來、結親，不許苗人參加生員考試、不許苗人當兵等等，剝奪其權力。派駐之官員又腐敗無能，在正稅之外浮

---

115 多壽等纂修，《恩施縣志》，同治三年修，民國 20 年鉛字重印本影印，卷 7，風俗志，習尚，頁 7。收入《中國方志叢書‧華中地方‧湖北省》，第 355 號。

116 《雍正朝漢文硃批奏摺彙編》，第 7 冊，雍正五年正月二十五日，署湖北總督傅敏奏摺，頁 934；《清宣宗成皇帝實錄》（五）（1986 年），卷 316，道光十八年十一月戊午，諭旨，總頁 934-935。

117 《清高宗純皇帝實錄》（三），卷 225，乾隆九年九月丙申，總頁 907。

118 《清高宗純皇帝實錄》（六）（1986 年），卷 429，乾隆十七年十二月丙辰，湖廣總督永常奏，總頁 615。

119 《清代前期苗民起義檔案史料匯編》（北京：光明日報出版社，1987 年），下冊，嘉慶元年七月二十六日，四川總督和琳奏摺錄副，頁 261。

收濫徵，額外敲詐，苗人經濟負擔加重，彼此關係更趨惡化。漢族流民流入苗區日增，客民侵佔苗人田地事件日見其多，苗人積憤尋仇，猝然燒殺起事。當苗地大量落入漢人手中，自易引起地方的不安和騷動。乾隆十二年（1747），湖南永順府知府駱為香有鑑於苗疆地廣人稀，賦輕產賤，又有科考學額，極易引發漢族移民的侵入兼併浪潮。因此上疏奏請漢人不得購買苗民田產：

> 竊照府屬山多田少，當土司時不許賣與漢民，一應田土皆為土苗耕食。自改流分設郡縣，與內地一體，在永客戶以及貿易人等，始各買產落籍。迨雍正八年，欽奉世宗憲皇帝上諭，令土民首報田地，仍按各屬秋糧原數派徵，每畝僅輸銀釐數至分餘而止。旋又設立學校，取進文武童生……鄰封外郡人民因此地糧輕產賤，且可冒考嗣，隨依親托故，陸續前來，購產入籍。土苗愚蠢，易于誘哄，遂爾共相買賣。卑府自去歲抵任以來，細訪所屬田土價值，邇年來日貴一日，偶遇出售，民間即爭先議價……現在山頭地角可墾之處，俱經勸令墾種，雖田土價值較昂貴，已不啻倍蓰，然比之內地，尚屬便宜，斷難泯人民覬覦。伏思各該民向以土司改流同於內地，故相率來永置產，分住城鄉村市，遠隔苗人峒寨，各保身家，不敢生事為非。今已年久，自應任聽落籍安居，毋庸另行區處。但若再任謀買田土，則土苗生齒日繁，將來勢必難以資生。[120]

貴州情形亦然，貴州苗多漢少，漢民多為川、陝、江、廣流民，流民至黔佃土墾種，與苗人初則和睦，繼漸欺凌，偽造契約，反客為主，控佔山場。[121]如興義府興義縣三江一帶，田土悉歸客有，所有苗人盡成佃戶；鎮遠府之黃平州苗產幾盡為漢人所有，苗民無土可依，反需承佃客民田土來耕種。[122]道光十八年（1838），江

---

120 張孔修纂，《永順縣志》，民國 19 年鉛印本，卷 16，職官志，頁 1-2。
121 《宮中檔乾隆朝奏摺》，第 17 輯（民國 72 年），乾隆二十八年五月初十日，貴州按察使趙孫英奏摺，頁 699-700。
122 羅繞典，《黔南職方紀略》，道光二十七年刊本影印，卷 2、6，興義府、鎮

南道監察御史劉晟在奏摺中對此現象有深刻的描述：

> 滇黔幅員遼闊，山多地廣，以空隙之地，住川楚粵附近窮
> 苦之民，原屬以此之有餘，濟彼之不足。惟十數年前，尚
> 有未開之山、未墾之土，近年來，人跡可到之處，自山頭
> 以至地角，實無空曠之所。從前客民、流民初入苗寨，不
> 過結蓋草廬，甚有依寨架梁，憑山為屋者；今則大半悉廣
> 田畝矣，悉峻宇墻矣。其獲利之豐，實皆由盤剝苗人而來。
> 凡客民、流民初入時，或租種苗人田地，或與苗人貿易，
> 初猶安分營生。久之，用其盤剝之術，多方巧取。苗人素
> 本儉樸，或誘之以酒食，或誘之以衣飾；俾之踵事增華，
> 所入不敷所出，勢有不給，乃重利借與苗人銀兩，將田典
> 質。遇有偏災，更加重息，日削月朘，苗人無以為償，於
> 是所佃之地，始而典質，繼而加價，作抵不數年，而苗人
> 所與佃種之地，悉歸客民、流民矣。[123]

乾隆二十九年（1764），清廷對禁止漢、苗結親之令解禁，
漢人對土苗的侵透愈強，終導致土苗與漢客間矛盾激化，在乾、
嘉時爆發湘、黔邊界的衝突事變。即如《欽定平苗紀略》所載：

> 戶口日滋，地界有限，既未免生計日絀，兼自乾隆二十九
> 年弛苗、民結親之禁，客、土二民均得與苗人互為姻婭，
> 因之奸民出入，逐漸設計盤剝，將苗疆地畝侵佔錯處，是
> 以苗眾轉致失業，貧苦無度者日多。一經石三保與石柳鄧
> 等假托瘋癲，倡言燒殺客民，奪回田地，窮苗聞風，無不
> 攘臂相從。啟釁之端，實由於此。[124]

乾嘉時期苗民起事，從檔案中起事者的供詞可得知，苗民與

---

遠府，頁 6、12-13。收入《中國方志叢書‧華南地方‧貴州省》，第 277
號。

123 《月摺檔》，道光十八年十一月二十日，江南道監察御史劉晟奏摺抄件，
頁 23。

124 鄂輝等，《欽定平苗紀略》，嘉慶年間活字本影印，卷 30，頁 9。收入《四
庫未收書輯刊》，第 4 輯，第 14 冊。

客民的矛盾衝突實由土地問題而起。如乾隆六十年（1795）湘、
黔邊境苗人起事案件，案犯楊國安供詞：

> 平日苗子與客民交易，錢財被客民盤剝，將田畝多賣與客
> 民，他們氣憤，說要殺害奪回，這是常有的話。

案犯吳半天供詞：（起事前夕，吳三保派人告訴他）

> 苗子田地都被客民占了，心理不甘，聲言各寨的苗子都要
> 幫他奪回耕種，所以遠近各寨都想趁此搶奪田地。

案犯吳八月供詞：

> 如今苗子的田地多被客家盤剝占據去了，所以要殺客家，
> 奪回田土。

案犯吳三保供詞：

> 眾苗田地，積年被客民盤算，各寨漸多失業，越覺窮苦，
> 大家心里不服，所以發起癲來，焚搶客民，冀圖泄忿。[125]

　　外來者遷居山區或邊疆，積極拓墾田土，佔用土地、山林、
水源，同時客民的流入亦導致糧食不足，造成糧價大幅度上漲，
當地人利益嚴重受損。乾隆六十年（1795），湖南、貴州邊境苗族
人民起事，雖為長久以來民族衝突所致，但導火線卻是大量漢人
「客民」湧入苗區，尋找土地，並以高利貸盤剝苗民，使得苗民
失去土地，無以為生。[126]貴州銅仁府苗民石柳鄧以「逐客民，復
故地」相號召，湘、黔邊界的苗民群起響應，聲勢頗大，嘉慶元
年（1796）大規模苗民起事才被鎮壓下，但各地仍有零星事件發
生，一直延續到嘉慶十一（1806）、十二年（1807）才結束。湖南

---

125 《清代前期苗民起義檔案史料匯編》，中冊，審訊楊國安等筆錄，頁 281；
　　《清代前期苗民起義檔案史料匯編》，下冊，吳半天供詞筆錄、吳八月供
　　詞筆錄、石保三供詞筆錄，頁 120、141、257。
126 鄂輝等，《欽定平苗紀略》，卷 1，頁 1-3、8-9；馬少僑，《清代苗民起義》
　　（武漢：湖北人民出版社，1956 年），頁 34-51。嚴如熤，《苗防備覽》，道
　　光間刻本影印，卷 8，風俗，頁 2-3，載：「苗寨中富民放賑，其息甚大。
　　錢一千、穀一石，一二年加息至數倍。不能償，折以山地衣服各項。窮民
　　雖受其盤剝，而仰以為生，或即所折山地轉求佃耕，或易以他山地為之佃
　　耕，聽其役使，生死惟命。」

永綏廳原本「環城外寸地皆苗」,不到數十年,已被外來移民開墾盡佔。於是苗人倡言驅逐客民,恢復故地,因而「群寨爭殺,百戶響應」。[127]道光七年(1827)八月,貴州巡撫嵩溥奏陳編查附近苗寨客民保甲情形所開列的〈稽覈附居苗寨客民章程〉清單中指出:

> 客民租佃苗產,現在一律編入戶冊;惟搭棚墾荒客民,轉徙無常,招引親故,任意開挖,漫無界限,易起爭端。除興義府屬墾荒貧民勢難禁止,責成地方官隨時稽查外,應請嗣後種山棚戶只許各種舊墾熟地,不准再招外來游民遍山開挖,多佔荒土。倘查有增添棚戶墾佔苗地情弊,將招引之人及該寨頭人均酌量懲治。其鄰境客苗來寨租土開挖,與漢佃互相援結欺侮土著愚苗,亦應一律禁止。[128]

可見苗蠻與漢人的衝突,實因漢人的擴張引起苗蠻生存條件受到威脅。然而,漢人非盡皆為惡,苗人也非盡皆良善;「改土歸流」後,苗疆地區土地租佃與買賣普遍,有些土目頭人不善經營,日益貧困,將私田糧田輾轉販賣漢人,常有業易數主情形,於是刁狡苗民紛紛訐告,不認主佃之名。漢人之加租逐佃者,固有其人;頑苗之藉圖霸產者,亦復不少。[129]外來漢人亦多佃種為生,一莊中,漢苗雜錯,「情性本相水火」,莊主又遠居城中,苗佃漢佃彼此糾爭,訐訟不休,甚而互相角力,釀成巨案。[130]隨著漢人越來越多和不斷擴張,苗蠻的生存空間、生活資源不斷被侵佔,當然要進行護衛、抵抗。只要漢人不斷擴大耕地面積來養活日益增加的人口時,這種衝突就無法避免。此外,朝廷念及湖南衡、永、寶、辰、郴、靖六府州屬苗傜歸化日多,於歲科考試額外增取 3

---

127 魏源,〈乾隆湖貴征苗記〉,《聖武記》,下冊,卷7,頁314。
128 中國第一歷史檔案館藏,《宮中檔案硃批奏摺》,道光七年內政保警類,卷號3,道光七年八月二十四日,貴州巡撫嵩溥奏摺。轉引自黃怡瑗,《清代棚民之研究》,頁134-135。
129 羅繞典,《黔南職方紀略》,道光二十七年刊本影印,卷2,興義府,頁4-5。收入《中國方志叢書‧華南地方‧貴州省》,第277號。
130 羅繞典,《黔南職方紀略》,道光二十七年刊本影印,卷2,興義府,頁4。

名，因其易於進取，民童鑽營冒籍，地方官貪其小利，苗猺頭總接受賄賂，混收送考，致漢苗又多爭端。[131]

# 二、番漢衝突

　　清代臺灣屬移墾社會，在大陸強大的人口壓力下，自然吸引移民遷入，於是番漢雜處。臺灣土著被稱爲番族，其村落稱爲番社。土著民族組成成分相異，由於開發程度不同，生活狀況也不一樣。一般臺灣土著分平埔族與高山族，即所謂：熟番（土番）、生番（野番）。平埔族較友善；高山族較兇悍，且有獵取人頭之俗。平埔族多數住在西部平原和丘陵地帶，漢化程度較高，已經學會種植水稻的技術，會使用牛耕、犁耙，懂得開溝引水灌漑，與漢人有商業行爲，用鹿皮、鹿肉等土產，交換鹽、糖、布、鐵器等物，有出租、典當和出賣土地情形，生活狀況較佳。高山族還在未開發階段，鳳山縣山前的山豬茅社和山後卑南覓各社的傀儡生番，主要從事狩獵、漁撈活動，僅種植一些芋頭。有時也通過熟番與漢人進行以物易物的交易行爲，番漢衝突常發生在高山族附近地區。

　　乾隆初年，擔任臺灣北路理番同知的史密即表示，全臺無地非番，一府數縣均生番獻納而來。[132]隨著臺灣人口急遽增加和土地漸行開發，漢人進入內山溪岸，或樵採竹木，或開挖水道，或承租番地耕種，或爭墾番界，甚至霸踞生番鹿場，募民耕種，侵犯生番活動之地，致漢番衝突不斷發生，常有生番殺害漢人案件（見表 4-3-1）。漢、番間的衝突，成爲開發臺灣過程中無法避免的現象，一部臺灣開發史幾乎就是一部漢、番間的衝突史。康熙四十九年（1710），福建臺灣副將張國報墾諸羅縣張鎮莊一帶，因

---

131 《雍正朝漢文硃批奏摺彙編》，第 12 冊，雍正六年四月二十日，提督湖南學政習寯奏摺，頁 238。
132 史密，〈籌辦番地議〉，丁曰健，《治臺必告錄》（臺北：臺灣銀行經濟研究室，民國 48 年），臺叢 17，頁 253。

逼近生番鹿場，生番不時出沒，不令漢人開墾；康熙五十八年（1719）九月間，該莊佃民 9 人被生番殺死，當時閩浙總督覺羅滿保特令毀莊散佃，開除課額。諸羅縣知縣孫魯在康熙六十一年（1722）到任，即至該地立石為界，不許漢人擅入。雍正二年（1737），該地改屬彰化縣，臺灣提督藍廷珍派人赴該地招墾，設立藍張興莊。不久，歷史重演，雍正三年（1725）十月十七日生番又至該莊放火殺人。[133]經查該地原屬禁界，為野番鹿場，入禁地開墾，屬違例之事。康熙六十一年（1722），閩浙總督覺羅滿保認為沿山一帶，易藏奸宄，提出漢番隔離措施，命附山 10 里以內民居，勒令遷徙。自北路起至南路止，築長城以限之，深鑿壕塹，永以為界，越界者以盜賊論。[134]雍正七年（1729），朝廷宣佈封山禁令，敕令南路、北路一帶沿山隘口立石為界，禁漢民深入。石界以外，任生番獵捕，如漢民越界、墾地、搭寮、抽藤吊鹿，及私挾貨物擅出界外者，失察之該管官降一級調任，其上司罰俸一年處分。[135]朝廷雖有封山禁令，然因番界面廣，私墾番地，可以隱匿田糧，所以雖遭生番殺害，冒死私墾者不絕。

　　內地人民來臺，或因開墾而侵佔土著空地閒山，或因砍伐而攘其藤梢竹木，[136]或覬覦生番田土，侵墾番界，[137]生番見之，即加以殺害，遂釀大案。《諸羅縣志》提及流移開墾日眾，聚眾行兇，拒捕奪犯，假借各種名目以墾番地，廬居番屋，番人畏其勢眾，強為隱忍。[138]乾隆二十五年（1760）前後，臺廈道余文儀描述渡

---

133 《宮中檔雍正朝奏摺》，第 5 輯，雍正三年十月十六日，巡視臺灣監察御史禪濟布等奏摺，頁 279-280。

134 連橫，《臺灣通史》，臺叢 128，卷 3，經營紀，頁 72。

135 《清會典臺灣事例》（臺北：臺灣銀行經濟研究室，民國 55 年），臺叢 226，卷 226，兵部，綠營處分，海禁，頁 148；沈葆楨，〈臺地後山請開舊禁摺〉，《福建臺灣奏摺》，臺叢 29，頁 12。

136 《宮中檔雍正朝奏摺》，第 5 輯，雍正三年十一月十九日，福建巡撫毛文銓奏摺，頁 391。

137 《軍機處檔‧月摺包》，004212 號，乾隆十四年三月十二日，福建巡撫潘思榘奏摺錄副。

138 周鍾瑄，《諸羅縣志》，臺叢 141，卷 7，兵防志，總論，頁 110。

臺者日益增加，南北兩路番地，被漢人智取勢佔。[139]乾隆四十五年（1780），漢人越界佔耕頻繁，以致爭奪之事，控案甚多，又加集集埔、虎仔坑、三貂、瑯嶠等地與生番接壤，私墾田畝甚多。[140]

臺灣海峽風濤險峻，流民遷臺從事墾殖，通常要冒生命的危險。[141]雖然如此，閩、粵地區百姓在人口壓力增大下，仍不顧一切冒生命危險渡臺。隨著漢民大量進入臺灣，他們對土地的需求不斷增加，千方百計覓地耕種，漢人入山後，使向為番民鹿場麻地，轉為業戶請墾，或為流寓佔耕。[142]由於土著居民各方面條件的落後，生活空間無形中被大陸赴臺的漢人擠壓，日漸縮小，且常受其欺騙，漢人見番弋取鹿麑，往往竊為己有。[143]而且漢人常以請墾、佔耕，或向土著居民買賣、交換甚至用欺瞞的手段，以取得土地。彰化縣平埔番岸裡社文書記載，漢人欺番愚昧，始則用酒煽誘借居番社，盤踞日久，以銀驅之，擅將屋社搗毀，闢為田地耕種，致使社番無棲身之處。淡水廳平埔番竹塹社文書亦載，漢人往來番社，窺伺誰人業多，誰人業少，專工放債，重利翻算，逼寫典契，佔為己有，不容贖取。[144]乾隆十二年（1747），朝廷諭旨即指漢民「刁黠成風，專以侵奪番利為能事，番民生計，日就艱難，而漢民猶欺騙不已」。[145]漢人移民拓墾，租借番社土地，往往衍生契約上的欺詐、違約抗租等問題。《噶瑪蘭廳志》對此即有

---

139 余文儀，〈楊觀察北巡圖記〉，《續修臺灣府志》，臺叢 121，卷 22，藝文，頁 813。

140 《臺案彙錄壬集》（臺北：臺灣銀行經濟研究室，民國 55 年），臺叢 227，卷 1，乾隆五十三年六月初七日，軍機大臣會同兵部等部議奏福康安等奏請臺灣設置番屯事宜摺，頁 3-5。

141 福建總督郝玉麟奏摺中提到：「偷渡過臺，或涉歷險港，或黑夜放洋，經拿獲者十之一，到臺者十之二三，其沒於孤島沙洲葬於魚腹者十之四五。」見《宮中檔雍正朝奏摺》，第 21 輯，雍正十一年四月初五日，福建總督郝玉麟奏摺，頁 355。

142 黃叔璥，《臺海使槎錄》，臺叢 4，卷 8，番俗雜記，社餉，頁 165。

143 黃叔璥，《臺海使槎錄》，臺叢 4，卷 8，番俗雜記，番界，頁 167。

144 伊能嘉矩，《臺灣文化志》，下卷，頁 469-470。

145 《清高宗純皇帝實錄》（四），卷 290，乾隆十二年五月己亥，諭旨，總頁 801-802。

所描繪：

> 蘭地三十六社……以漁海營生，負性愚魯，不知耕作。所
> 有餘埔，漢人斗酒尺布即騙得一紙贌字。又不識漢字，所
> 有贌約，即係漢人自書，但以指點墨為識，真偽究係莫辨。
> 而所贌耕之輩，尤貪得無屬，雖立有贌約，至墾透後，應
> 納租穀，居多糾纏不清。[146]

因此番人對漢人產生戒備與仇視心理，紛爭不可避免，衝突時而
產生。當時漢、番衝突是重大的社會問題，從《雍正硃批奏摺》
記載可知，從雍正三年到七年（1725～1729），番漢衝突事件不斷。
雍正五年（1727）五月十二日，竹塹地區有莊民俞毓惠、危淑昌、
賴漢舉等 3 人入山砍木，被右武乃合歡山生番殺死，取走頭顱。[147]
雍正六年（1728）十二月二十八日，鳳山縣長興莊管事邱仁山等
率領本莊佃民越界侵入傀儡山開墾，破山灌水，遭到山猪毛社襲
擊，邱仁山等 12 名漢人被殺傷，又追入竹葉社，殺傷佃民張子仁
等 2 人，官方派軍剿捕。隔年二月，生番擅自潛出下山，殺傷熟
番 7 人，擄去番孩 1 名，焚燒村莊、牛隻牲口。臺灣鎮、道派弁
兵、鄉勇 160 餘名及民壯、熟番 100 名，前往山猪毛、山里目等
社剿懲圍擒，在搜捕過程中，殺死生番 7 人，擒獲生番 20 人。向
來番民書有地界，不許漢人侵入番界，此次事件實為漢人貪開水
利，擅入番界所致，所以清世宗批示：「此事係內地佃民有以自取
其禍」。[148]

蛤仔難位處臺北地區的東北部，三面環山，東面靠海，平原
萬頃，沃壤千里。乾隆三十三年（1768），漢人林漢生招眾入蛤仔
難開墾，遭致番人殺害。乾隆四十八年（1783），福建漳州人吳沙

---

146 陳淑均，《噶瑪蘭廳志》，臺叢 160，卷 5，風俗下，頁 232。
147 《宮中檔雍正朝奏摺》，第 8 輯，雍正五年七月十六日，巡視臺灣監察御
　　史索琳奏摺，頁 557-558。
148 《雍正硃批奏摺選輯》（臺北：臺灣銀行經濟研究室，民國 61 年），臺叢
　　300，雍正七年正月十八日，巡臺吏科給事中赫碩色、兼理學政御史夏之
　　芳奏摺，頁 72-73。

和淡水人柯有成等招閩、粵流民千百餘人，並率鄉勇 200 餘人，
至三貂嶺闢墾。在拓墾期間，吳沙曾入蛤仔難貿易，對該地情況
熟悉，了解其地平廣而腴，頗思入墾。嘉慶元年（1796），當墾殖
至烏石港（頭城鎮）時，遭到番人抵抗，彼此殺傷甚眾，吳沙之
弟為番人所殺。此時，番社中流行疫病，人多死亡，轉而他遷。
吳沙施予藥助，救活百數十人，番人德之，視其為神，願分地付
墾。吳沙遂招徠漳、泉、粵三籍之人開墾，並議設鄉勇，以防生
番反覆，內地流民聞風踵至。[149]吳沙恐因私墾而獲罪，於嘉慶二
年（1797）赴淡防同知何茹蓮處，呈准給札招墾，並給諭戳，募
添鄉勇。

　　嘉慶十九年（1814），漢民黃林旺、黃里仁、郭百年貪圖埔
裏社土地膏腴，率眾攻佔埔裏社強墾。《東槎紀略》中記載：

> 郭百年既得示照，遂擁眾入山。先于水沙連界外墾社仔番
> 埔三百餘甲。由社仔侵入水里社，再墾四百餘甲。復侵入
> 沈鹿，築土圍，墾五百餘甲。三社番弱，莫敢較。已乃偽
> 為貴官，率民壯佃丁千餘人至埔裏社，囊土為城，黃旗大
> 書開墾。社番不服，相持月餘。乃謀使番割詐稱罷墾，官
> 兵即日撤回，使壯番進山取鹿為獻，乘其不備，大肆焚殺。
> [150]

在漢人移墾下，丘陵地不斷被拓墾，土著居民的發展空間日趨縮
小，耕地的取得成為漢、番衝突的關鍵。嘉慶元年（1796），岸裏
社總通事潘進文，向理番分府郭恭陳請，謂有五種「漢災」迫使
社番成為有田無租，甚至無屋可居，以致離社出走，遷往內山。
此五災是：一、漢佃利用社番欠銀乏用，給予典借，藉此捲剝重
利，將番租包收八年、十年，加入銀到田還字樣，以致社番空有
田產卻無租可收。二、漢佃在社番田園內盜葬墳塋，又以祖墳不
便搬遷為由，繼續佔據番田，形同永佃，社番若有攔阻，反被捏

---

149 陳淑均，〈議開臺灣後山噶瑪蘭即蛤仔難節略〉，《噶瑪蘭廳志》，卷 7，雜
　　識上，頁 365、371-372。
150 姚瑩，〈埔裏社紀略〉，《東槎紀略》，臺叢 7，卷 1，頁 34。

控毀骸，導致訟案纏身，形成額外負擔。三、漢佃常違禁令，私越「土牛界」外抽藤、釣鹿、燒炭、煮鹼及私採木料；[151]若遇生番戕害，反假冒受雇軍工匠人名目，藉口隘番保護不力，抬屍誣控，社番反遭指控。四、漢佃藉口討債，私闖番社，誘姦番婦，甚而霸佔番屋。五、漢佃以番愚可欺，攜酒相誘，借居番社；盤踞日久，用銀騙番，擅將社屋毀壞，闢屋為田，致使社番無棲身之所。[152]

　　鑑於原住民常殺害越界侵佔或入山開墾之漢人，康熙六十一年（1722），臺灣地方當局議定，在逼近生番處相去數十里或 10 餘里處，豎石以為界，嚴禁越入。[153]福建巡撫毛文銓與閩浙總督高其倬分別於雍正三年（1725）與五年（1727）下令，在番界處樹立石碑，禁止漢人擅入。[154]此後清廷亦再三嚴禁漢人侵入番地，除了畫有界線，嚴禁漢人侵入土著地區開墾土地，以保護番人土地權益外，清廷對番族亦制定一些保護政策，如減輕土著居民社餉負擔；懲治欺壓土著的社商、通事、奸棍等人；特設「番屯」，給予一定的養贍埔地，供其長久耕作；設立南、北兩路理番同知，處理漢、番糾紛。[155]康熙末年，已有社番將土地租與漢人耕種，清廷准許各番鹿場閒曠之地可以墾種者，聽其租與漢人耕種，[156]但嚴禁漢人私買番地，所有私佔番地，勒令歸還。[157]乾隆十五年

---

151 所謂土牛界，即挑溝堆土以為界，由於土堆形如臥牛而名。又因其側有經挖土之深溝，又稱為土牛溝。見戚嘉林，《臺灣史》（臺北：作者出版，1998年），第 2 冊，頁 534。

152 臺灣省立臺中圖書館編藏，〈臺灣中部地方文獻資料〉（一），《臺灣文獻》，第 34 卷第 1 期，民國 72 年，頁 106～107。

153 黃叔璥，《臺海使槎錄》，臺叢 4，卷 8，番俗雜記，番界，頁 167。

154 《雍正硃批奏摺選輯》，臺叢 300，雍正三年十一月十九日、雍正五年七月初八日，福建巡撫毛文銓奏摺、浙閩總督高其倬奏摺，頁 4、142。

155 陳孔立，《清代臺灣移民社會研究》（北京：九州出版社，2003 年），頁 186。

156 《清會典臺灣事例》，臺叢 226，戶部，田賦，開墾，頁 43。《清代臺灣大租調查書》（臺北：臺灣銀行經濟研究室，民國 52 年），臺叢 152，頁 321：「雍正二年，覆准福建臺灣各番鹿場間曠地可以墾種者，令地方官曉諭，聽各番租與民人耕種。」

157 《清高宗純皇帝實錄》（一），卷 52，乾隆二年閏九月丁卯，總頁 886。

（1750）七月，閩浙總督喀爾吉善奏准，嚴飭地方官吏不時稽查漢人私墾違禁之事，往後熟番餘地聽其自行耕種，不許漢人偷越，違者治罪。[158]乾隆三十三年（1768），分巡臺灣兵備道張挺念及熟番日漸茲繁，謀生日難，出示曉諭，凡漢人典贌侵佔之地，悉行歸還番耕，若有番人不能自耕者，許令漢民承佃，按甲納租，均給眾番口糧。[159]

　　清廷對臺灣的經營在康熙初期甚為消極，至康熙後期及雍正時態度漸有改變，設有分巡道，改為掛印總兵，並允許人民搬眷來臺，較以往積極。乾隆後期對渡海來臺禁令的解除，形成大批閩、粵人民於此時遷移赴臺，官方禁墾番地，雖不斷嚴飭地方官吏查辦，但在大批移民積極拓墾之下，官方縱有護番之心，卻難以確保護番之實，所以番、漢間的衝突仍無法避免。番、漢雜處，番人慘遭漢人侵佔剝削，以致棲身無地，餬口無資，境況甚慘。[160]北投社平埔族在漢人入墾後，田園被佔，北自茄荖山，南至大哮山，內大柵、圳斗坑、匏仔寮等處山場，都被漢人勒派混佔，北路理番同知王蘭為此還諭示嚴禁。[161]番民不能自食其力，又無法仰靠於官，無怪乎其饑寒迫切，而輕去其鄉。[162]

### 表 4-3-1：清代康雍乾嘉時期臺灣番漢衝突概況表

| 時　　間 | 地　　點 | 事　件 | 備　　註 |
|---|---|---|---|
| 康熙末年 | 諸羅縣竹塹香山 | 閩人拓墾，與「平埔番族」衝突，10 餘人遭戕害。 | 《臺灣撫墾志》，上冊，頁 192。 |
| 康熙五十八年（1719）九月 | 諸羅縣張鎮莊 | 生番殺死佃民 9 人。 | 《宮中檔雍正朝奏摺》，第 5 輯，頁 280。 |

---

158 《清高宗純皇帝實錄》（五），卷 368，乾隆十五年七月壬寅，總頁 1059。
159 《清代臺灣大租調查書》，臺叢 152，頁 323。
160 劉枝萬，《南投縣沿革志開發篇稿》，頁 49。收入《南投文獻叢輯》（六）（南投縣：南投縣文獻委員會，民國 47 年）。
161 劉枝萬，《南投縣沿革志開發篇稿》，頁 125-126。
162 周璽，《彰化縣志》（臺北：臺灣銀行經濟研究室，民國 51 年），臺叢 156，卷 7，兵防志，屯政，頁 226。

| | | | |
|---|---|---|---|
| 雍正元年（1723） | 鳳山縣東勢莊 | 加者膀眼等社番暗伏東勢莊，殺死粵人 3 名，割去頭顱。 | 《臺海使槎錄》，卷7，頁 152。 |
| 雍正三年（1725）八月初四日 | 諸羅縣投斷山腳 | 打廉莊民曾寶、李諒等往水沙連山口濬通水道。後李諒等先回，至投斷山腳，李諒被生番鏢死，割去頭顱。 | 《宮中檔雍正朝奏摺》，第 5 輯，頁449。 |
| 雍正三年（1725）八月十七日 | 彰化縣藍張興莊 | 生番數十人至該莊放火，殺死佃丁林愷等 8 人。 | 《宮中檔雍正朝奏摺》，第 5 輯，頁279-280。 |
| 雍正三年（1725）九月初十日 | 彰化縣武勝灣社 | 社丁林送等 5 人被番射死。 | 《宮中檔雍正朝奏摺》，第 6 輯，頁528。 |
| 雍正三年（1725）十月初九日 | 彰化縣東勢 | 水沙連社社丁李化被番殺死。 | 《宮中檔雍正朝奏摺》，第 6 輯，頁528。 |
| 雍正三年（1725）十月十四日 | 諸羅縣武勝灣社 | 酗酒熟番殺死該社社丁林宋等 5 名。 | 《宮中檔雍正朝奏摺》，第 5 輯，頁449。 |
| 雍正三年（1725）十月二十日 | 彰化縣貓霧捒南勢莊 | 生番突入南勢莊，鏢死支更庄民林逸、朱宣 2 名。 | 《宮中檔雍正朝奏摺》，第 5 輯，頁448。 |
| 雍正四年（1726）二月十八日 | 彰化縣大武郡保新莊 | 該莊練總李雙佃丁葉陣等 11 人被番殺死，燒屋 39 間，焚死耕牛 18 隻。 | 《宮中檔雍正朝奏摺》，第 6 輯，頁528。 |
| 雍正四年（1726）三月二十日 | 彰化縣大里善莊 | 該莊莊民黃賢亮等11人被水沙連生番殺死，燒屋 8 間，焚死耕牛 97 隻。 | 《宮中檔雍正朝奏摺》，第 5、6 輯，頁 834、528。 |

| 雍正四年（1726）四月初四日 | 彰化縣鎮平莊 | 該莊佃民往牛相觸口疏通圳道，突遭兇番襲擊，江長九等人被番傷殺。 | 《雍正朝漢文硃批奏摺彙編》，第 7 冊，頁 137。 |
|---|---|---|---|
| 雍正四年（1726）四月十一日 | 彰化縣柴頭井莊 | 莊民賴阿秀被番殺死，燒屋 32 間，焚死水牛 18 隻。 | 《宮中檔雍正朝奏摺》，第 6 輯，頁 528。 |
| 雍正四年（1726）六月十六日 | 彰化縣石榴班莊 | 諸羅縣莊民陳登攀等 5 人往斗六東埔地方採收芝麻，被水沙連生番殺死。 | 《宮中檔雍正朝奏摺》，第 6 輯，頁 260。 |
| 雍正四年（1726）八月二十二日 | 鳳山縣新東勢莊 | 生番殺死種作傭工邱雲麟，割去頭顱。 | 《宮中檔雍正朝奏摺》，第 6 輯，頁 764。 |
| 雍正四年（1726）十月初八日 | 彰化縣阿密里莊 | 生番 20 餘人至該莊，殺死佃民邱未，割去頭顱，鏢傷佃丁林福。 | 《宮中檔雍正朝奏摺》，第 6 輯，頁 764-765。 |
| 雍正四年（1726）十月十五日 | 彰化縣南北投鎮 | 該鎮竹腳寮民朱八在水沙連河邊被生番殺死，割去頭顱及左腕。 | 《宮中檔雍正朝奏摺》，第 6 輯，頁 765。 |
| 雍正四年（1726）十一月初十日至十二日 | 彰化縣快官莊、藍張興莊 | 生番數十人至快官莊，燒屋 9 間，殺死莊民陳平等 4 人，割去頭顱。隔一日，又生番數十人至藍張興莊殺死管事許元泰等 10 人，俱被割去頭顱。 | 《宮中檔雍正朝奏摺》，第 7 輯，頁 23。 |
| 雍正四年（1726）十一月十三日 | 彰化縣半線莊 | 生番殺死探親漢人林喜，割去頭顱，焚煅茅屋 4 間。 | 《宮中檔雍正朝奏摺》，第 7 輯，頁 24。 |

| 雍正四年（1726）十一月十八日 | 鳳山縣枋寮界外 | 傀儡生番鏢傷砍柴漢人3名，次日，1人傷重身亡。 | 《宮中檔雍正朝奏摺》，第 7 輯，頁24。 |
|---|---|---|---|
| 雍正五年（1727）閏三月初十日 | 鳳山縣加走莊 | 傀儡生番殺死該莊砍柴漢人1名。 | 《宮中檔雍正朝奏摺》，第 7 輯，頁812。 |
| 雍正五年（1727）閏三月十三日 | 鳳山縣東勢莊 | 傀儡生番至該莊殺死漢人蘇厚等 2 名，割去頭顱，燬糖廍。 | 《宮中檔雍正朝奏摺》，第 7 輯，頁812。 |
| 雍正五年（1727）閏三月十五日 | 鳳山縣新東勢莊 | 傀儡生番殺死漢人謝文奇等 2 人，割去頭顱，鏢傷賴南應等 3 人。 | 《宮中檔雍正朝奏摺》，第 7 輯，頁874。 |
| 雍正五年（1727）五月十二日 | 淡水廳竹塹 | 右武乃、合歡山生番殺死入山砍鋸枋桶漢人俞毓惠等 3 名，割去頭顱。 | 《宮中檔雍正朝奏摺》，第 8 輯，頁557-558 |
| 雍正六年（1728）十二月二十八日 | 鳳山縣山豬毛社口 | 長興莊管事邱仁山帶佃漢入山開圳，傀儡生番戕殺開水墾民12人。 | 《宮中檔雍正朝奏摺》，第 12 輯，頁669。 |
| 同上 | 鳳山縣竹葉莊 | 傀儡生番夜至該莊殺死漢人張子仁等 2 人，焚燒草寮牛隻。 | 《宮中檔雍正朝奏摺》，第 12 輯，頁669。 |
| 雍正九年（1731）十二月二十九日 | 彰化縣貓霧捒 | 大甲西社兇番在貓霧捒各莊焚燒房屋，殺傷居民。 | 《宮中檔雍正朝奏摺》，第 7 輯，頁307-308。 |
| 雍正十年（1731）五月十一日 | 淡水廳 | 龜崙社酗酒兇番焚燒寮社，傷害漢人10餘名。 | 《宮中檔雍正朝奏摺》，第 7 輯，頁894-850。 |
| 雍正十年（1731）閏五月初八日 | 彰化縣貓霧捒 | 大甲西社兇番大肆焚殺貓霧捒各莊。 | 《宮中檔雍正朝奏摺》，第 20 輯，頁205。 |

| 雍正十年（1731）閏五月十一至十二日 | 彰化縣快官莊 | 十一日，大甲西社兇番抵彰化縣治東北西三面，大肆焚殺。次日，又焚殺快官莊。 | 《宮中檔雍正朝奏摺》，第 20 輯，頁205。 |
|---|---|---|---|
| 雍正十年（1731）閏五月十七至十八日 | 淡水廳中港 | 沙轆等兇番數百名搶奪中港民船，殺傷船上 6、7 人。 | 《宮中檔雍正朝奏摺》，第 20 輯，頁65、164。 |
| 雍正十年（1731）六月十一日 | 彰化縣快官莊 | 初十日，兇番圍困貓霧捒百姓，次日，從彰化縣治東北西三面數十里處放火焚燒。十二日，柴坑仔兇番至快官莊燒殺。 | 《宮中檔雍正朝奏摺》，第 20 輯，頁318。 |
| 雍正十三年（1735）十月 | 彰化縣柳樹湳登台莊 | 眉如臟社生番肆出焚殺。 | 《重修臺灣府志》，卷 19，頁561。 |
| 雍正末年 | 苗栗二堡 | 因土地開墾，漢番互鬥。 | 《臺灣撫墾志》，上冊，頁 186。 |
| 乾隆十年（1745） | 臺灣縣 | 兇番突入淡埔莊殺傷漢人 10 命。 | 《宮中檔乾隆朝奏摺》，第 2 輯，頁710。 |
| 乾隆十年（1745）十二月 | 鳳山縣番薯寮溪埔 | 該處漢人遭兇番焚殺。 | 《清高宗純皇帝實錄》（四），卷 255，頁 311。 |
| 乾隆十四年（1749） | 淡水廳西保莊 | 兇番突入該莊殺傷漢人11 命。 | 《宮中檔乾隆朝奏摺》，第 2 輯，頁709-710。 |
| 乾隆十六年（1751） | 彰化縣內凹莊 | 熟番三甲引福骨等三社生番至該莊戕殺莊民 22口，焚屋 8 間。 | 《宮中檔雍正朝奏摺》，第 8 輯，頁302-304。 |

| 乾隆十八年（1753）九月至二十年八月 | 淡水廳香山莊 | 凶番殺死該莊居民黃聰等人。 | 《臺案彙錄乙集》，卷4，頁344。 |
|---|---|---|---|
| 乾隆十九年至二十二年（1754-1757）正月 | 彰化縣大溪埕 | 生番殺害搬眷停宿之漢人鄭富等14名口 | 《臺案彙錄》，乙集，卷2，頁118。 |
| 同上 | 彰化縣 | 生番焚殺越界私墾漢人陳周等。 | 《臺案彙錄乙集》，卷2，頁118。 |
| 同上 | 淡水廳 | 生番殺死越界砍柴漢人余新等。 | 《臺案彙錄乙集》，卷2，頁118。 |
| 同上 | 淡水廳 | 漢人李雲騰爲生番追趕，溺水身死。 | 《臺案彙錄乙集》，卷2，頁118。 |
| 同上 | 淡水廳 | 番人殺害廳民劉子然等7人。 | 《臺案彙錄乙集》，卷2，頁118。 |
| 同上 | 淡水廳 | 番人焚殺越界搭寮私墾漢人江聰等7名口。 | 《臺案彙錄乙集》，卷2，頁118。 |
| 同上 | 淡水廳 | 番人焚殺逼近番界搭寮墾田養鴨漢人張福等7名口。 | 《臺案彙錄》，乙集，卷2，頁118。 |
| 同上 | 彰化縣 | 番人殺死莊民李良恭等18人，傷2人，後1人不治。 | 《臺案彙錄乙集》，卷2，頁118。 |
| 同上 | 淡水廳 | 番人殺害私越界外搭寮開墾漢人許由等11名。 | 《臺案彙錄乙集》，卷2，頁118。 |
| 乾隆二十二年（1757） | 淡水廳土城莊 | 番害致該莊墾民棄耕。 | 《臺灣撫墾志》，上冊，頁186。 |
| 乾隆二十三年（1758）七月至二十五年（1760）六月 | 彰化縣安平鎮厝莊 | 番人殺害該莊莊民蕭文興等5人，割去頭顱。 | 《臺案彙錄乙集》，卷4，頁372。 |
| 同上 | 彰化縣社仔莊 | 番人殺害該莊莊民曾用章等，割去頭顱。 | 《臺案彙錄乙集》，卷4，頁372。 |

| 同上 | 彰化縣嵌頭厝莊 | 番人殺害該莊莊民楊智業等。 | 《臺案彙錄乙集》，卷4，頁373。 |
|---|---|---|---|
| 乾隆三十一年（1766）三月 | 淡水廳鸞殼莊 | 番人焚殺該莊漢人56名。 | 《臺案彙錄》，乙集，卷4，頁407-408。 |
| 乾隆三十三年（1768） | 淡水廳蛤仔難 | 林漢生等入墾該處，為番人殺害。 | 《臺灣通史》，卷15，頁487。 |
| 乾隆三十四年（1769） | 淡水廳九芎林 | 番人與入墾該處粵民相鬥。 | 《臺灣撫墾志》，上冊，頁192。 |
| 乾隆四十六年（1781）四月十二日 | 淡水廳月眉莊 | 石壁等三社生番40餘人戕殺該莊入山砍柴及在溪埔割草、洗衣男婦28人。 | 《中部地方文獻資料》（三），《臺灣文獻》，34卷3期，頁174、178、179。 |
| 乾隆五十六年（1791） | 淡水廳新埔 | 墾民遭番人侵擾，棄墾他遷。 | 《臺灣撫墾志》，上冊，頁195。 |
| 乾隆五十八至五十九年（1793-1794） | 淡水廳上南廳莊 | 墾民遭番人侵擾，棄墾他遷。 | 《臺灣撫墾志》，上冊，頁195。 |
| 嘉慶元年（1796）九月 | 噶瑪蘭廳頭圍 | 吳沙率眾開墾，與番人鬥殺。 | 《噶瑪蘭廳志》，卷7，頁330。 |
| 嘉慶十二年（1807） | 淡水廳樹杞林 | 番人侵擾拓墾粵民，致墾業中止。 | 《臺灣撫墾志》，上冊，頁193。 |
| 嘉慶末年 | 淡水廳竹塹一帶 | 生番屢出殺人擾害漢人。 | 《清代臺灣之鄉治》，頁814。 |

## 三、黎漢衝突

　　隨著清朝政權日漸穩固，海南島移墾社會亦相繼發展，黎族與漢人的來往日漸頻繁，交易日漸活絡，糾紛隨之增多。有些黎

人與漢人長期接觸，難免沾染不好習性，或為不肖商客、流棍利用，挑撥煽惑，釀出事端。有時黎人亦受漢人欺侮，例如商業交易或土地買賣時，漢人常欺黎人，以贗物或不等值物品交換；亦有漢人放高利貸，讓黎人借貸而無以償還；受雇於漢人的黎傭，常受到不公平的待遇、凌辱，這些因素均造成黎漢間的對立與衝突，甚而引發殺機。

乾隆七年（1742），發生儋州黎人符老二與符帕公合謀殺害瓊山縣客民王忠。事件起因於王忠在儋州黎地工作，與打旦村黎人符老二熟識，常居於調牙村符那貓家。乾隆五年（1740）十二月，王忠將母豬 1 隻交給符老二餵養，議定均分獲利。後王忠嫌符老二不善照料，常出言詈諷。之後母豬生 8 隻小豬，王忠將小豬和母豬先後販賣，皆未分錢給符老二，還打罵符老二，符老二因而心生不滿，起意謀殺。慮一人難以下手，獲知同村之符帕公亦與王忠因賒放小牛被索米弔打，產生嫌隙，於是邀符帕公相助。[163]

乾隆三十一年（1766），瓊州發生熟黎糾眾焚殺客民事件。從檔案中案犯王天成等人供單，有助於了解事件原委及經過。王天成為瓊州安定縣水滿峒木刁村熟黎，擔任六峒總管，在當地有其聲望權勢，也有一定田產。長久以來，王天成眼見外來漢人侵佔黎人土地，對黎人重利盤剝，凌辱背信，遂與他村那隆等商議，趕殺客民。王天成以六峒總管身分，糾集眾黎殺害客民，並鼓嚇客民，從其在短期間獲得眾黎支持，雖與其聲望及黎峒間緊密聯繫有關，但亦反映平時漢人之欺凌，使黎人忿恨已久。茲將案犯口供選列如下，從中可看出黎人不滿情由：如案犯王天成供詞：

> 客民佔住黎人土地，採藤板香料以及開山種地，所得的銀子出息為客民佔去；有窮黎向客民借貸的，被他們重利盤剝，借銀一兩，還到幾倍；雇在客民家做工的，平日受他們欺凌，原雇只有一年服役，幾年總不放回。

---

163 《明清檔案》，第 134 冊（民國 77 年），A134-56，乾隆九年十一月初七日，署廣東巡撫策楞揭帖。

案犯那隆供詞：

> 不滿客民吳運放債刻薄；李林興雇黎工，任意凌虐。

案犯那訓供詞：

> 不滿王文、王道用兄弟常辱罵黎人為畜類，欲殺之洩恨。

案犯王深水供詞：

> 曾與客民麥永盛贖田爭鬧過，欲殺之奪田。

案犯符天保供詞：

> 向開煙舖的漢人何三借銀子十兩，陸續還利錢三十兩，何三總說不夠，且欲捉拿小兒去做工抵債。[164]

此案可為黎人受盡漢人欺凌盤剝，懷恨在心而導致仇殺的代表。

乾隆四十六年（1781），崖州年歲歉收，米價高昂，貧黎向漢人借貸，漢人乘機放債盤剝，黎人苦之，有黎人那回等出鄉掠奪。嘉慶八年（1803），崖州黎人韋那養因借貸無法償還，加上收成歉薄，糾結各村黎劫掠。嘉慶九年（1804），崖州黎人張那梗、韋亞五等，因負欠漢人債務，起意糾搶。[165]道光十三年（1833），崖州大旱，田地缺水灌溉，早稻無收。不少貧黎向漢人告貸，因漢人放債盤剝，索取厚利，黎人咸怨，心中憤恨不平，儋州牙和村黎首黎亞義素性強悍，周圍黎人皆聽其指使。黎亞義因饑餓難耐，結夥符元興、符時節等人出而劫掠。田頭墟客民許可安是首要目標，因其常向符元興購買木板，卻欠債不還。[166]天災加上漢

---

164 《清高宗純皇帝實錄》（十），卷 760、761，乾隆三十一年五月辛未、丙申，諭旨、署兩廣總督楊廷璋等奏，總頁 363-364、374；《軍機處錄副奏摺》，民族類，膠片第 1，34 號，第 9 件，乾隆三十一年五月二十八日，〈瓊南黎首王天成等仇殺客民一案供單〉，轉引自周愛文，《明清時期海南島黎漢關係之研究》，師範大學歷史研究所碩士論文，民國 83 年，頁 176-178。

165 劉耀荃，《黎族歷史紀年輯要》（廣州：廣東省民族研究所，1982 年），頁 86-87；明誼修，張岳松纂，《瓊州府志》，道光二十一年刊，光緒十六年補刊本影印，卷 22，海黎志，防黎，頁 35，收入《中國方志叢書·華南地方·廣東省》，第 47 號。

166 明誼修，張岳松纂，《瓊州府志》，卷 22，海黎志，防黎，頁 18-19；《宮中檔·硃批奏摺》，民族事務類，膠片第 78，2020 號，第 11 件，道光十四年三月一日，兩廣總督盧坤奏摺，轉引自周愛文，《明清時期海南島黎漢關係之研究》，頁 178-179。

人盤剝，使黎人無以爲生，只好鋌而走險，糾夥出劫，甚或仇殺漢人以洩憤。

# 四、蒙漢衝突

蒙古民族興起於漫漫草原，孳養牲畜，以游牧爲生，不如漢人善於農耕。清廷在蒙古地區實行蒙漢隔離政策，爲保護蒙古畜牧生計，禁止漢人隨意進出，擔心漢人於蒙地墾種，影響蒙古生計；且避免蒙漢雜處產生糾紛，以維蒙地和平。但是，由於內地饑荒和人口壓力，康熙、雍正時期多採開放政策，准許漢人到蒙地開墾居住，當時漢人在蒙地墾種尚未對蒙民游牧生活產生妨礙，且蒙旗王公又可得到租銀，亦表歡迎。雍正二年（1724），設張家口同知，其職掌：

> 管理張家口外西翼正黃旗、東翼鑲黃旗，分入官地畝，經徵錢糧、旗民戶婚、田土、鬥毆、爭訟。西翼察哈爾旗，分蒙古漢人交涉、逃匪、命盜等案，並口內蔚州、懷安、萬全、宣化、保安、西寧、蔚縣等七州縣旗民互訟人命之事。[167]

可知，設官原因之一，在處理蒙漢間交涉事件。從官職之設，推測或許清廷爲防微杜漸，或已有事端發生。

乾隆年間，開墾日盛，爲避免蒙漢雜處，滋生禍端，嚴行蒙漢分居政策。乾隆十三年（1748）議准蒙古部落中漢人與漢人村落中蒙人，互換彼此地畝，各歸其地，分別居住。土默特貝子旗及喀喇沁三旗漢人雜處已久，清理困難，仍令札薩克會同朝廷派駐地方官漸次清理。[168]從康熙年間到乾隆初期，流入蒙地的漢人日增，墾地漸擴，逐漸壓迫到牧地，多開一畝耕地，即少一畝草

---

167 陳繼淹修，許聞詩纂，《張北縣志》，民國 24 年鉛印本影印，卷 6，政治志，頁 4。收入《中國方志叢書・塞北地方・察哈爾省》（臺北：成文出版社，民國 57 年），第 35 號。

168 《清會典事例》，第 10 冊，卷 978，理藩院，戶丁，頁 1124。

原，對蒙古人民生計產生影響，朝廷遂對蒙漢間之土地糾紛訂定管理辦法：一為漢人所典自蒙古地畝，計其所典年分，以次還給原主。據理藩院此條例，可知當時漢人典自蒙古地畝尚屬少數，為防微杜漸，朝廷下達此令，即「蒙古之地，不可令民占耕」。[169]其二，漢人在蒙古租地賃屋，照原議數目納租，若恃強拖欠，經札薩克或業主追索舉告，朝廷派駐之司員、同知、通判等需為其承追，欠達三年者，則撤回地屋，另行招租。此令責成地方官負責追討，推知漢蒙間租佃糾紛必然不少。其三，禁止蒙古各旗將旗下公地擅自招漢民耕種，收取歲租，使無力蒙古愈至窮困，各王公貴族喇嘛等酌撥三分之一領地，給窮蒙耕種。乾隆十四年（1749），議准：

> 喀喇沁、土默特、敖漢、翁牛特等旗，除現存民人外，嗣後毋許再行容留民人多墾地畝，及將地畝典給民人。[170]

首次承認非法移入蒙古之漢人現狀，並嚴申往後不許再容留漢人開墾地畝，及將地畝典予漢人，若經查出，照隱匿逃人例議處。喀喇沁、土默特、敖漢、翁牛特等旗，現存漢人列入保甲佔籍，成為合法墾民，此後不許再移入一漢人。

康熙年間，蒙古喀喇沁札薩克等地王公管界內因有荒曠山場，常懇請招來漢民開墾，起初招募漢人，春令出口墾種，冬則遣回。但是，由於蒙古貪圖租地之利，逐漸容留外來漢人，待墾種日久，漢民戶口漸增，至乾隆十四年（1749），已有數萬人。蒙古人有的漸將地畝賤價出典，致使游牧之地日窄，清高宗特派大臣前往，將蒙古典與漢人地畝查明，分別年限贖回，並令漢人回返原籍。為防贖回之地又復賤價出典，遂要求蒙古各盟旗嚴飭所屬，嗣後嚴行禁止容留漢人居住，增墾地畝。[171]然出典租種之事，並未根除，蒙古王公又以侵佔其游牧地為藉口，懇請加以驅逐，

---

169 《清會典事例》，第 10 冊，卷 979，理藩院，耕牧，頁 1130。
170 《清會典事例》，第 10 冊，卷 979，理藩院，耕牧，頁 1130。
171 《清高宗純皇帝實錄》（五），卷 348，乾隆十四年九月丁未，諭旨，總頁 799。

致使枝節橫生，糾紛不斷。

漢人出口並未因清廷禁令而停止，已出邊外開墾者慮其流離失所，無法遣返內地；而蒙古王公貪圖租銀，仍私自開放旗地招墾。雖有部分蒙古王、公、札薩克等受到懲處，但清廷對已成事實，往往加以承認，無形中也鼓勵漢人違法出口。嘉慶五年（1800），對於郭爾羅斯私招漢人墾地之事，《清會典事例》記載：

> 郭爾羅斯蒙地游牧處所，不准內地民人踰界前往開墾，惟因蒙古等不安游牧，招民墾種，事關多年，相安已久，且蒙古得收租銀，於生計亦有裨益，是以仍令其照舊耕種納租。[172]

其時經查內地流寓郭爾羅斯漢人有 2,330 戶，朝廷不忍驅逐，蒙漢間又相安無事，故讓其就地合法，每年令吉林將軍造具戶口花名細冊，送部備查。嘉慶十一年（1806），朝廷對蒙古王公奏明招徠漢民開墾，或私自招墾者，規定不得於墾熟後，以侵佔等詞訐告，藉詞威脅。若再有私自招墾行為，一經查出，該王公等一併議處，理藩院即刻酌定處分則例，奏明後載入條例。[173]嘉慶十五年（1810）諭令，為顧及蒙古生計之久遠，蒙地開墾愈多，有礙游牧，其後，各部落除已開墾地畝外，不准再有私自招民開墾之事，該管司員應確實嚴查，不可再添外來流民。當時熱河地區已聚集 108,600 餘戶漢人。[174]

因蒙漢雜處，乾隆元年（1736）雙方已有不少糾紛產生。[175]陝西榆林一帶與鄂爾多斯蒙古間，以 50 里為定界，插立界牌阿包，以示區分；漢人有越界種地，蒙古有情願收租取利者，亦聽其自

---

172 《清會典事例》，第 2 冊，卷 167，戶部，田賦，開墾，頁 1121。

173 《清仁宗睿皇帝實錄》（三），卷 164，嘉慶十一年七月己未，諭旨，總頁 130。

174 《清仁宗睿皇帝實錄》（四），卷 228，嘉慶十五年四月庚子，諭旨，總頁 60。

175 海寧輯，《晉政輯要》，乾隆五十四年刊本影印，卷 1，官缺繁簡，頁 15。收入《官箴書集成》，第 5 冊。

便。日久，蒙古為多得租息，有藉詞驅逐之事發生。[176]乾隆十五年（1750），卓索圖蒙土默特貝子哈木噶巴牙斯呼郎圖不按原議年限，驅逐種地漢人，並縱容屬人勒索科派。[177]乾隆十六年（1751）正月，直隸總督方觀承在奏報卓索圖蒙土默特貝子驅逐漢人的奏摺中說：

> 土默特貝子以丈地為名，故縱屬人，勒索各村民人，除供應豬、羊、米、麵之外，更復科派銀錢，稍不如意即行鞭責，強拉馬、牛，更將男婦毆逐，占住房間。孤山子鄉約魯起亮被索錢一百五十串；卜羅珍溝鄉約于鐸被索錢三百串、豬七口，因供應稍遲，掌嘴三次。又民人宋英、姜瑜各被掌嘴五、六十，幾至斃命；又民人鄭二、張殿深等牛、騾無故被鐸。王有貴院內堆有柴薪，被蒙古庄圖兒二十餘人硬裝車輛，連車搶去，並將王有貴打傷。又木頭城子一帶地方，不許民人採取柴碳、拉運米糧。民人馬明拉柴行走，被蒙古喜子等持刀攔阻。到處老幼驚恐啼嚎，經巡檢孫際澄赴該貝子處，再三懇求，該貝子遣其屬根敦烏巴什等勒要租銀四千兩、地鋪銀五百兩，除索去現銀二百五十兩外，餘銀逼令該巡檢寫立文約，限于年內完交。如逾限不完，仍即禁止打柴、運米。又將三座塔鋪戶八十餘家，立即驅逐，該處民情大擾，紛紛控訴，移詢該旗，付之不理。[178]

土默特貝子憑藉清廷的封禁政令，恣意勒索科派漢民，若不順從，

---

176　《明清檔案》，第123冊，A123-94，乾隆八年六月二十四日，署川陝總督馬爾泰揭帖。阿包，又稱「鄂博」，為境界標誌。

177　《清高宗純皇帝實錄》（六），卷380，乾隆十六年元月己酉，諭旨，總頁9。《清史稿校註》，第12冊，卷331，方觀承傳，頁9257，記載直隸總督方觀承對於土默特貝子哈木噶巴牙斯呼郎（朗）圖議驅民收地，上疏陳言：「貧民無家可歸，即甘受驅逐，而數萬男婦，內地亦難於安置，請簡大臣按治。」

178　乾隆十六年正月初十日，直隸總督方觀承奏摺。轉引自金啓孮，《清代蒙古史札記》（呼和浩特：內蒙古人民出版社，2000年），頁106。

即加以驅逐，自然引發糾紛。乾隆三十六年（1771），鄂爾多斯札薩克貝勒東羅普扎木素因寧條梁內的門頭，從原先乾隆八年（1743）的 60 處，增加至 689 處，漢人增至千餘家，於是呈請驅逐漢人。清廷派陝甘總督明山調查，發現鄂爾多斯蒙古當初與漢人之約定，是以東西長 306 丈、南北寬 120 丈地界爲主，只管丈尺，不論門頭，因此不能驅逐。但因蒙古呈請加租，故議定漢人每年多交 120 兩租銀，紛爭才告止息。[179]嘉慶五年（1800），敖漢旗呈請朝廷攆逐種地漢人，所持理由以其有礙蒙古牧地，亦即有礙蒙古生計。蒙古地畝招漢人墾種，漢人均出有押租錢文，並非憑空佔種。之後，漢人挾資攜眷，陸續聚居，經數十年後，生齒日繁。蒙、漢間本相安無事，迨漢人耕墾日多，蒙人思及有礙蒙古農牧用地，遂呈請攆逐。朝廷念及此等漢人，本係無業，出口種地，只爲餬口謀生，一旦驅逐，未免流離失所。若將蒙古從前所得押租，概行追出，不僅事涉紛擾，亦非體卹蒙古之意。故而特下諭旨：

> 我朝中外一家，無論蒙古、民人皆係臣僕赤子，所有此項地畝，除現在墾種者仍聽該處民人各安本業，照舊交納租息，無庸驅逐。其押租銀錢，係從前所得，亦不必根查給還。惟蒙古人等以牧養牲畜爲業，若聽任民人耕占牧場，則日種日多，伊於胡底，於蒙古生計殊有關係。著胡季堂即派道員慶章，親赴敖漢，切實查勘，仿照將軍秀林所辦，就現在居民所種地畝，定界立碑，清查戶口。此外不准再行開墾一隴，亦不許添居一人，俾蒙古、民人永遠相安。[180]

其後，蒙人仍違例私租牧場與漢人，漢人貪利，亦願承種，地畝較前多增數千餘頃。嘉慶十三年（1808），敖漢旗札薩克台吉棟魯布派人赴京呈控漢人張元華等佔種牧地，請加以驅逐。朝廷

---

179 《軍機處檔·月摺包》，013687 號，乾隆三十六年三月初二日，陝甘總督明山奏摺錄副。

180 《嘉慶朝上諭檔》（桂林：廣西師範大學出版社，2000 年），第 5 冊，嘉慶五年五月十三日，內閣奉上諭，頁 261。

派熱河道奇明前往辦理，奇明會同三座塔稅員乾祿至敖漢旗詳察，並派員緝拿私墾漢人，緝獲新近佔種漢人郭坦、王四海等 12 名。經了解，嘉慶五年（1800）熱河道員慶章勘明立樁時，蒙人即隱漏墾地漢戶甚多，其後又有陸續開墾者，均挈眷居住多年，至嘉慶十三年（1808）共增 500 餘戶，男婦大小 1 萬餘口。墾地漢人出有押租銀錢不下 2、3 萬，蒙人亦向漢人借貸銀錢約 1 萬餘兩，雖游牧地逐漸耕佔愈多，對蒙古生計造成影響，但考量此輩流民，原係逃荒出口，原籍若有田畝，何須遠至外地；且在乾隆年間即已私租墾種者，嘉慶五年（1800）查辦時，蒙古方面又隱匿不報，時間既久，以小民安土重遷之性，勢難一概驅逐，若遽行攆逐，失業窮民，顛連可憫，恐聚散無常，容易滋事。爲此，直隸總督溫承惠奏陳，請勿驅逐墾種者，仍令該處漢人各安本業，照舊交納租息。[181]該年十二月下旬，朝廷依溫督所奏，諭令溫承惠督飭地方官詳查此案，或應補行丈量，將私墾漢人歸入納租地戶內；或令自行清理與蒙古有關欠項；或撤地撩荒，依法懲治，驅逐遞籍，授權斟酌辦理。並再次重申，經此次察辦後，「毋得再開一隴，添居一人」，若有不遵例禁，私相授受情事，除將該漢民照例懲處，各台吉等亦一體究責，不少寬貸。[182]

蒙古王公不善理財，將財政交由管旗章京或協理台吉經理歲出歲入，如有需求則向旗內壯丁攤索，或以厚利向商人告貸，經手之管旗章京或協理台吉又從中牟利。朝廷規定蒙古王公台吉每三年一次輪班進京朝覲，稱爲年班，不值班的各旗，仍需派協理進京致貢納獻。蒙古王公在京，多沾染京師奢華習氣，出入交游，動輒巨萬，有所請託時，花費更甚；而蒙古王公台吉爵位，雖爲世襲繼承，但襲爵時，部文輾轉費時，常需打通層層關節。其雖有年俸，但點點滴滴各項皆需花費，日常生活已入不敷出，再加

181 《宮中檔嘉慶朝奏摺》，第 22 輯，嘉慶十三年十二月十五日，直隸總督溫承惠奏摺，頁 409-410。
182 《清仁宗睿皇帝實錄》（三），卷 205，嘉慶十三年十二月戊申，諭旨，總頁 735。

上年班、襲爵等耗費，遂以厚利舉債，以解決財政困難。[183]所以朝廷雖一再重申禁例，但蒙古王公仍違法招徠漢人，甚至私下獎勵漢人墾耕，借予農具、種籽及房舍等，[184]只為收取押租銀錢，甚至將土地典給漢人，以償還債務，因此私招私墾之事不斷發生。道光二年（1822），科爾沁達爾漢王旗、賓圖王旗界內，私招 200餘戶流民，開墾荒地 2,000 餘晌；道光三年（1823），科爾沁卓哩克圖王旗私留漢人 255 戶，墾地 3,184 晌，賓圖王旗私招漢人 103戶，耕墾 1,546 晌地；道光四年（1824），郭爾羅斯札薩克公旗地私留流民，開墾 2,700 餘頃地。六年（1826），卓哩克圖王旗、賓圖王旗界內，又新招流民 760 餘戶。[185]

　　蒙古各部落因有閒荒山場，於是懇請招民開墾，漢民貪圖種地，蒙古台吉等又貪得銀錢，遂私相授受，以致多所糾葛，至案牘累累。直隸總督溫承惠表示：「若蒙古不將地畝出租，則民人何由私開耕種」。[186]朝廷禁例，嚴行懲戒，並未產生嚇阻作用，事實上查出私招私墾情事，多顧慮若將漢人攆逐，反易生事端。故往往承認既成事實，派員清丈，給予地照，成為合法墾地。

# 五、土棚衝突

　　流民離鄉背井，入山搭棚墾殖，在地形崎嶇、土壤磽瘠的山裡，並不適合種植稻麥等作物，於是引進能耐惡劣環境之雜糧作物如蕃薯、玉米、洋芋等以取代。由於對山區過度開發，造成當地環境與治安的惡化，土客之間因地域觀念和利益衝突，導致雙方發生摩擦，互相告訐不止。

---

183 《清會典事例》，第 10 冊，卷 984，理藩院，朝覲，頁 1-2；徐世昌等編纂，《東三省政略》（三），卷 2，蒙務上，蒙旗篇，頁 3，收入《中國邊疆叢書》（臺北縣：文海出版社，民國 54 年），第 1 輯，第 4 冊。
184 參見矢野仁一，《近代蒙古史研究》（東京：弘文堂，昭和 7 年），頁 136-164。
185 《清會典事例》，第 10 冊，卷 978，理藩院，戶丁，頁 1127。
186 《宮中檔嘉慶朝奏摺》，第 22 輯，嘉慶十三年十二月十五日，直隸總督溫承惠奏摺，頁 410。

雍正元年（1723），協理山西道事監察御史何世璂奏報江西
地方事宜時指出：

> 土著之民聚族而居，多在平陸；寄籍之民結苑深山窮谷之
> 中，彼此互相遙隔，互相猜忌。[187]

生長環境的隔閡，語言、風俗習慣的差異，土民與棚民互視對方
爲異類。[188]加上先入爲主排外的觀念影響，使土著對外來流民不
抱好感，每以異籍之民，遇事刁難欺凌；官方態度亦然，對於在
山內開墾田地者，稱爲「游手好閒之輩」。[189]流民爲尋得棲身之地，
千辛萬苦來到異地，歷經各種磨難，養成絕不輕言放棄之毅力，
爲求生存勢必堅持到底。土棚之間，立場不同，利益衝突，致糾
紛不斷。

## （一）學額之爭

流民離開原籍，即失去該地簿冊登載之民籍資格，成爲沒有
身分的人，政府對其掌控不易，既無法要求納糧當差，亦難維持
社會秩序。在消極驅趕成效不彰後，官府轉而規劃將其納入地方
行政系統，允許於所在地重新入籍，與土著一起管理。雍正三年
（1725），朝廷議准：

> 棚民已置產業，並情願投認倒絕丁糧，承納入籍者，俱編
> 入土著，一體當差。[190]

編冊之後，續到流民不許容留；有欲回本籍者，准其回籍。棚民

---

187 《宮中檔雍正朝奏摺》，第 26 輯，雍正元年具奏時間不祥，協理山西道事
　　監察御史何世璂奏摺，頁 558。
188 《宮中檔雍正朝奏摺》，第 17 輯，雍正九年三月十二日，江西按察使樓儼
　　奏摺，頁 780。
189 《宮中檔雍正朝奏摺》，第 11 輯，雍正六年九月二十八日，大理寺卿桂性
　　奏摺，頁 437。江蘇金壇縣墾山棚民，因當地土著刁難，積不相能，迫使
　　其「相保守以禦侮」。見李兆洛，〈賢令黃君仁山傳〉，《養一齋文集》，光
　　緒四年重刊本，卷 14，頁 24。
190 允祿等監修，《大清會典·雍正朝》，卷 30，戶部 8，頁 31。收入《近代中
　　國史料叢刊三編》（臺北：文海出版社，民國 83 年），第 77 輯，第 765 冊。

入籍二十年，准其應試，於學額外酌量取進。[191]嘉慶二十年
（1815），對於入籍規定更嚴：

> 覈其租種已逾二十年，現有田產廬墓，娶有妻室者，即准
> 令入籍。其年份未久，業已置產締姻者，俟扣滿年限，亦
> 准其呈明入籍。若並未置產締姻，租種山場未年滿，及租
> 票內並未註有年份者，應暫為安插；年份未滿者，俟年滿
> 飭退，未註年份者，酌定五年飭退。[192]

除了在當地置有田產，且須租種超過二十年，如此長的時間，代
表他們已將該地視為終老之處，實質上幾已等同於土著。

　　清廷在規章中准許棚民入籍，所入之籍，並非「民籍」，而
是「棚籍」。[193]康熙年間刊本江西《宜春縣志》載：

> 宜春麻棚，從前賦役未載，祇因閩省流民流寓……久墾種
> 麻日漸日繁，稍有麻利，因以流民改為棚民起編。……俱
> 附載由單全書之末。[194]

為棚民特設「棚籍」，並非照一般流寓之人入籍的規定辦理，[195]其
理由為棚民所居山場，多處於崇山疊嶂、萬山深壑之中，此等無

---

191 《清世宗憲皇帝實錄》（一），卷34，雍正三年七月辛丑，總頁514。
192 《清會典事例》，第2冊，卷158，戶部，戶口，流寓異地，頁1006。
193 雍乾年間，曾任江西按察使的凌燽，在所著之《西江視臬紀事》中關於棚
　　民編保看法提到：「棚民入籍二十年以上者，移入民籍，刪除棚戶冊名等
　　語。查部議內稱：棚民入籍二十年以上，置有產業、葬有墳墓者，應聽其
　　入義學讀書，五年後許報名該地，官准其應試，於額外酌量取錄，造冊報
　　部等因。是入籍滿限又必令其肄業義學，額外取錄，則不便遽刪棚籍可知。
　　今該縣欲將入籍二十年以上之棚民，即移入民籍，將棚戶冊名刪除，與例
　　不符，應仍留棚戶冊名，以憑查察。」由其內容可知，官方所謂棚民之入
　　籍，是入「棚籍」。見凌燽，〈棚民編保及禁緝私鹽議詳〉，《西江視臬紀事》，
　　卷2，頁30-31。收入《續修四庫全書》，史部‧政書類，第882冊。
194 江為龍等纂修，《宜春縣志》，康熙四十七年刊本影印，卷6，戶口，頁6。
　　收入《中國方志叢書‧華中地方‧江西省》（臺北：成文出版社，民國78
　　年），第789號。
195 《清史稿校註》食貨志中記載：「如人戶於寄居之地置有墳廬逾二十年者，
　　准入籍，出仕令聲明祖籍迴避。」見《清史稿校註》，第5冊，卷127，食
　　貨志，戶口，頁3441。

業人民，多係方外之人，聚散無常，往來莫定，其間良頑不一，易藏奸匪，聚眾滋擾。官方為加強管理，便於稽核，另設棚籍以與土著區分，縱使居住年久，亦不願將其移入民籍，可見棚民身分無法與一般民籍之人平等。

清代府、州、縣學，每年皆錄取定額生員數量，簡稱「學額」。朝廷規定棚民入籍二十年以上，有田廬墳墓者，可入義學讀書，並參加居住州縣之考試。參加考試，除有資格限制外，入學名額也有限制，棚童名額依其人數增額錄取，每滿 50 人，額外取進 1 名，100 人以上 2 名，200 名取進 3 名，但最多錄取 4 名。[196]清廷雖訂有棚籍學額，於正額之外附加，還是引起土童的恐慌與不安，擔心既得利益會遭損害，尤其是不符合增設棚籍學額，但有棚童存在的地區。雍正九年（1731），棚民首次在現居地考試時，就爆發衝突，江西南康縣舉行科考，附籍粵民赴試，土童不願棚童瓜分學額，群起攻擊，指為冒籍，阻止附籍棚童應試，並發動土童罷考，至應試日僅有粵籍童生數十人赴試。後經府縣一再開導勸諭，南康縣本籍童生才參加應試。[197]學額之爭，使土棚間嚴重對立，但因土客各有學額，在合併考試前，衝突尚不大。乾隆二十八年（1763），因江西十州縣棚童應試者少，朝廷令將棚籍併入土籍合考。[198]棚童進取 1 名，即佔土籍 1 名額，有限學額必被瓜分，造成對土著利益的損害；亦有部份棚民以混充冒籍方式侵佔考額，引發對立與衝突，與應考有關的訟案遂層出不窮。事實上，不管是分額合額，都有鎗代冒替事件發生，除棚童外，土童亦可能犯案。因合額考試，告訐、呈控、拒考風波不斷，紛爭不息（見表 4-3-2），嘉慶十三年（1808），朝廷終於作出決定土棚分考，事

---

196 《清世宗憲皇帝實錄》（二），卷 103，雍正九年二月壬寅，總頁 361；《欽定大清會典事例·嘉慶朝》，卷 299，禮部，學校，江西學額，頁 17，收入《近代中國史料叢刊三編》，第 67 輯，第 663 冊。

197 《雍正朝漢文硃批奏摺彙編》，第 21 冊，雍正九年八月十五日，江西南贛總兵官劉章奏摺，頁 46。

198 《清高宗純皇帝實錄》（九），卷 686，乾隆二十八年五月戊辰，總頁 684。

情算是告一段落。土客間告訐行為雖然停止，彼此的惡感卻無法根除，土客之分歷經數百年仍難以泯除。

**表 4-3-2：江西萬載縣乾隆二十九年土客合額考試後糾紛概況表**

| 時　　間 | 發生事件 | 備　　註 |
|---|---|---|
| 乾隆二十九年（1764） | 江西萬載縣發生棚籍冒考頂替案，土客合額，引發對立衝突，攻訐呈控不斷。 | 《萬載縣志》，同治十一年刊本，卷七，學校，學額，頁 36-42。 |
| 乾隆三十一年（1766） | 同上。 | 同上。 |
| 乾隆四十八年（1783） | 同上。 | 同上。 |
| 乾隆五十五年（1790） | 同上。 | 同上。 |
| 嘉慶元年（1796） | 同上。 | 同上。 |
| 嘉慶二年（1797） | 同上。 | 同上。 |
| 嘉慶八年（1803） | 同上。土籍副貢生辛梅臣赴京，呈請恢復棚童另額取進之例。 | 同上。 |
| 嘉慶十年（1805） | 江西萬載縣土童龍元亨以輿情不能上達，赴京呈控。該縣土童因不滿土客合額，拒不赴考。 | 同上；〈嘉慶朝江西萬載縣土棚學額紛爭案〉，《歷史檔案》，1994 年 1 期，頁 17-18。 |
| 嘉慶十一年（1806） | 土童盧鍾靈、唐建節、李效棣等人赴都察院衙門呈控土童合額一事。 | 《萬載縣志》，卷 7，頁 36。 |
| 嘉慶十二年（1807） | 江西萬載縣土童再度因抗議土客合額而罷考。 | 《萬載縣志》，卷 7，頁 37；〈嘉慶朝江西萬載縣土棚學額紛爭案〉，《歷史檔案》，1994 年 1 期，頁 25。 |

## （二）田土租種糾紛

土客間因利益引發的衝突，最常見的是墾種挖礦破壞風水及土地租賃的紛爭（見表 4-3-3）。山區土荒地曠，荒山百畝所值不多，土民常將土質較劣不宜耕種山區荒棄，而棚民願意出數百金至千金承租墾種，棚民在土地開墾後，佈種苞蘆，獲利倍蓰，[199]地

---

199 馬步蟾修，夏鑾纂，《徽州府志》，道光七年刊本影印，卷 4 之 2，營建志，水利，道憲楊懋恬查禁棚民案稿，頁 42。收入《中國方志叢書・華中地方・

主以荒地而有租賃收入，何樂不爲。乾隆二十八年（1763）五月，江南安徽巡撫託庸對於土著租山與棚民的心態曾有說明：

> 江西、福建、浙江等省無業貧民，因其可以種麻，來安省搭棚居住，租貸耕種，藉以糊口。而本地民人亦利其租息，彼此有益，土著民人不但不逐其已來，更聽其招引親族弟兄接踵而至，甚至搬移家室。[200]

利之所在，土著紛紛群效，棚民引致漸多。[201]所以，棚民能棲止久居，皆由於土著人民貪圖微利，將山場租與墾種。有些招租之山，並非己有，大半屬祖遺公業，多人擁有，由當地村民共管；族內貧困不能自持者，不願出力開墾，希圖坐享其成，因此盜招租佃，也因此日後引發土棚衝突，爭訟不休。

棚民向土著租賃山場栽種經濟作物或開採礦產，帶來新的墾種技術，引進適合山區種植的新作物，由於租輕土沃，刻苦耐勞，所獲甚豐。棚民經濟力改變，使土著不免心生忌妒，也擔心自己生計是否會受影響，墾山挖礦是否影響祖宗廬墓，破壞風水，不安與疑慮隨之而生，忘卻原先招租放賃的好處，對棚民心有芥蒂，開始排斥。

棚民承租田土，定契年限有十年、二十年、三十年不等。有的棚民欲久佔耕地，私自於契約上倒填年月，虛寫銀數，希圖久佔。[202]租價有限，收贖無期，久而久之，土民祖宗遺產，反變爲棚民世業。[203]陝西洵陽租佃方式異於他處，江楚流民從土著處租一荒山，名之曰稞，規定「凡流寓稞山，鄉俗先贄山主銀數兩，

安徽省》（臺北：成文出版社，民國 64 年），第 235 號。

200　《宮中檔乾隆朝奏摺》，第 17 輯，乾隆二十八年五月十五日，江南安徽巡撫託庸奏摺，頁 736。

201　李瑞鍾等纂修，《常山縣志》，光緒十二年重修刊本，卷 5，地輿志，山川，引雍正縣志，頁 22。

202　馬步蟾修，夏鑾纂，《徽州府志》，道光七年刊本，卷 4 之 2，營建志，水利，道憲楊懋恬查禁棚民案稿，頁 39。

203　吳甸華等原修，吳子玨等續修，《黟縣志》，同治十年重刊本影印，卷 11，政事志，塘堨，附禁租山開墾示，頁 39。收入《中國方志叢書·華中地方·安徽省》，第 725 號。

謂之進山禮。然後議耦租，鄉民利其然，又不識字，聽其云云。各省佃戶立券於田主，洵民反是，蓋流寓黠而土著愚也，其耦約亦是佃戶自寫，有『永遠耕種，聽憑添棚頂替，山主無得阻撓』字樣，於是招聚多人，或業經易主，莫可誰何矣」。[204]佃戶以此法獲得永佃權，待土著明白，何能不生事端。

　　土著對棚民，常有意無意間雜有歧視和欺壓行為，如江西有土著豪強之輩，對外地至江西租墾山地之棚民，以其為異籍之民，遇事欺凌；[205]安徽休寧縣，有土著串通族人召租棚民，所得租銀公分後，再令其他人出名呈請驅逐，藉此詐騙銀錢；[206]棚民在投訴無門下，聚眾洩憤，持械鬥毆就無法避免。土棚對立除起因於學額之爭外，亦起因於租價高低之爭議與風水破壞之紛擾，此皆直接或間接影響清朝前期政局的穩定與社會的安定。

## 表 4-3-3：清朝乾嘉時期土棚衝突事例表

| 時　　間 | 事　　件 | 備　　註 |
|---|---|---|
| 乾隆二十九年（1764） | 江西萍鄉縣棚民張嘉隆與湖南瀏陽縣民爭山賣樹而釀命。 | 《宮中檔乾隆朝奏摺》，第 23 輯，頁 5-9。 |
| 乾隆三十六年（1771） | 安徽休寧縣棚民胡宗義、丁雲高在該縣租山搭棚，種植苞蘆，與當地人發生糾紛，釀成命案。 | 謝宏維，〈清代徽州外來棚民與地方社會的反應〉，《歷史檔案》，2003 年 2 期，頁 96。 |
| 乾隆四十六年（1781） | 安徽省休寧縣棚民馮建周與土著巴東順因退山問題無共識，發生衝突，巴東順被毆傷致死。 | 《中國古代社會經濟史資料》，第 1 輯，頁 343-347。 |
| 乾隆四十六年（1781） | 安徽黟縣土著呈控江西窯匠鄒國仲等於該縣芙蓉障山下造窯燒磚，傷害龍脈。 | 《黟縣志》，同治十年重刊本，卷 11，頁 40-41。 |

204 鄧夢琴纂修，《洵陽縣志》，同治九年增刊乾隆四十八年本，卷 11，風俗，物產，頁 15。該書頁 13 記載：「青州謂麥曰耦，亦同租字，而轉其義耳。」
205 鄂爾泰等奉敕編，雍正《硃批諭旨》，第 57 冊，光緒十三年石印本，雍正十二年六月二十五日，江南總督趙宏恩奏摺，頁 61。
206 馬步蟾修，夏鑾纂，《徽州府志》，道光七年刊本，卷 4 之 2，營建志，水利，道憲楊懋恬查禁棚民案稿，頁 42。

| | | |
|---|---|---|
| 嘉慶五年（1800） | 廣西融縣知縣郭沛林准許商人李迥然在該縣所屬竹簡嶺雇工挖礦，土著認為破壞地脈風水，糾眾攔阻，雙方鬥毆。 | 《宮中檔嘉慶朝奏摺》，第 10 輯，頁 545-548。 |
| 嘉慶八年（1803） | 浙江建德縣土著方科瑞將他人共管之田土擅自租與安慶人王心言搭棚墾種，被田土共管人得知，呈控衙門，斷令還租退業，王心言不願接受，與官府發生衝突。 | 姚雨薌纂，胡仰山增輯，《大清律例會通新纂》，卷 8，戶律，田宅，盜賣田宅，所附之「刑案匯覽」，頁 5-6。 |
| 嘉慶十年（1805） | 安徽黟縣土著李大坤招棚民汪賓等入山生理，毀壞墳墓地脈，引發土著不滿，幾釀成大案。 | 《黟縣志》，同治十年重刊本，卷 11，頁 41-42。 |
| 嘉慶十二年（1807） | 安徽休寧縣民程紹蘭以族長程元通名義，遣該族程怡仁至都察院呈控棚民會中等佔據山場滋事擾害，糾眾釀命。 | 《徽州府志》，道光七年刊本，卷 4 之 2，頁 39-46。 |
| 嘉慶十六年（1811） | 浙江長興縣民卞阿寶等與棚民羅大才等口角爭鬥，卞阿寶涉嫌將羅大才棚外堆積柴草放火燒毀，延燒住棚。 | 《宮中檔嘉慶朝奏摺》，第 27 輯，頁 111-112。 |
| 嘉慶十六年（1811） | 安徽祁門縣紫溪源山場因共管山場之倪昭太等人私召棚民方然烈等入山搭棚被控，後因退還租銀問題，雙方再起衝突。 | 楊國楨，《明清土地契約文書研究》，頁 152-154。 |
| 嘉慶十七年（1812） | 浙江長興縣山場地主程鳴瑞因棚民馬昭路積欠租金，呈告官府，遭杖責並勒令退佃，馬昭路糾眾毆打地主。 | 《軍機處檔·月摺包》，047397 號。 |
| 嘉慶十八年（1813） | 浙江長興縣民王啓法等與棚民郭顯正等爭毆，郭顯正受傷斃命。 | 《宮中檔嘉慶朝奏摺》，第 27 輯，頁 112。 |

# 第五章　流民安插政策的實行與檢討

## 第一節　安插政策的形成

### 一、賦役徵收穩定與治安防範

　　中國以農立國，農事爲國家根本，農事若興，則貢賦自裕；欲興農事，則以人民安居爲首要。所以，人民能安居樂業，關係國家的安定與社會經濟的發展。一旦人民脫離戶籍，成爲無所依歸的流民，原本「安土重遷」的「編戶齊民」，即轉化爲飄蕩不定的流民，造成耕地荒蕪，社會經濟亦受波及；且流民失去生活憑藉，游離於社會生產之外，生活無著，饑餓、流徙、死亡迫使其極易走上土寇盜匪之途，不但國家賦役無徵，易形成與官方對抗的力量，社會因此動盪不安。

　　清初，地荒民逃，賦稅不充的情形十分嚴重。[1]如順治初年，湖北英山縣原額田土僅 1,195 頃多，人丁 11,335 丁，朝廷招撫流民墾荒，希冀儘快恢復生產。不料，順治五、六年（1648、1649）英山縣又被山寇佔據，人民慘遭殺害，逃亡者無數，田土盡成丘墟。順治七年（1650），清查核算該縣田畝人丁，只剩熟田 26 頃餘，人丁 542 丁，[2]田賦丁役缺額驚人。各朝代在建立初期，由於史有殷鑑，前車之鑑不遠，尚能明智以對，發政施仁，設法招撫

---

1　《清世祖章皇帝實錄》，卷 43，順治六年四月庚子，頁 347。
2　《明清史料》，丙編，第 8 本，戶部題本，頁 783。

流民，使其附籍。然至中後期，執政者腐敗，吏治不修，土地兼併劇烈，賦役加重，農民無法負荷，逐漸逃亡。農民逃離家鄉，田地荒廢，無人葺理，力耕之人日少，戶口為之漸減，造成當地勞動力不足；流民流移他鄉，脫離原籍，逃避國家賦役，致使「一人離去，君寡一丁之稅」，[3]離「去一人，則朝廷少一徭役」；[4]人民在流亡途中，或因饑餓、疾病傳染而死亡，使國家掌控人口減少，「戶口愈少，地土愈荒，財賦愈以不足」，[5]影響政府稅收。清廷面對日益嚴重的流民問題，亦驚嘆「圖役之逃亡日眾，將來國賦何由而足，兵餉何由而應乎」？![6]乾隆六十年（1795）發生苗民作亂，至嘉慶初年仍無法全面平亂，自滋事以來，人民播遷，被害逃亡者甚眾。政府應徵錢糧未及清完，俱無從徵納；即使亂事平定後，被難人民逐漸復業，田廬焚毀，家貲蕩然，尚需撫綏接濟，實無餘力完繳舊欠，對政府施政不無影響。

　　從戶口盛衰，或可見及國家治亂。清朝在戶籍管理上亦沿襲明制，對人戶附籍頗為重視。清律沿承明律，重申凡一戶全不附籍，有賦役者，家長杖一百，無賦役者，杖八十，仍附籍當差，隱蔽不報者同罰。里長及本縣提調正官、首領官吏，因失於取勘而致脫戶者，處以笞刑；若受財而致脫戶者，計贓以枉法從重論處。凡軍、民、驛、竈、醫、卜、工、樂諸類人戶，並以籍為定。若詐冒脫免、避重就輕者，杖八十。其官司妄准脫免及變亂版籍者，同罪。[7]成年男丁是古代國家賦役主要承擔者，為了保障賦役有人擔負，國家訂定戶籍管理制度，定時稽核戶籍丁口，並使其互相監視與牽制，戶有逃亡，賦役即轉嫁鄰里承擔。為維護社會秩序，加強人口管理，除了戶籍登記外，也利用地方組織加強控

---

3　第一歷史檔案館，〈戶部題本〉。轉引自鄭天挺，《清史》（臺北：雲龍出版社，1998年），頁193。

4　劉餘祐，〈請革投充疏〉，《清經世文編》，卷92，刑政，律例，頁43。

5　魏裔介，〈詳陳救荒之政疏〉，《魏文毅公奏議》，卷3，頁77。

6　李復興，〈均田均役議〉，《清經世文編》，卷30，戶政，賦役，頁28。

7　徐本等奉敕纂，劉統勳等續纂，《大清律例》，卷八，戶律，戶役，頁1-3。收入《景印文淵閣四庫全書》，史部·政書類，第672冊。

制，以什伍編制──十家為什，五家為伍，實行連坐法。清世祖
一入關，即下令編置戶口牌甲，規定「州縣城鄉十戶立一牌頭，
十牌立一甲頭，十甲立一保長，戶給印牌一張，備書姓名丁數，
出則註明所往，入則稽其所來」。[8]戶有變動，隨時報備，換給門
牌；來路不明者，提交官府治罪；面生可疑者，非盤結確實，不
許容留；每月底保長應出具無事甘結，報官備查。[9]

　　清初，四川因長年戰亂人口稀少，湖廣、江西、陝西、廣東、
福建等地大量人口流向四川，清廷鼓勵招攬流民耕墾。康熙晚期，
湖南巡撫潘宗洛具摺奏報，湖廣百姓利用週期性的流動，規避國
家賦役：

> 湖廣民往四川墾地者甚多，伊等去時將原籍房產地畝悉行
> 變賣，往四川墾地。至滿五年起徵之時，復回湖廣，將原
> 賣房產地畝，爭告者甚多。[10]

朝廷因此諭令，往後湖廣人民往四川墾種者，原籍督撫將前往種
地人民年貌、姓名、籍貫查明造冊，移送四川巡撫，令其查明。
自四川復回湖廣者，川撫亦依此造冊，移送湖廣督撫。兩相照應
查驗，則人民不得任意往返，事情得以釐清，爭訟可以止息。雍
正五年（1727），戶部行文江西、湖廣、廣東、福建等省，要求各
該地方官務必依定例發給印照，憑照在四川驗明安插，編入保甲。
否則，無印照可驗，窮民挈眷接踵而至，恐奸良混雜其中，四川
將不接納。川陝總督岳鍾琪對湖廣、廣東、廣西、江西等省數萬
戶人民逃荒入川，主張招徠此等饑民墾荒，安插落戶，「既可以闢
土增糧上資國計，又可以添丁裕戶下阜民生」，對地方國家不無裨
益。[11]

---

8　《清會典事例》，第 2 冊，卷 158，戶部，戶口，頁 993；《清史稿校註》，
　　第 5 冊，卷 127，食貨志，戶口，頁 3441。

9　《皇朝文獻通考》，卷 22，職役考，頁 15。收入《景印文淵閣四庫全書》，
　　史部‧政書類，第 632 冊。

10　《清聖祖仁皇帝實錄》（三），卷 250，康熙五十一年五月壬寅，諭旨，總頁
　　478。

11　《雍正朝漢文硃批奏摺彙編》，第 10 冊，雍正五年九月初四日，陝西總督

　　山東歷來災害頻仍，基於以往經驗，東省百姓一遇雨澤愆期，秋收無法期待，雖在六月可望續種之時，即紛紛轉徙，流移四方。在小民來說，與其困坐家鄉，不如流往他處覓食，希冀鄰省施恩收養，多沾恩澤。朝廷以為此輩或習慣行乞，或為游惰愚民，憂此輕出之風滋長，不但本業拋荒，失所依恃，且人民流離四散，易為匪滋事，影響社會治安。[12]因此，朝廷多方飭令地方官勸導流民回歸故土，等待地方賑濟撫恤；同時要求地方辦理賑務，應用心綏撫，廣為出示曉諭，使百姓安心待賑，各守生業，勿擅離家鄉，反致窮而無告。雍正十年（1732），廣東惠州府人民因受風潮損傷，田舍盡沒，聞川省曠土可耕，遂棄產離鄉往四川覓食。給事中歸宣光見此情形，即擔憂四川招墾人民日多，粵省百姓輕離故土至於斯地，若一時不得安置，強者流為盜匪，弱者轉徙失所。廣東惠、潮二府，生齒日繁，向多無業貧民，雍正五年（1727）以前，廣東即因疊遭水患，頗多無籍貧民流往廣西、四川及渡海至臺灣謀生，惠、潮二府人民遷移者尤多。經過在異地幾年努力，有攜資回籍者，有暫回復去者，有回鄉搬眷者。雍正十年（1732）冬，回鄉搬眷者比往年更多。該年廣東清查廣、肇二府屬荒地計 286,000 餘畝，可安插貧民，廣東督撫派員於往廣西及四川路上，查明招回願回籍人民，給以路費分送恩平、開平、鶴山等縣墾荒處安插，總期貧民全皆得所，不致作姦犯科，及遠出他境。[13]

　　關外地方遼闊，地多人少，內地人民尤其是華北地區百姓，遇天災擾害，加以康熙末年逐漸形成地區性的人口過剩壓力，致往關外流移之人日多。人民出關，需地方給照查驗，山海關向來係由臨榆縣給票，關口驗放；其餘隘口，由各守關人員盤詰查驗，地方關口員弁察其口音、形色、面肘有無刺字痕跡、是否逃犯逃

---

岳鍾琪奏摺，頁 550。

12　《清高宗純皇帝實錄》（三），卷 195，乾隆八年六月丙子，諭旨，總頁 506。

13　《宮中檔雍正朝奏摺》第 21 輯，雍正十一年六月初一日，廣東巡撫楊永斌奏摺，頁 638-640。

奴，但無法按名輾轉察其來歷。[14]朝廷訂有定律，各關口執事官員對出入邊口之人，嚴格執行給票驗放，據實造冊報查，如此內地百姓不至多出滋事。[15]例案出口之人，皆飭令給票驗放，造冊咨部報查，然日久執行不力，各關口驗票放行有名無實。朝廷雖有令嚴禁私墾，但流民私出墾地被查到後，其處置之法多基於流民在原籍無以為生，流落異地，「若將流民所墾地畝俱行抽回並遣其回籍，則其既已離籍前來，又失在此地所置產業，實不符聖上撫恤所有奴僕之至意」。[16]如乾隆二十五年（1760），伯都訥副都統傅良所奏：

> 流民墾荒置產業者，理應照例驅逐，惟此等流民皆因貧窮不能生活來此邊外墾荒，原籍並無產業，且人口眾多，若悉數驅逐，則不能不生事端。故應限定年限，照本地民人之例，使其交納地丁錢糧。凡願回原籍者，將其所墾田畝分給官莊壯丁或旗人耕種，令其交納錢糧。[17]

流民至異地墾荒，年久漸有產業及家口，難以遷移，若一概加以驅逐，則必使其生計盡失。如若願入民冊，朝廷同意酌情安置，使納地丁錢糧，如此流民不致失其生計，政府亦得增收錢糧。

　　嘉慶元年（1796），白蓮教之亂，竄擾川、陝、楚、豫等省，人民驚惶駭避，流移者眾，朝廷擔心難民無以資生流入賊黨，諭令地方大吏加意安撫收養，適時資送回籍，勿使流離闕所，去而從賊。[18]嘉慶十三年（1808），江蘇淮、揚等屬被水成災，不少人

---

14 《宮中檔嘉慶朝奏摺》第 9 輯，嘉慶六年八月初八日，直隸提督特清額奏摺，頁 663。

15 《宮中檔嘉慶朝奏摺》第 10 輯，嘉慶六年八月三十日，直隸總督陳大文等奏摺，頁 648-649。

16 《清代三姓副都統衙門滿漢文檔案選編》，乾隆二十九年四月十八日，〈吉林將軍衙門為通行查禁、安置流民及辦其私墾田畝辦法事咨三姓副都統衙門〉，頁 128-129。

17 《清代三姓副都統衙門滿漢文檔案選編》，乾隆二十九年四月十八日，〈吉林將軍衙門為通行查禁、安置流民及辦理其私墾田畝辦法事咨三姓副都統衙門〉，頁 129。

18 《宮中檔嘉慶朝奏摺》，第 5 輯，嘉慶二年九月二十七日，湖北巡撫汪新奏

扶老攜幼，流離遠徙。鹽城縣有 184 名縣民流往江西就食，接著
又有寶應、高郵等州縣貧民成群結隊，紛至遝來，統計先後約有
1,835 人。江西巡撫金光悌即擔心人數眾多，良莠不齊，若任其
轉徙各地，恐滋生事端。依照朝廷定例，於省城對岸空地搭蓋蓬
廠，使流民有所棲止，每日大口捐給米 7 合，木柴一束，小口減
半，時值寒冬，酌給棉衣之費，遴選人員駐紮管理。災民中若原
鄉尚有產業，願回籍就賑，照料田廬，以便於隔年春耕者，即捐
僱船隻，按日給予口糧，派官員妥為資送；願留住者，俟次年春
天再行循例送回。[19]

　　山居棚民所處多為山深箐密、人跡罕至地帶，其群聚性強，
且五方雜處，無族姓之聯綴，無禮教之防維，呼朋招類，動輒以
盟兄相稱，姻婭之外，別有乾親，往來往宿，內外無分，奸拐之
事，無日不有，人理既滅，所以事變頻仍。[20]山谷之地，伏匿荒
僻，向為棚民聚集的地區，常被視為盜賊的淵藪。若強加驅趕，
反易激生事變，若妥為安置，使「窮民有地可耕，則各務本業，
奸匪亦化為良民」；[21]「貧民得速為安插，而荒地獲成膏腴，于地
利民生大有裨益」；[22]亦可增加政府稅收。

　　康熙年間，有一份奏疏中說到：「巴蜀界連秦楚，地既遼闊，
兩省失業之民就近入籍墾田，填實地方，漸增賦稅，國計民生豈
不兩有攸賴」。[23]即說明安置流民墾田，利於國家稅收。流民流徙
各地，與生產脫離關係，既不利於自身自給能力的恢復，且減少
國家納稅服役人口；流民不附版籍，游離於政府管理體系之外，

摺，頁 436-437。

19 《宮中檔嘉慶朝奏摺》，第 5 輯，嘉慶十三年十一月二十九日，江西巡撫金
　　光悌奏摺，頁 133-134。
20 嚴如熤，《三省邊防備覽》，卷 12，策略，頁 21。收入《續修四庫全書》，
　　史部‧地理類，第 732 冊。
21 《宮中檔雍正朝奏摺》，第 27 輯，無年月日，給事中歸宣光奏摺，頁 885。
22 《宮中檔雍正朝奏摺》，第 21 輯，雍正十一年三月初四日，廣東巡撫楊永
　　斌奏摺，頁 208。
23 黃廷桂等監修，張晉生等編纂，《四川通志》，卷 47，藝文志，〈楚民寓楚疏〉，
　　頁 58。收入《景印文淵閣四庫全書》，史部‧地理類，第 561 冊。

對社會秩安有不良影響。因此政府必須嚴格控制人口的流動，才能保證稅收來源。安插流民，使其定居下來，一方面解決其謀生的問題，又有利於政府賦稅的徵收，並可穩定社會秩序。

## 二、加強對流民的控制，解決人口流動的隱憂

漢武帝時，謀臣徐樂上書論天下安危之道時說：「天下之患，在於土崩，不在瓦解」。[24]徐樂所謂的「土崩」，是指秦朝末年社會下階層百姓的奮起；所謂「瓦解」，是指漢朝初期吳、楚、齊、趙等七國之亂，統治階層內部反對勢力的抗衡。徐樂慧眼獨具，把民變視為撼動江山的首要因素，從治國安天下來說，徐樂認為「土崩」比「瓦解」更可怕，更令人擔憂。在中國歷史上，人民的起事，對於當朝無不具有摧毀性的力量。如秦末，陳勝在大澤鄉起事，立即各方響應，在西進途中，無數戍卒、刑徒、流民、奴隸雲集附從；東漢鉅鹿人張角利用宗教掩護，組織農民，天下響應，京師震動；唐朝末年，黃巢起事，人民困於重斂者爭歸之，歷時十年，遍擾全國，並攻克都城長安；元末民變四起，以白蓮教為基礎的韓山童、劉福通舉紅巾起事，旋有方國珍據有浙東，張士誠起於江蘇高郵，郭子興、朱元璋起於安徽，徐壽輝據有江西、湖廣；明末李自成、張獻忠擁眾百萬，席捲大半中國，各方勢力乘時而起、豎立旗號者不下百餘家。明思宗崇禎年間，官員報告陝西饑荒情形：「父棄其子，夫鬻其妻，或握草根而自食，或掘白石以充饑。……民有不甘食石而死者，始相聚為盜」。[25]饑民不甘餓死，鋌而走險，或流移各地，因無依而爭相加入起事行列者，為數頗多，流寇聲勢遂益形壯大。這些歷史事件的發生，史有殷鑑，對於滿人政權，有很大的警惕作用，所謂「防患於未然者易，除患於已然者難」，平時多留心注意，防閑於無事之時，方

---

24 《新校本漢書》，卷 64，徐樂傳，頁 2804。
25 陳捷先等，《中國通史》（臺北：教育部空中教學委員會，民國 74 年），下
　　冊，頁 1014-1015。

可使禍端消弭於未萌之際，若因循苟且，將貽地方之憂，國家之
禍。

　　荊襄地區山高林密，人煙稀少，管理不易。此地土肥地饒，
刀耕火種，易於收穫。[26]明朝前期，不少北方流民流聚於此：

> 荊襄地連河南、川、陝，延蔓數千里，山深地廣，易為屯
> 聚。自洪武初命申國公鄧愈誅夷之後，禁革山場，無人敢
> 入。永樂、宣德迨今，流移之眾，歲集月聚，巢穴其中，
> 無慮百萬。[27]

景泰年間，鎮守福建兵部尚書孫原貞慮其相聚為盜，奏請朝廷敕
令各臣督令司、府、州、縣各官，「沿村挨勘驗口，以給田業……
時加巡察撫綏，德禮以化之，刑法以齊之，徐議其賦役，俾為治
世之良法，庶無後來之患」。[28]但孫原貞的提議並未引起各方重
視。流民成分複雜，有良民，也有流氓無賴之徒、犯罪逋逃之輩，
隨著流民不斷湧入荊襄地區，盜賊蜂起，殺人劫貨，聚眾鬧事。
明朝政府將荊襄地區視為禁區，不許流民聚集，執意流民必須返
回原籍。流民蟻聚，非單純軍事圍剿能真正解決，實為社會問題
的顯現。

　　成化六年（1470），山東博興縣知縣陳文偉上奏，提出解決
荊襄流民的新方向，建議設法招集流民，加以綏撫安置，「使民各
有分地，各有定主，則將來者無地可容而自不來」。[29]此議未被採
納。朝廷對流民既未能事先防範，只能驅之於既來之後，成化元
年（1465）、六年（1470），兩次派兵圍剿荊襄地區流民，死者枕
籍山谷，生者充軍或強迫還鄉。但流民轉徙入山就食，勢不能禁，
流民驅而復來，來而復驅，反復用兵，問題並未能徹底解決，國
家財政也無法支應。成化十一年至十二年（1475～1476）間，荊
襄地區流民又匯聚數十萬人，地方官幾乎是談「流」色變。國子

26 王恕，〈處置地方奏狀〉，《明經世文編》，卷39，頁13。
27 《明憲宗實錄》，卷93，成化七年七月甲午，總頁1793。
28 《明英宗實錄》，卷247，景泰五年十一月辛酉，總頁5356-5357。
29 《明憲宗實錄》，卷84，成化六年十月乙卯，總頁1638。

監察酒周宏謨所著之〈流民說〉提到：「若因而撫定之，置官吏，編里甲，寬徭役，則流民皆齊民矣」。[30]朝廷此時才漸有所體認，驅趕之法並無以解決問題，於是改變原先堅持，對於荊襄地區新來流民，應編排戶籍附入州縣？或驅遣回籍復業？要求務必「詢查人情，酌量事勢」，以便宜處置。[31]多一個流民附籍，則可少一個流民流徙；少一個流民失所，則減低社會動亂的發生率。明代荊襄流民問題，至此終獲緩解。此後除了明末張獻忠勢力佔據此區外，荊襄地區未再有大的動盪發生。歷史的事實，提供清廷面對處置流民時思考的方向。

　　無論任何時代的政策均具有強制性和法律性，且受當時社會發展狀況所制約，在古代尤其表現出強烈的人身控制特色，政府政策制定的著眼點，其政治形勢的考量往往優先於經濟角度，如何維護統治秩序實超越對民生的關心；人身控制最明顯的特徵是控制人口的流動。[32]康熙末年，流動人口與日俱增，清聖祖即諭令地方督撫注意，指出其嚴重性：

> 若不防微杜漸，嚴行禁止，令其任意行走，結成黨類，漸致人多勢盛，即行劫掠，有害地方，或致難圖。凡多費錢糧豢養兵丁者，特欲剪除惡亂之輩耳。明代李自成即其驗也，不豫為之計可乎？[33]

可以看出，執政者對於人口隨意流動，擔心引發社會動亂。但消極限制，並無濟於事，窮苦失業者不會坐以待斃，仍到處遊蕩，因此不免聚眾搶劫滋事，干擾社會安寧。所以，地方遇旱澇之災，災民或群聚一處，或流往四方，受饑寒所迫，極易被煽動惹事；朝廷即一再叮囑地方官員對流民所到之處，務因時制宜，可隨地

---

30 談遷，《國榷》（北京：古籍出版社，1958 年），卷 37，頁 2365。
31 《明憲宗實錄》，卷 153，成化十二年五月丁卯，總頁 2795。
32 王躍生，《中國人口的盛衰與對策 —— 中國封建社會人口政策研究》（北京：社會科學文獻出版社，1995 年），頁 11-12。
33 《清聖祖仁皇帝實錄》（三），卷 250，康熙五十一年五月戊申，諭旨，總頁 478。

安插留養。雍正九年（1731），直隸、山東及河北彰德、衛輝二府，因雨澤愆期，秋收無望，貧民渡河南行，以圖就食。朝廷慮及若即時資遣回鄉，防秋種之期已過，轉而失所。因此飭令各沿河州縣官員，對於流移就食之民所欲前往地方，若力不能自達者，量與路費，並知照該州縣官員妥為安插；有親朋可依，或已傭工得食者，聽其自便；乏食之民，計口給賑，欲回原籍者，即時資遣送回，不願立即歸鄉者，待來春給以資糧，使其回籍。並鼓勵各省好施樂善者多存恤周濟，地方官可酌量賞給花紅旗匾、頂帶，以為獎勵。渡河流民欲往湖廣者，離鄉更遠，回籍更難，要求地方官於所到地方安插，詳為規劃，勿使一夫失所。[34]乾隆七年（1742），江西省發生水患，災民流往各地，河南省東南地區密邇其地，亦有災民徙至。河南巡撫雅爾圖擔憂外來流民難保皆屬安分良民，亦恐當地盜匪乘隙釀亂，遴選幹員前往與江省交界之歸、汝、光等州府，巡查各屬流民是否留養得宜，游惰之輩是否嚴為約束，以保境內安寧無事。[35]乾隆九年（1744），直隸數府大旱，致二麥歉收，若雨澤一再愆期，則田地無法佈種，貧民往外求食，勢所不免。朝廷下令，地方官對流出之民，不必禁止；對流入之民，應妥為安插，毋使失所。由於耕種之期已過，不必急於將此等流民資送回籍，徒使其奔走勞頓於道路上。並要求直隸總督高斌密飭所屬，勿見外來流民，即驅之出境，以推卸責任。[36]

荒地多則耕地少，耕地少則生產不足。「養民之道，在於勸農務本」。[37]讓農民不離棄本業，則俯仰有資，人皆各贍其生，則衣食自裕。人人自食其力，各謀生計，風俗自然歸於淳厚，如此即使歲歉時流民亦少。當遇水旱偏災，雖有轉徙流移之民，朝廷以撫綏為政，訂有資送安插辦法，以農民復業為要。康熙四十三

34 《清世宗憲皇帝實錄》（二），卷 108，雍正九年七月乙酉，諭旨，總頁 439。
35 《清高宗純皇帝實錄》（三），卷 179，乾隆七年十一月乙酉，河南巡撫雅爾圖奏，總頁 319。
36 《清高宗純皇帝實錄》（三），卷 215，乾隆九年四月壬申，諭旨，總頁 761。
37 《宮中檔雍正朝奏摺》，第 3 輯，雍正二年九月初八日，諭旨，頁 152。

年（1704），山東流民流入京師者甚眾，朝廷命官員設飯廠數十處，分別煮粥賑濟。不久，直隸河間等府百姓聞風，亦成群結隊前往京城飯廠求賑。朝廷考量京城設廠賑濟，人民多往京師流移，終非長策，因此遣官分送流民回鄉，以不誤農時，捐給種籽，使田畝得以耕種，百姓亦不失生計，如此饑民得不致仳離流散。[38]

　　雍正年間，李衛任直隸總督時，每有乏食窮民往鄰省求食餬口，派人於接壤交界處防範，不許出境，此乃以勢力勉強禁遏，清高宗以為非「安輯貧民之正道」。[39]乾隆初期，對於歉收發生，百姓轉徙他方，慮及廬舍田畝荒棄，要地方督撫留心稽查，妥為籌畫，勿使此輩貧苦之人輕去其鄉。災荒時，應注重時效，掌握賑恤時機，使災民不致乏食，若有流民他移，各省應隨地安插留養。雍正五年（1727），川陝總督岳鍾琪針對逃荒入川之數萬戶湖廣、江西、廣東、廣西等省人民，奏陳請開招民事例，設法安插，助其牛具、種籽，開墾荒地。朝廷雖認同此安輯之法，又恐人民無知，但圖眼前之利，而輕去其鄉，遠徙異地；為杜流移之患，稽查雍正四年（1726）秋冬以後各省入川人戶姓名、籍貫，若實為窮民，則酌予安插，並造冊咨查原籍，使游惰之民無法混冒其中。[40]

　　嘉慶年間白蓮教滋擾，地方官吏不恤民生，苛斂催擾，使各地起事教眾少則幾千人，多則數萬人，紛紛響應，對朝廷帶來不小的威脅與困擾。嘉慶五年（1800）三月十五日諭旨指示，令川、陝、楚等各省督撫妥為安撫投誠之人，對逃回難民給予路票，便其回籍；但路票並無助於謀生，若其為無業之人，非官為經理安置得所，否則雖去逆投順，無衣無食何以自存？饑寒日久，必至故態復萌，又思搶掠，安撫之法當早籌妥辦。所謂「有恆產者方有恆心」，查出「叛產及被賊難民絕產」，或曠閒之地如南山老林

---

38　《清會典事例》，第 4 冊，卷 288，戶部，蠲恤，撫流亡，頁 362。

39　《乾隆朝上諭檔》，第 1 冊，乾隆四年五月初六日，寄信上諭，頁 400。

40　《清世宗憲皇帝實錄》（一），卷 61，雍正五年九月己卯，川陝總督岳鍾琪疏奏、諭旨，總頁 941-942。

等處，量爲分給此輩之人，使其有墾耕之地，數年內免納錢糧，待開墾有成，再酌量陞科，則其各安本業，方可得使不致復懷反測之心。[41]蒙古地區不許內地流民出口私墾情事，朝廷雖一再申嚴禁令，降旨查禁，然每次查報，皆因流民業已群聚眾多，基於「未便逕行驅逐，致令流離失所」考量，[42]終編入丁戶安置。

康熙末年起到雍正年間，逐漸實行「攤丁入地」政策，新的賦役制度，將丁銀攤入地畝中，去除按人頭科稅，改以地畝數多寡徵稅，無地貧民減輕負擔，政府對人民的人身束縛放鬆，人身依附土地的關係減輕，加速人口的流動機會。但是在古代，人口流動使政府無法完全掌控人民，對社會秩序的維持帶來隱憂，所以，「圖難於其易，而消患於未然」，[43]安插流民開墾，減少人口流動，儘量使人民安於土地，避免人口管理上的混亂，仍是政府最終目的。

# 三、舒緩精華地區的人口壓力

康熙年間，三藩之亂平定，臺灣收入版圖，清初以來紛擾不斷的內戰告一段落，國家自此算是安定下來，百姓得以休養生息。由於朝廷鼓勵開墾，蠲免錢糧，改革賦役政策，引進推廣農作物，各項施政運用得宜，人口因此不斷增加。順治、康熙年間，積極鼓勵勸墾的結果，平地沃土漸開發殆盡。康熙五十一年（1712）二月，諭旨中提到：

> 自平定以來，人民漸增，開墾無遺，或沙石堆積，難於耕種者，亦間有之。而山谷崎嶇之地，已無棄土，盡皆耕種矣。由此觀之，民之生齒實繁。[44]

---

41 《宮中檔嘉慶朝奏摺》，第 8 輯，嘉慶五年三月十五日，諭旨，頁 666-667。
42 《清仁宗睿皇帝實錄》（四），卷 235，嘉慶十五年十月己亥，諭旨，總頁 165。
43 馬文升，〈添風憲以撫流民疏〉，《明經世文編》，卷 62，頁 12。
44 《清聖祖仁皇帝實錄》（三），卷 249，康熙五十一年二月壬午，諭旨，總頁

　　康熙末年，因人口增殖，食眾田寡，清聖祖常以為憂，江寧、蘇州、福建等地生產無法滿足當地人口需求，供需日漸失調，出現地區性人口壓力徵兆。在當時農業技術水準並無法提升的情形下，要養活更多的人口唯有開發更多土地。雍正時，朝廷開始獎勵邊省山區與貧瘠旱地的墾殖，使土地得到充分的利用，以因應人口的滋息：

> 惠、潮貧民墾肇慶屬地，高、廉、雷屬山荒境埆，皆給資招墾，並免升科。……邊省、內地零星可墾者，聽民、夷墾種；及山西新墾瘠地，自十畝以下，陝西畸零在五畝以下，俱免升科。凡隙地及水衝沙雜與田不及畝者，及邊省山麓河壖曠土，均永遠免科。[45]

承平日久，人口日增，田土卻無法與人口同比例的增長，所以康熙時雖年遇豐收，米價卻不見減，當時已有山東、河南等省人民因無地可耕，轉赴口外謀生覓食；康熙五十二年（1713）諭旨中提到：「湖廣、陝西人多地少，故百姓俱往四川開墾」。[46]可知人口壓力是山東、河南等省人民遠赴口外，湖廣、陝西等省人民遷移四川最大的推力，若非受生計所迫，誰肯離鄉背井，遠適異地？雍正四年（1726），廣東省因米貴，駐防兵丁有不許巡撫減糶情事；福建缺米，有搶米案件發生。此二省雍正三年（1725）收成甚豐，是以並非荒歉導使米價上漲，其因即在「良田地土之所產如舊，而民間之食指愈多，所入不足以供所出」，[47]因此米價昂貴。

　　雍正五年（1727）十月，浙江巡撫李衛奏覆硃批員外郎詹錫瓚等條陳安置棚民四事之奏摺提到：「棚民淳頑不等，原非盡為匪而來也，皆閩、豫窮苦貧民，因本地人多田少，不能養活，故相

---

469。

45 《清史稿校註》，第 5 冊，卷 127，食貨志，田制，頁 3457-3458。

46 《皇朝文獻通考》，卷 2，田賦考，田賦之制，頁 29。收入《景印文淵閣四庫全書》，史部·政書類，第 632 冊。

47 蔣良騏原纂，王先謙纂修，《十二朝東華錄·雍正朝》，卷 5，雍正五年三月庚寅，諭旨，頁 12。

率就食於外方，歷今三十餘年」。[48]廣東乃山海之區，地廣人稠，窮民流往四川就食者甚多，皆因廣東人多雜處，謀生無方，只好往他鄉覓食。[49]人口過剩問題，使貧苦小民不得已輕去其鄉，往外發展，利之所在，不辭千辛萬古，希冀尋得比原籍更佳的生存空間。雍正六年（1728），署貴州巡撫廣西巡撫祖秉圭即指出：

> 聞得江西、湖廣人民攜家搬往四川開墾，由貴州地方逕過者甚多。……據云搬川民人已走有數年，以前俱係江西、湖廣之人，嗣後福建、廣東亦間有來者。一路由石阡府湄潭縣入川，一路由銅仁府思南府入川，每日絡繹不絕……再訪其入川情形，俱各分散，覓地開墾。[50]

入川道路遙遠，各省之人仍紛紛攜眷而往，反映人口增加逐漸形成的壓力，迫使人民往人口稀少地區流動。雍正十年（1732），廣東惠州府因連遭風潮，田廬盡毀，禾稼無收，人民攜老挈幼每日200～300 或 400～500 人，途經湖南往四川覓食。清世宗聞知，怪罪廣東督撫鄂彌達、楊永斌，既不奏報，亦無籌畫安插綏撫之法，任由百姓盈千累萬轉徙地方。下令對已出境者，要督撫悉心計議有無招徠回籍之善策，但不可勉強勒令搬回，使窮民更受苦累，即考量廣東生齒日繁，與其強使回籍，窮民資生無策，不若讓其往彼地生聚力作。[51]

雍正七年（1729）四月，在頒發的諭旨中即可看出清世宗因人口增長，要地方督撫好好規畫如何努力於安插百姓墾荒之事：

> 國家承平日久，戶口日繁，凡屬閒曠未耕之地，皆宜及時開墾，以裕養育萬民之計。是以屢頒諭旨，勸民墾種，而

---

48 《宮中檔雍正朝奏摺》，第 10 輯，雍正五年十月十三日，浙江巡撫李衛奏摺，頁 122。

49 《宮中檔雍正朝奏摺》，第 26 輯，無年月日，工部右侍郎申大成奏摺，頁 327。

50 《宮中檔雍正朝奏摺》，第 9 輯，雍正六年正月十二日，署貴州巡撫廣西巡撫祖秉圭奏摺，頁 598-599。

51 《宮中檔雍正朝奏摺》，第 21 輯，雍正十一年五月初十日，廣東總督鄂彌達等奏摺，頁 546。

川省安插之民，又令給與牛種口糧，使之有所資藉，以盡其力。今思各省皆有未墾之土，即各省皆有願墾之人，或以日用無資，力量不及，遂不能趨事赴功，徘徊中止，亦事勢之所有者。著各省督撫各就本地情形，轉飭有司細加籌畫，其情願開墾而貧寒無力者，酌動存公銀穀，確查借給，以為牛種口糧，俾得努力於南畝。[52]

清世宗已然明白生齒殷繁，卻地不加廣，偶遇荒歉，即有民食維艱之慮，所以一再提到「惟開墾一事，於百姓最有裨益」，[53]屢頒諭旨，要地方官勸民開墾。規定各省凡有可耕之處，聽民自墾自報，地方官不得勒索，胥吏亦不得阻撓；至於田土陞科，水田六年起科，旱田以十年起科。皆為鼓勵百姓勤於耕鑿，使田疇日闢，地無曠土，民食足用。因此對於四川、貴州等省墾荒之人，悉發給牛、種，資助經費，動輒數十萬金而不吝惜。[54]

　　乾隆初年，米價昂貴的情形，已遍及全國。由於糧價上漲，糧食緊缺，各地搶糧風波不斷，連湖廣、江西、江南等地，也不能避免發生搶糧事件，各地風聞效尤，彼息此起，接連不止。搶米風潮此起彼伏，說明糧食問題不單是經濟問題，也形成嚴重的社會問題。此外，人口增長亦帶動地價上漲，窮民在本籍無法繼續謀生，不得已只好流往外地求發展。這種現象的產生，就不是遇災時朝廷給予賑濟，或蠲免錢糧所能解決。乾隆初期，直隸地方連年偏災，乏食貧民散往鄰近之地覓食。直隸總督孫嘉淦在〈安插流民疏〉中即對流民安置表達看法：

若嚴責州縣不許流移，勢必強勉禁遏；若明定規章凡流移者作何賑恤，又恐百姓藉以邀食，或致輕去其鄉。……故此事但可暗為籌畫，多方經營。……本籍果有田產荒棄，則令該地方官查明所往，設法招徠，酌借籽種口糧，令其

---

52 《清世宗憲皇帝實錄》（二），卷 80，雍正七年四月戊子，諭旨，總頁 51。
53 《清世宗憲皇帝實錄》（一），卷 6，雍正元年四月乙亥，諭旨，總頁 137。
54 《宮中檔雍正朝奏摺》，第 26 輯（民國 68 年），無年月日，湖南辰沅道王柔奏摺，頁 38。

耕種；……如本籍無田，即令所到地方官安插。但安插流
民須有實政，若止空言申飭，勢必視為具文，即動帑發票，
亦不過救濟目前，終非長策，必使有田可耕，乃能歷久土
著。查直屬州縣多有入官公產餘絕地畝，地方官招民承種，
如遇流民失業者，可於此項地內借給口糧，分撥耕種；再
山坡河灣老荒地畝，所在多有，可仿營田之例，借給工本，
令其墾種，成熟之後，止還工本，不必陞科；其民間新荒
地畝，或勸業主招種，或官給工本代為招種，俟還完工本
之後，令其給主認租；再富家之田，原係租與貧民，當善
為勸諭，將流寓之民或僱覓傭工，或招租認佃，務令隨處
安插，不致輾轉遷移，則散往鄰省之民可以漸少矣。再關
東及沿邊口外地方，俱土肥而米賤，直隸民人雖當豐收之
年，亦多出關出口以謀生。此原在直屬疆域之內，向例地
方官給與印票，驗看放行。……地方官於給票之時，必加
詢問，如本無田產，情願出關者，照常給票放行，不得留
難阻滯。[55]

從孫嘉淦的意見，可看出日後清廷處理流民安插政策的脈絡。

乾隆五年（1740），朝廷特降諭旨：「凡邊省內地零星地土可
以開墾者，嗣後悉聽該地民夷墾種，免其陞科。並嚴禁豪強首告
爭奪，俾民有鼓舞之心，而野無荒蕪之壤」。[56]此亦為清高宗考量
窮民資生無策，籌畫變通之法，鼓勵百姓開墾，使野無荒蕪之地，
以達地盡其利之效。乾隆八年（1743），直隸天津、河間等地遭旱，
失業流民出喜峰口、古北口、山海關者頗多，朝廷密諭邊口官弁，
權宜變通，不必攔阻，即行放出。貧苦農民在外覓得可耕之地，
使原先可能轉為盜賊的流民重新安定下來，是符合朝廷主政者的
意願。乾隆九年（1744），又通行曉諭，從前出口謀食貧民，若有
情願回籍而力有未逮者，由官府資送回籍；在外可傭工度日、不

---

55 孫嘉淦，〈安插流民疏〉，《孫文定公奏疏》，卷4，頁12-15。收入《四庫未
收書輯刊》，第1輯，第22冊。

56 《乾隆朝上諭檔》，第1冊，乾隆五年七月二十六日，內閣奉上諭，頁605。

願回籍者，不必勉強。欽差大臣尚書訥親表示：「貧民不恤轉徙他鄉，亦出於不得已。……地方官不必拘定資送之例，迫令回籍，……庶災黎謀生之道益寬」。[57]即爲戶口繁增之下的權宜措施。

　　湖北鄖陽、施南二府荒地，原爲朝廷封禁之區，因流民進山偷墾，使封禁有名無實，只好被迫開禁。乾隆三十八年（1733），朝廷諭旨即表示：

> 方今生齒繁滋，地利所在，自必趨之如鶩，且現在即有私墾之事，可見前此之官爲封禁，仍屬有名無實，又不若聽其耕闢升科，俾小民獲自然之利，而在官復有籍可稽，較爲兩得。[58]

又如乾隆五十五年（1790），清廷原本下令驅逐東南沿海島嶼上流民，將其搭蓋草房焚毀；之後，又擔心牽連過廣，致使人民失業，漂流爲匪，相聚作亂。又更正：

> 沿海各省所屬島嶼，多有內地民人建蓋草寮房屋居住，日聚日多，誠恐相聚爲匪，查察難周，令該督撫查明海島情形，如有匪徒潛搭草寮房屋居住者，立即燒燬。……沿海民人居住海島，久已安居樂業，若遽飭令遷徙，使瀕海數十萬生民失其故業，情殊可憫。且恐地方官辦理不善，張皇滋擾，轉致漂流爲匪，亦非善策。所有各省海島，除例應封禁者久已遵行外，其餘均著仍舊居住，免其驅逐。[59]

乾隆末年，朝野均明顯感受人口沉重的壓力。人口滋繁，人民生計日益艱難，所入者微，所出者益廣，終年辛勤勞動，雖畢生惶惶而自好者，卻不免有「溝壑之憂」![60]因此，人民往邊省、荒

---

57 《清高宗純皇帝實錄》（三），卷 218，乾隆九年六月丁未，欽差大臣尚書公訥親奏，總頁 806-807。

58 《清高宗純皇帝實錄》（一二），卷 927，乾隆三十八年二月己卯，諭旨，總頁 463。

59 《清高宗純皇帝實錄》（一八），卷 1363，乾隆五十五年九月甲辰，諭旨，總頁 292。

60 洪亮吉，〈生計篇〉，《洪北江詩文集》，卷 1，意言，頁 26。收入《四部叢刊初編》，集部，第 378 冊。

山、海島等人煙稀少地區流動謀生，終無法禁絕，清廷只能逐漸
修正禁令，讓其就地安插。

　　清高宗晚年即在諭旨中提到：「生之者眾，食之者寡，於閭
閻生計誠有關係。……猶幸朕臨御以來，闢土開疆，幅員日廣，
小民皆得開墾邊外地土，藉以暫謀口食」。[61]由於內地出現人地比
例的失衡，再加上自然災害的催化、政治社會的動盪，地區性人
口移動浪潮因此產生，朝廷對某些地區人口遷移抱持肯定鼓勵的
態度。中國土地廣大，人口分佈及各地經濟發展狀況並不平均，
平均耕地減少，人口壓力增大，並不等於全國已無荒地可墾。除
了平原沃壤等傳統精華區外，山區、海島及邊疆地區，仍屬人少
地多，有多餘田地可以開墾，也可從事開礦、種山等其他活動。

　　傳統農業區如黃河、長江、珠江下游及華北等地由於人口密
集，地少人多，形成人口過剩現象，謀生愈益困難。因此人口相
對稀少地區，雖屬貧瘠之地，就形成強大的吸力，吸引流民，離
鄉背井，出外謀生，並定居於異地。乾隆朝因人口壓力的增長，
大規模的人口流動開展，呈現由傳統精華區向邊疆或丘陵山區如
東三省、口外蒙古、雲貴川陝、臺灣作輻射擴散。「國家生財之道，
墾荒為要」。[62]安插流民開墾，既可緩和人口壓力，又可使地盡其
利，野無曠土，增加國家稅收，促進經濟發展；且窮民悉得安居
樂業，不至有流離之虞。人口過剩現象產生，使得清廷對人口的
遷移，隨著時間、地區的不同而有所改變。川陝雲貴地區採鼓勵
移民開墾態度，東三省及口外蒙古地區、臺灣則有程度不同的封
禁政策，禁止漢人移墾，但事實上並無法真正禁阻，私墾者仍多；
等到查出，又不忍驅離使流移無方，徒增事端，因此多就地安插，
讓其合法。

---

61　《清高宗純皇帝實錄》（一九），卷 1441，乾隆五十八年十一月戊午，諭旨，
　　總頁 250。
62　《清聖祖仁皇帝實錄》（一），卷 25，康熙七年四月辛卯，雲南道御史徐旭
　　齡疏，總頁 356。

# 第二節　安插的經過

　　清初，一切百廢待舉，亟望興建。順治元年（1644），清兵入關，天津到海避亂之民眾多，朝廷即明諭有司綏撫安插。順治十一年（1654），戶部奏准新舊流民俱編入冊，年久舊民與土著一體當差，新來者五年當差。並鼓勵官吏捐資安插，呈報戶部題請敘錄。順治十二年（1655），朝廷下令州縣官安插流民 500～1000人，各省督撫統計名數議敘。[63]同年，遼陽府知府張尚賢與海城縣知縣王全忠於關東各地招集流民共 595 人，安插遼陽、海城兩縣。[64]順治十三年（1656），遼陽流民經查無妻子獨自前往者，或難以度日攜妻而去者，若無法回籍情願居住於當地，交與遼陽府海城縣招民官，照招民之例給予荒地耕種。[65]

　　滿漢合璧《六部成語》中有「安插兵丁」，滿文讀如"coohai urse be icihiyame tebumbi"，意即「辦理令兵丁居住」，按滿漢合璧《六部成語》「安置」，滿文讀如"icihiyame tebuki"，意即「辦理令居住」，[66]由此可以瞭解，「安插」與「安置」滿文辭意相同。安插兵丁，使其駐紮一地，有固定駐處；安插流民，目的在使其安定居於一處，勿繼續流移。

　　清廷對流民的安插辦法，可分為兩種。一、為資送回籍，一為安插異地。在資送回籍方面，所謂「安土重遷，黎民之性；骨肉相附，人情所願」，[67]百姓因遭災荒，不得已流離四方，當獲知

---

63 陳田、吳懷清纂輯，《食貨志》，戶口 41，安插流民，文獻編號 212000131。
64 《內閣大庫檔案》，088733 號，順治十二年十月十一日，戶部尚書交羅郎丘題本。
65 《內閣大庫檔案》，088359 號，順治十三年九月十五日，大學士管戶部尚書事車克題本。
66 滿漢合璧《六部成語》（烏魯木齊：新疆人民出版社，1990 年），頁 183、195。
67 《新校本漢書》，卷 9，元帝本紀，頁 292。

家鄉災情減緩，不少人願歸故里。朝廷深諳此性，採因勢利導之法，一旦流民出現，政府總是頻繁下詔，令流民返鄉，或獎勵官員設法招撫流民，或資送流民回籍，或助其墾田工本，或緩徵田賦，或減免稅收等種種優惠條件，使流移人口儘快重歸原屬版籍。如順治十七年（1660），四川省的軍事行動大致底定，朝廷下令川省流民思返故土者，貴州督撫應飭令沿江州縣隘口不得攔阻，任其樂歸。康熙五年（1666），戶部題准地方官招撫流民 1 萬名者，紀錄一次。康熙十三年（1674），戶部頒准招回原籍之民照招徠外省流民例議敘。[68]由於國家初定，百廢待舉，使流民復歸故土，安穩定居，生產才能恢復。所以，清廷以陞級激勵地方官實心任事，從獎勵條例中，亦可見朝廷為維護其統治政權之穩定殫精竭慮的苦心。

當天災人禍迫使人民逃亡，官方雖有賑濟，但均屬臨時性措施，只能暫時解決流民一時生計問題，終非長久之法。百姓既有流移現象，自然不可任其失所，流民不可能終年在外漂泊，亦不可能永遠依靠政府救濟，必須安定下來，才能從事生產，養家活口，向國家交納稅賦。因此，不管是著眼於鞏固統治，或保證賦稅收入，如何儘早設法使流民安頓下來，居有定所，方為政府根本上策。

流民離鄉背井，要返回原籍，路途飲食之費恐非能力所及。因此，政府採取利益導向，訂有資送流民回籍制度，資助返鄉流民錢糧，使儘快歸返故里，復業安耕。對處於顛沛流離、沒有固定生活來源的流民來說，若獲悉家鄉生活環境改善，加以政府優惠政策的鼓勵，是促使流民回籍的動力。有關資送的具體做法，各省不一。如雍正元年（1723），直隸、山東、河南有流民 1,296人就食京師，朝廷命五城官員計其回籍之遠近，每口每程給銀 6分，老病者加給 3 分，作為腳力費，由委員管送，地方官逐程出具收結，轉送回原籍；沿途患病者，令地方官留養醫治，俟其病

---

68 陳田、吳懷清纂輯，《食貨志》，戶口 41，安插流民，文獻編號 212000131。

痊再行轉送。[69]乾隆五年（1740），規定資送災民回籍，按人數陸續分送，每起以 50 人爲準，其路費照上下兩江之例，每大口日給制錢 20 文，小口減半，年老有病者，倣照直隸成例，酌加腳力 3分；如遇水程，大小口應給之數減半。[70]山西省對外來就食窮民，大口日給穀 1 升，小口 5 合，路費每程大口日給銀 4 分，小口給銀 3 分。[71]江南地區大口路費日給銀 5 分，小口日給銀 3 分，所給之銀易以制錢，便於零星使用，大口銀 5 分可易制錢 45 文，小口銀 3 分可易錢 27 文，逐日照數給發；每起送回饑民不超過 150名，多者再分爲一起。[72]日行有 30 里、40 里、50 里不等。

　　流民回鄉復業，墾田必須工本，寒苦之民力有不能，地方有司若能助其種籽、工具，以資耕作，寬其陞科年限，讓其安心從事耕墾，百姓必踴躍趨事以赴，不再流移外出。[73]康熙三十年（1691），陝西省西安、鳳翔二府連歲旱荒，流移者眾，朝廷多方賑濟，轉粟蠲租，招集流民，散給牛種、銀兩，以爲耕種之資，四方仳離之民，皆漸次還鄉。康熙三十二年（1693），流民回籍者已 20 餘萬人。[74]同年，戶部覆准陝西巡撫吳赫上疏，招徠流民，有地者給予牛、種、銀兩，作爲耕種之資；無地者更爲可憐，與有地之民同給銀安插。[75]康熙四十一年（1702），山東發生災荒，次年又有水患，戶部下令清查山東被災人民，如有典賣者，造冊報部，官方照原價替其贖身。在京城者，交予順天府遞送回籍，在直隸各省者，由該省遞送，均由官方資助口糧腳力，送回原籍。

69　《清世宗憲皇帝實錄》（一），卷 5，雍正元年三月丁酉，總頁 120。
70　《清高宗純皇帝實錄》（二），卷 119，乾隆五年六月丁亥，總頁 737。
71　《雍正朝漢文硃批奏摺彙編》，第 33 冊，無具文時間，山西布政使蔣洞奏摺，頁 540。
72　《宮中檔雍正朝奏摺》，第 17 輯，雍正九年二月初六日，兩江總督高其倬奏摺，頁 569-570。
73　陳田、吳懷清纂修，《食貨志》，戶口 42，安插流民，文獻編號 212000174。
74　《清聖祖仁皇帝實錄》（二），卷 159，康熙三十二年七月癸丑，四川陝西總督佛倫等疏，總頁 750；《清聖祖仁皇帝實錄》（二），卷 160，康熙三十二年十月戊寅，總頁 758。
75　陳田、吳懷清纂輯，《食貨志》，戶口 41，安插流民，文獻編號 212000131。

[76]康熙五十八年（1719）山東發生大水，水勢深達丈餘，廬舍漂沒，城垣崩圮，人民流往外地求食。該年十二月，山東巡撫李樹德差官弁赴京城招回登、萊、青三府災民 652 人。次年二月，又派人於直隸河間府一帶南北大道上招回 321 人，三月再前後兩次招回 973 人，按日支給路費，大口 80 文錢，小口 40 文錢；據三月派去差員表示所招災民原超過 973 人，但其中有領過路費中途私逃而去者，不下千餘名。此等招而復散者，係本籍無房地而不願歸鄉，情願在外謀生。招回饑民，官方資送盤費回籍安插，有田地者給予種籽耕種，無田地者官府設法賑恤。[77]雍正四年（1726），廣東惠、潮兩府數縣發生水患，有災民往廣西容縣、北流、博白等縣就食，兩廣總督孔毓珣、署理廣東巡撫常賚軫恤災民流離之苦，差南海縣神安司巡檢甘文炳攜帶銀兩至廣西撫恤流移之民，於蒼梧、博白、北流、容縣招回災民 343 人，流往蒼梧縣之和平縣人朱宗盛等74 人，亦皆資以口糧，送回原籍。[78]各省對於入境流民，朝廷指示按口賑恤，先確查入境流民姓名、原籍州縣、住址，分別大小口造具清冊，動支常平倉穀，大口日給米 1 升，小口 5 合；待隔春和暖時，動用存公銀兩，按居住籍貫之遠近，資助口糧、盤費，派人護送還籍，使不誤春耕，安居復業。雍正八年（1730）秋，山東遭逢水患，禾稼歉收，雍正九年（1731）五六月，又雨澤愆期，亢旱日久，陸續有災民往外覓食餬口。湖北巡撫王士俊自雍正九年（1731）十一月到任，即按朝廷指示賑撫，並陸續資送山東人民回籍，共計 3,000 餘人；雍正十年（1732），山東豐收，多間仍有就食人民來楚，盈千累百，絡繹道路，約計多季三個月內資送回籍者，亦不少於 3,000 餘人。[79]雍正

---

76 陳田、吳懷清纂輯，《食貨志》，戶口 41，安插流民，文獻編號 212000131。

77 《康熙朝漢文硃批奏摺彙編》，第 8 冊，康熙五十九年三月二十六日，山東巡撫李樹德奏摺，頁 664-665。

78 《宮中檔雍正朝奏摺》，第 7 輯，雍正五年四月初八日，廣西巡撫韓良輔奏摺，頁 910-911。

79 《雍正朝漢文硃批奏摺彙編》，第 23 冊，雍正十一年二月初六日，河東總督王士俊奏摺，頁 930。

十一年（1733），據報山東沂州遞回窮民 1,134 戶，郯城遞回窮民 307 戶。其中原有地畝，因被水外出回籍有業可守者，計 1,069 戶；原無地畝，靠佃種爲生者，有 114 戶；本無地畝又非佃戶，靠傭工爲生並經營手藝者，有 131 戶。此輩資生有方，無須安插。剩餘沂州 94 戶、郯城 33 戶，俱爲赤貧無業資生者，謀生問題難以緩待，奏准依每戶人口多寡撥與田地，如 1、2 口者撥地 10 畝，3、4 口者撥地 15 畝，5、6 口者撥地 20 畝；每 30 畝地給牛一隻，並農具、種籽，銀給 1 兩 5 錢，所給牛隻、農具彼此融通使用，種籽按畝均分。熟地耕種視其田地肥瘠，以四分給佃，六分給官，應納錢糧於六分內扣除，餘租貯存公用，牛具、種籽、銀兩按五年扣還。荒地承墾，亦按戶撥給畝數、牛具、種籽，待五年後每年交還十分之二，十年後照例陞科，即將所墾之地給予該戶，永爲己業。[80]乾隆四年（1739），山東郯城至蒙陰一帶發生旱災，歲收無著，人民拋棄故土，流移湖廣等省甚多。乾隆五年（1740）五月，山東巡撫碩色奏報，飭令各縣府派差役招回原籍者 2,200 餘人，郯城一縣收到貧民 170 戶，共 582 人，已安插接濟。[81]

　　若家鄉饑荒已然發生，米糧缺乏，鄰省又可覓食，饑民必相率奔赴，以求苟延性命。流民轉徙，若定要照例入境即資送回籍，一方面徒增道路僕僕之苦，且回鄉恐亦難依棲，誰肯坐以待斃，所以有的災民一旦送回原籍，旋即轉往他鄉，如此東西南北輾轉資送，對他省既不勝煩擾，於災民更爲流離奔波。因此，政府對流民的綏撫政策，除了資助流民返回家鄉外，若在家鄉沒有土地、生業可依者，則不需強求其定要回到原籍地，可在流動處所就地安插，或選擇有荒蕪土地的州縣，鼓勵流民前往開墾。這對無地或少地的流民，或來自自然條件較惡劣或人口壓力大的地區者，具有極大吸引力。

　　順治中葉，連年天災頻仍，民不堪命，順治十年（1653），

---

80　《雍正朝漢文硃批奏摺彙編》，第 25 冊，雍正十一年九月十三日，河東總督王士俊奏摺，頁 92-93。

81　《乾隆朝上諭檔》，第 1 冊，乾隆五年六月初四日，內閣奉上諭，頁 560。

因霪雨成災，河水氾濫，山東、北直隸沿河一帶，城郭廬舍淹沒，
災民棄家就食，流移異地。直隸被水諸處，萬民流離，扶老攜幼，
就食山東、河南。然「逃人法」嚴，地方官不敢收，小民不敢留，
官方雖有賑恤，終不能止其流徙，天寒地凍，轉死溝壑者眾。災
民徬徨道途，扶老攜幼，相對號泣，欲往不得，欲還不能。工科
右給事中晉淑軾、戶部尚書孫廷銓、山東巡撫耿焞等不斷具題建
言，流移應撫，以固邦本，不可因清查逃人而妨礙流民安插，各
地方遇有流民至彼，地方有司即派人詢其姓名、籍貫、住所，查
詢清楚，先行安插收養。隨即備文去其原籍州縣速查，查後立刻
給發回文。回文內查實係流民，照舊安插，務使得所；如係假冒，
將其解赴督捕衙門。地方官能招撫流民，分別旌勸，則流民不致
失所，逃人亦得以稽查。朝廷允准依議速行，敕令各地督撫督飭
有司，見流移人民隨地安插；各督撫應具題奏報，州縣官安置流
民數目及綏撫得宜緣由，以示鼓勵。流民有願往山東、河南墾種
者，該管官給予印信文票，赴彼興屯道聽官安插入籍。依中央研
究院歷史語言研究所收藏《內閣大庫檔案》，將有關當時流民安插
山東、河南州縣不完全口數整理如下表：

**表 5-2-1：順治十二年至十三年流民安插山東、河南州縣及口數**

| 具題時間 | 安插省份州縣 | 口　　數 | 安插省份州縣 | 口　　數 |
|---|---|---|---|---|
| 順治十二年（1655）三月初六日 | 山東省泰安州 | 394 名口 | 山東省海豐縣 | 590 名口 |
| 〃 | 平原縣 | 1100 名口 | 樂陵縣 | 58 名口 |
| 〃 | 長清縣 | 290 名口 | 濱　州 | 53 名口 |
| 〃 | 齊河縣 | 160 名口 | 德平縣 | 273 名口 |
| 〃 | 禹城縣 | 240 名口 | 滋陽縣 | 44 名口 |
| 〃 | 肥城縣 | 148 名口 | 汶上縣 | 27 名口 |
| 〃 | 新泰縣 | 25 名口 | 堂邑縣 | 762 名口 |
| 〃 | 長山縣 | 664 名口 | 冠　縣 | 842 名口 |
| 〃 | 淄川縣 | 33 名口 | 夏津縣 | 247 名口 |

| " | 歷城縣 | 941 名口 | 曲阜縣 | 11 名口 |
|---|---|---|---|---|
| " | 章丘縣 | 350 名口 | 陽穀縣 | 10 名口 |
| " | 鄒平縣 | 131 名口 | 濮　州 | 353 名口 |
| " | 新城縣 | 39 名口 | 範　縣 | 203 名口 |
| " | 齊東縣 | 102 名口 | 觀城縣 | 327 名口 |
| " | 濟陽縣 | 690 名口 | 莘　縣 | 139 名口 |
| " | 臨邑縣 | 1594 名口 | 館陶縣 | 304 名口 |
| " | 青城縣 | 55 名口 | 高唐州 | 5882 名口 |
| " | 陵　縣 | 989 名口 | 恩　縣 | 191 名口 |
| " | 商河縣 | 230 名口 | 武城縣 | 69 名口 |
| " | 德　州 | 71 名口 | 清平縣 | 3250 名口 |
| " | 陽信縣 | 9 名口 | 濟東興屯道 | 108 名口 |
| 順治十三年（1656）閏五月初三日 | 河南省 | 3670 名口 | | |

資料來源：《內閣大庫檔案》，086948、087880 號。

　　山東所屬八道四十一州縣共計安插 21,998 口，河南安插 3,670口。當時青州道奏報無流民，萊州、登州、濟寧三道奏報尚未送達，資料並不完整。但從表中可知，當時流民流移之地尚在原籍省份或鄰近省份，範圍不大。

　　順治十八年（1661），朝廷下詔，江南、浙江、福建、廣東濱海居民遷徙內地者，各地督撫應確查實情，親為料理，速撥房屋，安插得所，不許委諸屬員。當時雲南巡撫袁懋功上疏陳言，對於無籍亡命之徒，應令所到地方，准其入籍，編入保甲，嚴查出入。[82]。康熙初年，兩廣總督周有德上疏言及沿海遷民，久失生業。兵部議覆令海口設兵防守，速行安插，使其復業。康熙九年（1670），廣東巡撫劉秉權奏報前一年已安插男婦 102,159 口。[83]雍正四年（1726），廣東惠、潮兩府數縣被水，米價上漲，窮民

---

82 陳田、吳懷清纂輯，《食貨志》，戶口 41，安插流民，文獻編號 212000131。
83 陳田、吳懷清纂輯，《食貨志》，戶口 41，安插流民，文獻編號 212000131。

艱於買食，有流往廣西容縣、北流、博白等縣就食者，廣東巡撫楊文乾派人前往查明，給予口糧、盤費帶其回籍；廣西巡撫韓良輔命與廣東接壤之梧州府鬱林州所屬各縣，有廣東被災地區饑民流至，查明姓名、籍貫、男婦大小口數，對別無生計者設法安插，酌予賑濟，並照保甲之例，將饑民每十家設一甲長，數滿百家設一總甲，使互相約束，勿滋事端；有情願回鄉者，酌予口糧，資給日食，遞送回籍。據報有惠州府永安縣民張崑山等 23 人、興寧縣民刁周全等 61 人、歸善縣民葉愈蒼等 64 人安插在宣化縣及桂平縣耕種落戶。[84]

　　乾隆十二年（1747），山東受災甚重，朝廷雖加恩賑恤，截漕發帑，所費不貲，仍無法遏止饑民流移，鄰省督撫仍拘於定例資送，於災民實無益處。是以朝廷下令對於流民資送，應權其輕重，度其緩急，斟酌辦理，不可拘定成例執一而論。災輕之地，不可使田畝荒蕪，人民失業，當照例資送；若遇積歉之年，當地無以餬口致流往他方，或依託親舊，或傭工自食，地方官應妥為撫留安插，待災平後使回故里。[85]

　　滿人入關後，力行勸墾，清聖祖時更積極推行此一政策。如四川、雲南、陝南等地，均有招民開墾措施。隨著政治安定，政府開支減少，人民負擔減輕，之前蕭條景象，逐漸代以富庶面貌呈現。康熙四十二年（1703）正月，清聖祖表示：「朕甲子、己巳兩次南巡，路經東省，見民生豐裕，士庶樂利」。[86]同年十二月，又說：「朕巡幸七省，畿輔、秦、晉民俗豐裕，江、浙則較三十八年時更勝」。[87]由於各項有利因素，推進經濟的恢復與發展，也促使人口得以快速恢復與增加。

---

84 《宮中檔雍正朝奏摺》，第 7 輯，雍正五年四月初八日，廣西巡撫韓良輔奏摺，頁 910。

85 《乾隆帝起居注》（七），乾隆十三年三月二十二日，諭旨，頁 61-62。

86 《清聖祖仁皇帝實錄》（三），卷 211，康熙四十二年正月壬申，諭旨，總頁 140。

87 《清聖祖仁皇帝實錄》（三），卷 214，康熙四十二年十二月庚寅，諭旨，總頁 175。

隨著人口增加，人口壓力逐漸形成，以人口稠密的精華區為中心的離心運動逐漸產生，當天災發生，更催化人民外流現象。如西南地區的四川和雲貴地區，尤其是四川，流民遷移的浪潮一波接著一波。朝廷雖要求各省督撫務必於平時勸諭百姓使知安土重遷，至荒歉形成，即應設法安頓，使流民不致越境四出；當人民流徙現象形成，朝廷命地方官勸導外來流民回鄉，年老無依又欠缺資斧者，照例給予路費，移令原籍地方官查明安插；有親舊可依，或傭工度日，或手藝營生者，責令地保、雇主出結保領，可聽其自行趁食。但又擔心地方官會錯旨意，僅知攔阻，不許出境，轉而阻斷其謀生之路。如乾隆八年（1743），天津、河間兩府遭旱，失業流民得知口外地區雨水豐調，出喜峰口、古北口、山海關前往耕種就食者頗多。朝廷特行文密諭邊口官員，對出口貧民不必攔阻，即時放行。為防貧民成群結隊流往口外，禁止將此密諭令眾知之。朝廷下達諭旨傳令各省督撫轉飭屬員，對於本地災民，多方賑恤，加意經理安插；若有不得不流移他處者，所到之處，該地方官亦須善為撫恤，無使失所。[88]可知，在現實因素考量下，清廷亦不得不對某些情況採取權宜變通對策。

東三省、口外蒙古、臺灣等地，清廷並不准內地人民任意出關出口偷渡私越，但由於其地土曠人稀，內地人口壓力日增，不少貧民為謀生存，不顧禁令私渡偷越關口。待朝廷查獲得知，考量若概行驅逐，恐其流離失所，多採就地承認合法，入籍當地民冊安插。如郭爾羅斯蒙古游牧處所，原不准內地人民踰界前往開墾，因蒙古等不安游牧，招民墾種，事經多年相安已久；且蒙古

---

88 陳田、吳懷清纂修，《食貨志》，戶口 42，安插流民，文獻編號 212000174；《清高宗純皇帝實錄》（三），卷 195、196，乾隆八年六月丁丑、乾隆八年七月癸未，諭旨，總頁 508、516。乾隆九年（1744）正月，又一再下達諭旨，念及前年迫於荒歉而流移之災民，有出山海關者，因該關向有關禁，特密令各隘口官員及奉天將軍，稍微變通，若查明確為窮民，即行放出，不必過於盤詰，否則反阻斷窮民謀生之路。見《清高宗純皇帝實錄》（三），卷 208、209，乾隆九年正月壬辰、乾隆九年正月癸卯，諭旨，總頁 685、692。

得收租銀，於生計亦有裨益；是以仍令漢人照舊耕種納租。

　　清朝前期流民掀起的遷移浪潮，不管是往西南的四川、雲貴地區，或往東北的關外地區，或北方的口外蒙古，或東渡臺灣海峽至臺，最終都基於當時整個社會情勢的考量，或應政府招徠開墾，或私墾被招撫就地承認合法，加以安置，成為國家的編戶齊民，納入政府管制體系範圍之內。現以地區分別加以敘說，清廷對於流民安插異地之概況。

# 一、四　川

　　清初，為了社會的安定，鞏固政權，並增加稅收，朝廷採取一連串的農業政策，以利於社會經濟的恢復和發展。一方面實行蠲免賦稅政策，在直隸、奉天、四川、浙江、福建、廣東、廣西、雲南、貴州等省免徵地畝銀、人丁銀和歷年舊欠；一方面鼓勵墾荒。順治六年（1649）頒佈墾荒令，招徠各地逃民，不論原籍、別籍，編入保甲，發給印信執照，永准為業。宣佈三年後按畝徵糧，不許預徵私派，地方官的考核也以勸墾的多寡為條件之一。[89]此時清廷尚未完全控制四川，墾荒令對四川影響並不大。

　　順治十年（1653），清世祖下詔提及四川荒地，「令官給牛種，聽兵民開墾，酌量補還價值」。[90]意在招回四川逃亡人口歸籍。至順治十五年（1658），戶部議定墾荒勸懲則例，對地方官督墾荒地，訂定勸墾獎懲辦法，據此招民議敘的規定，對地方官有激勵作用；又因墾荒之田准許永為己業，對無地貧民有極大吸力。但清廷對四川的軍事行動，到順治晚期才告略定；「十五年復重慶，十六年八月復成都，川東、西北始底定。十七年招墾，置郡縣守令」。[91]

---

89　王慶雲，〈紀勸墾〉，《石渠餘紀》，卷 4，頁 170。

90　呂佺孫、孫銘恩纂輯，《皇朝食貨志》，屯墾，民墾，文獻編號 212000456；常明等重修，楊芳燦等纂，《四川通志》，嘉慶二十一年刊本，卷 60，食貨志，田賦，頁 12。

91　陳習刪等修，閔昌術等纂，《新都縣志》，民國十八年鉛印本影印，第 2 編，

因戰火破壞，四川不少縣城人煙寥落，地成曠土，雖收復已久，凋敝荒殘景象如故，受戰爭影響，夫役之重難荷，致使「流移者觀望而不歸，見在者役重而力竭，此瘡痍之所以難起也」。[92]故軍事雖歇，兵差告停，亦難在短期間恢復生產，所以當時首要之務在增加各地區人口。從順治中期，就規定地方官「查報民數，視其損益而殿最之」。[93]將人口的增減作為州縣官年終考成的依據，一直奉行至康熙初期。

康熙三年（1664），朝廷下令各省督撫對於四川流亡外省流民，分別造冊移送四川巡撫，撥給口糧、舟車，派差官送其回籍。[94]康熙七年（1668），朝廷議准四川總督劉兆麒所奏，四川流民寄居鄰省者，現在查令回籍，因山川險阻，行李艱難，地方各官有捐資招撫，使歸故土者，准予議敘。此時招民授官之例已停止，但四川自明末流寇擾攘之後，民少地荒，與他省不同，其現任文武各官「招撫流民，准量其多寡，加級紀錄有差」。[95]接著朝廷頒定：

> 現任文武大小各官有能捐貲遷移四川流民歸籍者，每一百家以上者，紀錄一次；四百家以上者，加一級；五百家以上者，加二級；六百家以上者，加三級；七百家以上者，不論俸滿即陞。招回之民，責令地方官安插得所。[96]

由於四川人民死亡者遠大於逃亡者，若要增加人口，光靠招回四川本地逃民回鄉是無法達成，因此必須從他省招徠人民移入。康熙七年（1664），四川巡撫張德地上疏，請求招集各省流民

---

政紀，賦稅，頁 4。收入《新修方志叢刊》（臺北：臺灣學生書局，民國 56 年），四川方志之 4。

92 《明清檔案》，第 36 冊，A36-37，順治十七年二月二十日，四川巡撫張所志揭帖。

93 沈荀蔚述，《蜀難敘略》，頁 13。收入《筆記小說大觀二編》（臺北：新興書局，民國 67 年），第 7 冊。

94 陳田、吳懷清纂輯，《食貨志》，戶口 41，安插流民，文獻編號 212000131。

95 《清聖祖仁皇帝實錄》（一），卷 27，康熙七年十一月戊午，總頁 380。

96 陳田、吳懷清纂輯，《食貨志》，戶口 41，安插流民，文獻編號 212000131。

至川省開墾，各省州縣人民，不論冊籍有名而家無恆產，出外傭工度日者；或冊籍無名又無家業，流落於外游手游食之人，准許當地地官方清查造冊，匯報四川督撫，然後由四川督撫籌措盤費，派官將其接來四川安插。張德地認為這些游手游食之人，沒有田耕，到處流移，必定放辟邪侈無所不為，若招至蜀地，無產變為有產，自為良民；而蜀地，無人變為有人，政府稅收有源，對四川來說增加賦額，對朝廷的鞏固統治更為有利。張德地對於勸墾官員的考核優劣辦法，進一步提出無論四川本省、外省文武官員，有能招民 30 家入川安插成都各州縣者，量與紀錄一次；有能招民 60 家者，量與紀錄兩次；或至百家者，不論俸滿，即准陞轉。[97]文武官員招民 30 家至 100 家，便受記功升級的待遇，至於開墾多少田畝暫不加稽查。

康熙十年（1671），由於四川本省流民和外省貧民入川仍未見顯著增加，所以川湖總督蔡毓榮上疏陳言：「招民開墾，洵屬急務」；建議放寬招民授官的標準和延長墾荒起科的年限，願往四川移民者，免其賦役由三年延長為五年，並供給農具、種籽資助。現任官吏能發動移民 300 人至川開墾者，立即升一級，各省候選州同、州判、縣丞及舉貢監生招民有力者，授以署理知縣職銜或補為實缺。[98]蔡毓榮之議，進一步提升官員招民開墾的意願；蔡毓榮與張德地兩人奏疏的目的是一樣的，對於官紳招墾的獎勵主要以招民戶數為據，並不把土地開墾面積的多寡作為考量，此與順治十五年（1658）朝廷規定的墾荒勸懲則例，和康熙元年（1662）的開墾考成辦法不同。墾荒勸懲則例和開墾考成辦法均以開墾面積作為獎懲依據，康熙元年的開墾考成辦法還規定州縣地方官一

---

97 《明清史料》，丙編，第 10 本，戶部題本，頁 1000；《明清檔案》，第 38 冊，A38-40，康熙七年十一月二十九日，戶部尚書馬希納題本。

98 《清聖祖仁皇帝實錄》（一），卷 36，康熙十年六月乙未，四川湖廣總督蔡毓榮疏，總頁 485；《皇朝文獻通考》，卷 2，田賦考，田賦之制，頁 12，收入《景印文淵閣四庫全書》，史部·政書類，第 632 冊；《大清會典·康熙朝》，卷 20，戶部，田土，開墾，頁 32，收入《近代中國史料叢刊三編》，第 72 輯，第 713 冊。

年內不推行開墾荒地，要受罰俸處分；另外還有限年墾荒完成的規定，從康熙二年（1663）起，五年墾完，康熙六年（1667）秋派差官詳查各省有無荒地、開墾數目，造冊題參，將督撫一併議處，[99]這種規定形同對地方官督墾的威逼。四川招民墾荒辦法中並沒有以開墾土地面積作為獎懲的規定，也沒有強制限期墾完。或許是面對四川特殊的情況，清廷採取因地制宜政策。康熙二十年（1681）三藩之亂戰爭結束，清廷重申招民議敘條例，清世祖在諭旨中明確指示，湖廣、江西、福建、廣東、廣西，俱屬內地，亂事既定，其招民議敘規定停止，惟四川、雲南、貴州仍准按照議敘則例，招徠流移，安插開墾。[100]

招民的目的主要在墾荒，墾荒的目的主要是為了增加田賦收入。招民是否有成效，端看墾荒政策的制定。外省人民願意來川，為的是開墾以取得土地。當時四川人少而荒地多，所以，在對待入川開墾上採取較寬鬆的政策：其一、在戶籍上准允落戶，地籍上配與田畝 — 如康熙十年（1671）規定各省貧民攜帶妻子入川開墾者，准其入籍；康熙二十九年（1690）戶部議准，流寓之人願意在川居住墾荒者，田畝永為己業，並准其子弟入籍考試。[101]其二、墾地升科期限延緩 — 康熙十年（1671），川湖總督蔡毓榮奏准川省開墾地畝五年起科，當時其他各省尚為三年起科。其三、田賦徵收從輕 — 康熙四十八年（1709），清聖祖曾告誡四川巡撫年羹堯，康熙四十八年前數年湖廣人民多往四川開墾居住，四川漸以殷實；若一到任即欲清丈田畝，增加錢糧，則不得民心。[102]康熙五十一年（1712），四川巡撫年羹堯曾提出限五年內，各州縣以

99　呂佺孫、孫銘恩纂輯，《皇朝食貨志》，屯墾，民墾，文獻編號 212000457。
100　《清聖祖仁皇帝實錄》（一），卷 96，康熙二十年七月癸酉，總頁 1219-1220。
101　《清會典事例》，第 2 冊，卷 158，戶部，戶口，流寓異地，頁 998；卷 166，戶部，田賦，開墾，頁 1110。《四川通志》，嘉慶二十一年刊本，卷 64，食貨志，戶口，頁 11；《皇朝文獻通考》，卷 19，戶口考，頁 13，收入《景印文淵閣四庫全書》，史部・政書類，第 632 冊。
102　《清聖祖仁皇帝實錄》（三），卷 239，康熙四十八年十月己酉，諭旨，總頁 385。

墾田額數爲考成依據，隨即受到御史段曦反對。段曦言：

> 川省待開墾，人需招集，勿使以寬大之恩，留其有餘之利，使聞風者欣然於樂土之可適。今若定考成以督責，限分數以催查，則有司止知自便其功名，不顧民生之利賴，又誰肯願耕其野乎？[103]

清聖祖與段曦所言，皆傳達四川薄徵田賦的用意。康熙五十二年（1713）清聖祖在諭旨中表明，四川開墾荒地甚多，若皆按田起科，四川一年可收錢穀 30 餘萬，朕「國用已足，不事加徵。」[104]清聖祖認爲官方不需從增加田賦上著手，出於對吏治民情的透徹洞悉，他以爲如此對無地和少地的農民最爲有利，更能吸引其前來墾荒。以上可以看出，清廷對四川實行寬鬆政策的用意與措施。

康熙時期，四川省因爲地多人少，當時州縣唯恐招民不來，入川移民任其插標佔田，並不清查，其時開墾荒地，即歸己有，起科田地畝數亦由人民自報。[105]雍正初年，規定往後各省凡有可耕之地，仍聽任人民相度地宜，自墾自報，地方官吏不得藉機勒索阻撓，水田開墾六年起科，旱田十年起科，[106]這對荒地尚多的四川更增添優勢。爲勸諭開墾，清廷鼓勵教耕，雍正四年（1726）覆准「有湖廣、江西在蜀之老農，給以衣食，令其教墾，俟有成效，督撫給頂戴，送歸原籍。不願回籍者，聽其自便」。[107]雍正五年（1727），湖廣、廣東、江西等省人民，因當地歉收，米價騰貴，聽聞四川米賤，3 錢可買 1 石，易於謀生，一去入籍，便可富饒，約有數萬戶相率遷移至四川，川陝總督岳鍾琪奏請設法安插，給

---

103 段曦，〈請酌川省勸懲增賦議〉，《皇清奏議》，卷 24，頁 24。

104 《清聖祖仁皇帝實錄》（三），卷 256，康熙五十二年十月丙子，諭旨，總頁 534。

105 《宮中檔雍正朝奏摺》，第 9 輯，雍正六年二月初六日，四川布政使管承澤奏摺，頁 767；《清會典事例》，第 2 冊，卷 165，戶部，田賦，丈量，頁 1102。

106 《皇朝文獻通考》，卷 3，田賦考，田賦之制，頁 1。收入《景印文淵閣四庫全書》，史部・政書類，第 632 冊。

107 《清會典事例》，第 2 冊，卷 166，戶部，田賦，開墾，頁 1111。

予牛具、種籽，令其開墾以為生計，清世宗嘉許「此實為安輯貧民之急務」。[108]但朝廷擔心這些流民奸良難分，其中若夾雜游民無賴之徒，必轉為良民之擾。規定對入川人戶，先逐一清查姓名、籍貫，確為無力窮民，方准留川開墾；公家發給牛、種、口糧。凡此，皆為防止游惰之民冒混其中，以杜「流移之患於將來」。[109]這說明為防滋惹事端，移民入川不再是全部皆納。外來客籍人民的增多，解決迫切的勞動需求，大量荒地得以開墾，人民的衣食可以溫飽。但遷來之流民，成分複雜，奸良莫辨，對地方治安有很大影響，所以在戶籍制度上需嚴密管理。

雍正六年（1728）正月，朝廷規定安插入川人戶事宜：一、入川者眾，奸良交雜，飭令地方官逐戶清查，取結編入保甲。有游手惹事，立即驅逐；實係匪類過犯，遞解回籍；知情不報暨官員失察者，嚴加處分。二、對雍正四年（1726）秋冬以後入川者，將戶口姓名人數開明，移查原籍，細加稽核。在其所屬原籍地已犯事故者，即行逐回；留川之貧民，酌撥田地，借給牛種口糧；所用銀兩，移咨本籍各府州縣照數賠補。移家落戶、依親託故謀生者，如資本不多，仍酌撥田地，令其開墾，不必給予牛種口糧。三、入川人戶有情願回籍者，不必給予口糧，川省將其姓名人數造冊存案，並知會原籍；日後若復來川省，即行懲治。四、清查丈勘川省無著田地，分別科則，編列字號，計留川人戶之數，按畝均分認墾。如有佔越爭競者，概行驅逐。五、稽查安插之事，分派各該道員經理，所撥庫銀 10 萬兩，於各該道員領收後，確查應給人戶，按數發給，造冊查核。如有扣剋侵冒等弊，嚴加參就。六、開荒之道、府、州、縣，果能實力奉行，辦理妥當，事竣照例議敘。雜佐等官，勤謹稱職，照州縣一體議敘；若有怠玩虛冒，即行糾參。[110]

---

108　《清世宗憲皇帝實錄》（一），卷 61，雍正五年九月己卯，諭旨，總頁 941。
109　《雍正朝漢文諭旨匯編》（桂林：廣西師範大學出版社，1999 年），第 7 冊，雍正五年九月二十五日，諭旨，頁 21-22。
110　《清世宗憲皇帝實錄》（一），卷 65，雍正六年正月乙亥，總頁 997。

　　為鼓勵人民入川開墾，雍正六年（1728）三月，戶部訂出按戶授田的方案，入川人民以一夫一妻為一戶，給與水田 30 畝，或旱地 50 畝，若有兄弟子姪成丁者，每丁多與水田 15 畝，或旱地 25 畝。一戶之內老少丁多不足供養，再臨時酌增。除撥給之畝數外，若有多於 3、5 畝零星之地，亦准一並給予開墾。另畸零不成坵段之地，就近酌量安排，給與照票，加以業管。[111]入川貧民照滇省之例，每戶給銀 12 兩，作為購買牛具、種籽等的生活補助。水旱田地，定於三年五年陞科；所領牛種價銀，統由原籍地方官追賠。[112]這些規定顯示，清世宗對墾荒態度的積極。由於各省百姓聽聞四川給資招墾，不少人風湧而至，雍正七年（1729），朝廷下令停止造冊咨查，行文各省，將實在貧民願往川省開墾者，發給印照，與先經查驗覆到之戶一體安插；如為無照之人，在川又無生業，令其回籍。[113]

　　入川窮民，朝廷定例各地方官應給以印照，到川驗明安插。乾隆四年（1739），規定貧民入川墾地者，聽任散居各府州縣佃種備工，四川督撫將其姓名、籍貫造冊，移詢所屬原籍地，原籍地方官於文到三月內，備造清冊回覆川省，覈實稽查，其素非良善者逐回。安分貧民，無力佃種者，酌撥地畝，給予牛具種籽耕墾，分別水田旱地及領墾年分，報部升科。散往各府州縣佃種者，責令佃主出結，與土著同編入保甲。[114]赴川探親和回原籍地探親之人均需取得當地或原籍政府所發印照。[115]乾隆八年（1743），對於

---

111 《清會典事例》，第 2 冊，卷 166，戶部，田賦，開墾，頁 1112；《清世宗憲皇帝實錄》（一），卷 67，雍正六年三月丁丑，總頁 1029-1030。

112 《清世宗憲皇帝實錄》（一），卷 65、67，雍正六年正月乙亥、雍正六年三月丁丑，總頁 997、1030。

113 《清世宗憲皇帝實錄》（二），卷 79，雍正七年三月壬子，總頁 35。

114 陳田、吳懷清纂修，《食貨志》，戶口 42，安插流民，文獻編號 212000174；《清會典事例》，第 2 冊，卷 158，戶部，戶口，流寓異地，頁 999；常明修，楊芳燦等纂，《四川通志》，嘉慶二十一年刊本，卷 64，食貨志，戶口，頁 18。

115 《欽定六部處分則例》，光緒十八年排印本，卷 17，田宅，入川開墾，頁 3。

無原籍印照者,「各該管關隘沿途阻回,毋使積聚多人滋事」。[116]爲了社會治安考量,可以看出四川不再像以往毫無限制接納入川之人。

　　乾隆九年（1744）,御史柴潮生奏陳,四川已從往昔地廣人稀轉爲人浮於土之象,近年來各省流民多入川就食,始則「力田就佃,無異土居,後則累百盈千,浸成游手」。[117]若繼續任其入川,必影響社會秩序與安定。乾隆十年（1745）,明令往後攜眷入川者,由川省查覆,確有親屬產業方許原籍地給照。[118]但仍無法阻止外省無業流民移往四川。乾隆二十五年（1760）,貴州巡撫周人驥奏請限制各省人民入川,清高宗不表認同,責批其只知其一,而不知其二;國家承平日久,生齒日繁,各省百姓若自量生計難以自資,不得不往他處謀生糊口,乃人情之常,豈有願捨自鄉田廬而樂於遠徙者?當時地方官考量,即使川省土地再廣,能夠容納的數量亦有定數,入川人民不斷,人口與土地比例失衡將很快出現,爲維護川民利益,於是遂有禁止流民入川的議論。清高宗對此不以爲然,他以爲現在戶口日增,各省田地有一定數量,不能多增,正應思考如何設法流通,以生養無籍貧民;這些無籍貧民來往遷徙,不過以爲川省地曠糧多,易於謀生,若川省果無餘田可耕,無法生養,則政府雖不禁止,他省流民亦無意前往,若川省「糧價平減,力作有資,則生計所趨,又豈能蓋行阻絕」?[119]其時古北口外,內地人民前往耕種者,已不下數十萬戶,西疆平定,地域遼闊,烏魯木齊等地實行屯田,客民聚集種地貿易者日多,將來地利愈開,各省人民將不招自來,其於惠養生民,甚爲有益。

---

116　《清高宗純皇帝實錄》（三）,卷 203,乾隆八年十月己卯,四川巡撫紀山奏,總頁 623。

117　《軍機處錄副奏摺》,乾隆九年十一月初六日,御史柴潮生奏摺錄副。收入《康雍乾時期城鄉人民反抗鬥爭資料》,頁 634。

118　《清高宗純皇帝實錄》（四）,卷 251,乾隆十年十月戊午,總頁 239。

119　《十二朝東華錄·乾隆朝》,卷 19,乾隆二十五年正月庚申,諭旨,頁 1;《清高宗純皇帝實錄》（十）,卷 784,乾隆三十二年五月壬申,諭旨,總頁 645。

地方有司當通達情理，順應民情，倘有流為盜匪者如川省嘓匪之類，則嚴為懲治，使無養奸貽患之慮，則「既不絕小民覓食之路，又可清閻閻盜賊之源」。[120]清高宗是從全國角度來考量，希望四川能夠多吸納些人民，以減少他省的人口壓力，維護社會穩定。

　　乾隆三十二年（1767），四川總督阿爾泰等對於各省人民入川一事，認為應加以禁止；四川荒地經過一段時間開拓，已所剩無餘，往後再有他省人民藉詞赴川開墾，不必給票，並轉飭沿途關津詳察無照票者，加以攔阻。清高宗指出，無業貧民赴川，不過因川省地廣糧多，為謀生求食故，若該省實無餘田可耕，其勢將不禁而自止；若該處糧價低賤，力作有資，則生計所趨，豈能概行攔阻。口外各地，向來直隸、山東等省貧民前往開墾謀生，亦難加以驅盡，又何論川省腹地？川省鄰近之湖廣、江西等省，均屬朝廷子民，本當一視同仁，若此等人民入川有滋事為匪，危害鄉理情事，即按罪嚴懲，以儆效尤。[121]對於阿爾泰奏請定關隘盤查，給票驗放，及咨移各省曉示人民之事，清高宗並不認同，以為其議反使胥吏乘間苛求，徒滋紛擾。由此可看出清廷對流民入川所抱持的態度。

　　由於連續大規模的流民入川開墾，使川省耕地開拓日廣，生產得以恢復，展現繁榮景象。康熙十年（1671），全省熟田僅 14,810 頃餘，康熙十一年至雍正五年（1672～1727），增至 223,231 頃餘，乾嘉之際，又增至 463,480 頃餘。[122]加以入川人口不斷增加，使四川人口增長迅速。但因四川土地廣闊，故至乾隆三十一年（1766），四川每人平均耕地面積仍有 15.55 畝，是湖北每人平均耕地 6.77 畝的 2.3 倍，浙江每人平均耕地 2.80 畝的 5.5 倍，江蘇

---

120 陳田、吳懷清纂輯，《食貨志》，戶口 42，安插流民，文獻編號 212000131。
121 陳田、吳懷清纂輯，《食貨志》，戶口 42，安插流民，文獻編號 212000131。
122 黃廷桂等修，張晉生等纂，《四川通志》，卷 5，田賦志，頁 13，收入《景印文淵閣四庫全書》，史部・地理類，第 559 冊；常明修，楊芳燦等纂，《四川通志》，嘉慶二十一年刊本，卷 63，食貨志，田賦，頁 2。

每人平均耕地 2.77 畝的 5.6 倍。[123]統計乾隆三十二年（1767），江蘇人口密度每平方英里 616.09 人，山東人口密度每平方英里 459.60 人，四川人口密度每平方英里僅 13.54 人，[124]爲當時中國本部十八省中人口最稀少的省份。當時，國內承平已久，川省人口尚且如此，乾隆以前可想而知。

## 二、省際深山交界區

省際交界的崇山峻嶺、深山老林，如川、陝、楚南巴老林區，地連三省，幅員遼闊，山川險阻，是政府控制力較弱的地區，這裡多爲山洞幽深、溪灘險峻的半開發或未開發區，對於飽受人口壓力地帶的窮民，具有極大吸引力。但流民流居異鄉，脫離原居地的戶籍管轄，在山區又未加入當地戶籍，游離於國家體制之外，爲地方治安著想，應妥善規劃管理，將其納入地方行政系統，方爲上策。清代，最早將依山搭棚而居的流民編甲入籍，約始於順治年間的江西省袁州府，有 2,443 戶、4,536 口棚民分別編入宜春、分宜、萍鄉、萬載四縣冊籍，使其「歲納丁徭，永輸國賦」。[125]

江西西南與湖廣、福建、廣東連界之袁、瑞、吉、贛等府，邊界地帶山深密箐，群山環繞，官方勢力不及，易藏奸納匪。江西土著聚族而居，多在平地；閩、粵寄籍之民多結茆於深山窮谷中，彼此遙隔，互相猜忌。棚民山居林深箐密、稽查不易之處，令官方最擔憂的是治安問題，若有不法者生事，或暗中結黨滋擾，後果將不堪設想。康熙十三年（1674），吳三桂起兵抗清，江西有

---

123 梁方仲，《中國歷代戶口·田地·田賦統計》，乙表 74，頁 396。

124 據《皇朝文獻通考》，卷 19，戶口考，頁 44、45，乾隆三十二年江蘇、山東、四川人口數，及全漢昇、王業鍵，〈清代的人口變動〉，《中央研究院歷史語言研究所集刊》，第 32 本，頁 156 表四江蘇、山東、四川各省面積計算所得。

125 江爲龍等纂修，《宜春縣志》，康熙四十七年刊本影印，卷 6，戶口，頁 24。收入《中國方志叢書·華中地方·江西省》（臺北：成文出版社，民國 78 年），第 789 號。

棚民響應，事後清廷對該區棚民進行驅逐，但驅棚回籍的成效不彰。雍正元年（1723），閩、粵流移之民至江西墾荒種麻，當時僅一府山谷中，老幼男女即不下數千人，十三府屬約有數萬人，單萬載一縣，棚民就有 3 萬多人。其中或有奸邪之輩，而守分力田者亦復不少，面對日益繁增的棚民，實無法將此寄籍之民盡行驅逐，使之各回鄉土，若其自度無所歸宿，勢必激釀成禍。且萬載縣知縣在雍正元年（1723）春，曾招募寄籍客民協力擒殺賊匪，而土著之民卻僅知自守。山西道監察御史何世璂建議，莫如「安其久來種地之人，絕其倏往倏來之輩」，將其編入保甲，遴選身家殷實者爲保長、保甲，日日查驗戶民，一旦發現可疑份子，立刻報官嚴拿，三年無事，旌賞保長、保甲。此外，爲寄籍之民設立義學，擇其子弟優秀者，延聘良師訓讀，許其與考，續優者酌取一二名，得附各府儒學名額，使其知上進有路，廉恥之心自生，當不願居盜賊之途，州縣可藉此羈縻其心。[126]何世璂的建議，獲得不少官員支持。

　　雍正二年（1724），戶部尚書張廷玉對於山居棚民，呼朋引類，出入無常，任意來去，既不可驅其回籍，又不聽編入縣冊，偶遇收成欠佳，輒結黨盜竊，甚爲憂心，建議有麻棚之州縣應妥爲籌畫，平時撫馭有方，使流民遵奉約束，若遇事發捕緝有法，匪黨方不致蔓延。張廷玉提議安插棚民之道，應編入地方冊籍，並嚴行保甲法，五家連環互結；若有努力向學與臂力技勇者，報名上司考驗，加恩收用，使其「雖欲爲非而不敢，雖能爲非而不願」。[127]「安插既久，其素不爲匪者，則編入烟戶冊籍之內」。[128]棚民人數眾多，群集山區活動，奸良難分，去留不定，若一蓋驅逐恐激成事端，若納入地方保甲戶籍，可隨時稽查。何世璂、張廷

---

126 《宮中檔雍正朝奏摺》，第 1 輯，雍正元年七月十八日，山西道監察御史何世璂奏摺，頁 495-496。
127 《宮中檔雍正朝奏摺》，第 2 輯，雍正二年正月二十一日，戶部尚書張廷玉奏摺，頁 250。
128 張廷玉，〈請定安輯棚民之法疏〉，《皇清奏議》，卷 25，頁 12。

玉的提議，可爲日後清廷制定棚民政策的基礎，將入籍與保甲並行，且以仕途加以籠絡。雍正三年（1725），戶部議覆兩江總督查弼納、浙閩總督覺羅滿保疏奏江西、福建、浙江三省安輯棚民事宜，將各縣棚戶照保甲之例，每年按戶編冊，責成山主、地主、保長、甲長出結呈報，州縣據冊稽查。願編入土著者，准其編入，編冊之後，續到流民不得容留。現有棚民有願回籍者，聽其回籍。棚民有臂力可用及讀書向學者，入籍二十年，准其應試，於額外酌量取進。[129]雍正四年（1726），對原先安輯棚民事宜稍加修正，頒定棚民寮民照保甲法一體編查：

> 責成地主并甲長出結，呈送州縣官，據冊稽察。倘居住分散，不論棚數多寡，自為一甲，互相稽察。內有已置產業并愿入籍者，俱編入土著，一體當差。至一邑中有四五百戶以上者，該管官即於棚居鄉壯內選立保甲長，專司巡察。[130]

此後，棚民雖被嚴格管制，但卻取得合法的居住權。同年，江西南昌府寧州棚籍丁數有 1,032 丁。[131]雍正末年，奉新縣有棚民 400餘戶，[132]德興縣有 700 餘戶。皆入籍編冊，將棚籍置於當地民戶冊尾，統歸該地保正管轄。[133]雍正十三年（1735），諭旨昭示：

> 浙、閩、江西等省有棚民之州縣，朕皆留心揀發牧令前往，俾司化導董率之任。蓋此等無業民人聚散無常，往來莫定，其間良頑不一，易於藏奸，若稽察稍疎，必至漸為閭閻之

---

129 《清世宗憲皇帝實錄》（一），卷 34，雍正三年七月辛丑，總頁 514。

130 《皇朝文獻通考》，卷 19，戶口考，頁 24。收入《景印文淵閣四庫全書》，史部・政書類，第 632 冊。

131 陳蘭森等修，謝啓昆等纂，《南昌府志》，乾隆五十四年刊本影印，卷 12，民賦志，戶口，頁 10。收入《中國方志叢書・華中地方・江西省》（臺北：成文出版社，民國 78 年），第 811 號。

132 鄒山立等修，趙敬襄等纂，《奉新縣志》，道光四年刊本影印，卷 1，輿地志，坊都，頁 10。收入《中國方志叢書・華中地方・江西省》（臺北：成文出版社，民國 78 年），第 784 號。

133 凌燽，〈棚民編保及禁緝私鹽議詳〉，《西江視臬紀事》，乾隆八年刻本影印，卷 2，頁 29。收入《續修四庫全書》，史部・政書類，第 882 冊。

　　擾。向聞棚民留住之地方，皆責成本處地主、山主出具保
　　結，並非來歷不明之輩，始許容留。而牧令官員於每年歲
　　底親往查點一次，倘有作奸犯科而地主、山主不行舉首者，
　　一體治罪。[134]

為穩定社會秩序，棚民應善與安置，對於州縣有棚民的牧令選擇
嚴格，遴選廉能幹練、奏對明晰者任之，任事者每年歲末需親往
查點一次。

　　乾隆四年（1739），朝廷准許散居江南、福建、浙江、江西
等各府州縣棚民，以及在廣東搭寮的寮民，照保甲例編冊，按戶
排入保甲，責成地主、保長出具保結，呈送州縣官據冊稽察。願
入籍者，可頂替土著居民中的逃絕、死絕、遷徙不歸之戶，編入
土著，同當差役。墾種之地，定十年起科，即予為業。[135]乾隆二
十二年（1757），更定各省山居棚民，按戶編冊，地主並保甲結報。
廣東寮民，每寮給牌，互相保結。乾隆二十八年（1763），規定各
省棚民有家室者准其隸籍編入保甲外，單身質墾棚民，於原籍州
縣領有印票，並有親族保領，亦准其租種安插。[136]

　　棚民在取得合法居住權後，增加迅速，棚廠滿山相望，各省
漫山遍野墾殖面積逐漸擴大。由於山區過度開墾，造成水土流失
的問題，尤其是玉米的推廣墾種，破壞山區的植被，「種苞蘆（玉
米）者，先用長鑱除草木使盡，迨根荄茁壯，拔鬆土脈，一經驟
雨，砂石隨水下注，壅塞溪流，漸至沒田地，壞廬墓，國課民生
交受其害」。[137]這種現象在浙江、安徽、福建、湖南、南巴老林等
地區皆發生，但是有些地區不是國家的重點漕糧區，所以清廷並
未干預；但浙江、安徽與江南漕糧基地息息相關，浙江財賦稅收

---

134 《起居注冊》，雍正十三年七月十一日，諭旨。

135 《清會典事例》，第 2 冊，卷 158，戶部，戶口，流寓異地，頁 999-1000。

136 《清史稿校註》，第 5 冊，卷 127，食貨志，戶口，頁 3442-3443。

137 陳常鏵等修，臧承宣纂，《分水縣志》，光緒三十二年刊本影印，卷 1，疆
　　域志，風俗，附開種苞蘆利害論，頁 42。收入《中國方志叢書‧華中地方‧
　　浙江省》（臺北：成文出版社，民國 64 年），第 202 號。

又居全國之半，由於「財賦之區，不能無滄海桑田之慮」，[138]清廷因此無法置之不理。

　　乾隆五十四年（1789），安徽徽屬地區大水陡發，漂沒田舍，皆因棚民開山墾種所致，安徽巡撫朱珪等嚴飭概行驅逐。嘉慶初期，棚民較往昔更多，地方官亟宜禁止。[139]嘉慶六年（1801），浙江巡撫阮元為制止棚民繼續開山，制定〈棚民保甲法〉，採「以往不究」原則，嚴立條規曉諭，其內容約略如下：

　　1.現在棚民免其驅逐，編造保甲；清查後，即不許再有棚民
　　　來浙種山。

　　2.各租山地，有年限已滿者，陸續收回；租出山地未滿年限
　　　者，通融辦理，或酌量贖回，或令改種靛青、蕃薯、茶葉
　　　等不礙地畝之物，禁種苞蘆。

　　3.每年底，各該縣出具棚民有減無增印結。

　　4.自嘉慶七年（1802）後，仍有貪利出租山地者究辦。[140]

　　此法奠定了容留和限期退山的政策基礎。[141]但棚民仍持續增添。嘉慶十二年（1807），安徽休寧縣發生土客糾紛，縣民程元通呈控棚民方會中佔據山場，私行開墾，種植苞蘆，導致山傾水洩，河道淤漲，田廬成災。朝廷指示該省巡撫彭初齡選派廉明曉事大員前往查勘，斟酌處置，或設立禁約，責令逐漸遷移；或勘定界址，就地妥為安插。如此無籍之徒不致愈聚愈多，日久為害地方，亦不致驅迫過驟，別生枝結，激成事端，如此土棚之間方可「永

138 汪元方，〈請禁棚民開山阻水以杜後患疏〉，《道咸同光四朝奏議》，第 2 冊，頁 905。

139 陳柄德等纂修，《旌德縣志》，嘉慶十三年修，民國 14 年重刊本影印，卷 5，食貨，物產，頁 46。收入《中國方志叢書‧華中地方‧安徽省》（臺北：成文出版社，民國 64 年），第 227 號。

140 張鑑，《雷塘庵主弟子記》，卷 2，頁 8，收入《續修四庫全書》，史部‧傳記類，第 557 冊；阮元，〈禁棚民示〉，周紹濂修，蔡榜等纂，《德清縣續志》，嘉慶十三年修本石印，卷 4，頁 2。

141 劉敏，〈論清代棚民的戶籍問題〉，《中國社會經濟史研究》，1983 年第 1 期，頁 23。

杜爭端，輯寧民業」。[142]彭初齡派道員楊懋恬、撫標右營游擊和欽、太平府通判鄒光駿、盧州府通判高廷瑤等親往勘查後，酌斷案中棚民所租山場租價，退還租金，令棚民拆棚回籍；在徽日久，置有產業，並與土著婚姻編入保甲者，毋庸勒令回籍，無籍可歸之人，亦聽其各安生業，不必概行查辦。並議定章程，其餘棚民以租種山場契約年限為斷，限滿退山回籍，其未載年限者，至遲亦不能超過十年。[143]處置之法，非片面逐回原籍，乃容留與驅逐兼有，利於維護國家的統治。

嘉慶十三年（1808），安徽巡撫董教增清查寧國、池州、廣德三府州棚民戶口，共計 1,944 戶，大小男婦 7,032 丁口。如下表：

**表 5-2-2：嘉慶十三年安徽寧國、池州、廣德三府州棚民戶口數概況表**

| 時　　間 | 地　　區 | 戶 口 數 |
|---|---|---|
| 嘉慶十三年（1808） | 寧國府旌德、涇縣、太平、宣城、寧國五縣 | 725 戶<br>男婦 2,128 丁口 |
| 嘉慶十三年（1808） | 池州府貴池、銅陵、建德三縣 | 120 戶<br>男婦 456 丁口 |
| 嘉慶十三年（1808） | 廣德州及所屬建平縣 | 1,098 戶<br>男婦 4,448 丁口 |

資料來源：《宮中檔奏摺補遺》（臺北：國立故宮博物院編印，未出版），安徽巡撫董教增奏摺，頁 297。

其中廣德州棚民鄒廷龍等 88 戶，計 338 丁口，已置有田產完糧；佘志東等 50 戶，計 302 丁口，已與土著人民結聯姻婭。[144]朝廷議准置有田產完糧，並與土著人民聯姻之廣德州 138 戶、640 丁口

---

142　《清仁宗睿皇帝實錄》（三），卷 174，嘉慶十二年二月丙戌，諭旨，總頁292。

143　《清仁宗睿皇帝實錄》（三），卷 197，嘉慶十二年五月癸卯，諭旨，總頁346-347；《清仁宗睿皇帝實錄》（五），卷 323，嘉慶二十一年十月癸卯，諭旨，總頁 272；《軍機處檔‧月摺包》，049567 號，嘉慶二十一年十月二十九日，掌廣東道監察御史孫世昌奏摺錄副。

144　《宮中檔奏摺補遺》（臺北：國立故宮博物院編印，未出版），嘉慶十三年六月二十七日，安徽巡撫董教增奏摺，頁 297。

棚民，無庸勒令回籍。[145]清廷推行限期退山辦法，事實上成效不彰，各地棚民反因清代人口迅增而有所增加。茲將嘉慶十二年（1807）、十三年（1808）及道光六年（1826），查報安徽各屬棚民情形列於下表，以觀察該地在二十年間棚民戶口消長慨況：

**表5-2-3：嘉慶十二、十三年及道光六年安徽省棚民戶口數概況表**

| 府名 縣名 | 時間 數量 | 嘉慶十二年（1807）棚戶 | 棚民 | 嘉慶十三年（1808）棚戶 | 棚民 | 道光六年（1826）棚戶 | 棚民 |
|---|---|---|---|---|---|---|---|
| 徽州府 | 祁門縣 | 579 | 3,465 | | | 399 | 約2,388 |
| | 休寧縣 | 395 | 2,522 | | | 211 | 約1,347 |
| | 歙縣 | 334 | 1,415 | | | 142 | 約602 |
| | 績溪縣 | 172 | 915 | | | 12 | 約64 |
| | 婺源縣 | 74 | 295 | | | | |
| | 黟縣 | 9 | 172 | | | 10 | 約77 |
| 寧國府 | 宣城縣 | | | 共 | 共 | 533 | 共 |
| | 寧國縣 | | | 有 | 有 | 488 | 約 |
| | 涇縣 | | | 棚 | 棚 | 49 | 棚 |
| | 旌德縣 | | | 民 | 民 | 11 | 民 |
| | 太平縣 | | | 725 | 2,128 | 9 | 3,199 |
| 池州府 | 建德縣 | | | 共 | 共 | 97 | 共 |
| | 貴池縣 | | | 有 | 有 | 39 | 約 |
| | 銅陵縣 | | | 120 | 456 | 18 | 585 |
| 廣德 直隸州 | 廣德州 | | | 共 | 共 | 1,021 | 共 |
| | | | | 有 | 有 | | 約 |
| | 建平縣 | | | 1,098 | 4,448 | 54 | 4,355 |
| 總　計 | | 1,563 | 8,681 | 1,944 | 7,032 | 3,093 | 8,139 |

　　資料來源：1.《徽州府志》，道光七年刊本，卷4之2，營建志，水利，頁42。

　　　　　　2.《宮中檔奏摺補遺》，安徽巡撫董教增奏摺，頁297。

　　　　　　3.《軍機處檔·月摺包》，054319號。

---

145 嘉慶十六年三月二十九日，安徽巡撫廣厚奏摺，呂小鮮編，〈嘉慶朝安徽浙江棚民史料〉，《歷史檔案》，1993年第1期，頁30。

　　從上表可知，嘉慶十二年（1807）至道光六年（1826）止，徽州府、廣德直隸州棚民戶口有減少，但速度十分緩慢；而寧國府、池州府棚民戶口數卻不減反增，可知限期退山政策，並非在每一個地方皆有成效。事實上老棚不退，新棚卻日增，或因地方官未能切實執行，飭令回籍，僅虛應故事，空文報部，棚民實未回籍；或差役地保因利賄容隱，地棍無所懲戒，私自招租如故；所以有時奉文驅逐，不過拆毀2、3棚，遮掩了事，待官弁離開，棚民又復搭蓋，或更添棚數。[146]人情莫不安土重遷，何以棚民之數不減反增，乾嘉時期人口增長所形成的壓力，確有其不可小覷之處。

　　嘉慶十六年（1811）三月，安徽巡撫廣厚為嘉慶十三年（1808）查報之寧國府、池州府、廣德州所屬棚民中，尚未置產完糧且與土著聯姻的 1,806 戶 6,392 丁口請命，奏陳請免勒令回籍，並立法加以約束。[147]嘉慶十九年（1814）六月，浙江巡撫陳預奏報清查浙江棚民情形：

> 嘉慶六年，經前任長興縣知縣邢澍查明各鄉棚民共三百九十三戶，十六年又經陞任撫臣蔣攸銛飭，據前縣徐江履勘挨查，共有一千零十四戶，十年之間較之原查戶口，已增三倍。[148]

凡此，皆顯示棚民並未因限期退山政策的實施而減少。嘉慶二十年（1815），浙江巡撫顏檢稽查種山棚民時，以該省為例，認為棚民「在浙年久之人，或挈眷偕來，或在浙娶妻生子，置有產業，耕鑿相安，已與土著居民無異，若勒令回籍，是使安分種地之民，

---

146 《軍機處檔‧月摺包》，049567 號，嘉慶二十一年十二月二十九日，掌廣東道監察御史孫世昌奏摺錄副；《清仁宗睿皇帝實錄》（五），卷 323，嘉慶二十一年十月甲辰，諭旨，總頁 272。

147 嘉慶十六年三月二十九日，安徽巡撫廣厚奏摺，呂小鮮編，〈嘉慶朝安徽浙江棚民史料〉，《歷史檔案》，1993 年第 1 期，頁 30-31。

148 《宮中檔嘉慶朝奏摺》，第 27 輯，嘉慶十九年六月二十五日，浙江巡撫陳預奏摺，頁 111。

轉受失業流離之苦」。[149]清仁宗對驅逐棚民回籍，亦曾說過「此處驅逐，又至別省，總不能回本籍，祇可妥為安插為正辦」。[150]可見驅逐回籍做法，仍有很大的討論空間。棚民若本鄉尚可謀生，豈肯輕棄故土，遠至他省租山墾種，好不容易尋獲棲身之處安頓，「一旦盡欲驅而逐之，彼自度無所歸宿，勢必激成禍端」。[151]隨意驅逐，反增社會問題。同年，朝廷覆准：

> 浙江省棚民覈其租種已逾二十年，現有田產廬墓，娶有妻室者，即准令入籍。其年分未久，業已置產締姻者，俟扣滿年限，亦准其呈明入籍。若並未置產締姻，租種山場尚未年滿，及租票內並未註有年分者，應暫為安插。年分未滿者，俟年滿飭退，未註年分者，酌定五年飭退，俱不准再種苞蘆，致礙農田水利。……隻身棚民租種年限已滿，及本無租山資本，藉稱傭工在山逗遛者，均驅逐回籍。自此次清釐後，不准再有增添。如本地民人將公共山場，不告知合業之人，私招異籍民人搭棚開墾者，招租之人照子孫盜賣祀產例，承租之人照強占官民山場律，分別治罪。[152]

嘉慶二十一年（1816），又重申：「原編各戶棚民之外，不准再添一戶」。[153]反映清廷對棚民聚集日多，擔心滋生事端之寫照。

棚民入籍愈至後來，由棚籍改為當地民籍的情形愈為普遍，江西省萍鄉縣方志中即記載：

> 乾隆二十七年奉例，棚民入籍二十年以上者，許與本籍一體考試，厥後萍邑棚民，又俱改入本籍，而棚籍與本籍遂

---

149　《宮中檔嘉慶朝奏摺》，第 31 輯，嘉慶二十年三月二十三日，浙江巡撫顏檢奏摺，頁 197。

150　《宮中檔嘉慶朝奏摺》，第 31 輯，嘉慶二十年三月二十三日，浙江巡撫顏檢奏摺，頁 196。

151　《宮中檔雍正朝奏摺》，第 26 輯，雍正元年無月日，協理山西道事山西道監察御史何世璂奏摺，頁 558。

152　《清會典事例》，第 2 冊，卷 158，戶部，戶口，流寓異地，頁 1006。

153　《清仁宗睿皇帝實錄》（五），卷 316，嘉慶二十一年二月丙辰，諭旨，總頁 195。

無區別。[154]

道光初年，寧國縣知縣梁中孚說過，棚民已置有田產者，入籍當地，即為該縣百姓，如安分營生，則不應歧視。[155]土棚間不再像以往那麼勢不兩立，界限分明，在就地合法安置的情形下，棚民亦漸變成土著。

清初墾荒政策，至康熙末年已轉變為緩解人口過剩問題為導向，如此既能開墾荒地，又可紓解人口壓力，亦解決流民安置問題，可謂一舉三得。當時地區性人口過剩問題已露端倪，顯見傳統精華區人口已達飽和，招民墾荒之區，擴及至人跡罕至的邊疆地區或深山老林地帶，此區田地久未耕種，雜草叢生，生活條件艱難。為吸引流民前往，朝廷亦採取優惠措施，或替其建築屋舍，或官給田土耕墾，或延長起科年限，甚或永免科徵田賦，藉此以廣招徠。

康熙晚年，川陝總督鄂海曾募招客民於各邊邑開墾種山，各縣多設有招徠館。當時招人領地承賦，所承納賦稅不過幾錢幾分，領地輒數里之廣。至遠縣窵遠者，一紙執照內跨山中逾嶺常數十里，所納課稅卻為數不多，故其賃佃之租亦不似外間按畝而定。[156]康熙五十一年（1712），陝西西鄉、山陽、鳳縣發佈示諭，招徠外省人民墾闢田土，據《西鄉縣志》記載，兩年間，楚粵之民扶老攜幼而至者，不下數千人。但是，湖廣、廣東等省地方政府卻加以抵制，只許人民入蜀開墾，不准往陝西發展，對於往陝西人民，一旦察覺概押回原籍，毋得違例放行。據時人統計，徠民行至中

---

154 錫榮纂修，《萍鄉縣志》，同治十一年刊本影印，卷 4，學校，學額，頁 18。收入《中國方志叢書‧華中地方‧江西省》（臺北：成文出版社，民國 64 年），第 270 號。

155 梁中孚等纂修，《寧國縣志》，道光五年重輯本影印，卷之末，曉諭，頁 5。收入《中國方志叢書‧華中地方‧安徽省》（臺北：成文出版社，民國 72 年），第 694 號。

156 嚴如熤，《三省邊防備覽》，卷 11，策略，頁 18、28。收入《續修四庫全書》，史部‧地理類，第 732 冊。

道被驅回原籍者，不止數萬人。[157]再者，當時對於耕墾土地產權未清楚釐定，致原主與客民糾紛易起。起初人逃地荒，然糧額仍留戶下，故雖屬瘠地仍為有主者，待他人耕墾既稔，原主即起而爭之。[158]亦有地方勢豪霸佔荒山，自己不能耕墾，又禁止他人開墾，致使田地荒蕪，貧者無依，又無地可耕。[159]康熙二十三年（1684），陝南有定規，耕墾之地於次年陞科，招丁當年起徵；此一政策對於流民開墾影響頗大。之後，民間每以地力瘠薄，無法常年耕種，或一、二年後，力薄不收，唯恐報墾陞科，有賠糧之累，遂棄而不耕。[160]時洋縣縣令鄒溶即曾表示：

> 墾地次年陞糧，招丁當年起徵者，初以其新荒易開、新逃易復耳。今以越十五、六載，盡屬老荒久絕矣，而猶循此例，則夫草萊初闢，廬舍未安而能力裕輸將者或寡矣，憚而不前，不亦宜乎！[161]

基於上述之因，導致墾荒成效有限，使康、雍時期陝南未見人口明顯增加及大規模墾殖活動。此一現象之改變，要到乾隆年間。

乾隆六年（1741），朝廷頒定陝西招墾事宜，商州及所屬地方未墾荒地，地方官確查後，官為招墾，無主之地，給予墾戶為業，有主而自認無力開墾者，定價招墾，給照為業；凡零星土地，5畝以下零星不成坵段者，永免陞科，瘠薄之地，3、4、5畝折正1畝，十年起科；本地人力無餘，其鄰近無業之人，亦聽開墾，

---

157 《西鄉縣志》，康熙年間刻本，卷9，招徠始末。轉引自蕭正洪，〈清代陝南種植業的盛衰及其原因〉，《中國農史》，1989年第1期，頁74-75。

158 張鵬翼等纂修，《洋縣志》，光緒二十四年抄本影印，卷7，風俗志，頁4。收入《中國方志叢書·華北地方·陝西省》（臺北：成文出版社，民國58年），第265號。

159 《西鄉縣志》，卷9，招徠始末。轉引自蕭正洪，〈清代陝南種植業的盛衰及其原因〉，《中國農史》，1989年第1期，頁75。

160 聶燾纂修，《鎮安縣志》，民國十五年石印本影印，卷7，藝文志，頁16。收入《中國西北文獻叢書》（蘭州：蘭州古籍書店，1990年），第1輯，西北稀見方誌文獻，第15卷。

161 張鵬翼等纂修，《洋縣志》，光緒二十四年抄本影印，卷7，風俗志，頁4-5。收入《中國方志叢書·華北地方·陝西省》，第265號。

准予給照,編入土著保甲中;平衍膏土之地,每一壯丁限以 50
畝爲率,山岡砂石難收之地,每一壯丁限以 100 畝爲率,有父子
兄弟俱係壯丁者,酌量加增;荒地全無土產者,應查出開墾,人
民割漆砍竹、採取構皮、木耳者,聽民自便,地方官不得強令墾
種,亦不得以現獲微利,勒報陞科。[162]此項墾荒政策,確認農民
對墾地擁有所有權及使用權,在土地陞科方面,由於山地開墾不
易,土地肥瘠不同,起科時間有異,有晚徵、少徵,甚至全免者。
同時,鼓勵外省人民前來定居,規定將其編入土著保甲內,與土
著一體看待。

　　這項政策,對於長江中下游及其以南地區,因人口與耕地比
例嚴重不足,致使生存備感艱辛的窮民,頗具吸引力;相較於內
地省份,其所訂科則,稱得上是「薄賦」。山中賦稅較輕,種植亦
易,所以往往「本省視爲荒山,外省轉視爲樂土」。[163]是以在此政
策頒佈後,推動了一股向陝南遷移的風潮,各省失去土地的流民,
扶老攜幼,千百爲群,湧入山區老林開發。流民移入帶動當地農
業、手工業的發展,也促進經濟的成長。如興安直隸州,地廣 4,000
餘里,從前多屬荒山,自明末兵燹以來,即戶口寥落,乾隆中葉
後,因兩湖、安徽、江西、四川、河南等省人民相繼踵至,棲谷
依岩,僑居開墾,數年間,戶口驟增數十萬,棄地盡成膏腴。[164]乾
隆四十三年(1778),湖廣地區歉收,窮民流至興安州就食者不下
10 餘萬人,朝廷飭令地方官妥爲安插。由於興安州地形險要,戶
口又增至數十倍,朝廷決定改升爲興安府,兼設撫民通判,於縣
屬分設佐貳等官,以資管理。[165]地方行政區域的升格,官吏的增

---

162 《清高宗純皇帝實錄》(二),卷 146,乾隆六年七月壬申,總頁 1107-1108;
　　羅文思纂修,《商南縣志》,乾隆十七年刊本,卷 4,田賦,招墾,頁 12。

163 林一銘修,焦世官等纂,《寧陝廳志》,道光九年刻本影印,卷 1,風俗,
　　頁 18。收入《中國西北文獻叢書》,第 1 輯,西北稀見方誌文獻,第 17 卷。

164 《清高宗純皇帝實錄》(一四),卷 1087,乾隆四十四年七月辛亥,署陝甘
　　總督陝西巡撫畢沅奏,總頁 610。

165 《清高宗純皇帝實錄》(一五),卷 1164,乾隆四十七年九月壬寅,總頁
　　599。

置，象徵該地人口增加，其人口的增加，實爲安插外地流民所致。乾隆五十年（1785）後，興安府已是深山邃谷到處有人，寸地皆耕。[166]乾隆五十二年（1787），查該府各縣戶口冊籍，有 380,125 人之多，「較國初舊志所載多至數倍」。[167]

陝南除興安直隸州外，漢中、商州地區亦成爲內地人民往山區開墾的重要目標。康熙三十二年（1693）以前，流民安插山陽縣以北直隸居多，他省間而有之，但人數並不多，據縣冊記載康熙三十二年（1693）安插流民 33 人，男 22 人、女 11 人；三十三年（1694）春，男故 1 人，至五月新到安插男婦 5 人。[168]康熙五十六年（1717），西鄉縣知縣王穆捐造招徠館 20 間，以備湖廣等省招徠之民初到棲止，不久即有湖廣、江西、廣東之民，盈千累百攜帶家眷遷入西鄉，願爲西縣編民，知縣王穆給以牛、種，建蓋莊舍，安置居留。[169]乾隆以後，流民人數才明顯增加，山陽縣縣令何樹滋在〈稟墾山地免陞科〉中提到：「新附之民，湖廣、江南、河南共二千餘戶，山西同屬數百餘戶，江西、福建、廣東共百餘戶」。[170]乾隆四十七年（1782），陝西巡撫畢沅在〈覆奏民生吏治疏〉中奏稱：

> 竊見漢中、興安、商州各府州屬，沿亙南山，內外水土饒益，邇年楚、蜀、隴、豫無籍窮黎，扶老攜幼，前來開墾

166 葉世倬纂修，《續興安府志》，嘉慶十七年刊本影印，卷 2，食貨志，土產，頁 16。收入《中國方志叢書・華北地方・陝西省》（臺北：成文出版社，民國 59 年），第 293 號。

167 李國麒修，《興安府志》，咸豐三年重刊乾隆五十三年刊本，卷 10，食貨志，戶口，頁 2。

168 秦凝奎修；梁亭等纂，《山陽縣初志》，康熙三十三年刻本影印，卷 2，頁 40。收入《故宮珍本叢刊・陝西府州縣志》（海口：海南出版社，2001 年），第 79 冊。

169 薛祥綏纂，《西鄉縣志》，道光手抄本影印，卷 2，建置，公署，頁 4-5。收入《中國方志叢書・華北地方・陝西省》（臺北：成文出版社，民國 59 年），第 316 號。

170 何樹滋纂修，黃輝增補，《山陽縣志》，嘉慶元年刻十三年增刻本，卷 12，雜集志，公牘，頁 11。收入《故宮珍本叢刊・陝西府州縣志》，第 80 冊。

*者甚眾*。[171]

當時閒曠之地尚多，仍可容納外地流民墾荒。

康熙三十年（1691）山西、陝西災荒，流遷者眾，不少人轉徙至湖北襄陽一帶，每日動輒數百人，少亦不下數十人，從夏天開始，到秋冬已形成潮流。湖北荊南道道員俞森諄諄告誡，要求襄陽府、鄖陽府盡力為災民提供救濟與食宿，妥善安頓，以致遭他處驅逐的流民聞風湧入，絡繹不絕，越聚越多。該年末，統計流遷而至者約有 3～4 萬人，其中已登記造冊上報者約萬餘人。對於外來就食饑民，有力能墾荒者，當地業主不能開墾，可報官開墾，官給印照，開墾之後即為己業，照例六年陞科，原業主不得爭訟；無力願墾者，向保甲長說明，出具保結，縣府借貸牛種、籽粒，開墾之後，依定例照六年起科，永為己業，若將來還鄉，任其轉賣，原業主不得爭訟；流來饑民有手藝者，楚民家稍有餘糧可至麥熟者，可量力收留，令其傭工。道員俞森審度地勢，以為鄖、襄兩府惟襄陽、光化、棗陽、宜城四縣可以安插，其餘山邑險隘，深山邃谷，不便安插，應嚴禁防守，不許流民入山。為維地方寧靜，嚴行保甲，飭令各縣屬城鄉處所，確實稽造保甲內流民，誠實申報。[172]

湖北西北鄖陽地區和西南施南地區，向來人煙稀少，荒地頗多。康熙四十四年（1705），朝廷允准湖廣巡撫劉殿衡所奏：「湖北荒地甚多，有情願開墾者准其開墾。無力者，通省文武各官給與牛種招墾」。[173]湖北西南西北及四川東部的苗疆地區，在雍正末年實行「改土歸流」後，土地開墾進度逐漸加速，尤其在乾隆年間，漢人遷移此區尋求生機者日益增多。湖北竹谿縣，棚民來自遠近各省，「陝西之民五，江西之民四，山東、河南、北之民二，

---

171 畢沅，〈陝省農田水利牧畜疏〉，《清經世文編》，卷 36，戶政，農政，頁 10。

172 俞森，《鄖襄賑濟事宜》，總頁 24-28。收入《叢書集成新編》，社會科學類，第 33 冊。

173 《清聖祖仁皇帝實錄》（三），卷 219，康熙四十四年二月壬辰，總頁 212。

土著之民二。今則四川、江南、山西、廣東、湖南，本省武昌、黃州、安陸、荊襄之人亦多入籍」。[174]乾隆十七年（1752），川、黔、兩楚人民往湖北施南府墾荒者，接踵而往，為妥善安置，朝廷規定：

> 外省及各屬人民入施者，請照入川給照之例，開造眷屬清冊，呈報本籍，給照前往，交與該地方官查驗，收入保甲，一體編查。其現在落業民人，凡有夫妻子女者，無論流寓久暫，悉予編保；其單身游手之徒，限三月內查明，取具親鄰保結，方准編入。[175]

以湖北建始縣人口變化為例，乾隆二十年（1755），建始縣編查保甲，清查人口有 16,000 餘戶，70,000 餘丁口；乾隆四十一年（1776），增至 24,000 餘戶，144,000 餘丁口；乾隆四十八年（1783），人戶達 35,740 戶，170,836 丁口。[176]不到三十年，該縣人戶數增加 2 倍有餘，顯示其人口成長為外來移民所致。

　　陝西、四川、湖北三省交界的深山老林，廣袤遼闊，人煙稀少，山徑僻雜，易成藏奸之藪。嘉慶元年（1796），因白蓮教亂事滋擾，川、陝、楚、甘、豫等省州縣村莊無不遭受焚劫，難民挈眷逃亡，流離轉徙。朝廷令各府州縣對逃來難民問明來歷，有親戚可依者，量為資送前往，並給予照票，以免沿途盤詰；若為無業貧民，年壯可堪力作者，給予工價充當夫役；老弱婦孺等安頓於城外搭蓋棚廠，照災賑定例每日發放口糧，庶使口食有資，毋受凍餒。待事竣後，遣送歸鄉，無使失所。[177]

---

174　陶壽嵩修，楊兆熊纂，《竹谿縣志》，同治六年刻本影印，卷 14，風俗，頁2。收入《中國地方志集成·湖北府縣志輯》，第 60 冊。

175　《清高宗純皇帝實錄》（六），卷 429，乾隆十七年十二月丙辰，湖廣總督永常奏，總頁 615。

176　熊啟詠，《建始縣志》，同治五年刊本影印，卷之 4，食貨志，戶口，頁 2。收入《中國方志叢書·華中地方·湖北省》（臺北：成文出版社，民國 64年），第 354 號。

177　《宮中檔嘉慶朝奏摺》，第 1 輯，嘉慶元年三月初九日，署理黃巖鎮總兵官孫全謀奏摺附片，頁 355-356。

　　事變時,白蓮教徒為官兵追剿,向南巴老林奔竄逃匿,曾短時間中斷陝南的墾殖過程,一部分已墾土地受到破壞,再次荒蕪。川、陝、楚三省被擾害之處,「從賊而戮者有叛產,避賊而亡者有絕業,此兩項田土不下數千萬畝」。[178]清廷了解難民與土地問題不容忽視,為利於農業的恢復,擴大乾隆六年(1741)的墾荒政策,墾殖區擴及秦嶺中西部山區,等於陝南全面開禁。嘉慶四年(1799)十月,太子太保彭元瑞等建議,終南山綿亙 800 餘里,居民稀少,與其置之空閒,徒為盜藪,何若酌為疆理,安置編氓。朝廷同意南山既有可耕之地,可將山內老林量加砍伐,其地畝既可撥給流民,自行墾種,而所伐材木,又可作為建蓋廬舍之用。在此建置縣廳公署,移駐弁兵,行使保甲,以為管理。既有恆產,必有恆心,失業流民既能在此安業,日久即可成為土著,南山老林亦不致仍為盜藪,此於招徠綏撫及因地制宜之道皆有助益。[179]流民有了耕種的土地,國家租稅收入增加,社會動盪不安的因素也大大減少了。

　　嘉慶十七年(1812),陝西地方政府頒布〈南山州縣章程〉,規定:

> 分佃地畝,其中多有本係山地原佃開墾成田者,取有頂手,地內出息,應聽原佃戶收用……地主不得忘冀分肥。至地主欲行變賣,先僅原佃之人或承買,或分買。如原佃無力置買,使准另賣。其佃戶人等,如無欠租等事,一律換約認主,不得奪佃自種,亦不得將原佃起發,另招他戶。[180]

農民的永佃權在此獲得保障,不必擔心地主隨意奪佃,任意加租,免除地主的威脅;因此能較長期使用土地,也比較願意投入生長

---

178 嚴如熤,〈評定三省亂民善後事宜疏〉,《樂園文鈔》,道光間刊本,卷 6,頁 3。

179 《清仁宗睿皇帝實錄》(一),卷 53,嘉慶四年十月戊戌,諭旨,總頁 684;陳田、吳懷清纂輯,《食貨志》,戶口 41,安插流民,文獻編號 212000131。

180 顧縣修,王賢輔等纂,《白河縣志》,光緒十九年刊本影印,卷 5,風俗,頁 6-7。收入《中國方志叢書‧華北地方‧陝西省》(臺北:成文出版社,民國 58 年),第 277 號。

週期長的經濟林木或其他藥材的種植。此項規定又帶動另一波流民遷徙浪潮，誠如《秦疆治略》所言：「自白蓮教亂……川楚無業之徒紛紛而來，開山種地」。[181]流民的移入墾種，逐漸改變落後山區地曠人稀的狀況，戶口與耕地數都往上成長。如此安排，陝南地區至道光年間呈現「生齒日繁，荒山老林盡行開墾，地無曠土，賦不加增，鄉民鑿井耕田，含哺鼓腹」的繁榮景象。[182]

# 三、雲貴地區

明末清初改朝換代的戰爭，至順治十八年（1661），清廷對雲貴地區的軍事行動才告底定，雲貴總督趙廷臣奏准開墾滇、黔荒蕪田土，有主荒地令本主開墾，無主荒地招民拓墾，俱三年起科，該州縣給以印票，永為己業。[183]同年，雲南巡撫袁懋功上疏請將投降之人酌量安置，隨編保甲，此類無籍亡命之徒，應准其入籍，嚴查出入；有無主田地，聽其開墾，照例起科。[184]可見中央與地方對西南邊疆農業的恢復與開墾十分重視與用心，不敢大意。康熙二年（1663），雲南全省開墾土地 1,200 餘頃，[185]次年又開墾 2,459 頃。[186]康熙二十年（1681）三藩之亂戰爭結束，清廷重申招民議敘條例，清聖祖在諭旨中明確指示，湖廣、江西、福建、廣東、廣西，俱屬內地，亂事既定，其招民議敘規定停止，

---

181 盧坤，《秦疆治略》，石泉縣，頁 66。收入《中國方志叢書・華北地方・陝西省》，第 288 號。
182 鄭天挺，《清史》，頁 522。
183 《清聖祖仁皇帝實錄》（一），卷 1，順治十八年二月乙未，總頁 49-50。
184 《清聖祖仁皇帝實錄》（一），卷 2，順治十八年三月辛酉，雲南巡撫袁懋功疏，總頁 54。
185 《清聖祖仁皇帝實錄》（一），卷 12，康熙三年五月甲申，雲南巡撫袁懋功疏，總頁 185。
186 《清聖祖仁皇帝實錄》（一），卷 15，康熙四年四月壬午，雲南巡撫袁懋功疏，總頁 227。《皇朝文獻通考》，卷 2，田賦考，田賦之制，頁 4，記載：康熙三年，「雲南省墾田二千四百五十九頃，又續墾一千二百餘頃。」收入《景印文淵閣四庫全書》，史部・政書類，第 632 冊。

惟四川、雲南、貴州仍准按照議敘則例,招徠流移,安插開墾。[187]
清廷注意將墾荒與安置流民相結合,以充分利用徠民的勞動力。

雍正年間,西南地區實行「改土歸流」,歷經慘烈的戰爭,
使得原本即人口稀少的地區,更加荒涼,土地大量荒蕪。雍正初
年,雲貴總督鄂爾泰路經滇北,極目所見,人煙稀疏,不聞雞犬
之聲,惟隔 30 里地才見塘兵 2、3 名,茅屋數間。而「入山處古
木參天,遠山處平疇萬頃,取用盡屬良材,墾治皆爲美產。然而
田皆蒿萊,地盡荊棘,耕種不施,漁樵絕跡」。[188]可見田多荒廢,
亟待開墾。雍正四年(1726),雲南布政使常德具奏:

> 雲貴遠處邊徼,幅員遼闊,除石山陡崖以外,非盡不毛之
> 地,若能因地制宜,近水者種秔稻,高陸者藝菽粟,莫非
> 膏腴沃壤。[189]

清廷准許雲南、貴州兩省地方官招民開墾,墾種熟地歸開墾戶所
有,得於次年起科納稅;民間自行開墾者,按照年限起科納稅。
雍正七年(1729),又允許雲南烏蒙東南田土山場,設置流官以招
民墾種,由於地曠田多,又令駐軍參加開墾;對於願墾荒百姓,
官府先借助耕牛、種籽和銀兩,允於三年內陸續歸還。[190]雲貴總
督高其倬認爲招徠漢人,可以充實地方,可以更易保習;雍正十
年(1732),高其倬招募漢人前往雲南昭通拓墾,由官方資借路費、
耕牛、種籽,至其地每戶授與田地 20 畝,先予熟水田開墾,熟水
田墾完,再就生水田授墾,生水田墾完,即以旱地給墾,所授之
田給予執照,永准爲業。[191]

康熙四年(1665),貴州巡撫羅繪奏准百姓開荒田地,不立

---

187 《清聖祖仁皇帝實錄》(一),卷 96,康熙二十年七月癸酉,總頁 1219-1220。
188 鄂容安編,《襄勤伯鄂文端公年譜》,頁 530。收入《北京圖書館藏珍本年
譜叢刊》(北京:北京圖書館出版社,1998 年),第 91 冊。
189 《宮中檔雍正朝奏摺》,第 6 輯,雍正四年七月二十六日,雲南布政使常
德壽奏摺,頁 371。
190 《清會典事例》,第 2 冊,卷 166,戶部,田賦,開墾,頁 1112。
191 阮元等修,王崧等纂,《雲南通志稿》,道光十五年刊本,卷 57,食貨志,
田賦,頁 29-30。

田賦始徵年限，即徵亦酌量起科。[192]條件雖佳，但因土地多為土司所有，且地理位置偏僻，尚未吸引流民目光。到「改土歸流」後，中央的控制力加強，土司佔有的可耕地釋出，墾荒工作才有較大的發展。雲貴地區由於交通敝塞，經濟生產與內地存在很大的差異，耕作方法原始，產量極低，乾隆四年（1739），陳惪榮任貴州布政使上疏陳言：

> 黔地山多水足，可以疏土成田，小民難於工本，不能變瘠為腴。山荒尤多，流民思墾，輒見撓阻，桑條肥沃，亦不知蠶繰之法，自非牧民者經營而勸率之，利不可得而興也。今就鄰省雇募種棉、織布、飼蠶、紡績之人，擇地試種，設局教習，轉相傚效，可以有成。應責各道因地制宜，隨時設教。一年必有規模，三年漸期成效。[193]

朝廷允其所奏，給予工本，教授農藝，建築壩堰，修治水田。乾隆五年（1740）十一月，朝廷議准貴州總督張廣泗及將署貴州布政使陳惪榮所奏開墾貴州田土一事，貴州山土多未開闢，應廣行墾闢，增種雜糧。凡有可墾山土，俱報官勘驗，或令業主自墾，或招佃共墾；無業主之官山，一概招人認墾，官為立界，給照管業。[194]乾隆六年（1741）九月，署貴州總督雲南巡撫張允隨奏准：

> 黔省地鮮平疇，凡山頭地角、零星地土及山石攙雜，工多穫少；或依山傍嶺，雖成坵段，而土淺力薄，須間年休息者；悉聽夷民墾種，永免升科。至有水可引、力能墾田一畝以上，照水田例，六年升科；不及一畝者，亦免升科。無水可引，地稍平衍，或墾為土，或墾為乾田，二畝以上，照旱田例，十年升科；不及二畝者，亦免升科。[195]

貴州山地多，且山石攙雜，朝廷同意凡依山傍嶺及薄瘠之地，任

---

192 《清聖祖仁皇帝實錄》（一），卷 15，康熙四年四月戊辰，貴州巡撫羅繪錦疏，總頁 225。
193 《清史稿校註》，第 14 冊，卷 484，陳惪榮傳，頁 10899-10900。
194 《清高宗純皇帝實錄》（二），卷 130，乾隆五年十一月癸酉，總頁 900。
195 《清高宗純皇帝實錄》（二），卷 150，乾隆六年九月壬申，總頁 1155。

民耕墾，可永免徵稅。乾隆七年（1742），流民開墾貴築、貴陽、開州、威寧、餘慶、施秉諸州縣山地報墾田至 36,000 畝。[196]

　　到西南地區墾荒是得到清廷鼓勵的，雲南昭通、東川、元江、普洱地區人稀土曠，清廷借給開荒流民銀兩，墾闢夷疆，乾隆二年（1737）時還有 10,860 餘兩尚未納還，想見墾荒流民數量可觀。後來，朝廷對未還的銀兩也「悉行豁免」。[197]乾隆七年（1742）二月，雲南總督張允隨在奏摺中表示：「鎮雄一州，原係土府，並無漢人祖業，即有外來流民，皆係佃種夷人田地。雍正五年改流歸滇，凡夷目田地俱免其變價，准令照舊招佃，收租納糧」。[198]朝廷允准後，昭東各屬，外來流民佃種夷田者甚眾。同年四月，總督張允隨又奏准：

> 嗣後民夷墾種田地，如係山頭、地角、坡側、旱壩，尚無砂石夾雜，在三畝以上者，俟墾有成效，照旱田例，十年之後，以下則升科；若係砂石磽确、不成片段及瘠薄已甚、不能灌溉者，俱長免升科。至水濱河尾，尚可挑培成田，在二畝以上者，照水田例，六年之後，以下則升科；如零星地土、低窪處所、潦涸不常、難必有收者，仍長免升科。仍令該地方官給照開挖，以杜爭占。[199]

雲南平原有限，「跬步皆山，不通舟楫」。[200]居民糧食一向靠當地自給自足，少有外省接濟，但雲南出產五金，外省人民走廠開採者多，幾半土著，且本省生齒亦繁，糧食問題如何解決？乾隆十三年（1748），雲南巡撫圖爾炳阿認為「惟有教民勤力開墾，使無遺利」而已。[201]所以政策的導向，均在鼓勵人民盡心墾種。乾隆

---

196 《清史稿校註》，第 14 冊，卷 484，陳惠榮傳，頁 10900。
197 《清高宗純皇帝實錄》（一），卷 54，乾隆二年十月丁酉，諭旨，總頁 907。
198 《張允隨奏稿》，乾隆七年二月十七日，頁 622。收入方國瑜主編，《雲南史料叢刊》（昆明：雲南大學出版社，2001 年），第 8 卷。
199 《清高宗純皇帝實錄》（三），卷 165，乾隆七年四月丁巳，總頁 89。
200 《清高宗純皇帝實錄》（一），卷 40，乾隆二年四月癸亥，諭旨，總頁 712。
201 《清高宗純皇帝實錄》（五），卷 317，乾隆十三年六月壬午，雲南巡撫圖爾炳阿覆奏，總頁 217。

三十一年（1766），雲南水陸可耕之地，已經墾闢無餘，山麓河濱之地接著成爲墾種的對象。朝廷又頒行諭旨昭告：

> 嗣後滇省山頭地角水濱河尾，俱著聽民耕種，概免陞科，
> 以杜分別查勘之累，且使農氓無所顧慮，得以踴躍赴功，
> 力謀本計。至舊有水利地方，如應行開渠築壩之處，小民
> 無力興修，及閒曠地畝、艱於開墾者，並令確切查照，酌
> 借公項，俾閭閻工作有資。[202]

朝廷的諭令、地方官的支持與誘導，使內地百姓更加踴躍進入西南地區開墾閒曠之地。爲便於管理往邊區省份謀求發展的內地漢人，乾隆二十二年（1757）規定民、夷錯處者，一體編入保甲；其依山傍水自成村落者，令管事頭目造冊稽查。乾隆末、嘉慶初，苗民爲亂，有貴州難民避入雲南境內，地方官奉命妥爲撫恤，除有親友可依回籍者外，嘉慶二年（1797）四月，清查仍存留無力窮民，尚有數十名至數百名不等，均加安插，不致流離失所；年力精壯者撥擔鄉夫，以資口食。[203]至嘉慶年間，雲、貴地區絕大部分的可耕地皆爲流民開墾。[204]

# 四、東三省

由於明末清初的戰爭，兵馬蹂躪，遼東人口因死亡、避難或被俘而銳減，耕田變爲荒土，生產遭受極大破壞，經濟幾處於停滯狀態。據估算清代初期遼東的土著人口大約僅 15 萬，同時雖有遼東之外的八旗滿人遷入遼東，但估計當時遼東人口可能只有幾十萬人。[205]順治元年（1644），清廷爲鞏固政權，採行優待辦法，

202 《乾隆朝上諭檔》，第 4 冊，乾隆三十一年七月初七日，內閣奉上諭，頁915。

203 《宮中檔嘉慶朝奏摺》，第 4 輯，嘉慶二年四月初九日，湖北巡撫汪新奏摺附片，頁 236。

204 趙翼，《簷曝雜記》（北京：中華書局，1982 年），卷 4，頁 68。

205 曹樹基，《中國移民史》，第 6 卷，頁 473。

以鼓勵滿人入關，如圈給地畝，由漢人耕種，滿人坐收租稅，給以房產、錢糧，安置政府職務等；此又正好與滿人慕漢的心理相符合。八旗官兵和旗人幾乎是舉家跟隨著滿洲政府「從龍」入關，一時間東三省地區人口湧向關內掀起一股狂潮，[206]「男女相踵，不絕於道」。[207]幾年間，遼瀋地區頓成空曠，人口迅速流失，大量田土拋荒，加上睿親王多爾袞為了定都北京，穩定局勢，斷絕八旗上層人物和士卒退回關外、返回東三省老家的念頭，下令將二十年來苦心經營漸具規模的遼東城鎮村落，完全破壞，[208]遼東墾區變為荒原，形成地方遼闊人煙稀少之景象。順治十八年（1661），奉天府府尹張尙賢說遼東「荒城廢堡，敗瓦頹垣，沃野千里，有土無人」，[209]「自瀋陽至蔔奎（今齊齊哈爾），中間千數百里無居民」。[210]廣大的空地加上勞動力的缺乏，自然成為吸引北方各省流民匯聚之區。再加上東三省地價低，土地稅輕，租稅額少，糧價低廉，均有利於流民求食謀生。因此關內流民源源不絕私入東三省開墾，終成為東三省社會人口重要的來源，對當地經濟的發展，佔有十分重要的地位。

　　所謂「欲弭外患，必當籌畫隄防，欲消內憂，必當充實根本，以圖久遠之策」。[211]基於國防及內政上的考量，清廷肇興之地的遼東，仍為其重要的大後方和根據地，無論在兵源上和財源上，仍需仰賴此區為要。奉天府府尹張尙賢曾大聲疾呼，京師猶人之腹

---

206　管東貴，〈清初遼東招墾授官的效果及其被廢原因的探討〉，《中央研究院歷史語言研究所集刊》，第 44 本（臺北：中央研究院歷史語言研究所，民國 61 年），頁 228-229。

207　稻葉君山著，楊成能譯，《滿洲發達史》（臺北：臺聯國風出版社，民國 58 年），頁 266。

208　南懷仁，《韃靼旅行記》，頁 138。收入李澍田主編，《長白叢書初集》（長春：吉林文史出版社，1995 年）。

209　《清聖祖仁皇帝實錄》（一），卷 2，順治十八年五月丁巳，奉天府府尹張尙賢疏，總頁 65。

210　西清，《黑龍江外紀》，光緒三年至十三年排印本，卷 7，頁 26。

211　《清聖祖仁皇帝實錄》（一），卷 2，順治十八年五月丁巳，奉天府府尹張尙賢疏，總頁 65。

心，盛京猶木之根本，現腹地久已壯實，然根本尚屬空虛，為大清國基穩固、淵遠流長計，當充實根本，方為萬年之策。所以東三省的殘破，自然引起清廷的關注，田地的荒蕪，亦影響賦稅收入，因此，順治初年始，對關外採取明智的開放政策，開放荒地，招民開墾。順治元年（1644），允准將州縣衛所無主荒地分給流民和官兵屯種，有主荒地令原主開墾，無力者官給牛具籽種資助。[212] 六年（1649），又下令先年入關的遼人願還鄉者返回遼東，並訂招集流民之法，不分原籍、別籍，均編入保甲墾荒。[213]順治八年（1651），以山海關外荒地甚多，提出凡人民「願出關開墾者，令山海道造冊報部，分地居住」的辦法，[214]鼓勵關內農民出關開荒，給予可耕之地。據此，有趙景明、王寬等 30 家，奉文出關安插開墾，均花名冊報在案。[215]順治十一年（1654），重申「饑民有願赴遼東就食耕種者，山海關章京不得攔阻，所在章京及府州縣官，隨民願往處所，撥與田地，酌給種糧，安插撫養，毋使失所」。[216]

　　為充實遼東發祥之地，順治十年（1653），朝廷公佈「遼東招民授官條例」獎敘規定，對地方官招徠流民復業訂有明確獎勵辦法：

> 遼東招民開墾至百名者，文授知縣，武授守備。六十名以上，文授州同、州判，武授千總。五十名以上，文授縣丞、主簿，武授百總。招民數多者，每百名加一級。所招民，每名口給月糧一斗；每地一晌，給種六升；每百名給牛二

212　《清會典事例》，第 2 冊，卷 166，戶部，田賦，開墾，頁 1109；陳田、李明哲纂輯，《食貨志》，屯墾 47，關外民墾，文獻編號 212000528。

213　《清世祖章皇帝實錄》，卷 42，順治六年正月己卯，諭旨，總頁 338；《清會典事例》，第 2 冊，卷 166，戶部，田賦，開墾，頁 1109。

214　陳田、李明哲纂輯，《食貨志》，屯墾 47，關外民墾，文獻編號 212000528；《皇朝文獻通考》，卷 1，田賦考，田賦之制，頁 19，收入《景印文淵閣四庫全書》，史部‧政書類，第 632 冊。

215　彭雨新編，《清代土地開墾史資料匯編》，順治十一年五月十二日，戶部尚書車克等題本，頁 39。

216　《清世祖章皇帝實錄》，卷 84，順治十一年六月庚辰，諭旨，總頁 664。

十隻。[217]

此即按招民多寡，作爲授與文武官職的依據，並發給墾者耕牛、種籽、口糧等，鼓勵漢人出關開墾。其具體做法爲：招民者（又名招頭）將應招人的姓名、數目造冊呈報戶部，然後率領所招之人出關，到達戶部所指定的地點定居，向當地官府交收，招頭拿到當地州縣給予的收文後返京，向吏部或兵部呈文領職。招墾令頒佈後，確有一些關內漢人招領農民出關墾荒。例如：順治十一年（1654），浙江義烏人陳達德曾招領 140 戶出關，清廷授予遼陽縣令一職，陳達德在任職期間，勤政興農，頗有政績。[218]；順治十二年（1655），寄居於登州海島之原遼東人民，經諭示招來，有廣鹿、長山等島民共 130 家、624 口願回金州衛原籍墾種；直隸盧龍縣知縣熊一龍捐資招來饑民 100 名，家口 192 口，送到遼陽安插；寧津縣知縣史樹駿招撫流離之人 1,326 丁。[219]順治十三年（1656）、十四年（1657）、十七年（1660），又詔令天下，以授官賜爵來鼓勵各省招民開墾荒地。[220]

爲招徠更多漢人，清廷採取降低賦稅的辦法，於順治十五年（1658）規定遼陽一帶每畝地只徵銀 3 分，[221]較關內賦稅明顯減

---

217 呂耀曾修，魏樞纂，《盛京通志》，乾隆元年刊本，卷 23，戶口，頁 1。

218 楊鑣，《遼陽州志》，卷 12，職官志，頁 2。收入《遼海叢書》，第 2 冊。

219 《內閣大庫檔案》，088733 號，順治十二年十月十一日，戶部尙書郎丘等題本；《明清檔案》，第 24 冊，A24-80、A24-125，順治十二年十月二十日、十一月五日，戶部尙書郎丘等題本。

220 參見《清世祖章皇帝實錄》，卷 109，順治十四年四月壬午，總頁 854；《大清會典·康熙朝》，卷 8，吏部，漢缺選法，頁 15，收入《近代中國史料叢刊三編》，第 72 輯，第 711 冊。

221 王河等修，《欽定盛京通志》，卷 24，田賦，頁 1。收入《中國邊疆叢書》（臺北縣：文海出版社，民國 54 年），第 1 輯，第 1 冊。順治十五年，清廷定徵賦之制，梁方仲，《中國歷代戶口·田地·田賦統計》，頁 391，載：「順治十八年，奉天每畝地徵銀三分，較直隸之徵銀四分，糧四勺；山東之徵銀三分二釐，糧五合三勺均低。」其後經康雍時期之調整，東三省民賦略有上升，各縣之間也不統一，但始終是「重在招墾，課賦從寬」，較內地各省爲輕。見徐鼐霖主修，《永吉縣志》（長春：吉林文史出版社，1988 年），卷 15，輿地志，頁 24。

輕,對流民具有極大的吸引力。燕魯窮民聞風踵至,或東出榆關,或北渡渤海,成群結隊出關覓食,[222]遼東經濟因此得到一定程度的恢復和發展。爲配合招墾政策的實施,清廷在東三省建立與八旗駐防平行的民官體制,順治十年(1653)設遼陽爲府,下轄遼陽、海城兩縣,設官管理漢人開墾事宜。這是清朝在東三省設置州縣之始,也代表遼東旗民兩重制的正式形成。順治十四年(1657),罷遼陽府,設奉天府尹,與京師順天府尹一樣,視同行省。[223]康熙二年(1663),詔令:於「蓋州、熊岳地方安插新民,查有附近荒地房基,酌量圈給,並令海城縣督率勸墾」。[224]除持續順治年間的招墾,爲鼓勵更多的拓荒者,同年,進一步對遼東招民開墾條例補充,規定遼東招民百人者,不必考試,俱以知縣任用。[225]康熙四年(1665),又規定遼東招民達百家,不分年限次序,先選任知縣。[226]康熙五年(1666),復諭令以奉天所屬白旗堡、小河西兩處田地,及廣寧、寧遠兩縣曠地,予民開墾耕種。[227]康熙七年(1668),招民授官定例廢止。[228]康熙十年(1671),清聖祖

---

222 石方,〈清代黑龍江移民探討〉,《黑龍江文物叢刊》,1984 年第 3 期,頁64。

223 楊餘練主編,《清代東北史》,頁 133。

224 《清聖祖仁皇帝實錄》(一),卷 8,康熙二年正月壬午,盛京戶部侍郎吳瑪護等議覆,總頁 132-133。

225 陳夢雷編,《古今圖書集成》,第 66 冊,食貨典,卷 52,田制部,頁 537;陳田、李明哲纂輯,《食貨志》,屯墾 47,關外民墾,文獻編號 212000528;《清國史》(北京:中華書局,1993 年),第 3 冊,食貨志,卷 2,屯墾 2,頁 624。

226 陳田、李明哲纂輯,《食貨志》,屯墾 47,關外民墾,文獻編號 212000528。

227 《皇朝文獻通考》,卷 2,田賦考,田賦之制,頁 6。收入《景印文淵閣四庫全書》,史部·政書類,第 632 冊。

228 對於遼東招墾授官令的廢除,清廷並未明確說明原因,學界有不同看法。朱誠如,〈清代中葉以前關內流民遷遼述論〉,《遼寧師範大學學報》,1985 年第 5 期,頁 64,認爲遼東招墾授官令廢止,開始封禁東北。溫順德,《清代乾嘉時期關內漢人流移東北之研究》,政治大學歷史研究所碩士論文,民國 82 年,頁 7-11;張璿如,〈清初封禁與招民開墾〉,《社會科學戰線》,1983 年 1 期,頁 182-188,以爲廢除遼東招墾授官令只是罷除授官之例,並未因此禁止漢人出關墾種。據《清實錄》中記載,康熙六年七月,工科

東巡，曾指示盛京將軍阿穆爾圖等人：「爾等膺荷委任，惟撫輯軍民，愛養招徠。滿漢人民悉賴農業，須多方勸諭，開墾耕種，俾各遂生計，以副朕睠念發祥重地之意」。[229]康熙十九年（1680），將奉天府丈量出之荒地，分爲旗界內地與民界內地。並規定「凡新來之民，在民界內安插，緣邊次第墾種；其原在旗內居民有願移民界內墾種者，有仍願在旗內墾種原地者，聽從其便」。[230]康熙二十六年（1687）清廷規定：「各省之民無牌票私出邊口者，……著於山海關外遼東等處安插」。[231]可見招民開墾，發展農業經濟，仍爲充實滿發祥重地的根本措施，康熙七年（1668）招民授官定例宣佈停止，並不意味清廷對鼓勵漢人出關墾荒有所改變，內地漢人出關拓墾，亦未受到禁止。乾隆七年（1742）戶部尙書陳悳華奏稱，聽聞人民行至山海關，遭該關地方官有意留難，不給印票，或管關官員故爲勒掯，使人民詘然而返；陳悳華即奏准行令直隸總督嚴飭地方官遵例，經查核若實係近關 300 里內居民出關墾種者，即行給票，並令該關副都統轉飭管口官驗明印票，立即

---

給事中李宗孔奏疏：「各官選補，俱按年分輪授。獨招民百家送盛京者，選授知縣，超於各項之前。臣思此輩驟得七品正印職銜，光榮已極，豈在急於受任。請以後招民應授之官，照各項年分，循次錄用。」見《清聖祖仁皇帝實錄》（一），卷 23，康熙六年七月丁未，工科給事中李宗孔疏，總頁 314。可見清廷停止遼東招墾授官令乃從吏治考量，擔心常此下去有礙官吏考成，造成「名器徒輕」不良後果，並無禁止招民開墾之意。順治十四年，吏科給事中王益朋已有奏疏言明。另有謂是都察院左都御史王熙奏請而撤除，原因是「恐有不肖奸民借貸爲市，貽害地方」，因此建議「改授散秩，以絕僥倖」。見席裕福、沈師徐輯，《皇朝政典類纂》，卷 13，田賦，頁 3，收入《近代中國史料叢刊續編》，第 88 輯，第 873 冊；陳康祺，《郎潛紀聞初筆二筆三筆》，三筆，卷 1，頁 658，收入《筆記小說大觀》（臺北：新興書局，民國 75 年），41 編，第 6 冊。可見提出停罷授官之例，是爲了防止招民者貪圖官位，藉端舞弊，並非就此停止招民墾荒。

229　《清聖祖仁皇帝實錄》（一），卷 36，康熙十年九月辛未，諭旨，總頁 492。
230　《大清會典‧康熙朝》，卷 20，戶部，田土，丈量，頁 25-26，收入《近代中國史料叢刊三編》，第 72 輯，第 713 冊；《清聖祖仁皇帝實錄》（一），卷 91，康熙十九年八月壬戌，總頁 1150 載：「有民願開墾者，州縣申報府尹，給地耕種徵糧。」
231　《清聖祖仁皇帝實錄》（二），卷 129，康熙二十六年二月庚午，總頁 386。

放出。[232]清高宗在諭旨中就說過，直隸、山西等地百姓，往口外熱河等地耕種貿易，「往往有之」；山東人民至盛京種地貿易，亦「係常事」。[233]可見，只要依規定請領照票，朝廷並不禁阻漢人出邊。

從順治十年（1653）招墾令頒佈到康熙七年（1668）招民授官定例停止，奉天地區的人丁、土地數量皆有增長，如表 5-2-4 所列，可看出遼東招民開墾略有成效。

表 5-2-4：順治十年至康熙七年奉天人丁土地增長概況表

| 時　　間 | 地　　區 | 增加人丁 | 增長土地 |
|---|---|---|---|
| 順治十七年（1660） | 遼陽、海城 | 3,723 丁 | 48,165 畝 |
| 順治十八年（1661） | 金　州 | 229 丁 | 7,167 畝 |
| 康熙七年（1668） | 承德等六州縣 | 2,643 丁 | 6,737 畝 |

資料來源：王河等修，《盛京通志》，卷 23，頁 2-4；卷 24，頁 2、4。

表內數字爲登載在冊籍上的人丁與土地，清廷承認其土地所有權，地方州縣據此徵收賦稅，攤派徭役，當時定有不少人百般設法逃避入籍，若再加上未載冊數量，必超越這些數目。

順治十八年（1661），從關內前往遼西的錦州、廣寧、寧遠等地方的流民甚多，入籍者卻少，奉天府府尹張尚賢上疏言及，河西錦州、廣寧、寧遠地方，僅有佐領一人協管，應改爲州縣，將流民納入戶籍管理。[234]其時奉天與錦州二府農地開墾已達 609 頃餘，比入關前八旗兵丁墾地 30 餘頃，足足增加近 20 倍。[235]康熙初年，內亂漸息，社會趨於安定，華北地區人民出關覓食，僅

232 《清高宗純皇帝實錄》（三），卷 165，乾隆七年四月辛亥，總頁 85。

233 《清高宗純皇帝實錄》（一二），卷 970，乾隆三十九年十一月丙辰，諭旨，總頁 1241。

234 《清聖祖仁皇帝實錄》（一），卷 5，順治十八年十二月甲寅，奉天府府尹張尚賢疏，總頁 98。

235 《皇朝文獻通考》，卷 1，田賦考，田賦之制，頁 28。收入《景印文淵閣四庫全書》，史部·政書類，第 632 冊。

奉天、錦州二府，即由順治後期的 5,557 人丁擴增到康熙七年
（1668）的 16,643 人丁。[236]不久又在吉林、黑龍江地區先後設立
官莊，將大批罪犯流放到吉、黑地區充作壯丁，同時派撥旗兵和
站丁進入東三省屯駐，開闢大片旗田。順治年間至康熙初年的招
民開墾，短期間雖無法讓遼東地區恢復舊明軍屯時期的富庶繁
榮，但聚落點的逐漸出現，行政組織的建立，已取代原本土地荒
蕪、人煙稀少、行政解體的情形，並且因它而帶動後來不停止的
遷移浪潮。

　　康熙年間，並未禁止關內人民進出遼東，但需事前領票，過
關登記載檔有所限制。《柳邊紀略》記載了當時的情形：

> 凡出關者，旗人須本旗固山額真送牌子至兵部起滿文票，
> 漢人則呈請兵部或隨便印官衙門起漢文票。至關，旗人赴
> 和敦大北衙記檔驗放；漢人赴通判南衙記檔驗放。或有漢
> 人附滿洲起票者，冒苦獨力等輩，至北衙亦放行矣。進關
> 者，如出時記有檔案，搜檢參貂之後，銷檔放進，否則漢
> 人赴附關衙門起票，從南衙驗進，旗人赴北衙記檔即進。[237]

可知當時進出邊關的限制並不嚴格，主要是防止對人參、貂皮的
偷盜。對內地漢民而言，長白山區的人參比拓墾荒地更具吸引力，
隨著出關人民的增加，不少內地人民偷採人參，牟取暴利。這些
春來秋去盜採人參者，其行為稱為走山：

> 凡走山者，山東、西人居多，大率皆偷採者也。每歲三、
> 四月間趨之若鶩，至九、十月間乃盡歸，其死於饑寒不得
> 歸者蓋不知凡幾矣，而走山者日益多，歲不下萬餘人。[238]

由於天然資源的吸引力，甘冒犯禁出關掘捕之人不少。所以，當
時自行出關者，多為生活困窘的流民，為避免辦理起票的麻煩、
困難，及起票出關的約束，很多人寧願冒險私越關口，或賄賂守

---

236 王河等修，《盛京通志》，卷 23，戶口，頁 2、9。收入《中國邊疆叢書》，
　　第 1 輯，第 1 冊。
237 楊賓，《柳邊紀略》，卷 1，頁 5。收入《遼海叢書》，第 1 冊。
238 楊賓，《柳邊紀略》，卷 3，頁 7。

關員弁。

康熙中葉以後，經過幾十年休養生息，社會經濟漸趨發展，人口迅增，關內土地與人口增長漸不成比例，東三省與華北相鄰，地緣之便，人口又相對稀少，因此不待荒年而至東三省覓食謀生的流民不斷擴增。康熙四十六年（1707），清聖祖巡行邊外時，見「各處皆有山東人，或行商，或力田，至數十萬人之多」。[239]五十一年（1712）五月，上諭中亦提及山東人民往口外開墾者，多達10萬餘。[240]這些為數眾多的山東流民，未見得全往東三省謀食，但流往東三省者應佔有相當大比例。此外，亦有直隸、河南、山西等地之人前往開墾。山東人民流往遼東大致經由海、陸兩路，魯西和直隸流民多由陸路經山海關進入奉天，漸進入吉林、黑龍江各地；魯東地區流民多由海路到遼東半島，然後北進，散居東三省各地。山東登、萊等府與奉天之金、復、蓋等海口，隔渤海相望，順風揚帆，一日可達。[241]兩地間商船貿易，往來頻繁，遂為山東流民廣泛利用，不時乘船偷渡。[242]雍正十年（1732）十月，江蘇阜寧縣射陽河口發現一艘失風船隻，經查驗為山東登州府福山縣福字九號船，船上載有船客 112 人，欲前往關東地區，或種田、探親、貿易、伴送閨女完婚、搬移家眷等，乘船緣由不一。登州與錦州之間，洋面雖廣，若遇順風，一日即可進達彼地，人民往來，已習以為常。[243]康雍時期，由於清廷非正式的放任，華北地區人民流入東三省者日益增多。

---

239 《清聖祖仁皇帝實錄》（三），卷 230，康熙四十六年七月戊寅，諭旨，總頁 303。

240 《清聖祖仁皇帝實錄》（三），卷 250，康熙五十一年五月壬寅，諭旨，總頁 478。

241 博明，《鳳城瑣錄》，頁 3。收入《遼海叢書》，第 1 冊。

242 《軍機處檔・月摺包》，001563 號，乾隆十二年十一月二十七日，盛京將軍達爾當阿奏摺錄副。《雍正朝漢文硃批奏摺彙編》，第 25 冊，雍正十一年十一月十五日，奉天府尹呂耀曾奏摺，頁 407，記載：「奉天金州等處各海口，與山東登萊等府一洋之隔，帆風即至。」

243 《宮中檔雍正朝奏摺》，第 20 輯（民國 68 年），雍正十年十二月初一日，兵部尚書暫行署理漕運總督性桂奏摺，頁 873-874。

　　順治十八年（1661），奉天所屬州縣編籍人丁，不過 5,557 丁，至雍正十一年（1733），增至 47,124 丁，[244]增長 8 倍多，漲幅驚人。據《盛京通志》統計，康熙二十年（1681）至雍正十二年（1734）奉天各州縣人丁增長的數目，如下表：

### 表 5-2-5：康熙二十年至雍正十二年奉天人丁增長概況表

| 州　縣 | 康熙二十年人丁數 | 雍正十二年人丁數 |
|---|---|---|
| 遼陽州 | 3,393 丁 | 4,539 丁 |
| 承德縣 | 2,943 丁 | 3,469 丁 |
| 海城縣 | 2,558 丁 | 3,757 丁 |
| 蓋平縣 | 1,018 丁 | 1,352 丁 |
| 開原縣 | ,162 丁 | 2,439 丁 |
| 鐵嶺縣 | 2,122 丁 | 2,477 丁 |
| 寧遠州 | 5,271 丁 | 7,549 丁 |
| 廣寧縣 | 2,456 丁 | 3,892 丁 |
| 錦　縣 | 6,801 丁 | 12,239 丁 |
| 復　州 | | 2,074 丁 |
| 寧海縣 | | 1,302 丁 |
| 合　計 | 28,724 丁 | 45,089 丁 |

資料來源：王河等修，《欽定盛京通志》，卷 23，頁 6-8、11-13。

冊籍上登載爲丁數，雖非口數，亦可看出成長態勢，可推知人口增長當更爲超越。這裡尚僅就入籍漢人而言，未入籍者想必不少，因爲流民一旦入籍，即需繳納賦稅，承擔各種差役，所以如果可能，當然會逃避入籍以規避賦役。由於關內漢人不斷湧入，土地開墾面積不斷擴增，滿漢之間的土地佔有關係亦產稱明顯的改變。如表列：

---

244　王河等修，《欽定盛京通志》，卷 23，戶口，頁 2、9。收入《中國邊疆叢書》，第 1 輯，第 1 冊。

### 表 5-2-6：順治十八年至雍正十二年奉天入籍旗民田地增長概況表

| 時間＼面積 | 順治十八年（1661） | 康熙二十二年（1683） | 康熙三十二年（1693） | 雍正二年（1724） | 雍正五年（1727） | 雍正十二年（1734） |
|---|---|---|---|---|---|---|
| 旗地面積 | 652,582 畝 | | 7,005,269 畝 | | 14,206,824 畝 | |
| 民地面積 | 60,933 畝 | 312,859 畝 | | 580,638 畝 | | 2,622,727 畝 |

資料來源：王河等修，《欽定盛京通志》，卷 24，田賦，頁 2、6、8、14-17、23-24。

表中所列民地面積爲起科地，即登載有案者，爲求規避賦稅，未載於冊籍者當更多。即以此數來看，順治時期，旗地面積爲民地的 43.5 倍；康熙時期，遞減到 22 倍有餘；雍正晚時更縮減至僅剩 5 倍多。可見民地之遽增，其結果使得以往八旗人民「內有莊屯可以資生，外有草地可以墾種」的情形改觀。[245]旗人不擅耕種，又不准經商，在生齒日眾的情形下，部分旗人不顧朝廷嚴禁旗民交產，將土地以各種方式轉入漢人手中，以致於生產憑藉盡失，生計困窘。

　　清初以來，只見出關流民日漸增多，然入籍者卻少。順治八年（1651）招民拓荒以來，至乾隆五年（1740）已九十年，僅承德一縣，未入籍漢人即達 27,300 名之多，統計各州縣約有 15～16 萬人。[246]無籍流民良莠不一，管理不易，再者漢人日增，影響旗人生計與風俗。從道光年間的一則諭旨可瞭解清廷之憂慮及一再禁止流民私出關外之因：

> 無業流民始而爲傭工遠出，投身服役，繼則漸向旗人佃種田畝，迫佃種既多，旗人咸圖安逸，不知力作，必致生計日蹙，且耳濡目染，習成漢俗，不復知有騎射本藝，積重難返，其害豈可勝言。[247]

雍正元年（1723），查知吉林烏拉、伯都訥及黑龍江等地，或有內

---

245 《皇朝文獻通考》，卷 5，田賦考，八旗田制，頁 1。收入《景印文淵閣四庫全書》，史部‧政書類，第 632 冊。

246 《乾隆朝上諭檔》，第 1 冊，乾隆五年九月二十九日，大學士鄂爾泰等奏，頁 641。

247 《清宣宗成皇帝實錄》（二），卷 102，道光六年八月乙卯，諭旨，總頁 677。

地百姓流離前往，或行貿易通商，因財物用盡，被蒙古收為奴僕者甚多，光祿寺卿黨古禮奏准：「飭下該將軍、札薩克等，將蒙古收為奴僕之民，逐一查出，凡願回籍者，即准遣返；不願回籍者，則入盛京等州縣民檔安置」。[248]乾隆年間，為加強旗人生計的保障，開始對流移東三省人口嚴加管制，展開一連串管理邊關出入的條例限制。[249]乾隆四年（1739），令准各省流入吉林等處流民，願入籍者，准其入籍。[250]乾隆五年（1740），朝廷下令奉天流民願意入籍者，准允取保入籍；不願入籍者，給予十年期限，令其陸續回籍。[251]次年，奉天府府尹吳應枚奏准「清查奉天流民辦法」十條，其內容為：

1. 願入籍者准取保結，給照編入；不願入籍，一時又未能回籍者，暫作另戶編甲，陸續給照回籍。
2. 游手好閒生事不法者，照例治罪外，遞解回籍。
3. 老弱孤苦疾病貧乏，原籍無親戚可投者，酌予資送；不願回籍者，添設孤貧口糧安插。
4. 商賈工匠，從前在奉寄居者，地方官給照，無照不許存留。
5. 旗人披甲當差者，雇人耕種，須家長雇主結報，門牌註明。去來時報明領催鄉保，牌上無名者，不准存留。
6. 海船到奉，船長將路票呈驗，開船時，查點人數，毋許遺漏一名。如有暫留，須報明存案，附入另戶。
7. 關外佃種漢民，照原編牌式，另給一牌；無牌不得擅放進邊貿易。
8. 遼陽州刨煤人缺，募本地旗民補數，不得仍招流民。
9. 旗民熟地內，如有遺漏欺隱，一年內不自首者，治罪追息。

---

248 《雍正朝滿文硃批奏摺全譯》，上冊，雍正元年十月二十六日，光祿寺卿黨古禮奏摺，頁 456。
249 見第三章第一節的第一部分東三省的封禁與禁令。
250 《清會典事例》，第 2 冊，卷 158，戶部，戶口，流寓異地，頁 1000。
251 邢福山、謝榮埭纂輯，《皇朝食貨志》，戶口 6，文獻編號 212000202；《清會典事例》，第 2 冊，卷 158，戶部，戶口，流寓異地，頁 1000。

10.查辦事件,旗民各官,須親自會同清理,約束兵役滋擾。[252]

此法雖詳盡完善,然流民聚集,究非一日而成,且以當時社會經濟之變遷,欲以十年期限,整頓近百年之積弊,實非一蹴可幾。乾隆十四年(1749)八月,盛京將軍阿蘭泰奏報查辦奉天流民情形,從乾隆五年至十四年(1740~1749),已屆滿十年,除自行回籍之流民不計外,十年內自願入籍者,共 7,720 人;其無力還鄉,於乾隆十一年(1746)錦縣、廣寧水災案內資送回籍者,共 531 人;游手游食及有過犯遞解回籍者,共 5,448 人。[253]十年間入籍人數,僅 7,720 人,平均一年不到 700 人,顯然成效不彰。而此時,出關漢人卻增添 47,000 餘人,[254]清廷只得不斷重申禁令,加強稽查各關口及沿邊州縣,期能杜絕流民偷越出關;並再展限十年,繼續清查奉天流民,要求無業流民回籍。將流民編入戶籍,為的是加強管理。如山東流民在奉省所屬錦、復、熊、蓋等處,搭蓋窩棚,以養蠶為業,乾隆二十七年(1762),將其編為保甲,設立棚長、牌頭管束。[255]

此外,清廷也對奉天、吉林所屬耕地進行清丈,採行「寓禁於徵」的方法,提高流民私墾土地田賦,照內地科則增加賦稅,使其無餘利可得,以杜絕流民私墾之風。順治十五年(1658),奉天所屬民地定每畝歲徵銀 3 分;雍正五年(1727),改為銀米各半徵收;八年(1730)將田畝劃分等則,按則陞科徵賦,當時上則地每畝歲徵銀 3 分、米 6 升餘,中則地徵銀 2 分、米 4 升餘;下則地徵銀 1 分、米 2 升餘。乾隆三十年(1765),清廷清丈奉天、錦州二府耕地,查出流民私墾 50 餘萬畝地,規定分為上中下三等

252 陳田、吳懷清纂修,《食貨志》,戶口 46,民人出口,文獻編號 212000178;《清高宗純皇帝實錄》(二),卷 137,乾隆六年二月乙丑,奉天府府尹吳應枚奏,總頁 977。
253 《軍機處檔‧月摺包》,004830 號,乾隆十四年八月初三日,盛京將軍阿蘭泰奏摺錄副。
254 《清高宗純皇帝實錄》(四),卷 257,乾隆十一年正月戊子,總頁 324。
255 《清高宗純皇帝實錄》(九),卷 665,乾隆二十七年六月丁未,總頁 436。

徵租，上則地每畝歲徵銀 7 分，中則 6 分，下則 5 分。[256]田賦已高出一般民地（民紅冊地）1 倍以上。乾隆四十六年（1781），奉天境內又查出漢人私墾地 10 萬餘畝，爲遏止私墾積弊，比照山東民地田賦科則，每畝歲徵銀 8 分，米 2 升 6 合 5 勺 5 杪，[257]其稅額又再提升。吉林地區，同樣爲禁阻流民進入境內佔種荒地，也採加重田賦措施。乾隆四十六年（1781），戶部議准畫一奉天與吉林兩地民地田賦稅額，乾隆四十二年（1777）以前陳民耕種地畝，照奉天陳民例，分上中下三等徵收，銀米各半；四十二年以後陸續查出之私墾地，亦照奉天加增糧額例，每畝歲徵銀 8 分，納米 2 升 6 合 5 勺 5 杪。[258]如此做法，非爲加賦，即如清高宗所言：「流民私墾地畝，於該處滿洲生計大有妨礙，是以照內地賦則酌增，以杜流民占種之弊」。[259]

乾隆十四年（1749），吉林烏拉、伯都訥等地，查出流民私墾田地 13,898 畝，清廷令將田地編爲三等科則徵稅。[260]據官方調查，在吉林省船廠（今吉林市）、寧古塔地方工商傭作人等，已不下 3、4 萬，考量其有業可守，遷移不易，融通處理，願意入籍者，分別納糧，隨宜安置。[261]東三省其他地區未入籍的流民若加以統計，其數量應更爲驚人。邊外地區土曠地多，爲防流民藉租佃旗人田地之名而棲身，乾隆十五年（1750）規定寧古塔不准流民租

---

256 阿桂等奉敕撰，《欽定盛京通志》，卷 37，田賦，頁 1-2，收入《景印文淵閣四庫全書》，史部・地理類，第 502 冊；楊餘練主編，《清代東北史》，頁 370。

257 《清會典事例》，第 12 冊，卷 1119，八旗都統，田宅，頁 123-124。

258 《皇朝文獻通考》，卷 5，田賦考，八旗田制，頁 42、43，收入《景印文淵閣四庫全書》，史部・政書類，第 632 冊；長順修，李桂林纂，《吉林通志》，卷 29，食貨志 2，田賦，頁 4。

259 《清高宗純皇帝實錄》（一五），卷 1144，乾隆四十六年十一月己亥，諭旨，總頁 328。

260 陳田、李明哲纂輯，《食貨志》，屯墾 47，關外民墾，文獻編號 212000528；《清高宗純皇帝實錄》（五），卷 351，乾隆十四年十月癸巳，總頁 840。

261 《清高宗純皇帝實錄》（五），卷 356，乾隆十五年正月乙卯，總頁 917。

佃，但之後仍有墾田蓋房、不納錢糧、未入冊籍之人。[262]乾隆十八年（1753），寧古塔地方丈出裁汰泰寧縣納糧田地及閒散民地，並寄入旗人名下開墾地共有 16,744 畝，朝廷令船廠將軍傅森將其全部納入民冊內，寄入旗人名下開墾之地歸公招佃，地丁錢糧分上中下三等徵收。[263]

乾隆二十七年（1762），朝廷對寧古塔等地又再申禁止流民條例：

> 甯古塔交納地丁錢糧之開檔家奴，及官莊年滿除入民籍人等，俱係世守居住，置立產業，不能遷移，伊等地畝概行查出，即令納糧。至甯古塔界內，地方褊小，外來流民不便准其入籍，應將流民驅回。如有願於吉林、伯都訥地方入籍者，即將該處丈出餘地，分給伊等，交納地糧。伊等在甯古塔所墾之地，交甯古塔納糧民人納糧。其吉林、伯都訥地方墾地流民，如有願納糧者，將伊等地畝花名入冊，交納錢糧；願回籍者，將地畝交與現納糧民人，並附近民人納糧。仍令嗣後嚴禁私墾，並令邊門官員實力查逐，儻復有流民潛入境地者，嚴參議處。[264]

不管朝廷如何三令五申，雷厲風行，流民的腳步並未停止，且有擴大蔓延態勢。阿勒楚喀、拉林地方也發現和寧古塔一樣的情形。《皇朝文獻通考》記載：

> （乾隆）三十四年，戶部議准吉林將軍傅良奏：阿勒楚喀、拉林地方查出流民二百四十二戶，俱自雍正四年至乾隆二十二年陸續存住，在二十七年定議之前，請限一年，盡行驅逐至伯都訥地方，每戶撥給空甸一具，令其入籍墾種，

---

262 《清代三姓副都統衙門滿漢文檔案選編》，乾隆二十九年四月十八日，〈吉林將軍衙門為通行查禁、安置流民及辦理其私墾田畝辦法咨三姓副都統衙門〉，頁 127。

263 《清高宗純皇帝實錄》（六），卷 452，乾隆十八年十二月戊子，總頁892-893。

264 《清會典事例》，第 2 冊，卷 158，戶部，戶口，流寓異地，頁 1002。

二年後納糧。從之。……按戶部則例載：吉林、寧古塔、
伯都訥、阿勒楚喀、拉林等地方不准無籍流民前往私墾，
責成邊門官嚴行查禁。除各該處於例前安插各戶外乾隆二
十七年以前，後經查有流民，將看守邊門官嚴參議處。今查
出流民在二十七年之前，故准令入籍墾種，一例安插，俾
無失所。[265]

對於禁區查出流民，願回籍者，准其回籍；不願回籍者，將其遷
移至指定地，入冊安插，交納錢糧。乾隆四十二年（1777），吉林、
伯都訥查出，原有納糧漢人並交納地丁錢糧另處居住之滋生漢
人，及攜眷來此尋親流民，共 9,800 餘戶，因其俱係窮民，若將
其逐回原籍，歷年所立產業盡失，必至窮困，朝廷指示將其納入
民冊，交納錢糧，命新任吉林將軍福康安以此次辦理作爲定額，
不時詳察，嚴禁再有攜眷尋親流住者。[266]乾隆四十四年（1779），
吉林等地又查出流民 13,700 餘戶，墾田 297,800 餘畝，吉林將軍
富爾松阿奏准朝廷將墾田編入紅冊，稱民紅冊地，交納錢糧。[267] 乾
隆五十五年（1790），朝廷下令奉天自英額至靉陽邊止，丈量荒地
分給無田旗人墾殖，雖禁流民出口私墾，然無法禁絕，積久仍編
入戶籍。[268]乾隆五十七年（1792），直隸歉收，朝廷要山海關員弁
不必查驗禁阻，聽民出關覓食。乾隆五十八年（1793），吉林將軍
奏報約計有流民 3,000 餘戶、15,000 口至其所屬之地，該年雖內
地年成有收，若令其回籍，來回轉苦失業，路費亦艱，由於人數
眾多，恐不肖之人雜處滋事，請照例造入民冊，於次年起繳交丁

265 《皇朝文獻通考》，卷 19，戶口考，頁 47，收入《景印文淵閣四庫全書》，
　　史部·政書類，第 632 冊。《內閣大庫檔案》，085220 號，乾隆三十四年五
　　月初十日，戶部移會，記載流民爲 241 戶。
266 《明清檔案》，第 231 冊，A231-121，乾隆四十二年八月二十四日，兵部
　　尚書福隆安題本。
267 《清代三姓副都統衙門滿漢文檔案選編》，嘉慶七年四月初二日，〈吉林將
　　軍衙門爲知會歷年查辦流民及其開墾地畝並此次清丈地畝情形等事咨三
　　姓副都統衙門〉，頁 148。
268 《清史稿校註》，第 5 冊，卷 127，食貨志，田制，頁 3466。

銀。嗣後有願回籍者，註明開除。朝廷允准其奏。[269]清廷在查獲
流民時，多能面對現實，將流民安插，編丁入戶，將私墾之地分
給流民，載入冊籍登記管理。有時對流來災民亦主動安插，將其
納入戶冊。

　　乾隆九年至十年（1744～1745）、二十一年至二十四年（1756
～1759），朝廷將在京閒散滿洲人移至吉林阿勒楚喀、拉林屯種地
畝，令其服習勤勞，以不忘滿洲耕作。朝廷舊例不許招佃流民耕
種，該處兵丁及閒散滿洲人等，或因恐誤差操，或因人少力薄，
仍間有雇漢民代種之事。關外有此需求，內地人民自願前往，乾
隆五十八年（1793）及嘉慶六、八等年（1801、1803），清查吉林
地區種地民戶，均奏准入丁在案。如嘉慶六年（1801），吉林查出
流民 62 戶，伯都訥查出流民 318 戶，阿勒楚喀查出流民 198 戶，
打牲烏拉查出流民 39 戶，共 617 戶，私墾田地 76,430 餘畝；查
出之流民均入各該處民冊，私墾之地入各該處地畝冊。[270]嘉慶八
年（1803），吉林查出無丁分居漢人 55 戶，流民 246 戶，私墾地
49,968 畝；伯都訥查出流民 398 戶，私墾地 1,759 畝；阿勒楚喀
查出流民 287 戶；寧古塔查出無丁分居漢人 105 戶；三姓查出流
民 141 戶。共查出無丁分居漢人及流民 1,232 戶，私墾地 51,727
畝，亦依例安插入冊，徵收銀米。[271]嘉慶十一年（1806）布蘭泰
抵任阿勒楚喀副都統，實力嚴查流民，至嘉慶十五年（1810）節
次查出阿勒楚喀陳民滋生分居另戶漢人 75 戶，並拉林流民 639
戶，陸續咨報在案；不久，又復查出阿勒楚喀地方有新來流民 472

---

269 《清高宗純皇帝實錄》（一九），卷 1440，乾隆五十八年十一月庚寅，吉林
　　將軍恒秀奏，總頁 236；《清代三姓副都統衙門滿漢文檔案選編》，嘉慶七
　　年四月初二日，〈吉林將軍衙門為知會歷年查辦流民及其開墾地畝並此次
　　清丈地畝情形等事咨三姓副都統衙門〉，頁 148。
270 《清代三姓副都統衙門滿漢文檔案選編》，嘉慶七年四月初二日，〈吉林將
　　軍衙門為知會歷年查辦流民及其開墾地畝並此次清丈地畝情形等事咨三
　　姓副都統衙門〉，頁 148-149。
271 《清代三姓副都統衙門滿漢文檔案選編》，嘉慶八年十一月初十日，〈吉林
　　將軍衙門為查報流民名冊、流民私墾田畝及應徵銀米數目事咨三姓副都統
　　衙門〉，頁 152-153。

戶，拉林地方亦有流民 823 戶，連前經咨報各戶，共計 2,009 戶。該流民等均係赤貧，早年流往蒙古地方租種地畝，因蒙古租糧日重，又聞知阿勒楚喀及拉林從前流來漢人已蒙奏准安插，亦願留居納丁種地，懇免驅逐。[272]

　　嘉慶四年（1799），吉林將軍秀林會同札薩克公恭格喇布坦旗盟長查出郭爾羅斯長春堡有流民 2,330 戶，私墾田地 265,648 畝。清廷無奈，於嘉慶五年（1800）議准，郭爾羅斯地方內地漢人，係歷年來租地墾種者，難以驅逐，准允就地合法安插，令吉林將軍造具居民男婦大小戶口名冊細目，送部備查。[273]同年，於寬城子設長春廳，派理事通判、巡檢各一員管理漢人田土訴訟諸事。朝廷雖申禁令，並明諭嚴禁私與漢人授受，然流民「私種成習，莫能格也」，[274]私墾者仍相踵而來；嘉慶十一年（1806），郭爾羅斯地方數年間流民流往墾荒，又增至 7,000 餘口，仍准於該處居住。[275]嘉慶十二年（1807），伯都訥所屬拉林河西岸流民聚集 1,000 餘戶，私墾田畝 1,900 餘畝。諭令將查出私墾田畝分給流民，依以往成案，入於紅冊。[276]嘉慶十三年（1808），長春廳查出流民 3,010 戶，特准納入該地民冊登記安插。[277]嘉慶十五年（1810），吉林廳查出新來流民 1,459 戶，長春廳查出新來流民 6,953 戶，該處流民等已聚族群居，驟難驅逐，依吉林將軍賽沖阿所請仍入冊安插。[278]嘉慶十六年（1811），伯都訥、拉林河等處查出流民

---

272 《內閣大庫檔案》，125708 號，嘉慶十五年七月三十日，戶部移會。

273 《清會典事例》，第 2 冊，卷 158，戶部，戶口，流寓異地，頁 1004。

274 《清史稿校註》，第 5 冊，卷 127，食貨志，田制，頁 3470。

275 《清仁宗睿皇帝實錄》（三），卷 164，嘉慶十一年七月乙丑，諭旨，總頁 137。

276 《清仁宗睿皇帝實錄》（三），卷 190，嘉慶十二年十二月丙戌，諭旨，總頁 511。

277 《清仁宗睿皇帝實錄》（三），卷 196，嘉慶十三年閏五月壬午，諭旨，總頁 596。

278 《清仁宗睿皇帝實錄》（四），卷 236，嘉慶十五年十一月壬子，諭旨，總頁 175。

9,548 戶，私墾田地 48,204 畝，仍令入冊納丁。[279]伯都訥地方遼闊，流民日增，嘉慶十六年（1811），添設理事同知、巡檢各一員，駐紮伯都訥，辦理錢糧稅務徵收、詞訟交涉事件及監獄捕務。

　　嘉慶十六年（1811），奉天復州等屬歉收，饑民流徙，由威遠堡一帶邊門潛越進入吉林，吉林副都統松甯以流民例禁出邊，將其概行驅逐。清仁宗斥其識見淺短，做法謬誤；災民離開故里，遠出邊門，復遭驅逐，嚴冬寒凍，豈非任其轉死溝壑，莫為軫恤！災民原籍被災歉收，朝廷加恩緩蠲當年新舊錢糧，地方官應迅速辦理賑務，使其速歸故里，則災民既可在家領賑，免於流離他鄉，隔年耕種有收，方不致失業，地方官亦不致諱災不辦。若實在無力者，地方官查明其戶口，分設粥廠，妥為照料，待次年春天再行資送回籍，另無籍可歸之人，口數不多，允於當地編戶安插。[280]可見朝廷雖訂有禁令，做法卻非一成不變。

　　郭爾羅斯南方是科爾沁左翼前後旗，嘉慶初年，同樣因蒙古招墾，內地漢人紛然群集，先設額勒克巡檢，之後，地闢日廣，群聚日多，增設昌圖廳，置理事通判管理流民事務，不久改為同知。[281]嘉慶七年至十一年（1802～1806），科爾沁該管旗界常突（昌圖）額勒克等處奏准墾種地土，四年間流寓人口已有數萬。[282]嘉慶十四年（1809），清廷下令除已在當地漢人外，不得聽任流民借戶增添。原議東至吉林邊柵，西至遼河 100 餘里，南至威遠堡邊界，北至白塔水河 20～30 里、40～50 里等處仍未開荒之地，准

279 承啓、英傑等纂，《欽定戶部則例》，同治四年校刊本，卷 4，戶口，頁 12；《清仁宗睿皇帝實錄》（四），卷 249，嘉慶十六年十月丁巳，總頁 363。

280 陳田、吳懷清纂輯，《食貨志》，戶口 43，安插流民，文獻編號 212000131。

281 錢聞震修，陳文焯纂，《奉化縣志》，光緒十一年刊本影印，卷 2，地理志，沿革，頁 2，收入《中國方志叢書・東北地方・遼北省》（臺北：成文出版社，民國 63 年），第 26 號；《清會典事例》，第 10 冊，卷 978，理藩院，戶丁，稽查種地民人，頁 1125。

282 《清仁宗睿皇帝實錄》（三），卷 164，嘉慶十一年七月己未，諭旨，總頁 130。

許繼續開墾。[283]

　　以下就檔案資料，將乾嘉時期查獲流民及私墾田畝數表列如下：

### 表 5-2-7：乾嘉時期查緝東三省流民及私墾田畝概況表

| 時　　間 | 查緝地點 | 查獲人戶　數 | 私墾田畝 | 備　　註 |
|---|---|---|---|---|
| 乾隆十四年（1749） | 吉林烏拉、伯都訥 | | 13,898 畝 | 《清高宗純皇帝實錄》（五），卷 351，總頁 840。 |
| 乾隆二十二年（1757） | 阿勒楚喀、拉林 | 241 戶 | | 《內閣大庫檔案》，085220 號。 |
| 乾隆四十二年（1777） | 岫巖城 | 38 戶 | 954 晌餘 | 《明清檔案》，第 223 冊，A223-51。 |
| | 吉林、伯都訥 | 9,800 餘戶 | | 《明清檔案》，第 231 冊，A231-121。 |
| 乾隆四十四年（1779） | 吉林等地 | 13,700餘戶 | 297,800 餘畝 | 《清代三姓副都統衙門滿漢文檔案選編》，頁 148。 |
| 乾隆四十五年（1780） | 吉林 | 28 戶 | | 《軍機處檔·月摺包》，026818 號。 |
| 乾隆四十六年（1781） | 奉天 | | 11,388 畝 | 《明清檔案》，第 286 冊，A286-38。 |
| 乾隆四十六、七年（1781、1782） | 寧古塔三姓 | | 1,321 畝66 畝 | 《吉林外紀》，卷 7，頁 105-106。 |
| 乾隆五十五年（1790） | 大淩河東西牧廠 | 450 戶 | 18,943 畝 | 《軍機處檔·月摺包》，045944 號。 |
| 嘉慶五年（1800） | 吉林長春廳 | 2,330 戶 | 265,648 畝 | 《清會典事例》，第 2、10 冊，卷 158、978，頁 1004、1125。 |
| 嘉慶六年（1801） | 吉林、伯都訥、阿勒喀楚、打牲烏拉 | 617 戶 | 76,430 餘畝 | 《清代三姓副都統衙門滿漢文檔案選編》，頁 148-149。 |

---

[283]　《清會典事例》，第 10 冊，卷 978，理藩院，戶丁，稽查種地民人，頁 1125。

| | | | | |
|---|---|---|---|---|
| 嘉慶八年（1803） | 吉林、伯都訥、阿勒喀楚、寧古塔、三姓 | 1,232 戶 | 51,727 畝 | 《清代三姓副都統衙門滿漢文檔案選編》，頁 152-153。 |
| 嘉慶十年（1805） | 吉林伯都訥接壤之巴延佛羅邊門外 | 218 戶 | | 《內閣大庫檔案》，155543號。 |
| 嘉慶十一年（1806） | 奉天昌圖廳 吉林長春廳 | 3,900餘戶 1,500餘戶 | | 《欽定戶部則例》，卷 4，頁10、13。 |
| 嘉慶十二年（1807）十二月 | 拉林河西岸 | 1,000餘戶 | 1,900 餘畝 | 《清仁宗睿皇帝實錄》（三），卷 190，總頁 511。 |
| 嘉慶十三年（1808） | 吉林長春廳 | 3,010 戶 | | 《欽定戶部則例》，卷 4，頁13。 |
| 嘉慶十五年（1810）十一月 | 吉林廳 長春廳 阿勒楚喀 | 1,459 戶 6,953 戶 2,009 戶 | | 《清仁宗睿皇帝實錄》（四），卷 236，總頁 175。 《軍機處檔‧月摺包》，050246號 |
| 嘉慶十六年（1811） | 伯都訥、拉林河 | 9,548 戶 | 48,204 畝 | 《欽定戶部則例》，卷 4，頁12；《清仁宗睿皇帝實錄》（四），卷 249，總頁 363。 |
| 嘉慶二十二年（1817） | 呼蘭大荒溝 | 4,100餘名 | 15,000 餘晌（約 90000 萬餘畝） | 《呼蘭府志》，卷 3，頁 11。 |

　　由表 5-2-7 可知，乾隆十四年（1749），流民出關已發展至吉林地區，清廷的禁令，徒然使流民更深入禁區，活動範圍越爲擴大，也反映人口過剩必須遷移的現況。清廷每次清查到流民及其私墾田地，多考量流民等業已聚族相安，若驅回原籍，恐其邊失生計，樓止失所，結果是將查出私墾之田，分給流民，讓其就地合法，允准居住，落戶入籍，使成爲當地的編戶齊民。隨著流入人口漸多，清廷終只得爲此增設州縣以便於管理。

# 五、臺　灣

　　清領臺灣初期，雖對移民赴臺有所限制，但並非完全禁止漢人渡臺，由於許多漢人陸續回到原籍泉州、漳州、廈門等地，使得臺灣甚多田地荒蕪。康熙二十三年（1684），取消海禁，之後清廷對臺統治逐漸穩固，面對臺灣人少地荒的情形，體認開墾的重要性，不但可解決臺灣官府和駐軍的糧食，餘糧還可輸濟大陸，且在臺官員也希望能廣招隔海對岸人民遷臺開闢荒野，以增加稅收。第一任臺灣知府蔣毓英就因為看到當時「井里蕭條，哀鴻未復」[284]，決定「集流氓，墾荒地」。[285]水師提督施琅對此亦表認同：「念……兆庶之棄業虧課也，則又委參將陳君諱遠致者，加意鈐束之，殫心招徠之」。[286]康熙二十九年（1690），諸羅知縣張玾見「邑治新造，多曠土」，於是招民墾闢，撫綏多方，使「流民歸者如市」。[287]但是畢竟受限初期禁令的關係，招徠頗為不易，臺灣總兵楊文魁曾說：「麋蕪極目，藉人耕墾，始無曠土；奈阻於洪濤，招徠不易」。[288]雖然如此，人口的遷入始終不曾間斷過。

　　康熙二十三年（1684）至雍正十年（1732）前，清廷對內地人民赴臺採審核給票。來往盤查，原本入臺之人，春時往耕，秋成回籍，單身來去；隨著禁令嚴申，有一歸不能復往，且漂洋過海，風濤危險，流寓在臺定居者日增。但閩、粵地區人多地少情形嚴重，加以來往大陸與臺灣的農民與商販，不斷傳言臺灣地多人少，物產富饒，是以偷渡者越來越多，清廷雖禁止搬眷過臺，其眷屬偷渡赴臺就養者，卻與日俱增，偷渡問題更形嚴重，地方

---

284 高拱乾，《臺灣府志》（臺北：臺灣銀行經濟研究室，民國 49 年），臺叢 65，卷 10，藝文志，蔣郡守傳，頁 260。

285 連橫，《臺灣通史》，臺叢 128，卷 15，撫墾志，頁 417。

286 高拱乾，《臺灣府志》，臺叢 65，卷 10，藝文志，〈靖海將軍侯施公功德碑記〉，頁 262。

287 周鍾瑄，《諸羅縣志》，臺叢 141，卷 3，秩官志，頁 52。

288 楊文魁，〈臺灣紀略碑文〉，《臺灣府志》，臺叢 65，卷 10，藝文志，頁 267。

大吏對此不敢忽視。雍正五年（1727）七月，閩浙總督高其倬奏
請准許人民搬眷過臺，

> 臺灣各處居住人民，多係隻身在彼，向皆不許攜帶婦女，
> 其意以臺地遠隔重洋，形勢險要，人民眾多，則良姦不一，
> 恐為地方之害。近來閩省之人及曾經任閩各員條陳議論，
> 多謂人民居彼，既無家室，則無父母妻子之繫、久遠安居
> 之心，所以敢於為非；若令搬眷成家，則人人守其田廬，
> 顧其父母妻子，不敢妄為，實安靜臺境之一策。[289]

次年，藍鼎元亦奏請允准人民攜眷赴臺，皆未獲當朝同意。流民
冒風濤之險偷渡入臺墾荒，不敢攜家帶眷，無家室之累的流民日
多，由於心無繫戀，敢於為非，反增加臺灣社會的不穩定；唯有
讓其家眷遷來，方可編定保甲，成為安分良民，致力於謀生之道，
無暇為非。閩、粵地區人民遷臺者與日俱增，清廷禁止搬眷之令，
並非安輯臺地之道。至雍正十年（1732），清廷態度才有所轉變。
廣東總督鄂彌達具奏陳請准許在臺流寓之民可搬取家眷團聚，大
學士鄂爾泰等議奏：

> 臺地開墾承佃、僱工貿易，均係閩粵民人，不啻數十萬之
> 眾。其中淳頑不等，若終歲群居，皆無室家，則其心不靖，
> 難以久安。[290]

經公同酌議，朝廷准許：

> 有田產生業、平日安分循良之人，情願攜眷來臺入籍者，地
> 方官申詳該管道府，查實給照，令其渡海回籍，一面移明原
> 籍地方官，查明本人眷口，填給路引，准其搬移入臺。[291]

此為准許搬眷過臺之始，亦可看出清廷對臺經營態度已有改變。

---

289 《雍正硃批奏摺選輯》，臺叢 300，雍正五年七月初八日，浙閩總督高其倬
　　奏摺，頁 143。
290 《臺案彙錄丙集》，臺叢 176，卷 7，〈吏部「為內閣抄出福建巡撫吳士功
　　奏」移會〉，頁 236。
291 《臺案彙錄丙集》，臺叢 176，卷 7，〈吏部「為內閣抄出福建巡撫吳士功
　　奏」移會〉，頁 237。

此後，渡臺人數因而日增，因爲可攜家帶眷，移民的穩定性大爲提高。

　　乾隆四年（1739），閩浙總督郝玉麟以人民藉搬眷之名，頂冒渡臺者多，致百弊叢生，以流寓民眷均已搬取，即有事故遲延，亦屬無幾爲由，奏准定一年爲限，停止給照。[292]搬眷之例，遂於乾隆五年（1740）停止。之後，內地人民因臺地親人年老，欲赴臺侍奉，或在內地孤獨無依，欲入臺就養，因例有明禁，加之請照又多所刁難，致使甘蹈偷渡之愆者不止。不肖客頭奸艄，將船駛至外洋，如遇荒島，即騙稱至臺，促客登岸。荒島人跡斷絕，渡民若非坐待饑斃，即爲洲上潮至，喪命盡歸魚腹，是以亡身之事屢不鮮聞。臺灣編入戶籍之民，多係內地人，由於赴臺年久，置有恆產，不能棄產回籍。巡視臺灣給事中六十七爲安輯臺地，奏准准許在臺漢人得回籍搬眷。乾隆十一年（1746），朝廷議准內地人民有祖父母、父母在臺，子孫欲前往侍奉；或子孫在臺，祖父母、父母、妻子在內地無依，欲赴臺就養者；或本人在臺，內地妻少子幼，並無嫡親可托者，准其搬往同住，均給照赴臺，入甲安插。依從前搬養成例，令地方官先行關查明確，始准給照；臺防、廈防同知於登簿換文時，留心稽查，驗明人照相符，方准配船渡臺。[293]

　　禁止搬眷禁令解除後，攜眷過臺者，絡繹不絕。閩浙總督喀爾吉善表示過臺眷屬每年不下 2,000～3,000 人，以致在臺漢人，人數愈繁，人勢益盛，「更增若輩梟張之勢，將來無土可耕，漸次悉成莠民，殊與地方不便」。[294]喀爾吉善統計自雍正十二年至乾隆五年（1734～1740），六年間給照之大小男婦，不下 2 萬多人。巡視臺灣給事中六十七雖奏准給照搬眷，因並未定有年限，致百弊

292　《清高宗純皇帝實錄》（二），卷 100，乾隆四年九月己酉，閩浙總督郝玉麟奏，總頁 515。
293　陳田、吳懷清纂修，《食貨志》，戶口 42，安插流民，文獻編號 212000174。
294　《軍機處檔‧月摺包》，000744 號，乾隆十二年五月二十一日，閩浙總督喀爾吉善奏摺錄副。

叢生；如在臺之人，有捏稱妻媳姓氏，或謊報子女人數，非掠販頂冒，即潛行拐逃。因此，喀爾吉善於乾隆十二年（1747）奏准臺灣客民搬取家眷，定限一年，地方官查明給照過臺，逾限不准濫給。[295]自限期給照搬眷公佈後，客頭船戶包攬偷渡情事更甚於以往，乾隆十三年（1748）四月至六月，福建省沿海文武官員拿獲偷渡過臺者即有 15 起，每起男婦多有 70～80 人，少亦有 10～20 人，共拿獲男婦 750 多人。[296]清廷在搬眷過臺政策上屢禁屢開，反覆不定，反映當時主政者對臺灣開發的猶豫，及對大批閩、粵地區人民聚集臺地的不安心理。[297]

　　此後，相當一段時間裡，偷渡案件更是層見疊出，內地窮民因急於赴臺就養，多循非法偷渡之途，不少人因此死於海難。乾隆二十五年（1760），福建巡撫吳士功奏報，自乾隆十三年（1748）停止給照搬眷過臺至乾隆二十五年（1760），十餘年間，渡臺之人不能搬眷，在臺漢民已逾數十萬，而其父母妻子仍居內地。流寓臺民思念內地父母，繫戀妻孥，希冀完聚之隱衷，有其不能自已的苦情，故例禁雖嚴，冒險偷渡情事不止，其間私自過臺，在海洋被害者，不知凡幾。為此，巡撫吳士功上奏，言及臺灣歸屬將近百年，居其地者，皆閩、粵沿海州縣百姓，原本春時往耕，秋收回籍。之後海禁漸嚴，往來不易，在臺灣有生業者，既不能棄其田園，又不能搬移眷屬，另娶番女，唯恐滋生事端，陳請開放臺民回籍搬眷入臺，內地父母妻子准許探親。其摺謂：

> 臣既深知臺民之搬眷事非得已，而奸梢之偷渡貽害無窮，合應仰懇敕部定議，嗣後除隻身無業之民及無嫡屬在臺者，一切男婦仍遵例不許過臺，有犯即行查拿遞回外，其在臺有業良民，果有祖父母、父母、妻妾、子女、子婦、

---

295　《清高宗純皇帝實錄》（四），卷 292，乾隆十二年六月癸酉，閩浙總督喀爾吉善奏，總頁 834。
296　《軍機處檔·月摺包》，2735 號，乾隆十三年七月五日，閩浙總督喀爾吉善奏摺錄副。
297　曹樹基，《中國移民史》，第 6 卷，頁 326。

> 孫男女及同胞兄弟在內地者，許先赴臺地該管廳縣報明，
> 將本籍住處暨眷口姓氏、年歲開造清冊，移明內地原籍查
> 對相符，俟覆到之日，總報明該管道、府給與路照，各回
> 原籍搬接過臺。其內地居住之祖父母、父母、妻妾、子女、
> 子婦、孫男女及同胞兄弟等，如欲過臺探視、相依完聚者，
> 即先由內地該管州縣報明造冊，移明臺地查確覆到，再行
> 報明督撫給照過臺。[298]

摺中所指眷屬，包括祖父母、父母、子孫、配偶及同胞兄弟。吳
士功之議，獲得朝廷認同，准許臺民搬接親人過臺，同時也開放
內地家眷赴臺探親，相依完聚。乾隆二十六年（1761），閩浙總督
楊廷璋奏准定限一年，永行停止搬眷過臺。搬眷過臺雖又再禁，
然私下挈眷赴臺者，仍絡繹不絕，無法禁阻。自乾隆二十五年
（1760）五月二十六日起至乾隆二十六年（1761）五月二十五日
止，據署廈門同知張採造報各廳縣給照搬眷至廈配船過臺人民共
48 戶，計男婦大小共 277 名口，俱經行知臺灣府飭令所屬，將搬
到戶口編入保甲冊內，稽查管束。[299]乾隆五十一年（1781），臺灣
發生林爽文事變，將軍福康安奉命赴臺進剿，期間福康安曾留心
訪察內地人民攜眷過臺始終未能禁絕之由，總因內地生齒日繁，
閩、粵人民渡海耕種謀食，居住日久，置有房產，自不肯將其父
母妻子仍置原籍。搬取同住，實屬人情之常，若一概嚴行禁絕，
轉易開啟私渡情弊。乾隆五十三（1788）五月初九日，福康安將
訪察所得具摺奏明，建請毋庸禁止搬眷之例，往後安分良民情願
攜眷入臺者，由該地方官查實給照，准其渡海；一面移咨臺灣地
方官，將眷口編入民籍。其隻身之人，亦由地方官一體查明給照，
移咨入籍。[300]同年六月，朝廷議准正式廢止搬眷過臺限制。由於

298 吳士功，〈題准臺民搬眷過臺疏〉，《續修臺灣府志》，臺叢 121，卷 20，藝
　　文，頁 727。
299 《臺案彙錄丙集》，臺叢 176，卷 7，〈刑部「為內閣抄出浙閩總督楊廷璋
　　奏」移會〉，頁 241。
300 《宮中檔乾隆朝奏摺》，第 68 輯（民國 76 年），乾隆五十三年五月初九日，

沿海諸省人口壓力日增，地方官一再奏請，朝廷對搬眷過臺政策態度未能一貫，時開時禁。在福康安奏准毋庸禁止搬眷過臺此通情便民之措施後，對杜絕偷渡之風有突破性的發展，此後，遷臺者愈多，拓墾之地因而愈廣，對臺地之開發，貢獻厥偉。

清廷向來不許內地人民私行赴臺，加上搬眷過臺禁令，因地方官吏奉行不力，偷渡者頗多，即使搬眷過臺弛禁放寬時期，由於官吏給照遲延、驗放留難，人民仍多探偷渡一途。至乾隆三十四年（1769），在臺閩人約有數十萬人，粵人約有 10 餘萬。乾隆五十五年（1790），為減少偷渡，清廷開放鹿耳門至廈門、鹿港至蚶江、八里岔至五虎門的官渡，大陸人民入臺有了合法的管道，因此閩、粵百姓遷臺者更多。從開放的港口中，顯現流民拓墾的方向已由南部轉向中、北部。漢人赴臺與番人「爭墾番地，播稻植蔗，米糖之利，挹注他省，歲入各百數十萬金」，商業興盛，家富人樂，[301]出現由內陸向臺灣移民的高潮。

臺灣地土廣饒，糖穀之利甲天下，由於漢人耕鑿，處處皆成膏腴之地。內地人民渡臺移殖，開墾方向由南逐漸往北部拓展、向內山推進，故東北部開發較晚。蛤仔難三面負山，東臨大海，久居化外，平原沃壤，閒置荒蕪。乾隆末，漳浦人吳沙久住三貂，得民番信服，曾深入蛤仔難，見其地平廣而豐腴，可墾闢為田，遂招募流民入墾。嘉慶元年（1798）九月十六日，拓墾至烏石港（今頭圍），築土堡以居，闢地日廣；於嘉慶二年（1797）赴淡水同知何茹蓮處，呈請墾種蛤仔難，經核准給文招墾，並給諭戳，募添鄉勇，分設隘寮十餘處，於是泉、漳、粵三籍人民陸續進入蛤仔難開荒。吳沙等謀充業戶，聚有 5～6 萬丁，墾熟田園 2,400餘甲。[302]當時雖名為三籍合墾，其實漳人十居其九，泉、粵不過合居其一；所開溪地（即西勢）地畝，領單時，漳人已得十分之九，泉、粵合得亦不過一分；所領之單，雖有編號，並未註出四

---

將軍福康安奏摺，頁 216。

301 連橫，《臺灣通史》，臺叢 128，卷 15 撫墾志，頁 425。

302 柯培元，《噶瑪蘭志略》，臺叢 92，卷 1，建置志，頁 10。

至，其時三籍和睦，並無嫌隙。嘉慶十五年（1810），噶瑪蘭（蛤仔難更名）地方田地肥腴，米價輕賤，已有彰州人 42,500 餘丁，泉州人 250 餘丁，廣東人 140 餘丁在此開墾，後繼者仍源源不絕。對於已渡臺者，不能盡行驅回內地，於是採權宜措施，令地方編設保甲，互相稽查，使匪類不得藏匿。[303]

　　康熙二十三年（1684），設臺灣府，下轄臺灣、諸羅、鳳山三縣，雍正元年（1723），增置彰化縣及淡水廳，又設立澎湖廳。嘉慶十八年（1813），又設噶瑪蘭和鹿港二廳。嘉慶十五年（1810）諭旨即說：「所設官職，應視其地方之廣狹，酌量議添，或建爲一邑，或設爲分防廳鎮」。[304]隨著內地人民赴臺日增，地方縣廳隨之增設，以便管理臺地日益增多的人口。

# 六、口外蒙古地區

　　蒙古土地廣袤，「田土高，而且腴，雨雪常調，無荒歉之年，更兼土潔泉甘，誠佳壤也」，[305]其地利於開墾，適宜發展農業。由於「邊外地廣人稀，自古以來從未開墾」。[306]所以，清廷在穩定全國的統治後，開始注意口外地區土地的拓墾。康熙十年（1671）後，口外始行開墾，朝廷多方派人教以農藝，又配給牛、種、耒耜以墾闢未耕之地。[307]但蒙古族爲草原游牧民族，精通牧業，卻不善農耕，且生性懶惰，又不講求耕耨之術，蒙古王公鄂爾多斯

---

303 陳田、吳懷清纂輯，《食貨志》，戶口 42，安插流民，文獻編號 212000131。
304 陳田、吳懷清纂輯，《食貨志》，戶口 42，安插流民，文獻編號 212000131。
305 《清聖祖仁皇帝實錄》（三），卷 224，康熙四十五年三月己未，諭旨，總頁 253。
306 《清聖祖仁皇帝實錄》（三），卷 231，康熙四十六年十月己亥，諭旨，總頁 310。
307 汪灝，《隨鑾紀恩》，道光二十三年刊本影印，頁 14，收入鄭光祖編，《舟車所至》；《清聖祖仁皇帝實錄》（三），卷 203，康熙四十年三月戊申，總頁 76。

貝勒松阿喇布奏准「乞發邊內漢人與蒙古一同耕種」。[308]但蒙古人仍多將田地租給流入當地的漢人墾種，以坐收租利，此亦為內地流民得以在蒙地落腳立足之因。

順治年間，朝廷雖頒禁令，不得往口外開墾牧地，但未認真執行。康熙二十二年（1683）又規定：「凡內地民人出口，於蒙古地方貿易耕種，不得娶蒙古婦女為妻，儻私相嫁娶，查出，將所嫁之婦離異，給還母家，私娶之民照地方例治罪」。[309]從中可知，不再禁止內地漢人在蒙古地區行商墾荒，只要求漢人不在蒙地安家落戶，顯示清廷對內地漢人至蒙地開墾的政策已有轉變。康熙三十年（1691）後，清廷與準噶爾部的幾次戰爭中，體會到財政支出巨大，深入大漠糧草供應艱辛，因此意識到在北部邊疆發展農業，可就地解決糧草問題，對平定準噶爾之戰意義重大。清聖祖體認「邊外積穀，甚屬緊要」，[310]特命三等公傅爾丹、原任都統愛音圖、護軍統領達米納等經理屯務，初則分兵屯種，繼之更號招內地失業流民，遷往口外適宜農植物生長地區墾種。[311]

據檔案記載，卓索圖盟喀喇沁右旗蒙古曾進口內觀察內地生產，見五穀兼備，耕耨維細，收成極佳，遂於康熙三十年（1691）向朝廷呈請：

> 選招內地熟習耕作農民，由公家頒與執照來蒙旗耕種。耕作事務，始習得其法矣。當時藩部所定之例，出口農民有確數，各給執照，春季出口，出口時驗照放行，無照者不容出口。秋季收禾場事完竣，則由蒙旗催其回籍。進口時，

---

308 《清聖祖仁皇帝實錄》（二），卷 181，康熙三十六年三月乙亥，總頁 939。

309 《清會典事例》，第 10 冊，卷 978，理藩院，戶丁，頁 1123。此一禁令在乾隆五十二年（1787）時一度廢止，嘉慶六年（1801）復行禁止蒙漢通婚，處罰更嚴。

310 《清聖祖仁皇帝實錄》（二），卷 153，康熙三十年十二月丁亥，諭旨，總頁 695。

311 傅恒等，《平定準噶爾方略》，前編，卷 2，頁 26-29。收入《西藏學漢文文獻彙刻》（北京：全國圖書館文獻縮微復制中心，1990 年），第 2 輯。

驗收執照遣去。[312]

康熙三十五年（1696），皇太子胤礽奏報：

> 據今年正月喀喇沁協辦旗務和碩額駙噶爾桑來文詳稱：本
> 旗民人均靠耕田為生。前啟奏聖明，領票三百，雇民耕田
> 至今。今復欲增領票五百，以雇民耕種。奉旨：給罷。[313]

由上所述可知，康熙三十年（1691），清廷允准卓索圖盟的喀喇沁
三旗之請，每年發給 300 張出口執照讓內地漢人前往種地；康熙
三十五年（1696），朝廷同意每年再增發 500 張，共計 800 張出口
執照，逐年更換。[314]並且諭令：「招募民人，春令出口種地，多則
遣回」。[315]可看出清廷對於漢人到蒙地墾荒逐漸接納與讓步，改採
有條件的開放以控制漢民的數量與期限。起初春季出口墾種，冬
季收成後遣返，不能長期定居在蒙古，但久而久之，蒙古王公為
貪圖地租，遂長期容留漢人定居耕種。

康熙三十一年（1692），清聖祖再次強調「耕種之事，最為
緊要」。[316]此外，面對生齒日多，耕地不足的現象，在農業技術尚
無重大改進時，只能採取鼓勵墾荒政策，對內地農民私自出口墾
種之事不予追究，甚至還有意鼓勵放行。康熙五十五年（1716），
山西、陝西、河南等省旱澇肆虐，災情慘重。同年，口外地區田
禾茂盛，秋收可期。華北各地流民請求遷往口外謀生者，多達 140
餘起。清聖祖許其所請，並曉諭各地方官「給予出口印票，以便
前往」。[317]康熙五十一年（1712），山東人民往來口外墾地者多至
10 萬餘數，清聖祖表示來往口外墾地的山東人民，「皆朕黎庶，

312 《令卓盟喀喇沁右旗公署》，蒙藏委員會旨令，蒙字第 95 號，全宗號 439，
　　卷號 27，內蒙古檔案館復印件。轉引自張植華，〈清代蒙漢民族關係小議
　　── 讀史劄記〉，《內蒙古大學學報》，1992 年第 3 期，頁 63。
313 中國第一歷史檔案館編，《康熙朝滿文硃批奏摺全譯》（北京：中國社會科
　　學出版社，1996 年），康熙三十五年四月十一日，皇太子胤礽奏摺，頁 76。
314 《清會典事例》，第 10 冊，卷 978，理藩院，戶丁，頁 1125。
315 《清高宗純皇帝實錄》（五），卷 348，乾隆十四年九月丁未，諭旨，總頁 799。
316 《清聖祖仁皇帝實錄》（二），卷 154，康熙三十一年二月丙戌，總頁 702。
317 《清聖祖仁皇帝實錄》（三），卷 269，康熙五十五年六月癸丑，總頁 637。

既到口外種田生理，若不容留，令伊等何往？但不互相對閱查明，將來俱爲蒙古矣」。[318]規定往後山東人民有到口外種地者，該撫應查明年貌、姓名、籍貫，造冊以備稽察核對。由口外回山東者，亦查明造冊移送該撫核閱稽查。[319]對漢人到口外種田之事既不明倡，亦不禁止，予以默認；在管制上要求地方官登記造冊，以爲管理。所以，實際上等於承認內地人民出口的合理性。其後，直隸、山西百姓亦多有出口者。[320]

雍正時期，繼續執行此一方針。雍正元年（1723），頒布「借地養民」令，即針對近年來河南黃河潰決，直隸亦遭其泛溢波及，致兩地百姓耕種無資，衣食匱乏，大批流民湧入京師一帶。清廷一方面設廠濟粥，一方面令乏食災民往口外開墾，藉以謀生，並要求蒙古各旗接納流入之災民。清世宗表示開墾一事，對百姓最有裨益，指示戶部：「嗣後各省凡有可墾之處，聽民相度地宜，自墾自報，地方官不得勒索，胥吏亦不得阻撓。至陞科之例，水田仍以六年起科，旱田以十年起科。著著爲定例」。[321]此令一開，加速流民湧入塞外的腳步。

雍正二年（1724），鑲白旗滿洲都統弘昇的一份奏摺提到對塞外的開發：

> 臣等丈量得察哈爾右翼四旗地畝，共計二萬九千七百零九頃二十五畝。此所丈量之地，若設立莊頭耕種，則多費錢糧。若將現種地之民盡行驅逐入口，則伊等俱係無籍窮人，入口無耕種之地，至於度命艱難，不無作亂爲非之事。若

---

318 《清聖祖仁皇帝實錄》（三），卷 250，康熙五十一年五月壬寅，諭旨，總頁 478。

319 陳田、吳懷清纂修，《食貨志》，戶口 46，民人出口，文獻編號 212000178；《清聖祖仁皇帝實錄》（三），卷 250，康熙五十一年五月壬寅，諭旨，總頁 478。

320 《清史稿校註》，第 5 冊，卷 127，食貨志，戶口，頁 3444。

321 《清世宗憲皇帝實錄》（一），卷 4，雍正元年正月乙未，諭旨，總頁 84；《清世宗憲皇帝實錄》（一），卷 4，雍正元年二月乙丑，諭旨，總頁 101；《清世宗憲皇帝實錄》（一），卷 6，雍正元年四月乙亥，諭旨，總頁 137。

> 將此地即交與伊等耕種，每畝令其交納錢糧七分，一年可
> 得十九萬餘兩……再種地之民人，每五十家設里長一人，
> 每十家設家長一人管理，若令伊等連妻子一同帶去居住，
> 恐其生事，不准帶領妻子前往。除情願在口外過冬人等外，
> 餘者俟秋收之後，約令入口，每年種地之時，再行出口耕
> 種。其出入行走之處，著令照驗同知關防文書，准其行走。
> [322]

從弘昇的奏疏中可知，塞外大片的待墾之地與大批墾荒之民的存在，迫使朝廷不得不重視此一問題。若一概禁止墾荒，將窮民逐回，並不能真正解決問題，反易生亂事。清聖祖曾說：「伊等皆朕黎庶，既到口外種田生理，若不容留，令伊等何往」？若允許窮民前往耕種，既可解決內地人多地少所形成的問題，又能增加官府賦稅收入，且蒙古貴族亦表歡迎，可謂一舉數得，因此改以加強對出口人民的管理與控制。基於對當地社會管理的考量，不准攜妻帶子前往，以防生事，可春往冬回，如雁行一般；只要不帶妻子，墾荒窮民可以在當地長期居留而不受限。如此自然有利於口外蒙古地區農業發展，增加農墾面積。同年，都察院左都御史尹泰具奏嚴禁內地百姓到塞外耕墾，遭致議覆駁回。議覆內容如下：

> 於塞外種地者，皆為永平、蘭州、山東等處地方之民，若
> 伊等出塞墾種蒙古之地，則內地之人可得以分散，且于糧
> 米又有益處。去年……解除米石不得入邊口之令，故而米
> 價趨于平穩，於眾生皆有益。據此，若有民人至塞外種地
> 者，則准照舊領票至塞外墾種。惟於塞外種地之民，並無
> 己之地畝，或給蒙古以租銀、糧米，且又州縣兼徵錢糧，
> 如此伊等勢必不能忍受重徵之苦。彼於塞外種地之民，既
> 住於塞外，以墾種蒙古之地為生，而有司趨至彼處查視，

---

322 金志節原本，黃可潤增修，《口北三廳志》，乾隆二十三年刊本影印，卷1，地輿志，頁11-12。收入《中國方志叢書・塞北地方・察哈爾》（臺北：成文出版社，民國57年），第36號。

亦甚艱難，只因年分久遠之後，將其在該處出生之子弟，
由蒙古等即行隱匿之處，亦難逆料。故而擬咨行種地之民
所住地札薩克等，凡有種地之民，俱行清查人數、住地、
姓名，並造清冊，於每年七月間呈報理藩院。[323]

硃批：「所議甚妥，著照施行」。可見朝廷雖仍嚴禁蒙古容留內地
無照出口漢人，但對於漢人至蒙地從事墾種，屈就於內地人口日
增的壓力，又可增加糧食收穫等因素考量下，權宜變通採默許認
可。為防蒙古容留漢人之弊端，清廷明令各札薩克將漢人姓名、
住址、人數造冊報部，以便查核。蒙古律令中，原於康熙二十六
年（1687）頒定嚴禁容留內地逃人令中，有「嗣後蒙古等雇內地
民人耕種之處，永行禁止」字眼，[324]為因應現實，加以刪除。[325]雍
正八年（1730），諭旨中僅要求「擅行招民開種之處，作速據實呈
報」，否則一經發覺，加倍治罪。[326]雍正十一年（1733），規定在
蒙古各札薩克地方，漢人出口若有娶蒙古婦人，生有子嗣者，交
歸化城都統同知等，細查伊等原籍姓名戶口數目，造冊奏報。日
後仍照舊例，嚴禁蒙古婦女與漢人成婚，如有違禁私娶私嫁者，
將所娶婦人離異，媒保說合人一併治罪。[327]康熙二十二年（1683）
即規定漢人出口不得娶蒙古婦女為妻，一旦查出令其離異並且治
罪，至雍正晚期僅要求造冊奏報，再申嚴禁，可謂政策的退讓妥協。

康熙年間，喀喇沁三旗呈請內地人民前往種地，每年由戶部
管制給予印票 800 張，春出冬回，逐年更換，在漢人流入日眾下，
年久去而不歸，實已漸成具文。為加強對出口漢人的管理，乃增
設州、縣，置理民之官。雍正元年至三年（1723～1725），陸續添
設古北口、張家口、歸化城三同知各一員，後又增設通判、巡檢

323 《雍正朝滿文硃批奏摺全譯》，上冊，雍正二年五月初二日，和碩廉親王
　　允祀等奏摺，頁 816-817。
324 《清會典事例》，第 10 冊，卷 995，理藩院，刑法，捕逃，頁 1271。
325 見《蒙古律例》，卷 9，捕亡，隱匿內地逃人，頁 176。收入《中國方志叢
　　書・塞北地方・蒙古》（臺北：成文出版社，民國 57 年），第 38 號。
326 《清世宗憲皇帝實錄》(二)，卷 98，雍正八年九月乙未，諭旨，總頁 311。
327 《清世宗憲皇帝實錄》（二），卷 129，雍正十一年三月丙戌，總頁 679。

等官員。口外地方遼闊，恐各該同知所轄有所遺漏，令直隸、山西督撫查明，酌量分交管理。雍正五年（1727），規定古北口、張家口、歸化城三路同知等，各按所管地方，將寄居漢人與種地漢人，依保甲法，查明姓名、籍貫註冊，並咨查原籍地。各省州縣官，將所有出口種地漢人記檔，以備日後查對。其後再有出口種地漢人，該同知依例安插，並移咨原籍，查無過犯情事，方准居住耕種，年終造冊報部。[328]為防犯罪逃亡等不良份子夾雜其中赴口外蒙地耕種，古北口、張家口、歸化城各同知應照會原籍確認後，始准其居住耕種。[329]雍正八年（1730），於喀喇沁右翼及中旗設置八溝廳；雍正十二年（1734），設獨石口廳。歸化城同知、通判，按其所管地界，依編造保甲之例，每年將舊存、新到及回籍、病故人數各若干，註明係何州縣人民，造冊咨送朝廷查覈，統計雍正元年至十三年（1723～1735）歸化城共有種地人民 4,900 餘名。古北口以外灤平、豐寧二縣，向係土著漢民按冊輸糧；熱河迤北一帶，原係蒙古外藩游牧處所，自乾隆四十三年（1778）改設州縣以後，漢人集聚漸多，有家資稍裕搬移眷屬者，亦有偶值歉收投親覓食者。時日既久，山場平原皆盡行開墾，均向蒙古輸租。張家口地方偏僻，關外東西兩溝，多係游牧草地，墾種地畝無多，亦無村落。商販往來，俱由都統衙門給與照票，其餘隻身出入漢人，需取得關內鋪戶保狀，方准放行。[330]

乾隆元年（1736），將熱河以西鑲黃、正白、鑲白、正藍四旗土地查丈完竣，分給口外流民承種，共安插 4,000 餘戶。[331]乾隆八年（1743），天津、河間兩府遭旱，所屬地區失業流民出喜峰口、古北口、山海關覓食者甚多。朝廷行文密諭守邊官員對出口

328 《清史稿校註》，第 5 冊，卷 127，食貨志，戶口，頁 3444；《清世宗憲皇帝實錄》（一），卷 53，雍正五年二月庚辰，諭旨，總頁 808-809。
329 《清世宗憲皇帝實錄》（一），卷 53，雍正五年二月庚辰，諭旨，總頁 809。
330 《清仁宗睿皇帝實錄》（四），卷 226，嘉慶十五年二月己酉，諭旨，總頁 35-36。
331 羅爾綱，〈太平天國革命前的人口壓迫問題〉，《中國近代史論叢》，第 2 輯，第 2 冊，頁 53。

貧民，不必攔阻，即時放行。[332]乾隆十年（1745），口內歉收，有「貧民就食歸化，無力回籍」。[333]乾隆十二年（1747）二月，山東流民出口覓食，據提督直隸總兵官索拜奏稱，古北口等處當時流民四出已有 2,000～3,000 人之多。[334]八溝以北及塔子溝通判所轄地方，皆係蒙古牧場，在漢人絡繹奔赴前往墾地居住下，已有 20 萬至 30 萬之多。[335]乾隆十六年（1751），開放察哈爾富貴山等處圍場，准口外無業貧民呈報墾種，給予執照。[336]

　　人口繁滋，土地所產難以滿足食用所需，清廷迫於形勢，不得已對流民湧向土曠人稀的口外地區謀生，採取默許的態度。因寄居蒙古地區漢人日增，乾隆八年（1743），朝廷下令：

> 山西、陝西邊外蒙古地方，種地民人甚多，設立牌頭總甲，令其稽查。即於種地民人內，擇其誠實者，每堡設牌頭四名，總甲一名。如種地民人內，有拖欠地租，並犯偷竊等事，及來歷不明之人，即報明治罪，如通同徇隱，將該牌頭等一併治罪。[337]

由於流往口外地區漢人日增，清廷在漢民聚居的村落實行牌甲制度，設立牌頭、總甲等職，進行戶口稽查，編審核對，造冊呈報，以為管制。乾隆十三年（1749），規定託名傭工之外來漢人一概逐回，但有親戚骨肉可倚賴為生者，可取得容留之人甘結而留居。駐紮司員及同知、通判稽考所屬漢民人數，擇其良善者立為鄉長、總甲、牌頭，專司稽查之責，有蹤跡可疑者，報官遞回原籍。該司員、同知、通判於每年春秋二季，將所屬漢民姓名造冊，並飭

---

332 《清高宗純皇帝實錄》（三），卷 195，乾隆八年六月丁丑，諭旨，總頁 508。

333 《清高宗純皇帝實錄》（四），卷 265，乾隆十一年四月甲申，總頁 435。

334 陳田、吳懷清纂修，《食貨志》，戶口 46，民人出口，乾隆十二年諭，文獻編號 212000178；《清高宗純皇帝實錄》（四），卷 284，乾隆十二年二月戊辰，諭旨，總頁 706。

335 《清高宗純皇帝實錄》（四），卷 304，乾隆十二年十二月己未，總頁 973。

336 《宮中檔乾隆朝奏摺》，第 2 輯（民國 71 年），乾隆十六年十一月二十七日，直隸總督方觀承奏摺，頁 46。

337 《清會典事例》，第 2 冊，卷 158，戶部，戶口，流寓異地，頁 1000。

取具鄉長、總甲、牌頭各無容留匪類甘結存案。印票方面，該處司員暨同知、通判等，「查明種地民人確實姓名、現在住址，及種地若干、一戶幾口，詳細開注，給予印票……令鄉長、總甲、牌頭等，於年終將人口增減之數，報官查覈，換給印票」。[338]等於取消限制印票數額。乾隆二十二年（1757），再令「邊外蒙古地方種地民人，設立牌頭總甲及十家長等，如有偷竊為匪，及隱匿逃人者，責令查報」，以為管制。[339]克什克騰旗地方，自乾隆十六年（1751）曾上報有 157 名流民，墾地 5,339 畝，至乾隆三十一年（1766）又查到續添流民 670 多名私墾土地。清廷雖下令驅逐，但「空有驅逐之名，而無驅逐之實」。直隸總督楊廷章奏陳：

> 乾隆十四年欽奉諭旨，將典給民人地畝限年撤還，毋許再留種地之民人。……乃該蒙古以民人所墾成田之處俱在山坡隙地，並不礙其游牧，兼可得租養贍，所以一經驅散又復潛為招住，甚有以呈請驅逐之由為恐嚇增租之計。而民人等既以墾熟成田，又經蓋房棲止，父子夫婦之間久已視同鄉里，一旦驅之使散，別無他業謀生，遂爾戀戀不捨。[340]

楊廷章建議既然蒙古情願招佃收租，請依土默特之例，聽其自便；另逐一清查蒙古漢人，共有男婦大小若干戶口，墾地若干頃畝，酌定若干租數，分別造冊上報立案。戶部尚書于敏中等人同意楊廷章看法，朝廷准其所奏。[341]

　　康熙年間已有內地人民至口外耕種居住，雍正元年（1723）以後開始添設官員。乾嘉時期，內地人民生齒日繁，出口謀生者愈益增多，原先出口之人，亦滋息日增。仍依前祖之例，設官管

---

338 《清會典事例》，第 10 冊，卷 978，理藩院，戶丁，稽查種地民人，頁 1124-1125。

339 《清史稿校註》，第 5 冊，卷 127，食貨志，戶口，頁 3442。

340 《宮中檔硃批奏摺》，〈民族事務‧蒙古〉，第 21 卷，380 號，乾隆三十六年六月二十二日，直隸總督楊廷章奏摺。轉引自自溫浩堅，《清朝蒙古的封禁隔離政策》，政治大學歷史研究所碩士論文，民國 93 年，頁 174。

341 《軍機處檔‧月摺包》，第 14730 號，乾隆三十六年八月二十四日，戶部尚書於敏中奏摺錄副。

理，立法稽查。口外沿邊地方，至嘉慶十五年（1800），吉林、盛京、直隸、山西口外相連一帶，已設有一府一州五縣十二廳。府州縣廳之設，與原來的盟旗制度並存，盟旗管轄蒙古，州縣治理漢人，仍是分而治之的辦法。所設各廳，有隸吉林將軍統轄者，有隸奉天府尹統轄者，亦有隸山西巡撫統轄者。地方遼闊，於吏治察覈、刑名審轉，多有不便，嘉慶十五年（1810），於熱河設都統一員，專令統轄承德府等處各屬，並在八溝、塔子溝、三座塔、烏蘭哈達四處將原理藩院所派之筆帖式，改爲蒙古理事官，爲都統之屬，另於都統衙門添設筆帖式二員。[342] 凡此，皆爲管理塞外地區日增漢人而設置。

## 第三節　安插政策成效檢討

「流民若流水也，在順其性而導之耳；使或逆之，則氾濫而壅潰矣」。[343] 明朝，大批流民聚集在荊襄地區墾荒，朝廷視爲「心腹之患」，採取的是攔阻政策。在直隸、山東、河南、山西等省設置撫民官，捕捉流民，強制遣返故里。流民流徙他處，脫離戶籍，與生產脫鉤，既影響本身自給能力的恢復，且使國家徵收賦役人口減少；同時，流民游離於政府管理體系外，對社會治安之破壞亦大。但是不加區分，對流民採嚴懲手段，是不智且失當的做法。政府應妥善綏撫，或設法使流民還籍，重返故里，或在流入地就地安插，將其再納入國家管理機制範圍裡，方爲良策。

清朝在改朝換代的戰爭過後，土地嚴重荒蕪，原本田主或死亡，或逃離，朝廷爲加快復甦的腳步，對於荒田的開墾，普遍採取招墾安插政策。康熙二十二年（1683），規定：「凡地土有數年無人耕種完糧者，即係拋荒，以後如已經墾熟，不許原主復問」。

---

342　《清仁宗睿皇帝實錄》（四），卷 228，嘉慶十五年四月庚子，總頁 59-60。
343　周洪謨，〈創治鄖陽府記〉，《三省邊防備覽》，卷 13，藝文上，頁 27。收入《續修四庫全書》，史部‧地理類，第 732 冊。

[344]此即對流民開墾荒地的鼓勵，促使流移百姓重新附著於土地，納入國家戶籍的措施。隨著清初休養生息，實行輕徭薄賦政策，人口快速增加，其數目超越以往任何一個朝代，原本富庶繁榮地區土地已開墾殆盡，人口與土地的比例已漸失調。為緩和人口壓力，對安插無地可耕、無田可守的流民，朝廷訂定一連串措施，鼓勵往邊疆地區拓墾，「攤丁入地」、「改土歸流」政策的實施，促使人口流動頻率，帶動流民向地廣人稀地區遷移的風潮。

　　朝廷對流民之招撫安置，使人口的地理分佈狀況改變，土地的開墾面積因此更為擴大，促進農業經濟的成長；在開墾的過程中，或因知識的缺乏，或因墾荒心切，忽略水土保持，以致造成社會環境的隱憂，皆為人口安插後所衍生的後果。茲將其分別詳述於下。

# 一、人口重新分佈

　　中國地域廣闊，自然條件複雜，人口分佈受自然條件、歷史發展過程及社會經濟因素的影響極不平衡。黃河流域曾經是中國古代文明的發祥地之一，也是人口分佈的重心所在，西漢末年長達數十年的社會動亂，黃河流域人口遭受重大損傷。之後，西晉永嘉之亂、五胡亂華，干戈擾攘，政局動盪，人口流動的狂潮，使中原蕭條，生產凋敝。唐代後期發生安史之亂，接著是五代十國的分裂局面，中原地區又遭受極大破壞，人口傷亡嚴重。反之，江南地區遭受戰亂影響輕微，又有不少人因北方動亂而避居南遷，所以江南的社會經濟得以迅速發展，人口數量成長超越黃河流域。

　　清代人口成長快速，伴隨而來的人口壓力超越以往任何一個朝代，人口壓力促使人口流動頻繁。清代，人口流遷遍及全國，傳統精華地區人口稠密，這些地區土地已開墾殆盡，人口數卻不

---

344　《清聖祖仁皇帝實錄》(二)，卷108，康熙二十二年三月己未，總頁100。

斷增加，對於貧困家庭產生莫大壓力，生活常有匱乏之憂，一遇災荒，為求生存只能逃往他鄉。由於人口的增加，內地已少有未開墾的土地，政府對此採取因勢利導之策，讓其流往人口稀少，尚有荒蕪土地可供開墾之區，離心運動因此產生，流民逐漸往邊區地帶發展。

　　清朝，人口遷徙的主要趨向是，由東往西，從南到北，自內地往邊疆、外島輻射擴散。雖然無法就遷移的人數作出詳細完整的統計，但就其時間、人口約數及牽連的地域可以看出，此期間人口流動的情形是以往所少見的。如天府之國的四川，清初遭受戰亂破壞，人口流離死亡不可勝計，土地拋荒情形嚴重。以湖廣為首等地區因人口過多，許多流民遷往四川開墾謀生，既可調節湖廣、江西、廣東等地區的人口過剩現象，四川也因人口移入得以開發，展現生機。

　　隨著外省流民移入，四川人口不斷迅速增加，乾隆三十六年（1771），四川人口總數為 3,068,199 人，乾隆四十一（1776）年增為 7,789,791 人，增長率約為 254%。[345]乾隆五十六年（1791），四川人口達 948 萬，[346]嘉慶年間超過 2,000 萬。[347]雖然各種遺漏、虛報的情形不可避免，在當時人口統計數字應低於實際人口數，由此可看出四川人口增加的速度，超過一般正常標準。乾隆五十一年（1786）至道光三十年（1850），四川人口由 8,429,000 增加到 44,164,000，人口年平均增長率為 26.22‰，此時期全國人口年平均增長率僅為 6.11‰，說明四川人口在乾隆中葉有一小波段成長，大幅度增加在十八世紀末至十九世紀中，外地人源源不斷湧入之時（見表 5-3-1、圖 5-3-1）。[348]流民入川，不僅有效緩和湖廣、

345 《皇朝文獻通考》，卷 19，戶口考，頁 50、56。收入《景印文淵閣四庫全書》，史部・政書類，第 632 冊。
346 趙文林、謝淑君，《中國人口史》，頁 454。
347 梁方仲編著，《中國歷代戶口・田地・田賦統計》，甲表 82，頁 262：「嘉慶十七年（1812），四川人口為 21,435,678。」
348 參見趙文林、謝淑君，《中國人口史》，頁 596-598；嚴中平等編，《中國近代經濟史統計資料選輯》，附錄，頁 362-366。

江西等地區的人口壓力，使地廣人稀的四川得到充實，也使全國人口分佈朝向合理方向邁進。

### 表 5-3-1：乾隆十四年至嘉慶二十五年四川人口數概況表

| 時　　間 | 四川人口數 | 備　　　　註 |
|---|---|---|
| 乾隆十四年<br>（1749） | 2,506,870 | 《皇朝文獻通考》，卷 19，戶口考，頁 34。 |
| 乾隆十六年<br>（1751） | 2,570,455 | 《宮中檔乾隆朝奏摺》，第 1 輯，頁 908。 |
| 乾隆十八年<br>（1753） | 2,588,366 | 《宮中檔乾隆朝奏摺》，第 6 輯，頁 698。 |
| 乾隆二十二年<br>（1757） | 2,682,893 | 《皇朝文獻通考》，卷 19，戶口考，頁 40。 |
| 乾隆二十七年<br>（1762） | 2,802,999 | 《皇朝文獻通考》，卷 19，戶口考，頁 43。 |
| 乾隆二十九年<br>（1764） | 2,869,773 | 《宮中檔乾隆朝奏摺》，第 23 輯，頁 468。 |
| 乾隆三十二年<br>（1767） | 2,958,271 | 《皇朝文獻通考》，卷 19，戶口考，頁 45。 |
| 乾隆三十六年<br>（1771） | 3,068,199 | 《皇朝文獻通考》，卷 19，戶口考，頁 50。 |
| 乾隆四十一年<br>（1776） | 7,789,791 | 《皇朝文獻通考》，卷 19，戶口考，頁 56。 |
| 乾隆四十三年<br>（1778） | 7,850,798 | 《宮中檔乾隆朝奏摺》，第 45 輯，頁 445。 |
| 乾隆四十五年<br>（1780） | 7,947,762 | 《皇朝文獻通考》，卷 19，戶口考，頁 59。 |
| 乾隆四十八年<br>（1783） | 8,142,487 | 《皇朝文獻通考》，卷 19，戶口考，頁 60。 |
| 乾隆五十一年<br>（1786） | 8,429,000 | 趙文林、謝淑君，《中國人口史》，頁 596。 |

| 乾隆五十二年（1787） | 8,566,609 | 《宮中檔乾隆朝奏摺》，第 66 輯，頁 262。 |
|---|---|---|
| 乾隆五十三年（1788） | 8,713,127 | 《宮中檔乾隆朝奏摺》，第 70 輯，頁 257。 |
| 乾隆五十四年（1789） | 8,926,111 | 《宮中檔乾隆朝奏摺》，第 74 輯，頁 107-108。 |
| 乾隆五十五年（1790） | 9,184,000 | 全漢昇、王業鍵，〈清代的人口變動〉，《中央研究院歷史語言研究所集刊》，第 32 本，頁 168。 |
| 嘉慶十七年（1812） | 21,436,678 | 梁方仲編著，《中國歷代戶口·田地·田賦統計》，頁 400。 |
| 嘉慶二十五年（1820） | 26,259,000 | 全漢昇、王業鍵，〈清代的人口變動〉，《中央研究院歷史語言研究所集刊》，第 32 本，頁 169。 |

## 圖 5-3-1　乾隆十四年至嘉慶二十五年四川人口增長曲線圖

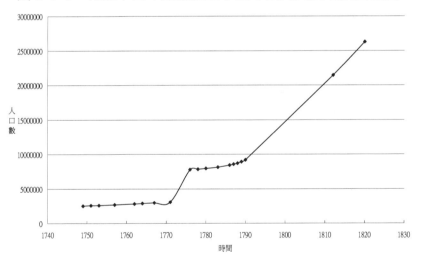

　　西南地區在乾隆朝以後，吸引不少湘、鄂、皖、贛等省人民往此遷徙；據研究，十九世紀初（1814～1836），清廷在檢查保甲人口統計中漏報土地時，發現西南地區有不少新來移民。曾在川南登記入籍者計 87,689 戶，達 42 萬人以上；在貴州也發現類似狀況，新移民計 71,499 戶，約有 34 萬人；雲南東南部新移民有

46,000 戶。總計此期間，西南地區漏籍者達 205,000 戶，約略估計人口應有百萬人左右。[349]乾隆四十年（1775），上諭中提到各省滋生戶口，有司視爲具文，並未認眞稽查，每年冊報民數，不及實數十分之二三。雲貴地處西南邊陲，戶口登記更爲疏漏，雲南總督張允隨曾稱：「滇南僻在天末，漢土雜居……兼以地產五金，礦徒雲集」，實不易有準確的人口數字，乾隆七年（1742）全省登記人口數尚不足百萬。[350]即使到乾隆中葉，因地區行政制度的原因，未登記人口當不在少數。乾隆四十年（1775），清高宗嚴斥人口造報不實後，乾隆三十八年至四十一年（1773～1776）雲、貴地區官方登記人口增加近 250 萬人（見表 5-3-2、表 5-3-3）。雖然人口數大幅度的躍升，但相信仍比實際人口數少。

　　有學者研究西南地區的移民，把元明時期由政府組織的移民稱爲第一次大移民，把康熙後期長江中下游地區自發性往西南遷徙的浪潮，稱作第二次大移民，第二次大移民的規模超越第一次大移民，可謂人潮洶湧，但是在現代學術文章中卻被人們普遍忽視，在政府檔案中更難找到大量史料。[351]清代前期，西南地區人口的增加除了墾荒之外，最主要的是打開了新的經濟管道，諸如礦業的開採、商業的興起，吸引外省窮民的目光，往雲貴等地謀求生計。由此，非農業勞動人口的比例從原先的 5%增至 10%。[352]

　　從表 5-3-2、圖 5-3-2 中可以看出，雲南省人口增長的重要時期在乾隆末年到嘉慶年間，同一時期，貴州的人口相形之下成長速度就和緩得多（見表 5-3-3、圖 5-3-3），但李中清先生研究明清

---

349 常明等重修，楊芳燦等纂，《四川通志》，嘉慶二十一年刊本，卷 65，頁17-20；愛必達，《黔南識略》，卷 1，總敍，頁 4；《威遠廳志》，卷 3，頁49-54，轉引自李中清，〈1250-1850 年西南移民史〉，《社會科學戰線》，1983年第 1 期，頁 119。

350 《張允隨奏稿》，乾隆七年十一月十七日，頁 642。收入方國瑜主編，《雲南史料叢刊》，第 8 卷。

351 參見李中清，〈1250-1850 年西南移民史〉，《社會科學戰線》，1983 年第 1期，頁 120-121。

352 李中清，〈明清時期中國西南的經濟發展和人口增長〉，《清史論叢》，第 5輯，頁 68。

時期中國西南的經濟發展和人口增長，他認為貴州人口實際上增長速度應與雲南一樣快。[353]外地流民來到雲、貴地區，除了墾闢山田外，還有不少流民進入礦山，從事開礦等相關工作。康熙三十九年（1700）以前，雲貴地區絕大部分人口是住在農村從事農耕者，全部城市人口只佔總人口的 5%。之後的一百年，情況發生變化，數量龐大的礦工出現，乾隆十五年（1750），西南地區有 30 萬以上礦工，嘉慶時期銅產量增加，礦工數增至 50 萬人以上，最高可能高達 150 萬人，礦工中絕大多數是外地人。[354]農、礦業相互影響，帶動商業、城市興起，吸引外地人口湧入，促進了雲、貴地區的繁榮。

### 表 5-3-2：乾隆十四年至嘉慶二十五年雲南人口數概況表

| 時　　間 | 雲南人口數 | 備　　註 |
|---|---|---|
| 乾隆十四年（1749） | 1,946,173 | 《皇朝文獻通考》，卷 19，戶口考，頁 34。 |
| 乾隆十六年（1751） | 1,974,031 | 《宮中檔乾隆朝奏摺》，第 2 輯，頁 148。 |
| 乾隆十八年（1753） | 1,987,427 | 《宮中檔乾隆朝奏摺》，第 7 輯，頁 211。 |
| 乾隆二十年（1755） | 2,000,772 | 《宮中檔乾隆朝奏摺》，第 13 輯，頁 288。 |
| 乾隆二十二年（1757） | 2,014,483 | 《皇朝文獻通考》，卷 19，戶口考，頁 40。 |
| 乾隆二十七年（1762） | 2,088,746 | 《皇朝文獻通考》，卷 19，戶口考，頁 43。 |
| 乾隆三十二年（1767） | 2,148,597 | 《皇朝文獻通考》，卷 19，戶口考，頁 45。 |

---

353 李中清，〈明清時期中國西南的經濟發展和人口增長〉，《清史論叢》，第 5 輯，頁 68。

354 李中清，〈明清時期中國西南的經濟發展和人口增長〉，《清史論叢》，第 5 輯，頁 86。

| 乾隆三十三年（1768） | 2,162,324 | 《宮中檔乾隆朝奏摺》，第 32 輯，頁 380。 |
|---|---|---|
| 乾隆三十六年（1771） | 2,207,650 | 《皇朝文獻通考》，卷 19，戶口考，頁 50。 |
| 乾隆三十八年（1773） | 2,239,586 | 《宮中檔乾隆朝奏摺》，第 33 輯，頁 264。 |
| 乾隆四十一年（1776） | 3,102,948 | 《皇朝文獻通考》，卷 19，戶口考，頁 56。 |
| 乾隆四十三年（1778） | 3,149,251 | 《宮中檔乾隆朝奏摺》，第 45 輯，頁 318。 |
| 乾隆四十五年（1780） | 3,201,206 | 《皇朝文獻通考》，卷 19，戶口考，頁 59。 |
| 乾隆四十八年（1783） | 3,294,147 | 《皇朝文獻通考》，卷 19，戶口考，頁 60。 |
| 乾隆五十二年（1787） | 3,460,695 | 《宮中檔乾隆朝奏摺》，第 65 輯，頁 846。 |
| 乾隆五十五年（1790） | 3,624,000 | 全漢昇、王業鑑，〈清代的人口變動〉，《中央研究院歷史語言研究所集刊》，第 32 本，頁 168。 |
| 嘉慶十七年（1812） | 5,561,320 | 梁方仲編著，《中國歷代曲口‧田地‧田賦統計》，頁 400。 |
| 嘉慶二十五年（1820） | 6,067,000 | 全漢昇、王業鑑，〈清代的人口變動〉，《中央研究院歷史語言研究所集刊》，第 32 本，頁 169。 |

## 圖 5-3-2　乾隆十四年至嘉慶二十五年雲南人口增長曲線圖

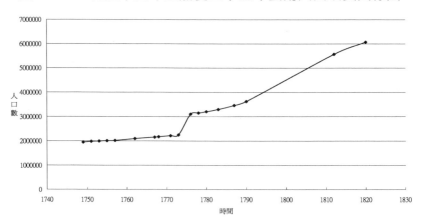

表 5-3-3：乾隆十四年至嘉慶二十五年貴州人口數概況表

| 時　　間 | 貴州人口數 | 備　　　　　　註 |
|---|---|---|
| 乾隆十四年<br>（1749） | 3,075,111 | 《皇朝文獻通考》，卷 19，戶口考，頁 34。 |
| 乾隆十六年<br>（1751） | 3,166,662 | 《宮中檔乾隆朝奏摺》，第 1 輯，頁 866。 |
| 乾隆十八年<br>（1753） | 3,248,955 | 《宮中檔乾隆朝奏摺》，第 7 輯，頁 23。 |
| 乾隆二十年<br>（1755） | 3,301,692 | 《宮中檔乾隆朝奏摺》，第 13 輯，頁 12。 |
| 乾隆二十二年<br>（1757） | 3,335,579 | 《皇朝文獻通考》，卷 19，戶口考，頁 40。 |
| 乾隆二十七年<br>（1762） | 3,411,148 | 《皇朝文獻通考》，卷 19，戶口考，頁 43。 |
| 乾隆三十二年<br>（1767） | 3,441,656 | 《皇朝文獻通考》，卷 19，戶口考，頁 45。 |
| 乾隆三十六年<br>（1771） | 3,458,005 | 《皇朝文獻通考》，卷 19，戶口考，頁 50。 |
| 乾隆三十八年<br>（1773） | 3,481,657 | 《宮中檔乾隆朝奏摺》，第 33 輯，頁 420。 |
| 乾隆四十一年<br>（1776） | 5,003,177 | 《皇朝文獻通考》，卷 19，戶口考，頁 56。 |
| 乾隆四十三年<br>（1778） | 5,021,598 | 《宮中檔乾隆朝奏摺》，第 45 輯，頁 533。 |
| 乾隆四十五年<br>（1780） | 5,081,157 | 《皇朝文獻通考》，卷 19，戶口考，頁 59。 |
| 乾隆四十八年<br>（1783） | 5,110,764 | 《皇朝文獻通考》，卷 19，戶口考，頁 60。 |

| 乾隆五十五年<br>（1790） | 5,177,000 | 全漢昇、王業鑑，〈清代的人口變動〉，《中央研究院歷史語言研究所集刊》，第 32 本，頁 168。 |
|---|---|---|
| 嘉慶十七年<br>（1812） | 5,288,219 | 梁方仲編著，《中國歷代戶口・田地・田賦統計》，頁 400。 |
| 嘉慶二十五年<br>（1820） | 5,352,000 | 全漢昇、王業鑑，〈清代的人口變動〉，《中央研究院歷史語言研究所集刊》，第 32 本，頁 169。 |

**圖 5-3-3　乾隆十四年至嘉慶二十五年貴州人口增長曲線圖**

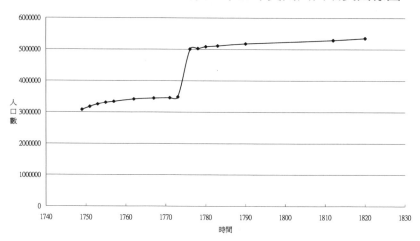

川、陝、楚三省交界地帶的流民，據萬曆《鄖陽府志》記載，其地流民籍貫為陝西、江西、湖北德安及黃州、吳、蜀、魯、河南北，[355]明代憲宗成化年間都御史原傑奏報，多屬山東、山西、陝西、江西、四川、河南、湖廣及南北直隸等地人民，[356]其說法雖不完全精確，卻可看出似乎當時流民尚不包含閩、粵、浙、滇、黔、桂諸省。清代，此區流民來自更廣大的區域，可說是擴及全

---

355 周紹稷，《鄖陽府志》，萬曆年間刊本影印，卷 14，風俗，頁 2。收入劉兆祐主編，《中國史學叢書三編》（臺北：學生書局，民國 76 年），第 4 輯，第 34 冊。

356 《明憲宗實錄》，卷 160，成化十二年十月己丑，總頁 2925。

國的流民遷徙運動，此亦與政府的招徠安插政策有關。此區流民的移入大約在乾隆中葉以後，才有較顯著的增加，茲表列陝西、湖北從乾隆十四年至嘉慶二十五年人口數概況表，及據此數據而繪製之人口增長曲線圖，四川部分請參看表 5-3-1 及圖 5-3-1；三省交界地區人口增長情形，以三省人口增長數據呈現，未必能真實呈現當時現況，但可約略看出一些端倪。

### 表 5-3-4：乾隆十四年至嘉慶二十五年陝西人口數概況表

| 時　　間 | 陝西人口數 | 備　　　註 |
|---|---|---|
| 乾隆十四年<br>（1749） | 6,734,158 | 《皇朝文獻通考》，卷 19，戶口考，頁 33。 |
| 乾隆十八年<br>（1753） | 6,807,184 | 《宮中檔乾隆朝奏摺》，第 7 輯，頁 76。 |
| 乾隆十九年<br>（1754） | 6,848,027 | 《宮中檔乾隆朝奏摺》，第 10 輯，頁 385-386。 |
| 乾隆二十二年<br>（1757） | 7,081,846 | 《皇朝文獻通考》，卷 19，戶口考，頁 40。 |
| 乾隆二十七年<br>（1762） | 7,297,415 | 《皇朝文獻通考》，卷 19，戶口考，頁 43。 |
| 乾隆二十八年<br>（1763） | 7,319,472 | 《宮中檔乾隆朝奏摺》，第 20 輯，頁 2。 |
| 乾隆三十二年<br>（1767） | 7,348,565 | 《皇朝文獻通考》，卷 19，戶口考，頁 45。 |
| 乾隆三十三年<br>（1768） | 7,408,651 | 《宮中檔乾隆朝奏摺》，第 32 輯，頁 613。 |
| 乾隆三十六年<br>（1771） | 7,425,445 | 《皇朝文獻通考》，卷 19，戶口考，頁 50。 |
| 乾隆三十八年<br>（1773） | 7,441,347 | 《宮中檔乾隆朝奏摺》，第 33 輯，頁 619。 |
| 乾隆四十一年<br>（1776） | 8,193,059 | 《皇朝文獻通考》，卷 19，戶口考，頁 56。 |

| 乾隆四十三年<br>（1778） | 8,226,057 | 《宮中檔乾隆朝奏摺》，第 45 輯，頁 555。 |
|---|---|---|
| 乾隆四十五年<br>（1780） | 8,237,887 | 《皇朝文獻通考》，卷 19，戶口考，頁 58。 |
| 乾隆四十六年<br>（1781） | 8,243,438 | 《宮中檔乾隆朝奏摺》，第 49 輯，頁 723。 |
| 乾隆四十八年<br>（1783） | 8,259,081 | 《皇朝文獻通考》，卷 19，戶口考，頁 60。 |
| 乾隆五十二年<br>（1787） | 8,403,389 | 《宮中檔乾隆朝奏摺》，第 66 輯，頁 505。 |
| 乾隆五十三年<br>（1788） | 8,447,507 | 《宮中檔乾隆朝奏摺》，第 70 輯，頁 400。 |
| 乾隆五十四年<br>（1789） | 8,455,487 | 《宮中檔乾隆朝奏摺》，第 74 輯，頁 255。 |
| 乾隆五十五年<br>（1790） | 8,461,000 | 全漢昇、王業鑑，〈清代的人口變動〉，《中央研究院歷史語言研究所集刊》，第 32 本，頁 168。 |
| 嘉慶十七年<br>（1812） | 10,207,256 | 梁方仲編著，《中國歷代戶口·田地·田賦統計》，頁 400。 |
| 嘉慶二十五年<br>（1820） | 11,976,000 | 全漢昇、王業鑑，〈清代的人口變動〉，《中央研究院歷史語言研究所集刊》，第 32 本，頁 169。 |

## 圖 5-3-4　乾隆十四年至嘉慶二十五年陝西人口增長曲線圖

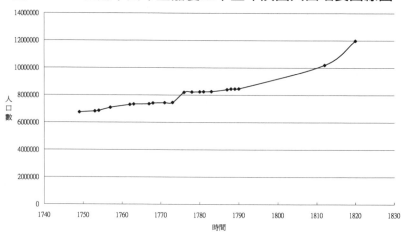

## 表 5-3-5：乾隆十四年至嘉慶二十五年湖北人口數概況表

| 時　　間 | 湖北人口數 | 備　　　註 |
|---|---|---|
| 乾隆十四年（1749） | 7,527,486 | 《皇朝文獻通考》，卷 19，戶口考，頁 34。 |
| 乾隆十六年（1751） | 7,714,351 | 《宮中檔乾隆朝奏摺》，第 2 輯，頁 139。 |
| 乾隆十八年（1753） | 7,794,031 | 《宮中檔乾隆朝奏摺》，第 7 輯，頁 308。 |
| 乾隆二十年（1755） | 7,865,605 | 《宮中檔乾隆朝奏摺》，第 13 輯，頁 77。 |
| 乾隆二十二年（1757） | 7,957,304 | 《皇朝文獻通考》，卷 19，戶口考，頁 39。 |
| 乾隆二十七年（1762） | 8,135,288 | 《皇朝文獻通考》，卷 19，戶口考，頁 42。 |
| 乾隆二十八年（1763） | 8,184,493 | 《宮中檔乾隆朝奏摺》，第 20 輯，頁 109。 |
| 乾隆三十二年（1767） | 8,399,652 | 《皇朝文獻通考》，卷 19，戶口考，頁 45。 |
| 乾隆三十三年（1768） | 8,450,405 | 《宮中檔乾隆朝奏摺》，第 32 輯，頁 585。 |
| 乾隆三十六年（1771） | 8,532,187 | 《皇朝文獻通考》，卷 19，戶口考，頁 50。 |
| 乾隆三十八年（1773） | 8,654,519 | 《宮中檔乾隆朝奏摺》，第 33 輯，頁 516。 |
| 乾隆四十一年（1776） | 14,815,128 | 《皇朝文獻通考》，卷 19，戶口考，頁 56。 |
| 乾隆四十五年（1780） | 16,021,069 | 《皇朝文獻通考》，卷 19，戶口考，頁 58。 |

| 乾隆四十六年（1781） | 16,387,683 | 《宮中檔乾隆朝奏摺》，第 49 輯，頁 488。 |
|---|---|---|
| 乾隆四十八年（1783） | 17,155,018 | 《皇朝文獻通考》，卷 19，戶口考，頁 60。 |
| 乾隆五十一年（1786） | 17,504,843 | 《宮中檔乾隆朝奏摺》，第 62 輯，頁 656。 |
| 乾隆五十三年（1788） | 18,328,295 | 《宮中檔乾隆朝奏摺》，第 70 輯，頁 642。 |
| 乾隆五十四年（1789） | 18,702,205 | 《宮中檔乾隆朝奏摺》，第 74 輯，頁 216。 |
| 乾隆五十五年（1790） | 19,854,000 | 趙文林、謝淑君，《中國人口史》，頁 597。 |
| 嘉慶十七年（1812） | 27,370,098 | 梁方仲編著，《中國歷代戶口‧田地‧田賦統計》，頁 400。 |
| 嘉慶二十五年（1820） | 29,063,000 | 全漢昇、王業鍵，〈清代的人口變動〉，《中央研究院歷史語言研究所集刊》，第 32 本，頁 169。 |

## 圖 5-3-5 乾隆十四年至嘉慶二十五年湖北人口增長曲線圖

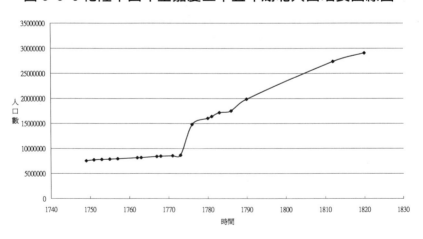

## 表 5-3-6：康熙中期至道光三年陝南人口數與密度概況表

| 縣（州、廳） | 面積（平方公里） | 康熙中期 | | 面積（平方公里） | 道光三年 | |
|---|---|---|---|---|---|---|
| | | 人口 | 密度（人/平方公里） | | 人口 | 密度（人/平方公里） |
| 襃城 | 1,250 | 14,445 | 11.6 | 1,250 | 156,900 | 125.5 |
| 南鄭 | 3,100 | 32,022 | 10.3 | 3,100 | 262,000 | 84.5 |
| 沔 | 3,400 | 14,193 | 4.2 | 2,406 | 134,700 | 56.0 |
| 城固 | 2,300 | 102,168 | 44.4 | 2,265 | 210,500 | 92.9 |
| 洋 | 4,200 | 104,610 | 24.9 | 4,200 | 239,800 | 57.1 |
| 西鄉 | 6,461 | 32,700 | 5.1 | 3,024 | 173,453 | 59.0 |
| 略陽 | 2,831 | 11,889 | 4.2 | 2,831 | 69,400 | 24.5 |
| 寧羌 | 3,248 | 10194 | 3.1 | 3,248 | 46,600 | 14.3 |
| 鳳 | 3,200 | 1,320 | 0.4 | 3,187 | 173,400 | 54.4 |
| 留壩 | | | | 1,970 | 94,300 | 47.9 |
| 定遠 | | | | 3,437 | 134,800 | 39.2 |
| 平利 | 4,500 | 1,913 | 0.4 | 4,130 | 178,600 | 43.2 |
| 鎮安 | 4,000 | 1,671 | 0.4 | 3,477 | 159,800 | 46.0 |
| 山陽 | 3,600 | 7,215 | 2.0 | 3,514 | 107,700 | 30.6 |
| 石泉 | 2,000 | 2,098 | 1.0 | 1,525 | 187,900 | 123.2 |
| 漢陽 | 1,500 | 5,229 | 3.5 | 1,347 | 123, 300 | 91.5 |
| 雒南 | 2,800 | 30,714 | 11.0 | 2,562 | 172,700 | 67.4 |
| 商南 | 2,600 | 5,852 | 2.3 | 2,307 | 91,700 | 39.7 |
| 商州 | 3,800 | 45,441 | 12.6 | 3,600 | 239,000 | 66.4 |
| 興安（安康） | 3,675 | 63,342 | 17.2 | 3,675 | 389,300 | 105.9 |
| 紫陽 | 2,500 | 2,118 | 0.8 | 2,204 | 126,700 | 57.5 |
| 洵陽 | 3,554 | 7,431 | 2.1 | 3,554 | 243,500 | 68.5 |
| 白河 | 1,450 | 663 | 0.5 | 1,450 | 90, 400 | 62.3 |
| 寧陝 | | | | 3,678 | 115,391 | 31.4 |
| 孝義 | | | | 2,322 | 44,600 | 19.2 |
| 合計 | 66,005 | 497,114 | 7.5 | 70,237 | 3,966,444 | 56.5 |

說　　明：雒南、商南二縣康熙人口數係乾隆七年統計數，西鄉縣道光人口數
　　　　　係道光八年統計數。
資料來源：康熙《漢南縣志》等十一部府、州、縣志。轉引自蕭正洪，〈清代
　　　　　陝南的流民與人口地理分布的變遷〉，《中國史研究》，1992 年第 3
　　　　　期，頁 99。

　　由表 5-3-6 可知，康熙中葉至道光三年（1823），陝南人口由
497,114 人增爲 3,966,444 人，增長率爲 697.9%，以康熙四十一
年（1702）至道光三年來說，全國人口增長率約爲 267.6%，[357]將
此期間陝南人口增長率減去全國人口增長率爲 430.3%，即爲陝
南地區在此期間人口遷移增長率，可知，期間陝南人口的增長主
要是由於流民的遷入所致。陝南除了人口自然增長外，由於流民
的遷入，從康熙中葉至道光初年人口猛增近 8 倍。康熙中期，陝
南人口密度較高地區多在河谷平原壩子地帶，山地各縣尙屬人口
稀少；道光初年，陝南人口密度增加，此時人口稠密區仍在漢中、
安康等盆地，但山區各縣人口密度的增加更爲明顯。人口數量增
加的同時，亦改變了人口的分佈。康熙中葉至道光初年，陝南主
要農墾區仍爲原人口稠密區，但是人口分佈已轉往山區發展，所
以道光年間山區各縣的人口增長速度超越原本精華區，如漢中盆
地人口增長約 3 倍，而鎮安、平利、白河、鳳縣等山區之縣人口
卻以數十倍乃至百倍之勢成長，乾嘉時期流民大量流入，山區人
口激增，山縣人口密度的增加速度明顯快於漢江谷地各縣，至道
光初年陝南人口分佈比康熙中期要均衡得多。

　　東三省是滿族的發祥地，明、清之際受戰爭嚴重破壞。清初，
鼓勵移民開墾，之後，由於考慮保存滿人固有的尙武風俗和產業，
並獨佔特殊產物，復擔心其生計受影響，遂漸次有封禁之令。乾
隆五年（1740），規定寄居奉天流民，若不願入籍，定限十年，遣

---

357 蕭正洪，〈清代陝南的流民與人口地理分佈的變遷〉，《中國史研究》，1992
　　年第 3 期，頁 96。

返回籍。隔年，重申嚴禁私出關口。乾隆十五年（1750），奉天流民歸籍之期已滿，令奉天沿海地方官多撥兵役稽查，不許內地人民私出山海關，喜峰口及九處邊門亦一體嚴禁。嘉慶十六年（1811），諭旨：「著通諭直隸、山東、山西各督撫，轉飭各關隘及登、萊沿海一帶地方，嗣後內地民人有私行出口者，各關門務遵照定例，實力查禁」。[358]清廷設關隘以禁偷越，對沿邊一帶偷越關口、無票私出、暗出至界外者處以擬徒、擬流、擬絞之刑；守關官兵失察或索賄縱放，則分別參奏治罪。定例清楚，法度嚴明，然仍有流民私出關外，實因原籍無以為生所致。

　　由於天災人禍，再加上關內人口壓力日增，使得清廷雖有心嚴格管控東三省地區漢人的進入，卻無法有效執行。乾隆年間，寧古塔已成為一小貿易中心，各地土產「每歲秋冬皆貨於此，江南各省之人亦萬里而來」。[359]從下表 5-3-7、5-3-8 及圖 5-3-6、5-3-7 中即可看出奉天和吉林兩地人口增長概況，在封禁政策下，人民私渡出關和災年朝廷默許百姓出關，就成為關內人民往關外遷移的主要方式。

### 表 5-3-7：乾隆十四年至嘉慶二十五年奉天人口數概況表

| 時　　間 | 奉天人口數 | 備　　　　註 |
|---|---|---|
| 乾隆十四年（1749） | 406,511 | 《皇朝文獻通考》，卷 19，戶口考，頁 33。 |
| 乾隆十六年（1751） | 413,387 | 《宮中檔乾隆朝奏摺》，第 2 輯，頁 82-83。 |
| 乾隆十八年（1753） | 417,602 | 《宮中檔乾隆朝奏摺》，第 6 輯，頁 863。 |
| 乾隆二十年（1755） | 420,600 | 《宮中檔乾隆朝奏摺》，第 13 輯，頁 114-115。 |
| 乾隆二十二年（1757） | 428,056 | 《皇朝文獻通考》，卷 19，戶口考，頁 39。 |

---

358 《清會典事例》，第 2 冊，卷 158，戶部，戶口，流寓異地，頁 1006。
359 馮一鵬，《塞外雜識》，頁 12。收入《叢書集成初編》，第 3181 冊。

| 乾隆二十七年（1762） | 674,735 | 《皇朝文獻通考》，卷 19，戶口考，頁 42。 |
|---|---|---|
| 乾隆三十二年（1767） | 713,485 | 《皇朝文獻通考》，卷 19，戶口考，頁 44。 |
| 乾隆三十六年（1771） | 750,896 | 《皇朝文獻通考》，卷 19，戶口考，頁 49。 |
| 乾隆三十八年（1773） | 761,690 | 《宮中檔乾隆朝奏摺》，第 33 輯，頁 483。 |
| 乾隆四十一年（1776） | 764,440 | 《皇朝文獻通考》，卷 19，戶口考，頁 55。 |
| 乾隆四十三年（1778） | 774,651 | 《宮中檔乾隆朝奏摺》，第 50 輯，頁 486-487。 |
| 乾隆四十五年（1780） | 781,093 | 《皇朝文獻通考》，卷 19，戶口考，頁 57。 |
| 乾隆四十八年（1783） | 797,490 | 《皇朝文獻通考》，卷 19，戶口考，頁 59。 |
| 乾隆五十三年（1788） | 819,047 | 《宮中檔乾隆朝奏摺》，第 70 輯，頁 313。 |
| 乾隆五十五年（1790） | 831,000 | 全漢昇、王業鑑，〈清代的人口變動〉，《中央研究院歷史語言研究所集刊》，第 32 本，頁 168。 |
| 嘉慶十七年（1812） | 942,003 | 梁方仲編著，《中國歷代戶口、田地、田賦統計》，頁 400。 |
| 嘉慶二十五年（1820） | 1,757,248 | 《嘉慶重修一統志》，卷 57-59、64，頁 34、4、9、4。 |

### 圖 5-3-6　乾隆十四年至嘉慶二十五年奉天人口增長曲線圖

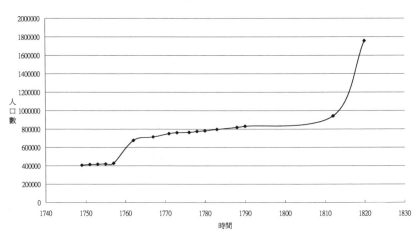

## 表 5-3-8：乾隆三十六年至嘉慶二十五年吉林人口數概況表

| 時　　間 | 吉林人口數 | 備　　　　　註 |
|---|---|---|
| 乾隆三十六年（1771） | 56,673 | 《欽定盛京通志》，卷 36，戶口，頁 11。 |
| 乾隆四十一年（1776） | 74,631 | 《皇朝文獻通考》，卷 19，戶口考，頁 55。 |
| 乾隆四十五年（1780） | 135,827 | 《皇朝文獻通考》，卷 19，戶口考，頁 57。 |
| 乾隆四十八年（1783） | 142,220 | 《皇朝文獻通考》，卷 19，戶口考，頁 59。 |
| 乾隆五十二年（1787） | 150,000 | 全漢昇、王業鑑，〈清代的人口變動〉，《中央研究院歷史語言研究所集刊》，第 32 本，頁 168。 |
| 乾隆五十四年（1789） | 155,000 | 全漢昇、王業鑑，〈清代的人口變動〉，《中央研究院歷史語言研究所集刊》，第 32 本，頁 168。 |
| 乾隆五十六年（1791） | 157,000 | 全漢昇、王業鑑，〈清代的人口變動〉，《中央研究院歷史語言研究所集刊》，第 32 本，頁 168。 |
| 嘉慶十七年（1812） | 307,781 | 梁方仲編著，《中國歷代戶口、田地、田賦統計》，頁 400。 |
| 嘉慶二十五年（1820） | 566,574 | 《嘉慶重修一統志》，卷 67，頁 3。 |

## 圖 5-3-7　乾隆三十六年至嘉慶二十五年吉林人口增長曲線圖

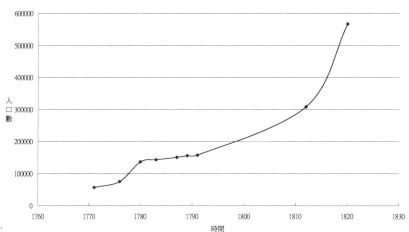

　　表 5-3-7 顯示乾隆十四年至四十八年（1749～1783）奉天人口數，三十四年間人口增加近 2 倍，至嘉慶二十五年（1820）七十一年間，人口增加超過 4 倍，已超越人口自然增殖速度；吉林地區（見表 5-3-8），乾隆四十一年至四十八年（1776～1783），七年間人口增加近 2 倍，至嘉慶二十五年（1820）四十四年間人口增加近 8 倍，足見漲勢驚人，可見外地人民移入之多。

　　臺灣在明鄭時代（約 1680），人口已達 12 萬人。之後由於人口回鄉，臺灣漢人曾短期性的減少，據估計康熙二十三年（1684）臺灣漢人約為 7 萬人；自康熙晚期始，人數又逐漸增加，雍正年間，閩、粵在臺流寓之民已不啻數十萬眾。[360]乾隆四十七年（1782），福建巡撫雅德奏報，臺灣府屬實在土著、流寓民戶男婦大小共 912,920 名口，[361]與領臺初期人口相比，增加之數不啻數十倍。乾隆四十七年至嘉慶十六年（1782～1811），人口由 912,920 增至 1,945,000 口。[362]從康熙二十三年（1684）至乾隆四十七年（1782）九十八年間，臺灣人口約增加 84 萬餘人，年平均增長率達 26.55‰，當時全國人口的年平均自然增長率為 12.76‰。[363]由於限制渡臺的政策（間有弛禁），遷臺漢人大多單身，性別比例嚴重失衡，出生率不高，依照人口自然增長的比率，臺灣人口絕無法如此快速的激增。如此高的增長率，可見其時臺灣人口增長應為外地人口大量流入所致。流入者，以福建最多，廣東次之，是臺灣開發的主力軍。表列渡臺祖渡臺時間統計，可瞭解閩粵人民渡海來臺的概況，乾隆年間大陸地區對臺灣人口遷徙最多，嘉慶時期較為減緩，仍有相當規模。

---

360 《宮中檔雍正朝奏摺》，第 21 輯，雍正十一年四月初五日，福建總督郝玉麟奏摺，頁 355。
361 《明清史料》，戊編，第 2 本，乾隆四十七年十二月二十二日，戶部「為內閣抄出福建巡撫雅奏」移會，頁 128。
362 《臺灣省通志》，卷 2，人民志，人口篇，第 1 冊，頁 57。
363 莊吉發，〈清初人口流動與乾隆年間（1736-1795）禁止偷渡臺灣政策的探討〉，《淡江史學》，創刊號，民國 78 年，頁 93。

### 表 5-3-9：渡臺祖渡臺時間及百分比統計表

| 年　　代 | 康熙<br>(二十二年起) | 雍正 | 乾隆 | 嘉慶 | 道光 | 咸豐 | 同治 | 光緒<br>(二十年止) | 合計 |
|---|---|---|---|---|---|---|---|---|---|
| 年　　數 | 40 | 13 | 60 | 25 | 30 | 11 | 13 | 20 | 212 |
| 人　　數 | 152 | 131 | 987 | 200 | 151 | 43 | 17 | 6 | 1687 |
| 百分比 | 9.0 | 7.8 | 58.5 | 11.9 | 8.9 | 2.6 | 1.0 | 0.3 | 100 |
| 年平均 | 3.8 | 10.1 | 16.5 | 8.0 | 5.0 | 3.9 | 1.3 | 0.3 | 8.0 |

說　　明：渡臺祖渡臺年代，除確知者外，以一世二十五年計算。

資料來源：陳亦榮，《清代漢人在臺灣地區遷徙之研究》（臺北：東吳大學中國
學術著作獎助委員會，民國 80 年），頁 23。

　　大陸學者以福建晉江石壁鄉林姓和安溪參內村黃姓兩家族
爲對象，探究其不同時期遷臺人數概況：明鄭時期共遷入 5 人，
康、雍時期 56 人，乾、嘉時期激增爲 590 人。並統計福建 70 餘
部族譜，發現從康熙二十二年（1683）至嘉慶二十五年（1820），
共有 1,580 人遷移臺灣，其中康、雍時期有 180 人，乾、嘉時期
有 1,400 人。[364]從例證中可知，清廷將臺灣收入版圖後，大陸人
民赴臺逐漸增加，乾、嘉時期超越康、雍時期，人數最多。從圖
5-3-8 臺灣人口增長曲線圖之顯示，亦可驗證清廷的渡臺限制，與
搬眷過臺禁令，並無法禁止大陸沿海省份百姓偷渡入臺；乾隆五
十三年（1788），朝廷正式廢止搬眷過臺限制，臺灣人口大幅度躍
升。

### 表 5-3-10：乾隆二十九年至嘉慶十六年臺灣人口數概況表

| 時　　間 | 臺灣人口數 | 備　　　註 |
|---|---|---|
| 乾隆二十九年<br>（1764） | 666,210 | 《宮中檔乾隆朝奏摺》，第 19 輯，頁 488。 |

---

364 莊爲磯、王連茂，〈從族譜資料看閩臺關係〉，《中國史研究》，1984 年第 1
期，頁 51。

| 乾隆三十三年（1768） | 691,338 | 《宮中檔乾隆朝奏摺》，第 32 輯，頁 532。 |
|---|---|---|
| 乾隆三十八年（1773） | 765,721 | 《宮中檔乾隆朝奏摺》，第 33 輯，頁 411。 |
| 乾隆四十二年（1777） | 839,803 | 《宮中檔乾隆朝奏摺》，第 40 輯，頁 819。 |
| 乾隆四十三年（1778） | 845,770 | 《宮中檔乾隆朝奏摺》，第 45 輯，頁 505。 |
| 乾隆四十四年（1779） | 871,739 | 《宮中檔乾隆朝奏摺》，第 49 輯，頁 488。 |
| 乾隆四十七年（1782） | 912,920 | 《明清史料》，戊編，第 2 本，頁 128。 |
| 嘉慶十六年（1811） | 1,945,000 | 《臺灣省通志》，卷 2，第 1 冊，頁 57。 |

### 圖 5-3-8　康熙十九年至嘉慶十六年臺灣人口增長曲線圖

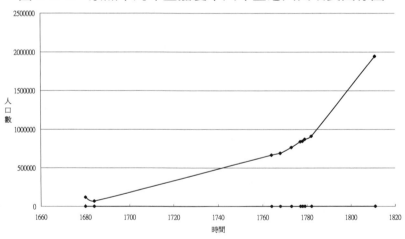

　　口外蒙古，原是蒙古人的游牧之地，滿族與蒙古人結成聯盟，清朝的疆域往北拓展，包含長城以外的大漠地區。由於種族

隔離政策，清廷對於塞外地區漢民出入，亦有管制。乾隆初年，
直隸總督孫嘉淦說：「口外之山綿亙千餘里，名曰大壩，凡壩內之
田，皆已招民耕種」。[365]當時口外地區凡有內地流民聚集之地，幾
乎可見田疇開闢，阡陌成行，種有莊稼。口外地區雖然也與東三
省一樣土曠而人稀，但就氣候、地形與土壤的肥沃度來說，卻無
法與東三省相比，是以華北地區因人口壓力或天災人禍的催化，
也有不少流民往口外地區流移，但終究在人數上無法與東三省相
比。所以，圖 5-3-9 口外蒙古地區人口增長曲線圖，從康熙二十
四年（1685）至嘉慶二十五年（1820）其地人口增長的趨勢，呈
現的是斜線往上漸升的態勢。[366]

圖 5-3-9　康熙二十四年至嘉慶二十五年口外蒙古地區人口增長曲線圖

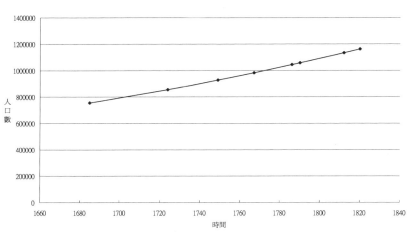

避害、趨利是人的本能，民之趨利，如水之就下。故欲來者，
先起其利，雖不招而民自至；設其所惡，雖招之而不來。[367]流民

---

365 孫嘉淦，〈口外駐兵疏〉，《孫文定公奏疏》，卷 4，頁 42。收入《四庫未收
　　書輯刊》，第 1 輯，第 22 冊。
366 表 5-3-19 中的人口數據是根據趙文林、謝淑君，《中國人口史》，頁 452-455
　　中的內蒙人口數所繪製而成。
367 趙守正，《管子通解》（北京：北京經濟學院出版社，1989 年），形勢解，
　　頁 259。

在流徙過程中亦不脫離此原則，利之則來，害之則去。流民的遷移，反映由人多地少的狹鄉往人少地多的寬鄉流動，亦即人口高壓區往低壓區移動。大部分人來到新生地仍繼續以往的生活方式，有的墾荒耕地，也有些從事手工業生產，如造紙、採礦等活動。原本從事農耕者，在遷移邊疆後，為取得土地，通常進入深山窮谷，經過辛勤耕作，漸可獲得一小塊土地。因內地人口過剩，政府通常不會要求他們遷回原籍，就在當地讓其入籍，設置州縣管理。一定程度上改善原本地廣人稀地方人煙稀少的局面，使人口相對均衡發展，並改善勞動力的素質；人口稠密地區的人口飽和壓力，也獲得舒緩；並降低流民過多可能引發的社會動盪，使人口分佈較趨於合理。

### 表 5-3-11：清代乾隆、嘉慶、道光三朝各省人口統計表

| 地　域 | 面　積（每方英里） | 乾隆二十六年（1761）人口數 | 乾隆五十二年（1787）人口數 | 嘉慶十七年（1812）人口數 | 道光二十二年（1842）人口數 |
|---|---|---|---|---|---|
| 江　蘇 | 38,600 | 23,161,049 | 31,426,750 | 37,843,501 | 43,032,910 |
| 山　東 | 55,970 | 25,180,734 | 22,564,964 | 28,958,764 | 32,076,531 |
| 浙　江 | 36,670 | 15,429,690 | 21,718,646 | 26,256,784 | 27,614,832 |
| 安　徽 | 54,810 | 22,761,030 | 28,917,774 | 34,168,059 | 37,448,807 |
| 河　南 | 67,940 | 16,332,507 | 21,036,369 | 23,037,171 | 23,771,177 |
| 福　建 | 46,320 | 8,063,671 | 12,020,316 | 14,777,410 | 19,031,636 |
| 江　西 | 69,480 | 11,006,640 | 19,156,349 | 23,046,999 | 24,505,426 |
| 直　隸 | 115,800 | 15,222,940 | 22,957,026 | 27,990,871 | 22,768,801 |
| 山　西 | 81,830 | 9,768,189 | 13,232,182 | 14,004,210 | 14,945,742 |
| 湖　北 | 71,410 | 8,080,603 | 19,018,802 | 27,370,098 | 33,232,910 |
| 湖　南 | 83,380 | 8,829,320 | 16,164,887 | 18,652,507 | 20,031,719 |
| 陝　西 | 75,270 | 7,287,443 | 8,403,389 | 10,207,256 | 12,019,626 |
| 廣　東 | 99,970 | 6,797,597 | 16,014,168 | 19,174,030 | 26,414,769 |
| 甘　肅 | 125,450 | 7,412,014 | 15,161,696 | 15,193,125 | 15,412,099 |
| 廣　西 | 77,200 | 3,947,414 | 6,376,106 | 7,313,895 | 7,668,087 |
| 貴　州 | 67,160 | 3,402,722 | 5,157,583 | 5,288,219 | 54,14,126 |
| 雲　南 | 146,680 | 2,078,802 | 3,460,695 | 5,561,320 | 7,105,503 |
| 四　川 | 218,480 | 2,782,976 | 8,566,609 | 21,435,678 | 39,396,725 |
| 奉　天 | | 668,852 | 810,821 | 942,003 | 2,231,943 |
| 吉　林 | | | 149,338 | 307,781 | 324,262 |
| 合　計 | 1,532,420 | 198,214,553 | 292,429,018 | 361,691,431 | 414,686,994 |

資料來源：根據全漢昇、王業鍵，〈清代的人口變動〉，《中央研究院歷史語言研究所集刊》，第 32 本，頁 156 之表四「清代各省的人口變動」及羅爾綱，〈太平天國革命前的人口壓迫問題〉，《中國現代史論叢》，第 2 輯，第 2 冊，頁 35-36 之表二「乾嘉道三朝各省人口統計表」整理製作。

## 表 5-3-12：清代乾隆、嘉慶、道光三朝各省人口密度比較表

| 地域 | 乾隆二十六年（1761）人口密度（每方英里） | 乾隆五十二年（1787）人口密度（每方英里） | 本年人口密度對乾隆二十六年人口密度百分比 | 嘉慶十七年（1812）人口密度（每方英里） | 本年人口密度對乾隆五十二年人口密度百分比 | 道光二十二年（1842）人口密度（每方英里） | 本年人口密度對嘉慶十七年人口密度百分比 |
|---|---|---|---|---|---|---|---|
| 江蘇 | 600.03 | 814.16 | 136 | 980.40 | 120 | 1114.84 | 114 |
| 山東 | 449.90 | 403.16 | 90 | 517.40 | 128 | 573.10 | 111 |
| 浙江 | 420.77 | 592.27 | 141 | 716.03 | 121 | 753.06 | 105 |
| 安徽 | 415.27 | 527.60 | 127 | 623.39 | 118 | 683.25 | 110 |
| 河南 | 240.40 | 309.63 | 129 | 339.08 | 110 | 349.88 | 103 |
| 福建 | 174.09 | 259.51 | 149 | 314.03 | 121 | 410.87 | 131 |
| 江西 | 158.41 | 275.71 | 174 | 331.71 | 120 | 352.70 | 106 |
| 直隸 | 131.46 | 198.25 | 151 | 241.72 | 122 | 196.62 | 81 |
| 山西 | 119.37 | 161.70 | 135 | 171.14 | 146 | 182.64 | 107 |
| 湖北 | 113.16 | 266.33 | 235 | 383.28 | 144 | 465.38 | 121 |
| 湖南 | 105.89 | 193.87 | 183 | 223.70 | 115 | 240.25 | 107 |
| 陝西 | 96.82 | 111.64 | 115 | 135.61 | 121 | 159.69 | 118 |
| 廣東 | 68.00 | 160.19 | 236 | 191.08 | 119 | 264.23 | 138 |
| 甘肅 | 59.08 | 120.86 | 205 | 121.11 | 100 | 122.85 | 101 |
| 廣西 | 51.13 | 82.59 | 162 | 94.74 | 115 | 99.33 | 105 |
| 貴州 | 50.67 | 76.80 | 151 | 78.74 | 103 | 80.62 | 102 |
| 雲南 | 14.17 | 23.59 | 166 | 37.91 | 161 | 48.44 | 128 |
| 四川 | 12.74 | 39.21 | 308 | 98.11 | 1065 | 180.32 | 184 |
| 奉天 | 1.56 | 1.89 | 121 | 2.20 | 116 | 5.20 | 237 |
| 吉林 | | 0.35 | | 0.72 | 206 | 0.76 | 106 |

資料來源：根據全漢昇、王業鍵，〈清代的人口變動〉，《中央研究院歷史語言研究所集刊》，第 32 本，頁 156 之表四「清代各省的人口變動」及羅爾綱，〈太平天國革命前的人口壓迫問題〉，《中國現代史論叢》，第 2 輯，第 2 冊，頁 35-36 之表二「乾嘉道三朝各省人口統計表」整理製作。

表 5-3-11 顯示乾隆二十六年至乾隆五十二年（1761～1787），

二十六年間，除山東外，各省人口均普遍增加，其中四川增加最多，達 208％；山東人口減少主要是因為人口外移，四川則為外來人口移入所致。乾隆二十六年（1761）四川人口密度每方英里僅 12.74 人，是中國本部十八省中人口最少的省份，西南地區的雲南也只有 14.17，關外地區更是人煙稀少，奉天僅 1.56（見表 5-3-12），當時吉林尚無人口記載，但其發展較奉天為遲，人口更稀。所以，四川、雲南、東三省、臺灣、口外蒙古地區相對內地來說，土著不多，人口稀微，自然資源相對豐富，能夠吸納其他地區過剩人口。以地理形勢來說，往四川者以湖南、湖北、陝西人為主；往東三省的以山東、直隸兩省百姓最多；表 5-3-11 中沒有顯示出來的臺灣和口外蒙古地區，往臺灣的以福建、廣東人民為主，往口外蒙古地區的以沿邊省份如山東、直隸、山西等省為多。

　　乾隆晚期，社會漸呈不安，各地亂事交相迭乘，西北地區爆發蘇四十三帶領甘肅撒拉族起事，甘肅有回民之亂，臺灣發生林爽文事件，湖南、貴州交界地帶有苗民之亂，內地會黨教亂揭竿起事亦接連不斷。嘉慶朝一開始便遇到白蓮教之亂，歷經九年，地域遍及五省，此後嘉慶、道光兩朝各地動亂時有所聞，再加上黃河潰堤，長江水患，與各地連年的災荒，所以這一時期人口增加受到的阻力加大，人口增長較前更形遲緩，人口增加平均速率由乾隆晚期的 8.94‰降為 5.66‰。[368]不過，高產耐旱農作物的引進和廣泛種植，提供更多糧食來源和產量，維持人口持續增殖，成績仍相當可觀。乾隆五十二年至嘉慶十七年（1787～1812）此期間，唯獨四川與吉林不受影響，四川人口較前一時期猛增 965％，外來人口仍源源不絕移入四川；奉天吉林各增加 10％、106％，由於清廷對奉天人口的管制，流民轉往吉林發展，所以吉林人口成長超越奉天；雲南比前一時期稍微減少，所增仍有 61％，還算

---

368 羅爾綱，〈太平天國革命前的人口壓迫問題〉，《中國現代史論叢》，第 2 輯，第 2 冊，頁 31。

不錯。嘉慶十七年至道光二十二年（1812～1842），奉天吉林各增加 137%、6%，雖互有消長，但總體較前仍是成長的，可知流民流往關外的腳步雖受禁令限制，但並未停止；四川方面，仍有 84%的成長。

在人口密度方面，據表 5-3-11：清代乾隆、嘉慶、道光三朝各省人口統計表，中國本部十八省面積共 1,532,420 方英里，乾隆二十六年（1761）人口總數為 198,214,553 人，每方英里平均129.35 人，乾隆五十二年（1787）十八省人口總數為 291,354,311人，每方英里平均為 190.13 人，嘉慶十七年（1812）十八省人口總數為 360,229,897 人，每方英里平均人口為 235.11 人，道光二十二年（1842）十八省人口總數為 411,891,426 人，每方英里平均人口為 268.78 人，可了解這一段期間人口密度所呈現的人口壓力情形。以省際間人口比例來說，乾隆二十六年（1761），江蘇人口是四川的 8.32 倍，乾隆五十二年（1787）下降為 3.67 倍，嘉慶十七年（1812）只剩 1.77 倍；以江蘇對雲南來說，乾隆二十六年（1761）江蘇是雲南的 11.14 倍，乾隆五十二年（1787）降為 9.08倍，嘉慶十七年（1812）又降為 6.81 倍。由於流民的遷徙，政府的安插政策，對於各省間人口的懸殊比例差距，皆有不同程度的改善。

官方安插政策雖為事後補救措施，看似消極，實有其積極性，從客觀上來說，內地人民因人口壓力日增，生計發生問題，在政府政策的導引下，窮苦百姓往地廣人稀的邊區之地流移發展，生息繁衍，對於人口的佈局能作更合理的機動調整，也有利於邊區土地的開發拓展，過剩的勞動力也有發揮的空間。所以，流民在異地安插，不僅改變了人口的地理分佈，也部分解決了內地人口過剩問題，同時充實了邊疆地區。

## 二、邊疆山區的拓展與農業發展

人口的遷移流動，打破地域之間壁壘分明的界限，促進勞動

力的交流，且可培養積極進取的精神，對於社會經濟的發展具有正面的意義。清朝前期，在人口壓力下，已開發地區飽和的人口，在朝廷與地方政府的招徠政策下，如潮水般湧入土曠人稀地區謀生，當平原已無發展餘地，便往丘陵山區流動。隨其足跡所至，一片片耕地在平原、山坡、河谷間開墾出來，一座座礦場在寂無人煙的深山密林中出現，一條條蜿蜒的道路迴旋於層層山巒叢林裡，這一切構成了當時流民開墾異鄉的動人艱辛畫面。

這些離鄉背井，不畏艱難，披荆斬棘，開啓山林的流民，在政府舊有成見中，多為不安於原來生活的異類份子，除了對其懷有戒心，防範其生事作亂外，朝廷甚少會注意到他們在社會經濟開發上的貢獻，所以在官方文獻中少有準確的相關記載，尤其是流民的數量和墾殖的面積等統計數字更是缺少。在官方耕地的統計數字中，並不包括「未成熟田」和「磽确瘠薄，不成片段」的免陞科田地，這些正是流民賴以謀生，亦為開墾活動的主要成就之一，清廷對此並未有詳盡準確的調查。[369]

古代，農業是國家社會經濟的主要生產部門，人口的多寡對國家的強盛、地方經濟的繁榮，有著頗為密切的關係。人口遷移直接增加移入地的人口數，且遷移者通常年齡較輕，富含積極進取、勇往直前的精神；他們從經濟、文化較發達的內地，移往人跡罕至的深山老林和窮崖絕壁謀生，同時也將內地生產技能傳至移入地。安插這些流民於邊省、山區之地，不僅使當地人口增加，也帶來新的生產技術，引入新作物品種，以玉米、馬鈴薯等高產美洲新作物取代大麥、燕麥、蕎麥等低產的山地糧食作物，推廣經濟作物和經濟林區的形成，帶動當地農業和經濟獲得進一步的發展，荒地墾為膏腴，耕地面積增加，糧食產量不斷提高，支持人口的快速成長，也促進文化交流，於地利民生均大有裨益。

如江西袁州府，原多曠土，由於生齒漸繁，墾田日廣，但原僅耕於平地；自閩、粵人至，男婦並耕，雖高岡峭壁，視土之所

---

369 成崇德，《清代西部開發》（太原：山西古籍出版社，2002年），頁377-378。

宜，皆耕種開墾，漆、麻、薑、芋之利日益豐饒，土著多效其力作。[370]廣東欽州，在雍正年間，地尙多荒，乾隆以後，流居欽州客民日增，人力既集，百利俱興，丘陵山區盡皆墾闢種植甘蔗、花生，成爲重要糖油輸出區。[371]湖北恩施縣，從前土著棄爲歐脫之地，外地人民流遷至此將其盡地墾種，低地山田收穫後，旋種菜麥，麻則三季收之，使地無遺利之憾。[372]四川由於外地人口流入墾種，提高四川土地的開墾率。雲南開化、廣南、普洱三府，未經開墾的深山密林，有湖廣、四川、貴州等省人民於此搭棚居住，他們砍樹燒山，種植包穀等雜糧。[373]川、陝、楚交界處大片丘陵地和山地，在流民的努力下，亦因此得以墾闢成爲良田，擴大糧食種植面積，在山區推廣新作物，改變傳統的種植結構。四川巴州地區，自白蓮教平定後，荒山老林，多盡行開墾，使地無曠土，觸目所見梯田層疊，青蔥彌望。[374]陝西石泉縣在乾隆三十年（1765）以前，秋收以粟穀爲主，其後，川、楚流民來者日多，漫山遍野皆種包穀。[375]原本包穀高 2、3 尺，開發後的山區，包穀高至 1 丈長，「一株常二三包，上收之歲一包結實千粒，中歲每包亦五六百粒，種一收千，其利甚大」。[376]山民言「包穀米耐饑，勝於甜飯」，[377]有救荒裕食功能的包穀，在流民的推動下獲得廣泛的種植，也改變了丘陵地糧食種植結構。嘉慶初年，再度引進馬鈴

370 陳廷枚等修，熊曰華等纂，《袁州府志》，乾隆二十五年刊本影印，卷 12，風俗志，頁 2。收入《中國方志叢書・華中地方・江西省》（臺北：成文出版社，民國 78 年），第 844 號。

371 朱椿年纂修，《欽州志》，道光十四年刊本，卷 1，輿地志，物產，頁 62。

372 多壽等纂修，《恩施縣志》，同治三年修，民國 20 年鉛字重印本引印，卷 7，風俗志，地情，頁 2-3。收入《中國方志叢書・華中地方・湖北省》，第 355 號。

373 方鐵主編，《西南通史》，頁 708。

374 朱錫穀纂修，《巴州志》，道光十三年刊本，卷 1，地理志，風俗，頁 35。

375 舒鈞纂修，《石泉縣志》，道光二十九年刊本影印，卷 4，事宜附錄，頁 66。收入《中國方志叢書・華北地方・陝西省》，第 278 號。

376 嚴如熤，《三省邊防備覽》，卷 11，策略，頁 19-20。收入《續修四庫全書》，史部，地理類，第 732 冊。

377 嚴如熤，《三省邊防備覽》，卷 8，民食，頁 13。

薯，低山處種包穀，高山處種馬鈴薯。光緒年間，興安府知府童
兆蓉曾對馬鈴薯在陝南的種植和推廣進行瞭解，據當地土著表示：

> 嘉慶教匪亂後，各省客民來山開墾，其種漸繁。高山地氣
> 陰寒，麥豆包穀不甚相宜，惟洋芋種少穫多，不費耘鋤，
> 不煩糞壅。山民賴此以供朝夕。其他燕麥、苦蕎菽，偶一
> 帶種，以其收成不大，可恃以洋芋為主。[378]

嘉慶初年，低山丘陵區多被開墾殆盡，流民轉往海拔較高、自然
條件不佳的高寒山地發展，馬鈴薯具有比玉米更能耐寒的特性，
所以更能適應高寒山地種植，此為馬鈴薯受到青睞之因。此後，
馬鈴薯在陝南糧食生產結構中，成為僅次於玉米的糧食之一。由
於玉米、馬鈴薯的引進和普遍栽種，使得條件惡劣地區，原本無
法闢為農田，因引進適應力強的作物，得以開墾種植，耕地面積
大幅度增加，平均畝產量亦高於北方若干旱地作物，漸成為山區
居民的主要糧食，滿足了當時快速增加的人口對糧食的需求。

　　清朝前期四川地廣人稀，所產米糧食用者少，剩餘頗多，糧
食價格明顯低於長江中下游地區，故川民樂於出賣。[379]直至乾隆
中期，四川油米食用無一不賤。[380]以成都府為例，乾隆十六年
（1751）發生糧食歉收，乾隆十七年（1752）糧食外販，米價因
而有所增漲，每倉石自 1 兩 1 錢起至 1 兩 3 錢不等。[381]與此同時，
蘇州城中米價，一倉石仍須銀 2 兩 3 錢。[382]產銷之間價格相差約
1 倍。雍正年間，四川販賣他省米穀最多，湖廣、江西次之。[383]乾

---

378 童兆蓉，〈陳報秋收已屆流亡歸里稟〉，《童溫處公遺書》，民國年間刊本，
　　卷 3，頁 22。

379 《宮中檔雍正朝奏摺》，第 6 輯，雍正四年六月初一日，浙江巡撫李衛奏
　　摺，頁 99。

380 王麟祥纂，邱晉成編輯，《敘州府志》，光緒二十一年刊本，卷 20，阬治，
　　頁 8。

381 《宮中檔乾隆朝奏摺》，第 2 輯，乾隆十七年四月初三日，署四川布政使
　　覺羅齊格奏摺，頁 597。

382 《宮中檔雍正朝奏摺》，第 2 輯，乾隆十七年四月初七日，江蘇巡撫莊有
　　恭奏摺，頁 618。

383 《宮中檔雍正朝奏摺》，第 9 輯，雍正五年十二月初三日，浙江總督李衛

隆時期，有謂「向來楚省民食，全賴川省商販」供應之說。[384]長江中下游地區官方派員來川採購糧食，每年約在 30 萬至 40 萬石之間，[385]商人販運出川的糧食，每年不下百十萬石。[386]

　　雍正年間，山東荒歉，已遠運奉天米穀以濟。[387]乾隆三年（1738），直隸地方發生歉收，米價因而高昂，奉天所產米穀由海販運接濟。[388]可見奉天農業的發展，糧食產量不斷增加，漸成為當時重要糧產基地。奉天等地田土適宜稼穡，收穫倍於他省，糧價幾為內地之半，每遇豐收之年，竟有「熟荒之慮」。[389]山東省山多田少，土地薄瘠，以蓬萊縣為例，豐年尚不敷所需，若遇荒歉，愈不能不仰靠奉天等地，[390]幾乎每年都要從關外輸入大量糧食接濟。乾隆以後，關東糧米大批運往江、浙、閩、廣等省，康熙二十四年至嘉慶九年（1685～1804）一百多年中，關東豆、麥每年有 1,000 多萬石由海道運至上海。[391]河南、山西、陝西等省，亦得「均資流通，借裕民食」。[392]可見清初到嘉慶朝，尤其是十八世紀，東三省糧食生產增加，除養活當地人外，尚有餘糧可供運至內地，嘉慶六年（1801），直隸遭受水患，災情不輕，當時奉天已

奏摺，頁 438-439。

384 《清高宗純皇帝實錄》（六），卷 386，乾隆十六年四月庚辰，諭旨，總頁 76；《宮中檔雍正朝奏摺》，第 3 輯，雍正二年十一月初二日，諭旨，頁 400，已有記載：「江浙糧食，歷來仰給於湖廣，湖廣又仰給於四川。」

385 常明等重修，楊芳燦等纂，《四川通志》，嘉慶二十一年刊本，卷 72，食貨志，倉儲，頁 35。

386 《宮中檔雍正朝奏摺》，第 18 輯，雍正九年六月二十二日，四川總督黃庭桂奏摺，頁 417。

387 《宮中檔雍正朝奏摺》，第 26 輯，無年月日，湖南辰永靖道王柔奏摺，頁 138。

388 《乾隆朝上諭檔》，第 1 冊，乾隆四年十月十五日，內閣奉上諭，頁 463。

389 和其衷，〈根本四計疏〉，《清經世文編》，卷 35，戶政，八旗生計，頁 2。

390 王文燾重修，張本等纂，《蓬萊縣志》，道光十九年刊本，卷 5，食貨志，田土，頁 4。

391 包世臣，《安吳四種》，卷 1，中衢一勺，頁 2。收入《近代中國史料叢刊》，第 30 輯，第 294 冊。

392 牟昌裕，〈條陳時政疏〉，衛萇纂修，黃麗中續修，于如川續纂，《棲霞縣志》，光緒五年增刊乾隆十九年本，卷 9，藝文志，頁 13。

有充裕糧食，可接濟直隸。[393]顯見東三省農業已慢慢發展起來了。

東三省的開墾，山東流民有重要的貢獻。《東北集刊》上記載：

> 山東人實為開發東北之主力軍，為東北勞力供給之源泉。荒野之化為田園，太半為彼輩之功。其移入東北為時既久，而數量又始終超出其他各省人之上。登萊青與遼東一衣帶水，交通至便。彼土之人，於受生計壓迫之餘，挾其忍苦耐勞之精神，於東北新天地中大顯身手，於是東北沃壤悉置於魯人來鋤之下。[394]

《東方雜誌》上也記載：

> 魯人之勤勉耐勞，為各省冠。而農業知識亦為他省人所不逮。順治、康熙時代，雖屬行封禁政策，而魯人之經營滿洲，未嘗稍懈，一旦警戒弛緩，其移居開墾，自呈突飛猛進之觀也。[395]

山東人富冒險創業精神，能於山陬水涯開闢新天地，其勤儉刻苦，勞動互助，對於東三省經濟之開展具有不可磨滅的貢獻。其次，河北人緊追其後，與山東人並肩耕作。在東三省開墾史上，山東、河北兩省並稱。

塞外地區在漢人流入漸增下，農業也有不錯的進展。康熙四十六年（1707），清聖祖曾說：

> 邊外地廣人稀，自古以來，從未開墾，朕數年避暑塞外，令開墾種植，見禾苗有高七尺，穗長一尺五寸者……且內地之田，雖在豐年，每畝所收止一二石，若邊外之田，所穫更倍之，可見地方不同，然人力亦不可不盡也。[396]

---

393 《宮中檔嘉慶朝奏摺》，第 10 輯，嘉慶六年九月初八日，盛京將軍晉昌奏摺，頁 189。

394 吳希庸，〈近代東北移民史略〉，《東北集刊》（臺北：成文出版社，民國 74 年），第 2 期，頁 51。

395 劍虹，〈漢族開拓滿洲史〉，《東方雜誌》，第 16 卷第 1 號，民國 8 年，頁 189。

396 《清聖祖仁皇帝實錄》（三），卷 231，康熙四十六年十月己亥，諭旨，總

農民出口耕作，不僅解決自給自足問題，甚至有時可接濟內地。當時京城米價甚貴，小米 1 石，須銀 1 兩 2 錢，麥子 1 石，須銀 1 兩 8 錢。康熙四十八年（1709），諭旨曰：

> 生齒雖繁，必令各得其所始善。今河南、山東、直隸之民，往邊外開墾者多，大都京城之米，自口外來者甚多，口外米價雖極貴之時，秫米一石，不過值銀二錢，小米一石，不過值銀三錢，京師亦常賴之。[397]

雍正初年，因歸化城土默特地方五穀豐收，米價甚賤，清世宗曾下諭旨「應自歸化城購買米石，……運至內地」。[398]乾隆時期，熱河的八溝子、土默特歸化城亦成為重要農墾區，內地商販前往採買者多。[399]歸化城的糧產除供應京師、直隸等地外，山西、陝西亦受其澤被。如山西壽陽縣，麥產不足供本縣之用，有自歸化城來者，專稱「北麵」。[400]陝西同州等府，地窄民稠，雖豐收之年，所產糧食亦不敷民食，故其商販赴歸化城販買糧食。[401]可見農業已有發展，糧食產量達相當規模，方可販運至內地。隨著農業的發展，亦推動商業、手工業的活躍，許多大大小小的商業市鎮興起，如內蒙地區的歸化、綏遠、張家口；漠北的庫倫、恰克圖等，漸為商民輻輳之地。

　　雍正二年（1724），察哈爾右翼四旗開墾土地已達 29,709 頃 25 畝。[402]乾隆十三年（1748），漢民佃種蒙古地畝，卓索圖盟土

頁 310。
397 《清聖祖仁皇帝實錄》（三），卷 240，康熙四十八年十一月庚寅，諭旨，總頁 393。
398 《清世宗憲皇帝實錄》（一），卷 34，雍正三年七月癸亥，諭旨，總頁 523。
399 金志節原本，黃可潤增修，《口北三廳志》，乾隆二十三年刊本影印，卷 5，地糧志，頁 17。收入《中國方志叢書・塞北地方・察哈爾》，第 36 號。
400 馬家鼎等續修，張嘉言等纂，《壽陽縣志》，光緒八年刊本，卷 10，風土志，物產，頁 6。
401 喬光烈，〈上陳大中丞論黃河運米賑災書〉，《最樂堂文集》，乾隆二十一年刻本影印，卷 1，頁 15。收入《四庫未收書輯刊》，第 10 輯，第 13 冊。
402 金志節原本，黃可潤增修，《口北三廳志》，乾隆二十三年刊本影印，卷 1，地輿志，頁 11；《清世宗憲皇帝實錄》（一），卷 22，雍正二年七月甲寅，

默特貝子旗下 1,643 頃 30 畝，喀喇沁貝子旗下 400 頃 80 畝，喀喇沁札薩克塔布囊旗下 431 頃 80 畝，[403]顯見口外土地墾荒漸小有規模。乾隆三十年（1765）以後，口外地區已是「墾遍山田不剩林」。[404]由於出口墾荒者日眾，使得口外生產方式轉變，熱河迤北一帶，即喀喇沁右旗、翁牛特左旗、敖漢旗，原係蒙古游牧之地，自乾隆四十三年（1778）改設州縣以後，漢人聚集漸多，山場、平原開墾日廣，均向蒙古佃種輸租。[405]蒙古草原遂出現「農耕蕃殖，市肆殷闐」的景象。[406]受漢族農民影響，蒙古游牧生活漸轉向務農，是以呈現「蒙古佃貧民，種田得租多，即漸罷游牧，相將藝黍禾」景象。[407]

臺灣在閩、粵流民的拓墾下，田地日闢，米穀產量增加。[408]明鄭末期（1683），開墾的田園面積約 18,453 甲餘，[409]每甲合內地民田 11 畝 3 分 1 釐，約合 208,703 畝餘。由於清廷積極的招墾，促使大批漢人再度來臺，海禁之令廢除隔年，臺灣三縣臺灣縣、鳳山縣、諸羅縣即招徠 3,550 人。[410]至康熙三十二年（1693），登記有案之田地增爲 26,460 甲，[411]約合 299,262 畝餘，較康熙二十二年（1683）增加 43.8％。康熙二十四年（1685）至雍正十三年（1735），五十年中新墾田園面積共 34,408 甲餘，[412]約合 389,154

總頁 355。

403 《清會典事例》，第 10 冊，卷 979，理藩院，耕牧，耕種地畝，頁 1130。

404 和珅等修，《熱河志》，卷 5，天章，頁 12。收入《中國邊疆叢書》，第 2 輯，第 29 冊。

405 《清仁宗睿皇帝實錄》（四），卷 226，嘉慶十五年二月己酉，總頁 36。

406 和珅等修，《熱河志》卷 73，學校，頁 4。

407 和珅等修，《熱河志》卷 92，物產，頁 8。收入《中國邊疆叢書》，第 2 輯，第 29 冊。

408 藍鼎元，〈覆制軍臺疆經理書〉，《清經世文編》，卷 84，兵政，海防，頁 39。

409 余文儀，《續修臺灣府志》，臺叢 121，卷 4，賦役志，頁 191。

410 季麟光，〈康熙中諸羅縣知縣季麒光覆議二十四年餉稅文〉，《福建通志臺灣府》，臺叢 84，田賦，頁 166。

411 高拱乾，《臺灣府志》，臺叢 65，卷 5，賦役志，田土，頁 117。

412 余文儀，《續修臺灣府志》，臺叢 121，卷 4，賦役志，頁 192。

畝餘。乾隆五十三年（1788），閩浙總督福康安奏報，此時彰化、淡水等地東面倚山地帶，經查明墾熟地畝 11,200 甲，約合 126,672 畝。[413]嘉道年間，墾荒目標已轉移至噶瑪蘭、花蓮和中部埔裏社一帶。道光年間，全臺墾熟田園有 38,100 餘甲，又 3,621 頃 50 餘畝，約合 793,061 餘畝。[414]雍正五年（1727），御史尹秦說過：「開臺之後，地方有司即照租徵糧，而業戶以租交糧，致無餘粒，勢不得不將成熟之田園，以多報少。欺隱之田，竟倍於報墾之數」。[415]《東瀛識略》亦記載：「臺地內山番界墾闢日廣，未盡陞科；閒有報陞，亦墾多報少，十不及五；淡水更有業戶徵之業田者三，而納於官者一」。[416]隱匿之田達到上稅田地 2 或 3 倍，以此推論，嘉道年間墾荒數額是有相當成果的。

　　福建地處海濱，人多田少，糧食不足以供應，臺灣若歲歲豐熟，則閩省民食可保無虞，「是臺灣一郡，不但為海邦之藩籬，且為邊民之廒倉」。[417]雍正二年（1724），朝廷下令臺灣自該年起，每年運碾米 5 萬石至漳、泉平糶；[418]雍正七年（1729），臺灣已每年撥碾米 5 萬石、粟 10 萬石，至漳、泉二府平糶；[419]雍正八年（1730），每年春冬時期，撥臺粟 16.6 萬餘石運至廈門，以為平糶及兵米眷米所需。[420]雍正十年（1732），浙江歉收，次年台州府仙居縣宜城有饑民數百人乞食，該府烏岩、寧波府姜山、杭州府大荊等地，有饑民聚眾搶奪穀倉。福建總督郝玉麟出示曉諭，將臺灣府鳳山縣貯粟，撥運 10 萬石至廈門接濟。[421]乾隆七年

413 《清會典事例》，第 2 冊，卷 165，戶部，田賦，屯田，頁 1096。

414 《清代臺灣大租調查書》，臺叢 152，頁 42。

415 尹秦，〈臺灣田糧利弊疏〉，《清經世文編》，卷 31，戶政，賦役，頁 50。

416 丁紹儀，《東瀛識略》，臺叢 2，卷 2，糧課，頁 18。

417 藍鼎元，〈福建全省總圖說〉，《鹿洲初集》，卷 12，頁 3。收入《近代中國史料叢刊續編》，第 41 輯，第 403。

418 《清世宗憲皇帝實錄》（一），卷 46，雍正四年七月辛卯，諭旨，總頁 688。

419 《清世宗憲皇帝實錄》（二），卷 78，雍正七年二月癸巳，總頁 22。

420 《清世宗憲皇帝實錄》（二），卷 92，雍正八年三月丁丑，總頁 233；《清高宗純皇帝實錄》（二），卷 141，乾隆六年四月己未，總頁 1030。

421 莊吉發，〈清世宗禁止偷渡臺灣的原因〉，《食貨月刊》，第 13 卷 7、8 合期，

（1742），臺地商船每年不下 40～50 萬石米穀運往內地；[422]乾隆
十九年（1754），不包括民間偷運米穀，單就運往漳、泉、廈門平
糶及供應兵營的米穀，已達 30 餘萬石。[423]流民入臺，開墾臺灣，
使臺灣糧食增產，經濟發展，有餘糧可接濟大陸沿海省份。

　　隨著墾荒的開展，臺灣的手工業也興盛起來，其中以製糖業
最爲發達。荷蘭人據臺時期，開始種蔗製糖，但技術落後。明鄭
時期，隨鄭成功來臺的諮議參軍陳永華，將大陸種蔗製糖技術引
入臺灣，使臺灣糖業有不錯的發展。康熙年間，臺灣三縣每年所
產蔗糖約 60 餘萬簍，每簍 170～180 斤，總計年產達 1 億多斤。
由於臺灣蔗糖質佳，「糖勷未出，客人先行定買；糖一入手，即便
裝載」。[424]雍正年間，臺灣知府沈起元曾說，此時臺灣「糖粟之富，
甲於閩省」。[425]乾嘉時期，臺灣蔗糖「貿易絕盛，北至京、津，東
販日本，幾爲獨攬」。[426]

　　人口遷徙大多數是從人口相對稠密地區遷往人口稀疏地
區，從經濟文化較發達地區遷入落後地區，從開發程度高的地區
遷入開發程度較低的地區。在遷徙的過程中，邊疆獲得開發，耕
地面積擴大，自動調節了人口與土地的比例，農作物品種和栽培
技術隨之傳播推廣，對人口移入區來說，加快了開發的腳步，也
提高了糧食供應的能力，進而推動了區域經濟的發展。

# 三、水土保持問題

　　人口不斷增長，一塊土地經過好幾代的繁殖，人口已達飽和

頁 25。

422 《清高宗純皇帝實錄》（三），卷 181，乾隆七年十二月辛亥，諭旨，總頁
　　342。

423 《清高宗純皇帝實錄》（一二）、（一四），卷 281、477，乾隆十一年十二月
　　丁亥、乾隆十九年十一月丁酉，總頁 670、1163。

424 黃叔璥，《臺海使槎錄》，臺叢 4，卷 1，赤崁筆談，賦餉，頁 21。

425 沈起元，〈治臺灣私議〉，《清經世文編》，卷 84，兵政，海防，頁 55。

426 連橫，《臺灣通史》，臺叢 128，卷 27，農業志，頁 654。

點；過剩的人口只得宣洩外出，拿起鋤頭另闢新地。來自內地的流民，基本上多是來自南方農業生產技術較高的地區，應有一定精耕細作的經驗。但流民多爲無地貧民，缺乏資本，入山墾種後，一因山區農地少，人口增長快，爲緩和糧食供應的壓力，故採取較便捷的毀林開荒方式，在丘陵山區伐木刈草，以粗放方式燒林整地，此法可快速去除墾區障礙物，且焚燒後的灰燼即爲天然肥料，貧瘠之地化爲可耕種之地。以陝南爲例，除漢中盆地、商丹盆地等地勢平坦外，秦嶺大巴山一帶，山高坡陡，爲了擴大耕地，只得砍伐森林，以廣種方式來提高生產。

這種拓墾方式，造成山區植被的大量破壞，林木不再密佈，缺乏足夠植被涵養水源，帶來生態環境的損傷，使山區風貌改變。尤其在華南地區，本身表土層甚薄，易受侵蝕，稍微耕作即易流失，山區伐林後，沖蝕情形更嚴重，一遇大雨沖刷，土質鬆動傾洩，山洪夾帶沙石而下，日久沖刷殆盡，僅剩石塊岩壁；集中於表土中的土壤肥素與有機質，需幾世紀才能形成一吋，一旦表土流失，山地岩石裸露，作物即便再耐旱易種，亦無法生長。[427]近山良田，因大雨攜帶泥沙直下，淤積田地，盡成沙地；遠於山之大湖，俱積淤泥，若雨澤稍多，則溪湖漫溢，田禾淹沒，危害實大。

山區森林、礦產及野生植物豐富，但相對卻耕地貧乏。山勢起伏大，坡度陡，谷地狹窄，多畸零地，可墾面積終究有限。當山區人口大增，毀林開荒，不當開墾，耕種日久，雖肥腴之地經雨水沖刷，亦成石骨，加糞也不能耕種，農地資源日趨衰竭。如江西武寧縣：

> 棚民墾山，深者至五六尺，土疏而種植十倍。然大雨時行，溪流湮淤。十餘年後，沃土無存，地力亦竭。[428]

427 趙岡、陳鍾毅，《中國農業經濟史》（臺北：聯經出版事業公司，民國 78 年），頁 117。

428 何慶朝纂修，《武寧縣志》，同治九年刻本影印，卷 8，風俗志，頁 3。收入《中國地方誌集成‧江西府縣志輯》（南京：江蘇古籍出版社，1996 年），

浙江奉化縣：

> 棚民墾山播種，山上浮土夾流而下，凝滯江底，久漸淤塞。
> 每值秋霖衝激，溪流暴漲，眾壑爭馳，大江無所容其停瀦，
> 於是氾濫四溢入田畝，而害禾稼。[429]

安徽寧國縣：

> 山多地少，其出產全在山中。一經棚民開墾，廣種苞蘆，
> 則砍伐樹木，刈艾百草，以致炭薪昂貴，炊火無資，已屬
> 大害。而年年挖種，土鬆石活，每逢大雨山水下注，遂致
> 石壅沙蓋，近山好田盡被沖壞。[430]

陝南地區，《三省邊防備覽》中記載：

> 自數十年來，老林開墾，山地挖鬆，每當夏秋之時，山水
> 暴漲，挾沙擁石而行，各江河身漸次填高，其沙石往往灌
> 入渠中，非衝壞渠堤，即壅塞渠口。[431]

乾隆以前，南山多深山密林，青蔥彌望，處處可見溪水清澈，自
開墾日眾，盡成田疇，一遇水潦，泥沙雜流，下游渠堰易致淤塞。
[432]每逢暑雨，水挾沙石而下，漂沒人畜田廬，平地儼成澤國。[433]

　　流民開山，不圖長久，待此地地利耗盡後便遷往他處，普遍
存在各省。這種做法「利在一時，貽害百世」，[434]留下嚴重的水土

---

　　第 16 冊。

429　李前泮修，張美翊等纂，《奉化縣志》，光緒三十四年刊本影印，卷 6，水
　　利，頁 303。收入《四明方志叢書》（臺北：中華叢書委員會，民國 64 年）。

430　梁中孚等纂，《寧國縣志》，道光五年刊本影印，卷末，曉諭，頁 4。收入
　　《中國方志叢書・華中地方・安徽省》（臺北：成文出版社，民國 72 年），
　　第 694 號。

431　嚴如熤，《三省邊防備覽》，卷 6，民食，頁 3。收入《續修四庫全書》，史
　　部・地理類，第 732 冊。

432　高廷法等修，陸耀遹等纂，《咸寧縣志》，嘉慶二十四年修，民國 25 年重
　　印本影印，卷 10，地理志，頁 5。收入《中國方志叢書・華北地方・陝西
　　省》（臺北：成文出版社，民國 58 年），第 228 號。

433　楊虎城等修，宋伯魯等纂，《陝西續通志稿》，民國 23 年鉛印本影印，卷
　　199，祥異，頁 1。收入《中國西北文獻叢書》，第 1 輯，西北稀見方誌文
　　獻，第 11 卷。

434　陳常鏵等修，臧承宣纂，《分水縣志》，光緒三十二年刊本影印，卷 1，疆

保持問題，江西道監察御史汪元方即明白指出：鄉民「貪目前之小利，遂永受賠糧之大害」。[435]開發不當，影響自然環境系統的失調、生態失衡，表面上看到的是森林的逐漸減少，隱藏在背後的是其連鎖反應，食物鏈的破壞，某些動植物的退化、減少甚至滅絕等。[436]

　　山區除墾種外，有鐵廠、木廠、紙廠等，木廠根據樹木的大小與種類分別利用，雖似物盡其用，提高木材的利用效率，但對林木進行普遍砍伐，如陝南林區，「黑河山內木廠砍樹之法，樹木大小皆用斧砍伐」，[437]既不間伐，又不培育，破壞性極大。原有植被破壞，森林的減少使河流源頭地區涵水能力下降，水旱災害出現的頻率提高。《沔縣志》記載：

> 縣之饑饉，淫潦為多，從無旱災，連年奇旱，雖七八十歲老翁有未經耳聞者。[438]

森林資源枯竭，生態環境惡化，反過來使種植業難以獲得進一步發展，木場業也隨之蕭條：

> 深巖老林剗削既遍，濯濯牛山，生意盡矣。山坡險峻，平土既稀，小民狃於目前，不復為十年樹木之計，此生計所日蹙也。[439]

流民入山，於陡坡斜嶺間種植玉米、番薯、苦蕎等雜糧，挖土既

---

　　域志，風俗，附開種苞蘆利害論，頁 42。收入《中國方志叢書・華中地方・浙江省》（臺北：成文出版社，民國 64 年），第 202 號。

435 汪元方，〈請禁棚民開山阻水以杜後患疏〉，《道咸同光四朝奏議》，第 2 冊，頁 904。

436 鈔曉鴻，《生態環境與明清社會經濟》（合肥：黃山書社，2004 年），頁 103。

437 嚴如熤，《三省邊防備覽》，卷 9，山貨，頁 2。收入《續修四庫全書》，史部・地理類，第 732 冊。

438 孫銘鐘等修，彭齡纂，《沔縣志》，光緒九年刊本影印，卷 4，藝文志，頁 25。收入《中國方志叢書・華北地方・陝西省》（臺北：成文出版社，民國 59 年），第 261 號。

439 仇繼恒，《陝境漢江流域貿易稽核表》，民國 23 年排印本影印，卷下，頁 47。收入《中國西北文獻叢書》，第 2 輯，西北稀見叢書文獻，第 9 卷。

鬆，經雨水沖洗，三、四年後，輒成石骨。[440]於是只得拋棄舊土，另覓新地。如此週而復始，待地利耗盡，乃另尋新地。《徽州府志》載：「昔間有而今充斥者唯包蘆……自皖民漫山種之，爲河道之害，不可救止」。[441]文中「爲河道之害」，即指棚民開山墾種玉米所造成的水土流失。玉米之引種，嚴重破壞當地的生態條件，地利減退，水災頻仍。土地超限利用，不尊重自然，水土保持能力不佳，就禁不住自然的驗收。

　　並非所有棚民開山闢地皆用此法，有些棚民注意地利之使用，採行較爲細緻的開山法，如《安吳四種》一書中詳載此法：

> 開山法，擇稍平地為棚；自山尖以下，分為七層，五層以下，乃可開種。就下層開起，先就地芟其柴草燒之，即用重尖鋤一劚兩敲開之。初開無論秋冬，先徧種蘿蔔一熟；此物最能鬆土，且保歲，根充蔬糧，葉可飼豬及為糞。乃種玉黍、稗子，雜以蘆、稷、粟。其土膏較重者，亦可種棉花。皆宜擇稍平地掘坑種竽、山藥、各瓜菜十數畦以充蔬，且備穀（山棚人多，糞非所乏，故宜多備區種）。兩年則易一層，以漸而上，土膏不竭，且土膏自上而下，至旱不枯。上半不開，澤自皮流，限以下層，潤足周到。又度潤墼與所開之層高下相當，委曲開溝於潤，以石沙截水，渟滿乃聽溢出，既便汲用，旱急亦可攔入溝中，展（輾）轉沾溉也。至第五層，上四層膏日下流下層，又可周而復始，收利無窮。[442]

如能注意開採之法，土地得以週而復始運用，地利亦得以保存無慮。只可惜由於知識的侷限，人口增加所形成的壓力，增強對資源的開採，卻未適量、有序的利用，出現爭墾的惡性循環。不少

440　嚴如熤，〈稽查山內匪徒稟〉，《樂園文鈔》，道光年間刊本，卷7，頁26。
441　馬步蟾修，夏鑾纂，《徽州府志》道光七年刊本影印，卷5，食貨志，物產，頁3。收入《中國方志叢書‧華中地方‧安徽省》，第235號。
442　包世臣，《安吳四種》，卷25上，齊民四術，頁13。收入《近代中國史料叢刊》，第30輯，第294冊。

山地是租佃而來，約文亦是佃戶自寫，有永遠耕種，聽憑添棚頂替，山主不得阻撓字樣，於是招墾多人或業經易主，數年後地薄山瘠則轉徙他處；或由客戶立券爲憑，預寫「木盡留山」、「木盡留土」字樣，租期內，在經濟利益的驅動下，爲獲得最大收益，對林木進行濫伐，山主貪其微利，懵然莫辨，待木既已盡，濯濯童山安有用哉！[443]人生長在自然中，必須與生存的生態環境保持相對的平衡，否則就會出現對人不利的影響。當森林逐漸減少，就喪失了調節氣候的能力，氣候惡化，水旱災害的發生就年甚一年。

　　清廷對墾殖所造成環境惡化問題，亦曾留心防範過。乾隆時期，朝廷曾下令「已墾之地，宜慎防護。凡官民地，於水道蓄洩相關，毋擅行墾。儻帖己業，私墾塘堰陂澤爲田，立予懲艾」。[444]地方官對人民墾山，亦呼籲同時種植樹木，勿擅自砍伐，令其稀疏凋零。[445]但清廷中央並無專門保護森林與環境相關的部門，且乾隆中期，人口過剩現象愈趨嚴重，當朝主政者在政策上的不一，地方官又多未能切實執法，以致規定徒具虛文。乾隆年間，陝西巡撫陳宏謀飭令地方各屬開墾山地，「陝省地方廣闊，山坡嶺側未必盡無隙地……凡爾士民當以食指繁多，得業艱難之時，正可於無主間空山地，竭力開種，以廣生計，墾得一畝，即有一畝之收，可以養活家口……如一二年後無收，仍可歇耕，另墾別處」。[446]嘉慶初年，清仁宗有諭示：「南山內既有可耕之地，莫若將山內老林，量加砍伐，其地畝既可撥給流民自行墾種，而所伐材木，即可作

---

443 鄧夢琴纂修，《洵陽縣志》，同治九年增刊乾隆四十八年本，卷 11，風俗，物產，頁 14-16。

444 《清史稿校注》，第 5 冊，卷 127，食貨志，頁 3457。清史館李哲明輯食貨志稿田制上作「倘帖己業」。

445 李拔，〈請教民開山種樹議〉，朱珪等纂，《福寧府志》，乾隆二十七年修，光緒六年重刊本影印，卷 12，食貨志，物產，頁 24。收入《中國方志叢書‧華南地方‧福建省》（臺北：成文出版社，民國 56 年），第 74 號。

446 參見聶燾纂修，《鎮安縣志》，民國十五年石印本影印，卷 7，藝文志，頁 14-17。收入《中國西北文獻叢書》，第 1 輯，西北稀見方誌文獻，第 15 卷。

爲建蓋廬舍之用」。[447]嘉慶年間,曾任漢中知府的嚴如熤亦提出砍伐老林,闢地耕種,以安置無業流民,「老林既開,墾荒耕種,盡皆腴地。於此數十里中添設州縣,可養活無萬(數)生靈。通計老林,非二十年不盡開墾,地則歲歲有收,此百年大利也」。[448]當時爲安置流民,想到利用南山老林開山墾種,卻未事先防範山區開墾對環境造成的破壞。

流民大多數是知識水準較低的貧苦農民,本身缺乏環境保護的意識,官方又未作系統的規劃,在開墾的過程中,急功近利的墾種生產,不可避免。因此,在開發過程中,自然資源、土地利用和生態環境的破壞,隨之產生,由此引起水土流失,導致江湖淤塞,水旱災害頻生。時空環境的不同,環保意識不興,制度與政策的缺陷,人爲的開發不當,皆影響環境惡化,事先未能計畫防範,事後又未能有效遏止,說明了當時環境保護的侷限性。這些後遺症,或許是在安插流民政策之外,始料所未及者。

---

447 《清仁宗睿皇帝實錄》(一),卷53,嘉慶四年十月戊戌,諭旨,總頁684。
448 嚴如熤,《三省山內風土雜識》,頁33。收入《中國風土志叢刊》,第24冊。

# 第六章 結 論

　　清朝人口的成長在中國歷史上是空前的，亦爲世界所矚目。
尤其在清高宗時期，人口更成倍數躍增，這一長串人口增長的數
字，確是中國數千年所未見。明末清初的戰爭，加上饑饉、瘟疫
的流行，使得中國的人口又一次急遽下降，這場戰爭在滿人入關
後仍持續進行，到順治末年南明勢力消滅才告止息。隨著清朝統
治逐漸深化，社會生產力逐漸恢復，人口也有所成長。康熙年間
又發生三藩之亂，長江以南再陷入戰爭，及至亂平和收復臺灣後，
內部的戰爭終告一段落，國內基本上趨於平靜。經過康、雍、乾
三朝，中國獲得長期的休養生息，奠定人口數迅速增加的基礎。

　　有鑑於明末賦斂重重，開國前戰爭帶來社會殘破，土地荒
廢，人民死亡流離。清初統治者爲了政權的穩定，特意與民休養
生息，實行一連串措施，多次蠲免錢糧，改革賦役政策，減輕人
民負擔。將明朝的藩王土地，給與原種之人，改爲民戶，永爲世
業。積極扶持自耕農，鼓勵墾荒，官爲資助，使農民與土地迅速
緊密的結合，自耕農大量增加，耕地面積擴增，特別是傳統農業
區之外的山區、半山區、丘陵地的土地大量被闢爲良田。再加上
高產作物的引進與推廣，使原有糧食結構發生重大變化，提高對
丘陵地和沙土地區的利用率，也提高單位面積產量，爲清朝前期
社會經濟的恢復與發展創造有利的條件，也爲清朝前期人口快速
成長提供良好的背景。

　　康、雍年間，雖是清朝人口增長最快的時期，由於人口數量
基期低，所以還未像清高宗時形成嚴重的人口壓迫，造成社會問
題。清聖祖和清世宗在當時，已注意到人口與土地失衡所引發的
問題，豐年而米貴、零星搶米事件已透漏玄機，有些地區供需日

漸失調,地方性的人口壓迫問題已經出現端倪。乾隆二年(1737),清高宗在諭旨中表示:「今天下土地不爲不廣,民人不爲不眾。以今之民,耕今之地,使得盡力焉,則儲蓄有備,水旱無慮」。[1]可見此時尚未發生人口嚴重過剩問題。乾隆四十年(1775)時,仍認爲人口的增加足以驗證「海宇富庶豐盈景象」。[2]到五十八年(1793)的諭旨中提到:「朕恭閱聖祖仁皇帝實錄,康熙四十九年民數二千三百三十一萬二千二百餘名口。因查上年各省奏報民數,共三萬七百四十六萬七千二百餘名口,較之康熙年間,計增十五倍有奇」。[3]由上所述,從康熙四十九年(1710)至乾隆五十七年(1792),八十二年間全國人口成長超過 15 倍(照其算法應爲 13 倍)。以這樣的算法,雍正十二年(1734)到乾隆六年(1741),短短七年,人口即成長 4 倍以上。這種飛躍式的增長,既不可能,也不合理。何以出現這種結論?原因即在清高宗將兩種不同的統計對象誤以爲相同,所得出的假象。清初人丁編審的人丁戶口與乾隆六年(1741)以後的民數,性質不同,屬兩種不同的統計冊報方式。暫不論統計的誤差,重點在於此時人口已增至 3 億多,比以往任何時期都算是空前的,從此而衍生的問題是耕地面積趕不上人口增加的速度,「以一人耕種而供十數人之食,蓋藏已不能如前充裕。……生之者寡,食之者眾,于閭閻生計,誠有關係」。[4]儲備減少,人民生計出現問題,所以清高宗對此甚爲憂慮。

　　清高宗晚年,國家財政狀況已漸走下坡,從戶部庫存銀兩可約略了解財政面貌。乾隆三十七年(1772)有 7,874 萬兩,[5]五十四年(1789)略減爲 6,000 餘萬兩,嘉慶十九年(1814)減至 1,240

---

1 鄂爾泰、張庭玉奉敕撰,董皓等奉敕補,《授時通考》,卷 48,勤課門,頁 47。收入《景印文淵閣四庫全書》,子部・農家類,第 732 冊。
2 《乾隆朝上諭檔》,第 8 冊,乾隆四十年十月十一日,內閣奉上諭,頁 28-29。
3 《清高宗純皇帝實錄》(一九),卷 1441,乾隆五十八年十一月戊午,諭旨,總頁 249。
4 《清高宗純皇帝實錄》(一九),卷 1441,乾隆五十八年十一月戊午,諭旨,總頁 249-250。
5 《乾隆朝上諭檔》,第 7 冊,乾隆四十年元月(未載日),頁 791。

餘萬兩，道光三十年（1850）只剩 800 餘萬兩。[6]嘉慶五年（1800），清仁宗宣稱：「部貯帑項較之國初不能有所增益」，[7]政府庫銀的減少，意味財政日趨困窘。清代乾隆時期經濟發展達到高峰，乾、嘉之際，經濟開始反轉，人民生活呈現貧困化現象。再加上土地兼併日烈，社會上游食人口增加，農民脫離安居土地，流移現象突顯。

　　反之，勞動力是恢復經濟發展和農業生產的必要條件。明末清初的戰爭，人口大量死亡，土地拋荒，急需眾多人口投入生產。出於鞏固統治和經濟的考量，清初的皇帝對於人口的增加是採取鼓勵的態度。雍正四年（1726），戶部上呈各直省七十至百歲老人有 140 多萬，清世宗欣喜國泰民安、年豐人壽，特降諭旨：「生齒日盛，食指繁多，則謀生之計，不可不講。爾等百姓當重農桑以順天時，勤開墾以盡地利，務本業以戒游惰，謹蓋藏以裕久遠，而且節省食用，愛惜物力，毋尚奢侈，毋競紛華，毋任意糜費以耗有用之財，毋但顧目前而忘經久之計」。[8]諭旨中所言已透露出對於食指浩繁，國計維艱的隱憂。

　　清朝的統治者受到中國思想的影響，恪守「養民之道，惟在勸農務本」，[9]「墾田務農，為政之本」，[10]仍從維持農業生產和社會穩定以達國家長治久安的方向思考，嚴守「永不加賦」的祖訓，在「量入制出」的財政原則下，[11]占重要地位的田賦歲入有一定額度，歲出經費當然受很大影響，難有發展空間。乾隆晚年，經濟下滑，面對日益嚴重的人口與物價問題，使國計民生遭遇空前

---

6　羅玉東，《中國釐金史》上冊，頁 3。
7　劉錦藻，《清朝續文獻通考》（上海：上海古籍出版社，民國 25 年），第 1
　　冊，卷 26，戶口考，頁 7770。
8　《清世宗憲皇帝實錄》（一），卷 49，雍正四年十月辛未，諭旨，總頁 741-742。
9　《清世宗憲皇帝實錄》（一），卷 24，雍正二年九月戊申，諭旨，總頁 380。
10　《清高宗純皇帝實錄》（三），卷 193，乾隆八年五月辛亥，甘肅巡撫黃廷桂
　　奏，總頁 485。
11　《清高宗純皇帝實錄》（二），卷 144，乾隆六年六月丙午，頁總 1077 載：「制
　　國用量入為出。」

的困擾，百物翔貴導致經濟財政陷入嚴峻的困境。當時中國仍處傳統農業體制，一切經濟思維和經濟理論仍屬貧乏而守舊，被稱為「中國的馬爾薩斯」的大儒洪亮吉，對人口劇增現象深以為憂，他認為國家的對策亦無非「使野無閒田，民無剩力。疆土之新闢者，移種民以居之；賦稅之繁重者，酌今昔而減之。禁其浮靡，抑其兼併，遇有水旱疾役則開倉廩、悉府庫以賑之」而已。[12]依洪氏觀點，清朝政府固然在思想上沒有新的突破，但依此所採取的方法在一定程度上紓緩了人口壓力。

　　所以，清廷積極實行拓荒墾地政策，許多無地窮民從人口稠密地區移出，湧向土曠糧輕人口稀少地帶，從事墾荒，使得更多土地被開墾出來。而清廷對於獎勵開墾政策，可謂用力良深，清世宗曾詔示，承平日久，生齒殷繁，惟開墾一事，對百姓最為有益。落實墾荒政策，由官招民墾，轉為聽民自墾，並放寬田土起科年限。至乾隆時期，拓墾政策更是尺寸必計，「即使地屬奇零，亦物產所資。民間多闢尺寸之土，即多收生斗之儲」。[13]同時，為解決持續上升的人口壓力，將墾荒目標轉向次要的可耕餘地，土地拓墾轉往荒蕪的丘陵地和山區發展。邊省、內地，其山頭地角和零星不成坵段者，皆可開墾，聽任墾種，免於陞科。人滿為患地區的過剩人口，各省生計困窘的人民，受此激勵，紛紛流往土曠人稀之地開墾，促使人口流動趨於頻繁。

　　康熙五十一年（1712），實行「盛世滋生人丁永不加賦」，以固定丁銀額數，確保稅賦的徵收及消除人丁變動影響丁銀的徵收。清世宗時，以康熙末年財政措施作為基礎，進一步實行「攤丁入地」政策，將丁銀攤入地畝中徵收。如此有地則有丁，無地則無丁，人民苦樂均平，既免貧富不均之嘆，又免逃亡轉賠之苦，有利於國計民生。丁銀攤入地畝田賦，差役全由土地負擔，有產

---

12　洪亮吉，〈治平篇〉，《洪北江詩文集》，卷 1，意言，頁 26。收入《四部叢刊初編》，集部，第 378 冊。
13　《欽定大清會典事例・嘉慶朝》，卷 139，戶部，戶口，頁 16。收入《近代中國史料叢刊三編》，第 66 輯，第 651 冊。

之家均勻完納，無地貧民減輕負擔。「攤丁入地」後，人頭稅取消，國家對農民人身束縛關係減輕，人身依附於土地的程度降低，居住方面獲得較多自由，利於流動遷徙，農業勞動力可外流他鄉，或租佃，或傭工，增加社會人口流動的機會。

清初，由於政局尚未穩定，對西南地區無暇顧及，故採綏撫政策。苗疆疆域廣闊，苗民野性難馴，土官專橫苛虐，西南地區苗患終爲一大問題。清世宗頗思加強對西南地區的控制，當時西南地區未開墾之地仍多，若實行「改土歸流」，可利用苗疆廣袤的土地，解決部分內地耕地不足、人滿爲患的問題。在條件漸趨成熟下，雍正年間大規模且大刀闊斧地推行「改土歸流」政策。「改土歸流」後，邊防鞏固，對國家的統一，內地與西南地區的交流，西南地區的社會經濟發展，具有正面積極的意義與作用。原被土司佔有的可耕地，得以釋出，使耕地面積增加，准許貧民開墾，農民負擔減輕，生產得以發展。「改土歸流」後，苗疆逐漸內地化，提供外地流民前往開墾的空間與機會，苗疆成爲吸納內地過剩人口的「開發中地區」，也是人口流動頻繁的地區，苗疆亦藉此加速開發。

人口增加超過土地的負荷，形成人口壓力，促使人口由地狹人稠壓力大的地區流向人口稀少壓力低的地區。大量流民遷徙的現象與人口增長所產生的壓力密切相關，若再加上災荒和社會動亂等因素的催化，更助長流民遷移的浪潮。在清代影響人口流動的因素，最重要的就是經濟因素，向來以農業經濟爲主軸的社會，哪裡適合耕種，哪裡就匯聚人口，這是不以人的意志爲轉移的規律。[14]

中國地大物博，每個地方風俗習慣有著極明顯的差異，但是「入別鄉，如入別國」的想法幾乎是一致的，習慣老死在自己家鄉的人們，對離鄉背井是畏怯的，有著極大的疏離感。中國幾千

---

14 成崇德、孫喆，〈論清代前期的西部邊疆開發〉，《清史研究》，2001 年第 4 期，頁 87。

年來由於農業生產方式和土地繼承制度，在一定程度上影響了人口遷移的觀念。農業生產的主要憑藉是土地，土地本身是固定的，不具備流動性，因此相當程度上決定了生產者的不流動性。中國的土地繼承制度是兒子共同均分，只要能維持基本所需，若無天災人禍，或深刻感受到無田之苦，人民是不會輕易遠離家鄉；通常搬遷是在無可奈何下才會做出的選擇，往往是遭遇自然災害、戰爭及社會動盪、經濟剝削、人口壓力等因素，使得基本生存得不到保障，被迫離鄉背井。《詩經・王風・黍離》:「彼黍離離，彼稷之苗。行邁靡靡，中心搖搖，知我者，謂我心憂；不知我者，謂我何求。悠悠蒼天，此何人哉」？[15]流浪者在田間道路上漫無目的的走著，看著密密麻麻的黍稷，心情低落，茫茫然不知何處是歸途？仰望蒼天卻得不到答案。《詩經・小雅・黃鳥》:「黃鳥黃鳥，無集于穀，無啄我粟。此邦之人，不我肯穀，言旋言歸，復我邦族」。[16]離鄉者在流浪生活裡受盡別人的冷語白眼，念及故鄉熟悉的事物和親人，真希望能回到家鄉。南宋呂祖謙說:「民有失所者，意它國之可居也，及其至彼，則又不若故鄉焉，故思而欲歸。使民如此，亦異於還定安集之時矣」。[17]皆描述了流浪於異鄉的無奈與不得已。

　　流民在流遷的過程中，饑餓、困窘、無依，備受欺凌、壓迫，其艱辛的情形，常常不自禁回望故鄉而長嘆，目向阡陌而流涕。由於喪失生活憑藉，居無定所，易淪為游手、盜匪，或聚眾搶劫，或倡附為亂，或結盟樹黨，加入秘密宗教會黨以為依附團體，尋求慰藉、庇護。生活的挫折，使流民此時心靈最是脆弱、空虛，缺乏安全感，有心者稍一播弄、煽動，鬥狠仇殺，生端釀事隨之而起。乾嘉時期，川、陜、楚交界之南巴老林會聚不少覓食流民，山區貧苦農民為白蓮教教義吸引，不少人成為白蓮教徒，當時白蓮教之亂，即被有心者利用作為反清起事的工具，而起事群眾中，

---

15 《毛詩》（臺北：世界書局，民國 42 年），卷 4，王風，黍離，頁 16。
16 《毛詩》，卷 14，小雅，黃鳥，頁 44。
17 朱熹集傳，《詩集傳》（臺北：藝文印書館，出版年不詳），卷 11，頁 4。

不少人即爲無地流民。人口流動的頻繁,造成社會衝突事件滋生,影響社會治安。在人口流遷後所滋生的社會問題如土客對立,互相傾軋,紛爭不斷,造成當地社會複雜多變的現象。每個人生長的環境不同,形成的習性亦相異,風俗習慣各有差別。流民千辛萬苦到達一個新地域,雖可暫時獲得喘息的機會,卻難保不再遷徙。外來流民與土著居民間,常因感情因素與現實的土地問題等經濟利益,爭奪生活資源與生存空間。流民出門在外,多無親族可依,或控官興訟,或挾怨尋仇,當地土著又藉鄉里勢力,乘機欺凌,糾紛衝突乃多,這是在融合過程中不可避免的。唯有在一地固定下來,經由摩擦、融合,互相採借、接納對方,逐漸消弭歧見,透過不斷調適,通婚與血統融合,生活方式逐漸趨於一致,隔閡才能日漸消減。

　　任何事情往往是利弊交雜,好壞參半,從另一角度來說,人口流動亦促進社會經濟的新貌,對於經濟發展或有推波助瀾的作用。隨著清廷在全國統治地位的穩固,其治邊政策亦有變化。爲了內部安定,掌控所有人民,基本上仍不願人口隨意遷移,但人口的成長,逐漸超越經濟發展的腳步,形成農業時代土地生產的強大負荷。清朝統治者已然察覺到「民生所以未盡殷阜者,良由承平既久,戶口日蕃,地不加增,產不加益,食用不給,理有必然」。[18]人口增加,象徵一個國家的安定與富庶,及社會經濟的進步發展,但是當人口與土地的比例失衡,導致人口壓力愈來愈大,戶口激增的結果,使得民生困難,社會蘊含著動亂的因子,導致社會問題日趨嚴重。流民之大起與民變在時間上常迭相呼應,流民問題雖未必直接導致政權的覆亡,卻猶如警示器般,是民變產生的前兆。歷史上持續不斷的民變起事風潮,除了反抗暴政等政治因素外,相當程度上與基本生存問題有關,即過剩人口超過社會經濟的負擔,無地可耕、無業可守的貧苦農民,爲了維持最基本的生存,只好鋌而走險,聚眾起事。明末,張獻忠、李自成等

---

18 《清聖祖仁皇帝實錄》(三),卷244,康熙四十九年十月甲子,諭旨,總頁419。

乘著饑饉歲月，因「人滿之勢，遂至潰裂四出」，[19]為亂於天下，即為一例証。人口過剩與農民起事及社會動亂間有著一種不可分割的內在聯繫，所謂「國以民為本，民以食為天」，若不足食，則無以養民，更何談立國？

　　清朝前期的君主，稱得上是勤政愛民，勵精圖治，用心治國的明君，對於各種社會現象頗為留心。面對日益增多的流民，頻繁的人口流動機會，清廷在某些地區採取順應時勢、因勢利導的方法，在邊省山地招民開墾，安置徠民，既可墾荒拓地，使地盡其利，又可避免流民到處流移，群聚生事，擾亂社會治安；並且國家賦稅徵收來源穩定，人口與耕地的比例藉此獲得調整。清朝，人口流動的範圍與距離不只限於單一地區，而是往周邊偏遠山區、海島、邊疆地帶發展，如向四川、雲貴地區、口外地區、東三省、臺灣、各省交界處如川陝楚等地作輻射擴散。陝南地區，在康熙末年其地方政府才開始招民墾荒，故人口遷移活動較晚開展；雲貴地區，亦在雍乾年間「改土歸流」後，才吸引漢人往此流遷；臺灣在康熙二十二年（1683）收歸版圖，由於清廷對臺移民政策多變，致乾隆末年才全面開放大陸人民移臺；東三省和口外地區，清廷亦有封禁政令，僅於災年默許百姓出關或人民私渡出關，因此成為關內人民往邊關口外遷移的主要方式。

表 6-1：乾隆十四年至嘉慶十七年四川、雲南、貴州、湖北、陝西、奉天、吉林、臺灣、口外蒙古與全國人口成長百分比、年平均增長率對照表

| 地　域 | 乾隆十四年人口數 | 嘉慶十七年人口數 | 人口成長百分比 | 人口年平均增長率 | 備　　註 |
|---|---|---|---|---|---|
| 四　川 | 2,506,870 | 21,435,678 | 755% | 34.65‰ | 《皇朝文獻通考》，卷 19，戶口考，頁 34；表 5-3-11：清代乾隆、嘉慶、道光三朝各省人口統計表。 |

---

19 孫中山，〈上李鴻章陳救國大計書〉，《國父全集》（臺北：中央文物供應社，民國 69 年），第 2 冊，涵電，頁玖-7。

| | | | | | |
|---|---|---|---|---|---|
| 雲 南 | 1,946,173 | 5,561,000 | 186% | 16.80‰ | 《皇朝文獻通考》，卷 19，戶口考，頁 34；表 5-3-11：清代乾隆、嘉慶、道光三朝各省人口統計表。 |
| 貴 州 | 3,075,111 | 5,288,000 | 72% | 8.64‰ | 《皇朝文獻通考》，卷 19，戶口考，頁 34；表 5-3-11：清代乾隆、嘉慶、道光三朝各省人口統計表。 |
| 湖 北 | 7,527,486 | 23,047,000 | 206% | 17.92‰ | 《皇朝文獻通考》，卷 19，戶口考，頁 34；表 5-3-11：清代乾隆、嘉慶、道光三朝各省人口統計表。 |
| 陝 西 | 6,734,158 | 10,207,000 | 52% | 6.62‰ | 《皇朝文獻通考》，卷 19，戶口考，頁 33；趙文林、謝淑君，《中國人口史》，頁 597。 |
| 奉 天 | 406,511 | 942,003 | 132% | 13.42‰ | 《皇朝文獻通考》，卷 19，戶口考，頁 33；表 5-3-11：清代乾隆、嘉慶、道光三朝各省人口統計表。 |
| 吉 林 | 56,673 | 307,781 | 443% | 27.22‰ | 《欽定盛京通志》，卷 36，戶口，頁 11；表 5-3-11：清代乾隆、嘉慶、道光三朝各省人口統計表。 |
| 臺 灣 | 666,210 | 1,945,000 | 192% | 17.15‰ | 《宮中檔乾隆朝奏摺》，第 19 輯，頁 488；《臺灣省通志》，卷 2，第 1 冊，頁 57。 |
| 口外蒙古 | 928,132 | 1,133,265 | 22% | 3.17‰ | 趙文林、謝淑君，《中國人口史》，頁 452、455。 |
| 全 國 | 177,495,039 | 361,691,431 | 104% | 11.36‰ | 羅爾綱，〈太平天國革命前的人口壓迫問題〉，《中國近代史論叢》，第 2 輯，第 2 冊，頁 82、85。 |

註：乾隆十四年吉林人口是以乾隆三十六年人口代替，臺灣是以乾隆
二十九年人口代替。

## 圖 6-1：乾隆十四年至嘉慶十七年全國、四川、雲南、貴州、湖北、陝西、奉天、吉林、臺灣、口外蒙古人口成長百分比對照圖

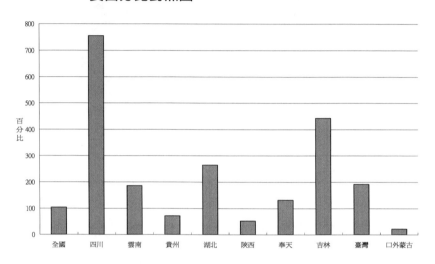

## 圖 6-2：乾隆十四年至嘉慶十七年全國、四川、雲南、貴州、湖北、陝西、奉天、吉林、臺灣、口外蒙古人口年平均增長率對照圖

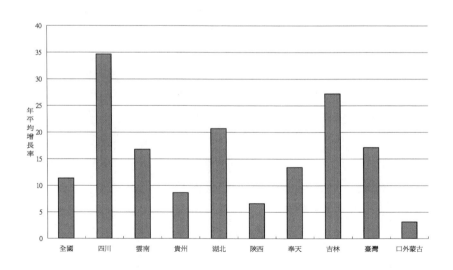

　　表 6-1 及圖 6-1、6-2 顯示，四川、雲南、湖北、奉天、吉林、臺灣在這一段時期，人口成長百分比及年平均增長率都比全國高，陝南地區人口成長可參看表 5-3-6，康熙中期至道光三年（1823）陝南人口數與密度，亦有不錯的增長。其中四川、吉林表現最傑出。相對這段期間，江蘇人口成長 80％，年平均增長率為 9.41‰，山東人口成長 21％，年平均增長率為 2.98‰，[20]皆低於全國人口成長百分比與年平均增長率。從人口的增長變化中，可以了解人口流動的方向，四川、雲貴地區、川陝楚交界帶、東三省、口外蒙古、臺灣等地區因內地人口流入而人口增加，清廷為此增設行政區劃，加強管理。流民在邊疆、丘陵山地獲得安插，使得內地愈趨嚴重的人口壓力，獲得暫時性的舒緩，改變原先人口分佈不均的現象，人口分佈重新調整，使原來各省間人口懸殊的比例差距，經由遷移安置，逐漸獲得改善。

　　人口流動也促進未開發地區的經濟發展。土地是農民安身立命的根本，為生計所迫的無業貧民，因地緣關係，有的在清廷政策的號召下，前往四川、川陝楚交界帶、雲貴地區發展；有的不顧清廷的禁令，透過各種方法私越偷渡進入禁區，待地方政府查出，又不忍驅離致流移無方，徒增事端，大多就地安插，將查出私墾之田，分給流民，讓其就地合法。因此，流民逐步取得土地的使用權與支配權，使得移墾之區逐漸擴展，但其墾荒過程均備極艱辛。以東三省地區移民為例：

　　　　冒斧鉞，披荊棘，既入目的地，篳路藍縷，備極艱辛，始能謀得枝棲，可以餬口。隨乃胼手胝足，節衣縮食，以立其家。其拓殖能力之偉大實足敬佩也！初山東人入境者，即集合同族，建造所謂家屋之窩棚，以為根據地，開始在附近土地燒荒。第一年種蕎麥，第二年起順序栽種高粱、稻粟。聚族而居，其語言風俗一仍舊慣，他省人民入境亦

---

20 據《皇朝文獻通考》，卷 19，戶口考，頁 44、45，乾隆十四年江蘇、山東人口數，及表 5-3-11：清代乾隆、道光三朝各省人口統計表中嘉慶十七年江蘇、山東人口數計算所得。

> 效仿之。此實為漢人將關內家族制度介紹于東北之始,即
> 漢人拓殖東北最初之社會模型也。[21]

口外熱河、張家口各處,有可耕之地,華北各省人民為自求口食計,亦不遠千里,襁負相屬,利之所在,人民風聞自往,日益月增。清代以前,東三省、口外蒙古、臺灣等沿海島嶼,已是中國領土的一部分,但一般來說,其生產條件遠比內地落後。如口外蒙地古區,居民多以游牧為主,基本上沒有農業,商業和手工業更是無法相比;西南少數民族地區雖然大多從事農業,但耕作水準仍屬刀耕火種階段,仍有許多未經開墾的土地。清代前期,由於流民流向山區、邊疆、海島,許多榛莽荒原得到開發,也把內地的農業和手工業技術與經驗引進,商業亦相應而起,不僅縮短邊區與內地經濟發展的差距,也使這些地區與內地的關係更為密切鞏固。例如口外地區、奉天、臺灣等地農業的發展,許多荒丘變成農田,糧食產量大為增加,米價比京師還要便宜,生產的糧食不但足供當地食用,且可外運至內地接濟不足,成為當時重要的糧食供應地。乾隆以後,關東糧粟遠運至江南、浙江、福建、兩廣等省;嘉道年間,每年從關外運進上海之大豆、小麥,即達1,000萬石。[22]四川土地的開墾,糧食產量大增,除供省內食用,還可大量接濟其他省區,雍正年間,形成「江浙糧食,歷來仰給於湖廣,湖廣又仰給於四川」的局面,[23]乾隆時期,有謂「向來楚省民食,全賴川省商販」供應之說。[24]每年由四川運出的糧食,不下百十萬石。凡此皆在在顯示清廷安插政策的成效,四川、邊疆等地區的開墾,為乾、嘉時期人口的持續增長,提供了成長的寬裕空間。

---

21 龔維航,〈清代漢人拓殖東北述略〉,《禹貢》,第 6 卷第 3、4 期合刊,民國 25 年,頁 109。

22 包世臣,《安吳四種》,卷 1,海運南漕議,頁 2。收入《近代中國史料叢刊》,第 30 輯,第 294 冊。

23 《宮中檔雍正朝奏摺》,第 3 輯,雍正二年十一月初二日,諭旨,頁 400。

24 《清高宗純皇帝實錄》(六),卷 386,乾隆十六年四月庚辰,諭旨,總頁 76。

　　人口的遷移對社會、經濟的發展有其推動作用，如果沒有持續不斷的流遷人潮，就談不上對丘陵、深山、邊區等地的開發。從某種意義上說，人口的遷移史也可說是土地的開發史。中國土地資源的開發，猶如一部流民拓墾史，在在呈現流民墾荒的精神。他們勤勞的雙手，改變了生存的環境，創造出各種奇蹟，由於平原、河谷盆地早已人口匯集，流民只能往丘陵山區發展。從其開墾的方式來說，主要是通過空間的擴展來換取種植效應，採粗放耕作，缺乏精細耕作和深層開發，故而不可避免要砍伐林木，森林被毀，群山童禿一片，土壤沙化，每遇大雨，溪流堙淤，沃土無存，無形中破壞了大自然的生態，造成嚴重的水土流失，而導致環境的惡化。當時龐大的人口對糧食的迫切需求，使政府在面對糧食生產與環境保護兩者，甚難權衡利弊得失，由於當時並不具備控制人口增長的條件，只能遷就迫在眼前的難題。雖然如此，不能就此完全歸罪於流民，在緩和傳統精華區人口壓力、提升土曠人稀地區勞動力、提高糧食產量，改變山區封閉面貌等方面，流民無庸置疑是有其不可磨滅的貢獻。

　　清廷鼓勵墾荒的態度並非適用於全國各地，隨著對關內各省統治穩固後，朝廷對東三省實行封禁政策，把大片大片的土地劃作圍場、牧場、禁山、蒙地等等,禁止流民任意進入私墾,限制了東三省的土地開發。因此,直到近代以前東三省區域仍然是中國經濟比較落後的邊陲奧域。在此期間流民私越出關浪潮不止，清廷所設關禁步步退讓，乾隆四十一年（1776）十二月的諭旨表示，盛京地方與山東、直隸接壤，流民漸集，若一旦驅逐，必致各失生計，因此設立州縣管理。至吉林，原不與漢地相連，不便令漢民居住，傳諭內閣中書傅森查明辦理，並永行禁止流民，不許入境。此旨無異把關禁移到吉林邊境。此後，每查辦一次，輒發現有新來流民，地方官總以「該流民等，業已聚族相安，驟難驅逐」為詞，請准朝廷將流民安插入冊。

　　滿人入關，掌控統制權，但文化生活各方面，無不受漢族影響，即使在關外亦不例外，乾隆二十六年（1761），清廷議准奉天

地區辦理流民入籍時，規定「所有商賈、工匠及單身傭工三項，為旗民所資藉者，准其居住」。這三種身分可不入籍，亦不被飭回原籍，之所以有此優待，乃因「為旗民所資藉」，說明了在關外地區的滿人生活中已不能沒有漢人。關外漢人在當地滿人生活中到底扮演什麼樣的腳色？錢公來在〈東北五十年來社會之變遷〉一文中有深刻的描繪：

> 其莊園領地，名號不一……而其生產工具，則專靠前明防兵，未得退入關內，「所衛」遺族，以及關內逃出不甘受滿清統治之明朝宗室勳戚，隱姓瞞名，偷生在敵人後方，俟得機以報，以及遷謫流徙遺孽，併各旗下奴才，自相配偶所生之「家常子」（奴才所生之奴才），供牧畜，供田獵，供耕種，供差遣，供廚膳，供裁縫外，年深月久，而各旗莊園產業日見發達。莊園附屬之事業，需要日多，少東主之生活習慣，慾望無窮。加以婚喪嫁娶，送死養生，人事日繁。建築宅地，運料幫工，瓦木石匠需人；勒碑刻銘，裝飾墳墓需人；出門東家坐轎車，則需輪人輿人；東家要練習弓馬，或馳騁田獵，則製造弓箭需人，製造鞍轡需人；製造精細嵌金鑲銀，爵環彎練需人；騎馬往來，冰天雪地，則馬要釘鐵掌之鐵匠需人。此外，莊園主東和鄰莊往來酬酢，要附庸風雅，作賦吟詩，無聊之寄食門客，又需人。至此一方面，皇家上諭的禁令雖是禁令，而一方面，莊主的需求總是需求。因此，年年由內地（齊、魯、燕、晉）向關外走私的人民，是源源不絕，無有底止。及至走私的人民到達地點後，其各莊園之莊主一向是望人工的，非特不加拒絕，反極盡招徠之能事。於是借墊牛糧籽種，白住房屋，能下田的去下田，能伐木的去伐木，能種菜的去種菜，牧羊的去牧羊，喂豬的去喂豬，鐵匠送到鐵匠爐，木匠送到木匠舖；念過書的功名人，則留到府裏，教少東人

念書，伴老東家清談。[25]

文中所述，滿人各種生活的需求皆須依靠漢人才能得到滿足。所以在清廷厲行封禁時期，滿人生活上的依賴，反成為漢人偷渡出關的護符，滿人逐漸的漢化，就是漢人能夠在東三省立足生根的原因。

滿人入關，漢人出關，人口對流現象應順勢而為，不應以政令限制，阻礙流動。有形之禁令，雖能暫時獲得某些成效，卻無法真正遏止強烈的實際需求。禁令一再嚴申，關內人民為求謀生，私往東三省者卻無法禁止，日漸增加，他們披荊斬棘，翻山越嶺，肩挑行擔，手持木棒，用以過嶺作杖，兼資捍衛。[26]清朝前期由於對東三省實行封禁政策，違逆社會發展的情勢，限制大批關內漢人移往東北地區開發，不僅使關內人口過剩現象不得及時有效緩解，亦延遲對東三省土地的開墾及物產的開發，使得東三省地區社會經濟相形落後，實為鴉片戰爭前東三省人口仍屬稀少、社會發展遲緩原因之一。東三省壤地廣闊，物產富饒，因清廷態度之保守，未好好經營開發，致使人口稀少，荒涼之地頗多，而遭外人垂涎覬覦。法令規定疏漏，各關隘、海口稽查不力，朝廷不時的刻意放行，使得東三省人口非自然的成長，與民墾土地的增加，驗證清廷對東三省的封禁無法名實相符。雖然清廷的禁令延緩人口遷移東三省，但防堵之法，並非良策，時代演進的潮流亦無法阻擋。人口壓力的形成，土地兼併的興盛，加上自然災害的催化，農民從土地上被排擠出，於是不顧禁令，鋌而走險，往關外就食；愈到清末，內有教匪捻亂騷擾，外有俄國積極謀奪東北，在此險惡情勢的逼迫下，終迫使朝廷不得不正式開放東北。

臺灣方面，清廷之對臺經營，祇是隨著人民的自然發展，設官置汛而已。嚴格說，當時政府不但並無「擴張」意圖，反作種種「侷限」措施。直至乾隆一朝，對於內地人民的渡臺，猶時而

25 錢公來，《逸齋隨筆》。轉引自吳希庸，〈近代東北移民史略〉，《東北集刊》，第 2 期，頁 269-271。
26 魏聲龢，《雞林舊聞錄》，頁 47。收入《長白叢書初集》。

限制、時而放寬。清廷禁止閩粵地區人民偷渡臺灣及搬眷過臺，有其政治與經濟的考量，主要原因是限制臺灣人口增加，從臺灣在乾隆時期的人口增長率看來，清廷的政策並沒有遏止住閩粵地區沿海人口向臺灣遷徙。可見清廷禁止內地人民偷渡及搬眷過臺政策，與其緩和內地人口壓力的政策是自相矛盾，且與內地人口流動的方向形成逆向而為之勢。乾隆末年，禁止搬眷過臺政策解除及設立官渡，人口遷移臺灣的高潮出現。清廷早期消極的措施，同樣限制了臺灣人口的增加，並且延緩了臺灣的開拓與發展，清末沈葆楨奏請解除舊禁以廣招徠開拓後山的建議，有其時代意義。

　　口外蒙古亦如東三省、臺灣，清廷對人口進出有所管制，需申請照票，所以私出口外者多。清廷所頒佈的封禁令，其禁令的強調和重新頒佈是有時間性的，而移民的過程則是長時間的，持續不斷的。於是在過程中就形成了事實上的移民和文獻中一系列禁令相互並存的奇特現象。[27]是以清廷雖有禁令，這些地區人口私越偷渡現象從未停止。

　　清朝前期對於東三省、口外蒙古、臺灣等地有條件的封禁，一方面延緩土地開發的時間，影響其社會經濟快速活潑的發展，也減少田地升科的經濟收益。然而任何事物均具有雙重性，由於封禁的關係，客觀上對於自然資源的維護和生態環境的平衡亦起了相當的保護作用。

　　邊疆地區遠離政治、經濟中心，古代交通不便，要維持正常的聯繫甚為困難。許多邊遠地區因人口稀少，存在著大片的無人區、未開發地，防守和管理頗為不易。相形之下，若有外患，隱含著很大的威脅，如十七世紀沙皇俄國越過西伯利亞，進入遠東，隨時伺機欲掠取中國領土。所以，清廷在西南地區對流民的安置和開發，無異是鞏固疆域的一項重大措施，既能減輕內地的人口壓力，又能增強邊防實力，促進邊疆的開發以及和內地的聯繫。只可惜，在東三省、口外蒙古等地區清廷當時不能深謀遠慮，依

---

27　曹樹基，《中國移民史》，第 6 卷，頁 477。

然以天朝大國自居，陶醉在「普天之下，莫非王土」和四方屬國的稱臣納貢思維中，不了解、也無意了解世界的局勢，態度保守，思想守舊，侷限了政策的方向。至十九世紀，俄國勢力到達中國黑龍江以北、烏蘇里江以東的領土，而清廷卻仍在強調對東三省的封禁政令，使得吉林和黑龍江將軍轄區許多地方仍處於荒無人煙，兵力不足局面。[28]由於清廷觀念的守舊，邊疆防務上的空虛，反給予覬覦者伺機擴張的機會與目標。近代中國領土的喪失雖有多方面原因，但封禁政令未能及早解禁，開放人民自由遷移，改變某些地區人口過於稀少的局面，不能不說有其相當程度的影響。

---

28 葛劍雄，《中國移民史》，第 1 卷，頁 84-85。

# 附錄一：逃　人　法

　　清廷入關後，正式將有關逃人的法令命名爲〈督捕則例〉。
順治三年（1646）五月，清廷重修逃人法，其內容：

　　隱匿滿洲逃人不行舉首，或被旁人訐告，或察獲，或地方官
察出，即將隱匿之人及鄰右九家、甲長、鄉約人等，提送刑部，
勘問的確，將逃人鞭一百歸還原主。隱匿犯人，從重治罪，其家
貲無多者斷給事主；家貲豐厚者，或全給半給，請旨定奪處分。
首告之人將本犯家貲三分之一給賞，不出百兩之外，其鄰右九家、
甲長、鄉約各鞭一百，流徙邊遠，如不係該地方官察首者，其本
犯居住某府某州縣，即坐府州縣官以怠忽稽查之罪，降級調用；
若本犯所居州縣，其知府以上各官，不將逃人察解，照逃人數多
寡治罪，如隱匿之人自行出首，罪止逃人，餘俱無罪；如鄰右、
甲長、鄉約舉首，亦將隱匿家貲賞給三分之一，撫按及各該地方
官於考察之時，以其察解多寡，分其殿最。刊示頒行天下，人人
通曉，毋致犯法。（王先謙纂修，《十二朝東華錄・順治朝》，卷2，
順治三年五月庚戌，頁24-25。）

# 附錄二：乾嘉道三朝歷年人口數目概況表

| 時　　　間 | 人口數目 | 備　　　註 |
|---|---|---|
| 乾隆六年<br>（1741） | 143,411,559 | 王先謙《東華錄》。 |
| 乾隆七年<br>（1742） | 159,801,551 | 同上。 |
| 乾隆八年<br>（1743） | 164,454,616 | 同上。 |
| 乾隆九年<br>（1744） | 166,808,604 | 同上。 |
| 乾隆十年<br>（1745） | 169,922,127 | 同上。 |
| 乾隆十一年<br>（1746） | 171,896,773 | 同上。 |
| 乾隆十二年<br>（1747） | 171,896,773 | 《清實錄》。 |
| 乾隆十三年<br>（1748） | 177,495,039 | 同上。 |
| 乾隆十四年<br>（1749） | 177,495,039 | 《東華錄》，俞正燮《癸巳類稿》同。 |
| 乾隆十五年<br>（1750） | 179,538,540 | 同上。 |
| 乾隆十六年<br>（1751） | 181,811,359 | 同上。 |
| 乾隆十七年<br>（1752） | 182,857,277 | 《清實錄》。 |
| 乾隆十八年<br>（1753） | 183,678,259 | 《東華錄》。 |
| 乾隆十九年<br>（1754） | 184,504,493 | 同上。 |

| 乾隆二十年（1755） | 185,612,881 | 同上。 |
|---|---|---|
| 乾隆二十一年（1756） | 186,615,514 | 同上。 |
| 乾隆二十二年（1757） | 190,348,328 | 同上，《皇朝文獻通考》、《癸巳類稿》同。 |
| 乾隆二十三年（1758） | 191,672,808 | 同上。 |
| 乾隆二十四年（1759） | 194,791,859 | 同上。 |
| 乾隆二十五年（1760） | 196,837,977 | 同上。 |
| 乾隆二十六年（1761） | 198,214,555 | 同上。 |
| 乾隆二十七年（1762） | 200,472,461 | 同上，《皇朝通典》同。 |
| 乾隆二十八年（1763） | 204,209,828 | 同上。 |
| 乾隆二十九年（1764） | 205,591,017 | 同上，《皇朝通典》、《癸巳類稿》同。 |
| 乾隆三十年（1765） | 206,993,224 | 《清實錄》。 |
| 乾隆三十一年（1766） | 208,095,796 | 《東華錄》。 |
| 乾隆三十二年（1767） | 209,839,546 | 同上，《皇朝通典》同。 |
| 乾隆三十三年（1768） | 210,837,502 | 《清實錄》。 |

| | | |
|---|---|---|
| 乾隆三十四年<br>（1769） | 212,023,042 | 《東華錄》。 |
| 乾隆三十五年<br>（1770） | 213,613,163 | 同上。 |
| 乾隆三十六年<br>（1771） | 214,600,356 | 同上，《皇朝通典》同。 |
| 乾隆三十七年<br>（1772） | 216,467,258 | 同上。 |
| 乾隆三十八年<br>（1773） | 218,743,315 | 同上。 |
| 乾隆三十九年<br>（1774） | 221,027,224 | 同上。 |
| 乾隆四十年<br>（1775） | 264,561,355 | 《東華錄》。 |
| 乾隆四十一年<br>（1776） | 268,238,181 | 同上。 |
| 乾隆四十二年<br>（1777） | 270,863,760 | 《清實錄》。 |
| 乾隆四十三年<br>（1778） | 242,965,618 | 《東華錄》。 |
| 乾隆四十四年<br>（1779） | 275,042,916 | 同上。 |
| 乾隆四十五年<br>（1780） | 277,554,431 | 《皇朝文獻通考》。 |
| 乾隆四十六年<br>（1781） | 279,816,070 | 《東華錄》。 |
| 乾隆四十七年<br>（1782） | 281,822,675 | 同上。 |

| 乾隆四十八年（1783） | 284,733,785 | 《東華錄》，《癸巳類稿》作 284,033,755 口。 |
|---|---|---|
| 乾隆四十九年（1784） | 286,331,307 | 同上。 |
| 乾隆五十年（1785） | 288,863,974 | 同上。 |
| 乾隆五十一年（1786） | 291,102,486 | 故宮戶部檔案，《東華錄》同，《癸巳類稿》作 291,040,000 餘口。 |
| 乾隆五十二年（1787） | 292,429,018 | 同上，《東華錄》同。 |
| 乾隆五十三年（1788） | 294,852,189 | 同上，《東華錄》作 294,852,089 口。 |
| 乾隆五十四年（1789） | 297,717,496 | 同上。 |
| 乾隆五十五年（1790） | 301,487,114 | 同上，《東華錄》作 301,487,115 口，《癸巳類稿》作 301,629,089 口。 |
| 乾隆五十六年（1791） | 304,354,160 | 同上，《東華錄》作 304,354,110 口。 |
| 乾隆五十七年（1792） | 307,467,279 | 《東華錄》，《癸巳類稿》作 307,467,200 餘口。 |
| 乾隆五十八年（1793） | 310,497,210 | 同上。 |
| 乾隆五十九年（1794） | 313,281,795 | 同上。 |
| 乾隆六十年（1795） | 296,968,968 | 同上。 |
| 嘉慶元年（1796） | 275,662,044 | 同上。 |

| 嘉慶二年<br>（1797） | 271,333,544 | 同上。 |
|---|---|---|
| 嘉慶三年<br>（1798） | 290,982,980 | 同上。 |
| 嘉慶四年<br>（1799） | 293,283,179 | 同上。 |
| 嘉慶五年<br>（1800） | 295,273,311 | 同上。 |
| 嘉慶六年<br>（1801） | 297,501,548 | 同上。 |
| 嘉慶七年<br>（1802） | 299,749,770 | 同上。 |
| 嘉慶八年<br>（1803） | 302,250,673 | 同上。 |
| 嘉慶九年<br>（1804） | 204,461,284 | 同上。 |
| 嘉慶十年<br>（1805） | 332,181,403 | 同上。 |
| 嘉慶十一年<br>（1806） | 335,309,469 | 同上。 |
| 嘉慶十二年<br>（1807） | 338,062,439 | 同上。 |
| 嘉慶十三年<br>（1808） | 350,291,724 | 同上。 |
| 嘉慶十四年<br>（1809） | 352,900,024 | 同上。 |
| 嘉慶十五年<br>（1810） | 345,717,214 | 《東華錄》。 |

| | | |
|---|---|---|
| 嘉慶十六年（1811） | 358,610,039 | 同上 |
| 嘉慶十七年（1812） | 361,691,431 | 《欽定大清會典·嘉慶朝》。《東華錄》作 333,700,560 口，《癸巳類稿》作 361,691,231 口。 |
| 嘉慶十八年（1813） | 336,451,672 | 《東華錄》。 |
| 嘉慶十九年（1814） | 316,574,895 | 同上。 |
| 嘉慶二十年（1815） | 326,574,895 | 同上。 |
| 嘉慶二十一年（1816） | 328,814,957 | 同上。 |
| 嘉慶二十二年（1817） | 331,330,433 | 同上。 |
| 嘉慶二十三年（1818） | 348,820,037 | 同上。 |
| 嘉慶二十四年（1819） | 351,260,545 | 故宮戶部檔案。《東華錄》作 301,260.545 口。 |
| 嘉慶二十五年（1820） | 353,377,694 | 同上。 |
| 道光元年（1821） | 355,540,258 | 《東華錄》。 |
| 道光二年（1822） | 372,457,539 | 同上。 |
| 道光三年（1823） | 375,153,122 | 同上。 |
| 道光四年（1824） | 374,601,132 | 同上。 |

| | | |
|---|---|---|
| 道光五年<br>（1825） | 379,885,340 | 同上。 |
| 道光六年<br>（1826） | 380,287,007 | 《清實錄》。 |
| 道光七年<br>（1827） | 383,696,095 | 《東華錄》。 |
| 道光八年<br>（1828） | 386,531,513 | 同上。 |
| 道光九年<br>（1829） | 395,500,650 | 同上。 |
| 道光十年<br>（1830） | 394,784,681 | 故宮戶部檔案，《東華錄》同。 |
| 道光十一年<br>（1831） | 395,821,092 | 同上。 |
| 道光十二年<br>（1832） | 397,132,659 | 同上。《東華錄》同。 |
| 道光十三年<br>（1833） | 398,942,036 | 同上。《東華錄》同。 |
| 道光十四年<br>（1834） | 401,008,574 | 同上。 |
| 道光十五年<br>（1835） | 403,052,086 | 同上。按是年原冊作 401,767,053 口，至道光二十年直隸香河等七州縣補報，加入共爲此數。 |
| 道光十六年<br>（1836） | 404,901,448 | 同上。 |
| 道光十七年<br>（1837） | 406,984,114 | 同上。按是年原冊作 405,923,174 口，至道光二十年直隸樂亭等五州縣補報，加入共爲此數。 |
| 道光十八年<br>（1838） | 409,038,799 | 同上，《東華錄》同。 |

| | | |
|---|---|---|
| 道光十九年<br>（1839） | 410,850,639 | 同上，《東華錄》同。 |
| 道光二十年<br>（1840） | 412,814,828 | 同上，《東華錄》同。 |
| 道光二十一年<br>（1841） | 413,457,311 | 故宮戶部檔案，《東華錄》同。 |
| 道光二十二年<br>（1842） | 416,118,189 | 同上，按是年原冊作 414,686,794 口，至道光二十三年浙江鄞縣鎮海縣定海廳補報，加入共爲此數。 |
| 道光二十三年<br>（1843） | 417,239,097 | 同上，《東華錄》同。 |
| 道光二十四年<br>（1844） | 419,441,336 | 同上，《東華錄》同。 |
| 道光二十五年<br>（1845） | 421,342,730 | 同上，《東華錄》同。 |
| 道光二十六年<br>（1846） | 423,121,129 | 同上，《東華錄》作 421,121,129 口。 |
| 道光二十七年<br>（1847） | 425,106,201 | 同上，按是年原冊作 424,938,009 口，至道光二十九年浙江定海廳補報，加入共爲此數。 |
| 道光二十八年<br>（1848） | 426,928,854 | 同上，按是年原冊作 426,737,016 口，至道光二十九年浙江定海廳補報，加入共爲此數。 |
| 道光二十九年<br>（1849） | 428,420,667 | 同上，按是年原冊作 412,986,648 口，至咸豐元年甘肅補報，加入共爲此數。 |
| 道光三十年<br>（1850） | 429,931,034 | 同上，按是年原冊作 414,493,899 口，至咸豐元年甘肅補報，加入共爲此數。 |

註：乾隆十二、十三、十七、三十、三十三、四十二年，道光六年人口數依據《清實錄》。

資料來源：羅爾綱，〈太平天國革命前的人口壓迫問題〉，《中國近代史論叢》，第 2 輯，第 2 冊，頁 82-87。

# 徵引書目

## 一、檔案資料

《宮中檔康熙朝奏摺》，臺北，國立故宮博物院，民國 65-66 年。

《宮中檔雍正朝奏摺》，臺北，國立故宮博物院，民國 66-69 年。

《宮中檔乾隆朝奏摺》，臺北，國立故宮博物院，民國 71 年。

《宮中檔嘉慶朝奏摺》，臺北，國立故宮博物院編印，未出版。

《宮中檔奏摺補遺》，臺北，國立故宮博物院編印，未出版。

《上諭檔》，臺北，國立故宮博物院藏。

《乾隆朝上諭檔》，北京，檔案出版社，1991 年。

《嘉慶朝上諭檔》，桂林，廣西師範大學出版社，2000 年。

《月摺檔》，臺北，國立故宮博物院藏。

《軍機處檔・月摺包》，臺北，國立故宮博物院藏。

《大清國史食貨志》，臺北，國立故宮博物院藏。

陳田、吳懷清纂輯，《食貨志》，臺北，國立故宮博物院藏。

陳田、李明哲纂輯，《食貨志》，臺北，國立故宮博物院藏。

呂佺孫、孫銘恩纂輯，《皇朝食貨志》，臺北，國立故宮博物院藏。

邢福山、謝榮埭纂輯，《皇朝食貨志》，臺北，國立故宮博物院藏。

王會釐總纂，張履春協修，《皇朝食貨志》，臺北，國立故宮博物
　　院藏。

未著纂輯者，《食貨志》，臺北，國立故宮博物院藏。

《清史列傳》，臺北，中華書局，民國 51 年。

《起居注冊》，臺北，國立故宮博物院藏。

《康熙朝漢文硃批奏摺彙編》，北京，檔案出版社，1984-1985 年。

《雍正朝漢文硃批奏摺彙編》，上海，江蘇古籍出版社，1989-1991

年。

《康熙朝滿文硃批奏摺全譯》，北京，中國社會科學出版社，1996年。

《雍正朝滿文硃批奏摺全譯》，合肥，黃山書社，1998年。

《雍正朝漢文諭旨匯編》，桂林，廣西師範大學出版社，1999年。

《李煦奏摺》，北京，中華書局，1976年。

沈葆禎，《福建臺灣奏摺》，臺叢29，臺北，臺灣銀行經濟研究室，民國48年。

《康熙起居注》，北京，中華書局，1984年。

《雍正朝起居注冊》，北京，中華書局，1993年。

《乾隆帝起居注》，桂林，廣西師範大學出版社，2002年。

《文獻叢編》，北平，故宮博物院文獻館，民國15-19年。

《史料旬刊》，臺北，國風出版社，民國52年。

《雍正硃批奏摺選輯》，臺叢300，臺北，臺灣銀行經濟研究室，民國61年。

雍正《硃批諭旨》，光緒十三年石印本。

《內閣大庫檔案》，臺北，中央研究院歷史語言研究所藏。

《明清史料》，臺北，中央研究院歷史語言研究所員工福利委員會，民國61年。

《明清檔案》，臺北，中央研究院歷史語言研究所，民國75-84年。

琴川居士編，《皇清奏議》，臺北縣，文海出版社，民國56年。

陳子龍等輯，《明經世文編》，北京，中華書局，1962年。

賀長齡、魏源等編，《清經世文編》，北京，中華書局，1992年。

中國第一歷史檔案館、中國社會科學院歷史研究所譯註，《滿文老檔》，北京，中華書局，1990年。

郝浴，《中山奏議》，康熙年間（1662-1722）刊本。

孫嘉淦，《孫文定公奏疏》，收入《四庫未收書輯刊》，第1輯，第22冊，北京，北京出版社，1997年。

魏裔介，《魏文毅公奏議》，收入《叢書集成初編》，第924冊，上海，商務印書館，民國25年。

龔鼎孳,《龔端毅公奏疏》,光緒九年重刊本。

賀長齡,《耐庵奏議存稿》,收入《近代中國史料叢刊》,第 36 輯, 第 353 冊,臺北縣,文海出版社,民國 58 年。

《道咸同光四朝奏議》,臺北,臺灣商務印書館,民國 59 年。

《張允隨奏稿》,收入方國瑜主編,《雲南史料叢刊》,第 8 卷,昆 明,雲南大學出版社,2001 年。

《清代三姓副都統衙門滿漢文檔案選編》,瀋陽,遼寧古籍出版 社,1995 年。

《清代孤本內閣六部檔案》,北京,全國圖書館文獻縮微復製中 心,2003 年。

《清代臺灣農民起義史料選編》,福州,福建人民出版社,1983 年。

《清代前期苗民起義檔案史料匯編》,北京,光明日報出版社,1987 年。

《康雍乾時期城鄉人民反抗鬥爭資料》,北京,中華書局,1979 年。

彭雨新編,《清代土地開墾史資料匯編》,武昌,武漢大學出版社, 1992 年。

呂小鮮編,〈嘉慶朝安徽浙江棚民史料〉,《歷史檔案》,1993 年第 1 期,北京,歷史檔案雜志社,1993 年。

呂小鮮編,〈嘉慶朝江西萬載縣土棚學額紛爭案〉,《歷史檔案》, 1994 年 1 期。

臺灣省立臺中圖書館編藏,〈臺灣中部地方文獻資料〉(一),《臺 灣文獻》,第 34 卷第 1 期,臺中,臺灣省文獻委員會,民國 72 年。

臺灣省立臺中圖書館編藏,《中部地方文獻資料》(三),《臺灣文 獻》,第 34 卷第 3 期,民國 72 年。

中國社會科學院歷史研究所編,《中國古代社會經濟史資料》,第 1 輯,福州,福建人民出版社,1985 年。

方國瑜主編,《雲南史料叢刊》,第 8 卷,昆明,雲南大學出版社,

2001 年。

## 二、官書典籍

《新校本史記》，臺北，鼎文書局，民國 79 年。

《新校本漢書》，臺北，鼎文書局，民國 75 年。

《新校本後漢書》，臺北，鼎文書局，民國 76 年。

《新校本宋書》，臺北，鼎文書局，民國 76 年。

《新校本新唐書》，臺北，鼎文書局，民國 78 年。

《新校本明史》，臺北，鼎文書局，民國 71 年。

《明太祖實錄》，臺北，中央研究院歷史語言研究所，民國 55 年。

《明英宗實錄》，臺北，中央研究院歷史語言研究所，民國 55 年。

《明憲宗實錄》，臺北，中央研究院歷史語言研究所，民國 55 年。

《清世祖章皇帝實錄》，北京，中華書局，1985 年。

《清聖祖仁皇帝實錄》，北京，中華書局，1985 年。

《清世宗憲皇帝實錄》，北京，中華書局，1985 年。

《清高宗純皇帝實錄》，北京，中華書局，1985-1986 年。

《清仁宗睿皇帝實錄》，北京，中華書局，1986 年。

《清宣宗成皇帝實錄》，北京，中華書局，1986 年。

谷應泰，《明史紀事本末》，上海，商務印書館，民國 25 年。

《清史稿校註》，臺北縣，國史館，民國 78 年。

李東陽等纂，申明行等重修，《大明會典》，萬曆十五年刊本影印，
　　臺北，東南書報社，民國 53 年。

伊桑阿等纂修，《大清會典·康熙朝》，收入《近代中國史料叢刊
　　三編》，第 72-73 輯，臺北縣，文海出版社，民國 81-82 年。

允祿等監修，《大清會典·雍正朝》，收入《近代中國史料叢刊三
　　編》，第 77-79 輯，臺北，文海出版社，民國 83-84 年。

托津等奉敕纂，《欽定大清會典事例·嘉慶朝》，收入《近代中國
　　史料叢刊三編》，第 66-67 輯，臺北縣，文海出版社，民國
　　80 年。

崑岡等奉敕著，《清會典事例》，北京，中華書局，1991 年。

《清會典臺灣事例》，臺叢 226，臺北，臺灣銀行經濟研究室，民國 55 年。

《皇朝文獻通考》，收入《景印文淵閣四庫全書》，史部，政書類，第 632-638 冊，臺北，臺灣商務印書館，民國 72 年。

《皇朝通典》，收入《景印文淵閣四庫全書》，史部，政書類，第 642-643 冊，臺北，臺灣商務印書館，民國 72 年。

《皇朝通志》，收入《景印文淵閣四庫全書》，史部，政書類，第 645 冊，臺北，臺灣商務印書館，民國 72 年。

劉錦藻，《清朝續文獻通考》，上海，上海古籍出版社，民國 25 年。

蔣良騏原纂，王先謙纂修，《十二朝東華錄·康熙朝》，臺北縣，文海出版社，民國 52 年。

蔣良騏原纂，王先謙纂修，《十二朝東華錄·雍正朝》，臺北縣，文海出版社，民國 52 年。

王先謙纂修，《十二朝東華錄·乾隆朝》，臺北縣，文海出版社，民國 52 年。

席裕福、沈師徐輯，《皇朝政典類纂》，收入《近代中國史料叢刊續編》，第 88 輯，第 873、875 冊，臺北縣，文海出版社，民國 71 年。

明亮等修，納蘇泰等纂，《欽定中樞政考》，臺北，學海出版社，民國 57 年。

徐本等奉敕纂，劉統勳等續纂，《大清律例》，收入《景印文淵閣四庫全書》，史部，政書類，第 672 冊，臺北，臺灣商務印書館，民國 72 年。

《蒙古律例》，收入《中國方志叢書·塞北地方·蒙古》，第 38 號，臺北，成文出版社，民國 57 年。

姚雨薌纂，胡仰山增輯，《大清律例會通新纂》，臺北，文海出版社，民國 53 年。

薛允升著，黃靜嘉編校，《讀例存疑重刊本》，臺北，成文出版社，民國 59 年。

《欽定六部處分則例》，光緒十八年排印本。

承啟、英傑等纂，《欽定戶部則例》，同治四年校刊本影印，臺北，成文出版社，民國 57 年。

《清代臺灣大租調查書》，臺叢 152，臺北，臺灣銀行經濟研究室，民國 52 年。

《欽定平定臺灣紀略》，臺叢 102，臺北，臺灣銀行經濟研究室，民國 50 年。

《臺案彙錄乙集》，臺叢 173，臺北，臺灣銀行經濟研究室，民國 52 年。

《臺案彙錄丙集》，臺叢 176，臺北，臺灣銀行經濟研究室，民國 52 年。

《臺案彙錄壬集》，臺叢 227，臺北，臺灣銀行經濟研究室，民國 55 年。

傅恒等，《平定準噶爾方略》，收入《西藏學漢文文獻彙刻》，第 2 輯，北京，全國圖書館文獻縮微復制中心，1990 年。

鄂輝等，《欽定平苗紀略》，清嘉慶武英殿活字本影印，收入《四庫未收書輯刊》，第 4 輯，第 14 冊，北京，北京出版社，1997 年。

陳夢雷編，《古今圖書集成》，臺北，鼎文書局，民國 74 年。

《清國史》，北京，中華書局，1993 年。

陳振漢等編，《清實錄經濟史資料》，北京，北京大學出版社，1989 年。

《周易》，臺北，世界書局，民國 42 年。

《禮記》，臺北，世界書局，民國 42 年。

《毛詩》，臺北，世界書局，民國 42 年。

《管子》，臺北，臺灣商務印書館，民國 45 年。

桓寬，《鹽鐵論》，臺北，臺灣商務印書館，民國 45 年。

俞森，《郎襄賑濟事宜》，收入《叢書集成新編》，社會科學類，第 33 冊，臺北，新文豐出版社，民國 74 年。。

羅汝懷輯，《湖南文徵》，同治十年刊本。

鄂容安編，《襄勤伯鄂文端公年譜》，收入《北京圖書館藏珍本年譜叢刊》，第 91 冊，北京，北京圖書館出版社，1998 年。

錢儀吉等纂錄，《碑傳集》，收入《清代傳記叢刊》，臺北，明文書局，民國 74 年。

方樹梅纂輯，《滇南碑傳集》，昆明，雲南民族出版社，2003 年。

李元度，《國朝先正事略》，收入《中國史料叢刊》，第 12 輯，第 111 冊，臺北縣，文海出版社，民國 56 年。

石香村居士編，《戡靖教匪述編》，臺北，臺聯國風出版社，民國 59 年。

方觀承輯，《賑紀》，乾隆十九年刻本影印，收入《四庫未收書輯刊》，第 1 輯，第 25 冊，北京，北京出版社，1997 年。

魏裔介，《兼濟堂文集》，光緒十年重刊本。

楊錫紱，《四知堂文集》，嘉慶十一年刻本影印，收入《四庫未收書輯刊》，第 9 輯，第 24 冊，北京，北京出版社，1997 年。

韓夢周，《理堂外集》，道光三年刊本。

童兆蓉，《童溫處公遺書》，民國年間刊本。

李兆洛，《養一齋詩文集》，光緒四年重刊本。

汪士鐸，《汪悔翁乙丙日記》，民國 24 年排印本。

洪亮吉，《洪北江詩文集》，收入《四部叢刊初編》，集部，第 378 冊，臺北，臺灣商務印書館，民國 54 年。

張履祥，《楊園先生全集》，北京，中華書局，2002 年。

甘汝來，《甘莊恪公全集》，乾隆年間刻本影印，收入《四庫未收書輯刊》，第 8 輯，第 25 冊，北京，北京出版社，1997 年。

陶澍，《陶文毅公全集》，道光二十年刻本影印，收入《續修四庫全書》，集部，別集類，第 1503 冊，上海，上海古籍出版社，1997 年。

姚瑩，《東溟文後集》，同治六年刊本。

林則徐，《林文忠公政書》，長沙，商務印書館，民國 28 年。

李蕃，《雪鴻堂文集》，收入《四庫全書存目叢書補編》，第 55 冊，濟南，齊魯書社，2001 年。

魏源，《古微堂外集》，收入《近代中國史料叢刊》，第 43 輯，第 424 冊，臺北縣，文海出版社，民國 58 年。
江濬源，《介亭文集》，收入《續修四庫全書》，集部，別集類，第 1453 冊，上海，上海古籍出版社，1997 年。
楊錫紱，《四知堂文集》，嘉慶十一年刻本影印，收入《四庫未收書輯刊》，第 9 輯，第 24 冊，北京，北京出版社，1997 年。
喬光烈，《最樂堂文集》，乾隆二十一年刻本影印，收入《四庫未收書輯刊》，第 10 輯，第 13 冊，北京，北京出版社，1997 年。
薛福成，《庸庵文外編》，收入《續修四庫全書》，集部，別集類，第 1562 冊，上海，上海古籍出版社，1997 年。
檀萃輯，《滇海虞衡志》，收入《叢書集成初編》，第 3023 冊，上海，商務印書館，民國 25 年。
孫玉庭，《延釐堂集》，同治十一年重刊本。
袁枚，《小倉山房詩文集》，收入《四部備要》，集部，第 228 冊，臺北，中華書局，民國 55 年。
包世臣，《安吳四種》，收入《近代中國史料叢刊》，第 30 輯，第 294 冊，臺北縣，文海出版社，民國 57 年。
彭遵泗，《蜀故》，光緒二年刊本。
嚴如熤，《樂園文鈔》，道光間刊本。
嚴如熤，《苗防備覽》，道光間刻本影印。
嚴如熤，《三省邊防備覽》，清道光刻本影印，收入《續修四庫全書》，史部，地理類，第 732 冊，上海，上海古籍出版社，1997 年。
嚴如熤，《三省山內風土雜識》，收入《中國風土志叢刊》，第 24 冊，揚州，廣陵書社，2003 年。
湘輯，《救荒六十策》，收入《近代中國史料叢刊三編》，第 54 輯，第 540 冊，臺北縣，文海出版社，民國 78 年。
藍鼎元，《鹿洲初集》，收入《近代中國史料叢刊續編》，第 41 輯，第 403 冊，臺北縣，文海出版社，民國 66 年。

俞正燮，《癸巳類稿》，道光十三年刻本影印，收入《續修四庫全書》，子部，雜家類，第 1159 冊，上海，上海古籍出版社，1997 年。

張養浩，《歸田類稿》，收入《景印文淵閣四庫全書》，集部，別集類，第 1192 冊，臺北，臺灣商務印書館，民國 72 年。

徐珂，《清稗類鈔》，上海，商務印書館，民國 6 年。

鄭燮，《鄭板橋集》，上海，上海古籍出版社，1983 年。

孔尚任，《人瑞錄》，收入《叢書集成續編》，史地類，第 257 冊，臺北，新文豐出版社，民國 78 年。

《清詩鐸》，北京，中華書局，1960 年。

《申報》，民國 11 年 10 月 13 日。

鄂爾泰等修，《八旗通志》，長春，東北師範大學出版社，1985 年。

穆彰阿等纂，《嘉慶重修一統志》，臺北，臺灣商務印書館，民國 55 年。

呂耀曾修，魏樞纂，《盛京通志》，乾隆元年刊本。

王河等修，《欽定盛京通志》，收入《中國邊疆叢書》，第 1 輯，第 1 冊，臺北縣，文海出版社，民國 54 年。

阿桂等奉敕撰，《欽定盛京通志》，收入《景印文淵閣四庫全書》，史部，地理類，第 503 冊，臺北，臺灣商務印書館，民國 72 年。

王樹南等纂，《奉天通志》，瀋陽，東北文史叢書編輯委員會，1983 年。

楊鑣，《遼陽州志》，收入《遼海叢書》，第 2 冊，瀋陽，遼瀋書社，1985 年。

楊賓，《柳邊紀略》，收入《遼海叢書》，第 1 冊，瀋陽，遼瀋書社，1985 年。

項蕙修，范勛纂，《廣寧縣志》，收入《遼海叢書》，第 4 冊，瀋陽，遼瀋書社，1985 年。

長順修，李桂林纂，《吉林通志》，長春，吉林文史出版社，1986 年。

薩英額等,《吉林外紀》,長春,吉林文史出版社,1986 年。

徐鼐霖主修,《永吉縣志》,長春,吉林文史出版社,1988 年。

王永恩修,王春鵬等纂,《海龍縣志》,海龍縣,海龍縣志編修委
　　員會,康德 4 年。

哈達清格,《塔子溝紀略》,臺北,廣文書局,民國 57 年。

萬福麟修,張伯英等纂,《黑龍江志稿》,收入《中國邊疆叢書》,
　　第 1 輯,第 3 冊,臺北縣,文海出版社,民國 54 年。

西清,《黑龍江外紀》,光緒三年至十三年排印本。

錢聞震修,陳文焯纂,《奉化縣志》,光緒十一年刊本影印,收入
　　《中國方志叢書・東北地方・遼北省》,第 26 號,臺北,成
　　文出版社,民國 63 年。

黃維翰編,《呼蘭府志》,宣統二年修,民國 4 年鉛印本影印,收
　　入《中國方志叢書・東北地方・嫩江省》,第 41 號,臺北,
　　成文出版社,民國 63 年。

文秀修,盧夢蘭纂,《新修清水河廳志》,光緒九年鈔本影印,收
　　入《內蒙古史志》,第 34 冊,北京,全國圖書館文獻縮微複
　　制中心,2002 年。

海忠修,林從炯纂,《承德府志》,光緒十三年重刊本影印,收入
　　《中國方志叢書・塞北地方・熱河省》,第 17 號,臺北,成
　　文出版社,民國 57 年。

和珅等修,《熱河志》,收入《中國邊疆叢書》,第 2 輯,第 29 冊,
　　臺北縣,文海出版社,民國 55 年。

陳繼淹修,許聞詩纂,《張北縣志》,民國 24 年鉛印本影印, 收
　　入《中國方志叢書・塞北地方・察哈爾省》,第 35 號,臺北,
　　成文出版社,民國 57 年。

金志節原本,黃可潤增修,《口北三廳志》,乾隆二十三年刊本影
　　印,收入《中國方志叢書・塞北地方・察哈爾》,第 36 號,
　　臺北,成文出版社,民國 57 年。

張樹聲總修,《畿輔通志》,光緒十年刊本影印,上海,上海古籍
　　出版社,1991 年。

吳翀，《武清縣志》，乾隆七年刊本。

蔡志修等修，史夢蘭纂修，《樂亭縣志》，光緒三年刊本影印，收入《中國方志叢書・華北地方・河北省》，第 191 號，臺北，成文出版社，民國 58 年。

嚴有禧纂修，《萊州府志》，乾隆五年刊本。

潘相纂修，《曲阜縣志》，乾隆三十九年刊本。

曾冠英等續纂修，《肥城縣志》，嘉慶二十年雕本。

李希賢修，潘遇莘等纂，《沂州府志》，乾隆二十五年刊本。

王文燾重修，張本等纂，《蓬萊縣志》，道光十九年刊本。

歐文修，林汝謨等纂，《文登縣志》，道光十九年刊本。

胡宗虞等修，吳命新等纂，《臨縣志》，民國 6 年鉛印本。

衛蕚纂修，黃麗中續修，于如川續纂，《棲霞縣志》，光緒五年增刊乾隆十九年本。

李祖年修，于霖逢纂，《文登縣志》，光緒二十三年修，民國 22 年鉛印本影印，收入《中國方志叢書・華北地方・山東省》，第 368 號，臺北，成文出版社，民國 65 年。

聯印修，張會一等纂，《霑化縣志》，民國 20 年手抄稿本影印，收入《中國方志叢書・華北地方・山東省》，第 16 號，臺北，成文出版社，民國 57 年。

楊豫等修，閻廷獻等纂，《齊河縣志》，民國 22 年鉛印本影印，收入《中國方志叢書・華北地方・山東省》，第 6 號，臺北，成文出版社，民國 57 年。

張同聲修，李圖等纂，《膠州志》，道光二十五年刊本影印，收入《中國方志叢書・華北地方・山東省》，第 383 號，臺北，成文出版社，民國 65 年。

宮懋讓等修，李文藻等纂，《諸城縣志》，乾隆二十九年刊本影印，收入《中國方志叢書・華北地方・山東省》，第 384 號，臺北，成文出版社，民國 65 年。

林溥修，周翕鑌等纂，《即墨縣志》，同治十一年刊本影印，收入《中國方志叢書・華北地方・山東省》，第 374 號，臺北，

成文出版社，民國 65 年。

陳懋修，張庭詩纂，《日照縣志》，光緒十二年刊本影印，收入《中國方志叢書・華北地方・山東省》，第 366 號，臺北，成文出版社，民國 65 年。

賈漢復修，沈荃編纂，《河南通志》，順治十七年刊本

曾國荃等修，王軒等纂，《山西通志》，光緒十八年刻本影印，收入《續修四庫全書》，史部，地理類，第 642 冊，上海，上海古籍出版社，1997 年。

馬家鼎等續修，張嘉言等纂，《壽陽縣志》，光緒八年刊本。

周三進纂修，《五臺縣志》，康熙年間刻本影印，收入《稀見中國地方志匯刊》，第 4 冊，北京，中國書店，1992 年。

段金成等纂，《永和縣志》，民國 20 年抄本影印，收入《中國方志叢書・華北地方・山西省》，第 88 號，臺北，成文出版社，民國 57 年。

王會隆纂修，《定襄縣志》，雍正五年增補，康熙五十一年刊本影印，收入《中國方志叢書・華北地方・山西省》，第 413 號，臺北，成文出版社，民國 65 年。

皇甫振清等修，李光宇等纂，《續修昔陽縣志》，民國 3 年手抄本影印，收入《中國方志叢書・華北地方・山西省》，第 75 號，臺北，成文出版社，民國 57 年。

房裔蘭總裁，蘇之芬纂修，《陽高縣志》，雍正七年鉛印本影印，收入《中國方志叢書・華北地方・山西省》，第 409 號，臺北，成文出版社，民國 65 年。

洪汝霖等修，楊篤纂，《天鎮縣志》，民國 24 年重印清光緒十六年排印本影印，收入《中國方志叢書・華北地方・山西省》，第 77 號，臺北，成文出版社，民國 57 年。

黃寬纂修，《平利縣志》，乾隆二十年刊本。

常毓坤撰修，《孝義廳志》，光緒九年刊本。

羅文思纂修，《商南縣志》，乾隆十七年刊本。

李國麒修，《興安府志》，咸豐三年重刊乾隆五十三年刊本。

鄧夢琴纂修，《洵陽縣志》，同治九年增刊乾隆四十八年本。

盧坤，《秦疆治略》，道光年間刊本影印，收入《中國方志叢書·
　　華北地方·陝西省》，第 288 號，臺北，成文出版社，民國
　　59 年。

楊家駒修，陳振紀等纂，《重修紫陽縣志》民國 14 年石印本影印，
　　收入《中國西北文獻叢書》，第 1 輯，西北稀見方誌文獻，
　　第 16 卷，蘭州，蘭州古籍書店，1990 年。

舒鈞纂修，《石泉縣志》，道光二十九年刻本影印，收入《中國方
　　志叢書·華北地方·陝西省》，第 278 號，臺北，成文出版社，
　　民國 58 年。

未著纂修人，《雒南縣鄉土志》，光緒年間抄本影印，收入《中國
　　方志叢書·北地方·陝西省》，第 250 號，臺北，成文出版
　　社，民國 58 年。

何樹滋纂修，黃輝增補，《山陽縣志》，嘉慶元年刻十三年增刻本，
　　收入《故宮珍本叢刊·陝西府州縣志》第 80 冊，海口，海
　　南出版社，2001 年。

楊虎城等修，宋伯魯等纂，《陝西續通志稿》，民國 23 年鉛印本影
　　印，收入《中國西北文獻叢書》，第 1 輯，西北稀見方誌文
　　獻，第 6-11 卷，蘭州，蘭州古籍書店，1990 年。

賀仲瑊修，蔣湘南纂，《留壩廳志》，道光二十二年刊本影印，收
　　入《中國方志叢書·華北地方·陝西省》，第 271 號。

王行儉纂修，《南鄭縣志》，乾隆五十九年刻本影印，收入《中國
　　西北文獻叢書》，第 1 輯，西北稀見方誌文獻，第 20 卷。

林一銘修，焦世官等纂，《寧陝廳志》，道光九年刻本影印，收入
　　《中國西北文獻叢書》，第 1 輯，西北稀見方誌文獻，第 17
　　卷，蘭州，蘭州古籍書店，1990 年。

朱子春等纂，《鳳縣志》，光緒十八年刊本影印，收入《中國方志
　　叢書·華北地方·陝西省》，第 281 號，臺北，成文出版社，
　　民國 58 年。

張鵬翼等纂修，《洋縣志》，光緒二十四年抄本影印，收入《中國

方志叢書・華北地方・陝西省》，第 265 號，臺北，成文出版社，民國 58 年。

聶燾纂修，《鎮安縣志》，民國十五年石印本影印，收入《中國西北文獻叢書》，第 1 輯，西北稀見方誌文獻，第 15 卷，蘭州，蘭州古籍書店，1990 年。

葉世倬纂修，《續興安府志》，嘉慶十七年刊本影印，收入《中國方志叢書・華北地方・陝西省》，第 293 號，臺北，成文出版社，民國 59 年。

秦凝奎修；梁亭等纂，《山陽縣初志》，康熙三十三年刻本影印，收入《故宮珍本叢刊・陝西府州縣志》，第 79 冊，海口，海南出版社，2001 年。

薛祥綏纂，《西鄉縣志》，道光手抄本影印，收入《中國方志叢書・華北地方・陝西省》，第 316 號，臺北，成文出版社，民國 59 年。

劉於義修，沈青崖纂，《陝西通志》，雍正十三年刻本影印，收入《中國西北文獻叢書》，第 1 輯，西北稀見方誌文獻，第 5 卷，蘭州，蘭州古籍書店，1990 年。

高廷法等修，陸耀遹等纂，《咸寧縣志》，嘉慶二十四年修，民國 25 年重印本影印，收入《中國方志叢書・華北地方・陝西省》，第 228 號，臺北，成文出版社，民國 58 年。

舒鈞纂修，《石泉縣志》，道光二十九年刊本影印，收入《中國方志叢書・華北地方・陝西省》，第 278 號，臺北，成文出版社，民國 58 年。

顧騄修，王賢輔等纂，《白河縣志》，光緒十九年刊本影印，收入《中國方志叢書・華北地方・陝西省》，第 277 號，臺北，成文出版社，民國 58 年。

孫銘鐘等修，彭齡纂，《沔縣志》，光緒九年刊本影印，收入《中國方志叢書・華北地方・陝西省》，第 261 號，臺北，成文出版社，民國 59 年。

常明等重修，楊芳燦等纂，《四川通志》，嘉慶二十一年刊本。

黃廷桂等監修，張晉生等編纂，《四川通志》，收入《景印文淵閣四庫全書》，史部，地理類，第 561 冊。

嚴希慎等纂修，《江安縣志》，民國 12 年鉛印本。

王祿昌等補修，高覲光等纂，《瀘縣志》，民國 27 年鉛印本。

徐雙桂修，史觀等纂，《保寧府志》，道光元年刊本。

王麟祥纂，邱晉成編輯，《敘州府志》，光緒二十一年刊本。

張驥修，曾學傳等纂，《溫江縣志》，民國 10 年刊本影印，收入《新修方志叢刊》，四川方志之 2，臺北，學生書局，民國 56 年。

夏時行等修，劉公旭等纂，《安縣志》，民國 22 年石印本影印，收入《新修方志叢刊》，四川方志之 36，臺北，學生書局，民國 57 年。

裴顯忠修，劉碩輔纂，《樂至縣志》，道光二十年刻本影印，收入《中國地方志集成‧四川府縣志輯》，第 24 冊，成都，巴蜀書社，1992 年。

朱世鏞等修，劉貞安等纂，《雲陽縣志》，民國 24 年排印本。

恩成修，劉德銓纂，《夔州府志》，道光七年刻本影印，收入《中國地方志集成‧四川府縣志輯》，第 50 冊，成都，巴蜀書社，1992 年。

高維嶽修，魏遠猷纂，《大寧縣志》，光緒十一年刊本影印，收入《新修方志叢刊》，四川方志之 56，臺北，學生書局，民國 60 年。

曹紹樾等修，胡輯瑞等纂，《儀隴縣志》，同治十年刻本影印，收入《中國地方志集成‧四川府縣志輯》，第 57 冊，成都，巴蜀書社，1992 年。

周克堃纂修，《廣安州新志》，光緒三十三年刊，民國十六年重刊，收入《新修方志叢刊》，四川方志之 31，臺北，學生書局，民國 57 年。

陳世虞修，羅綬香等纂，《犍為縣志》，民國二十六年鉛印本影印，收入《新修方志叢刊》，四川方志之 28，臺北，學生書局，民國 57 年。

185.王暨英修，曾茂林纂，《金堂縣續志》，民國 10 年刊本。

王燮修，張希繪纂，《峨眉縣志》，嘉慶十八年刻本影印，收入《中國地方志集成‧四川府縣志輯》，第 41 冊，成都，巴蜀書社，1992 年。

劉長庚等修，侯肇元等纂，《漢州志》，嘉慶十七年刊本影印，收入《中國方志叢書‧華中地方‧四川省》，第 387 號，臺北，成文出版社，民國 65 年。

吳嘉謨等纂，葉桂年等修，《井研縣志》，光緒二十六年刻本影印，收《中國地方志集成‧四川府縣志輯》，第 40 冊，成都，巴蜀書社，1992 年。

張開文等纂修，《合江縣志》，民國 18 年鉛印本影印，收入《新修方志叢刊》，四川方志之 13，臺北，學生書局，民國 56 年。

秦雲龍修，萬科進纂，《雷波廳志》，光緒十九年刻本影印，收入《中國地方志集成‧四川府縣志輯》，第 69 冊，成都，巴蜀書社，1992 年。

楊昶等修，王繼會等纂，《會理州志》，同治九年刊本影印，收入《中國方志叢書‧華中地方‧四川省》，第 367 號，臺北，成文出版社，民國 65 年。

秦雲龍修，萬科進纂，《雷波廳志》，光緒十九年刻本影印，收入《中國地方志集成‧四川府縣志輯》，第 69 冊，成都，巴蜀書社，1992 年。

周斯才編輯，《馬邊廳志略》，嘉慶十年刊本，收入《中國地方志集成‧四川府縣志輯》，第 69 冊，成都，巴蜀書社，1992 年。

陳習刪等修，閔昌術等纂，《新都縣志》，民國十八年鉛印本影印，收入《新修方志叢刊》，四川方志之 4，臺北，臺灣學生書局，民國 56 年。

阮元等修，王崧等纂，《雲南通志稿》，道光十五年刊本。

陳宗海重纂修，《普洱府志》，光緒二十三年刊本。

屠述濂修，《騰越州志》，光緒二十三年重刊乾隆五十五年本。

林則徐等纂，李希玲纂，《廣南府志》，光緒三十一年重抄本影印，

《中國方志叢書・華南地方・雲南省》，第 27 號，臺北，成
文出版社，民國 56 年。

劉毓珂等纂修，《永昌府志》，光緒十一年刊本影印，收入《中國
方志叢書・華南地方・雲南省》，第 28 號，臺北，成文出版
社，民國 56 年。

朱占科修，周宗洛等纂，《順寧府志》，光緒三十年刊本影印，收
入《中國方志叢書・華南地方・雲南省》，第 256 號，臺北，
成文出版社，民國 64 年。

李焜，《蒙自縣志》，乾隆五十六年抄本影印，收入《中國方志叢
書・華南地方・雲南省》，第 40 號，臺北，成文出版社，民
國 56 年。

羅繞典輯，《黔南職方紀略》，道光二十七年原刊影印，收入《中
國方志叢書・華南地方・貴州省》，第 277 號，臺北，成文
出版社，民國 63 年。

愛必達，《黔南識略》，乾隆十四年修刊本影印，收入《中國方志
叢書・華南地方・貴州省》，第 151 號，臺北，成文出版社，
民國 57 年。

平翰等修，鄭珍等纂，《遵義府志》，道光二十一年刊本影印，收
入《中國方志叢書・華南地方・貴州省》，第 152 號，臺北，
成文出版社，民國 57 年。

朱椿年纂修，《欽州志》，道光十四年刊本。

徐作梅修，李士琨纂，《北流縣志》，光緒六年刊本。

程大璋纂，《桂平縣志》，民國 9 年鉛印本影印，收入《中國方
志叢書・華南地方・廣西省》，第 131 號，臺北，成文出版
社，民國 57 年。

顧國誥等修，劉樹賢等纂，《富川縣志》，光緒十六年刊本影印，
收入《中國方志叢書・華南地方・廣西省》，第 19 號，臺北，
成文出版社，民國 56 年。

董鴻勳纂修，《永綏廳志》，宣統元年鉛印本。

張孔修纂，《永順縣志》，民國 19 年鉛印本。

周紹稷，《鄖陽府志》，萬曆年間刊本影印，收入劉兆祐主編，《中
　　國史學叢書三編》，第 4 輯，第 34 冊，臺北，學生書局，民
　　國 76 年。

沈星標修，曾憲德等纂，《京山縣志》，光緒八年刻本影印，收入
　　《中國地方志集成・湖北府縣志輯》，第 43 冊，南京，江蘇
　　古籍出版社，2001 年。

陶壽嵩修，楊兆熊纂，《竹谿縣志》，同治六年刻本影印，收入《中
　　國地方志集成・湖北府縣志輯》，第 60 冊，南京，江蘇古籍
　　出版社，2001 年。

程光第修，葉年菜等纂，《鄖西縣志》，同治五年刻本影印，收入
　　《中國地方志集成・湖北府縣志輯》，第 62 冊，南京，江蘇
　　古籍出版社，2001 年。

多壽修，羅凌漢纂，《恩施縣志》，同治三年修，民國 20 年鉛字重
　　印本影印，收入《中國方志叢書・華中地方・湖北省》，第
　　355 號，臺北，成文出版社，民國 64 年。

聶光鑾修，王柏心等纂，《宜昌府志》，同治五年刻本影印，收入
　　《中國地方志集成・湖北府縣志輯》，第 49 冊，南京，江蘇
　　古籍出版社，2001 年。

多琪纂修，《蘄水縣志》，光緒六年刻本影印，收入《中國地方志
　　集成・湖北府縣志輯》，第 22 冊，南京，江蘇古籍出版社，
　　2001 年。

恩聯等修，王萬芳等纂，《襄陽府志》，光緒十一年刻本影印，收
　　入《中國地方志集成・湖北府縣志輯》，第 63 冊，南京，江
　　蘇古籍出版社，2001 年。

熊啓詠，《建始縣志》，同治五年刊本影印，收入《中國方志叢書・
　　華中地方・湖北省》，第 354 號，臺北，成文出版社，民國
　　64 年。

陳廷枚等修，熊曰華等纂，《袁州府志》，乾隆二十五年刊本影印，
　　收入《中國方志叢書・華中地方・江西省》，第 844 號，臺
　　北，成文出版社，民國 78 年。

駱敏等修，蕭玉銓等纂，《袁州府志》，同治十三年刊本影印，收入《中國方志叢書・華中地方・江西省》，第845號，臺北，成文出版社，民國78年。

梅大鶴等修，王錦芳等纂，《廬陵縣志》，道光五年刊本影印，收入《中國方志叢書・華中地方・江西省》，第953號，臺北，成文出版社，民國78年。

王維新等修，涂家杰等纂，《義寧州志》，同治十二年刻本影印，收入《中國地方志集成・江西府縣志輯》，第15冊，南京，江蘇古籍出版社，1996年。

江爲龍等纂修，《宜春縣志》，康熙四十七年刊本影印，收入《中國方志叢書・華中地方・江西省》，第789號，臺北，成文出版社，民國78年。

崔國榜修，金益謙等纂，《興國縣志》，同治十一年刻本影印，收入《中國地方志集成・江西府縣志輯》，第78冊，南京，江蘇古籍出版社，1996年。

何慶朝纂修，《武寧縣志》，同治九年刻本影印，收入《中國地方誌集成・江西府縣志輯》，第16冊，南京，江蘇古籍出版社，1996年。

陳蘭森等修，謝啓昆等纂，《南昌府志》，乾隆五十四年刊本影印，收入《中國方志叢書・華中地方・江西省》，第811號，臺北，成文出版社，民國78年。

鄒山立等修，趙敬襄等纂，《奉新縣志》，道光四年刊本影印，收入《中國方志叢書・華中地方・江西省》，第784號，臺北，成文出版社，民國78年。

錫榮纂修，《萍鄉縣志》，同治十一年刊本影印，收入《中國方志叢書・華中地方・江西省》，第270號，臺北，成文出版社，民國64年。

傅觀光等修，丁維誠等纂，《溧水縣志》，光緒九年刊本影印，收入《中國方志叢書・華中地方・江蘇省》，第12號，臺北，成文出版社，民國59年。

胡裕燕等修，吳昆山等纂，《清河縣志》，光緒二年刊本影印，收入《中國方志叢書·華中地方·江蘇省》，第465號，臺北，成文出版社，民國72年。

李銘皖等修，馮桂芬纂，《同治蘇州府志》，光緒八年刻本影印，收入《中國地方志集成·江蘇府縣志輯》，第7冊，南京，江蘇古籍出版社，1991年。

周紹濂修，蔡榜等纂，《德清縣續志》，嘉慶十三年修本石印。

李瑞鍾等纂修，《常山縣志》，光緒十二年重修刊本。

楊延望纂修，《衢州府志》，康熙五十年修，光緒八年重刊本影印，收入《中國方志叢書·華中地方·浙江省》，第195號，臺北，成文出版社，民國64年。

陳常鏵等修，臧承宣纂，《分水縣志》，光緒三十二年刊本影印，收入《中國方志叢書·華中地方·浙江省》，第202號，臺北，成文出版社，民國64年。

李前泮修，張美翊等纂，《奉化縣志》，光緒三十四年刊本影印，收入《四明方志叢書》，臺北，中華叢書委員會，民國64年。

馬步蟾修，夏鑾纂，《徽州府志》，道光七年刊本影印，收入《中國方志叢書·華中地方·安徽省》，第235號，臺北，成文出版社，民國64年。

王錫元等纂，《盱眙縣志稿》，光緒十七年刊本二十九年重校本影印，收入《中國方志叢書·華中地方·安徽省》，第93號，臺北，成文出版社，民國59年。

甘山等修，程在嶸等纂，《霍山縣志》，乾隆四十一年刊本影印，收入《稀見中國地方志匯刊》，第21冊，北京，中國書店，1992年。

吳甸華等原修，吳子珏等續修，《黟縣志》，同治十年重刊本影印，收入《中國方志叢書·華中地方·安徽省》，第725號，臺北，成文出版社，民國72年。

陳柄德等纂修，《旌德縣志》，嘉慶十三年修，民國十四年重刊本影印，收入《中國方志叢書·華中地方·安徽省》，第227

號，臺北，成文出版社，民國 64 年。

梁中孚等纂修，《寧國縣志》，道光五年重輯本影印，收入《中國
　　方志叢書・華中地方・安徽省》，第 694 號，臺北，成文出
　　版社，民國 72 年。

歐陽英，《閩侯縣志》，民國 22 年刊本影印，收入《中國方志叢書・
　　華南地方・福建省》，第 13 號，臺北，成文出版社，民國 55
　　年。

鄧其文修，《甌寧縣志》，康熙三十二年刊本影印，收入《中國方
　　志叢書・華南地方・福建省》，第 94 號，臺北，成文出版社，
　　民國 56 年。

朱珪等纂，《福寧府志》，乾隆二十七年修，光緒六年重刊本影印，
　　收入《中國方志叢書・華南地方・福建省》，第 74 號，臺北，
　　成文出版社，民國 56 年。

陳志喆等修，吳大猷纂，《四會縣志》，民國 14 年刊本影印，收入
　　《中國方志叢書・華南地方・廣東省》，第 58 號，臺北，成
　　文出版社，民國 56 年。

屠英等修，江藩等纂，《肇慶府志》，道光十三年刊本影印，收入
　　《續修四庫全書》，史部，地理類，第 713 冊，上海，上海
　　古籍出版社，1997 年。

舒懋官修，王崇熙等纂，《新安縣志》，嘉慶二十五年刊本影印，
　　收入《中國方志叢書・華南地方・廣東省》，第 172 號，臺
　　北，成文出版社，民國 63 年。

孫蕙修，孔元體等纂，《長樂縣志》，康熙二十六年刻本，收入《故
　　宮珍本叢刊・廣東府州縣志》，第 175 冊，海口，海南出版
　　社，2001 年。

明誼，張岳崧等纂，《瓊州府志》，道光二十一年刊，光緒十六年
　　補刊本影印，收入《中國方志叢書・華南地方・廣東省》，
　　第 47 號，臺北，成文出版社，民國 56 年。

彭元藻等修，王國憲纂，《儋縣志》，民國 25 鉛印本影印，收入《中
　　國方志叢書・華南地方・廣東省》，第 191 號，臺北，成文

出版社，民國 63 年。

陳銘樞修，曾蹇纂，《海南島志》，民國 22 年鉛印本影印，收入《中國地方志集成·海南府縣志輯》，第 2 冊，上海，上海書店出版社，2001 年。

張巂等纂修，《崖州志》，廣州，廣東人民出版社，1983 年。

徐淦等修，李熙等纂，《瓊山縣志》，民國 6 年刻本影印，收入《中國地方志集成·海南府縣志輯》，第 3 冊，上海，上海書店出版社，2001 年。

李有益纂修，《昌化縣志》，光緒二十三年刻本影印，收入《中國地方志集成·海南府縣志輯》，第 7 冊，上海，上海書店出版社，2001 年。

張炳楠修，林衡道等纂，《臺灣省通志》，人口志，人口篇，第 1 冊，臺中，臺灣省文獻委員會，民國 61 年。

黃純青等監修，黃水沛等纂修，《臺灣省通志稿》，臺北，臺灣省文獻委員會，民國 41-51 年。

高拱乾，《臺灣府志》，臺叢 65，臺北，臺灣銀行經濟研究室，民國 49 年。

周元文，《重修臺灣府志》，臺叢 66，臺北，臺灣銀行經濟研究室，民國 50 年。

范咸修，《重修臺灣府志》，臺叢 105，臺北，臺灣銀行經濟研究室，民國 50 年。

余文儀，《續修臺灣府志》，臺叢 121，臺北，臺灣銀行經濟研究室，民國 51 年。

陳文達，《臺灣縣志》，臺叢 103，臺北，臺灣銀行經濟研究室，民國 50 年。

《福建通志臺灣府》，臺叢 84，臺北，臺灣銀行經濟研究室，民國 49 年。

王必昌，《重修臺灣縣志》，臺叢 113，臺北，臺灣銀行經濟研究室，民國 50 年。

周鍾瑄，《諸羅縣志》，臺叢 141，臺北，臺灣銀行經濟研究室，

民國 51 年。

柯培元,《噶瑪蘭志略》,臺叢 92,臺北,臺灣銀行經濟研究室,
　　民國 50 年。

陳文達等編纂,《鳳山縣志》,臺叢 124,臺北,臺灣銀行經濟研
　　究室,民國 50 年。

周璽,《彰化縣志》,臺叢 156,臺北,臺灣銀行經濟研究室,民
　　國 51 年。

陳淑均,《噶瑪蘭廳志》,臺叢 160,臺北,臺灣銀行經濟研究室,
　　民國 52 年。

宋增璋編著,潘敬尉主編,《臺灣撫墾志》,臺中,臺灣省文獻委
　　員會,民國 69 年。

伊能嘉矩,《臺灣文化志》,東京,刀江書院,昭和 3 年。

《大辭典》,臺北,三民書局,民國 74 年。

《中文大辭典》,臺北,中國文化學院出版部,民國 57 年。

周何等編,《國語活用辭典》,臺北,五南圖書出版公司,民國 78
　　年。

《清代六部成語詞典》,天津,天津人民出版社,1990 年。

滿漢合璧《六部成語》,烏魯木齊,新疆人民出版社,1990 年。

### 三、專書著作

丁曰健,《治臺必告錄》,臺叢 17,臺北,臺灣銀行經濟研究室,
　　民國 48 年。

丁紹儀,《東瀛識略》,臺叢 2,臺北,臺灣銀行經濟研究室,民
　　國 46 年。

方鐵、方慧,《中國西南邊疆開發史》,昆明,雲南人民出版社,
　　1997 年。

方鐵編,《西南通史》,鄭州,中州古籍出版社,2003 年。

方行等主編,《中國經濟史‧清代經濟卷》,北京,經濟日報,2000
　　年。

王戎笙,《清代全史》,瀋陽,遼寧人民出版社,1991 年。

王昶，《征緬紀略》，臺北，廣文書局，民國 57 年。

王會昌，《中國文化地理》，武昌，華中師範大學出版社，1992 年。

王澐，《漫游紀略》，收入《叢書集成三編》，史地類，第 80 冊，
　　臺北，新文豐出版公司，1997 年。

王慶雲，《石渠餘紀》，北京，北京古籍出版社，1985 年。

王躍生，《中國人口的盛衰與對策 —— 中國封建社會人口政策研
　　究》，北京，社會科學文獻出版社，1995 年。

中東鐵路局商業部編，湯爾和譯述，《黑龍江》，上海，商務印書
　　館，民國 22 年。

孔經緯，《清代東北地區經濟史》，哈爾濱，黑龍江人民出版社，
　　1990 年。

司徒尚紀，《海南島歷史上土地開發研究》，海口，海南出版社，
　　1992 年。

田文鏡，《撫豫宣化錄》，收入《四庫全書存目叢書》，史部，詔令
　　奏議類，第 69 冊，臺南，莊嚴文化事業公司，1996 年。

矢野仁一，《近代蒙古史研究》，東京，弘文堂，昭和 7 年。

安介生，《山西移民史》，太原，山西人民出版社，1999 年。

江日昇輯，《臺灣外記》，臺叢 60，臺北，臺灣銀行經濟研究室，
　　民國 49 年。

池子華，《中國近代流民》，杭州，浙江人民出版社，1996 年。

池子華，《流民問題與社會控制》，南寧，廣西人民出版社，2001
　　年。

江立華、孫洪濤，《中國流民史・古代卷》，合肥，安徽人民出版
　　社，2001 年。

成崇德，《清代西部開發》，太原，山西古籍出版社，2002 年。

朱景英，《海東札記》，臺叢 19，臺北，臺灣銀行經濟研究室，民
　　國 47 年。

朱熹集傳，《詩集傳》，臺北，藝文印書館，出版年不詳。

任美鍔等編，《中國自然地理綱要》，北京，商務印書館，1979 年。

行龍，《人口問題與近代社會》，臺北，南天書局，民國 87 年。

宋迺工主編，《中國人口‧內蒙古分冊》，北京，中國財政經濟出版社，1987 年。

沈日霖，《粵西瑣記》，收入勞亦安編，《古今遊記叢鈔》，第 8 冊，上海，上海中華書局，民國 13 年。

沈荀蔚述，《蜀難敘略》，收入《筆記小說大觀二編》，第 7 冊，臺北，新興書局，民國 67 年。

沈雲，《臺灣鄭氏始末》，臺叢 15，臺北，臺灣銀行經濟研究室，民國 47 年。

汪灝，《隨鑾紀恩》，道光二十三年刊本影印，收入鄭光祖編，《舟車所至》，臺北，正中書局，民國 51 年。

李向軍，《清代荒政研究》，北京，中國農業出版社，1995 年。

何炳棣著，葛劍雄譯，《1368-1953 中國人口研究》，上海，上海古籍出版社，1989 年。

余颺，《莆變紀事》，南京，江蘇古籍出版社，2000 年。

屈大均著，李育中等注，《廣東新語注》，廣州，廣東人民出版社，1991 年。

林士鉉，《清季東北移民實邊政策之研究》，臺北，政治大學歷史學系，民國 90 年。

林溥，《古州雜記》，收入《中國風土志叢刊》，第 26 冊，揚州，廣陵書社，2003 年。

林衡道編，《臺灣史》，臺北，眾文圖書公司，民國 68 年。

孟昭華編著，《中國災荒史記》，北京，中國社會出版社，1999 年。

周曉虹，《傳統與變遷 —— 江浙農民的社會心理及其近代以來的嬗變》，北京，生活‧讀書‧新知三聯書店，1998 年。

金啓孮，《清代蒙古史札記》，呼和浩特，內蒙古人民出版社，2000 年。

郁永河，《裨海紀遊》，臺叢 44，臺北，臺灣銀行經濟研究室，民國 48 年。

施琅，《靖海紀事》，臺叢 13，臺北，臺灣銀行經濟研究室，民國 47 年。

姜公韜，《明清史》，臺北，長橋出版社，民國 68 年。

姜濤，《中國近代人口史》，臺北，南天書局，1998 年。

南懷仁，《韃靼旅行記》，收入李漱田主編，《長白叢書初集》，長春，吉林文史出版社，1995 年。

胡煥庸、張善余編著，《中國人口地理》，上海，華東師範大學出版社，1984 年。

昭槤，《嘯亭雜錄》，收入《筆記小說大觀》，27 編，第 7 冊，臺北，新興書局，民國 68 年。

姚瑩，《東槎紀略》，臺叢 7，臺北，臺灣銀行經濟研究室，民國 46 年。

段成榮編著，《人口遷移研究：原理與方法》，重慶，重慶出版社，1998 年。

海寧輯，《晉政輯要》，乾隆五十四年刊本影印，收入《官箴書集成》，第 5 冊，合肥，黃山書社，1997 年。

凌燽，《西江視臬紀事》，乾隆八年刻本影印，收入《續修四庫全書》，史部，政書類，第 882 冊，上海，上海古籍出版社，1997 年。

高士奇，《扈從東巡日錄》，臺北，廣文書局，民國 57 年。

唐文基、羅慶泗著，《乾隆傳》，臺北，臺灣商務印書館，民國 85 年。

馬一龍輯，《農說》，收入《叢書集成新編》，應用科學類，第 47 冊，臺北，新文豐出版社，民國 74 年。

馬少僑，《清代苗民起義》，武漢，湖北人民出版社，1956 年。

馬西沙等，《中國民間宗教史》，上海，上海人民出版社，1992 年。

馬汝珩、馬大正主編，《清代的邊疆政策》，北京，中國社會科學出版社，1994 年。

夏琳，《閩海紀要》，臺叢 11，臺北，臺灣經濟研究室，民國 47 年。

夏琳，《海紀輯要》，臺叢 22，臺北，臺灣銀行經濟研究室，民國 47 年。

孫達人，《中國農民變遷論》，北京，中央編譯出版社，1996年。

徐世昌等編纂，《東三省政略》，收入《中國邊疆叢書》，第1輯，第4冊，臺北縣，文海出版社，民國54年。

徐宗亮，《黑龍江述略》，光緒十七年刊本。

梁方仲編著，《中國歷代戶口・田地・田賦統計》，上海，上海人民出版社，1980年。

郭廷以，《近代中國的變局》，臺北，聯經出版事業公司，民國76年。

郭廷以，《臺灣史事概說》，臺北，正中書局，民國70年。

郭慶藩編，《莊子集釋》，臺北，三民書局，民國82年。

連橫，《臺灣通史》，臺叢 128，臺北，臺灣銀行經濟研究室，民國51年。

連橫，《臺灣詩乘》，臺叢64，臺北，臺灣銀行經濟研究室，民國49年。

曹樹基，《中國移民史》，第6卷，福州，福建人民出版社，1997年。

張研，《清代經濟簡史》，臺北，雲龍出版社，2002年。

張齊賢集，《洛陽搢紳舊聞記》，臺北，商務印書館，民國28年。

張慶長，《黎岐紀聞》，收入《叢書集成續編》，史地類，第236冊，臺北，新文豐出版社，民國78年。。

張鑑等編，《雷塘庵主弟子記》，收入《續修四庫全書》，史部，傳記類，第557冊。

陳支平，《清代賦役制度演變新探》，福建，廈門大學出版社，1988年。

陳孔立，《清代臺灣移民社會研究》，北京，九州出版社，2003年。

陳世元，《金薯傳習錄》，收入《續修四庫全書》，子部，農家類，第977冊。

陳康祺，《郎潛紀聞初筆二筆三筆》收入《筆記小說大觀》，41編，第6冊，臺北，新興書局，民國75年。

陳捷先等，《中國通史》，臺北，教育部空中教學委員會，民國74

年。

陳紹馨，《臺灣的人口變遷與社會變遷》，臺北，聯經出版公司，
　　民國 68 年。

陸燿，《甘藷錄》，收入《叢書集成續編》，應用科學類，第 86 冊，
　　臺北，新文豐出版社，民國 78 年。

莫庭芝、黎汝謙採詩，陳田傳證，《黔詩紀略後編》，宣統三年刊
　　本。

《國父全集》，臺北，中央文物供應社，民國 69 年。

戚嘉林，《臺灣史》，臺北，作者出版，1998 年。

莊吉發，《清代天地會源流考》，臺北，國立故宮博物院，民國 70
　　年。

莊吉發，《清世宗與賦役制度的改革》，臺北，學生書局，民國 74
　　年。

莊吉發，《清代秘密會黨史研究》，臺北，文史哲出版社，民國 83
　　年。

崔述，《無聞集》，道光四年刻本影印，收入《續修四庫全書》，集
　　部，別集類，第 1461 冊。

博明，《鳳城瑣錄》，收入《遼海叢書》，第 1 冊。

馮一鵬，《塞外雜識》，收入《叢書集成初編》，第 3181 冊。

馮桂芬，《顯志堂稿》，收入《近代中國史料叢刊續編》，第 79 輯，
　　第 784 冊。

費孝通，《鄉土中國》，上海，觀察社，民國 37 年。

費爾南‧布羅代爾著，顧良、施康強譯，《十五至十八世紀的物質
　　文明、經濟和資本主義》，北京，三聯書店，1992 年。

彭信威，《中國貨幣史》，上海，上海人民出版社，1988 年。

斯當東著，葉篤義譯，《英使謁見乾隆紀實》，上海，上海書店出
　　版社，1997 年。

黃叔璥，《臺海使槎錄》，臺叢 4，臺北，臺灣銀行經濟研究室，
　　民國 46 年。

黃輔辰編著，馬宗由校釋，《營田輯要校釋》，北京，農業出版社，

1984 年。

鈔曉鴻，《生態環境與明清社會經濟》，合肥，黃山書社，2004 年。

程大璋纂，黃現璠等編著，《壯族通史》，南寧，廣西民族出版社，
　　1988 年。

楊國楨，《明清土地契約文書研究》，北京，人民出版社，1988 年。

楊毓才，《雲南各民族經濟發展史》，昆明，雲南民族出版社，1989
　　年。

楊餘練主編，《清代東北史》，瀋陽，遼寧教育出版社，1991 年。

路遇，《清代和民國山東移民東北史略》，上海，上海社會科學院
　　出版社，1987 年。

路遇等，《中國人口通史》，濟南，山東人民出版社，2000 年。

葉夢珠輯，《閱世編》，民國 25 年排印本影印，收入《上海掌故叢
　　書》，第 1 集，臺北，學海出版社，民國 57 年。

葛劍雄，《中國移民史》，福州，福建人民出版社，1997 年。

葛劍雄，《中國人口發展史》，福州，福建人民出版社，1991 年。

廖正宏，《人口遷移》，臺北，三民書局，民國 74 年。

趙文林、謝淑君著，《中國人口史》，北京，人民出版社，1988 年。

趙守正，《管子通解》，北京，北京經濟學院出版社，1989 年。

趙岡、陳鍾毅，《中國農業經濟史》，臺北，聯經出版事業公司，
　　民國 78 年。

趙岡、陳鍾毅，《中國經濟制度史論》，臺北，聯經出版事業公司，
　　民國 78 年。

趙翼，《粵滇雜記》，光緒三年至十三年排印本。

趙翼，《簷曝雜記》，北京，中華書局，1982 年。

談遷，《國榷》，北京，古籍出版社，1958 年。

鄭天挺，《清史》，臺北，雲龍出版社，1998 年。

鄭學檬，《中國賦役制度史》，上海，上海人民出版社，2000 年。

鄭濂，《豫變紀略》，收入《叢書集成續編》，史地類，第 279 冊，
　　臺北，新文豐出版社，民國 78 年。

歐榘甲，《瓊游日記》，收入李少陵編，《歐榘甲先生傳》，臺北縣，

編者出版，民國 49 年。

鄧雲特，《中國救荒史》，臺北，臺灣商務印書館，民國 76 年。

稻葉君山著，楊成能譯，《滿洲發達史》，臺北，臺聯國風出版社，民國 58 年。

劉枝萬，《南投縣沿革志開發篇稿》，收入《南投文獻叢輯》（六），南投縣，南投縣文獻委員會，民國 47 年。

劉妮玲，《清代臺灣民變研究》，臺北，國立臺灣師範大學歷史研究所，民國 72 年。

劉家駒，《清朝初期的八旗圈地》，臺北，臺灣大學文學院，民國 53 年。

劉耀荃，《黎族歷史紀年輯要》，廣州，廣東省民族研究所，1982 年。

德・希・珀金斯著，宋海文等譯，《中國農業的發展（1368-1968）》（二），上海，上海譯文出版社，1984 年。

閤守誠，《中國人口史》，臺北，文津出版社，民國 86 年。

錢泳，《履園叢話》，收入《近代中國史料叢刊續編》，第 82 輯，第 813 冊，臺北縣，文海出版社，民國 70 年。

錢穆，《中國歷史研究法》，臺北，東大圖書股份有限公司，民國 80 年。

魏丕信著，徐建青譯，《十八世紀中國的官僚制度與荒政》，南京，江蘇人民出版社，2003 年。

魏聲龢，《雞林舊聞錄》，收入《長白叢書初集》，長春，吉林文史出版社，1986 年。

謝冰瑩等註譯，《新譯四書讀本》，臺北，三民書局，民國 72 年。

戴炎輝，《清代臺灣之鄉治》，臺北，聯經出版事業公司，民國 68 年。

蕭一山，《清代通史》，臺北，臺灣商務印書館，民國 74 年。

鍾水映，《人口流動與社會經濟發展》，武漢，武漢大學出版社，2000 年。

藍鼎元，《平臺紀略》，臺叢 14，臺北，灣銀行經濟研究室，民國

47 年。

藍鼎元,《東征集》,臺叢 12,臺北,臺灣銀行經濟研究室,民國 47 年。

藍鼎元,《南洋事宜論》,光緒三年至十三年排印本,收入《小方 壺齋輿地叢鈔》,第 54 冊。

濮文起,《中國民間秘密宗教》,臺北,南天書局,1996 年。

嚴中平編著,《清代雲南銅政考》,北京,中華書局,1957 年。

羅玉東,《中國釐金史》,上海,上海商務印書館,民國 25 年。

顧炎武輯,《天下郡國利病書》,臺北,廣文書局,民國 68 年。

李昭賓,《清代中期川陝楚地區流動人口與川陝楚教亂(1736-1820)》, 臺灣師範大學歷史研究所碩士論文,民國 89 年。

周愛文,《明清時期海南島黎漢關係之研究》,臺灣師範大學歷史 研究所碩士論文,民國 83 年。

許倩倫,《清代東北封禁政策之研究》,臺灣師範大學歷史研究所 碩士論文,民國 88 年。

黃怡瑗,《清代棚民之研究》,政治大學歷史研究所碩士論文,民 國 88 年。

溫浩堅,《清朝蒙古的封禁隔離政策》,政治大學歷史研究所碩士 論文,民國 93 年。

溫順德,《清代乾嘉時期關內漢人流移東北之研究》,政治大學歷 史研究所碩士論文,民國 82 年。

蔡宗祐,《清末散兵游勇與會黨關係之研究》,淡江大學歷史研究 所碩士論文,民國 91 年。

蔡瓊瑤,《民間宗教與土客關係研究 —— 以清代中葉閩浙贛皖棚民 為例》,中央大學歷史研究所碩士論文,民國 86 年。

## 四、期刊論文

王業鍵,〈清代經濟芻論〉,《中國經濟發展史論文選集》,臺北, 聯經出版公司,民國 69 年。

王興瑞,〈瓊崖簡史〉,《邊政公論》,第 1 期第 5 卷,南京,中國

邊政學會，1946 年。

王縷，〈鄂爾泰與西南地區的改土歸流〉，《清史研究》，1995 年第
　　2 期，北京，中國人民大學書報資料中心，1995 年。

中國第一歷史檔案館，〈清代檔案與清史修撰〉，《清史研究》，2002
　　年第 3 期。

石方，〈清代黑龍江移民探討〉，《黑龍江文物叢刊》，1984 年第 3
　　期，哈爾濱，黑龍江省文物出版編輯室，1984 年。

田志和，〈清代東北蒙地開發述要〉，《東北師大學報》，1984 年第
　　1 期，長春，東北師大學報編輯部，1984 年。

池子華，〈從鳳陽花鼓談淮北流民的文化現象〉，《歷史月刊》，第
　　66 期，臺北，　歷史月刊雜誌社，1998 年。

成崇德、孫喆，〈論清代前期的西部邊疆開發〉，《清史研究》，2001
　　年第 4 期。

朱誠如，〈清代中葉以前關內流民遷遼論〉，《遼寧師範大學學報》，
　　1985 年第 5 期。

全漢昇、王業鍵，〈清代的人口變動〉，《中央研究院歷史語言研究
　　所集刊》，第 32 本，臺北，中央研究院歷史語言研究所，民
　　國 50 年。

李中清，〈1250-1850 年西南移民史〉，《社會科學戰線》，1983 年
　　第 1 期，長春，社會科學戰線雜志社，1983 年。

李中清，〈明清時期中國西南的經濟開發和人口增長〉，《清史論
　　叢》，第 5 輯，北京，中華書局，1984 年。

吳希庸，〈近代東北移民史稿〉，《東北集刊》，臺北，成文出版社，
　　民國 74 年，第 2 期。

洪美華，〈明末秘密宗教思想信仰的流變與特質〉，《國立臺灣師範
　　大學歷史學報》，第 18 期，臺北，國立臺灣師範大學歷史系，
　　民國 79 年。

浦廉一著，賴永祥譯，〈清初遷界令考〉，《臺灣文獻》，第 6 卷第
　　4 期，臺北，台灣省文獻委員會，民國 44 年。

高王凌，〈明清時期的中國人口〉，《清史研究》，1994 年第 3 期。

袁長極等,〈清代山東水旱自然災害〉,《山東史志資料》,1982 年
　　第 2 輯,濟南,山東人民出版社,1982 年。

馬越山,〈清代東北的封禁政策〉,《社會科學輯刊》,1986 年第 2
　　期,瀋陽,遼寧社會科學院,1986 年。

孫達人,〈川楚豫皖流民與陝南經濟的盛衰〉,《中國農民戰爭史研
　　究集刊》,第 3 輯,上海,上海人民出版社,1985 年。

商鴻逵,〈略論清初經濟恢復和鞏固的過程及其成就〉,《北京大學
　　學報》,1957 年第 2 期,北京,北京大學出版社,1957 年。

郭松義,〈論攤丁入地〉,《清史論叢》,第 3 輯,北京,中華書局,
　　1982 年。

郭松義,〈清初四川的移民墾荒和經濟發展〉,《清代區域社會經濟
　　研究》,北京,中華書局,1992 年。

郭松義,〈清代人口問題與婚姻問題狀況的考察〉,《中國史研究》,
　　1987 年第 3 期。

郭松義,〈清代的人口增長與人口流遷〉,《清史論叢》,第 5 輯,
　　北京,中華書局,1984 年。

郭松義,〈清代人口流動與邊疆開發〉,《清代邊疆開發研究》,北
　　京,中國社會科學出版社,1990 年。

郭松義,〈清初人口統計中的一些問題〉,《清史研究集》,第 2 輯,
　　北京,中國人民大學出版社,1982 年。

陳樺,〈清代滇黔地區社會經濟及特點〉,《清史研究》,1994 年第
　　3 期。

張捷夫,〈關於雍正西南改土歸流的幾個問題〉,《清史論叢》,北
　　京,中華書局,1984 年。

張捷夫,〈論改土歸流的進步作用〉,《清史論叢》,北京,中華書
　　局,1980 年。

張捷夫,〈清代土司制度〉,《清史論叢》,北京,中華書局,1982
　　年。

張植華,〈清代蒙漢民族關係小議—讀史劄記〉,《內蒙古大學學
　　報》,1992 年第 3 期,呼和浩特,內蒙古大學學報編輯部,

1992 年。

張璇如,〈清初封禁與招民開墾〉,《社會科學戰線》,1983 年第 1 期。

張璿如,〈清初封禁與招民開墾〉,《社會科學戰線》,1983 年 1 期。

陳光良,〈海南島人口遷移之我見〉,《廣東民族學院學報》,1987 年第 2 期,廣州,廣東民族學院學報編輯部,1987 年。

莊吉發,〈清世宗禁止偷渡臺灣的原因〉,《食貨月刊》,第 13 卷第 7、8 期,臺北,食貨月刊社,民國 72 年。

莊吉發,〈清初閩粵人口壓迫與偷渡臺灣〉,《大陸雜誌》,第 60 卷第 1 期,臺北,大陸雜誌社,民國 69 年。

莊吉發,〈清初人口流動與乾隆年間（1736-1795）禁止偷渡臺灣政策的探討〉,《淡江史學》,創刊號,臺北縣,淡江大學歷史學系,民國 78 年。

莊金德,〈清初嚴禁沿海人民偷渡來臺始末（上）〉,《臺灣文獻》,第 15 卷第 3 期,民國 53 年。

莊金德,〈清初嚴禁沿海人民偷渡來臺始末（下）〉,《臺灣文獻》,第 15 卷第 4 期,民國 53 年。

莊爲磯、王連茂,〈從族譜資料看閩臺關係〉,《中國史研究》,1984 年第 1 期,北京,中國社會科學出版社,1984 年。

黃富三,〈清代臺灣之移民的耕地取得問題及其對土著的影響（上）〉,《食貨月刊》,第 11 卷第 1 期,民國 70 年。

程賢敏,〈論清代人口增長率及過剩問題〉,《中國史研究》,1982 年第 3 期。

趙中孚,〈清代東三省的地權關係與封禁政策〉,《中央研究院近代史研究所集刊》,第 10 期,臺北,中央研究院近代史研究所,民國 70 年。

趙雲田,〈清政府對蒙古、東北封禁政策的變化〉,《中國邊疆史地研究》,1994 年第 3 期,北京,中國邊疆史地研究編輯部,1994 年。

管東貴,〈清初遼東招墾授官的效果及其被廢原因的探討〉,《中央

研究院歷史語言研究所集刊》，第 44 本，臺北，中央研究院歷史語言研究所，民國 61 年。

潘喆、陳樺，〈論清代的人丁〉，《中國經濟史研究》，1987 年第 1 期，北京，經濟研究雜志社，1987 年。

樊信源，〈清代臺灣民間械鬥歷史之研究〉，《臺灣文獻》，第 26 卷第 4 期，民國 63 年。

劍虹，〈漢族開拓滿洲史〉，《東方雜誌》，第 16 卷第 1 號，上海，商務印書館，民國 8 年。

劉敏，〈論清代棚民的戶籍問題〉，《中國社會經濟史研究》，1983 年第 1 期，廈門，中國社會經濟史研究編輯部，1983 年。

劉源，〈湖廣填四川與四川流民問題〉，《清史研究》，1994 年第 1 期。

謝宏維，〈清代徽州外來棚民與地方社會的反應〉，《歷史檔案》，2003 年 2 期。

蕭一山，〈清代東北之屯墾與移民〉，《學術季刊》，第 6 卷第 3 期，臺北，中華文化出版事業委員會，民國 47 年。

蕭正洪，〈清代陝南種植業的盛衰及其原因〉，《中國農史》，1989 年第 1 期，南京，農業出版社，1989 年。

蕭正洪，〈清代陝南的流民與人口地理分布的變遷〉，《中國史研究》，1992 年第 3 期。

羅爾綱，〈太平天國革命前的人口壓迫問題〉，《中國近代史論叢》，第 2 輯，第 2 冊，臺北，正中書局，民國 47 年。

蘇雲峰，〈海南在中國邊疆發展史中所呈現的特色 —— 以臺灣為比較對象〉，《海南歷史論文集》，海口，海南出版社，2002 年。

龔維航，〈清代漢人拓殖東北述略〉，《禹貢》，第 6 卷第 3、4 期合刊，北平，禹貢學會，民國 25 年。